BACHILLERATO
Código Bruño

FÍSICA Y QUÍMICA 1

Miquel Sauret Hernández
Jacinto Soriano Minnocci

Bruño

Índice

Química

Física

Estructura del libro

La unidad

Presentación

La unidad comienza con el **índice de contenidos** que se van a tratar y una fotografía representativa de su temática.

A continuación, se inicia el **desarrollo de los apartados** que se han enunciado con anterioridad.

Desarrollo de contenidos

Los contenidos se han estructurado en **apartados** y **subapartados** numerados para seguir una exposición lógica y didáctica. La exposición de contenidos se complementa con:

- **Actividades propuestas.** Incluyen la solución numérica.
- **Ejemplos resueltos** y **explicados,** que se estructuran en tres partes:
  - Enunciado: se plantea la actividad.
  - Desarrollo: se explica cómo resolverla.
  - Conclusión: se analiza el resultado.

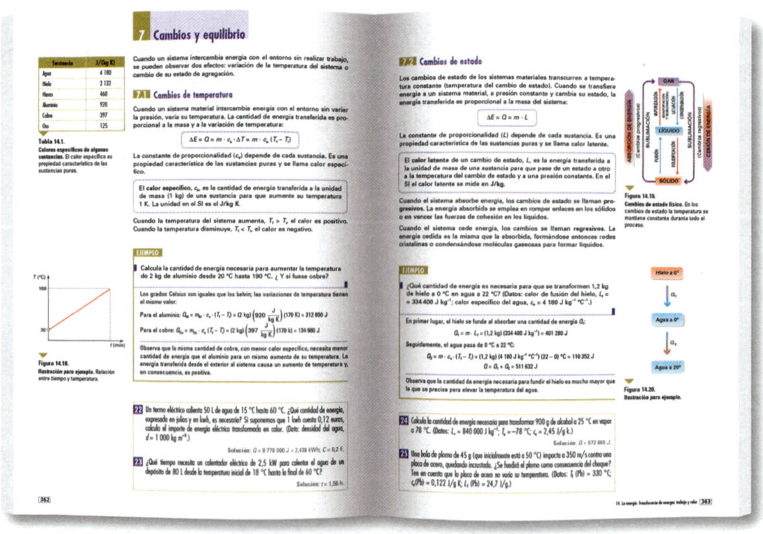

El desarrollo de los apartados se refuerza y complementa con distintos recursos:

- **Fotografías.**
- **Esquemas de los procesos.**
- **Gráficos y tablas.**

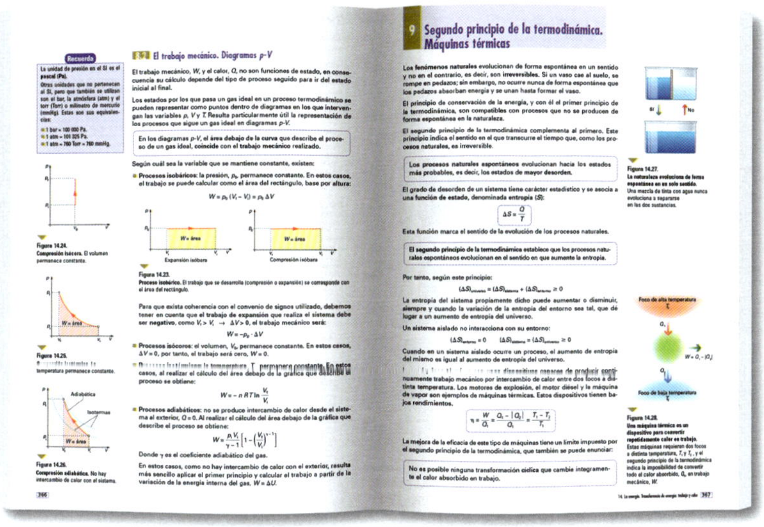

Secciones específicas

Estas secciones se encuentran al finalizar el desarrollo teórico para **fomentar el aprendizaje por competencias:**

- **Trabajo de investigación.** Consta de los siguientes apartados: objetivo (finalidad del trabajo), información (consulta en Internet, Organismos oficiales, etc.), desarrollo (cómo llevarlo a cabo) y resultados (análisis de datos y conclusiones).
- **Experiencia de laboratorio.** Procedimientos orientados a formar a los alumnos en el correcto uso de los productos y material de laboratorio.

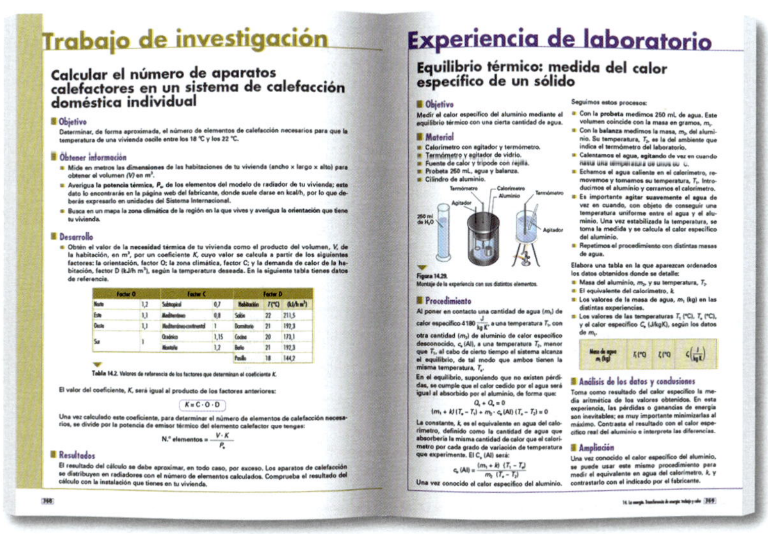

Estructura del libro

- **Trabajo con textos.** Se plantea para trabajar en un texto científico la comunicación lingüística y las competencias básicas en ciencia y tecnología.

  Este apartado se alterna con el trabajo de investigación en las distintas unidades del libro.

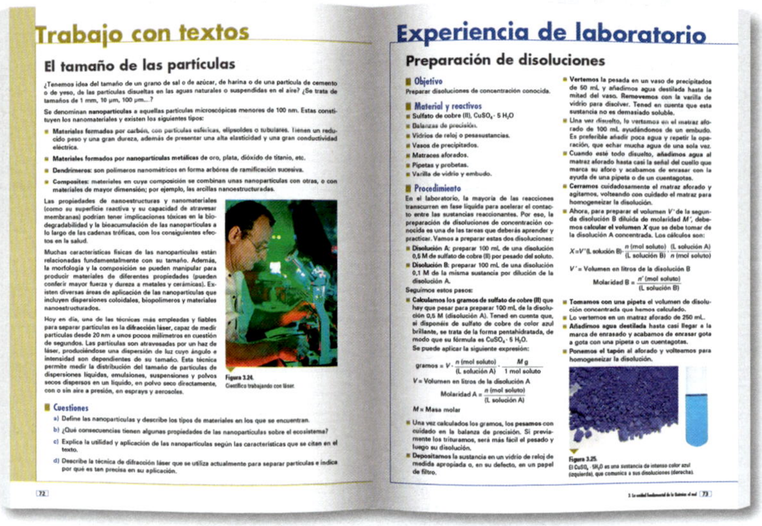

- **Estrategias.** Resolución de problemas tipo con tres apartados:
  - **Comentarios al enunciado.** Se analiza el enunciado del problema con el objetivo de esquematizar el procedimiento de resolución recordando los contenidos aprendidos.
  - **Resolución y cálculos.** Se explica y resuelve el problema de forma minuciosa.
  - **Análisis de los resultados.** Se obtienen conclusiones o se hacen comentarios sobre los mismos.

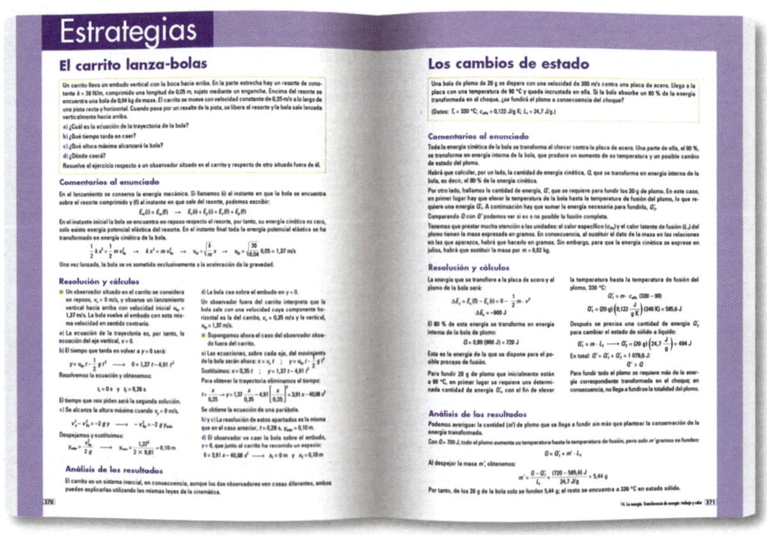

Cierre

Las dos páginas finales de la unidad contienen **actividades** clasificadas por **contenidos** y con **dos niveles de dificultad.** Estas actividades se acompañan de la **solución numérica.**

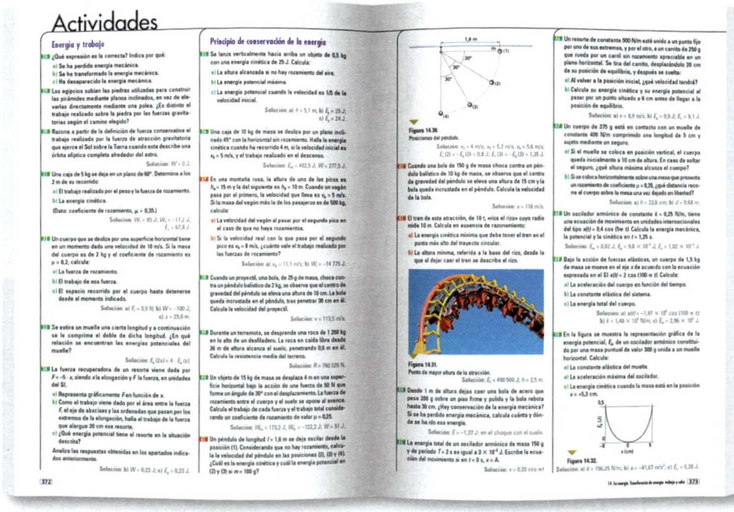

Anexos

El libro tiene dos anexos que se ubican al finalizar el bloque de Química:

- **Formulación y nomenclatura inorgánica.** Contiene la actualización de la IUPAC.
- **Herramientas de la Física.** Repaso de conceptos matemáticos necesarios para abordar los contenidos del bloque de Física.

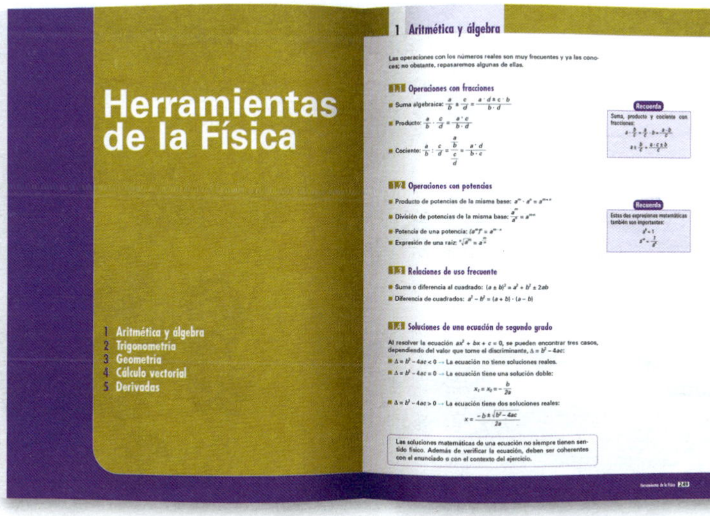

1 La actividad científica

1 | Los métodos de la ciencia
2 | Magnitudes. Clasificación
3 | La medida. Instrumentos de medida
4 | Ordenación y análisis de los datos experimentales
5 | Las normas de seguridad en el laboratorio

1 Los métodos de la ciencia

«La vida no es fácil, para ninguno de nosotros. Pero... ¡Qué importa! Hay que perseverar y, sobre todo, tener confianza en uno mismo. Hay que sentirse dotado para realizar alguna cosa, y esa cosa hay que alcanzarla cueste lo que cueste.» (Marie Curie, fragmento de una carta dirigida a su hermano Jaques, marzo de 1894.)

No existe un método de trabajo concreto que, al aplicarlo, dé como resultado **conocimiento científico.**

Cada problema planteado es diferente y, por tanto, requiere procedimientos distintos para tratarlo. Sin embargo, podemos hablar de ciertas características comunes del trabajo científico que lo distinguen de otras actividades humanas:

- **Planteamiento de un problema o una pregunta.** El origen puede ser resolver una necesidad creada en el contexto social o, simplemente, la curiosidad de dar explicación a un fenómeno concreto. En cualquier caso, el problema propuesto debe despertar cierto interés dentro de la comunidad en la que se plantea.
- **Propuesta de modelos.** La naturaleza es muy compleja y su análisis requiere simplificar los problemas. Se recurre a modelos simplificados de las situaciones que se quieren estudiar, se reducen las variables de las que depende el fenómeno, se aíslan del entorno y se idealiza su comportamiento, de forma que sea más fácil estudiarlo.
- **Recopilación, análisis y estudio de la información.** Al ser la ciencia una tarea colectiva que se realiza desde hace mucho tiempo, cualquier problema que se plantea lleva asociado una gran cantidad de información que puede ser útil para su resolución.
- **Formulación de hipótesis.** Una vez planteado y simplificado el problema, con toda la información disponible se puede emitir una hipótesis.

La **hipótesis** es una explicación, coherente con los conocimientos que se tienen y comprobable experimentalmente.

- **Experimentación de las hipótesis.** Los experimentos son observaciones cuantitativas del fenómeno en condiciones controladas, de manera que se puedan reproducir en otros lugares y por parte de otras personas.
- **Ordenación y análisis de los datos experimentales.** Para ordenar y analizar los datos se emplean tablas, gráficas y programas informáticos; de esta forma se pueden buscar relaciones entre los valores de las distintas magnitudes estudiadas.

  Si los experimentos confirman la hipótesis, se pueden enunciar leyes; en caso contrario, hay que reformular la hipótesis inicial.

Una **ley** es una hipótesis confirmada que muestra una relación cuantitativa entre dos o más variables.

Las leyes se suelen escribir mediante expresiones matemáticas y su rango de validez queda definido en el marco del modelo seguido y de las condiciones en las que se ejecutaron los experimentos. Un conjunto de leyes coherentes entre sí forman una **teoría.**

- **Comunicación de los resultados.** Los resultados deben hacerse públicos, de tal modo que la comunidad científica tenga acceso a ellos, pueda refrendarlos y, si son aceptados, añadirlos al conjunto de conocimientos que se tienen en ese momento.

Maria Skłodowska (conocida como Marie Curie) fue una química y física polaca, posteriormente nacionalizada francesa. Pionera en el campo de la radioactividad, fue la primera mujer profesora en la Universidad de París. Asimismo, fue la primera mujer que recibió el premio Nobel en dos ocasiones: en 1906, el Nobel de Física que compartió con su marido, Pierre Curie, por el descubrimiento de elementos radiactivos, y en 1911 el Nobel de Química por sus investigaciones sobre el radio y sus compuestos.

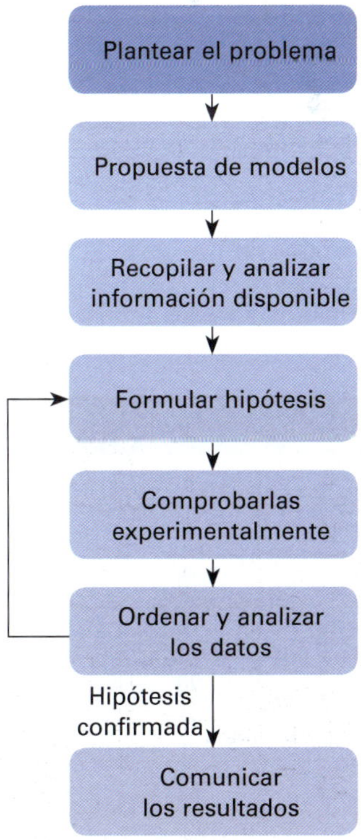

Figura 1.1.
Fases del método científico.

Figura 1.2.

Fases de la experimentación. Se observa que en el huevo sumergido en vinagre (segunda foto, a la izquierda) surgen burbujas desde el comienzo de la inmersión, y al cabo de 48 h presenta notables diferencias en su aspecto.

t (h)	*h* (cm)	Δm (%)
0	8	0
12	4	12
24	10	23
36	15	28
48	20	31
60	22	34
72	23	35

Tabla 1.1.

Ordenamos los datos recogidos en el experimento.

EJEMPLO

Aplica los pasos del método científico al estudio de los cambios que se producen en la estructura física y química de la cáscara del huevo cuando se sumerge en sustancias de naturaleza química diferente.

El problema. Vamos a averiguar qué cambios experimenta la cáscara de un huevo al sumergirlo en un ácido (vinagre), una base (lejía), un disolvente polar (agua) y un disolvente no polar (acetona). Para ello, preparamos el mismo volumen de los líquidos anteriores en cuatro vasos diferentes e introducimos un huevo en cada vaso (fig. 1.2). Al cabo de 48 horas se observa que los huevos sumergidos en lejía, agua y acetona no presentan cambios, mantienen el color, la textura y el peso. Sin embargo, en el huevo sumergido en vinagre se observan burbujas pegadas a la cáscara, tiene zonas blanquecinas en su superficie, la textura es suave y elástica, y el volumen y la masa han aumentado.

La información. Queremos saber a qué se debe el cambio producido en el huevo sumergido en vinagre. En primer lugar necesitamos obtener información: la cáscara está formada por carbonato de calcio ($CaCO_3$), la clara es proteína (albúmina) y la yema es el único óvulo de la célula compuesto por nutrientes, proteínas, grasas, vitaminas, etc.

La formulación de la hipótesis. El vinagre contiene ácido acético (HAc) que disuelve el carbonato de calcio de la cáscara y libera dióxido de carbono, gas que aparece en forma de burbujas sobre la cáscara. Una vez que la cáscara se ha disuelto, queda una membrana semipermeable que deja pasar el agua del vinagre (en la que la concentración de sales es menor) al huevo. La entrada de agua en el huevo da lugar a que aumente su volumen y su masa. Con el agua penetra también ácido acético, que altera la estructura de la proteína, por lo que al mismo tiempo que el huevo se hincha, comienza la desnaturalización de la clara y se formará una capa gruesa que dará al huevo la textura de una pelota, a la vez que esta capa impide el paso de ácido al interior del huevo, que queda crudo.

La experimentación. Sumergimos los huevos en vinagre durante periodos de tiempo que van sucediéndose cada 12 h. Probamos su resistencia a la caída soltándolos desde diferentes alturas, *h,* sobre una superficie dura, anotamos su masa y calculamos el porcentaje que ha aumentado, Δm (%), en cada caso.

La ordenación y análisis de los datos experimentales. Los datos obtenidos se recogen en una tabla (1.1). Representamos estos datos en dos gráficas diferentes (figs. 1.3 y 1.4):

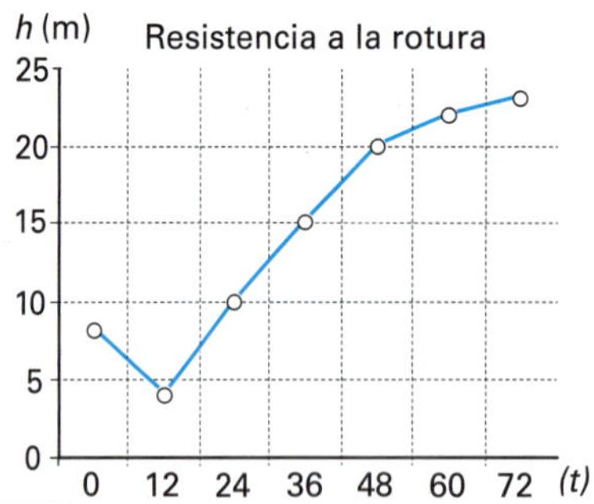

Figura 1.3.

Gráfica tiempo-altura.

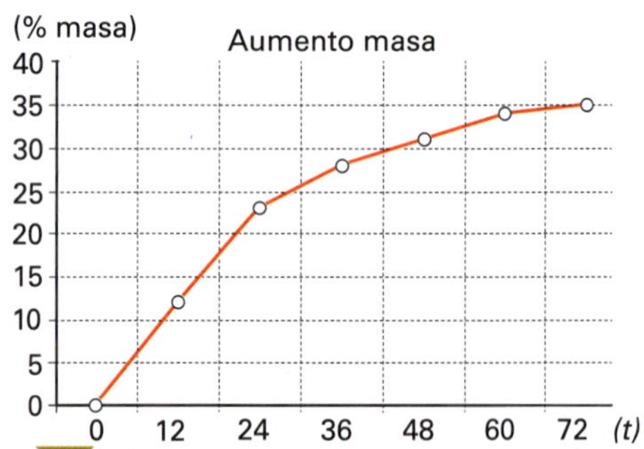

Figura 1.4.

Gráfica tiempo-incremento de masa.

Conclusión. Los resultados confirman las hipótesis emitidas: las **gráficas** se **estabilizan** con el tiempo conforme **la capa de proteína desnaturalizada se hace más gruesa.** El huevo, por dentro, queda crudo, de forma que si lo dejamos caer desde demasiada altura, se reventará.

2 Magnitudes. Clasificación

Magnitud es la propiedad de un fenómeno, cuerpo o sustancia que puede expresarse cuantitativamente mediante un número y una referencia, habitualmente la unidad de medida.

Para medir se compara una cantidad de una magnitud con otra de la misma magnitud que se toma como unidad. El resultado es el **valor de la medida.** Este valor viene expresado por un número seguido del símbolo de la unidad utilizada para hacer la medida. Por ejemplo: la altura de un edificio es de 20,5 m, la velocidad máxima permitida para circular son los 120 km/h, etcétera.

2.1 Magnitudes escalares y vectoriales

Según los elementos necesarios para definir las magnitudes, estas pueden ser escalares y vectoriales.

Magnitudes escalares

Las **magnitudes escalares** quedan definidas de forma única con un número y la unidad correspondiente.

Por ejemplo, cuando hablamos de medio kilogramo de azúcar o de un metro de tela, no necesitamos dar más explicaciones, pues las cantidades citadas están perfectamente definidas.

La longitud, la masa, el tiempo, la temperatura, la presión, etc., son magnitudes escalares.

Magnitudes vectoriales

Las **magnitudes vectoriales** quedan definidas de forma única con un número más la unidad correspondiente, la dirección, el sentido y el punto de aplicación.

De este modo, si decimos: «salí de Sevilla a cien kilómetros por hora», la magnitud no queda definida de forma unívoca, porque de Sevilla se puede salir en diferentes direcciones, llegando a Cáceres, a Cádiz, a Toledo, etc.

La velocidad, la aceleración, la fuerza, el momento lineal, etc., son magnitudes vectoriales.

Las magnitudes vectoriales se representan mediante vectores. Un vector tiene las siguientes características:

- **Módulo,** representado gráficamente por la longitud del valor de la magnitud (número y unidad). En la figura 1.5 podemos ver que el módulo del vector **a** es 4 unidades.
- **Dirección** o recta a la que pertenece el vector. En el dibujo, la recta sobre la que está el vector **a** es *r*.
- **Sentido,** indicado por la punta de flecha del vector.
- **Punto de aplicación** u **origen** del vector (punto O).

Notación vectorial

Los vectores se suelen simbolizar con una letra negrita, **a**, y su módulo mediante la letra cursiva, *a*.

También se pueden simbolizar con una flecha sobre la letra, $\vec{a}$. El módulo en este caso se simboliza simplemente mediante $|\vec{a}|$.

En este libro utilizaremos la primera notación vectorial en el texto y la segunda en las ilustraciones.

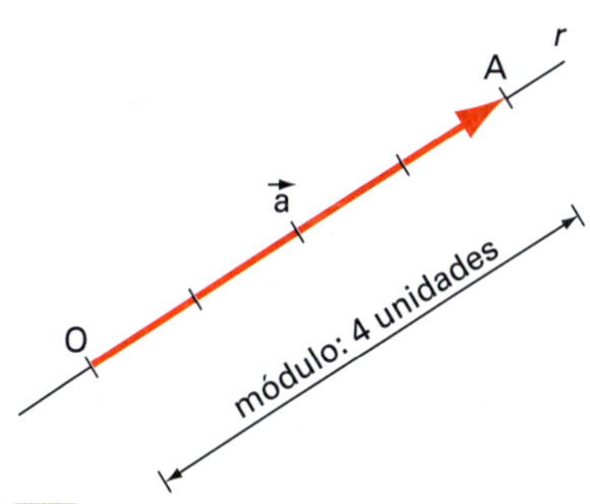

Figura 1.5.
Representación de un vector **a**.

2.2 Magnitudes básicas y derivadas

Las magnitudes se agrupan en sistemas o conjuntos de unidades. El Sistema Internacional (SI) es el acordado por la comunidad científica y el sistema legal vigente en la Unión Europea, donde su utilización es obligatoria.

Magnitudes y unidades básicas

Las **magnitudes básicas** se escogen arbitrariamente como tales y no se definen en función de ninguna otra. De ellas se derivan todas las demás, que son las **magnitudes derivadas.**

Magnitud	Unidad de medida	Símbolo	Dimensión
Longitud	metro	m	L
Masa	kilogramo	kg	M
Tiempo	segundo	s	T
Intensidad de corriente eléctrica	amperio	A	I
Temperatura termodinámica	kelvin	K	θ
Intensidad de la luz	candela	cd	J
Cantidad de sustancia	mol	mol	N

Tabla 1.2.
Unidades básicas del Sistema Internacional.

Prefijo	Símbolo	Factor
tera-	T	10^{12}
giga-	G	10^{9}
mega-	M	10^{6}
kilo-	k	10^{3}
hecto-	h	10^{2}
deca-	da	10
deci-	d	10^{-1}
centi-	c	10^{-2}
mili-	m	10^{-3}
micro-	µ	10^{-6}
nano-	n	10^{-9}
pico-	p	10^{-12}

Tabla 1.3.
Algunos prefijos de múltiplos y submúltiplos de unidades.

Magnitudes derivadas. Ecuación de dimensiones

Las **magnitudes derivadas** vienen definidas en función de las básicas. La ecuación que relaciona las magnitudes derivadas con las básicas se llama **ecuación de dimensiones.** Para indicar que se está hallando la ecuación de dimensiones de una magnitud, se encierra entre corchetes. Observa estos ejemplos.

Magnitud	Fórmula	Ecuación de dimensiones	Unidad en el SI
Velocidad	$v = \frac{s}{t}$	$[v] = \frac{L}{T} = L \cdot T^{-1}$	$\text{m} \cdot \text{s}^{-1} = \frac{\text{m}}{\text{s}}$
Molaridad	$M = \frac{\text{moles}}{V}$	$[M] = \frac{N}{L^3} = N \cdot L^{-3}$	$\text{mol} \cdot \text{m}^{-3} = \frac{\text{mol}}{\text{m}^3}$

Tabla 1.4.

1 Busca en libros, en enciclopedias o en Internet la definición de las siguientes unidades básicas del Sistema Internacional: metro, kilogramo, segundo, amperio, kelvin y mol.

2 La fuerza se puede calcular como el producto de la masa por la aceleración. Calcula la ecuación de dimensiones de esta magnitud.

Solución: $[F] = M \cdot L \cdot T^{-2}$.

3 Comprueba que la siguiente fórmula es homogénea, es decir, que la dimensión de todos los términos es una longitud:

$$s = v_0 \cdot t + \frac{1}{2} a \cdot t^2$$

Solución: $[v_0 \cdot t] = L$; $[a \cdot t^2] = L$.

Reglas del análisis dimensional

1. Toda cantidad numérica, función trigonométrica o logarítmica tiene de dimensiones la unidad.

2. Solo se pueden sumar o restar magnitudes de la misma naturaleza y se obtiene otra de la misma naturaleza.

3. Las leyes de la multiplicación y división son aplicables a las ecuaciones de dimensiones.

3 La medida. Instrumentos de medida

Medir una cantidad de una magnitud es compararla con otra de la misma magnitud escogida como unidad. De esta manera se obtiene una **medida directa** de la magnitud.

A partir de medidas directas pueden obtenerse valores de magnitudes que se relacionan con ellas mediante expresiones matemáticas. De esta forma se obtiene una **medida indirecta** de la magnitud. Así, la densidad de un cuerpo se puede conocer midiendo directamente su masa y su volumen, y empleando después la expresión: $d = \frac{m}{V}$.

Cuando queremos medir el valor de una magnitud, hemos de recurrir a los instrumentos de medida, los cuales se caracterizan por tener:

- **Exactitud.** Un instrumento es exacto si, al hacer un conjunto de medidas de la misma cantidad de una magnitud en las mismas condiciones, dispersa poco sus valores respecto al valor verdadero de la medida.
- **Resolución.** Es la variación mínima que permite apreciar el instrumento.
- **Precisión.** Un instrumento es preciso si, al realizar un conjunto de medidas de la misma cantidad de una magnitud en las mismas condiciones, los valores de las medidas se desvían poco entre sí.

> Un instrumento de medida debe ser **preciso** y **exacto,** además de tener la **resolución** adecuada a la medida que se quiere realizar.

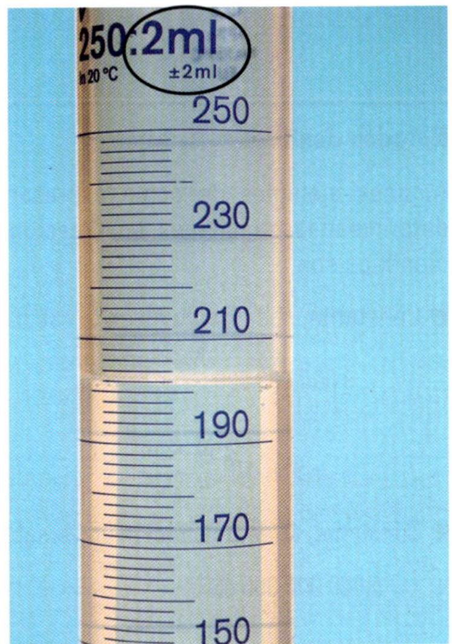

Figura 1.6.
Probeta. Es un instrumento de laboratorio para medir volúmenes, en el caso de la figura con una resolución de 2 mL.

Cifras significativas

Cuando realizamos una medida directa, los dígitos que leemos, salvo los ceros a la izquierda, reciben el nombre de **cifras significativas.** Para saber cuántas cifras significativas tiene una medida, consideramos estas reglas:

- Cualquier cero final después de la coma decimal es significativo. Por ejemplo: 23,00 tiene cuatro cifras significativas; $7{,}23 \times 10^9$ tiene tres cifras significativas.
- Los ceros al final de un número entero pueden ser o no significativos, dependiendo de si se pone o no un punto final en el número. Por ejemplo: 3 500 tiene dos cifras significativas, pero 3 500. tiene cuatro.
- Los ceros a la izquierda de la primera cifra no nula no son significativos. Por ejemplo: 0,0055 tiene dos cifras significativas, las mismas que $5{,}5 \times 10^{-3}$.

El menor dígito significativo de una medida conlleva siempre incertidumbre.

Cifras significativas y unidades

El número de cifras significativas de una medida es independiente de las unidades en que se exprese. Pongamos los siguientes ejemplos: 167 cm tiene tres cifras significativas, al igual que si se expresa en metros como 1,67 m; 26 kg tiene dos cifras significativas, de la misma forma que si se expresa en gramos como $2{,}6 \times 10^4$ g.

4 Con una balanza medimos la masa de una piedra cinco veces seguidas. Obtenemos los siguientes valores: 13,52 g; 13,52 g; 13,53 g; 13,52 g; 13,53 g. ¿Es la balanza un instrumento preciso? ¿Qué resolución tiene?

Solución: 0,01 g.

5 Medimos la longitud de una mesa y resulta un valor de 98,50 cm. ¿Cuántas cifras significativas tiene la medida? Expresa el valor en metros y en milímetros indicando, en cada caso, el número de cifras significativas.

Solución: 0,9850 m; 985,0 mm; 4 cifras significativas.

6 ¿Cómo hallarías el volumen exterior de un portalápices cilíndrico si dispones de una regla milimetrada? ¿Qué tipo de medida realizas, directa o indirecta?

3.1 Expresión de la medida

Al operar con números muy grandes o muy pequeños resulta cómoda la **notación científica.** El número se expresa con una parte entera de una sola cifra, seguida de una parte decimal más una potencia de 10 de exponente entero.

- El exponente será positivo si, para expresar la cantidad en notación científica, la coma se mueve hacia la izquierda. Por ejemplo, velocidad de la luz en el vacío: 300 000 000 m/s = 3×10^8 m/s
- El exponente será negativo si, para expresar la cantidad en notación científica, la coma se mueve hacia la derecha. Por ejemplo, radio del átomo de hidrógeno: 0,000000000053 m = $5{,}3 \times 10^{-11}$ m

Redondear el resultado de una operación es eliminar las cifras de la derecha de una dada, según estos criterios:

- Si la cifra siguiente a la que hay que desechar es mayor o igual a 5, se suprimen esa cifra y todas las siguientes después de incrementar una unidad a la última conservada. Por ejemplo, redondeamos a dos decimales este número obtenido en la calculadora: 12,23766365 → 12,24.
- Si la cifra siguiente a la que hay que desechar es menor que 5, simplemente se suprimen esa cifra y todas las siguientes. Por ejemplo, redondeamos a un decimal el número anterior: 12,23766365 → 12,2.

El resultado de una operación se debe redondear según estas normas:

- **Sumas algebraicas.** El resultado se redondea hasta un número de decimales igual a los del sumando con menos decimales.

  Por ejemplo, si sumamos los siguientes números: 0,63 + 12,4 − 3,141 = = 9,889, debemos redondear a un decimal: 9,889 → 9,9.
- **Productos y divisiones.** El resultado se debe redondear hasta un número de cifras significativas igual a las del dato que menos tenga.

  Por ejemplo, si realizamos la operación: $0{,}63 \times 12{,}4 = 7{,}812$, debemos redondear a dos cifras significativas: 7,812 → 7,8.
- **Multiplicación por números exactos.** Se mantiene el número de cifras significativas del factor aproximado.

Notación científica

Algunos ejemplos de cómo expresar determinadas cantidades en notación científica son:

- Constante, *K*, de Coulomb en el vacío:

$$9\,000\,000\,000 \frac{N \times m^2}{c^2} = 9 \times 10^9 \frac{N \times m^2}{c^2}$$

- Constante, *G*, de gravitación universal:

$$0{,}000\,000\,000\,0667 \frac{N \times m^2}{kg^2} = 6{,}67 \times 10^{-11} \frac{N \times m^2}{kg^2}$$

Orden de magnitud

Se denomina **orden de magnitud de un número** a la potencia de 10 más próxima al número dado. Por ejemplo:

La masa del electrón es:

$$m_e = 9{,}109 \times 10^{-31} \text{ kg}$$

La masa del electrón es del orden de 10×10^{-31} kg = 10^{-30} kg.

Con órdenes de magnitud se pueden **comparar cantidades** de forma rápida.

7 Calcula la masa molecular del hidrogenosulfato de sodio ($NaHSO_4$) y exprésala de forma correcta. (Datos: *M* (Na) = 22,9898; *M* (H) = 1,00797; *M* (S) = 32,065; *M* (O) = 15,9994.)

Solución: *M* ($NaHSO_4$) = 120,060.

8 Calcula los moles de agua que hay en 158,35 g de agua y exprésalo de forma correcta. (Datos: *M* (H) = 1,00797; *M* (O) = 15,9994.)

Solución: *n* (H_2O) = 8,7898 mol de agua.

9 Se mide la masa y el volumen de un sólido, obteniendo como resultados *m* = 46,72 g y *V* = 24,5 cm^3. Calcula su densidad y escríbela con el número de decimales correcto.

Solución: *d* = 1,91 g/cm^3.

10 Halla la densidad de una esfera de diámetro 2,1 cm, y cuya masa es de 20,28 g.

Solución: *d* = 4,2 g/cm^3.

Resolución e incertidumbre de medida

Al manejar un determinado instrumento para medir, el orden de magnitud de la incertidumbre suele ser el mismo que el de la resolución del aparato. Si medimos con un calibre de resolución 0,1 mm, la incertidumbre será ± 0,1 mm.

Dada una medida, la incertidumbre de medida se considera del orden de la última cifra decimal. No expresan lo mismo las medidas 2,0 g y 2,00 g. En la primera la incertidumbre es del orden de ± 0,1 g, mientras que en la segunda es de ± 0,01 g.

La incertidumbre de medida, que lleva las mismas unidades que las de la medida, nunca puede ser menor que la resolución del aparato utilizado.

En consecuencia, la imprecisión que acompaña a la medida es la que tiene mayor valor entre:

- La incertidumbre de medida, ε_a.
- La resolución del aparato.

La medida se expresa correctamente como:
$\bar{x} \pm \varepsilon_a$ (unidades correspondientes)

Aplicado a las medidas, el término «precisión» indica que los valores de las medidas no se separan mucho entre sí.

EJEMPLO

Con una balanza digital de laboratorio cuya resolución es de 0,01 g, un grupo de cuatro alumnos miden la masa de un mismo objeto y anotan los siguientes resultados: 15,24 g; 15,21 g; 15,23 g y 15,21 g.

a) ¿Cuál es el valor de la medida?

b) ¿Cómo se expresaría correctamente la medida?

a) La medida considerada como exacta es:

$$m = \frac{15{,}24 + 15{,}21 + 15{,}23 + 15{,}21}{4}\ \text{g} = 15{,}22\ \text{g}$$

b) Las desviaciones, respecto de *m*, en cada una de las medidas se obtienen restando *m* del valor de la medida y tomando siempre el resultado positivo:

$$|15{,}24 - 15{,}22| = 0{,}02\ \text{g}\ ;\ |15{,}21 - 15{,}22| = 0{,}01\ \text{g}$$

$$|15{,}23 - 15{,}22| = 0{,}01\ \text{g};\ |15{,}21 - 15{,}22| = 0{,}01\ \text{g}$$

La incertidumbre (ε_a) se calcula como media aritmética de las incertidumbres cometidas en cada una de las medidas:

$$\varepsilon_a = \frac{0{,}02 + 0{,}01 + 0{,}01 + 0{,}01}{4}\ \text{g} = 0{,}01\ \text{g}$$

En este caso coincide con la resolución de la balanza.

La masa se expresará como:

$$m = (15{,}22 \pm 0{,}01)\ \text{g}$$

Cuando las medidas se realizan con cuidado y el instrumento es el adecuado, la incertidumbre suele coincidir con la resolución del instrumento de medida, la balanza. En nuestro ejemplo es de 0,01 g.

Las incertidumbres de medida se deben dar, salvo casos excepcionales, con una sola cifra significativa, ajustando siempre por exceso:

$$\varepsilon_a = 14\ \text{g} \rightarrow \varepsilon_a = 20\ \text{g}$$

La incertidumbre no nos da idea de la calidad con la que se ha medido: no es lo mismo medir con una incertidumbre de 1 cm la longitud del aula —sería una buena medida—, que medir con una incertidumbre de 1 cm la longitud de tu mesa —no sería una buena medida.

Error relativo

El error relativo, ε_r, es el cociente entre la incertidumbre de medida y el valor de la medida considerado como verdadero, $\bar{x}$:

$$\varepsilon_r = \frac{\varepsilon_a}{\bar{x}}$$

El **error relativo** es un número sin unidades. Es frecuente multiplicar este valor por 100 y expresarlo en tanto por ciento:

$$\varepsilon_r\ (\%) = \frac{\varepsilon_a}{\bar{x}}\ 100$$

Las medidas son exactas si su error relativo es muy pequeño.

Calidad de las medidas

Los errores relativos que son menores o iguales al 10 % indican medidas bien hechas, de buena calidad.

EJEMPLO

La distancia entre dos cambios de sentido consecutivos en una autovía, medida de forma indirecta, es de 5 km con una incertidumbre de medida de ± 15 m. Al medir directamente la longitud de una habitación, resultan 4,5 m, con una incertidumbre de medida de ± 5 cm. ¿Cuál de las dos medidas es de mayor calidad?

Primera medida. Distancia entre dos cambios de sentido:

$$\varepsilon_r = \frac{15\ \text{m}}{5\ 000\ \text{m}} \times 100 = 0{,}3\ \%$$

Segunda medida. Longitud de una habitación:

$$\varepsilon_r = \frac{5\ \text{cm}}{450\ \text{cm}} \times 100 = 1{,}1\ \%$$

Las dos son muy buenas, aunque la primera es mejor que la segunda.

Observa que la incertidumbre en la medida de la distancia entre cambios de sentido es mucho mayor que la incertidumbre en la medida de la habitación; sin embargo, es mejor la medida de la distancia en el primer caso.

11 Indica la incertidumbre de las siguientes medidas y escríbelas acompañadas de esa incertidumbre: 2,04 g; 18,152 m y 5,4 °C.

Solución: (2,04 ± 0,01) g; (18,152 ± 0,001) m y (5,4 ± 0,1) °C.

12 ¿Qué incertidumbre y error relativo cometemos al calcular la masa molar del NaCl? (Para facilitar el cálculo tomamos como masa atómica del cloro 35,5 en vez de su valor real 35,4527, y la del sodio como 23, en lugar de 22,9898.)

Solución: $\varepsilon_a = 0{,}0576$; $\varepsilon_r = 0{,}098\ \%$.

13 Un bebé se pesa varias veces en una balanza pediátrica. Se obtienen los siguientes resultados: 7 840 g; 7 920 g; 9 800 g; 7 800 g; 7 960 g y 7 880 g. ¿Cómo interpretas la tercera medida? ¿Qué valor tomas como verdadero? Expresa el peso del bebé correctamente e indica el error relativo de la medida.

Solución: $m = (7\ 880 \pm 50)$ g; $\varepsilon_r = 0{,}6\ \%$.

Figura 1.7.
Balanza digital. Los instrumentos de medida digitales tienen errores relativos muy pequeños. Esta balanza mide con una incertidumbre de medida de 0,1 g y el error relativo no llega al 1 %.

3.3 Errores en la medida indirecta

Para calcular la incertidumbre de medida de un producto o cociente, en primer lugar habrá que calcular el error relativo y, a continuación, obtener la incertidumbre de medida de la expresión:

$$\varepsilon_r = \frac{\varepsilon_a}{\bar{x}} \rightarrow \varepsilon_a = \varepsilon_r \cdot \bar{x}$$

Cuando se llevan a cabo operaciones con medidas directas para obtener el valor de una magnitud calculada a partir de ellas, los errores en las primeras conllevan un error en la segunda.

Contemplaremos dos casos sencillos para dos magnitudes, M_1 y M_2:

- **Suma algebraica.** La incertidumbre de medida de una suma algebraica equivale a la suma de las incertidumbres de medida de cada uno de los sumandos:

$$\varepsilon_a (M_1 \pm M_2) = \varepsilon_a (M_1) + \varepsilon_a (M_2)$$

- **Producto y cociente.** El error relativo de un producto o de un cociente es igual a la suma de los errores relativos de cada uno de los términos del producto o del cociente:

$$\varepsilon_r (M_1 \cdot M_2) = \varepsilon_r (M_1) + \varepsilon_r (M_2); \quad \varepsilon_r \left(\frac{M_1}{M_2}\right) = \varepsilon_r (M_1) + \varepsilon_r (M_2)$$

EJEMPLO

Para medir las tapas de un libro utilizamos una regla cuya resolución es de 1 mm. Los resultados obtenidos son: $a = 264$ mm y $b = 195$ mm. Calcula:

a) El perímetro de una tapa.

b) La superficie de una cara de una tapa.

a) El perímetro se calcula como $P = 2a + 2b$:

$$P = 2(264 \text{ mm}) + 2(195 \text{ mm}) = 918 \text{ mm}$$

La incertidumbre será la suma de las incertidumbres:

$$\varepsilon_a = 2(1 \text{ mm}) + 2(1 \text{ mm}) = 4 \text{ mm}$$

En consecuencia: $P = (918 \pm 4)$ mm

Recuerda

La suma debe tener un decimal, pero como hay incertidumbre en la cifra de las unidades, en el resultado se eliminan los decimales.

b) La superficie se calcula como $S = a \cdot b$:

$$S = (264 \text{ mm}) (195 \text{ mm}) = 51\,480 \text{ mm}^2$$

Para obtener la incertidumbre de un producto hay que calcular previamente el error relativo, $\varepsilon_r (a \cdot b) = \varepsilon_r (a) + \varepsilon_r (b)$:

$$\varepsilon_r (S) = \frac{\varepsilon_a (a)}{a} + \frac{\varepsilon_a (b)}{b} = \frac{1}{264} + \frac{1}{195} = 8{,}916 \times 10^{-3}$$

Por tanto, la incertidumbre en la superficie será:

$$\varepsilon_r (S) = \frac{\varepsilon_a (S)}{S} \rightarrow \varepsilon_a (S) = \varepsilon_r \cdot S = 8{,}916 \times 10^{-3} (51\,480 \text{ mm}^2) = 459 \text{ mm}^2$$

La superficie, incluida la incertidumbre de medida, es:

$$S = (51\,400 \pm 500) \text{ mm}^2$$

El producto debe tener cuatro cifras significativas; como hay incertidumbre en las centenas, el resultado queda con tres cifras significativas. La incertidumbre de medida ha de tener una sola cifra significativa, redondeada siempre por exceso.

4 Ordenación y análisis de los datos experimentales

Una de las labores del trabajo científico consiste en ordenar y analizar los datos con el fin de encontrar relaciones entre las variables que se manejan.

Un método utilizado para **ordenar** los datos consiste en disponerlos en tablas, escribiendo las variables —con las unidades respectivas— en filas o columnas.

El **análisis** se establece representando los datos en **gráficas** y sobre ellas se buscan las posibles relaciones entre las variables.

Para construir las gráficas es conveniente usar papel milimetrado y atender a los siguientes criterios:

- Trazar unos **ejes cartesianos,** en cada uno de los cuales se representa una variable con la unidad correspondiente.
- Sobre cada eje, y de forma independiente, se debe **ajustar la escala** para que todos los valores se puedan representar claramente. Para eso conviene fijarse en el **dato de mayor valor** y, a partir de él, realizar la **división en el eje.**

Como los datos experimentales siempre llevan una incertidumbre, no se puede esperar que los puntos representados cumplan exactamente una relación matemática, de manera que hay que ajustar estos resultados a la ecuación matemática que más se ajuste al conjunto de puntos.

Tipos de relaciones más frecuentes

Las relaciones lineales entre variables son frecuentes a lo largo del desarrollo de la asignatura. La expresión matemática que las describe es la ecuación $y = m \cdot x + y_0$, que corresponde a una recta de pendiente m y ordenada en el origen y_0. En el caso de que la recta pase por el origen ($y_0 = 0$), se establece una proporcionalidad directa entre las variables, $y = m \cdot x$.

La proporcionalidad inversa está descrita por la ecuación de una de las ramas de una hipérbola equilátera, $y = \frac{\text{Cte.}}{x}$, o bien $y \cdot x = \text{Cte.}$

Las relaciones cuadráticas entre variables son frecuentes, sobre todo en el estudio de los movimientos que presentan aceleraciones constantes. La expresión matemática que las describe es la ecuación, $y = ax^2 + bx + c$, que corresponde a una parábola.

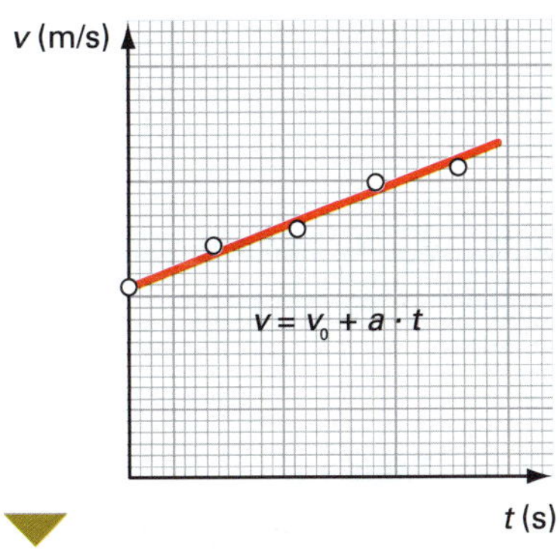

Figura 1.8.
Relación lineal entre velocidad y tiempo.

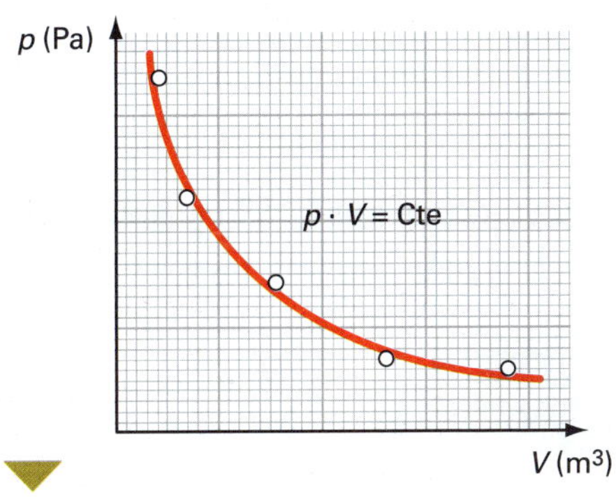

Figura 1.9.
Proporcionalidad inversa entre presión y volumen.

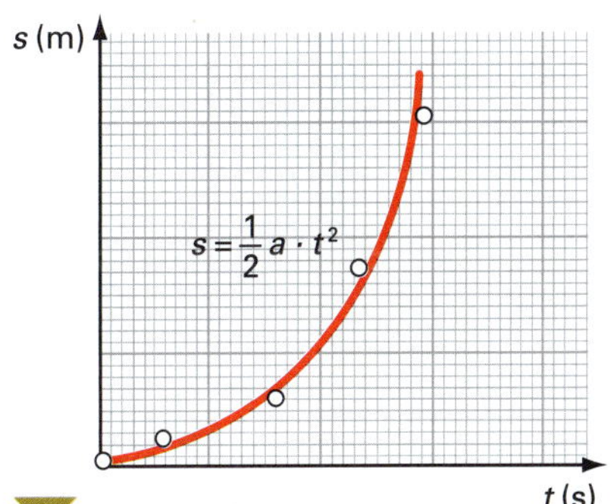

Figura 1.10.
Relación cuadrática entre espacio y tiempo.

EJEMPLO

Se toman medidas de la presión y el volumen de un gas, manteniéndose la temperatura constante. Los datos obtenidos se ordenan en la siguiente tabla:

p (Pa)	V (m^3)
$1{,}11 \times 10^5$	$2{,}30 \times 10^{-3}$
$2{,}23 \times 10^5$	$1{,}15 \times 10^{-3}$
$3{,}85 \times 10^5$	$0{,}65 \times 10^{-3}$
$6{,}18 \times 10^5$	$0{,}40 \times 10^{-3}$
$8{,}21 \times 10^5$	$0{,}31 \times 10^{-3}$
$9{,}98 \times 10^5$	$0{,}25 \times 10^{-3}$

Tabla 1.5.
Datos obtenidos durante la experiencia.

Representa los datos en una gráfica y estudia el tipo de relación que existe entre las dos variables.

Trazamos los ejes cartesianos y tomamos la presión en el eje de ordenadas, situando en la parte superior el valor de 10^5 Pa, que es el valor máximo. En el eje de abscisas ponemos el volumen, tomando 3×10^{-3} m^3 como valor máximo (fig. 1.11).

Al representar los datos observamos un conjunto de puntos que se podrían ajustar a una rama de hipérbola equilátera. Lo comprobamos realizando los productos $p \cdot V$ y redondeándolos a dos cifras significativas:

p (Pa)	V (m^3)	$p \cdot V$ (J)
$1{,}11 \times 10^5$	$2{,}30 \times 10^{-3}$	255,30
$2{,}23 \times 10^5$	$1{,}15 \times 10^{-3}$	256,45
$3{,}85 \times 10^5$	$0{,}65 \times 10^{-3}$	250,25
$6{,}18 \times 10^5$	$0{,}40 \times 10^{-3}$	247,20
$8{,}21 \times 10^5$	$0{,}31 \times 10^{-3}$	254,51
$9{,}98 \times 10^5$	$0{,}25 \times 10^{-3}$	249,50

Tabla 1.6.

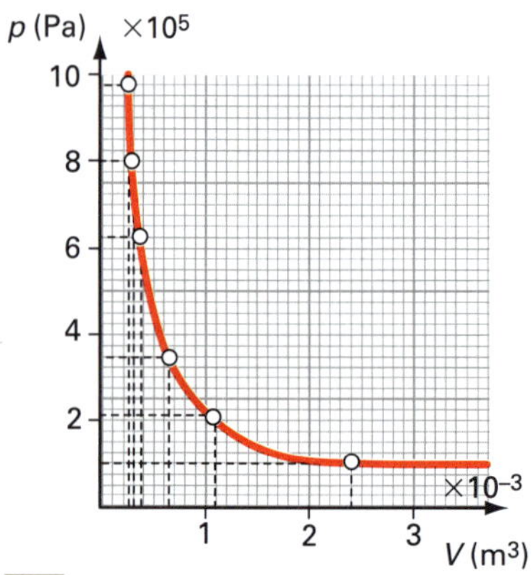

Figura 1.11.
Ilustración para ejemplo.
A medida que disminuye la presión, aumenta el volumen siguiendo una relación de proporcionalidad inversa.

Efectivamente los productos, dentro de los errores cometidos en las medidas, son iguales; por tanto, podemos ajustar la nube de puntos a una hipérbola equilátera y afirmar que la presión y el volumen son inversamente proporcionales (fig. 1.11).

Expresamos la relación matemáticamente como: $p = \frac{\text{Cte.}}{V} \rightarrow p \cdot V = \text{Cte.}$

El valor de la constante es la media aritmética de los productos: Cte. = 252,20 J.

14 Calentamos con un hornillo 500 g de agua, inicialmente a 23 °C, tomando valores de temperaturas cada 2 minutos. Los datos obtenidos los ordenamos en esta tabla:

t (min)	0	2	4	6	8	10
T (°C)	23	30	40	48	54	60

Tabla 1.7.

Representa los datos en una gráfica y estudia qué tipo de relación existe entre las dos variables.

5 Las normas de seguridad en el laboratorio

En el laboratorio, las normas de seguridad constituyen un conjunto de medidas destinadas a prevenir accidentes.

Es muy posible que en algunas experiencias tengas que manipular aparatos cuyo manejo requiera de conocimientos específicos, que debas utilizar productos potencialmente peligrosos o que lleves a cabo procesos que entrañen cierto riesgo.

Para trabajar con seguridad en el laboratorio existen una **normas generales que debes conocer**:

1. Cada grupo de estudiantes se responsabilizará de su zona de trabajo y de su material.
2. Es conveniente utilizar una bata de laboratorio para protegernos de posibles salpicaduras que se produzcan al manipular ciertos productos químicos (fig. 1.12).
3. No utilices ropa de abrigo ni lleves objetos personales.
4. No debes poner en funcionamiento un circuito eléctrico antes de que el profesor lo revise. Tampoco se puede utilizar ninguna herramienta o aparato sin conocer de antemano su funcionamiento y las medidas de seguridad específicas.
5. No puedes probar, oler o coger con las manos los productos ni los residuos de las reacciones, aunque pueda parecer que no entrañan riesgos, se puede producir un accidente.
6. **Nunca pipetear con la boca.** Para ello se debe utilizar el aspirador para pipetas.
7. Si tienes que calentar a la llama el contenido de un tubo de ensayo, debes ser especialmente cuidadoso con estas dos indicaciones:
   - La boca del tubo de ensayo no puede estar dirigida hacia ningún compañero. Si durante el calentamiento el líquido hierve y sale con fuerza por la boca del tubo, se puede ocasionar un accidente.
   - Deberás calentar el tubo de ensayo por su parte lateral, nunca por la base, y cuando agites su contenido, hazlo con suavidad.
8. Antes de utilizar un producto químico, debes leer atentamente las características de la etiqueta y actuar con las precauciones necesarias (fig. 1.13).
9. La manipulación de productos tóxicos, inflamables o corrosivos debe realizarse en una vitrina de gases.
10. No debes dejar destapados los frascos de los productos que hayas utilizado. Muchas sustancias líquidas (alcohol, éter, cloroformo, amoníaco,...) emiten vapores tóxicos.
11. Los ácidos y las bases fuertes deben manejarse con mucha precaución, puesto que la mayoría son corrosivos y, si caen sobre la piel o la ropa, pueden producir heridas y quemaduras importantes.
12. Después de utilizar los productos químicos es necesario **lavarse las manos con jabón.**
13. En caso de producirse un accidente, quemadura o lesión debes comunicarlo inmediatamente al profesor.

Figura 1.12.
Uso de la bata de laboratorio, guantes y gafas protectoras. Estos elementos permiten protegernos de los posibles efectos de algunos productos tóxicos cuando se manipulan.

Figura 1.13.
Nuevo sistema de clasificación y etiquetado de productos químicos. Observa que las etiquetas (pictogramas) tienen forma triangular, fondo blanco y el borde es de color rojo.

Trabajo con textos

La metrología

Desde épocas pasadas, las personas realizaban mediciones como práctica habitual en su vida diaria. En un principio, tuvieron que utilizar lo único que tenían a mano para realizarlas: su cuerpo (fig. 1.14).

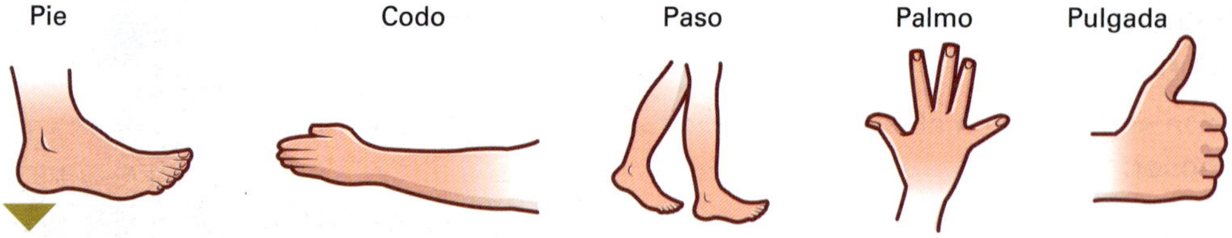

Figura 1.14.
Partes del cuerpo que se utilizaban antiguamente para medir.

Hasta bien entrado el siglo XIX no aparecieron nuevas medidas de longitud, volumen o masa, que eran arbitrarias en cuanto al tamaño e, incluso, cambiaban de una ciudad a otra. Así, en las distintas regiones españolas, al igual que en el resto de Europa, se medía y se pesaba utilizando unidades propias de la localidad, como la legua, la toesa, el carro, la vara, la libra, la cántara, la arroba, el cuarto, el celemín, la fanega, etc. Es decir, existía una gran diversidad de pesos y medidas, lo que obstaculizaba el desarrollo del comercio exterior y el progreso industrial, ambos muy importantes.

Hubo que esperar hasta 1849 para que la reina Isabel II sancionara la **Ley de Pesas y Medidas,** una norma que introdujo por primera vez el sistema métrico decimal en la legislación española, y estableció la obligación de utilizar un único sistema de pesas y medidas.

De este modo surgió la **metrología** en España, una ciencia que estudia los aspectos teóricos y prácticos referidos a la medición de todas las magnitudes.

Ya en nuestra época, la Ley 3/1985, de 18 de marzo, de Metrología, por mandato constitucional, asigna al Estado la competencia exclusiva para legislar en el ámbito de las pesas y medidas, así como para la determinación de la hora oficial en España. El antiguo concepto de «pesas y medidas» ha sido sustituido por el de metrología. En esta nueva Ley se determinan las unidades legales de medida, su materialización y la obligatoriedad de su utilización, en conformidad con los acuerdos de la Conferencia General de Pesas y Medidas (Sèvres), de las que España es miembro fundador.

Ejemplos actuales, como la verificación del consumo de los contadores de gas, agua o electricidad; las mediciones de las balanzas de los supermercados, el funcionamiento de los radares de tráfico o los equipos que miden el ruido o la presencia de gases y humo en el aire que respiramos, son actividades que aseguran y garantizan la calidad de vida de los ciudadanos, pero que difícilmente podrían entenderse sin el concurso de la metrología. Esta ciencia también tiene un papel importante en el campo de la eficiencia energética, los sistemas de navegación por satélite, la seguridad vial, las transacciones comerciales o el almacenamiento de combustibles.

Cuestiones

a) Lee la información anterior con atención y extrae las ideas más importantes.

b) ¿Qué supuso el hecho de que las personas necesitasen realizar mediciones en épocas anteriores a la actual?

c) ¿Qué implicaba la arbitrariedad de las nuevas medidas de masa, longitud o volumen en las distintas regiones españolas y del resto de Europa?

d) Describe el objetivo fundamental de la Ley de Pesas y Medidas de 1840 y las características que se citan en relación con la legislación actual.

e) Elabora un esquema donde se recojan las diferentes aplicaciones de la metrología en nuestra sociedad.

Experiencia de laboratorio

Ley de Lavoisier: conservación de la masa en una reacción química

Objetivo

Comprobar que en una reacción química, la suma de las masas de los reactivos es igual a la suma de las masas de los productos.

Material, reactivos y normas de seguridad

- Dos erlenmeyer de 100 mL.
- Probeta de 100 mL.
- Cucharilla, globo grande, vidrio de reloj, balanza.
- Disolución 0,1 M de nitrato de plomo(II) ($Pb(NO_3)_2$).
- Disolución 0,1 M de cromato de potasio (K_2CrO_4).
- Hidrógeno carbonato de sodio ($NaHCO_3$).
- Vinagre (ácido acético).
- Guantes de látex.

Procedimiento

Vamos a comprobar la ley de Lavoisier en dos reacciones diferentes.

a) Reacción entre el $Pb(NO_3)_2$ y el K_2CrO_4.

- **Medimos con la probeta 10 mL** de cada una de las **disoluciones,** que introducimos en sendos erlenmeyer de 100 mL. Anota la fase en la que se encuentran los reactivos y su color.
- Colocamos los dos erlenmeyer sobre la balanza y anotamos la pesada del conjunto.
- **Echamos el contenido** de uno de los **matraces** en el otro y lo volvemos a dejar sobre la balanza, una vez que está vacío. Anotamos la pesada del conjunto, la fase y el color de los productos. Repetimos el procedimiento con 20 mL de cada una de las disoluciones.

b) Reacción entre el $NaHCO_3$ y el HAc.

- **Medimos con la probeta 10 mL de vinagre,** que introducimos en un erlenmeyer de 100 mL. Pesamos 1 g de $NaHCO_3$ sobre un vidrio de reloj. Anota la fase en la que se encuentran los reactivos y su color.
- **Colocamos** el **erlenmeyer** junto con el **vidrio de reloj** sobre la balanza y anotamos la pesada del conjunto.

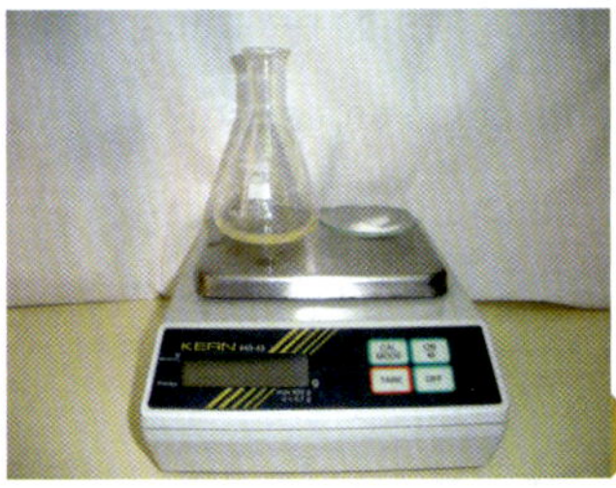

Figura 1.15. El erlenmeyer, junto con el vidrio de reloj.

- **Echamos el contenido** del **vidrio de reloj** sobre el matraz y lo volvemos a dejar sobre la balanza una vez que está vacío. De nuevo anotamos la pesada del conjunto, la fase y el color de los productos.
- **Repetimos el experimento,** pero ahora el gramo de $NaHCO_3$ lo echamos dentro de un globo que sujetamos a la boca del erlenmeyer, de forma que no caiga sobre el vinagre. Anotamos la pesada del conjunto.

Figura 1.16. El $NaHCO_3$ está en el interior del globo.

A continuación alzamos el globo de manera que el $NaHCO_3$ que está dentro caiga sobre el vinagre. Anotamos la pesada.

Análisis de datos y conclusiones

La primera reacción estudiada es:

$$Pb(NO_3)_2 + K_2CrO_4 \rightarrow 2\ KNO_3 + PbCrO_4\downarrow$$

La segunda reacción es:

$$HAc + NaHCO_3 \rightarrow NaAc + CO_2\uparrow + H_2O$$

Anota los resultados de ambas reacciones. Utiliza para ello dos tablas: una donde recogerás los datos de tipos de reactivos, productos, fase en la que se encuentran y su color; y otra tabla para anotar la masa de los reactivos, de los productos de cada reacción, junto con sus materiales, en gramos.

Interpreta y explica los resultados obtenidos en los experimentos realizados.

La medida

En clase medimos la altura de un compañero con un metro con el que podemos apreciar centímetros. Obtenemos los siguientes resultados, expresados en esta unidad: 158, 156, 167, 141, 165, 157, 168, 186 y 165.

a) ¿Qué tipo de medidas hemos realizado, directas o indirectas?

b) ¿Qué valor se toma como verdadero?

c) ¿Cuál es la incertidumbre de la medida?

d) ¿Cuál es el error relativo de la medida?

Comentarios al enunciado

Comenzamos hallando el valor medio de las medidas, el cual tomaremos como verdadero.

De las nueve medidas realizadas, dos de ellas, 141 y 186, destacan mucho de la pauta que siguen las demás. Evidentemente, se han producido errores sistemáticos al hacerlas; están mal tomadas y debemos suprimirlas de la muestra. En consecuencia, utilizaremos solamente siete medidas: 158, 156, 167, 165, 157, 168 y 165.

La resolución del instrumento que utilizamos para medir es de 1 cm; por tanto, la incertidumbre de la medida no podrá ser nunca menor que este valor.

Resolución y cálculos

a) Las medidas son directas, ya que hemos comparado directamente el metro, instrumento de medida, con la estatura del compañero.

b) El valor de la altura que tomaremos como verdadero es la media de los valores:

$$\bar{x}_c = \frac{158 + 156 + 167 + 165 + 157 + 168 + 165}{7} \text{ cm} = 162 \text{ cm}$$

c) Las desviaciones respecto de este valor son:

$$\varepsilon_1 = |x_1 - \bar{x}| = |158 - 162| = 4 \text{ cm}$$

$$\varepsilon_2 = |156 - 162| = 6 \text{ cm} \qquad \varepsilon_5 = |157 - 162| = 5 \text{ cm}$$

$$\varepsilon_3 = |167 - 162| = 5 \text{ cm} \qquad \varepsilon_6 = |168 - 162| = 6 \text{ cm}$$

$$\varepsilon_4 = |165 - 162| = 3 \text{ cm} \qquad \varepsilon_7 = |165 - 162| = 3 \text{ cm}$$

La incertidumbre se calcula como la media artimética de estas desviaciones:

$$\varepsilon_a = \frac{4 + 6 + 5 + 3 + 5 + 6 + 3}{7} \text{ cm} = 5 \text{ cm}$$

La incertidumbre es mayor que la resolución del instrumento utilizado; por tanto, este valor será el que usaremos para expresar la medida de forma correcta: (162 ± 5) cm.

d) El error relativo es:

$$\varepsilon_r\,(\%) = \frac{\varepsilon_a}{\bar{x}}\,100 \rightarrow \varepsilon_r\,(\%) = \frac{5}{162}\,100 = 3\ \%$$

Análisis de los resultados

Al realizar las operaciones hemos tenido en cuenta las normas de redondeo, de forma que:

- Redondeamos el valor medio de las medidas a cero decimales: $\bar{x} = 162{,}28577$ cm $\rightarrow \bar{x} = 162$ cm
- La incertidumbre se redondea, siempre por exceso, a una cifra significativa, en este caso:

$$\varepsilon_a = 4{,}6 \text{ cm} \rightarrow \varepsilon_a = 5 \text{ cm}$$

El hecho de obtener una incertidumbre mayor que la de la resolución del instrumento utilizado indica que este no es adecuado para hacer la medida o que no se ha utilizado de forma correcta. Medidas con errores relativos que estén por debajo del 10 % se consideran bien realizadas; por tanto, en este caso, la medida de la estatura del compañero está bien hecha.

Cálculo de errores

Con un metro que mide en milímetros, medimos la tapa de una caja y obtenemos: 30,2 cm de largo y 15,3 cm de ancho.

a) ¿Cómo son las medidas, directas o indirectas? Exprésalas correctamente.

b) ¿Cuál es el error relativo en cada medida?

c) ¿Qué tipo de medida es la superficie de la tapa, directa o indirecta? Calcula su valor.

d) ¿Cuál es el error relativo en la superficie?

e) Expresa correctamente el valor de la superficie.

Comentarios al enunciado

El metro mide en milímetros. Esto indica que, si suponemos que las medidas están hechas de una forma óptima (es decir, sin errores sistemáticos) y reducimos al máximo los errores aleatorios, las medidas tendrán una incertidumbre de medida de ± 0,1 cm.

Supondremos que las medidas del ancho (a = 15,3 cm) y del largo (L = 30,2 cm) de la tapa son los valores verdaderos. La expresión correcta de una cantidad medida o calculada a partir de expresiones matemáticas lleva añadida a la cantidad la incertidumbre cometida.

En las medidas indirectas, cuando obtenemos el valor de una cantidad como producto o cociente de otras dos que han sido medidas directamente, el error relativo se calcula como la suma de los errores relativos. Recuerda que, al hacer productos y cocientes, el resultado se debe redondear hasta un número de cifras significativas igual a las del dato que menos tenga.

Resolución y cálculos

a) Las medidas del ancho y el largo de la tapa se hacen comparándolas con el metro; por tanto, son directas y sus expresiones correctas serán: $L = (30{,}2 \pm 0{,}1)$ cm; $a = (15{,}3 \pm 0{,}1)$ cm.

b) El error relativo de una medida es: $\varepsilon_r = \dfrac{\varepsilon_a}{\bar{x}}$

Por tanto:

$$\varepsilon_r\,(L) = \frac{0{,}1}{30{,}2} = 3{,}3 \times 10^{-3} \cong 4 \times 10^{-3}$$

$$\varepsilon_r\,(a) = \frac{0{,}1}{15{,}3} = 6{,}5 \times 10^{-3} \cong 7 \times 10^{-3}$$

c) La superficie de la tapa se obtiene a partir del producto del ancho por el largo; así, la medida es indirecta:

$$S = L \cdot a = 30{,}2 \times 15{,}3 = 462 \text{ cm}^2$$

d) El error relativo de un producto es la suma de los errores relativos, $\varepsilon_r\,(S) = \varepsilon_r\,(L) + \varepsilon_r\,(a)$:

$$\varepsilon_r\,(S) = 4 \times 10^{-3} + 7 \times 10^{-3} = 11 \times 10^{-3} \cong 0{,}02$$

e) Para expresar correctamente el valor de la superficie tenemos que calcular la incertidumbre cometida.

$$\text{Como, } \varepsilon_r\,(S) = \frac{\varepsilon_a(S)}{S} \rightarrow \varepsilon_a\,(S) = S \cdot \varepsilon_r\,(S)$$

$$\varepsilon_a\,(S) = 462 \times 0{,}02 = 9{,}24 \text{ cm}^2 \cong 10 \text{ cm}^2$$

Por tanto: $S = (460 \pm 10)$ cm^2.

Análisis de los resultados

Observamos que las medidas son de muy buena calidad; todos los errores relativos están por debajo del 1 %. Los errores relativos son: $\varepsilon_r\,(L) = 4 \times 10^{-3} \times 100 = 0{,}4$ %; $\varepsilon_r\,(a) = 7 \times 10^{-3} \times 100 = 0{,}7$ %.

La medida de la superficie resulta ser también exacta, ya que $\varepsilon_r\,(S) = 2$ %, aunque la incertidumbre ha aumentado considerablemente.

Actividades

Los métodos de la ciencia

15 En el tráfico rodado, se define como tiempo de reacción al tiempo que pasa desde que el conductor percibe una situación en la que debe frenar hasta que pisa el pedal del freno. ¿De qué variables puede depender el tiempo de reacción?

16 La cantidad de energía absorbida por un cuerpo con el fin de aumentar su temperatura depende del material de que está hecho el propio cuerpo, de su masa y del aumento de temperatura. Diseña tres experimentos para estudiar la relación entre estas variables, indicando en cada caso cuáles de ellas se deben fijar.

17 Explica en qué consiste cada una de las fases de la actividad científica.

18 Indica cuáles de los siguientes términos tienen más afinidad con el trabajo científico: comprobar, credulidad, constatar, idear, transigir, dogmatismo, intolerancia, medir, creer, superstición, inducción y deducción.

19 La distancia de frenado es la distancia recorrida por un vehículo desde que el conductor pisa el freno hasta que el vehículo se detiene. ¿De qué variables puede depender la distancia de frenado? Emite una hipótesis sobre la relación que puede existir entre las variables y la distancia de frenado.

20 Busca información sobre las vidas de estas científicas: Hipatia de Alejandría, Lise Meitner y Maria Sklodowska.

21 ¿Por qué son necesarios los modelos científicos?

22 Menciona instituciones españolas relacionadas con la investigación científica y tecnológica.

23 El sistema solar, a lo largo de la historia, ha sido modelizado de diferentes formas. Indica y explica dos de ellas.

24 ¿Qué validez científica tiene esta hipótesis: «los rayos son lanzados por Zeus para castigar las acciones de los humanos»? ¿Por qué?

25 A principios del siglo XVIII se trabajaba con la siguiente hipótesis: «el calor es un fluido que pasa de los cuerpos de mayor temperatura a los de menor temperatura». ¿Se podía considerar hipótesis científica este enunciado? Y en la actualidad, ¿se puede considerar como hipótesis científica?

26 Diseña un experimento para comprobar la siguiente hipótesis: «el rozamiento es debido a las rugosidades que existen en las superficies de los cuerpos en contacto».

27 Idea un modelo sobre la evaporación de un líquido, indicando las posibles variables de las que depende este fenómeno.

28 Son las 10 h del viernes y hasta las 12 h del próximo lunes no irá a casa un fontanero a reparar un grifo que gotea constantemente. ¿Cómo determinarás la cantidad de agua perdida en ese tiempo?

29 Aplica la manera de trabajar de los científicos al estudio de la siguiente observación: «dos bolas, una de acero y otra de corcho, se dejan sobre la superficie del agua, y mientras la de acero se hunde, la de corcho queda flotando».

30 La resistencia eléctrica de un conductor depende del tipo de material, de la longitud del conductor y de su sección. ¿Cómo controlarás estas tres variables para estudiar la relación que existe entre la longitud y la resistencia eléctrica de un conductor?

31 ¿Cómo comprobarías la hipótesis siguiente: «Al exhalar el aire que respiramos, emitimos dióxido de carbono, CO_2, a la atmósfera»?

32 Supón que el agua del grifo de tu casa tiene mal sabor, y te planteas la hipótesis de que contiene carbonato de calcio. Describe cómo comprobarlo experimentalmente.

33 Se toman medidas y se ordenan (tabla 1.8) para determinar la densidad de una roca de apariencia homogénea.

a) Calcula la media aritmética de las densidades.

b) Con los valores de la tabla 1.8, haz una gráfica y calcula la densidad sobre ella.

m (g)	*V* (cm³)	*d* (g/cm³)
12,20	3,56	3,43
13,52	3,92	3,45
15,16	4,42	3,43
15,80	4,59	3,44
16,50	4,81	3,43
22,40	6,49	3,45
27,70	8,12	3,41
31,83	9,28	3,43
36,59	10,67	3,43
44,03	12,91	3,41

Tabla 1.8.

Solución: a) $d = 3{,}43$ g/cm^3; **b)** $d = 3{,}48$ g/cm^3.

34 La fuerza de rozamiento con el aire de un objeto que se mueve en la atmósfera terrestre varía con la velocidad según la tabla 1.9:

v (m/s)	0	1	2	3	4
F_R (N)	0,0	0,2	0,8	1,8	3,2

Tabla 1.9.

a) Investiga el tipo de relación existente entre las variables consideradas.

b) Indica cuál será la fuerza de rozamiento cuando la velocidad es de 10 m/s.

Solución: a) $F_r = 0{,}2 \cdot v^2$; **b)** $F_r = 20$ N.

Magnitudes y unidades

35 Explica qué son magnitudes escalares y vectoriales, así como las características que las definen.

36 De las magnitudes siguientes, indica cuáles son básicas y cuáles derivadas en el SI: fuerza, aceleración, longitud, tiempo, velocidad, volumen, superficie, temperatura, cantidad de sustancia, masa, carga eléctrica y energía.

37 Clasifica las siguientes magnitudes físicas en vectoriales o escalares: tiempo, masa, espacio recorrido, presión, fuerza, velocidad y potencia.

38 ¿Cuáles son las unidades de las siguientes magnitudes en el SI: fuerza, aceleración, longitud, tiempo, velocidad, volumen, superficie, temperatura, cantidad de sustancia, masa, carga eléctrica y energía?

39 Escribe, utilizando los símbolos adecuados, las siguientes medidas:

a) Ciento setenta kilómetros.

b) Quince miliamperios.

c) Veinte nanosegundos.

d) Cuarenta megavatios.

40 Indica qué símbolos erróneos de unidades hay en la siguiente frase: «las cantidades solicitadas deben estar entre un número de 1 500 millones de Kw × h anuales...».

41 Ordena de mayor a menor los siguientes valores de diferencia de potencial:

a) 250 V.

b) 30 000 mV.

c) 8 000 μV.

d) 60 kV.

e) 0,05 MV.

Solución: (d) > (e) > (a) > (b) > (c).

42 La energía cinética, E_c, de un cuerpo se calcula mediante la expresión $E_c = \frac{1}{2}\, m\, v^2$, y la energía potencial gravitatoria, como $E_p = m\, g\, h$. Comprueba si estas fórmulas son homogéneas, sabiendo que las dimensiones de una energía son: $[E] = M\, L^2\, T^{-2}$.

43 Mediante la ecuación de dimensiones de cada término, indica los que resultan erróneos en la siguiente ecuación, sabiendo que v y v_0 son velocidades, que a es aceleración y que s es espacio.

$$v^2 = v_0 + 2\, a\, s$$

Solución: $[v^2] = L^2\, T^{-2}$; $[v_0] = L\, T^{-1} \neq L^2\, T^{-2}$; $[as] = L^2\, T^{-2}$.

44 Sabiendo que potencia es igual a energía consumida por unidad de tiempo y que voltaje es potencia dividido por intensidad de corriente, halla la ecuación de dimensiones del voltaje.

45 La siguiente ecuación es dimensionalmente correcta:

$$2x^2 = A \sin 30° - \pi \left(\frac{y}{2}\right)^2$$

Si A representa una superficie, ¿cuáles son las dimensiones de x e y?

Solución: $x = L$; $y = L$.

46 Las dimensiones de la fuerza son: $[F] = M\, L\, T^{-2}$. Calcula los valores de p, r y s para que la ecuación:

$$F = \sqrt{m^p\, h^r\, t^s}$$

sea homogénea, donde: m = masa; h = altura; t = tiempo.

Solución: $p = 2$; $r = 2$; $s = -4$.

47 Las dimensiones de la presión son: $[p] = M\, L^{-1}\, T^{-2}$. Calcula las dimensiones de la constante de los gases ideales, R, en la ecuación:

$$p\, V = n\, R\, T$$

donde p es la presión del gas, V el volumen que este ocupa, n el número de moles y T, la temperatura.

Solución: $[R] = M\, L^2\, T^{-2}\, N^{-1}\, \theta^{-1}$.

48 En los procesos a volumen constante, la presión y la temperatura de un gas ideal son directamente proporcionales. Calcula la ecuación de dimensiones de la constante de proporcionalidad.

Solución: $[k] = M\, L^{-1}\, T^{-2}\, \theta^{-1}$.

49 Convierte los siguientes datos a los múltiplos y submúltiplos que se indican, según el caso: km, m, mm, μm, nm:

a) $1{,}2 \times 10^{-4}$ km.

b) 2 m.

c) 12 μm.

d) 5×10^{-4} nm.

50 Expresa en unidades básicas del SI las cantidades que se indican a continuación:

a) 108 km/h.

b) 13,6 g/cm^3.

c) 980 cm/s^2.

d) –56 °C.

Solución: a) 30 m/s; **b)** 13 600 kg/m^3; **c)** 9,8 m/s^2; **d)** 217,15 K.

51 Expresa en las unidades que se solicitan las siguientes medidas según el SI:

a) 340 m/s → km/h.

b) 240 kg/m^3 → g/cm^3.

Solución: a) 1 224 km/h; **b)** 0,240 g/cm^3.

52 Hasta finales del siglo XIX, el metro se definía como «la diezmillonésima parte del cuadrante del meridiano terrestre». Suponiendo que la Tierra es una esfera de radio 6 370 km, calcula la longitud de uno de sus meridianos y la longitud de la diezmillonésima parte del cuadrante.

Solución: $L = 4{,}00 \times 10^7$ m; 1 m.

Actividades

53 Una unidad de presión utilizada en ingeniería es la atmósfera técnica (se emplea en los manómetros que miden la presión en los neumáticos), que corresponde a una presión de 1 kilogramo fuerza por cm^2 (kg/cm^2). Si un kilogramo fuerza equivale a 9,81 newton:

a) Indica su valor en unidades del SI.

b) ¿Cuál es el orden de magnitud? Compáralo con el bar, unidad de presión equivalente a 10^5 N/m^2.

Solución: a) 98 100 N/m^2; **b)** Mismo orden de magnitud.

Expresión de la medida y cálculos

54 La masa de la Tierra es de $5,97 \times 10^{24}$ kg y la masa de la Luna de $7,35 \times 10^{22}$ kg. Escribe el orden de magnitud de ambas y compáralos.

Solución: $M_T = 100 \cdot M_L$.

55 ¿Cuántas cifras significativas tienen las cantidades que se relacionan a continuación?

a) 5,3.

b) 0,00340.

c) 23,060.

d) 0,00010.

56 Un embalse con 1 530 hm^3 de capacidad, debido a las abundantes lluvias, ha vertido al mar entre enero y febrero 2 824 hm^3. Expresa en m^3 la capacidad y el agua excedente de ese embalse utilizando notación científica con tres cifras decimales.

Solución: Capacidad: $1,530 \times 10^9$ m^3. Excedente: $2,824 \times 10^9$ m^3.

57 Calcula la masa molar del sulfato de cinc ($ZnSO_4$) y exprésala con el número correcto de decimales.

(Datos: *M* (Zn) = 65,39; *M* (S) = 32,065; *M* (O) = 15,9994.)

Solución: $M(ZnSO_4) = 161,45$.

58 Calcula los moles de cloruro de sodio (NaCl) que hay en 125,34 g de este compuesto y exprésalo con el número correcto de decimales.

(Datos: *M* (Na) = 22,9898; *M* (Cl) = 35,4527.)

Solución: *n* (NaCl) = 2,1446 mol.

59 Escribe el resultado, con el número correcto de cifras significativas, de las operaciones siguientes:

a) 602,023 – 137,04.

b) $\dfrac{62,03}{41,589}$.

c) $23,060 \times \dfrac{12,32 \times 3,1415}{2,539}$.

Solución: a) 464,98; **b)** 1,492; **c)** 351,5.

60 Calcula el volumen de una taza cilíndrica cuya base tiene un diámetro de 7,5 cm y una altura de 9,5 cm.

Solución: $V = 420$ cm^3.

61 Halla el volumen de una esfera de diámetro 2,4 cm. Si la masa de la esfera es 10,05 g, calcula la densidad. Redondea los resultados convenientemente.

Solución: $V = 7,2$ cm^3; $d = 1,4$ g/cm^3.

62 Calcula la capacidad de un *tetra brik*, sabiendo que sus medidas son: 16,5 cm; 6,5 cm y 9,5 cm. Expresa el resultado con el adecuado número de decimales.

Solución: $V = 1\,000$ cm^3.

63 Expresa con notación científica, redondeando a dos decimales, las cantidades siguientes: 286 842 000; 0,000034267; 0,00017319; 94 000 000 000.

Solución: $2,87 \times 10^8$; $3,43 \times 10^{-5}$; $1,73 \times 10^{-4}$; $9,40 \times 10^{10}$.

64 Efectúa las operaciones siguientes con la calculadora, expresando las soluciones en notación científica y redondeando al número de cifras significativas adecuado:

a) $60 \times 0,0054 \times 1,6 \times 10^{-4}$.

b) $(0,342 \times 10^{-3} - 4,45 \times 10^{-4})\ 10^{-3}$.

c) $(20 \times 10^9 - 1,6 \times 10^{10})\ (1,5 \times 10^{-3} - 0,30 \times 10^{-2})$.

Solución: a) $5,2 \times 10^{-5}$; **b)** $-1,03 \times 10^{-7}$; **c)** -6×10^6.

65 Escribe en forma decimal las siguientes medidas:

a) $5,72 \times 10^4$ m.

b) $765,2 \times 10^{-4}$ g/cm^3.

Solución: a) 57 200 m; **b)** 0,07652 g/cm^3.

66 Expresa con notación científica, redondeando a dos decimales, las cantidades siguientes:

a) 826 751 000.

b) 0,000064862.

Solución: a) $8,27 \times 10^8$; **b)** $6,49 \times 10^{-5}$.

67 Un ordenador tiene las siguientes características: velocidad del procesador 2,4 GHz (gigahercios) y capacidad de memoria RAM 512 Mb (megabytes). ¿Cuál es la velocidad del procesador en hercios y la capacidad en bytes de la memoria RAM? Exprésalo en notación decimal y científica.

Solución: $2,4 \times 10^9$ Hz = 2 400 000 000 Hz; $5,12 \times 10^8$ bytes = 512 000 000 bytes.

La medida. Instrumentos y errores

68 Justifica si son verdaderas o falsas las afirmaciones siguientes:

a) La incertidumbre no tiene dimensiones.

b) Las incertidumbres se redondean siempre por exceso.

c) El calibrado de un instrumento viene hecho de fábrica y no hay que volver a realizarlo.

69 Explica qué es incertidumbre de medida y error relativo. ¿En qué unidades se expresan? ¿Cuál de ellos da idea de lo bien que está hecha una medida?

70 A la vista de las siguientes medidas: 5 m; 5,0 m y 5,00 m, indica cuáles de las afirmaciones son falsas:

a) Los ceros que siguen a la coma son innecesarios.

b) Todas las medidas son iguales.

c) Todas las medidas están hechas con el mismo instrumento de medida.

71 Escribe correctamente la medida que aparece:

Figura 1.17. Reloj como instrumento de medida.

72 Se mide tres veces consecutivas con un miliamperímetro (1) una intensidad de corriente de 600 mA. Las medidas son: 601 mA; 602 mA. En las mismas condiciones se mide con otro miliamperímetro (2), obteniéndose 598 mA; 602 mA; 600 mA. ¿Qué aparato es el más exacto y cuál es el más preciso?

73 Sabiendo que el error relativo de un producto o cociente es la suma de los errores relativos de sus factores, ¿cómo medirías con una incertidumbre de 0,1 mm el grosor de una moneda de 1 euro si dispones de una regla milimetrada? Razona cómo varía la incertidumbre en mediciones como esta.

74 Medimos cinco veces la masa de una moneda con una balanza cuya resolución es 0,01 g, con los siguientes resultados: 12,52 g; 12,29 g; 12,82 g; 12,39 g y 12,62 g:

a) ¿Qué valor tomaremos como verdadero?

b) Expresa correctamente el valor de la medida.

Solución: a) 12,53 g; **b)** $m = (12{,}5 \pm 0{,}2)$ g.

75 Se realizan cinco medidas del tiempo que tarda un péndulo en dar 10 oscilaciones con un cronómetro cuya resolución es ±0,01 s. Los resultados obtenidos son: 18,53 s; 18,45 s; 18,75 s; 20,62 s y 18,49 s:

a) ¿Qué valor tomaremos como verdadero?

b) Expresa correctamente el valor de la medida.

Solución: a) $t = 18{,}56$ s; **b)** $t = (18{,}6 \pm 0{,}1)$ s.

76 En muchas ocasiones, por comodidad, tomamos el valor de la aceleración de la gravedad en la superficie terrestre como 10 m/s^2, en lugar de 9,81 m/s^2, su valor real. ¿Qué incertidumbre y error relativo cometemos en la aproximación?

Solución: $\varepsilon_a = 0{,}2$ m/s^2; $\varepsilon_r = 2$ %.

77 Un grupo de alumnos, al medir la longitud de su aula con una cinta métrica, ha obtenido los siguientes resultados: 8,02 m; 8,01 m; 8,03 m; 8,04 m; 8,02 m y 8,00 m. Halla el valor verdadero de la medida, la incertidumbre y el error relativo.

Solución: $l = 8{,}02$ m; $\varepsilon_a = \pm\, 0{,}01$ m; $\varepsilon_r = 0{,}1$ %.

78 ¿Qué incertidumbre y error relativo cometemos al calcular la masa molar del agua tomando como masas atómicas del oxígeno e hidrógeno 16 y 1, respectivamente? (Datos: M(O) = 15,9994; M(H) = 1,00797.)

Solución: $\varepsilon_a = 0{,}0153$ g/mol; $\varepsilon_r = 0{,}0849$ %.

79 La longitud de una ristra de 100 grapas, medida con una regla milimetrada cuya resolución es de 0,5 mm, es de (67,5 ± 0,5) mm. ¿Cuál es el grosor de cada grapa? ¿Cuál es la incertidumbre de ese grosor?

Solución: (0,675 ± 0,005) mm.

80 Estás midiendo los catetos de un triángulo con una regla milimetrada de resolución 0,5 mm. Si la medida del cateto mayor está entre 50 mm y 51 mm, y la del menor, entre 34 mm y 35 mm, ¿qué medidas darías como buenas?

Solución: $a = (50{,}5 \pm 0{,}5)$ mm; $b = (34{,}5 \pm 0{,}5)$ mm.

81 Con un mismo cronómetro se han tomado medidas del tiempo empleado en una carrera de 100 m lisos, obteniéndose $t = 11{,}31$ s, y del tiempo en una carrera de 400 m lisos, obteniéndose $t = 43{,}53$ s. ¿Qué medida es de mayor calidad?

Solución: ε_r (100) = 0,09 %; ε_r (400) = 0,02 %.
Es mejor la de la carrera de 400 m.

82 Calcula la superficie de un triángulo rectángulo de catetos $b = 4{,}2$ cm y $c = 3{,}4$ cm y exprésala correctamente con la incertidumbre cometida.

Solución: $S = (7{,}1 \pm 0{,}4)$ cm^2.

83 Calcula el volumen de un teléfono móvil de dimensiones $a = 4{,}3$ cm; $b = 10{,}3$ cm y $c = 1{,}8$ cm, y exprésalo correctamente con la incertidumbre cometida.

Solución: $V = (80 \pm 8)$ cm^3.

84 En el laboratorio medimos la masa de una piedra caliza y obtenemos un valor de 29,21 g. Medimos el volumen con una probeta que aprecia ± 1 mL, siendo el resultado de la medida 10 mL. Calcula la densidad de la piedra y exprésala correctamente.

Solución: $d = (2{,}9 \pm 0{,}3)$ g/mL.

Las normas de seguridad en el laboratorio

85 Supón que vas a trabajar en el laboratorio con ácidos, ¿qué elementos debes de ponerte para trabajar con seguridad?

86 ¿Por qué es imprescindible utilizar un aspirador para pipetas para coger volúmenes de una botella de ácido?

87 ¿Por qué debes tomar precauciones al manipular cualquier producto químico en el laboratorio, aunque no sea peligroso?

2 Principios de la Química

1 La Química estudia la constitución de la materia

El universo, considerado como todo lo que existe, está formado solo por dos tipos de entidades: la **materia** y la **energía.** Así, la luz o el calor son energía, mientras que una manzana, un elefante o el planeta Saturno son materia. Cualquier entidad que se considere materia tiene una característica fundamental y distintiva: la **masa.**

La **masa** es la característica fundamental de la materia.

En **Física** se estudian todos aquellos cambios de posición, de movimiento o de estado que no alteran la naturaleza de la materia. Por ejemplo, se estudia cómo una barra de hierro se dobla, se deshace en limaduras, conduce la electricidad, cambia de temperatura o se funde. Son fenómenos en los cuales el hierro, que es la materia en cuestión, sigue siendo hierro.

Los **cambios físicos** no alteran la naturaleza de las sustancias.

Por su parte, la **Química** es la ciencia que se dedica a estudiar la naturaleza de la materia y los cambios que la afectan. Siguiendo con el ejemplo de la barra de hierro, diremos que la Química estudia cuándo y cómo la barra, en contacto con el aire, se oxida y se convierte en un polvo rojizo que no conduce la electricidad ni tiene brillo metálico, porque ya no es un metal: no es hierro, sino óxido de hierro, que es una sustancia distinta. Si se mezclan limaduras de hierro con azufre en polvo y se calientan suficientemente, se produce otra transformación química de la que resulta una nueva sustancia, el sulfuro de hierro, que tampoco es hierro ni azufre, cuyas propiedades son distintas a las de las sustancias de partida.

Los **cambios químicos** alteran la naturaleza de las sustancias.

Los cambios químicos se conocen como **reacciones químicas.** Como cualquier ciencia, la Química tiene la misión de conocer y, a partir de este conocimiento, ordenar y clasificar. Así, los químicos se ocuparán de conocer la constitución de la materia y, a partir de este conocimiento, tratarán de ordenar y clasificar las distintas materias con las que se encuentren.

La Química debe su nombre a la alquimia (del árabe *al-khimia*).

La alquimia era un conjunto de conocimientos precientíficos que abarcaban desde la metalurgia a la astrología; entre sus principales preocupaciones estaba la transformación de los metales en oro mediante la llamada piedra filosofal.

Figura 2.1.
Antiguo grabado que recrea el laboratorio de un alquimista. *(Journal Universel,* París, 1858.)

Figura 2.2.
Cambios físicos y químicos. La fusión del hielo es un cambio físico, pues no altera la naturaleza de la sustancia. La combustión de una vela es un cambio químico, ya que los productos de la reacción tienen una naturaleza distinta a la de los que había al principio.

2 Concepto de sustancia química

A veces, oímos o decimos que ciertos alimentos, pinturas o detergentes llevan sustancias químicas. Se habla de sustancia química como si fuera algo opuesto a lo natural, pero esto es engañoso porque los alimentos, los objetos, el aire que respiramos, el agua que bebemos y nosotros mismos estamos formados de sustancias químicas.

El estudio de las sustancias es la ocupación principal de la Química. En este estudio, una de las primeras cuestiones que hay que determinar es si una sustancia es una **sustancia pura** o una **mezcla.**

2.1 Sustancias puras

El concepto de sustancia pura es una de las bases de la Química y para llegar a él hicieron falta siglos de labor de alquimistas y químicos. A fines del siglo XVIII, **Joseph Proust** estableció que:

> Una **sustancia pura** es aquella que tiene una composición definida y constante, y unas propiedades físicas y químicas constantes que sirven para caracterizarla y distinguirla de las demás sustancias.

Figura 2.3.
Oro y sílice. Estas dos sustancias se pueden encontrar con un elevado grado de pureza en la naturaleza.

Aquí, **composición** hace referencia al tipo y la proporción de **elementos químicos** de los que está formada una sustancia. El concepto de elemento químico es otro de los aspectos básicos de la Química.

Cualquier materia que cumpla la definición anterior es una sustancia química, con independencia de su origen. Así, el agua, el alcohol etílico, la glucosa, el oro y el oxígeno son sustancias químicas. Si se estudia cada una de ellas, resulta que tienen siempre la misma composición, independientemente de su origen. Además, esa composición es característica, es decir, permite distinguir, por ejemplo, el agua del oro.

Las sustancias químicas puras se obtienen de las mezclas, separando sus componentes. Este proceso, llamado **purificación,** es difícil y necesita varias etapas. Un criterio de pureza para una sustancia es que no contenga ninguna otra sustancia, es decir:

> Las **sustancias puras** no pueden separarse en otras sustancias por **métodos físicos.**

Como se ha indicado, los **métodos físicos** son aquellos que no alteran la naturaleza de las sustancias (filtración, destilación, cristalización, etc.). Antes, durante y después de la separación, las sustancias químicas se comportan igual y tienen la misma naturaleza.

Por ejemplo, el agua se puede purificar por destilación, proceso que consiste en hervirla y recoger sus vapores, los cuales, enfriados, vuelven al estado líquido. Las sales que pudiera llevar disueltas no se vaporizan, sino que quedan en el recipiente de partida. Pero durante todo el proceso el agua no deja de ser agua, ni las sales dejan de ser sales, por lo que la destilación es un método físico.

1 Cita tres ejemplos de cambios físicos que se apliquen a algún proceso industrial o artesanal de elaboración de productos conocidos.

2 Indica tres cambios químicos que sean parte de la obtención de productos conocidos en algún proceso industrial o artesanal.

2.2 Mezclas

Cuando la composición y las propiedades físicas y químicas de una materia varían dentro de unos márgenes, estamos en presencia de una mezcla, que está formada por dos o más sustancias puras.

Una **mezcla** tiene una composición variable y unas propiedades que están relacionadas con las de sus componentes.

Las mezclas se clasifican en:

- **Homogéneas:** a simple vista no se observan sus distintos componentes y las propiedades no varían de un punto a otro de la mezcla. Son mezclas homogéneas el agua de mar o el aire.
- **Heterogéneas:** a simple vista o con ayuda de una lupa se observa que hay más de un componente y las propiedades varían de un punto a otro de la mezcla. Son ejemplos la arena y el granito.

En las mezclas es clara la variación de propiedades según su composición. Por ejemplo, la temperatura de ebullición del agua salada varía según la concentración de sal (la del agua pura es 100 °C, a 1 atm). Asimismo, de un aceite de oliva a otro se encuentran diferencias en las temperaturas de congelación; esto no ocurriría si el aceite fuera una sustancia pura en vez de una mezcla.

2.3 Métodos de separación de mezclas

La mezcla de sustancias es un proceso fácil de entender. Reunamos limaduras de hierro y serrín en un recipiente y agitémoslas con una varilla o una espátula: se ha conseguido una mezcla. Pongamos otro ejemplo: si añadimos algo de sal común a un vaso de agua y agitamos, resulta una mezcla.

Separar los componentes de una mezcla también es un proceso común. La mezcla de hierro y serrín se separa con un imán que arrastra las limaduras y deja el serrín. En el caso del agua salada, si calentamos, el agua se evapora y en el fondo del recipiente queda la sal sólida.

La **separación de mezclas** se basa en aprovechar las **distintas propiedades de los componentes.** Los métodos que no alteran la naturaleza química de las sustancias **(métodos físicos)** se han usado tradicionalmente (tabla 2.1). Por ejemplo, cuando separamos agua de arena por filtración, el agua sigue siendo agua con todas sus propiedades, antes, durante y después de la filtración; lo mismo ocurre con la arena.

Figura 2.4.
Filtrado. Es una de las operaciones de separación de mezclas más frecuentes en laboratorios y en la industria.

Técnica	Principio	Procedimiento
Filtración	Diferente tamaño de las partículas.	Las partículas más pequeñas que los poros del filtro atraviesan este. Las otras quedan retenidas.
Centrifugación	Diferencia de densidades.	Rotación a gran velocidad de la mezcla. El componente más denso queda en el fondo.
Cristalización	Diferencia de solubilidad.	Las partículas se unen entre ellas para formar cristales a partir de una disolución saturada.
Destilación	Diferencia de volatilidad.	El componente más volátil se evapora antes y se recoge en primer lugar.
Cromatografía	Diferencia de adsorción.	La mezcla pasa a través de otra sustancia que retiene un componente más que otro.

Tabla 2.1.
Métodos de separación de mezclas.

3 Elementos y compuestos

El concepto antiguo de elemento hace referencia a unas sustancias a partir de las cuales se forman todas las demás. **Empédocles,** hacia la mitad del siglo V a. C., afirmó que la Tierra estaba formada por cuatro elementos o sustancias básicas: tierra, aire, agua y fuego. Un siglo más tarde, **Aristóteles** añadió el éter como quinto elemento que, según él, formaba el cielo.

Durante la Edad Media, la lista de elementos creció, incluyendo algunos que encajan con nuestro concepto actual de elemento, como el mercurio, el oro y el azufre. En el siglo XVI, **Paracelso** añadió la sal, aunque, evidentemente, no se trata de un elemento, según el concepto actual.

En el siglo XVII, el inglés **Robert Boyle** (1627-1691) proporcionó una primera definición de elemento cercana a la actual.

Un **elemento** es una sustancia que, si se combina con otros elementos, forma compuestos y, por el contrario, no se puede descomponer en otras sustancias más simples.

Los químicos emprendieron la tarea de averiguar qué sustancias podían descomponerse en otras más simples y cuáles no. Pronto se hizo evidente que muchos pretendidos elementos no lo eran, pues podían descomponerse en otras sustancias.

Figura 2.5.
Antoine Laurent Lavoisier. Físico francés que destacó por las medidas metódicas que realizó en los estudios sobre la composición de los materiales, la oxidación y otras combustiones, y la composición del aire.

Así, **Henry Cavendish** demostró que el agua no era un elemento y que estaba formada por hidrógeno y oxígeno, que sí lo eran. **Anthony Laurent Lavoisier** (1743-1794) demostró que el aire era una mezcla de nitrógeno y oxígeno. Ya en 1808, **Humphry Davy,** con la ayuda de la corriente eléctrica, descompuso los óxidos de calcio y magnesio (antes considerados elementos) en calcio y oxígeno, y en magnesio y oxígeno, respectivamente.

De este modo, los elementos quedaban reducidos a las sustancias que no podían ser descompuestas en otras, mientras que las que sí podían descomponerse pasaban a considerarse sustancias compuestas.

Compuestos son las sustancias formadas por dos o más elementos y que pueden descomponerse en estos.

Mientras que el número de elementos conocidos supera escasamente el centenar, los compuestos químicos son prácticamente infinitos. Los compuestos se diferencian de las mezclas en que:

- Las mezclas se separan por métodos físicos, mientras que los compuestos no se pueden separar por estos métodos. Se precisan elevadas cantidades de calor o de corriente eléctrica para descomponerlos.
- Las propiedades de las mezclas se derivan de las de sus **componentes.** Los compuestos tienen propiedades distintas de las de los elementos que los forman.
- Las mezclas pueden existir en cualquier proporción. Los compuestos se forman siempre en proporciones fijas.
- La formación de un compuesto conlleva **gran desprendimiento** o **absorción de energía.** En una mezcla, el efecto energético es pequeño.

3 ¿Qué elementos se forman por descomposición del agua?

4 Explica cómo probarías que la sal común es un compuesto.

5 ¿Cuántos elementos químicos se conocen en la actualidad? ¿Crees que se descubrirán muchos más? ¿Y compuestos?

4 Antiguas leyes ponderales de la Química

Las leyes ponderales se llaman así porque se ocupan del peso o de la masa de las sustancias. La balanza era, y todavía es, el instrumento de precisión de referencia en los laboratorios. Por eso, las leyes que intentaron cuantificar los cambios químicos se basaron en la medida de la masa.

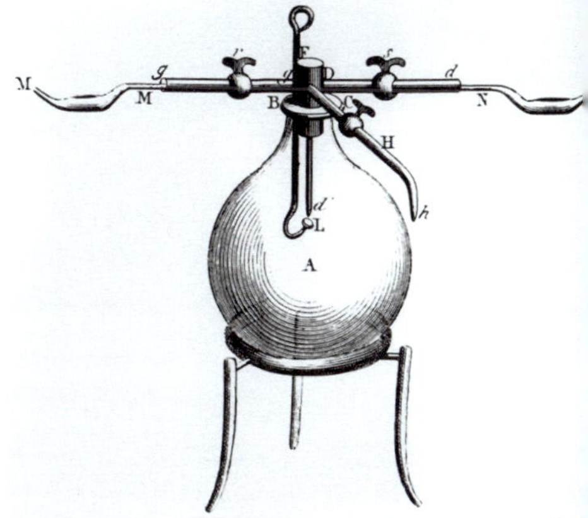

Figura 2.6.
Aparato de Lavoisier para la producción de agua a partir de hidrógeno y oxígeno con la ayuda de una chispa eléctrica. El pesado del recipiente antes y después de lareacción ayudó a convencerlo de la conservación de la masa en las reacciones químicas.

4.1 Ley de conservación de la masa o ley de Lavoisier

Lavoisier es considerado por muchos como el padre de la Química. Sus trabajos experimentales le llevaron a enunciar la primera ley química:

> En una **reacción química,** la **masa se conserva.** La suma de masas de los reactivos es igual a la suma de masas de los productos de la reacción.

Si una reacción se realiza en un recipiente cerrado (para evitar, en el caso de que se produzcan gases, que escapen) y el recipiente se pesa antes y después de la reacción, la masa medida es la misma.

Lavoisier fue condenado a la guillotina por un tribunal de la Revolución francesa a pesar de que él apoyó la Revolución desde sus primeros momentos.

Su *Tratado Elemental de Química* de 1789 es una síntesis de los principios químicos conocidos entonces.

4.2 Ley de las proporciones definidas o de la composición constante

Enunciada por el francés **Louis Joseph Proust** (1754-1826), establece que:

> Cuando dos elementos se combinan para formar un compuesto, lo hacen siempre en la **misma relación de masas.**

Por ejemplo, cuando se combinan azufre y aluminio para formar sulfuro de aluminio, sus masas están siempre en la proporción 53,963 g de aluminio y 96,192 g de azufre. Dicho de otro modo, el compuesto formado tiene siempre un 35,94 % de aluminio y un 64,06 % de azufre.

4.3 Ley de las proporciones múltiples

La ley de las proporciones definidas no implica que la combinación de dos o más elementos dé siempre un único compuesto. La combinación de los mismos elementos puede originar más de un compuesto. **John Dalton** encontró una relación entre las cantidades de un mismo elemento que intervienen en la formación de compuestos diferentes:

> Si una misma cantidad de un elemento reacciona con masas distintas de otro elemento formando distintos compuestos, entonces las masas del otro elemento mantienen entre sí una **relación de números sencillos.**

Por ejemplo, el hierro y el oxígeno forman un compuesto con un 77,73 % de hierro y un 22,27 % de oxígeno. También forman otro compuesto con un 69,94 % de hierro y un 30,06 % de oxígeno. Si se calculan los gramos de hierro que corresponden a 1 g de oxígeno en cada compuesto, resulta:

En el primer compuesto: $\dfrac{77{,}73 \text{ g Fe}}{22{,}27 \text{ g O}} = 3{,}4903 \dfrac{\text{g Fe}}{\text{g O}}$

En el segundo compuesto: $\dfrac{69{,}94 \text{ g Fe}}{30{,}06 \text{ g O}} = 2{,}3267 \dfrac{\text{g Fe}}{\text{g O}}$

Según la ley, estas dos proporciones se encuentran en una relación numérica sencilla. En efecto: $\frac{3,4903}{2,3267} = 1,5 = \frac{3}{2}$

Estos óxidos de hierro son FeO y Fe_2O_3. La relación predicha por la ley deriva de que, en estos compuestos, el hierro actúa con valencias 2 y 3.

4.4 Ley de las proporciones recíprocas o ley de los pesos de combinación

Esta ley fue establecida por **Benjamin Jeremias Richter** (1762-1807) antes que las leyes de Proust y de Dalton.

> Las masas de distintos elementos que se combinan con igual masa de otro elemento son iguales a las masas con que aquellos se combinan entre sí y, si no iguales, son múltiplos o submúltiplos sencillos.

Esto hizo pensar en fijar un **elemento de referencia** y adjudicar a los otros una masa de combinación (peso equivalente) igual a la masa con que cada uno se combinaba con aquel elemento de referencia. Primero se pensó en el oxígeno, ya que se combina con la mayoría de los demás elementos. Más tarde se escogió el hidrógeno y se definió la masa:

> **Masa equivalente** es la masa de un elemento que combina con 1,008 partes de hidrógeno (en masa) o las reemplaza en algún compuesto.

4.5 Ley de los volúmenes de combinación o ley de Gay-Lussac

Al estudiar reacciones en las que tanto los reactivos como los productos de reacción eran sustancias gaseosas, **Joseph Louis Gay-Lussac** (1778-1850) enunció una ley que no es propiamente ponderal pues se refiere a volúmenes.

> Los volúmenes de los gases que intervienen en una reacción química están en una relación sencilla de números enteros.

Por ejemplo, tomando un volumen arbitrario como unidad de medida, en las reacciones de formación de agua y de cloruro de hidrógeno se comprueba:

1 volumen de oxígeno	+	2 volúmenes de hidrógeno	⟶	2 volúmenes de vapor de agua
1 volumen de cloro	+	1 volumen de hidrógeno	⟶	2 volúmenes de cloruro de hidrógeno

Figura 2.7.
Joseph Louis Gay-Lussac en el interior de un globo aerostático.
El interés de Gay Lussac por el estudio de la aerostática le llevó a subirse en este globo en 1804 para analizar la composición del aire y el efecto de la altitud sobre el magnetismo terrestre.

6 Una masa de 30,027 gramos de carbono reaccionan con 10,0797 g de hidrógeno para formar un compuesto gaseoso muy conocido. Calcula su composición en porcentaje. ¿Cuántos gramos de hidrógeno reaccionarían con 100 g de carbono?

7 El plomo y el yodo forman dos compuestos. En uno, el porcentaje en masa de plomo es de 44,94 % y en el otro, es de 62,02 %. Calcula los gramos de plomo por gramo de yodo en cada compuesto. Halla la relación entre una y otra cantidad. ¿Cumple la ley de las proporciones múltiples? ¿Sabes de qué compuestos se trata?

5 Teoría atómica de Dalton

Las leyes ponderales anteriores, que relacionan las masas con las de los elementos que se combinan entre sí, son leyes de carácter experimental, sin ninguna teoría que las fundamente y explique racionalmente.

Este fundamento teórico comenzó a darlo **John Dalton** (1766-1844), un maestro y meteorólogo británico. En 1803 propuso una **teoría sobre la constitución de la materia** que explicaba las leyes ponderales y abría el camino a la concepción que hoy en día tenemos sobre cómo está organizada la materia. La teoría que propuso se puede resumir así:

- La materia está formada por **átomos,** que son unidades muy pequeñas, indivisibles e inalterables de materia.
- Los átomos que forman un elemento son todos **iguales,** tienen la misma masa y las mismas propiedades.
- Los átomos de elementos distintos se diferencian por el hecho de que tienen diferente masa y distintas propiedades.
- Los átomos de las **sustancias compuestas puras** son también todos ellos iguales en masa y propiedades.
- Los átomos de estos compuestos se forman por unión de los átomos de los elementos en una **relación numérica constante** y **sencilla.**

Para comparar la teoría de Dalton con nuestros conocimientos actuales, es necesario hacer tres puntualizaciones:

- Los átomos no son tan indivisibles e inalterables como Dalton creía. A finales del siglo XIX y principios del siglo XX se demostró que se podían dividir en partículas menores, como **electrones, protones** y **neutrones.**
- Aquello a lo que Dalton llama átomos, tanto para elementos como para compuestos, es lo que actualmente conocemos como **moléculas** (con la excepción de los átomos de los gases monoatómicos, como los gases nobles, en los que molécula y átomo coinciden).
- En un mismo elemento, no todos los átomos son iguales, pues hay átomos del mismo elemento que difieren en la masa **(isótopos).**

Dalton, además, diseñó una serie de símbolos para representar los distintos elementos y compuestos que, aunque no han perdurado, suponen un intento de sistematización y representación ordenada de las sustancias, superando los antiguos símbolos de los alquimistas.

Dalton padecía una enfermedad que le impedía reconocer algunos colores (discromatopsia). La estudió y describió tan concienzudamente que, desde entonces, se conoce como la enfermedad de Dalton o daltonismo.

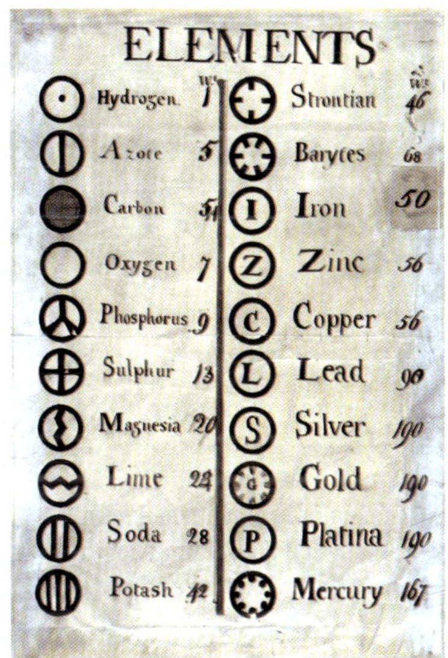

Figura 2.8.

Símbolos usados por Dalton para identificar los elementos. En muchos de ellos introduce ya la letra inicial del nombre.

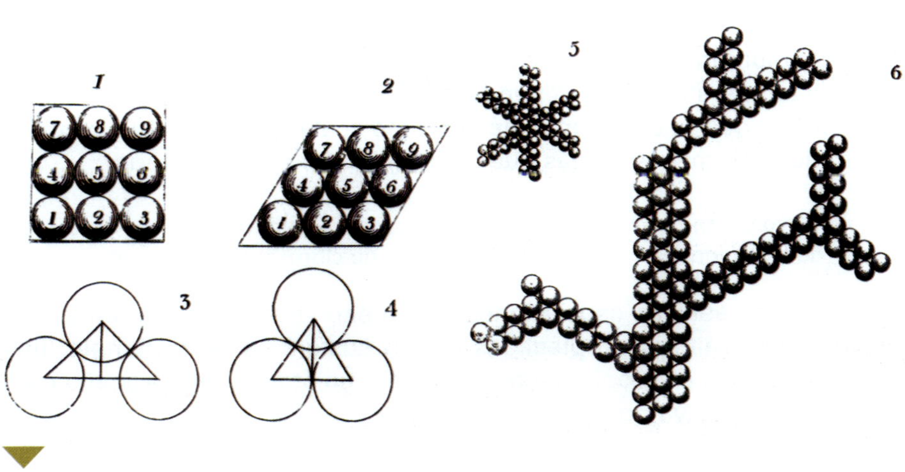

Figura 2.9.

Representación de los átomos de agua en estado sólido, según Dalton. En los dibujos 1 y 2 el agua se representa en estado sólido; en los dibujos 3 y 4 se muestran ángulos de 30° y 60° de separación entre las moléculas. En el 5 se representa un cristal de hielo formado por una repentina congelación del agua, y en el 6 agua en estado sólido al inicio de la congelación.

6 Teoría molecular de Avogadro

La teoría de Dalton no podía explicar la ley de los volúmenes de combinación. Según la teoría de Dalton, al reaccionar, por ejemplo, 1 átomo del elemento hidrógeno con 1 átomo del elemento cloro, se obtendría 1 átomo del compuesto cloruro de hidrógeno:

Por tanto, la reacción de 1 volumen de hidrógeno con 1 volumen de cloro debería proporcionar 1 volumen de cloruro de hidrógeno. Pero se comprueba que se obtienen dos volúmenes de cloruro de hidrógeno (fig. 2.10).

Esta contradicción la resolvió de manera sencilla el conde italiano **Amedeo Avogadro** (1776-1856). Según Avogadro:

> Las últimas partículas que forman los gases no son los átomos, sino las **moléculas,** o sea, agrupaciones de átomos con una composición fija.

Este científico afirmó, además:

> En volúmenes iguales, medidos en idénticas condiciones de presión y temperatura, todos los gases tienen el mismo número de moléculas.

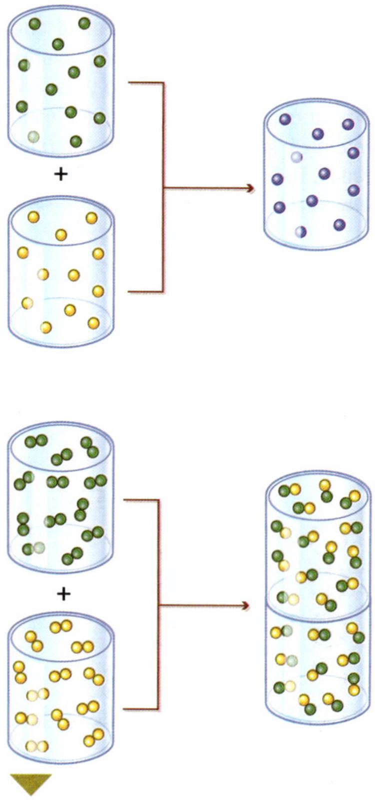

Figura 2.10.
Generación de cloruro de hidrógeno. Formación del compuesto según la teoría atómica de Dalton (superior) y según la teoría molecular de Avogadro (inferior).

Entonces, a la luz de la teoría de Avogadro, se explica perfectamente lo que la teoría de Dalton no conseguía explicar.

Volvamos al ejemplo de la formación del cloruro de hidrógeno, pero teniendo en cuenta que tanto el elemento hidrógeno como el elemento cloro están formados por moléculas diatómicas:

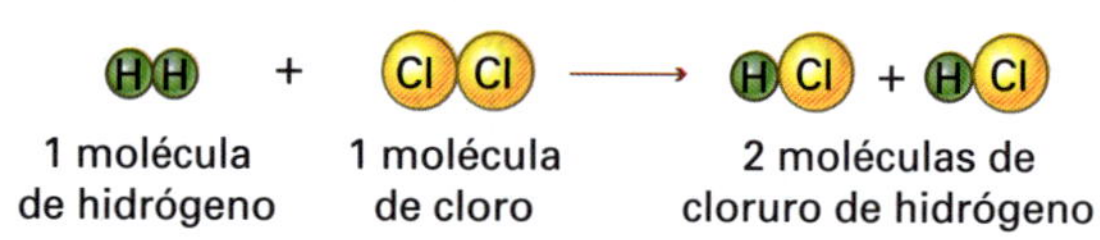

Como el volumen ocupado por los gases, en igualdad de condiciones de presión y temperatura, solo depende del número de moléculas, las mismas proporciones que se cumplen molécula a molécula también deben cumplirse entre los volúmenes de gas que reaccionan. En el caso anterior:

1 volumen de hidrógeno + 1 volumen de cloro ⟶ 2 volúmenes de cloruro de hidrógeno

Las moléculas son las asociaciones con menor número de átomos que todavía conservan las propiedades de las sustancias. Por ejemplo, una molécula de agua es propiamente agua, pero un átomo de hidrógeno o un átomo de oxígeno ya no lo son.

8 El pentaóxido de dinitrógeno es un gas que se descompone en otros dos, el tetraóxido de dinitrógeno y oxígeno. Escribe esta reacción de descomposición, ajústala y utilízala para comprobar la bondad de la teoría molecular de Avogadro.

7 Concepto actual de la organización de la materia

La característica fundamental de la materia es su masa. Por tanto, esta lo será también de todas las partículas o entidades que la formen.

7.1 Partículas elementales

Desde siempre, se ha discutido sobre si la materia se puede dividir infinitamente o si es posible hallar unas partículas que no se puedan dividir más. Esas partículas se denominan **partículas elementales.** Hoy en día, las partículas que reconocemos como elementales son los **quarks,** de los que se conocen seis, y los **leptones,** que también son seis y entre los que se encuentra una de las partículas más conocidas: el **electrón.**

Los quarks, agrupándose de tres en tres, forman **protones** y **neutrones.** Durante gran parte del siglo XX se consideraron partículas elementales, o sea, que no se podían dividir.

Más del 99 % del universo está en estado de **plasma.** En él, las partículas no están agrupadas formando átomos. Existe plasma en las estrellas, en el viento solar que llega hasta la Tierra, en las auroras boreales que origina, pero también en una llama, en un fluorescente o en una moderna pantalla de televisión.

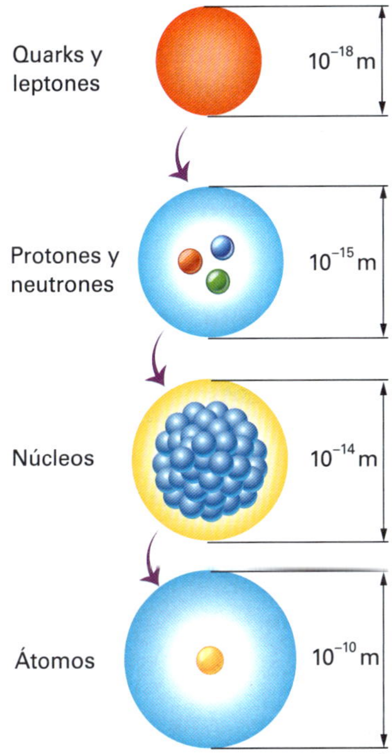

Figura 2.11.
Organización de la materia hasta el nivel atómico. Se muestra la secuencia de las partículas elementales y sus tamaños microscópicos.

7.2 Átomos

En los **estados condensados** de la materia **(sólido, líquido** y **gas)** las partículas elementales están agrupadas formando átomos; estos, a su vez, se agrupan en moléculas o cristales.

Los **quarks** poseen la llamada carga de color (un tipo de carga distinta a la eléctrica), que les permite unirse de tres en tres para formar protones y neutrones de masas muy parecidas, pero los protones tienen carga eléctrica positiva. Protones y neutrones se unen en **núcleos** o agrupaciones compactas mediante fuerzas distintas a las eléctricas y más fuertes que ellas, pues vencen la repulsión entre protones.

Un **átomo** no se considera actualmente una partícula indivisible, como creía Dalton, sino una estructura formada por partículas menores: protones y neutrones, agrupados en un **núcleo** denso, y **electrones,** que se mueven rápidamente a su alrededor. Entre núcleo y electrones hay mucho espacio vacío, con lo que la materia no es precisamente maciza. Los átomos son neutros, pues los electrones igualan en número y carga a los protones del núcleo.

Los **iones** son átomos (o grupos de átomos) que han ganado o que han perdido algún electrón, por lo que no presentan neutralidad eléctrica.

- **Iones positivos o cationes.** Átomos o grupos de ellos que han perdido algún electrón. Los metales tienen tendencia a formar iones positivos. Por ejemplo: Na^{+}, Fe^{2+}, Fe^{3+} y Al^{3+}. El número de electrones perdidos se indica como superíndice positivo a la derecha del símbolo.
- **Iones negativos o aniones.** Átomos o grupos de átomos que han ganado algún electrón. Los no metales tienden a ganar electrones. El número de electrones ganado se expresa como superíndice negativo. Por ejemplo: Cl^{-}, F^{-}, S^{2-}, O^{2-} y N^{3-}.

7.3 Agrupaciones de átomos

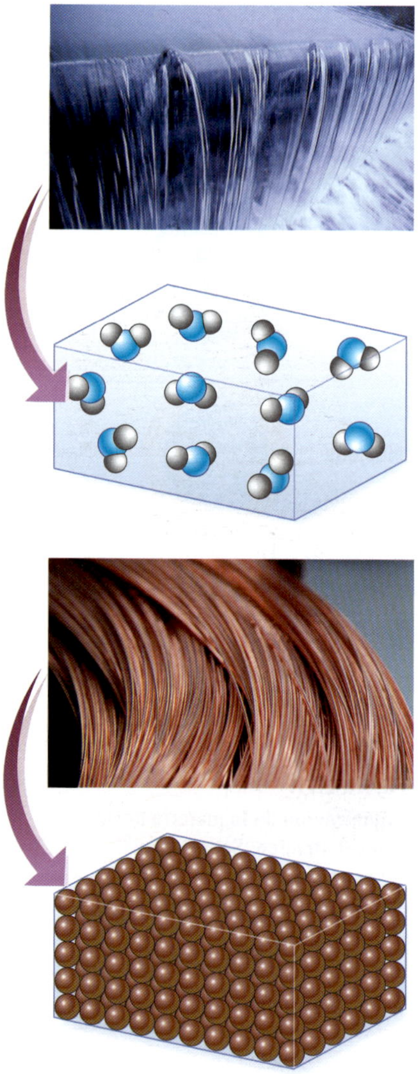

Figura 2.12.
Distinto tipo de agrupaciones atómicas. El agua es una sustancia que forma moléculas (superior). El cobre forma redes tridimensionales ordenadas de átomos (inferior).

A elevadas energías, los átomos pueden existir de modo individual. Ocurre así con los metales en estado de vapor. A bajas energías, en la mayoría de los casos, los átomos se reúnen en agrupaciones mediante uniones químicas. Estas asociaciones son de dos tipos:

- **Moléculas** o pequeñas agrupaciones de número y composición fija. Por ejemplo, el agua forma moléculas que siempre tienen tres átomos: dos de hidrógeno y uno de oxígeno.
- **Redes** o **retículos atómicos** e **iónicos.** Son grandes agrupaciones de número indefinido de átomos y de iones. Por ejemplo, un diamante, un pedazo de cobre o un granito de sal están formados por un número indeterminado, pero muy grande (trillones o más), de átomos o de iones. Cuando estas agrupaciones presentan un orden interno en la disposición de los átomos o iones, reciben el nombre de **cristales.**

7.4 Sustancias químicas y mezclas

Ya se ha visto la definición histórica de las mezclas y las sustancias puras. Atendiendo a los conocimientos actuales, podemos afirmar que:

- Las **sustancias químicas puras** están formadas por una sola clase de moléculas o redes atómicas. En la naturaleza, los diamantes y el oro son buenos ejemplos. El agua destilada y el alcohol puro son sustancias puras que se pueden encontrar en el comercio.
- Las **mezclas de sustancias químicas** están formadas por más de una clase de moléculas o redes atómicas. En ellas hay más de una sustancia química. Por ejemplo, el vino es una mezcla de agua, alcohol, azúcar, sales, taninos y otras sustancias. Una célula viva es una mezcla organizada de proteínas, lípidos, glúcidos, ácidos nucleicos, vitaminas, aminoácidos y otras muchas sustancias.

7.5 Elementos y compuestos

Entre las sustancias químicas puras, se distinguen:

- **Elementos.** Son aquellas sustancias puras que están formadas por una sola clase de átomos. Se ha citado el diamante, que es un tipo de carbono puro, y el oro. También son elementos conocidos el oxígeno, el azufre, el hierro, la plata, el cobre y el mercurio.
- **Compuestos.** Son las sustancias que están formadas por más de una clase de átomos. Son ejemplos: el agua, que está formada por átomos de hidrógeno y de oxígeno; el dióxido de carbono, que está constituido por átomos de carbono y de oxígeno, o la sal común, compuesta por átomos de cloro y sodio.

9 Escribe cinco elementos químicos que existan en forma de moléculas y cinco elementos que existan en forma de redes atómicas.

10 Escribe cinco ejemplos de compuestos químicos que existan en forma de átomos individuales, tres que formen moléculas, tres que formen redes atómicas y tres, redes iónicas.

8 Cálculo de fórmulas y composición centesimal

Las fórmulas químicas son un modo escueto y preciso de representar las sustancias. Una fórmula identifica una sustancia y proporciona información sobre su composición y, muchas veces, deja adivinar sus propiedades.

IUPAC son las siglas en inglés de la Unión Internacional de Química Pura y Aplicada.

Este organismo es responsable de oficializar los nombres de los elementos.

8.1 Masas atómicas y moleculares

La IUPAC recomienda dar las masas atómicas comparándolas con la doceava parte de la masa del ^{12}C. Así, si la masa del cloro es 35,45 es porque es 35,45 veces la doceava parte de la masa del isótopo de ^{12}C.

No debe confundirse la masa atómica con el **número másico.** El número másico es el número de protones y neutrones del átomo y, como tal, es un número natural: 1, 2, 3, 4... En cambio la masa es un número con decimales porque representa el promedio ponderado de las masas de todos los isótopos que forman un elemento.

La masa de los iones es prácticamente igual a la de los átomos, pues la masa de los electrones ganados o perdidos es insignificante. La masa de las moléculas no es más que la suma de las masas de los átomos que las forman. Por ejemplo:

$$M(H_2O) = 2 \times M(H) + M(O) = 2\,(1{,}00797) + 15{,}9994 = 18{,}0153$$

8.2 Espectrometría de masas

La determinación experimental de masas de átomos y moléculas ha encontrado un soporte extraordinario en la llamada **espectrometría de masas.** El funcionamiento de un espectrómetro de masas consiste en:

1. Vaporizar la muestra en forma de átomos o de moléculas.
2. Ionizar los átomos o moléculas por bombardeo de electrones o por choque con iones que les transfieren su carga.
3. Separar los iones en función de la relación carga/masa mediante un campo magnético perpendicular al camino de los iones, que curva su trayectoria en mayor grado cuanto mayor sea la relación *q/m* del ion.
4. Analizar los iones por separado para registrar su valor de *q/m*. El analizador posee una rendija desplazable de modo que solo pasen por ella los iones cuya trayectoria tiene el radio de curvatura apropiado.
5. Detectar la débil corriente de iones del analizador puede ser multiplicadores electrónicos, cajas de Faraday o sensores fotográficos.

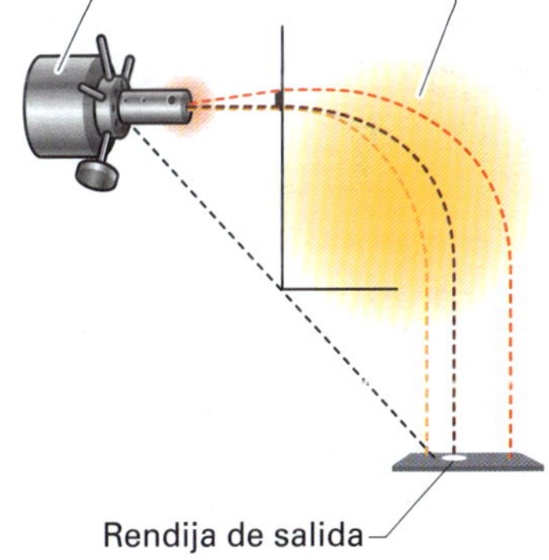

Figura 2.13.
Espectrógrafo de masas. Arriba, primer espectrógrafo de masas de F. W. Aston (1877-1945). Permitía separar átomos de distinta masa. Abajo, esquema del trayecto de partículas según su relación q/m.

8.3 Composición centesimal

Una de las tareas fundamentales de la química consiste en analizar la composición de las sustancias. La pregunta habitual en química es: ¿De qué sustancias está formado? ¿Cuánto hay de cada sustancia?

La composición de una sustancia química pura se expresa en **tanto por ciento en masa** de sus elementos componentes:

$$\frac{\text{Gramos de un elemento presente}}{\text{100 gramos de sustancia}}$$

La composición centesimal es adimensional. Por ejemplo, el ácido sulfúrico, H_2SO_4, tiene una composición de 2,06 % de H, 65,25 % de O y de 32,69 % de S.

Si se conoce la fórmula de un compuesto, hallar su composición centesimal es sumamente fácil. Solo se debe:

1. Calcular la masa fórmula de la sustancia a partir de las masas atómicas de los elementos que la integran.
2. Multiplicar la masa de cada átomo por el número de veces que está presente en la fórmula.
3. Dividir las cifras obtenidas en el cálculo anterior por la masa molecular, con lo que se obtiene el tanto por uno, y se multiplica por 100 si se quiere expresar el resultado en porcentaje.

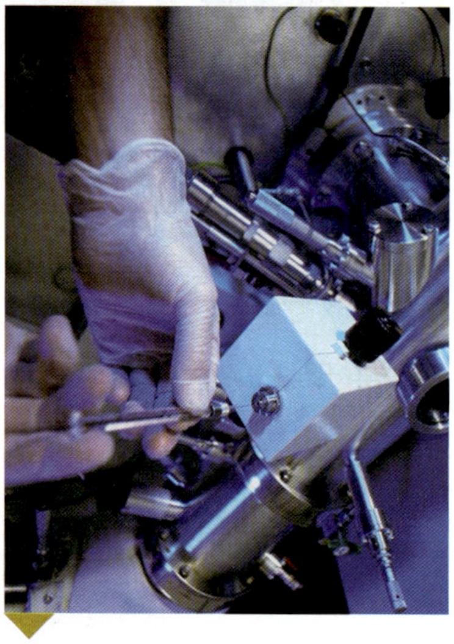

Figura 2.14.
Inyección de muestra en un espectrómetro de masas para analizar su composición química. Un haz de átomos ionizados pasa a través de un campo eléctrico o magnético que los desvía más o menos según la relación entre su masa y su carga.

EJEMPLO

Calcula la composición centesimal del sulfato de potasio, K_2SO_4. (Datos: M (K) = 39,0983, M (O) = 15,9994; M (S) = 32,066.)

La masa formular del K_2SO_4 es:

$$M(K_2SO_4) = M(S) + 4 \cdot M(O) + 2 \cdot M(K) = 32{,}066 + 4 \cdot 15{,}9994 + 2 \cdot 39{,}0983 = 174{,}2602$$

Los porcentajes de cada elemento serán:

$$\text{Porcentaje de K} = \frac{2 \cdot 39{,}0983}{174{,}2602} \cdot 100 = 44{,}87\ \%$$

$$\text{Porcentaje de S} = \frac{32{,}066}{174{,}2602} \cdot 100 = 18{,}40\ \%$$

$$\text{Porcentaje de O} = \frac{4 \cdot 15{,}9994}{174{,}2602} \cdot 100 = 36{,}73\ \%$$

Naturalmente, deben sumar cien: 44,87 + 18,40 + 36,73 = 100

El estudio de la composición centesimal permite hallar la fórmula de un compuesto. Dicha composición, se halla mediante reacciones químicas apropiadas. Por ejemplo, para averiguar la cantidad de carbono en una muestra orgánica, es frecuente quemarla para que todo el carbono, C, pase a CO_2 y luego recoger el gas formado. Averiguando la cantidad de CO_2, se puede calcular la cantidad de C presente en la muestra.

EJEMPLO

En la combustión de 0,785 g de un compuesto formado con C, H y O se forman 5,957 g de CO_2 y 9,767 g de H_2O. Calcula su composición centesimal. (Datos: M (C) = 12,0107; M (O) = 15,9994; M (H) = 1,00797.)

Todo el C del compuesto pasa a formar CO_2, mientras que todo el H pasa a formar H_2O.

$$\text{Porcentaje de C: } \frac{5{,}957 \text{ g } CO_2}{0{,}785 \text{ g sustancia}} \times \frac{12{,}0107 \text{ g C}}{44{,}00095 \text{ g } CO_2} = 0{,}3251 \frac{\text{g C}}{\text{g sustancia}} = 32{,}51\ \%$$

$$\text{Porcentaje de H: } \frac{9{,}7667 \text{ g } H_2O}{0{,}785 \text{ g sustancia}} \times \frac{2 \times 1{,}00797 \text{ g H}}{18{,}0153 \text{ g } H_2O} = 0{,}2186 \frac{\text{g H}}{\text{g sustancia}} = 21{,}86\ \%$$

Porcentaje de O: 100 – 32,51 – 21,86 = 45,63 %

8.4 Fórmulas empíricas y moleculares

En el ámbito de la Química, la identificación de una sustancia debe ser absolutamente precisa y no dar lugar a equivocaciones. Hay dos maneras de identificar las sustancias químicas:

- Por su **nombre,** que puede ser **común** (por ejemplo, *agua*) o **normativo** (por ejemplo, *óxido de hidrógeno*). Es importante que el nombre identifique sin equívocos a una sola sustancia química.
- Por su **fórmula.** Se representan los elementos que forman la sustancia mediante símbolos químicos (por ejemplo: H, O, N, C, Na...) y sus cantidades mediante subíndices numéricos. Por ejemplo, H_2O es la fórmula del agua e indica que está formada por dos átomos de hidrógeno (H) y uno de oxígeno (O).

La manera de nombrar las sustancias y de escribir sus fórmulas ha variado. Actualmente seguimos la normativa de la IUPAC. Hay distintos tipos de fórmulas:

- **Fórmulas empíricas.** Indican solo la composición. Por ejemplo NaCl indica que la sustancia está formada por Na (sodio) y Cl (cloro) en proporción 1 : 1, pero nada más.
- **Fórmulas moleculares.** Indican el número exacto de átomos de cada elemento que hay en una molécula de sustancia. Por ejemplo, CH_4 es el metano y realmente existen moléculas con un átomo de C (carbono) y cuatro átomos de H (hidrógeno).

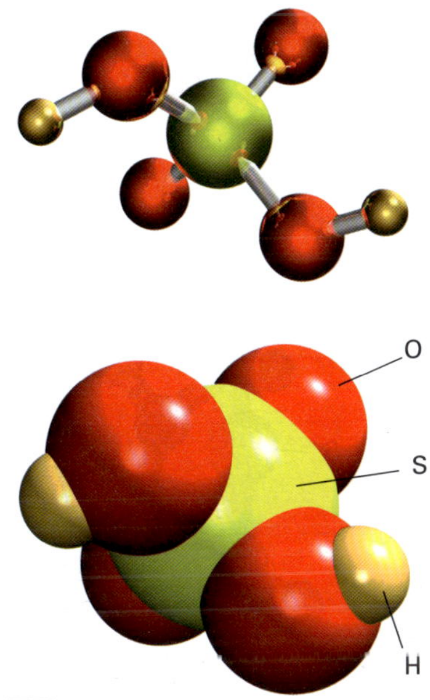

Figura 2.15.
Modelos de varillas y bolas para la molécula de ácido sulfúrico, H_2SO_4. El modelo representa el H en amarillo dorado, el O en rojo y S en amarillo limón.

Las fórmulas empíricas son las que se deben usar cuando no se conoce la masa molecular o cuando la sustancia no forma moléculas. Por ejemplo, la masa molecular del benceno es 78,1122. A partir de su composición centesimal se obtiene una fórmula empírica que es CH. A esta fórmula le corresponde una masa molecular de:

$$M\,(\mathrm{C}) + M\,(\mathrm{H}) = 12{,}0107 + 1{,}00797 = 13{,}0187$$

Comparando este valor con la masa molecular del benceno, se observa que esta es seis veces mayor. Por tanto, la fórmula molecular del benceno debe ser C_6H_6.

8.5 Cálculo de la fórmula empírica a partir de la composición centesimal

El trabajo experimental permite obtener el porcentaje de cada elemento que interviene en un compuesto. Para traducir estos porcentajes másicos a número de átomos por molécula o por fórmula se debe:

1. Obtener el **número relativo de átomos** de cada elemento dividiendo los porcentajes de cada elemento entre las respectivas masas atómicas.
2. Dividir todos estos números relativos entre el más pequeño de todos ellos. Así, los números de átomos se ajustarán a números naturales y se obtendrá la **fórmula empírica.**
3. Si se conoce la masa molecular, se puede obtener la **fórmula molecular** multiplicando los índices obtenidos en el apartado anterior por números naturales (dos, tres o lo que convenga), de modo que la suma de las masas se ajuste a la masa molecular.

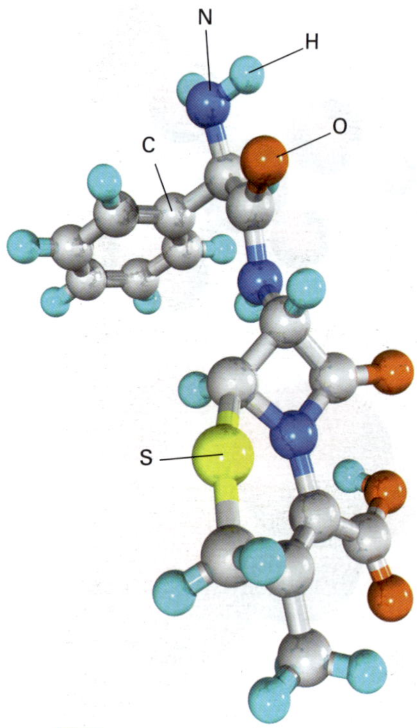

Figura 2.16.
Modelo computacional de la cefalexina, un antibiótico de la familia de las cefalosporinas. Su fórmula empírica $C_{16}H_{17}N_3O_4S$ da muy poca información para la mayoría de estudios sobre su acción.
(C en gris, H azul claro, N azul oscuro, O naranja y S amarillo).

EJEMPLO

Un alcohol orgánico contiene 10,60 % de hidrógeno, 42,05 % de oxígeno y 47,35 % de carbono. Su masa molecular es 152,1894. Calcula su fórmula. (Datos: M (H) = 1,00797; M (C) = 12,0107 y M (O) = 15,9994.)

Se calcula el número relativo de átomos dividiendo cada uno de los porcentajes del enunciado entre la masa atómica de cada elemento:

$$\text{Número relativo de átomos de C: } \frac{47{,}35}{12{,}0107} = 3{,}9423$$

$$\text{Número relativo de átomos de H: } \frac{10{,}60}{1{,}00797} = 10{,}5162$$

$$\text{Número relativo de átomos de O: } \frac{42{,}05}{15{,}9994} = 2{,}6282$$

Dividiendo todos estos números entre el más pequeño, que es 2,6282, se obtiene:

$$\text{Número de átomos de C: } \frac{3{,}9423}{2{,}6282} = 1{,}5$$

$$\text{Número de átomos de O: } \frac{2{,}6282}{2{,}6282} = 1$$

$$\text{Número de átomos de H: } \frac{10{,}5162}{2{,}6282} = 4$$

Para evitar un número decimal, se multiplican todos por 2, en este caso. Así, la fórmula empírica es: $C_3H_8O_2$

La masa que corresponde a la fórmula $C_3H_8O_2$ es:

$$3 \cdot M(\text{C}) + 8 \cdot M(\text{H}) + 2 \cdot M(\text{O}) = 3 \times 12{,}0112 + 8 \times 1{,}00797 + 2 \times 15{,}9994 = 76{,}0947$$

Esta masa es justo la mitad de la que se indica en el enunciado (152,1894); por tanto, la fórmula molecular será el doble de la empírica:

Fórmula molecular: $C_6H_{16}O_4$

8.6 Fórmulas no desarrolladas, semidesarrolladas y desarrolladas

En el caso de fórmulas moleculares, en muchos casos es conveniente, además de conocer qué elementos integran la sustancia y en qué proporciones participan, cómo están unidos los átomos de estos elementos entre sí e, incluso, cómo están distribuidos geométricamente en el espacio. Por ejemplo, las fórmulas moleculares:

N_2 H_2O NH_3 CH_4 H_2SO_4

son **fórmulas no desarrolladas,** es decir, solo indican las proporciones entre los átomos o los átomos que existen en cada molécula. En cambio, las siguientes fórmulas para las mismas sustancias:

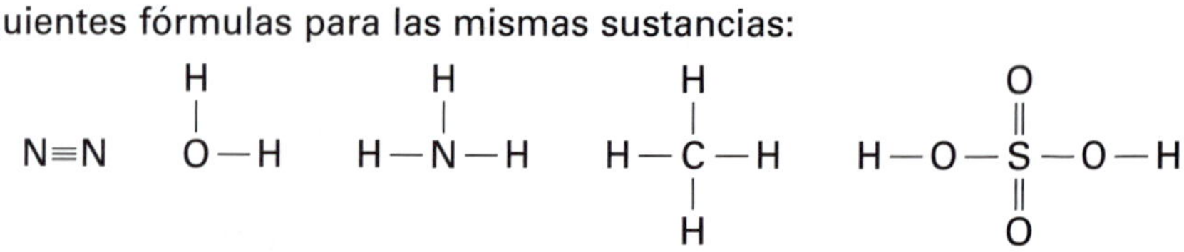

son **fórmulas desarrolladas** en las que se indican con guiones largos cómo están unidos los átomos y si existen entre ellos un enlace simple, doble o triple.

En algunos casos, la fórmula puede indicar también la forma que adopta la **distribución del átomo en el espacio.** Por ejemplo, para el metano, la fórmula anterior plana no refleja la forma real de la molécula. En esta molécula, los cuatro átomos de H están situados en los vértices de un tetraedro regular y el C está en el centro. Una fórmula que indique esto mediante convenciones es la siguiente: los enlaces en el plano de la representación se indican como líneas continuas, los enlaces que se dirigen hacia delante se representan como cuñas y los que van hacia atrás, como líneas discontinuas:

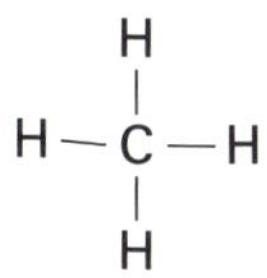

Fórmula plana

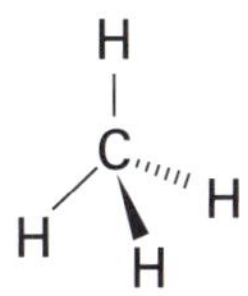

Fórmula de proyección tridimensional

En muchos casos, la fórmula se escribe de un modo semidesarrollado, de manera que se puede comprender la estructura de la molécula sin que esta esté descrita con todo detalle. Por ejemplo:

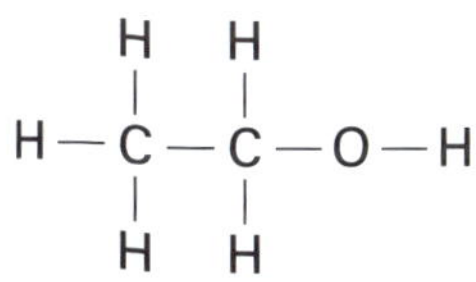

Fórmula desarrollada del etanol

CH_3CH_2OH

Fórmula semidesarrollada del etanol

El desarrollo de las fórmulas puede llegar a ser crucial. Por ejemplo, en Química orgánica, la abundancia de compuestos con composición idéntica pero con distinta unión de los átomos hace prácticamente inútiles las fórmulas si no son, cuando menos, semidesarrolladas. Por ejemplo, la fórmula molecular C_4H_8O corresponde, entre otras, a las sustancias:

$CH_3—CH=CH—O—CH_3$ $\quad$ $CH_2=CH—CH_2—O—CH_3$

$CH_3—CH=CH—CH_2OH$ $\quad$ $CH_2=CH—CH_2—CH_2OH$

$CH_3—CH_2—CO—CH_3$ $\quad$ $CH_3—CH_2—CH_2—CHO$

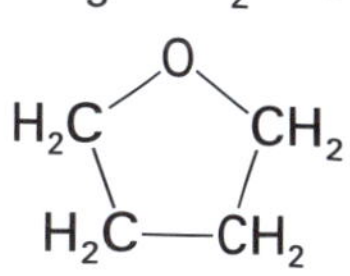

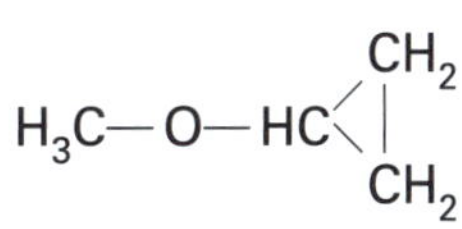

Pero aún hay más, porque una fórmula semidesarrollada también puede esconder más de un compuesto. Por ejemplo, bajo la fórmula:

$$CH_3—CH=CH—CH_2OH$$

Se esconden dos compuestos diferentes:

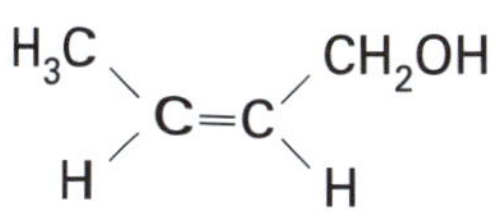

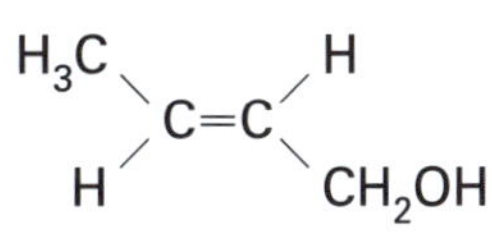

Los compuestos que son distintos pero que responden a la misma fórmula molecular se conocen como **isómeros.**

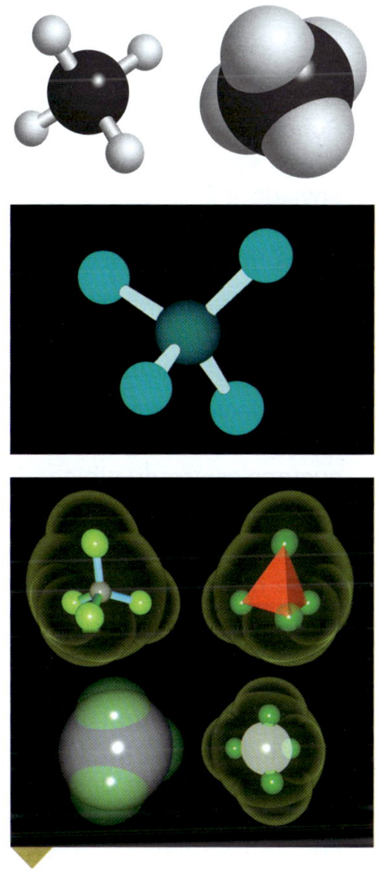

Figura 2.17.
Modelos que recrean la molécula de metano, CH_4. La primera imagen (blanco y negro) representa los modelos de varillas y de bolas. Las de color son modelos computacionales para esta molécula: el superior imita el modelo de varillas y las imágenes inferiores recrean la nube electrónica y la posición de los núcleos.

Trabajo con textos

El aire desde Boyle a Lavoisier

Robert Boyle (1627-1691) era descendiente de una familia británica nobiliaria. No en vano, su hermano era el conde de Cork. Estudió en Eton y luego fue enviado a Italia con un tutor para aprender las teorías de Galileo. Durante su época todavía estaba en boga la teoría de los cuatro elementos de Aristóteles y de los tres principios de los alquimistas, es decir, la sal, el mercurio y el azufre.

Estas teorías aristotélicas y alquimistas ya habían sido criticadas por Van Helmont, pero fue Robert Boyle quien en su libro *El químico escéptico,* les propinó un ataque casi definitivo.

Boyle declaró la necesidad de establecer una clara diferencia entre elementos y compuestos insistiendo en nombrar como «elemento» solo aquellas sustancias irreductibles. También atacó las teorías dualistas sobre los ácidos y las bases, trasladando la discusión al terreno experimental con la ayuda de colorantes indicadores.

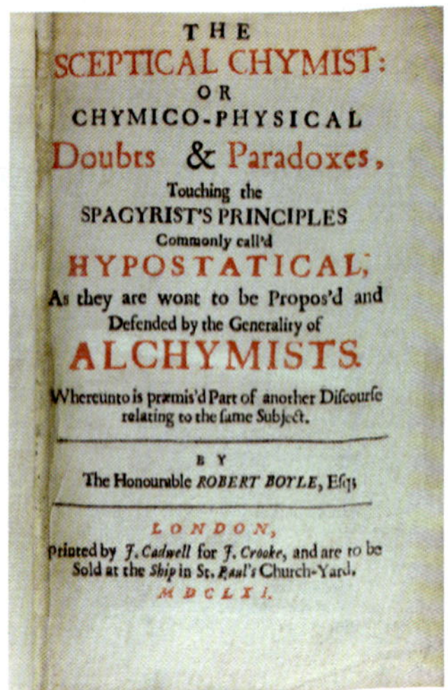

Figura 2.18.
***El químico escéptico* (1661).** Primera edición de la obra en la que Robert Boyle explicó que los elementos se combinaban para formar compuestos, que podían descomponerse de nuevo en sus elementos. Este libro se considera un texto básico en el desarrollo de la química moderna.

Ya se había demostrado la existencia de la presión atmosférica por Torricelli y por Guericke. Este último había construido un mecanismo de tipo bomba que causó gran admiración entre la comunidad científica. Una vez que Boyle regresó de Florencia, se estableció en Oxford y creó un laboratorio donde comenzó a trabajar, ayudado por Robert Hooke. Ambos realizaron gran cantidad de experiencias con la bomba de Guericke, especialmente las destinadas a medir la presión en la cámara de vacío. A partir de estos experimentos, con manómetros de mercurio y midiendo cuidadosamente el volumen de los gases, llegaron a la conclusión de que el volumen ocupado era inversamente proporcional a la presión, si la temperatura se mantenía constante. Esta relación cuantitativa habría de dar lugar a la ley que lleva su nombre, junto con el del francés Mariotte.

Otros experimentos se realizaron sobre el uso del aire por los seres vivos. En particular, Boyle demostró la necesidad de que hubiera aire disuelto en el agua para que los peces pudieran respirar. El conjunto de estas observaciones fue recogido en la obra *Nuevas experiencias físico-mecánicas,* tratado incipiente sobre la fisiología de la respiración animal.

Georg Ernst Stahl (1659-1743) había nacido solo un año antes de la publicación de *El químico escéptico* de Boyle. Encaminó su interés hacia el estudio de los fenómenos vitales, aunque realizó una incursión en el campo de la química, de la que tardó mucho tiempo en recuperarse. Influido por las ideas de su maestro, Joachim Becher, Stahl divulgó la noción del «flogisto», que era, según ellos, el elemento imponderable e inaprensible que poseen todos los cuerpos que pueden arder. Durante la combustión, el «flogisto» se separaba del cuerpo que lo poseía y se manifestaba en la llama. Fue con **Lavoisier** cuando la nueva teoría de la combustión mediante el oxígeno desterró la teoría del «flogisto».

Cuestiones

1. ¿Qué diferencias existen entre la teoría del «flogisto» y la teoría de la combustión de Lavoisier?
2. Explica el significado de escéptico. ¿Por qué crees que Boyle puso este calificativo en el título de su libro?
3. Explica el significado de *irreductible* referido a los elementos de Boyle. ¿Qué significa que el «flogisto» se describiera como imponderable e inaprehensible?
4. Redacta tu opinión sobre cómo operaban Boyle y Hooke con la bomba de Guericke para deducir la relación entre la presión y el volumen de los gases.
5. ¿Cómo crees que Boyle demostró la necesidad de que el agua tuviera aire disuelto para la respiración de los peces?

Experiencia de laboratorio

Mezclas y compuestos

Objetivos

- Aprender a diferenciar las mezclas de los compuestos.
- Realizar una reacción química entre elementos (hierro y azufre), obteniendo un compuesto que difiere en propiedades de las de los reactivos.

Material y reactivos

- Limaduras de hierro y azufre en polvo.
- Mortero con su mano y espátula.
- Tubos de ensayo y crisol de porcelana.
- Triángulo refractario, soporte, baño de arena (no es imprescindible) y mechero Bunsen.

Procedimiento

En las mezclas, sus componentes mantienen las propiedades distintivas e, incluso, si son heterogéneas, se pueden observar unos y otros a simple vista o con la ayuda de medios ópticos. En los compuestos, las sustancias de partida se combinan químicamente para formar una nueva sustancia con propiedades distintas de las de partida.

Para llevar a cabo la experiencia seguimos estos pasos:

- **Ponemos** en el mortero una pequeña cantidad de azufre en polvo y de limaduras de hierro (aproximadamente, una cucharada sopera de cada sustancia) y mezclamos homogéneamente con la mano del mortero.
- **Tomamos** con la espátula una pequeña porción de la mezcla, la esparcimos sobre un papel blanco y la observamos con la lupa. ¿Se distinguen los componentes?
- **Pasamos** un imán por la mezcla. ¿Arrastra algunas partículas el imán? ¿De qué tipo son las arrastradas? ¿Y las que no son arrastradas?
- **Cogemos** un tubo de ensayo y echamos en él una punta de espátula de la mezcla; luego, lo llenamos de agua hasta la mitad. Lo tapamos con el pulgar y lo agitamos repetidamente. ¿Se produce alguna separación en la mezcla?
- **Vertemos** otra pequeña cantidad de mezcla en otro tubo de ensayo. Añadimos 2 o 3 cm^3 de cloruro de hidrógeno diluido. Observamos si se produce alguna reacción. Si no es así, calentamos con cuidado el tubo de ensayo en el baño de arena. ¿Se produce reacción? ¿Afecta a toda la masa?
- **Tomamos** un crisol de porcelana y lo llenamos hasta un cuarto de su altura con la mezcla. Lo asentamos en el triángulo refractario y este, a su vez, en el soporte, y calentamos a la llama hasta que se inicie la reacción. Cuando esto suceda, apagamos la llama y observamos qué ocurre con la mezcla.

> No se debe tocar el crisol hasta que no se haya enfriado, ni enfriarlo bruscamente con agua, pues podría romperse. Y evitaremos respirar los vapores que puedan desprenderse en la reacción.

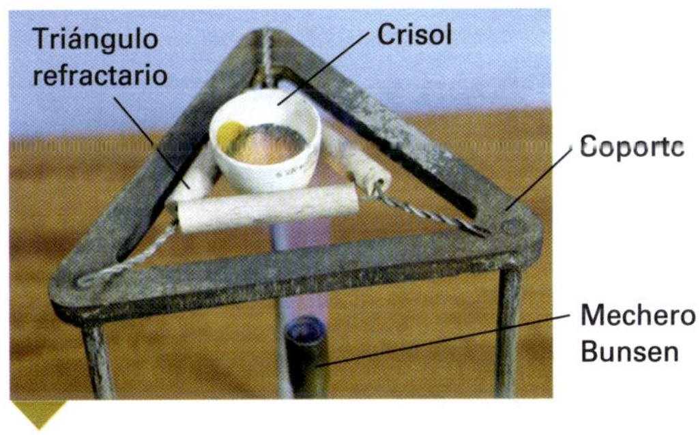

Figura 2.19.
Reacción de formación del sulfuro de hierro (II).

- Una vez frío, intentamos **sacar el producto de la reacción y triturarlo** en el mortero (que debe estar limpio de las manipulaciones previas). Se repiten las observaciones anteriores.

Análisis de los datos y conclusiones

- Escribe la fórmula del compuesto obtenido. ¿Podría formarse otro compuesto con hierro y azufre? En caso afirmativo, escribe su fórmula.
- Resume las observaciones realizadas sobre la mezcla y sobre el compuesto en una tabla similar a la siguiente:
- Elabora una tabla que recoja las observaciones realizadas sobre la mezcla de Fe y S, y sobre el sulfuro de hierro (II) en cada uno de estos pasos:
  - Observación con la lupa.
  - Acción del imán.
  - Acción del agua.
  - Acción del HCl.
- Enumera y compara las propiedades de los reactivos y del producto: color, brillo, consistencia, influencia magnética, conductividad eléctrica, reacción con ácidos, densidad, etc.

Fórmula de una sustancia a partir de su combustión

Una sustancia orgánica está formada por carbono, hidrógeno y oxígeno. Cuando se queman 1,000 g de sustancia, se producen 2,4760 g de dióxido de carbono y 0,8869 g de agua. Deduce la fórmula molecular de la sustancia problema. Si, además, sabes que su masa molecular es 142,1960 g, deduce su fórmula molecular. (Datos: M (C) = 12,0107; M (H) = 1,00797; M (O) = 15,9994.)

Comentarios al enunciado

Una reacción de combustión es una oxidación de una sustancia por el oxígeno del aire, acompañada de desprendimiento energético en forma de llamas y calor. En las combustiones de sustancias orgánicas siempre se forma H_2O y CO_2. El H_2O proviene de los H de la sustancia y el CO_2, de los C. Los átomos de O pueden provenir tanto de la propia sustancia como del oxígeno del aire O_2, con el que ha reaccionado.

Resolución y cálculos

La reacción de combustión se puede escribir como:

$$C_xH_yO_z + O_2 \longrightarrow x\,CO_2 + \frac{y}{2}\,H_2O$$

La masa molecular del CO_2 es: $M(CO_2) = M(C) + 2\,M(O) = 12{,}0107 + 2 \times 15{,}9994 = 44{,}0095$

La proporción de C en el CO_2 es: $\dfrac{12{,}0107\ K}{44{,}0095} = 0{,}2729 = 27{,}29\ \%$

La masa molecular del agua es: $M(H_2O) = 2\,M(H) + M(O) = 2 \times 1{,}00797 + 15{,}9994 = 18{,}0153$

La proporción de H en el H_2O es: $\dfrac{2 \times 1{,}00797}{18{,}0153} = 0{,}1119 = 11{,}19\ \%$

Como todo el C de $C_xH_yO_z$ se convertirá en CO_2, se pueden escribir las siguientes proporciones:

$$\frac{2{,}4760\ \text{g}\ CO_2}{1{,}000\ \text{g sustancia}} \cdot \frac{27{,}29\ \text{g C}}{100\ \text{g sustancia}} = 0{,}6757 \cdot \frac{\text{g de C}}{\text{g de sustancia}} = 67{,}57\ \%\ \text{de C}$$

Del mismo modo, todo el H de $C_xH_yO_z$ se convertirá en H_2O. También se puede escribir:

$$\frac{0{,}8869\ \text{g}\ H_2O}{1{,}000\ \text{g sustancia}} \cdot \frac{11{,}19\ \text{g H}}{100\ \text{g sustancia}} = 0{,}0092 \cdot \frac{\text{g de H}}{\text{g de sustancia}} = 9{,}92\ \%\ \text{de H}$$

El porcentaje de oxígeno se calcula por diferencia: $100 - 67{,}57 - 9{,}92 = 22{,}51\ \%$ de O

Para hallar los índices de cada elemento en la fórmula se dividen los porcentajes entre sus masas atómicas:

$$\text{Carbono: } \frac{67{,}57}{12{,}0107} = 5{,}6258 \qquad \text{Hidrógeno: } \frac{9{,}92}{1{,}00797} = 9{,}8416 \qquad \text{Oxígeno: } \frac{22{,}51}{15{,}99947} = 1{,}4067$$

Dividiendo entre el menor de ellos, se ve que están en la relación: 4 : 7 : 1. Así, la fórmula empírica es C_4H_7O

Y le corresponde una masa molecular de: $M(C_4H_7O) = 4\,M(C) + 7\,M(H) + M(O) = 71{,}09799$

Que coincide con la mitad de la facilitada en el enunciado. Por tanto, la fórmula molecular también será: $C_8H_{14}O_2$

Análisis de los resultados

Observa que en la resolución del problema no se ha usado el concepto de mol (que se explicará en la unidad siguiente) ni el cálculo estequiométrico basado en la reacción de combustión. Naturalmente, también podía haberse hecho así, pero se ha preferido un razonamiento que no dependiese de esos conceptos, como el que sería propio de la época en que los químicos iniciaron el camino de la obtención de fórmulas.

Porcentajes de cada elemento en un compuesto

El carbonato de magnesio y el hidróxido de magnesio son compuestos utilizados en la industria como fuentes de magnesio. Averigua cuál de ellos es, desde el punto de vista de la proporción de magnesio, más conveniente. (Datos: $M(\text{Mg}) = 24{,}3050$; $M(\text{O}) = 15{,}9994$; $M(\text{C}) = 12{,}0107$; y $M(\text{H}) = 1{,}00797$.)

Comentarios al enunciado

El carbonato de magnesio y el hidróxido de magnesio son sustancias que, entre otras, tienen algunas aplicaciones farmacéuticas como principios activos de magnesio con diversas utilidades como laxante y complemento mineral.

Resolución y cálculos

A partir de las masas atómicas facilitadas en el enunciado, se calcula la masa correspondiente a la fórmula del $Mg(OH)_2$:

$$M(\text{Mg}(\text{OH})_2) = M(\text{Mg}) + 2 \cdot (M(\text{O}) + M(\text{H})) = 24{,}3050 + 2\,(15{,}9994 + 1{,}00797) = 58{,}3197$$

Con esta masa y con las masas atómicas de cada elemento, se calcula el porcentaje másico de cada elemento en el compuesto en cuestión:

$$\%\text{ de H} = \frac{2 \times (1{,}00797)\text{ g de H}}{58{,}3197\text{ g de Mg(OH)}_2} = 0{,}0346 = 3{,}46\ \%$$

$$\%\text{ de O} = \frac{2 \times (15{,}9994)\text{ g de O}}{58{,}3197\text{ g de Mg(OH)}_2} = 0{,}5487 = 54{,}87\ \%$$

$$\%\text{ de Mg} = \frac{24{,}3050\text{ g de Mg}}{58{,}3197\text{ g de Mg(OH)}_2} = 0{,}4168 = 41{,}68\ \%$$

Se puede comprobar que la suma de los porcentajes es igual al 100 %. En efecto: 3,46 + 54,87 + 41,68 = 100.

En cambio, en el carbonato de magnesio, $MgCO_3$, la masa de la fórmula y los porcentajes son:

$$M(\text{Mg}(\text{CO}_3)) = M(\text{Mg}) + M(\text{C}) + 3 \cdot M(\text{O}) = 24{,}3050 + 12{,}0107 + 3 \times 15{,}9994 = 84{,}3239$$

$$\%\text{ de C} = \frac{12{,}0107\text{ g de C}}{84{,}3239\text{ g de MgCO}_3} = 0{,}1424 = 14{,}24\ \%\text{ de C}$$

$$\%\text{ de O} = \frac{3 \times 15{,}9994\text{ g de O}}{84{,}3239\text{ g de MgCO}_3} = 0{,}5692 = 56{,}92\ \%\text{ de O}$$

$$\%\text{ de Mg} = \frac{24{,}3050\text{ g de Mg}}{84{,}3239\text{ g de MgCO}_3} = 0{,}2882 = 28{,}82\ \%\text{ de Mg}$$

Naturalmente, la suma de los porcentajes es igual al 100 %. En efecto: 14,25 + 56,92 + 28,82 = 100.

Análisis de los resultados

En este caso, el porcentaje de magnesio es menor en el carbonato que en el hidróxido de magnesio. Además, la masa molecular del hidróxido también es menor respecto al carbonato. Si el principio activo es el magnesio, se conseguirá una aplicación de mayor concentración inicialmente con una menor masa involucrada en la producción.

Actividades

Sustancias, compuestos y elementos

11 ¿Qué tienen en común todas las partículas materiales?

12 ¿Cómo puede medirse la masa?

13 Resume los objetivos de la química como ciencia.

14 Explica la diferencia entre cambios físicos y químicos.

15 Clasifica como cambios físicos o químicos los siguientes:

a) Fusión del hielo.

b) Combustión de una cerilla.

c) Imantación de limaduras de hierro.

d) Ebullición del agua.

e) Fabricación de jabón.

f) Formación de verdín en el cobre.

g) Cocción del pan.

16 Cita hasta cinco productos que se puedan encontrar en un supermercado como sustancias químicas puras.

17 Cita cinco elementos químicos que se encuentren habitualmente en nuestra casa.

18 Explica la diferencia entre mezcla y compuesto químico. Pon tres ejemplos de cada uno.

19 Indica cinco elementos químicos que suelan encontrarse como tales en la naturaleza y cinco compuestos químicos que se usen directamente, tal como se encuentran en la naturaleza.

20 ¿Qué diferencias existen entre el concepto de sustancia química y el de elemento químico?

21 ¿Cuáles eran según Platón los elementos? ¿Crees que son elementos según nuestra visión actual?

22 Clasifica como mezclas o como sustancias puras los líquidos siguientes:

a) Aceite de oliva.

b) Gasolina.

c) Agua oxigenada.

d) Jalea.

e) Cerveza.

f) Metanol.

g) Leche.

h) Aceite de girasol.

i) Acetona.

j) Mercurio.

k) Bromo.

23 Al igual que en la actividad anterior, clasifica en mezclas o sustancias químicas los siguientes sólidos:

a) Glucosa.

b) Cemento

c) Vidrio.

d) Latón.

e) Arena.

f) Granito.

g) Acero.

h) Hierro.

i) Pan.

j) Queso.

k) Oro.

24 Clasifica en mezclas o sustancias químicas los siguientes gases:

a) Aire.

b) Neón.

c) Gas natural.

d) Dióxido de carbono.

e) Oxígeno.

f) Nitrógeno.

g) Vapor de agua.

h) Butano.

i) Gases de escape de motores de vehículos.

j) Gases emanados de los volcanes.

k) Metano.

25 Propón métodos de separación para las mezclas que se citan a continuación:

a) Agua y azúcar.

b) Agua y limaduras de cobre.

c) Parafina y arena.

d) Limaduras de hierro y limaduras de cobre.

e) Serrín y arena.

f) Agua y etanol.

26 Cita dos ejemplos de destilación industrial para mezclas líquidas y los productos obtenidos.

27 Pon dos ejemplos de separación de mezclas por reposo y decantación que sean usados profesionalmente.

28 Clasifica como homogéneas o heterogéneas las mezclas:

a) Aire.

b) Humo.

c) Hormigón.

d) Agua con barro.

e) Agua de mar.

f) Mahonesa.

g) Leche.

h) Arena.

i) Acero.

j) Chocolate.

k) Yeso.

l) Queso.

29 Cita tres ejemplos de mezclas sólidas homogéneas y tres de heterogéneas.

30 Indica tres ejemplos de mezclas líquidas homogéneas y tres de heterogéneas.

31 Cita tres ejemplos de mezclas gaseosas homogéneas y tres de heterogéneas.

32 Razona si es posible mezclar dos sustancias que estén en distinto estado físico. Pon ejemplos.

33 Razona la veracidad o no de las siguientes afirmaciones para que dos sustancias se mezclen en forma de disolución:

a) Ambas deben tener la misma temperatura.

b) Se deben mezclar según la proporción de mitad y mitad

c) Ambas deben tener el mismo estado físico.

d) Ambas deben ser hidrófilas o hidrófobas.

34 Reflexiona a cerca de la veracidad de las siguientes afirmaciones sobre las mezclas:

a) Las propiedades de una mezcla son derivadas de las de sus componentes.

b) El estado físico de la mezcla viene marcado por uno de los componentes.

c) El estado físico de la mezcla es determinado por el componente mayoritario.

35 Cuando se mezclan sólidos, ¿por qué es conveniente triturarlos previamente?

36 Explica qué diferencia hay entre preparar una mezcla y preparar un compuesto químico.

37 ¿Qué diferencia un compuesto de un elemento?

38 Cita diez elementos químicos que puedas encontrar fácilmente en casa o en el comercio corriente.

39 Cita diez elementos y diez compuestos que sean gases a temperatura ambiente.

40 Menciona los dos únicos elementos que a temperatura ambiente son líquidos. Cita diez compuestos que también lo sean.

41 Cita diez elementos y diez compuestos que a temperatura ambiente sean sólidos.

42 Si se dispone de medios para descomponer las siguientes sustancias, indica qué elementos se obtendrían:

a) Butano.

b) Agua oxigenada.

c) Monóxido de carbono.

d) Etanol.

43 ¿Se puede obtener más de un compuesto solo a partir de dos elementos? Pon un ejemplo.

44 Con los elementos hidrógeno y carbono, ¿qué compuesto se obtiene? ¿Se puede obtener más de uno?

45 Al calentar una mezcla de limaduras de hierro y azufre en polvo, se obtiene sulfuro ferroso. ¿Por qué no se forma a temperatura ambiente y es necesario calentar?

Leyes ponderales

46 La ley de Lavoisier, ¿es una ley física o química? ¿Qué representó para la ciencia su enunciado?

47 En un reactor hermético se encierran 200 g de butano, 50 g de oxígeno y 30 g de helio. En su interior se hace saltar una chispa eléctrica. ¿Qué sustancias químicas se encontrarán al final de la reacción? ¿Cuál será la masa total de todas las sustancias al final de la reacción?

Solución: 280 g.

48 Se han necesitado exactamente 3,586 g de oxígeno para la quema completa de 1 g de butano. Al final de la reacción, se ha producido agua y dióxido de carbono. El agua se ha condensado en forma líquida y se ha pesado una masa de 1,552 g, pero el dióxido de carbono ha escapado del recipiente de reacción. Calcula la masa de dióxido de carbono que ha escapado.

Solución: 3,034 g.

49 10,00 g de unas finas limaduras de cinc se calientan en corriente de aire y cuando se vuelven a pesar tienen una masa de 12,45 g. ¿A qué se debe el aumento de masa? ¿Se puede recuperar el cinc inicial con su misma masa?

50 Escoge dos elementos con los que se pueda comprobar la ley de Proust de las proporciones definidas. Explica cómo podrías comprobarla experimentalmente.

51 Se consumen exactamente 10,67 g de oxígeno al reaccionar con 4,00 g de carbón finamente molido. Calcula las cantidades necesarias de oxígeno para reaccionar con 3,00 g y con 9,50 g de carbón.

Solución: 8 g y 25,33 g.

52 A partir de los datos de la actividad anterior, averigua qué cantidad de polvo de carbón podrá consumirse totalmente mediante 100 g de aire. (Dato: el aire tiene un 23,08 % en masa de oxígeno.)

Solución: 8,65 g.

53 3,999 g de oxígeno se combinan exactamente con 10,020 g de calcio. Calcula la masa de ambos elementos que se debe hacer reaccionar para obtener exactamente 35,046 g de óxido de calcio.

Solución: 9,998 g de oxígeno y 25,050 g de calcio.

54 Atacando con flúor 3,855 g de aluminio se forman 11,997 g de fluoruro de aluminio. Calcula la cantidad de flúor necesaria para atacar completamente 25 g de aluminio.

Solución: 52,810 g de flúor.

55 Escoge dos elementos que cumplan la ley de las proporciones múltiples y explícala con ellos.

56 Se analizan dos compuestos distintos de bromo y oro. Uno de ellos contiene un 28,86 % de bromo, mientras el otro contiene un 54,89 % también en masa del mismo elemento. Explica esta diferencia mediante la ley de las proporciones múltiples.

57 Los porcentajes en masa de oxígeno correspondientes a tres óxidos de nitrógeno distintos son: 34,43 %, 53,32 % y 69,55 %. Demuestra que estos datos se ajustan a la ley de las proporciones múltiples.

58 Se analizan dos óxidos de níquel distintos. En 5,334 g del primero, se encuentran 4,695 g de níquel. Mientras que en 5,156 g del segundo, se encuentran 3,660 g de níquel. Averigua si estos datos se adaptan o no a la ley de las proporciones múltiples.

59 Explica con ejemplos la ley de las proporciones recíprocas.

60 Un fluoruro de aluminio contiene un 67,87 % de flúor, un óxido de aluminio contiene un 52,93 % de aluminio y un fluoruro de oxígeno contiene un 29,63 % de oxígeno. Demuestra que estos porcentajes se ajustan a las predicciones de la ley de las proporciones recíprocas.

61 Se conocen tres compuestos binarios formados por tres elementos A, B y C. El análisis muestra que a partir de 3,00 g de A se forman 8,25 g del compuesto de A y B. A partir de 7,00 g de B se forman 15,60 g del compuesto de B y C. Y, finalmente, a partir 10,00 g de C se pueden formar 14,63 g del compuesto de A y C. Calcula los porcentajes de cada elemento en cada compuesto y demuestra que estos datos cumplen la ley de las proporciones recíprocas.

62 Razona si la ley de los volúmenes de combinación se puede aplicar a las reacciones entre todo tipo de sustancias o solo a las gaseosas. ¿Por qué?

Actividades

63 Los volúmenes indicados en las reacciones siguientes se han medido a igual presión y temperatura y corresponden a las cantidades en que reaccionan. Calcula las relaciones entre estos volúmenes y decide si cumplen la ley de los volúmenes de combinación:

a) 5 cm^3 hidrógeno + 5 cm^3 flúor = 10 cm^3 fluoruro de hidrógeno.

b) 10 cm^3 hidrógeno + 5 cm^3 oxígeno = 10 cm^3 agua.

c) 10 dm^3 nitrógeno + 30 dm^3 hidrógeno = 20 dm^3 amoníaco.

d) 8 cL nitrógeno + 20 cL oxígeno = 8 cL óxido de nitrógeno(V).

e) 3 L metano + 6 L oxígeno = 3 L dióxido de carbono + 6 L agua.

64 Para obtener 340 cm^3 de amoníaco de nitrógeno (V), se necesita la reacción total de 170 cm^3 de nitrógeno con 510 cm^3 de hidrógeno. Calcula que cantidad de nitrógeno y de hidrógeno que se necesitará para obtener 525 litros de amoníaco medidos en las mismas condiciones.

Solución: 262,5 L de nitrógeno; 787,5 L de hidrógeno.

Organización de la materia. Teorías de Dalton y Avogadro

65 ¿Qué diferencias existen ente el «átomo» definido por Dalton y el concepto actual de átomo?

66 ¿Qué diferencias hay entre el concepto de «átomos» defendido por los filósofos atomistas griegos como Demócrito y el concepto de átomo actual?

67 Cita diferencias entre el concepto de átomo de la filosofía griega clásica y el enunciado por Dalton.

68 Razona cómo la teoría atómica de Dalton justifica la ley de las proporciones múltiples y la ley de las proporciones recíprocas.

69 Explica el error de la teoría de Dalton a la hora de justificar la ley de los volúmenes de combinación.

70 ¿Qué aspectos de la teoría de Dalton se conservan en el modelo actual de constitución de la materia?

71 ¿Cuál es la aportación de Avogadro al conocimiento de constitución de la materia?

72 ¿Por qué la teoría de Avogadro destaca especialmente en las reacciones entre sustancias gaseosas?

73 Compara cómo explica la teoría atómica de Dalton y la teoría molecular de Avogadro la reacción de nitrógeno e hidrógeno con formación de amoníaco.

74 Explica según la teoría de Dalton y según la teoría de Avogadro la oxidación de monóxido de carbono con oxígeno para dar dióxido de carbono.

75 ¿Cuántos átomos distintos podían existir según Dalton? ¿Qué eran para él «átomos de un compuesto»?

76 ¿Cómo está constituida internamente el agua y qué diferencias presenta en sus tres estados físicos?

77 Explica la organización interna del mercurio en estado sólido, líquido y vapor.

78 ¿Cómo definirías los conceptos de «átomo» y «molécula» según nuestros conocimientos actuales?

79 Relaciona el nombre de las siguientes sustancias con la organización material que les corresponda a temperatura ambiente:

■ Oxígeno (O_2).	a) Red molecular amorfa.
■ Agua oxigenada (H_2O_2).	b) Red molecular cristalina.
■ Azufre rómbico (S).	c) Átomos individuales.
■ Plata (Ag).	d) Red de iones.
■ Sal común (NaCl).	e) Moléculas biatómicas.
■ Argón (Ar).	f) Red atómica metálica.
■ Hielo.	g) Red atómica cristalina.
■ Caucho.	h) Sustancia molecular.

80 ¿Existe un número mínimo de átomos para que su reunión forme una molécula? ¿Y un número máximo?

81 ¿Qué partículas consideramos hoy elementales? ¿Han sido siempre las mismas?

82 Cita tres ejemplos de:

a) Partícula elemental.
b) Ion.
c) Átomo.
d) Molécula.

83 Argumenta y ejemplifica si un cristal puede tener menos átomos y ser menor que una molécula.

84 ¿Crees que una molécula puede ser menor que un átomo? ¿Por qué? Cita ejemplos.

85 ¿Crees que las sustancias que presentan una constitución interna de red atómica han de presentar un determinado estado físico? Menciona tres sustancias que presenten esta estructura.

86 Define red iónica y cita tres ejemplos de sustancias que tengan esta estructura.

87 ¿Qué diferencias existen entre una molécula y una red atómica, sea cristalina o no?

88 Menciona tres ejemplos de:

a) Aniones atómicos.
b) Aniones poliatómicos.
c) Cationes atómicos.
d) Cationes poliatómicos.

89 ¿Cómo definirías una red molecular? Pon tres ejemplos de sustancias que presenten esta estructura.

90 ¿Todos los cristales son redes? ¿Y a la inversa? Define un cristal y cita tres ejemplos de sustancias cristalinas.

91 ¿Qué es una red amorfa? Pon tres ejemplos de sustancias que formen redes atómicas amorfas.

92 ¿Qué diferencia el comportamiento de las sustancias cristalinas del de las sustancias amorfas?

Composición centesimal y fórmulas químicas

93 La espectrometría de masas es una técnica conservativa (no destruye la muestra analizada) o destructiva (sí lo hace). Razónalo.

94 Explica las siguientes afirmaciones relativas a la espectroscopía de masas:

a) Solo se pueden analizar iones positivos.

b) Distingue los iones por su masa.

c) Sólo analiza moléculas enteras.

95 En un espectrógrafo de masas, al ionizar la muestra se producen los siguientes iones: H^+, CH_2^+, $C_2H_5^+$, CH_3^+, CH_5^+, CH^{+2}, CH_4^+, $C_2H_5^{+2}$. Ordénalos según la desviación que experimentarán al atravesar el campo magnético del espectrógrafo.

96 Indica si la espectroscopía de masas puede distinguir:

a) Moléculas de isómeros.

b) Moléculas con distintos isótopos.

c) Moléculas de distinta procedencia.

97 Si un espectrógrafo de masas solo distingue la relación *q/m*, ¿cómo permite conocer las masas atómicas y moleculares?

98 Calcula la masa molecular de las siguientes sustancias: H_2, H_2O, H_2O_2, O_2, O_3, H_2S, Ar, CO, CO_2. (Datos: *M* (H) = = 1,00797; *M* (C) = 12,0107; *M* (O) = 15,9994; *M* (Ar) = 39,948, *M* (S) = 32,066.)

99 Calcula la masa molecular de los siguientes compuestos: CH_3COCH_3, NH_3, H_2SO_4, C_6H_6, C_6H_{12}. (Datos: *M* (H) = = 1,00797; *M* (C) = 12,0107; *M* (N) = 14,0067; *M* (O) = 15,9994; *M* (S) = 32,066.)

100 En 100,14 g de sulfato de sodio, se ha determinado que hay 32,42 g de sodio, 45,12 g de oxígeno y el resto de azufre. Calcula su composición centesimal.

Solución: 32,37 % Na, 45,06 % O de 22,57 % S.

101 Se analizan 12,369 g de ácido bórico. Se obtiene un contenido de 0,6048 g de hidrógeno, 2,1622 g de boro y el resto de oxígeno. Calcula su composición centesimal.

Solución: 4,89 % H, 17,48 % B y 77,63 % O.

102 Calcula la composición centesimal en masa de los distintos elementos que forman la acetona cuya fórmula es CH_3COCH_3. (Datos: *M* (H) = 1,00797; *M* (C) = 12,0107; *M* (O) = = 15,9994.)

Solución: 10,41 % H; 62,04 % C y 27,55 % O.

103 Al quemar 10,000 g de carbón, se forman 36,643 g de un óxido de carbono gaseoso a temperatura ambiente. Calcula la composición centesimal de dicho óxido y su fórmula empírica. (Datos: *M* (C) = 12,0107; *M* (O) = 15,9994.)

Solución: 27,29% de C, 72,71 % de O; CO_2.

104 La glicocola (NH_2CH_2COOH) es el aminoácido más simple. Calcula la composición centesimal de los elementos que la constituyen. (Datos: *M* (H) = 1,00797; *M* (C) = 12,0107; *M* (O) = 15,9994, *M* (N) = 14,0067.)

Solución: 6,71% H; 32,00 % C; 42,63 % O; 18,66 % N.

105 La composición del clorato de potasio es 39,16 % O; 31,91 % K; 28,93 % Cl. Halla su fórmula empírica. (Datos: *M* (O) = 15,9994; *M* (Cl) = 35,453; *M* (K) = 39,0983.)

Solución: $KClO_3$.

106 El análisis de un hidrocarburo da una composición de un 81,71 % de C. Calcula su fórmula empírica y molecular conociendo que su masa molecular es aproximadamente 44. (Datos: *M* (H) = 1,00797; *M* (C) = 12,0107.)

Solución: C_3H_8.

107 Un hidrocarburo contiene un 92,26 % de C y su masa molecular es aproximadamente 26. Calcula su fórmula empírica y molecular (Datos: *M* (H) = 1,00797; *M* (C) = 12,0107.)

Solución: CH; C_2H_2.

108 El análisis de 11,018 g de un óxido de níquel, muestra que contienen 7,821 g en níquel. Halla su fórmula empírica. (Datos: *M* (O) = 15,9994, *M* (Ni) = 58,6934.)

Solución: Ni_2O_3.

109 Un compuesto formado por C, H y O se calienta en presencia de oxígeno. La combustión de 50,00 g de sustancia produce 120,38 g de CO_2 y 55,44 g de H_2O. Halla la fórmula empírica de la sustancia y la fórmula molecular si se sabe que la masa molecular es aproximadamente 146. (Datos: *M* (H) = 1,00797; *M* (C) = 12,0107; *M* (O) = 15,9994.

Solución: C_4H_9O y $C_8H_{18}O_2$.

110 Un análisis muestra que 30,164 g de cloruro de mercurio contienen 22,288 g de mercurio. ¿Cuál es la fórmula de este compuesto? (Datos: *M* (Cl) = 35,453; *M* (Hg) = 200,59.)

Solución: $HgCl_2$.

111 Al calentar 30,012 g de un bromuro de oro, se desprenden vapores de bromo y queda un residuo de 13,528 g de oro. Deduce la fórmula. (Datos: *M* (Br) = 79,904; *M* (Au) = 196,966.)

Solución: $AuBr_3$.

112 Una sustancia orgánica está formada por hidrógeno, carbono, nitrógeno, oxígeno y azufre. Al quemar 4,448 g de dicha sustancia, se forman 2,2649 g de H_2O y 7,470 g de CO_2. Mediante otras reacciones, se consigue que todo el azufre contenido en 2,286 g de sustancia pase a 3,395 g de $BaSO_4$. Finalmente, para averiguar el contenido de nitrógeno, se tratan 4,311 g de sustancia y se obtienen 0,467 g de NH_3 que es el compuesto en que se convierte todo el nitrógeno contenido en la sustancia problema. Halla la fórmula empírica y molecular de dicha sustancia conociendo que su masa molecular es 159. (Datos: *M* (H) = 1,00797; *M* (C) = 12,0107; *M* (N) = = 14,0067; *M* (O) = 15,9994; *M* (S) = 32,065; *M* (Ba) = 137,327.)

Solución: $C_6H_9O_2SN$.

113 Desarrolla completamente las siguientes fórmulas moleculares: PH_3, H_2CO_3, SO_3, C_2H_4.

114 Escribe la fórmula totalmente desarrollada de:

a) H_2S.

b) CH_2CHCH_2OH.

c) CH_3COCH_3.

d) CH_3CHO.

115 Dada la fórmula empírica CH, escribe fórmulas moleculares que puedan corresponderle. ¿Cuántas crees que existen?

116 Escribe todos los posibles isómeros que cumplan con la fórmula molecular C_4H_{10}.

3 La unidad fundamental de la Química: el mol

1. El mol: la unidad de cantidad de sustancia
2. Disoluciones
3. Leyes experimentales de los gases ideales
4. Teoría cinético-molecular
5. Propiedades coligativas de las disoluciones

1 El mol: la unidad de cantidad de sustancia

Los átomos, iones y moléculas son los objetos de los cálculos químicos. En las primeras etapas del desarrollo químico se comprobó que el estudio de las reacciones químicas no se podía hacer en función de la masa de los reactivos, sino del número de moléculas o entidades reaccionantes.

Pero ocurre que átomos, moléculas e iones son entidades tan pequeñas que en cualquier muestra de materia, por pequeña que sea, hay un número elevadísimo de ellos. Por ejemplo, en una moneda de 1 euro de 7,5 g de una aleación de cobre y níquel hay, aproximadamente, setenta mil trillones de átomos (este número es mucho mayor que el de estrellas presentes en la Vía Láctea y, probablemente, más elevado que el de todas las estrellas del universo).

1.1 Definición de mol y constante o número de Avogadro

Manejar números de la magnitud correspondiente a la abundancia de átomos y moléculas es complicado. Para facilitarlo, se ha definido una unidad: el **mol.** El mol es una de las siete unidades básicas o fundamentales del Sistema Internacional de unidades; es la **unidad** de medida de **cantidad de sustancia.** Se define así:

> El **mol** es la cantidad de sustancia que contiene tantos entes elementales como átomos hay en 12 g del isótopo de carbono ^{12}C.

Aquí «entes elementales» se refiere a átomos, moléculas, iones u otras partículas o agrupamiento de partículas. Un mol es una cantidad adimensional, igual que lo es una docena o una centena.

Se escogió el ^{12}C como referencia porque la masa de un átomo de ^{12}C es exactamente 12 u (unidades de masa atómica) o, expresado en gramos, $12 \times 1{,}6606 \times 10^{-24}$ g.

Por tanto, el número de átomos contenidos en 12 g de ^{12}C es:

$$\frac{\text{Masa escogida}}{\text{Masa de 1 átomo de } ^{12}\text{C}} = \frac{12 \text{ g de átomos de C}}{12 \times 1{,}6606 \times 10^{-24} \dfrac{\text{g}}{\text{átomos}}} = 6{,}022 \times 10^{23} \text{ átomos}$$

De este modo, un mol de átomos contiene $6{,}022 \times 10^{23}$ átomos; un mol de moléculas contiene $6{,}022 \times 10^{23}$ moléculas, e igual para electrones, iones, etc.

Este número recibe el nombre de **constante o número de Avogadro,** N_A, tambien denominado L en honor de **Lorenzo Romano Amedeo Carlo Avogadro** (1776-1856), físico y químico que contribuyó decisivamente a establecer el concepto de molécula. En 2007, la IUPAC tomó el acuerdo de redefinir el mol como un número exacto de entidades, asignando al N_A el valor exacto de:

$$N_A = 6{,}022 \times 10^{23} \text{ mol}^{-1}$$

Este valor del número de Avogadro ha sido comprobado experimentalmente en diversas ocasiones, cada vez con mayor precisión.

La **unidad de masa atómica (u)** es una unidad de masa pensada para la medida de masas de átomos y moléculas. En un gramo hay el número de Avogadro de unidades de masa atómica.

Equivalencias

- $1 \text{ g} = 6{,}022 \times 10^{23}$ unidades de masa atómica (u).
- $1 \text{ mol} = 6{,}022 \times 10^{23}$ entes elementales.

Figura 3.1.
Un mol de diversas sustancias. $CuSO_4$ (azul); $CuCl_2$ (verde); $K_2Cr_2O_7$ (naranja); $Co(NO_3)_2$ (violeta) y NaCl (blanco).

1.2 Masa molar

Actualmente, la IUPAC recomienda usar las masas de átomos y moléculas como relativas a la masa del ^{12}C. Esto significa que se usan números sin unidades y, en lugar de afirmar que la masa del H es 1,00797 u, se prefiere decir que la masa del H es 1,00797 veces la doceava parte de la masa del ^{12}C.

De las definiciones de mol y unidad de masa atómica se desprende que la masa en gramos de un mol de cualquier sustancia coincide con la masa en unidad de masa atómica de su fórmula, sea esta una molécula, un retículo o un átomo. Por ejemplo:

- La masa de una molécula de agua, H_2O, es 18,0153 u. La masa de un mol de agua, H_2O, es 18,0153 g.
- La masa de un átomo de cobre, Cu, es 63,5 u. La masa de un mol de cobre, Cu, es 63,5 g.

La **masa molar** (*M*) es la masa de un mol de átomos o moléculas y coincide numéricamente con la masa atómica o molecular, aunque en el primer caso la unidad de medida es g (gramos) y en el segundo u (unidad de masa atómica).

1.3 Volumen molar

Recuerda

Según la IUPAC, actualmente las condiciones normales para gases son:

- $T = 273{,}15\ K = 0\ °C$
- $p = 10^5\ Pa = 1\ atm$

El volumen molar de una sustancia es el volumen de un mol de esta sustancia a una cierta temperatura (debe indicarse, pues depende de esa temperatura).

Los gases, a diferencia de los sólidos y los líquidos, no tienen un volumen fijo, sino que depende de la presión a la que son sometidos. Según enuncia la ley de Avogadro, en unas determinadas condiciones de presión y temperatura, un mol de gas ocupa siempre el mismo volumen, sea cual sea el gas. O sea, un mol de oxígeno ocupa el mismo volumen que un mol de hidrógeno o que un mol de nitrógeno, a presión y temperatura iguales. Así, para los gases, las relaciones volumétricas coinciden con las molares. En una mezcla, un porcentaje en volumen es el mismo porcentaje en moles.

El **volumen molar normal o estándar** es el volumen que ocupa un mol de cualquier gas en **condiciones normales o estándar.**

Para **gases** las **condiciones normales** o **estándares** son 273,15 K (0 °C) de temperatura y 10^5 Pa (1 atm) de presión. No son más que una referencia para que cualquier experimento pueda repetirse exactamente en cualquier laboratorio del mundo con los mismos resultados, si se realiza en idénticas condiciones. En estas condiciones 1 mol de cualquier gas considerado con comportamiento ideal ocupa el mismo volumen: **22,4 L.**

Figura 3.2.
Un mol de aire o de cualquier gas ocupa un volumen de 22,4 L en condiciones normales (273,15 K y 10^5 Pa). Este volumen sería el de un balón de casi 35 cm de diámetro.

EJEMPLO

Calcula el número de moles que representan 30 g de hidrógeno, de nitrógeno y de amoníaco. (Datos: *M* (H) = 1,00797, *M* (N) = 14,0067.)

El cálculo de masas moleculares y moles para cada sustancia es:

$$M(H_2) = 2 \times 1{,}00797 = 2{,}01594 \;\rightarrow\; 30\text{ g } H_2 \times \frac{1\text{ mol } H_2}{2{,}01594\text{ g de } H_2} = 14{,}88\text{ mol } H_2$$

$$M(N_2) = 2 \times 14{,}0067 = 28{,}0134 \;\rightarrow\; 30\text{ g } N_2 \times \frac{1\text{ mol } N_2}{28{,}0134\text{ g de } N_2} = 1{,}07\text{ mol } N_2$$

$$M(NH_3) = 3 \times 1{,}00797 + 14{,}0067 = 17{,}0306 \rightarrow 30\text{ g } NH_3 \times \frac{1\text{ mol } NH_3}{17{,}0306\text{ g } NH_3} = 1{,}76\text{ mol } NH_3$$

2 Disoluciones

Una disolución es un caso particular de mezcla entre dos o más sustancias. El caso más general de mezcla recibe el nombre de dispersión. Son dispersiones el aire, la leche, el vino, la tinta, el bronce o el acero.

> Las **dispersiones** son sistemas formados por la interposición de pequeñas partículas de una o más sustancias en el seno de otra sustancia.

Generalmente, la sustancia más abundante actúa de medio de dispersión y las menos abundantes se dispersan en ella. Estas sustancias pueden ser sólidas, líquidas o gases. Si son sólidos dispersados en medios líquidos, se clasifican según el tamaño de las partículas dispersas en:

- **Suspensiones.** Con partículas de 10^{-4} a 10^{-7} m de diámetro. Tienen aspecto turbio, sus partículas son visibles a simple vista o al microscopio y sedimentan en reposo. Se separan por filtración. No cristalizan. Ejemplo: agua con barro y arena.
- **Coloides.** Con partículas de 10^{-7} a 10^{-9} m de diámetro. Tienen aspecto claro. Sus partículas no son visibles al microscopio óptico ordinario y sí al microscopio electrónico. No sedimentan. Se separan por filtración de membrana. No cristalizan. Ejemplo: leche homogeneizada.
- **Disoluciones.** Con partículas de 10^{-9} a 10^{-11} m de diámetro. Los sólidos y líquidos tienen aspecto claro y transparente. Sus partículas son invisibles al microscopio electrónico, pues son átomos, moléculas o iones. No se separan por filtración. Son cristalizables. Ejemplo: agua con sal.

En la **leche homogeneizada,** el color depende del tamaño de los glóbulos de grasa, ya que generan un efecto de dispersión de la luz. Cuanto menor sea el tamaño de los glóbulos, más intenso será el color blanco de la leche.

En las disoluciones, se denomina **disolvente** al componente mayoritario que confiere su estado físico a la disolución y actúa de medio dispersante. **Soluto** es el componente minoritario que se dispersa en el disolvente. Tanto el soluto como el disolvente pueden participar en la disolución en proporciones variables y no pierden sus propiedades químicas.

		DISPERSANTE (disolvente)		
		Sólido	**Líquido**	**Gas**
DISPERSADO (soluto)	**Sólido**	Aleaciones, como latón y bronce.	$NaCl + H_2O$ $S + CS_2$	Humos y aerosoles de sólidos.
	Líquido	Amalgamas (mercurio + otro metal).	$CH_3CH_2OH + H_2O$ $CH_3CH_2OH + CH_3OH$	Nieblas, nubes y aerosoles en líquidos.
	Gas	H_2 en Pt, pumita.	$HCl + H_2O$ $NH_3 + H_2O$	Aire y gas natural.

Tabla 3.1.
Ejemplos de dispersiones según el estado físico del soluto y del disolvente.

Figura 3.3.
Disoluciones. En una solución coloidal, un rayo de luz se dispersa (izquierda), mientras que una disolución verdadera es atravesada limpiamente (derecha).

1 Pon tres ejemplos de suspensión, disolución coloidal y disolución verdadera.

2 ¿Qué distingue las siguientes sustancias? El humo de la niebla, el latón del cobre, el aire del oxígeno.

3 Escoge parejas de sustancias con las que se puedan formar disoluciones verdaderas:

a) Agua con alcohol. b) Agua con aceite. c) Agua con sal. d) Alcohol con sal.

2.1 Medida de la concentración

Figura 3.4.
Para solutos coloreados (como el $KMnO_4$), la intensidad de color de la disolución es un indicio de su concentración.

La **concentración** relaciona la cantidad de soluto con la cantidad de disolvente o de disolución. Las concentraciones muy bajas se expresan en partes **por millón, ppm;** en sólidos, se refieren a masa **(1 µg/g** o **1 mg/kg)** y en líquidos y gases, a volúmenes **(mg/L** o **mL/L):**

$$\frac{\text{mL de soluto}}{\text{L de disolución}} \qquad \frac{\text{g de soluto}}{\text{L de disolución}} \qquad \frac{\text{g de soluto}}{\text{100 g disolución}} \qquad \frac{\text{g de soluto}}{\text{100 g disolvente}}$$

Expresando la cantidad de soluto en moles, la **molaridad, *M*,** se define:

$$M = \text{Molaridad} = \frac{\text{Moles de soluto}}{\text{Litro de disolución}}$$

La **fracción molar** es el cociente entre los moles de un componente y los moles totales de la disolución sólida, líquida o gaseosa. Para un único disolvente y un único soluto, los moles totales son: $n_{total} = n_s + n_d$. Así, las fracciones molares del soluto, X_s, y del disolvente, X_d, son:

$$X_s = \frac{\text{Moles de soluto}}{\text{Total moles de la disolución}} = \frac{n_s}{n_s + n_d}$$

$$X_d = \frac{\text{Moles de disolvente}}{\text{Total moles de la disolución}} = \frac{n_d}{n_s + n_d}$$

Se comprueba fácilmente que: $X_s + X_d = 1$. En general, cualesquiera que sean los componentes de la disolución, se cumple: $\Sigma X_i = 1$.

Para las propiedades coligativas, es útil la llamada **molalidad, *m*:**

$$m = \text{Molalidad} = \frac{\text{Moles de soluto}}{\text{kg de disolvente}}$$

Aunque la IUPAC no la recomienda, también se usa la **normalidad, *N*,** donde los *equivalentes* son los *moles por las unidades de reacción:*

$$N = \text{Normalidad} = \frac{\text{Equivalentes de soluto}}{\text{Litros de disolución}}$$

EJEMPLO

Calcula la molaridad de la disolución de 19,45 g de cloruro de sodio, NaCl, en agua hasta completar 500 mL de disolución. (Datos: M (Na) = 22,9897; M (Cl) = 35,4527.)

$$M(\text{NaCl}) = 22{,}9897 + 35{,}4527 = 58{,}442$$

$$n(\text{NaCl}) = 19{,}45 \text{ g NaCl} \frac{1 \text{ mol NaCl}}{58{,}4424 \text{ g NaCl}} = 0{,}3328 \text{ mol de NaCl}$$

$$M = \text{Molaridad} = \frac{\text{Moles de NaCl}}{\text{Litros de disolución}} = \frac{0{,}3328 \text{ mol}}{0{,}500 \text{ L}} = 0{,}666 \text{ M}$$

2.2 Solubilidad y saturación

La **solubilidad** es una medida que indica la facilidad que tienen unas sustancias para disolverse en otras. Excepto en mezclas de gases, la capacidad de disolverse no es infinita, tiene un máximo a partir del cual el soluto no consigue mantenerse en el seno del disolvente. En este máximo, se dice que la disolución está **saturada.** En una disolución saturada, el soluto disuelto está en equilibrio con el soluto sin disolver.

> La **solubilidad** es la concentración correspondiente al **estado de saturación,** o sea, la máxima concentración posible a una determinada temperatura.

Hablando de manera estricta, no hay ninguna sustancia que sea totalmente insoluble en un disolvente, porque siempre habrá algún átomo, ion o molécula que pasará al seno del disolvente. Pero si este fenómeno no alcanza una cierta magnitud, no será observable y se considerará insoluble. Se considera que una sustancia en un determinado disolvente es:

- **Soluble,** si su solubilidad es 0,1 M o superior.
- **Poco soluble,** si su solubilidad se sitúa entre 0,1 y 0,001 M.
- **Insoluble,** si su solubilidad no llega a 0,001 M.

Figura 3.5.
Solubilidad. El cloro (Cl_2, izquierda), el bromo (Br_2, centro) y el yodo (I_2, derecha) son poco solubles en agua (parte inferior de los tubos) y muestran mayor solubilidad en ciclohexano (parte superior).

2.3 Factores que afectan a la solubilidad

La solubilidad depende de los siguientes factores:

- **Naturaleza química de soluto y disolvente.** Las sustancias polares se disuelven bien entre ellas y las apolares también. En cambio, no se disuelven bien las unas con las otras. Son **polares** las sustancias iónicas (como NaCl o NaOH) y las que tienen enlaces covalentes muy polarizados, como el agua (H_2O) o el ácido clorhídrico (HCl). Las sustancias **apolares** son de naturaleza covalente con enlaces poco polarizados, por ejemplo, el metano, CH_4, el benceno, C_6H_6, o el octano, C_8H_{18}.
- **Temperatura.** Para la mayoría de disoluciones de sólidos en líquidos, la solubilidad aumenta con la temperatura, aunque no siempre es así. Por ejemplo, la disolución de Li_2SO_4 se dificulta por un aumento de temperatura. En cambio, la disolución de gases en líquidos acostumbra a ser mayor a bajas temperaturas. Por eso, en aguas cálidas la cantidad de oxígeno disuelto es menor y se dificulta la respiración de los peces, como ocurre en verano, sobre todo, en aguas estancadas y de poco volumen.

  Variando la temperatura de una disolución podemos recuperar soluto, que cristaliza lentamente si la disminución de temperatura también es lenta. Es una forma de obtener sustancias puras.

$$\text{Soluto (sólido)} \underset{\text{cristalización}}{\overset{\text{disolución}}{\rightleftarrows}} \text{Soluto (disuelto)}$$

- **Presión,** en el caso de solutos gaseosos. A mayor presión, mayor será la cantidad de gas que se disolverá. Esto se aplica en la preparación de bebidas gaseosas, que contienen disoluciones de CO_2.
- **Presencia de otras sustancias.** En particular, las llamadas **tensoactivas,** como jabones y detergentes, que facilitan la disolución de grasas y sustancias apolares en disolventes polares como el agua.

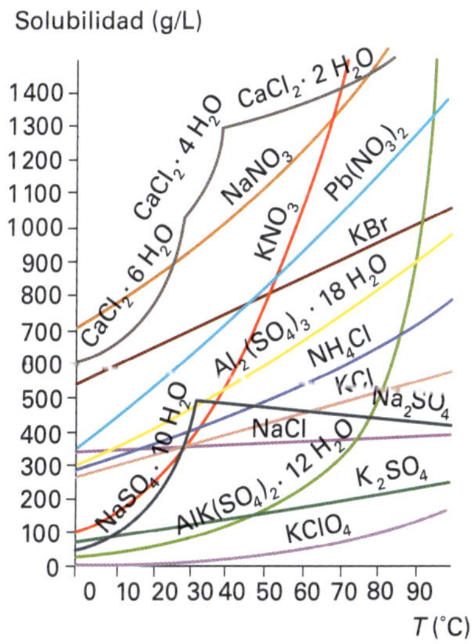

Figura 3.6.
Curvas de solubilidad. La solubilidad de la mayoría de las sales crece al aumentar la temperatura.

3 Leyes experimentales de los gases ideales

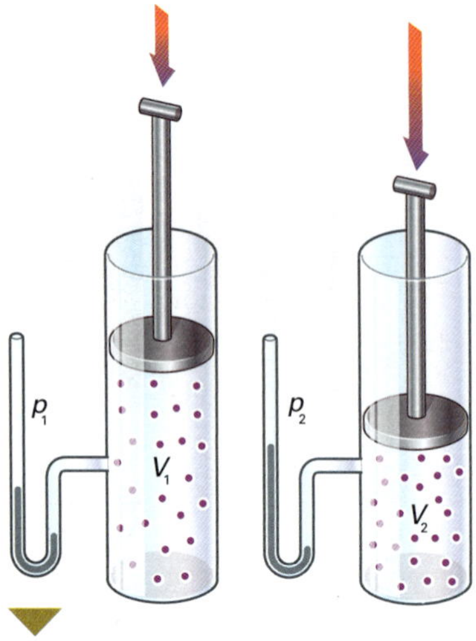

Figura 3.7.
A temperatura constante, la relación entre *p* y *V* es inversamente proporcional. A mayor presión, menor volumen ocupado, y viceversa.

Equivalencia entre distintas unidades de presión

- 1 atm = 101 325 Pa
- 1 atm = 760 mm Hg
- 1 Pa = 9,86923 × 10^{-6} atm
- 1 Pa = 7,5 × 10^{-3} mm Hg

Los gases se caracterizan por expandirse al máximo, por ser compresibles, por mezclarse perfectamente entre ellos y por experimentar grandes dilataciones en respuesta a los cambios de presión y de temperatura. Las magnitudes que permiten estudiar el comportamiento de un gas son:

- **Presión, *p*.** En el SI se mide en pascales (Pa). También se usan atmósferas (1 atm = 101 325 Pa ≃ 10^5 Pa) y milímetros de mercurio (1 atm = 760 mmHg).
- **Volumen, *V*.** En el SI se mide en metros cúbicos (m^3). También se usan litros (L) y sus submúltiplos.
- **Temperatura absoluta, *T*.** En el SI se mide en kelvin (K). Se relaciona con la temperatura centígrada según: T (K) = t (°C) + 273,15.
- **Cantidad de sustancia, *n*.** En el SI se mide en moles. El comportamiento de los gases no depende de la masa, sino del número de moles.

Al estudiar los gases reales se han deducido leyes que describen su comportamiento a partir de *p*, *V*, *T* y *n*. Un **gas ideal** cumpliría exactamente estas leyes cualesquiera que sean las condiciones. En cambio, los **gases reales** acaban por apartarse en algún momento de las leyes (por ejemplo, a presiones muy altas licúan), lo que no impide que estas leyes sean útiles en un intervalo apreciable.

3.1 Ley de Boyle-Mariotte

Robert Boyle (1627-1691), un irlandés que llegó a ser director de la Compañía de las Indias Occidentales, debatió sobre la «nueva filosofía» (que ahora llamamos ciencia) y fundó el Colegio Invisible, que acabó en *la Royal Society* de Londres, dedicada al estudio de la naturaleza. Estudió los gases, construyó una máquina neumática y en 1660 publicó los resultados de sus experimentos con ella.

Edme Mariotte (1630-1684), abad francés, fue miembro de la *Académie de Sciences* de París y uno de los pioneros en la medida de la presión atmosférica y en hacer previsiones meteorológicas a partir de ella. En 1676 publicó la confirmación experimental de la ley de Boyle.

> **Ley de Boyle-Mariotte.** A temperatura constante, el volumen ocupado por un gas es inversamente proporcional a la presión a la que es sometido.

Matemáticamente, siendo *k* una constante, esta ley se puede expresar:

$$p = \frac{k}{V} \longrightarrow p \cdot V = k$$

Otra manera usual de formular la ley consiste en tomar los valores de presión y temperatura en unas condiciones (1) y en otras condiciones (2). Como el producto $p \cdot V$ debe ser constante, se cumple:

$$p_1 \cdot V_1 = p_2 \cdot V_2$$

4 Una bombona de 5 000 cm^3 está llena de helio a 2 hPa de presión. Calcula que presión ejercerá si se cambia a otro depósito de 20 L a la misma temperatura.

Solución: p = 0,5 hPa.

3.2 Leyes de Charles-Gay Lussac

El francés **Jacques Alexandre César Charles** (1746-1823) perfeccionó los globos aerostáticos llenándolos de hidrógeno en lugar de usar aire caliente. Descubrió la ley de variación de la presión de los gases a volumen constante, pero no llegó a publicarla. Sí que lo hizo, en 1802, otro francés también aficionado a la aerostática, **Louis Joseph Gay-Lussac** (1778-1850), estudioso del magnetismo terrestre y de la composición del aire.

Ley de Charles-Gay Lussac. A presión constante, el volumen ocupado por un gas es directamente proporcional a la temperatura absoluta a la que se encuentra.

Matemáticamente, siendo k' una constante, esta ley se puede expresar:

$$V = k' \cdot T \longrightarrow \frac{V}{T} = k'$$

Otra manera usual de formular la ley consiste en tomar los valores de volumen y temperatura en unas condiciones (1) y en otras condiciones (2). Como el cociente $\frac{V}{T}$ debe ser constante, se cumple:

$$\frac{V_1}{T_1} = \frac{V_2}{T_2}$$

Una última ley hace referencia al comportamiento de la presión respecto a la temperatura cuando el gas se encuentra encerrado en un volumen constante:

A volumen constante, la presión ejercida por un gas es **directamente proporcional** a la temperatura absoluta a la que se encuentra.

Matemáticamente, siendo k'' una constante, se puede expresar como:

$$p = k'' \cdot T \longrightarrow \frac{p}{T} = k''$$

Tomando los valores de presión y temperatura en unas condiciones (1) y en otras condiciones (2), como el cociente $\frac{p}{T}$ debe ser constante, se cumple:

$$\frac{p_1}{T_1} = \frac{p_2}{T_2}$$

En las dos leyes, la temperatura se debe expresar en valor absoluto, o sea, en kelvin: $T\,(\mathrm{K}) = T\,(°\mathrm{C}) + 273{,}15$

5 Un depósito con amoníaco a 15 °C se conecta a otro depósito idéntico vacío. ¿A qué temperatura debe calentarse el gas para mantener la presión?

Solución: 303,15 °C.

6 ¿A qué temperatura debe calentarse el aire en condiciones normales de un depósito metálico para que su presión se duplique?

Solución: 273,15 °C.

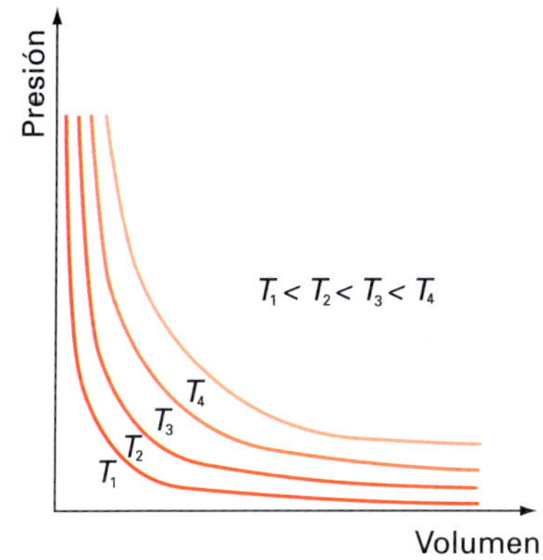

Figura 3.8.
Relación entre la presión y el volumen para un gas ideal a diversas temperaturas.

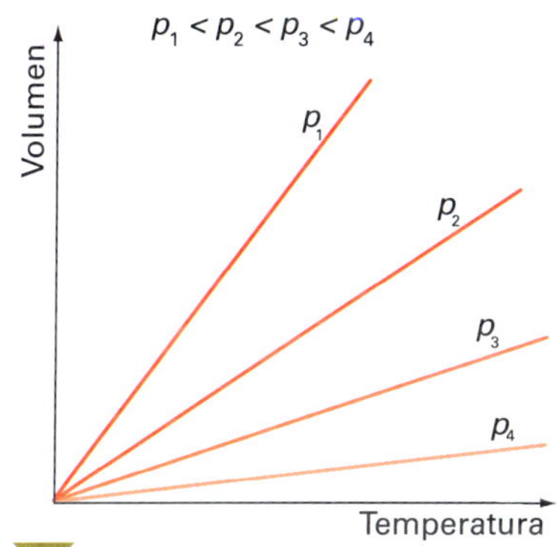

Figura 3.9.
Relación entre el volumen y la temperatura para un gas ideal a diversas presiones.

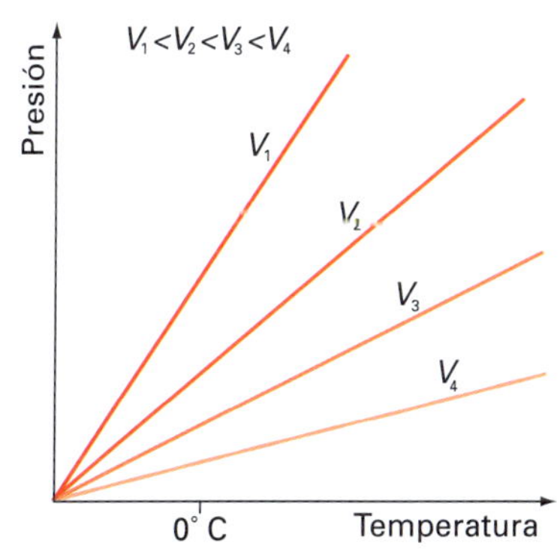

Figura 3.10.
Relación entre la presión y la temperatura para un gas ideal a diversos volúmenes.

3.3 Ecuación general y ecuación de estado de los gases ideales

Figura 3.11.
Conducción de gas a alta presión. Aunque los gases reales no cumplan exactamente las leyes de los gases ideales, estas leyes permiten una primera aproximación a su comportamiento.

Las leyes de Boyle-Mariotte y de Charles-Gay Lussac permiten analizar procesos en los que una de las tres magnitudes (*p*, *V* o *T*) se mantiene constante mientras varían las otras dos. Pero, ¿qué ocurre cuando se permite la variación simultánea de las tres?

Se puede pasar de p_1, V_1 y T_1 a p_2, V_2 y T_2 en dos pasos:

- Un proceso en que varían *p* y *V*, manteniéndose *T* constante.
- Un proceso en que varían *T* y *V*, manteniéndose *p* constante.

$$\begin{pmatrix} p_1 \\ V_1 \\ T_1 \end{pmatrix} \xrightarrow{\text{a } T \text{ constante}} \begin{pmatrix} p_2 \\ V' \\ T_1 \end{pmatrix} \xrightarrow{\text{a } p \text{ constante}} \begin{pmatrix} p_2 \\ V_2 \\ T_2 \end{pmatrix}$$

Al aplicar la ley de Boyle-Mariotte al primer paso, tenemos: $p_1 \cdot V_1 = p_2 \cdot V'$

Y al aplicar la ley de Charles-Gay Lussac al segundo, resulta: $V' \cdot T_2 = V_2 \cdot T_1$

Se puede despejar V' de una de las ecuaciones y, sustituyendo en la otra:

$$\frac{p_1 \cdot V_1}{T_1} = \frac{p_2 \cdot V_2}{T_2}$$

Esta es la **ecuación general de los gases ideales,** también conocida como **ecuación de Clapeyron,** nombre que recibió en honor de **Émile Clapeyron** (1799-1864). Esta ecuación es aplicable a procesos en los que varían a la vez la presión, el volumen y la temperatura de un gas.

En condiciones normales ($T° = 273{,}15$ K = 0 °C y $p° = 10^5$ Pa $\simeq$ 1 atm), un mol de gas ideal ocupa un volumen $V° = 22{,}4$ L. Así, resulta que:

$$\frac{p° \cdot V°}{T°} = \frac{(1 \text{ atm})\ (22{,}4 \text{ L})}{273{,}15 \text{ K}} = 0{,}082\ \frac{\text{atm L}}{\text{K mol}}$$

Este valor es válido en cualquier condición, aunque se ha deducido para el caso de condiciones normales. Esta constante se representa por ***R*** y se conoce como **constante de los gases ideales.**

Recuerda

Valores y unidades más frecuentes para la constante de los gases:

- $R = 8{,}314\ \frac{\text{J}}{\text{K mol}}$
- $R = 0{,}082\ \frac{\text{atm L}}{\text{K mol}}$
- $R = 1\,987\ \frac{\text{cal}}{\text{K mol}}$

EJEMPLO

En un depósito de 20 L, y a una temperatura de 40 °C, un gas ejerce una presión de 2,5 atm. Calcula la presión que ejercerá si se traslada a un depósito de 5 L a una temperatura de 50 °C.

Aplicamos: $\frac{p_1 \cdot V_1}{T_1} = \frac{p_2 \cdot V_2}{T_2} \Rightarrow \frac{(2{,}5 \text{ atm} \cdot 20 \text{ L})}{(40 + 273{,}15) \text{ K}} = \frac{p_2 \cdot 5 \text{ L}}{(50 + 273{,}15) \text{ K}}$,

de donde: $p_2 = 10{,}32$ atm.

7 Se trasladan 100 L de helio medidos en condiciones normales a un depósito de 250 L a 20 °C. ¿Qué presión tendrá el gas?

Solución: $4{,}29 \times 10^4$ Pa.

Como se ha visto anteriormente, aplicando la ecuación general de los gases ideales a un mol de gas ideal, se puede escribir lo siguiente:

$$\frac{p \cdot V}{T} = R \qquad \text{O también:} \qquad p \cdot V = R \cdot T$$

Y si, en lugar de un mol, se tienen *n* moles de gas ideal, tenemos:

$$p \cdot V = n \cdot R \cdot T$$

Esta ecuación es la **ecuación de estado de los gases ideales** y se aplica a cualquier cantidad de gas y en cualquier condición de *p, V* y *T,* suponiendo que el gas en cuestión sigue el comportamiento ideal.

Si se expresa el número de moles, *n*, como el número de gramos dividido entre la masa molecular del gas: $n = \frac{m}{M}$, la fórmula anterior queda:

$$p \cdot V = \frac{m}{M} \cdot R \cdot T$$

Que se puede reordenar como: $p = \frac{m}{V} \cdot \frac{R \cdot T}{M}$

Y, siendo el cociente $\frac{m}{V}$ igual a la densidad, *d,* del gas, la ecuación de estado de un gas ideal queda como: $p = d \cdot \frac{R \cdot T}{M}$

Figura 3.12.
Depósitos de gas. El manejo de gases exige tener en cuenta las relaciones entre la presión, el volumen y la temperatura a los que son sometidos.

EJEMPLO

Calcula la presión que ejercerán 25 gramos de etano a 50 °C de temperatura en un depósito de 12 litros. (Datos: *M* (C) = 12,0107; *M* (H) = 1,00794.)

En primer lugar se deben pasar los 25 gramos de etano, C_2H_6, a moles de etano. Para ello, se usa la masa molecular del C_2H_6:

$$M(C_2H_6) = 2 \cdot M(C) + 6 \cdot M(H) = 2 \times 12{,}0107 + 6 \times 1{,}00794 = 30{,}0690$$

El número de moles será: $n(C_2H_6) = \frac{\text{Masa de } C_2H_6}{M(C_2H_6)} = \frac{25 \text{ g}}{30{,}0690 \text{ g/mol}} = 0{,}83142 \text{ mol } C_2H_6$

Aplicamos ahora la ecuación de estado de los gases ideales: $p \cdot V = n \cdot R \cdot T$

$$p \cdot 12 \text{ L} = 0{,}83142 \text{ mol} \times 0{,}082 \frac{\text{atm L}}{\text{K mol}} (50 + 273{,}15) \text{ K}$$

De donde se obtiene: $p = 1{,}8359$ atm.

8 Calcula la presión que ejercen 200 g de hidrógeno en un depósito de 50 L a 30 °C. (Dato: *M* (H) = 1,00797.)

Solución: 49,3 atm.

9 Calcula la masa de oxígeno encerrada en una bombona de 40 L a 1,5 atm y 50 °C. (Dato: *M* (O) = 15,9994.)

Solución: 72,45 g.

3.4 Ley de Dalton. Presiones parciales en una mezcla de gases

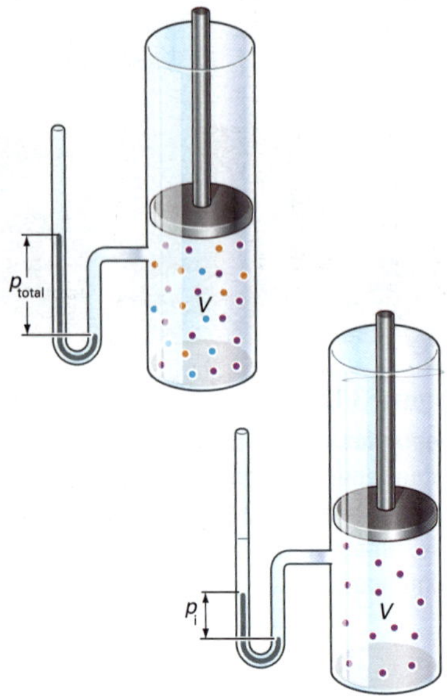

Figura 3.13.
La presión parcial de un gas en una mezcla. Esta presión es la que ejercería el gas si ocupara él solo el mismo volumen que toda la mezcla y a la misma temperatura.

En una mezcla de gases, se entiende como presión parcial de uno de ellos la presión con la que colabora a la presión total. Se puede definir así:

La **presión parcial** de un gas en una mezcla es la que este gas ejercería si ocupara, él solo, el volumen que ocupa toda la mezcla a la misma temperatura.

La presión parcial de un gas, p_i, se puede calcular multiplicando la presión total, p_{total}, por la fracción molar de ese gas, X_i:

$$p_i = X_i \cdot p_{total}$$

El inglés **John Dalton** (1766-1844) enunció en 1801 la ley que lleva su nombre.

Ley de Dalton. La presión total de una mezcla de gases es igual a la suma de las presiones parciales de los gases constituyentes.

$$p_{total} = p_1 + p_2 + p_3 + \cdots + p_n$$

EJEMPLO

Tenemos 2 moles de helio, 4 moles de nitrógeno y 6 moles de argón mezclados en un volumen de 50 litros a 25 °C. Calcula la presión parcial de cada gas.

Los moles totales de gas son: 2 mol + 4 mol + 6 mol = 12 mol.

Y las fracciones molares se calculan como:

$$X_{He} = \frac{n_{He}}{n_{total}} = \frac{2 \text{ mol}}{12 \text{ mol}} = 0{,}1667; \; X_{Ar} = \frac{n_{Ar}}{n_{total}} = \frac{6 \text{ mol}}{12 \text{ mol}} = 0{,}5000; \; X_{N_2} = \frac{n_{N_2}}{n_{total}} = \frac{4 \text{ mol}}{12 \text{ mol}} = 0{,}3333$$

La presión total se halla mediante la ecuación: $p \cdot V = n \cdot R \cdot T$

$$p_{total} \cdot 50 \text{ L} = 12 \text{ mol} \cdot 0{,}082 \frac{\text{atm L}}{\text{K mol}} (25 + 273{,}15) \text{ K, de donde: } p_{total} = 5{,}87 \text{ atm.}$$

Las presiones parciales serán:

$$p_{He} = p_{total} \cdot X_H = 5{,}87 \text{ atm} \times 0{,}1667 = 0{,}98 \text{ atm}$$
$$p_{N_2} = p_{total} \cdot X_{N_2} = 5{,}87 \text{ atm} \times 0{,}3333 = 1{,}96 \text{ atm}$$
$$p_{Ar} = p_{total} \cdot X_{Ar} = 5{,}87 \text{ atm} \times 0{,}5000 = 2{,}93 \text{ atm}$$

Se puede comprobar que la suma de las presiones parciales es igual a la presión total:

$$p_{He} + p_{N_2} + p_{Ar} = 0{,}98 \text{ atm} + 1{,}96 \text{ atm} + 2{,}93 \text{ atm} = 5{,}87 \text{ atm} = p_{total}$$

10 Se mezclan 10 mol de helio, 5 mol de argón y 1 mol de neón en un depósito de 12 L a 20 °C. Calcula las presiones parciales de cada gas.

Solución: p_{He} = 20 atm; p_{Ar} = 10 atm; p_{Ne} = 2 atm.

3.5 Ley de Amagat. Volúmenes parciales en una mezcla de gases

Emilie Hilarie Amagat (1841-1915) planteó una ley complementaria a la de Dalton sobre las presiones parciales. Es la **ley de los volúmenes parciales**:

Ley de Amagat. El volumen total de una mezcla de gases es igual a la suma de los volúmenes parciales de los gases constituyentes.

$$V_{total} = V_1 + V_2 + V_3 + \cdots + V_n$$

El volumen parcial de un gas en una mezcla, V_i, es el volumen que este gas ocuparía si él solo ejerciera la presión que ejercen entre todos a la misma temperatura. Este volumen se puede calcular multiplicando el volumen total, V_{total}, por la fracción molar de ese gas, X_i:

$$V_i = X_i \cdot V_{total}$$

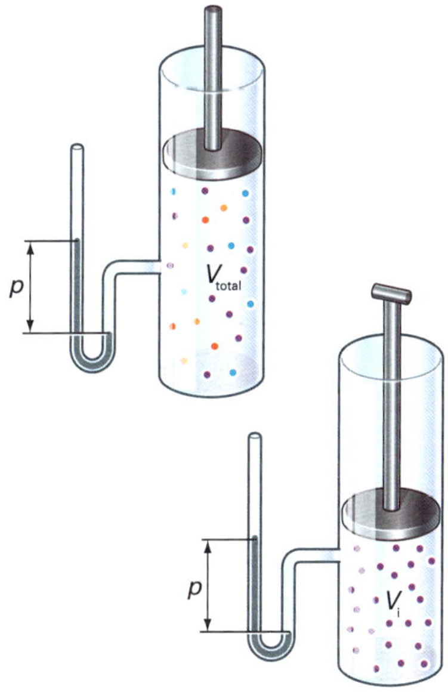

Figura 3.14.
El volumen parcial de un gas en una mezcla. Es el volumen en el que él solo ejercería la misma presión que toda la mezcla a la misma temperatura.

3.6 Gases húmedos

Una aplicación de los conceptos de presión parcial y volumen parcial se da en los llamados gases húmedos. Aunque es válida para cualquier otro líquido volátil, la aplicación más usual se presenta en gases que se han recogido o han burbujeado a través de agua. La presión del gas húmedo es la suma de la presión parcial del gas y de la presión del vapor de agua mezclado con este. Esta presión del vapor de agua depende de la temperatura.

En la resolución de problemas con gases húmedos, estos se deben considerar como si fueran secos y ocuparan el mismo volumen, pero, en lugar de la presión total, se debe tener en cuenta su presión parcial, es decir, la presión total menos la presión de vapor del agua a la temperatura en cuestión. Si el gas no está saturado al 100 % de vapor de agua, sino solo en parte, para calcular la presión parcial del gas seco se restará de la presión total el tanto por ciento que corresponda a la presión de vapor del agua.

Temperatura (°C)	Presión de vapor (mmHg)
0	4,58
10	9,21
20	17,53
30	31,82
40	55,32
50	92,51
60	149,38
70	233,7
80	355,1
90	525,8
100	760

Tabla 3.2.
Presiones del vapor de agua a diversas temperaturas.
A 100 °C la presión del vapor de agua iguala a la presión atmosférica ordinaria (760 mmHg o 1 atm) y el agua hierve.

EJEMPLO

Se toman 15 L de nitrógeno con un 80 % de humedad, medidos a 40 °C y 1 500 mm Hg de presión, se pasan a través de desecantes y se recogen a 25 °C y 1 000 mm Hg completamente secos. Calcula su volumen. (Dato: la presión de vapor del agua a 40 °C es 55,32 mm Hg.)

La presión parcial del nitrógeno al principio es:

$$p_1 = \left(1\,500 - \frac{80}{100} \times 55{,}32\right) \text{mmHg} = 1\,455{,}75 \text{ mmHg}$$

Como el número de moles de nitrógeno no varía, se puede aplicar: $\frac{p_1 \cdot V_1}{T_1} = \frac{p_2 \cdot V_2}{T_2}$

$$\frac{1\,455{,}75 \text{ mmHg} \cdot 15 \text{ L}}{(273{,}15 + 40) \text{ K}} = \frac{1\,000 \text{ mmHg} \cdot V_2}{(273{,}15 + 25) \text{ K}}, \text{ de donde: } V_2 = 51{,}82 \text{ L.}$$

En la ecuación general de los gases ideales, la temperatura debe expresarse en kelvin.

4 Teoría cinético-molecular

A fines del siglo XIX, **Clerk Maxwell, Ludwig Boltzmann** y **Rudolf J. E. Clausius** desarrollaron una teoría que explica el comportamiento de los gases a partir de su constitución molecular. La teoría también es aplicable a sólidos, líquidos y disoluciones, si se toman corpúsculos en vez de moléculas.

4.1 Teoría cinético-molecular de los gases perfectos

Para los gases, la teoría cinético-molecular propone:

- Un gas está formado por **moléculas infinitamente pequeñas** que no ocupan volumen en relación al volumen disponible para el gas.
- Las moléculas se mueven **al azar** en todas direcciones y trayectorias rectilíneas hasta chocar con otras moléculas o con las paredes del recipiente ocasionando la presión.
- Estos choques son **elásticos,** sin pérdida de energía para el gas. Así, la temperatura de un gas aislado térmicamente no disminuye.
- Las moléculas del gas son **independientes** las unas de las otras y no se influyen, **excepto durante la colisión.**
- La **energía cinética mediana** de las moléculas $\bar{E}_c$ depende de la **temperatura absoluta,** *T*, del gas:

$$\bar{E}_C = \frac{1}{2}\, m \cdot \bar{v}^2 = k' \cdot T$$

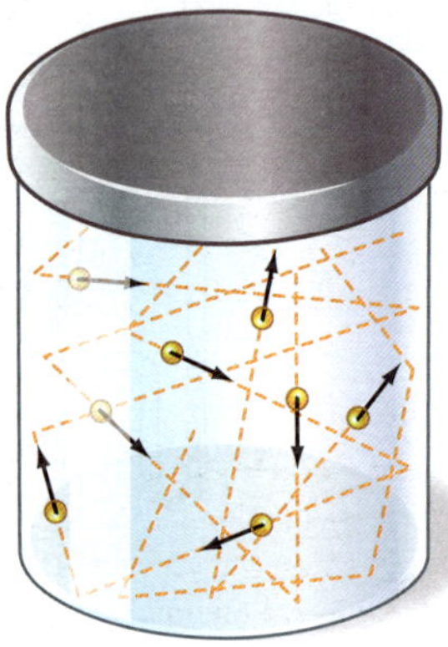

Figura 3.15.
Moléculas de un gas. En un gas, las moléculas están moviéndose continuamente y chocando entre ellas y con las paredes del recipiente. Estos choques con las paredes originan la presión del gas.

Lo anterior justifica el comportamiento de los gases ideales. En efecto:

- La presión depende del número de moles *n,* porque si hay más moléculas, habrá más choques.
- A mayor temperatura, mayor presión porque las moléculas se mueven más rápidamente y los choques serán más frecuentes y fuertes.
- A menor volumen, mayor presión porque en un volumen más pequeño los choques con las paredes del recipiente se producirán con mayor frecuencia.

4.2 Teoría cinético-corpuscular aplicada a los sólidos

Un sólido es, por definición, aquella materia que tiene forma propia, a diferencia de gases y líquidos que se adaptan a la forma del recipiente que los contiene.

La visión de la teoría cinético-corpuscular para un sólido preconiza que:

- Sus partículas constituyentes (moléculas, átomos o iones) están en posiciones fijas, gracias a **fuerzas de atracción** que les impiden moverse unas respecto a otras, a diferencia de lo que pasa en gases y líquidos.
- Aunque no puedan moverse unas respecto a otras, las partículas de un sólido vibran alrededor de sus posiciones de equilibrio.
- Este movimiento de vibración es más intenso cuanto más elevada es la temperatura.

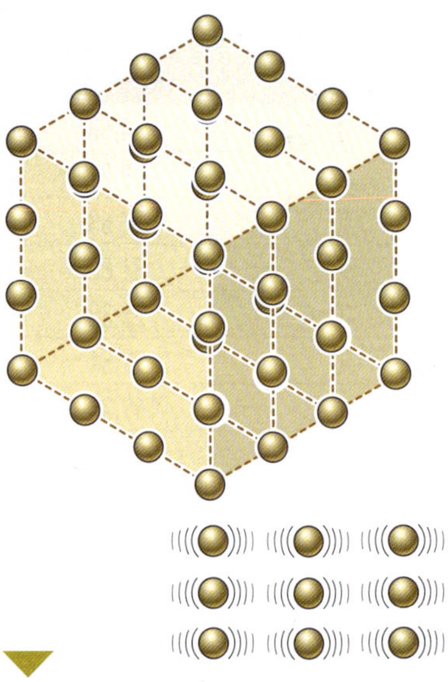

Figura 3.16.
Partículas de un sólido. En un sólido, sus partículas no pueden moverse unas respecto a otras pero sí que pueden vibrar alrededor de una posición de equilibrio.

Según estos puntos, se explica el comportamiento de un sólido. Por ejemplo:

- Se da **dilatación** al aumentar la temperatura porque el volumen aumenta por separación de las partículas, si crece la amplitud de su vibración.
- La **fusión** de un sólido se da a la temperatura en que la energía de vibración vence la atracción entre partículas, apartándolas de posiciones fijas.

4.3 Teoría cinético-corpuscular aplicada a los líquidos

Un líquido no tiene forma propia pero sí tiene volumen propio. Según la teoría cinético-corpuscular, en un líquido:

- Las moléculas tienen **fuerzas de atracción** que bastan para mantenerlas siempre en contacto lunas con otras.
- Sus fuerzas de atracción son **más débiles** que en los sólidos y permiten a las moléculas desplazarse unas respecto a otras, y así poder **fluir.**
- Las moléculas del líquido se **mueven continuamente** con una velocidad media que depende de la temperatura.

También se explica el comportamiento de los líquidos a partir de esta teoría:

- El aumento de temperatura produce **dilatación,** al aumentar la distancia mediana a la que las moléculas retienen a sus moléculas vecinas.
- La **evaporación** se debe a las moléculas de la superficie del líquido con energía cinética suficiente para vencer la atracción de las otras moléculas y escapar del líquido, pasando al estado de gas o vapor.
- La evaporación tiene lugar a cualquier temperatura pero es mayor cuanto mayor es esta, ya que también lo es la energía cinética media de las moléculas.
- La **ebullición** se produce si se alcanza una determinada temperatura en la que la energía cinética media de las moléculas del líquido, es suficiente para que el fenómeno de paso a vapor, se dé en toda su masa.
- La **condensación** es el paso de las moléculas del vapor al líquido. Se produce cuando pierden energía cinética al disminuir la temperatura.
- En un recipiente cerrado, el paso de líquido a vapor llega a equilibrarse con el paso de vapor a líquido y se estabiliza la presión. Esta presión de equilibrio se denomina **presión de vapor** y depende de la temperatura.
- Debido a la atracción entre moléculas, la superficie de los líquidos presenta resistencia a la ruptura. Esta resistencia se conoce como **tensión superficial** y se mide en $N \cdot m^{-1}$ en el SI.

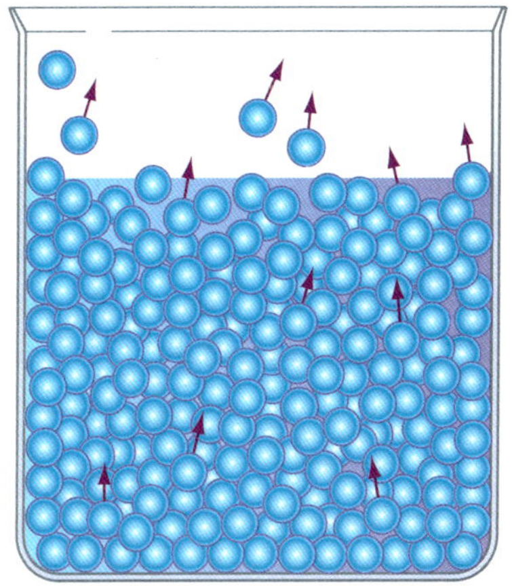

Figura 3.17.
Moléculas de un líquido. En un líquido, las moléculas pueden moverse unas respecto a otras. Las que tienen una velocidad suficiente y están en la superficie pueden escapar de la atracción de las demás y evaporarse.

4.4 Teoría cinético-corpuscular aplicada a las disoluciones

En una disolución, se puede considerar a las partículas de soluto como moléculas de un gas moviéndose en el volumen de la disolución. Se hace abstracción de las moléculas de disolvente «como si no estuvieran», ya que en su mayoría las propiedades dependen sólo de la concentración del soluto. En la disolución de un gas en un líquido, la **solubilidad** depende no sólo de sus naturalezas, sino también de la presión a la que se somete al gas. Cuanto mayor sea esta presión, más gas se disolverá. La concentración de un gas **i** en la disolución, c_i, es proporcional a la presión parcial del gas, p_i. La constante de proporcionalidad, s, es la solubilidad del gas:

$$c_i = s \cdot p_i$$

La solubilidad de un sólido en un líquido crece con la temperatura porque aumenta la agitación de las partículas de soluto, evitando que se agreguen para regenerar el sólido. En cambio, el aumento de temperatura disminuye la solubilidad de los gases porque la mayor energía cinética de sus partículas les facilita la «huída» del líquido.

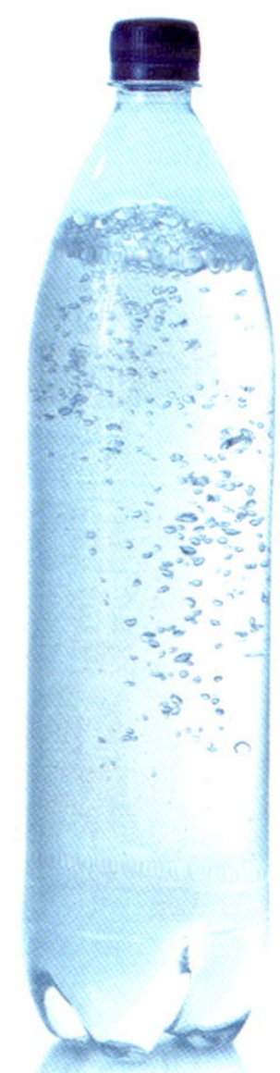

Figura 3.18.
Burbújas de gas en una bebida carbónica. En la producción de bebidas carbónicas se fuerza la disolución del CO_2 elevando la presión. Al abrir el recipiente a la presión atmosférica, se libera el exceso de gas en forma de burbujas.

5 Propiedades coligativas de las disoluciones

Sustancia	p_v (mmHg)
Etan-1,2-diol	3,75
Difluoruro de xenón	4,4
Agua	17,5
Propanol	18,0
Etanol	43,7
4-metilpentan-2-ona	14,3
Freón 113	284
Etanal	740
Butano	1 650
Metanal	3 268
Propano	6 480
Sulfuro de carbonilo	7 410
Dióxido de carbono	42 753

Tabla 3.3.
Presiones de vapor de algunas sustancias a 20 °C. Se observa que las sustancias que son gases a esta temperatura tienen una p_v que supera la presión atmosférica (alrededor de 760 mm Hg).

La disolución de un soluto modifica las propiedades del disolvente. Por ejemplo, el color, la densidad o la viscosidad. Se sabe que muchos de estos cambios dependen de la naturaleza del soluto. Así, el sulfato de cobre comunica al agua un color azulado, mientras que el permanganato de potasio le da un color violeta. En cambio, la alteración de algunas propiedades no depende de la naturaleza del soluto, sino de su concentración. Estas propiedades se denominan **coligativas.** Entre las más importantes están la presión de vapor, las temperaturas de congelación y de ebullición y la presión osmótica.

5.1 Presión de vapor. Ley de Raoult

Todos los líquidos se evaporan con mayor o menor intensidad dependiendo de su propia naturaleza y de la temperatura a la que están. Si el líquido está en un recipiente cerrado, el vapor que genera puede condensar de nuevo a líquido. En un recipiente cerrado, llega a establecerse un equilibrio entre la evaporación y la condensación. En el momento en que esto ocurre, la presión de vapor del líquido se mantiene estable. Esta presión de vapor de cada sustancia es **característica** de cada líquido, y para un líquido puro depende solo de la temperatura. La presión de vapor será mayor cuanto mayor sea la temperatura.

Cuando se disuelve un soluto en un líquido, se dificulta la evaporación de las moléculas del líquido. Esto concuerda con la visión que ofrece la teoría cinético-molecular, pues las moléculas de disolvente pierden energía en sus choques con las moléculas de soluto y, por tanto, se ve dificultada su evaporación. Macroscópicamente, se traduce en que la presión del vapor de la disolución es menor que la presión del vapor del líquido puro.

Un ejemplo conocido de esta menor «volatilidad» de las disoluciones, es la mayor dificultad en secar ropa que se haya mojado con agua salada en lugar de con agua dulce. Un experimento casero sencillo consiste en dejar evaporar al aire libre en un plato una cucharada de agua y en otro plato, una cucharada en la que se ha disuelto un poco de azúcar en el agua. Se comprobará que en el segundo caso permanece algo de agua azucarada cuando en el otro plato ya se ha evaporado toda.

Figura 3.19.
Evaporación de un líquido al calentarlo. Como gases que son, los vapores de un líquido tienden a expandirse al máximo. Si el recipiente estuviera cerrado herméticamente, se llegaría a un equilibrio entre la evaporación y la condensación. La presión del vapor cuando se alcanza este equilibrio es modificable por los solutos.

François Marie Raoult descubrió en 1887 que al añadir un soluto no volátil a un disolvente líquido, se producía una disminución de su presión de vapor, o sea, se evaporaba menos, y propuso una ecuación que lo calculase. Para un soluto no iónico, la presión de vapor de la disolución, $\boldsymbol{p_v}$, se calcula a partir de la presión de vapor del disolvente puro, $\boldsymbol{p_v^o}$, y de la fracción molar del disolvente, X_d, o del soluto, X_s, según:

$$\frac{p_v^o - p_v}{p_v^o} = X_s \qquad p_v = p_v^o \cdot X_d$$

El descenso de la presión de vapor también se da para solutos iónicos, pero las ecuaciones anteriores sólo son válidas para solutos no iónicos. Naturalmente, p_v^o y p_v se deben tomar a la misma temperatura.

Si el disolvente es una mezcla de dos o más líquidos volátiles, la presión de vapor de la disolución será igual a la suma de las presiones de vapor parciales de cada componente calculadas igualmente a partir de la ley de Raoult:

$$p_v = p_v(A) + p_v(B) + ... + p_v(Q)$$

5.2 Descenso crioscópico y aumento ebulloscópico

El mismo Raoult, en 1884, había enunciado que la disolución de un soluto no iónico en un disolvente aumenta su temperatura de ebullición (aumento ebulloscópico), ΔT_e, y disminuye su temperatura de congelación (descenso crioscópico), ΔT_c, proporcionalmente a la concentración molal de soluto, *m*. Siendo k_e, **la constante ebulloscópica,** y k_c, **la constante crioscópica,** propias de cada disolvente, las expresiones matemáticas para las dos variaciones son:

$$\Delta T_e = m \cdot k_e \qquad \Delta T_c = m \cdot k_c$$

Aunque el descenso crioscópico y el aumento ebulloscópico también se dan cuando los solutos son iónicos, las expresiones anteriores sólo son válidas para solutos no iónicos. Se puede comprobar experimentalmente con facilidad que un agua azucarada tendrá que calentarse más para llegar a hervir y también tendrá que enfriarse más para llegar a congelarse.

Por el mismo principio, la adición de un soluto al agua del radiador de los automóviles permite que resista temperaturas más bajas sin congelar y también temperaturas más altas sin hervir. Se escoge una sustancia como la glicerina, que no ataca los circuitos y es poco volátil. Otra aplicación basada en el descenso crioscópico es el vertido de sal en las carreteras heladas para que la solución de sal y agua que se forma se mantenga líquida a temperaturas por debajo de 0 °C, y contribuya así al deshielo progresivo.

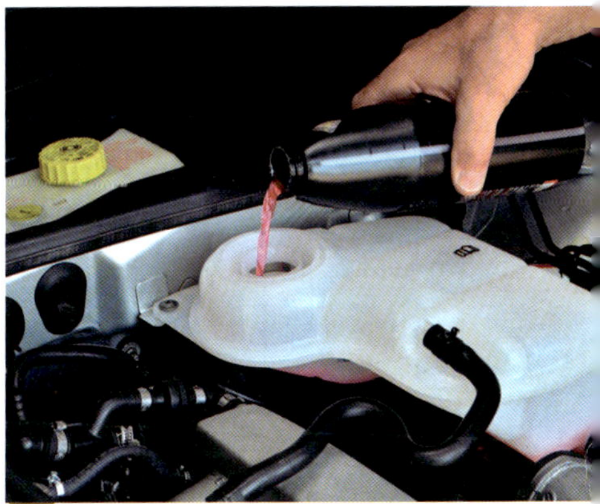

Figura 3.20.
Anticongelante para los radiadores de automóviles. Esta sustancia evita que se agriete el radiador por congelación en climas fríos cuando el motor está parado.

Figura 3.21.
Camión esparciendo sal en una carretera con nieve para facilitar el deshielo. La solución salina se forma solo en la superficie helada, pero acaba descongelando todo el grueso de hielo y nieve.

EJEMPLO

¿Qué temperatura resistirán sin hervir los 5 litros de agua de un radiador a los que se han añadido 1 500 g de glicerina ($C_3H_8O_3$)? (Datos: $k_e(H_2O)$ = = 0,51 °C kg mol^{-1}, *M*(O) = 15,9994, *M*(C) = 12,0107; *M*(H) = 1,00794.)

El aumento ebulloscópico de un disolvente se calcula a partir de la fórmula: $\Delta T = m \cdot k_e$

Si 1 g/cm^3 es la densidad del agua, los 5 L del radiador equivaldrán a 5 kg. Por tanto:

$$\Delta T = \frac{\dfrac{1\,500 \text{ g}}{(3 \times 12{,}0107 + 8 \times 1{,}00794 + 3 \times 15{,}9994) \text{ g} \cdot \text{mol}^{-1}}}{5 \text{ kg } H_2O} \cdot 0{,}51 \text{ °C} \cdot \text{kg} \cdot \text{mol}^{-1} = 1{,}66 \text{ °C}$$

Es decir, el agua no hervirá hasta: 100 °C + 1,66 °C = 101,66 °C.

EJEMPLO

Se disuelven 50 g de una sustancia no ionizable en 600 mL de agua. La temperatura de congelación de la disolución formada es de –3,37 °C. Calcula la masa molecular del soluto.

La constante crioscópica del agua es 1,86 °C · kg·mol^{-1}. Como la densidad del agua es 1 g/cm^3, los 600 mL con los que se ha preparado la disolución equivaldrán a 600 g. Como el descenso crioscópico de un disolvente es igual a: $\Delta T = m \cdot k_c$, entonces:

$$\Delta T = 3{,}37 \text{ °C} = \frac{50 \text{ g}/M_{soluto}}{0{,}6 \text{ kg } H_2O} \cdot 1{,}86 \text{ °C} \cdot \text{kg} \cdot \text{mol}^{-1}, \quad \text{de donde: } M_{soluto} = 45{,}99.$$

Disolvente	T_c	K_c	T_e	K_e
Agua	0	1,86	100	0,51
Ácido etanoico	17	3,9	118,3	3,07
Benceno	5,5	5,12	80,1	2,53
Ciclohexano	6,5	20,2	81,4	2,78
Fenol	40,9	7,3	182,2	3,6
Tetracloruro de carbono	–22,8	31,8	76,6	5,05

Tabla 3.4.
Temperaturas de congelación y ebullición (en °C) y constantes crioscópicas y ebulloscópicas (en °C · kg · mol) de algunos disolventes.

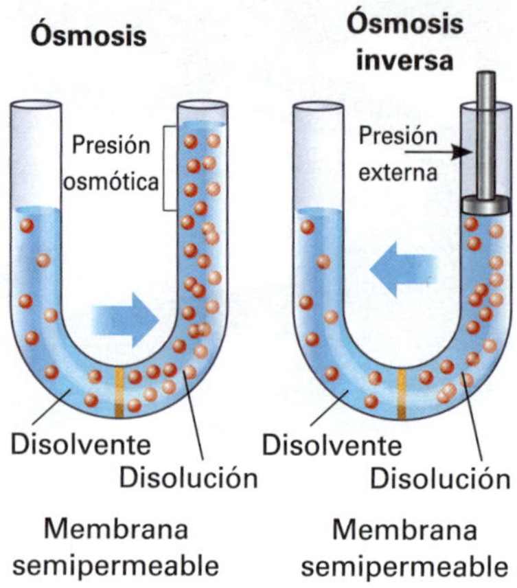

Figura 3.22.
Sentido de paso del disolvente en la ósmosis y en la ósmosis inversa.

5.3 Presión osmótica. Ecuación de van't Hoff

Para una disolución, una membrana es **semipermeable** si deja pasar a su través las partículas de disolvente, pero no las de soluto. Son buenos ejemplos las membranas biológicas, tanto animales como vegetales, y productos derivados como el papiro, el pergamino o el papel de celofán. En la actualidad, se fabrican artificialmente una gran variedad de estas membranas.

Si una membrana semipermeable separa soluciones de distinta concentración, la tendencia a igualar sus concentraciones motiva el paso de disolvente de la diluida a la concentrada. Esta difusión se conoce como **ósmosis.** Si se comunica una disolución con su disolvente puro, se llama **presión osmótica** a la presión que ejercida sobre la disolución evitaría la ósmosis.

Jacobus Henricus van't Hoff propuso que las partículas de soluto se comportan en disolución como las partículas de los gases y que la presión osmótica, π, que ejercen ***n*** moles de soluto no iónico, es:

$$\pi \cdot V = n \cdot \mathrm{R} \cdot T$$

R = Constante de los gases
T = Temperatura en kelvin
V = Volumen de disolución en litros

La membrana celular es **semipermeable.** En contacto con un medio exterior de mayor presión osmótica (hipertónico), las células pierden agua (*plasmolisis*) y pueden llegar a morir. La salazón y el confitado conservan los alimentos porque la sal y el azúcar aumentan la presión osmótica en ellos, de modo que los microorganismos invasores no pueden soportarla.

Si el medio exterior tiene una presión osmótica menor (hipotónico) que la célula, se produce la entrada de agua (*turgencia*) que puede hacer estallar la célula si no está protegida por una pared rígida como en muchos vegetales y bacterias. Precisamente, algunos antibióticos impiden la formación de la pared bacteriana y estas bacterias acaban estallando por fenómenos osmóticos. La administración intravenosa de líquido, por ejemplo, ha de ser isosmótica con la sangre para proteger a las células sanguíneas.

La llamada **ósmosis inversa** utiliza una presión superior y contraria a la presión osmótica del sistema. Esta presión superior a la presión osmótica consigue que las moléculas de disolvente se desplacen a través de la membrana semipermeable en sentido inverso al espontáneo, o sea, desde la disolución más concentrada a la menos concentrada. La ósmosis inversa se aplica en la purificación y desalinización de aguas tanto en pequeños aparatos domésticos, como en grandes plantas potabilizadoras.

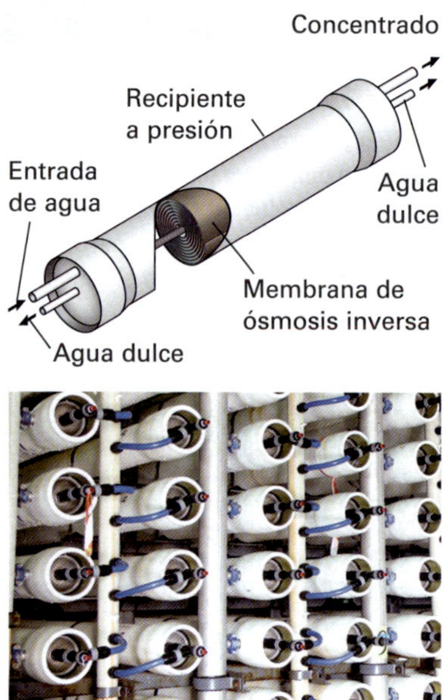

Figura 3.23.
Esquema de un cartucho de ósmosis inversa y disposición de centenares de ellos en una planta desalinizadora. Estas plantas representan un recurso hídrico importantísimo en lugares áridos pero que disponen de agua salada, como ocurre en las costas.

EJEMPLO

La presión osmótica de la sangre es de 7,52 atm. ¿Qué cantidad de glucosa ($C_6H_{12}O_6$) por litro puede contener una disolución para alimentación intravenosa? (Datos: M (O) = 15,9994, M (C) = 12,0107; M (H) = 1,00794.

Aplicando la ley de van't Hoff a la temperatura fisiológica (36,5 °C): $\pi \cdot V = n \cdot R \cdot T$

$$7{,}52\ \text{atm} \cdot 1\ \text{L} = \frac{x\ \text{g}\ C_6H_{12}O_6}{(6 \times 12{,}0107 + 6 \times 15{,}9994 + 12 \times 1{,}00797)} \cdot 0{,}082\ \frac{\text{atm} \cdot \text{L}}{\text{K} \cdot \text{mol}} \cdot (273{,}15 + 36{,}5)$$

Que permite aislar: $x = 53{,}36$ g $C_6H_{12}O_6$

5.4 Propiedades coligativas de los electrolitos

Se denominan **electrolitos** las sustancias que fundidas o en disolución conducen la corriente eléctrica. Ello es debido a que se disocian en iones, partículas con carga eléctrica. Por ejemplo, en la disolución de cloruro de hidrógeno, por cada molécula de HCl se originan dos iones:

$$HCl \longrightarrow H^+ + Cl^-$$

Es evidente que la concentración de partículas en la disolución de un electrolito es mayor que en la disolución de un no electrolito de la misma molaridad.

Ahora bien, en el caso de un electrolito la disolución no es siempre del 100 %. El **grado de disociación,** α, es la fracción de moléculas disociadas.

$$A_xB_y \longrightarrow x\,A^{y+} + y\,B^{x-}$$

$$n\,(1-\alpha) \qquad\qquad x\,n\,\alpha \quad y\,n\,\alpha$$

La suma de los moles correspondientes a todas las partículas, disociadas y no disociadas, es:

$$n\,(1-\alpha) + x\,n\,\alpha + y\,n\,\alpha = n\,(1-\alpha + x\,\alpha + y\,\alpha) = n\,(1-\alpha + x\,\alpha + y\,\alpha) = n\,[1+\alpha(\sigma-1)]$$

Donde, $\sigma = x + y$. El término **$[1 + \alpha(\sigma - 1)]$** se denomina **factor de van't Hoff** y se designa por ***i***. Representa el cociente entre el valor real de la propiedad coligativa y el valor que tendría si no se produjera la disociación. Con esta corrección, las fórmulas de las propiedades coligativas, en el caso de los electrolitos, pasan a ser:

$$\frac{p_v^0 - p_v}{p_v^0} = i \cdot X_S \qquad \Delta T_e = i \cdot m \cdot k_e \qquad \Delta T_c = i \cdot m \cdot k_c \qquad \pi V = i \cdot n \cdot R \cdot T$$

EJEMPLO

Una disolución contiene 10 g de nitrato de calcio en 150 g de agua. A 100 °C su presión de vapor es de 746,8 mm Hg. Calcula el grado de disociación del soluto. (Datos: M (Ca) = 40,078; M (O) = 15,9994; M (N) = 14,0067; M (C)= 12,0107; M (H) = 1,00794.)

Los moles de $Ca(NO_3)_2$ y H_2O presentes en la disolución son:

$$n\,(Ca(NO_3)_2) = \frac{10\ \text{g}\ Ca(NO_3)_2}{(40{,}078 + 2 \times (14{,}0067 + 3 \times 15{,}9994))\ \text{g} \cdot \text{mol}^{-1}} = 0{,}0609\ \text{mol}\ Ca(NO_3)_2$$

$$n\,(H_2O) = \frac{150\ \text{g}\ H_2O}{(2 \times 1{,}00797 + 15{,}9994)\ \text{g} \cdot \text{mol}^{-1}} = 8{,}3262\ \text{mol}\ H_2O$$

Para calcular la presión de vapor de una solución salina, se debe aplicar la ley de Raoult para los electrolitos. A 100 °C, el agua pura hierve, es decir, la presión de su vapor iguala a la presión atmosférica. Por tanto, p_v^0 = 760 mm Hg. Entonces:

$$\frac{p_v^0 - p_v}{p_v^0} = i \cdot X_s\ ,\quad \frac{760\ \text{mm Hg} - 746{,}8\ \text{mm Hg}}{760\ \text{mm Hg}} = i \cdot \frac{0{,}0609}{0{,}0609 + 8{,}3262}\ ,\ \text{de donde}\ i = 2{,}39.$$

Para $Ca(NO_3)_2$ es $\sigma = 3$ (se forman 3 iones en su disociación):

$$Ca(NO_3)_2 \longrightarrow Ca^{2+} + 2\,NO_3^-$$

Como $i = 1 + \alpha(\sigma - 1)$, entonces será: $2{,}39 = 1 + \alpha(3-1)$, de donde $\alpha = 0{,}70$.

Trabajo con textos

El tamaño de las partículas

¿Tenemos idea del tamaño de un grano de sal o de azúcar, de harina o de una partícula de cemento o de yeso, de las partículas disueltas en las aguas naturales o suspendidas en el aire? ¿Se trata de tamaños de 1 mm, 10 μm, 100 μm...?

Se denominan **nanopartículas** a aquellas partículas microscópicas menores de 100 nm. Estas constituyen los nanomateriales y existen los siguientes tipos:

- **Materiales formados por carbón,** con partículas esféricas, elipsoides o tubulares. Tienen un reducido peso y una gran dureza, además de presentar una alta elasticidad y una gran conductividad eléctrica.
- **Materiales formados por nanopartículas metálicas** de oro, plata, dióxido de titanio, etc.
- **Dendrímeros:** son polímeros nanométricos en forma arbórea de ramificación sucesiva.
- **Composites:** materiales en cuya composición se combinan unas nanopartículas con otras, o con materiales de mayor dimensión; por ejemplo, las arcillas nanoestructuradas.

Las propiedades de nanoestructuras y nanomateriales (como su superficie reactiva y su capacidad de atravesar membranas) podrían tener implicaciones tóxicas en la biodegradabilidad y la bioacumulación de las nanopartículas a lo largo de las cadenas tróficas, con los consiguientes efectos en la salud.

Muchas características físicas de las nanopartículas están relacionadas fundamentalmente con su tamaño. Además, la morfología y la composición se pueden manipular para producir materiales de diferentes propiedades (pueden conferir mayor fuerza y dureza a metales y cerámicas). Existen diversas áreas de aplicación de las nanopartículas que incluyen dispersiones coloidales, biopolímeros y materiales nanoestructurados.

Hoy en día, una de las técnicas más empleadas y fiables para separar partículas es la **difracción láser,** capaz de medir partículas desde 20 nm a unos pocos milímetros en cuestión de segundos. Las partículas son atravesadas por un haz de láser, produciéndose una dispersión de luz cuyo ángulo e intensidad son dependientes de su tamaño. Esta técnica permite medir la distribución del tamaño de partículas de dispersiones líquidas, emulsiones, suspensiones y polvos secos dispersos en un líquido, en polvo seco directamente, con o sin aire a presión, en esprays y aerosoles.

Figura 3.24.
Científico trabajando con láser.

Cuestiones

a) Define las nanopartículas y describe los tipos de materiales en los que se encuentran.

b) ¿Qué consecuencias tienen algunas propiedades de las nanopartículas sobre el ecosistema?

c) Explica la utilidad y aplicación de las nanopartículas según las características que se citan en el texto.

d) Describe la técnica de difracción láser que se utiliza actualmente para separar partículas e indica por qué es tan precisa en su aplicación.

Experiencia de laboratorio

Preparación de disoluciones

Objetivo

Preparar disoluciones de concentración conocida.

Material y reactivos

- Sulfato de cobre(II), $CuSO_4 \cdot 5\ H_2O$
- Balanzas de precisión.
- Vidrios de reloj o pesasustancias.
- Vasos de precipitados.
- Matraces aforados.
- Pipetas y probetas.
- Varilla de vidrio y embudo.

Procedimiento

En el laboratorio, la mayoría de las reacciones transcurren en fase líquida para acelerar el contacto entre las sustancias reaccionantes. Por eso, la preparación de disoluciones de concentración conocida es una de las tareas que deberás aprender y practicar. Vamos a preparar estas dos disoluciones:

- **Disolución A:** preparar 100 mL de una disolución 0,5 M de sulfato de cobre(II) por pesado del soluto.
- **Disolución B:** preparar 100 mL de una disolución 0,1 M de la misma sustancia por dilución de la disolución A.

Seguimos estos pasos:

- **Calculamos los gramos de sulfato de cobre(II)** que hay que pesar para preparar 100 mL de la disolución 0,5 M (disolución A). Tened en cuenta que, si disponéis de sulfato de cobre de color azul brillante, se trata de la forma pentahidratada, de modo que su fórmula es $CuSO_4 \cdot 5\ H_2O$.

  Se puede aplicar la siguiente expresión:

  $$\text{gramos} = V \cdot \frac{n\ (\text{mol soluto})}{(\text{L solución A})} \cdot \frac{M\ \text{g}}{1\ \text{mol soluto}}$$

  V = Volumen en litros de la disolución A

  $$\text{Molaridad A} = \frac{n\ (\text{mol soluto})}{(\text{L solución A})}$$

  M = Masa molar

- Una vez calculados los gramos, los **pesamos** con cuidado en la balanza de precisión. Si previamente los trituramos, será más fácil el pesado y luego su disolución.
- **Depositamos** la sustancia en un vidrio de reloj de medida apropiada o, en su defecto, en un papel de filtro.
- **Vertemos** la pesada en un vaso de precipitados de 50 mL y añadimos agua destilada hasta la mitad del vaso. **Removemos** con la varilla de vidrio para disolver. Tened en cuenta que esta sustancia no es demasiado soluble.
- Una vez disuelto, lo vertemos en el matraz aforado de 100 mL ayudándonos de un embudo. Es preferible añadir poca agua y repetir la operación, que echar mucha agua de una sola vez.
- Cuando esté todo disuelto, **añadimos agua** al matraz aforado hasta casi la señal del cuello que marca su aforo y acabamos de enrasar con la ayuda de una pipeta o de un cuentagotas.
- **Cerramos** cuidadosamente el matraz aforado y agitamos, volteando con cuidado el matraz para homogeneizar la disolución.
- Ahora, para preparar el volumen V' de la segunda disolución B diluida de molaridad M', debemos **calcular el volumen *X*** que se debe tomar de la disolución A concentrada. Los cálculos son:

  $$X = V'(\text{L solución B}) \cdot \frac{n\ (\text{mol soluto})}{(\text{L solución B})} \cdot \frac{(\text{L solución A})}{n\ (\text{mol soluto})}$$

  V' = Volumen en litros de la disolución B

  $$\text{Molaridad B} = \frac{n'\ (\text{mol soluto})}{(\text{L solución B})}$$

- **Tomamos con una pipeta** el volumen de disolución concentrada que hemos calculado.
- Lo vertemos en un matraz aforado de 250 mL.
- **Añadimos agua destilada** hasta casi llegar a la marca de enrasado y acabamos de enrasar gota a gota con una pipeta o un cuentagotas.
- **Ponemos el tapón** al aforado y volteamos para homogeneizar la disolución.

Figura 3.25.
El $CuSO_4 \cdot 5H_2O$ es una sustancia de intenso color azul (izquierda), que comunica a sus disoluciones (derecha).

Los cálculos para preparar disoluciones

Calcula la masa de nitrato de potasio que se debe pesar para preparar 2,5 L de una disolución de concentración 0,75 M. Calcula también la cantidad de esa disolución que se debe tomar para preparar 1,5 L de disolución salina más diluida de concentración 0,075 M en KNO_3. (Datos: M (K) = 39,0983; M (N) = 14,0067; M (O) = 15,9994.)

Comentarios al enunciado

Los cálculos previos en la preparación de disoluciones deben resultar familiares a cualquier estudiante de Química. Además del razonamiento químico ordinario, en este tipo de cálculos se suelen usar los llamados **factores de conversión,** que son una concatenación de equivalencias expresadas en forma de fracciones, de modo que las unidades de las expresiones en sus numeradores y denominadores se puedan ir eliminando hasta llegar al resultado pretendido. Se presentan ambas resoluciones para su comparación.

Resolución y cálculos

Se calculan los moles de KNO_3 en 2,5 L de disolución salina 0,75 M:

$$2{,}5\ \text{L disolución} \times \frac{0{,}75\ \text{mol}\ KNO_3}{1\ \text{L disolución}} = 1{,}875\ \text{mol}\ KNO_3$$

Los gramos de KNO_3 que se van a pesar con la balanza son:

$$1{,}875\ \text{mol}\ KNO_3 \times \frac{(39{,}0983 + 14{,}0067 + 3 \cdot 15{,}9994)\ \text{g}}{1\ \text{mol}\ KNO_3} = 189{,}57\ \text{g}\ KNO_3$$

Estos gramos se disuelven en agua hasta alcanzar un volumen de 2,5 L que se mide en un matraz aforado.

Para preparar la disolución diluida a partir de la concentrada, se calculan cuántos moles de KNO_3 contendrán 1,5 L de la disolución 0,075 M de KNO_3:

$$1{,}5\ \text{L disolución} \times \frac{0{,}075\ \text{mol}\ KNO_3}{1\ \text{L disolución}} = 0{,}1125\ \text{mol}\ KNO_3$$

Estos moles deben obtenerse tomando un volumen V de disolución concentrada de KNO_3. Es decir:

$$V\ (\text{L disolución}) \times \frac{0{,}75\ \text{mol}\ KNO_3}{1\ \text{L disolución}} = 0{,}1125\ \text{mol}\ KNO_3, \text{ de donde se deduce:} \quad V = 0{,}150\ \text{L} = 150\ \text{mL}$$

A estos 150 mL se les añade agua hasta un volumen de disolución de 1,5 L medidos en un matraz aforado.

Los mismos cálculos pueden realizarse a partir de factores de conversión. Así, la primera parte sería:

$$2{,}5\ \text{L disolución} \times \frac{0{,}75\ \text{mol}\ KNO_3}{1\ \text{L disolución}} \times \frac{(39{,}0983 + 14{,}0067 + 3 \cdot 15{,}9994)\ \text{g}\ KNO_3}{1\ \text{mol}\ KNO_3} = 189{,}57\ \text{g}\ KNO_3$$

Y la segunda parte del problema:

$$V = 1{,}5\ \text{L disolución diluida} \times \frac{0{,}075\ \text{mol}\ KNO_3}{1\ \text{L disolución diluida}} \times \frac{1\ \text{L disolución concentrada}}{0{,}75\ \text{mol}\ KNO_3} =$$

$$= 0{,}150\ \text{L disolución concentrada}$$

Análisis de los resultados

El método de preparar disoluciones diluidas a partir de otras concentradas es habitual. Si se pesara directamente la masa necesaria (11,37 g) para la disolución diluida, el error de pesada sería más importante, porque la cantidad para pesar sería pequeña. Partiendo de una disolución concentrada, la fiabilidad es mayor.

Presiones osmóticas de las disoluciones

Calcula los gramos de cloruro de sodio que se necesita añadir a una disolución de glucosa al 2,5 % para preparar 100 mL de un suero glucosalino válido para ser usado por vía intravenosa. (Datos: M(Cl) = 35,4527; M(Na) = 22,9897; M(O) = 15,9994; M(C) = 12,0107; M(H) = 1,00794.)

Comentarios al enunciado

El suero glucosalino isotónico es una solución de glucosa y cloruro de sodio isosmótica con el suero sanguíneo y que se administra mediante infusión intravenosa. Se usa en pacientes en los que es inadecuada o está restringida la vía oral. Su fin es el aporte nutricional de carbohidratos fácilmente metabolizables, el aporte electrolítico de iones sodio y cloruro y, también, añadir agua de hidratación. Está indicado en las deshidrataciones como las causadas por hemorragias, acidosis metabólica, diarreas, quemaduras, intoxicaciones o fases post-operatorias.

Resolución y cálculos

La concentración de glucosa ($C_6H_{12}O_6$) indicada en el enunciado producirá una presión osmótica que se puede calcular aplicando la ecuación de van't Hoff a la temperatura fisiológica (36,5 °C):

$$\pi \cdot V = n \cdot R \cdot T$$

$$\pi \cdot 0{,}1\ \text{L} = \frac{2{,}5\ \text{g}\ C_6H_{12}O_6}{(6 \cdot 12{,}0107 + 6 \cdot 15{,}9994 + 12 \cdot 1{,}00797)} \times 0{,}082\,\frac{\text{atm} \cdot \text{L}}{\text{K} \cdot \text{mol}} \times (273{,}15 + 36{,}5)$$

De donde se obtiene $\pi_{\text{glucosa}} = 3{,}52$ atm.

La presión osmótica de la sangre es de 7,52 atm. La presión osmótica debida a la presencia del cloruro de sodio deberá ser la diferencia:

$$\pi_{\text{total}} = 7{,}52\ \text{atm} = \pi_{\text{glucosa}} + \pi_{\text{NaCl}} = 3{,}52\ \text{atm} + \pi_{\text{NaCl}},\ \text{de donde}\ \pi_{\text{NaCl}} = 4{,}00\ \text{atm}$$

En el caso del NaCl, el factor de van't Hoff puede calcularse suponiendo un grado de disociación del 100 % ($\alpha = 1$) ya que la concentración es baja y el NaCl es una sal muy soluble en agua. El valor de σ es 2 por la propia disociación del NaCl:

$$NaCl \rightarrow Na^+ + Cl^-$$

Con todo ello:

$$i = [1 + \alpha\,(\sigma - 1)] = [1 + 1\,(2 - 1)] = 2$$

Y aplicando esta vez la ecuación de van't Hoff para electrolitos:

$$\pi \cdot V = i \cdot R \cdot T$$

$$4{,}00\ \text{atm} \times 0{,}1\ \text{L} = 2 \times \frac{x\ \text{g NaCl}}{35{,}4527 + 22{,}9897} \times 0{,}082\,\frac{\text{atm} \cdot \text{L}}{\text{K} \cdot \text{mol}} \times (273{,}15 + 36{,}5)$$

De donde se obtiene $x = 0{,}46$ g NaCl.

Análisis de los resultados

Se observa que la masa de NaCl es menor que la de glucosa a pesar de que su aportación a la presión osmótica del suero es mayor. Es un ejemplo más de que los fenómenos químicos no están gobernados tanto por la masa, como por la concentración de partículas.

Actividades

Concepto de mol

11 Define el mol e indica para qué entidades se usa.

12 ¿Por qué el mol es útil en química?, ¿lo sería en física?

13 ¿Es el mol una unidad del Sistema Internacional de Unidades? ¿De qué magnitud es unidad?

14 Si evaporamos 100 g de etanol, ¿cambia su número de moles? ¿Y su masa? ¿Por qué?

15 Calcula los gramos que hay en 1 mol de amoníaco, NH_3, en 1 mol de hidrógeno, H_2, y en 1 mol de nitrógeno, N_2. (Datos: M (H) = 1,00797; M (N) = 14,0067.)

Solución: 17,0306 g NH_3; 2,01594 g H_2; 28,0134 g N_2.

16 Calcula el número de moles que hay en 35,000 g de agua. (Datos: M (H) = 1,00797; M (O) = 15,9994.)

Solución: 1,943 mol.

17 Calcula el número de moles que hay en 75,0 cm^3 de agua a 4 °C. (Datos: M (H) = 1,00797; M (O) = 15,9994; la densidad del agua a 4 °C es 1g/cm^3.)

Solución: 4,17 mol.

18 Calcula el número de moléculas de hidrógeno que hay en 1 000 g de esta sustancia. (Datos: M (H) = 1,00797.)

Solución: $2{,}987 \cdot 10^{26}$.

19 Calcula el número de átomos que hay en 17 g de agua. (Datos: M (H) = 1,00797; M (O) = 15,9994.)

Solución: $1{,}7 \cdot 10^{24}$.

20 Una muestra de 0,500 g de un elemento contiene $4{,}1475 \cdot 10^{21}$ átomos. ¿Cuál es su masa atómica?

Solución: 72,598.

21 Calcula la masa de 1 mol de las siguientes sustancias: (Datos: M (H) = 1,00797; M (C) = 12,0107; M (O) = 15,9994; M (S) = 32,065; M (Fe) = 55,847; M (Ag) = 107,868.)

a) C_2H_4. **b)** $FeSO_4$. **c)** S. **d)** Ag.

Solución: a) 28,0533 g, **b)** 151,9096 g, **c)** 32,065 g, **d)** 107,868 g.

22 Razona la validez de las afirmaciones siguientes sobre el volumen molar:

a) Para cualquier sustancia es 22,4 L.

b) Para un un gas es siempre 22,4 L.

c) Sólo es 22,4 L para un líquido a 0 °C.

d) Es 22,4 L para un gas ideal a 273,15 K.

23 Calcula el volumen molar del agua a 4 °C. (Datos: M (H) = 1,00797; M (O) = 15,9994; la densidad del agua a 4 °C es 1g/cm^3.)

Solución: 18,0158 cm^3.

24 ¿Existe alguna sustancia que no pueda tener un número de moléculas igual a la constante de Avogadro?

25 ¿Cuál es la masa de hierro que contiene un número de átomos de hierro idéntico a los contenidos en 12 gramos de ^{12}C? (Datos: M (Fe) = 55,845.)

26 ¿Cuántos electrones hay en 3,00 g de gas oxígeno (O_2)? (Datos: M ($_8O$) = 15,9994.)

Solución: $9{,}03 \cdot 10^{23}$ electrones.

27 Calcula la masa de los electrones de 3 t de gas nitrógeno (N_2)? (Datos: M ($_7N$) = 14,0067; $m_e = 9{,}109 \cdot 10^{-31}$ kg.)

Solución: 0,8 kg.

28 Calcula el número de moles de gas hidrógeno que hay en 73,775 L medidos a 0 °C y 10^5 Pa.

Solución: 3,25 mol.

29 Calcula la masa total de cobre que hay en 75,00 g de sulfato de cobre (II). (Datos: M (O) = 15,9994; M (S) = 32,0655; M (Cu) = 63,546.)

Solución: 29,86 g.

30 ¿Cuál es la masa de una molécula de etano, C_2H_6? ¿Cuántas moléculas de etano hay en 100,00 g de este gas? (Datos: M (H) = 1,00797; M (C) = 12,0107.)

Solución: 30,06922 u = $4{,}99323 \cdot 10^{-23}$ g; $2{,}0027 \cdot 10^{24}$ moléculas.

31 Calcula los átomos de oxígeno que hay en 1 mol de:

a) Oxígeno (O_2).

b) Agua (H_2O).

c) Agua oxigenada (H_2O_2).

d) Dióxido de carbono (CO_2).

Solución: a), c) y **d)** $1{,}2044 \cdot 10^{24}$; **b)** $6{,}022 \cdot 10^{23}$.

32 Calcula la masa total de hidrógeno y la masa total de oxígeno contenidas en 500 litros de agua. (Datos: M (H) = = 1,00797; M (O) = 15,9994; d_{H_2O} = 1 000 kg/m^3.)

Solución: M (O) = 444 kg; M (H) = 56 kg.

33 Calcula la masa de:

a) 2,75 moles de átomos de carbono en forma de grafito.

b) 0,50 moles de bromo gaseoso;

c) 0,75 moles de oro en forma de metal sólido.

(Datos: M (C) = 12,0107; M (Br) = 79,904; M (Au) = 196,966.):

Solución: a) 33,03 g; **b)** 79,90 g; **c)** 147,72 g.

34 La mena de cobre extraída de una mina puede transformarse en cloruro de cobre (II) dihidratado, en óxido de cobre (II) o en sulfuro de cobre (II). Si solo interesa el cobre, ¿qué compuesto será más económico de transportar y por qué? (Datos: M (H) = 1,00797; M (O) = 15,9994; M (S) = 32,065; M (Cl) = 35,453; M (Cu) = 63,546.)

Solución: CuO.

Disoluciones

35 Cita un ejemplo de una disolución gaseosa, una líquida y una sólida.

36 Cita tres ejemplos de disoluciones líquidas acuosas y otros tres de disoluciones líquidas no acuosas.

37 Describe tres diferencias entre disoluciones y coloides e indica tres ejemplos de coloides.

38 Cuando una disolución se congela, ¿sigue siendo una disolución?

39 ¿Por qué las disoluciones verdaderas no se separan por filtración?

40 ¿Un coloide puede separarse por filtración? ¿Y por centrifugación? ¿Y por sedimentación-decantación?

41 ¿Por qué crees que la solubilidad de las sustancias cambia con la temperatura?

42 Clasifica en disoluciones verdaderas, coloides o suspensiones:

a) Agua + sal.
b) Agua + azúcar.
c) Alcohol + sal.
d) Agua + harina.
e) Leche.
f) Tinta.
g) Agua + aceite.

43 Explica qué factores hacen que la solubilidad de los gases disminuya al aumentar la temperatura, mientras que la de los sólidos suele aumentar.

44 Clasifica las siguientes sustancias según sean solubles en agua o en octano: azufre, sal común, aceite, alcohol, cloruro de hidrógeno, amoníaco, metano.

45 La solubilidad del cloruro de plata es de 1,813 mg/L y la del cloruro de sodio es de 35,9 g/100 mL, ambas a 25 °C. Expresa las solubilidades en molaridad. (Datos: *M* (Cl) = = 35,453; *M* (Na) = 22,9898; *M* (Ag) = 107,868.)

Solución: AgCl $1,27 \cdot 10^{-5}$ M; NaCl 6,143 M.

46 Clasifica las sustancias de la actividad anterior como poco o muy solubles. ¿Crees que a otra temperatura cambiará su solubilidad?

47 ¿Cuántos gramos de KCl tomamos si cogemos 15 mL de una disolución 0,25 M en KCl? (Datos: *M* (K) = 39,098; *M* (Cl) = 35,453.)

Solución: 0,28 g.

48 ¿Cuántos moles de KNO_3 tomamos si cogemos 50,0 mL de una disolución 0,25 M en KNO_3?

Solución: 0,0125 mol.

49 ¿Cuántos moles de $KClO_4$ tomamos si cogemos 350 mL de una disolución 0,05 M en $KClO_4$?

Solución: 0,0175 mol.

50 Calcula los gramos de KF que se necesitan para preparar 150 mL de una disolución de concentración 0,15 M. (Datos: *M* (K) = 39,0983; *M* (Fl) = 18,998.)

Solución: 1,31 g.

51 Calcula cuántos gramos de $CuCl_2$ se necesitan para preparar 1,5 L de una disolución de concentración 0,025 M. (Datos: *M* (Cu) = 63,546; *M* (Cl) = 35,453.)

Solución: 5,04 g.

52 Calcula cuántos gramos de NaCl se necesitan para preparar 200 mL de una disolución de concentración 0,15 M. (Datos: *M* (Na) = 22,9898; *M* (Cl) = 35,453.)

Solución: 1,75 g.

53 En los vertidos de las refinerías de petróleo el límite legal para el cromo (VI) es 0,05 mg/L y el de plomo es 0,1 mg/L. Calcula estos límites en concentraciones molares. (Datos: *M* (Cr) = 51,996; *M* (Pb) = 207,19.)

Solución: $9,6 \cdot 10^{-7}$ M Cr(VI); $4,8 \cdot 10^{-7}$ M Pb.

54 La concentración de DDT ($C_{14}H_9Cl_5$) permitida en las aguas de distribución es $4,2 \cdot 10^{-5}$ g/L. Calcula esta concentración en partes por millón (ppm) y en molaridad. (Datos: *M* (H) = 1,00797; *M* (C) = 12,0107; *M* (Cl) = 35,453.)

Solución: 0,042 ppm y $1,18 \cdot 10^{-7}$ M.

55 Calcula las cantidades de $Na_2CO_3 \cdot 10\,H_2O$ y de agua para preparar 2,50 litros de disolución al 13,9 % en masa de Na_2CO_3, cuya densidad es de 1,145 kg/L. ¿Cuál es la molaridad de la disolución? (Datos: *M* (H) = 1,00797; *M* (C) = 12,0107; *M* (O) = 15,9994; *M* (Na) = 22,9898.)

Solución: 1,07 kg $Na_2CO_3 \cdot 10\,H_2O$ y 1,79 kg H_2O; 1,5 M.

56 Calcula cuántos gramos de $NaNO_3$ y de $Na_2CO_3 \cdot 10\,H_2O$ se deben disolver en agua para obtener en cada caso 100 cm^3 de disolución con 0,020 mol de iones Na^+. (Datos: *M* (H) = 1,00797; *M* (C) = 12,0107; *M* (H) = 14,0067; *M* (O) = = 15,9994; *M* (Na) = 22,9898.)

Solución: 1,7 g $NaNO_3$; 2,9 g $Na_2CO_3 \cdot 10H_2O$.

57 ¿Qué volumen debes tomar de una disolución 1,50 M en $HClO_4$ para preparar 250 mL de otra que sea 0,20 M en el mismo ácido?

Solución: 33,3 mL.

58 ¿Qué volumen debes tomar de una disolución 2,5 M en H_2SO_4 para preparar 100 mL de otra que sea 0,25 M en el mismo ácido?

Solución: 10 mL.

59 Explica cómo prepararías en el laboratorio 200 mL de una disolución de concentración 0,15 M en K_2SO_4.

60 Una disolución al 1 % en masa de glucosa ($C_6H_{12}O_6$) tiene una densidad de 1,193 g/mL. Calcula su molaridad. (Datos: *M* (H) = 1,00797; *M* (C) = 12,0107; *M* (O) = 15,9994.)

Solución: 0,066 M.

61 Se mezclan dos sustancias A (de masa molar 100 g/mol) y B (de masa molar 80 g/mol) en tal proporción que forman una disolución líquida ideal de concentración 5,0 M en B y de densidad igual a 0,80 g/mL. ¿Cuál es la cantidad, en gramos, de A y de B presentes y el porcentaje en masa de cada una de ellas? ¿Cuál es la fracción molar de A y de B en la disolución?

Solución: 400 g A y 400 g de B en 1 L de disolución. $X_A = 0,444$ y $X_B = 0,556$.

62 Se disuelven 17,5 g de cloruro de hidrógeno en 131,25 g de agua. La densidad de la disolución resultante a 20 °C es de 1 060 kg/m^3. Halla la concentración de la disolución en tanto por ciento en masa, en gramos de soluto por litro de disolución y en molaridad. (Datos: *M* (H) = 1,00797; *M* (Cl) = 35,453.)

Solución: 11,76 % HCl; 124,66 g HCl/L y 3,42 mol HCl/L.

63 Calcula la molaridad de un ácido nítrico concentrado con una densidad de 1,405 g/cm^3 y una concentración de HNO_3 del 68,1 % en masa. (Datos: M(H) = 1,00797; M(N) = 14,0067; M(O) = 15,9994)

Solución: 15,18 mol HNO_3/L.

64 ¿Qué volumen de solución de ácido sulfúrico 0,5 M se debe tomar para obtener 20 g de H_2SO_4? (Datos: M(H) = 1,00797; M(O) = 15,9994; M(S) = 32,066).

Solución: 408 mL.

65 Se mezclan 100 cm^3 de una disolución 0,3 M de fluoruro de hidrógeno con 150 cm^3 de otra disolución 0,1 M del mismo ácido. Calcula la molaridad resultante suponiendo que los volúmenes sean aditivos.

Solución: 0,18 M.

66 Calcula los gramos de nitrato de cobalto hexahidratado ($Co(NO_3)_2 \cdot 6H_2O$) que se deben añadir a 200 g de agua destilada para preparar una disolución al 5 % en la sal anhidra. (Datos: M(H) = 1,00797; M(N) = 14,0067; M(O) = 15,9994; M(Co) = 58,9332.)

Solución: 17,28 g.

67 A 40 g de una disolución de cloruro de potasio al 12 % en masa, se añaden 3 g de cloruro de potasio. Halla el porcentaje en masa de cloruro de potasio en la disolución resultante.

Solución: 18,14 %.

68 Se dispone de un ácido clorhídrico del 32,14 % en masa y densidad 1,159 g/mL. ¿Qué volumen de este ácido hay que añadir a 0,5 L de una disolución del mismo ácido pero de concentración 0,932 M para que la mezcla alcance una concentración 1 M, suponiendo que los volúmenes sean aditivos? (Datos: M(H) = 1,00797; M(Cl) = 35,453.)

Solución: 3,7 mL.

69 Al disolver 450 g de hidróxido de sodio en 1 000 g de agua, resulta una disolución con una densidad de 1,340 g/cm^3 a 20 °C. Calcula su concentración en porcentaje en masa, en gramos/L y en molaridad. (Datos: M(H) = 1,00797; M(O) = = 15,9994; M(Na) = 22,9898.)

Solución: 31,03 % NaOH; 415,8 g/L y 10,40 M.

Gases ideales

70 Expresa en atmósferas y milímetros de mercurio la presión de $2{,}50 \cdot 10^5$ Pa de un neumático de automóvil.

Solución: 2,47 atm y 1 875 mm Hg.

71 A 25 °C la presión de unos neumáticos de camión es de 8,5 bar. Al rodar varios kilómetros, su temperatura sube a 70 °C. Suponiendo que el volumen no haya variado sensiblemente, ¿cuál es la presión que entonces soportan los neumáticos? Exprésala en kPa.

Solución: 9,8 bar = 980 kPa.

72 Un gas a 45 °C y 150 Pa ocupa un volumen de 300 L. Calcula la presión que se debe aplicar para comprimir hasta un volumen de 100 L sin variar la temperatura.

Solución: 450 Pa.

73 Una masa de helio ocupa un depósito de 250 L. ¿En qué volumen podría confinarse aumentando la presión un 50 %?

Solución: 166,67 L.

74 Un volumen de 45 L está lleno de aire a una temperatura de 35 °C y 1 atmósfera de presión. ¿En qué volumen podrá encerrarse si la temperatura desciende hasta 10 °C sin que varíe la presión?

Solución: 41,3 L.

75 Un recipiente regula su volumen mediante un émbolo. Se ajusta a 125 mL y se llena de helio a 0,92 atm y 20 °C. Se comprime el émbolo hasta un volumen de 112 mL y se enfría hasta 5 °C. Calcula la presión que indicará el manómetro.

Solución: 0,97 atm.

76 Un volumen de gas a 23 °C y 760 mm de Hg se calienta (p = cte.) hasta que el volumen final es dos veces y media el volumen inicial. Calcula la temperatura final.

Solución: 467 °C.

77 El aire seco contenido en un depósito de 300 L a una temperatura de 25 °C y 775 mm de Hg se traslada a un depósito de 50 L a una temperatura de 19 °C. Calcula qué presión ejercerá.

Solución: 6 atm.

78 Un depósito se llena con aire a 10 °C y 2 atm. Se sabe que sus paredes resisten 5 atm de presión. ¿Es prudente calentar el tanque hasta 200 °C?

79 A 17 °C y 2,5 atm de presión, un volumen de 525 L está ocupado por argón. ¿A qué temperatura deberá calentarse para que ocupe un volumen de 750 L sin que se altere la presión?

Solución: 141,35 °C.

80 A una presión de 1,263 atm y una temperatura de 75 °C, 1,362 gramos de una sustancia gaseosa ocupan un volumen de 530,8 cm^3. Calcula la masa molecular de dicha sustancia.

Solución: M = 58.

81 A 25 °C, 1,404 g de una sustancia gaseosa ocupan un volumen de 0,47 L y ejercen una presión de 1,03 atm. Calcula su masa molecular. Sabiendo que se trata de un elemento que forma moléculas biatómicas, ¿podrías indicar de qué sustancia se trata?

Solución: MM = 70,91; Cl_2.

82 Una muestra de 0,443 g de una sustancia gaseosa a 68 °C ocupa un volumen de 540 mL y ejerce una presión de 544 mm de Hg. Se sabe que se trata de un alcohol. ¿Se puede saber cuál?

Solución: MM = 32,06; metanol.

83 La densidad del aire seco es de 1,2929 g/dm^3 en condiciones normales. Su composición en porcentaje volumétrico: 78,084 % de N_2; 20,946 % de O_2; 0,934 % de Ar; 0,033 % de CO_2 y 0,002 % de otros gases. Expresa esta composición en presiones parciales y calcula la masa molecular media del aire.

Solución: p_{N_2} = 0,781 atm; p_{O_2} = 0,209 atm; p_{Ar} = 0,00033 atm; p_{CO_2} = 0,00002 atm; M_{aire} = 28,96.

84 Un depósito de 4 441,6 L está lleno de etino o acetileno, C_2H_2, a 21 °C de temperatura y 1,236 atmósferas de presión. Calcula la masa de gas contenida en el depósito. (Datos: *M* (H) = 1,00797; *M* (C) = 12,0107.)

Solución: 5,926 kg.

85 Calcula la presión que ejercerán 150 gramos de oxígeno, O_2, encerrados en un volumen de 7,63 litros a 17 °C. (Dato: *M* (O) = 15,9994.)

Solución: 14,62 atm.

86 ¿A qué temperatura 125 litros de aire, medidos a la presión de 690 mm de Hg, tienen una masa exactamente de 125 g? (Dato: M_{aire} = 28,96.)

Solución: 47,49 °C.

87 Un recipiente de 150 cm^3 que contiene neón a 100 mm de Hg se conecta a otro recipiente de 250 cm^3 con nitrógeno a 200 mm Hg. Calcula la presión total de la mezcla si no varía la temperatura.

Solución: 162,5 mm Hg.

88 Una mezcla de gases con 60 % de Cl_2, 10 % de Ne y 30 % de Ar en volumen está a una presión de 1 200 mm de Hg. Calcula las presiones parciales.

Solución: p_{Cl_2} = 720 mm Hg; p_{Ne} = 120 mm Hg; p_{Ar} = 360 mm Hg.

89 La composición del aire en porcentajes másicos es 23% de O_2 y 77 % de N_2. Calcula las presiones parciales del oxígeno y del nitrógeno en un recipiente de 125 L que, a la temperatura de 17 °C, contiene 187,5 g de aire. (Datos: *M* (N) = 14,0067; *M* (O) = 15,9994.)

Solución: p_{N_2} = 0,981 atm; p_{O_2} = 0,256 atm.

90 Calcula la densidad del nitrógeno a 900 mm Hg y 27 °C. (Dato: *M* (N) = 14,0067.)

Solución: 1,348 g/L.

91 ¿Qué densidad tiene el gas Cl_2 a 0,92 atm y 300,16 K. (Datos: *M* (Cl) = 35,453; d_{Cl_2} = 3,167 g/L, en condiciones normales).

Solución: 2,654 g/L.

92 A 20 °C y 790 mm Hg, 0,486 L de argón tienen una humedad del 80 %. ¿Qué volumen tendrán secos a 25 °C y 800 mm Hg de presión? (Dato: a 20 °C, la p_v H_2O = 17,53 mm Hg)

Solución: 0,479 L.

93 Una mezcla de nitrógeno y oxígeno con 60 % de este, se somete a 700 mm de Hg de presión y 270 °C de temperatura. Calcula las presiones parciales y la densidad de la mezcla en las condiciones indicadas.

Solución: p_{N_2} = 302,7 mm Hg; p_{O_2} = 397,3 mm Hg. *d* = 0,629 g/L.

Teoría cinético molecular

94 Razona sobre las siguientes afirmaciones para un gas:

a) A mayor temperatura, mayor velocidad molecular.

b) Al duplicar la temperatura, se duplica la velocidad de las moléculas de un gas.

c) Al pasar de 20 °C a 40 °C, las moléculas de un gas duplicarán su velocidad.

95 Razona la validez de las siguientes afirmaciones para un sólido:

a) Las partículas de un sólido no pueden moverse en absoluto.

b) La dilatación de un sólido se acompaña de la vibración de sus partículas.

c) En la fusión, desaparece la atracción entre las partículas del sólido.

96 Razona la veracidad de estas afirmaciones para un líquido:

a) La condensación es el fenómeno inverso a la ebullición.

b) La evaporación se alcanza siempre a la misma temperatura.

c) La solubilidad de un gas en un líquido aumenta con la temperatura.

Propiedades coligativas

97 ¿Qué masa de 1,2,3-propanotriol se debe añadir a 4,5 litros de agua de un radiador de coche si se desea que soporte temperaturas de hasta –5 °C? (Datos: k_c (H_2O) = 1,86; *M* (H) = 1,00797; *M* (C) = 12,0107; *M* (O) = 15,9994.)

Solución: 1,114 kg.

98 El suero fisiológico es una disolución de NaCl en agua destilada isotónica con el plasma sanguíneo, cuya presión osmótica es de unas 7 atm. Calcula la molaridad del NaCl de un suero suponiendo una disociación del 85 %.

Solución: [NaCl] = 0,15 M.

99 Una disolución de naftaleno ($C_{10}H_8$) en benceno (C_6H_6) tiene una presión de vapor de 737 mm Hg a 80,0 °C. Calcula el porcentaje en masa del naftaleno en la disolución. El benceno hierve a 80,0 °C a presión atmosférica.

Solución: 5,07 %.

100 A 50 °C, la presión de vapor del benceno es 271 mm Hg y la de la propanona 603 mm Hg. Calcula la presión de vapor de una mezcla de dos sustancias teniendo en cuenta que la masa de benceno es el doble que la de propanona.

Solución: 404,5 mm Hg.

101 Comenta las ventajas e inconvenientes de utilizar metanol como anticongelante en lugar de glicerina.

102 Se prepara un jarabe con 250 g de glucosa ($C_6H_{12}O_6$) disueltos en litro y medio de agua. Calcula la temperatura de ebullición de este jarabe. (Datos: *M* (O) = 15,9994, *M* (H) = 1,00797; *M* (C) = 12,0107, k_e (H_2O) = 0,51 °C·kg·mol^{-1}).

Solución: T_e = 100,47 °C.

4 El átomo. Modelos atómicos

1 Divisibilidad del átomo y modelo de Thomson

El estudio de la constitución de la materia ha avanzado de la mano del análisis de la electricidad y la radiactividad. Algunos experimentos diseñados para el examen de estos fenómenos permitieron suponer que los átomos eran divisibles y estaban formados por partículas.

1.1 El descubrimiento de las partículas subatómicas

Michael Faraday llamó **electrolitos** a las sustancias que, disueltas en agua, conducían la electricidad y propuso que existía una carga eléctrica mínima o elemental. Él y otros investigadores, como **Geisler,** estudiaron el paso de corriente eléctrica a través de gases mediante experimentos en tubos de vidrio con aire u otros gases a muy baja presión y electrodos a los que se conectaba una diferencia de potencial eléctrico. La descarga eléctrica a través del gas se acompañaba de emisión de luz fluorescente y de unos rayos a los que se llamó **catódicos,** porque partían del electrodo negativo o cátodo.

En 1897, **Joseph John Thomson** demostró que estos rayos estaban formados por partículas de carga eléctrica negativa, los **electrones.** Determinó el cociente entre la carga y la masa de esas partículas. En 1909, **Robert Andrews Millikan** midió su carga con bastante exactitud, con lo que se dedujo su masa, que es unas 1 837 veces menor que la de un átomo de hidrógeno. Quedaba claro, pues, que existían partículas subatómicas.

Los cuerpos radiactivos emiten radiación α con carga positiva, β con carga negativa y rayos γ, que son ondas electromagnéticas. En 1910, **Ernest Rutherford** dedujo que las partículas α son núcleos de helio y estableció que los núcleos de todos los átomos están compuestos por partículas positivas, como el núcleo del átomo de hidrógeno, al que llamó **protón.**

En 1932, **James Chadwick** descubrió los **neutrones** en la emisión de partículas de los núcleos de berilio cuando este se irradiaba con partículas α.

1.2 Modelo atómico de Thomson

El mismo J. J. Thomson, disparando partículas α sobre láminas de oro, observó que se desviaban al atravesar el metal. Sabía que las partículas α eran positivas e interpretó que se desviaban por la atracción de los electrones negativos. En 1910, Thomson propuso su modelo, según el cual:

- El átomo es una esfera maciza de carga eléctrica positiva.
- Los electrones están incrustados en esta esfera maciza en un número suficiente como para neutralizar la carga eléctrica positiva de la esfera.

A veces se cita a este modelo como «modelo de pudin con pasas», comparando, evidentemente, los electrones con las pasas embutidas en la masa. Thomson erró al interpretar sus experimentos con partículas α, pues se fijó más en la desviación de unas pocas partículas que en el hecho de que la mayoría atravesaba la lámina de oro sin desviarse.

Además, al calcular la energía potencial eléctrica de un sistema de cargas como el del modelo de Thomson, se obtiene una energía de valor positivo. Es decir, la disposición de cargas del modelo es inestable, lo cual contradice la estabilidad de los átomos.

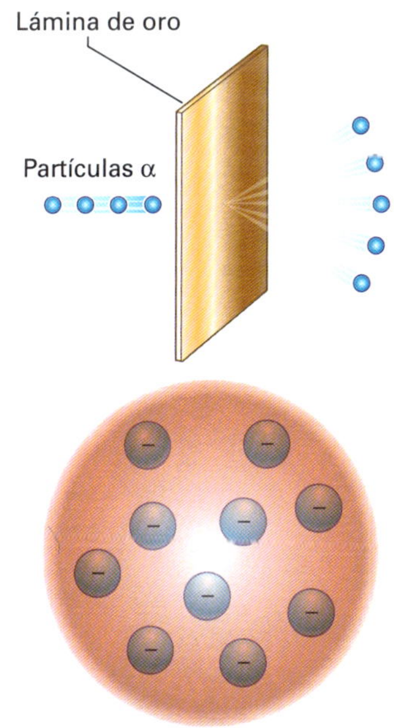

Figura 4.1.
Desviación de partículas α al atravesar una lámina de oro. Este fenómeno sugirió a Thomson un átomo de carga positiva con los electrones «embebidos» en él.

2 Modelo atómico de Rutherford

El **Laboratorio Cavendish** se encuentra en el Departamento de Física de la Universidad de Cambridge. Fue inaugurado en 1870 por William Cavendish en honor de su pariente el físico y químico británico Henry Cavendish (1731-1810). Los trabajos de investigación realizados por Rutherford y Thomson en este laboratorio dieron lugar al inicio de la física nuclear.

El neozelandés **Ernest Rutherford** (1871-1937) se trasladó al laboratorio Cavendish de Cambridge, donde fue discípulo de Thomson, al que luego sucedió en la dirección del laboratorio.

2.1 Fundamentos experimentales del modelo de Rutherford

Al estudiar el paso de las partículas α a través de gases, Rutherford encontró que sus trayectorias eran líneas rectas y que solo muy raramente presentaban ligeras desviaciones; aún era más raro un cambio brusco de dirección. Las partículas α encontraban a su paso miles de átomos del gas que atravesaban. Que prácticamente no se desviaran le indujo a pensar que los átomos debían de tener mucho espacio vacío para que las partículas pudieran atravesarlos sin sufrir desviación.

Lo mismo observó al disparar partículas α sobre láminas de mica, oro o aluminio y detectar sus trayectorias mediante placas fotográficas o por sus escintilaciones al chocar sobre una pantalla de blenda (sulfuro de cinc).

Como algunas partículas α sufrían grandes desviaciones, se podía pensar que se encontraban con alguna «cosa» positiva como ellas que las repelía eléctricamente. Esas entidades positivas debían de ser muy pequeñas, pues, de lo contrario, el número de encuentros sería mucho mayor.

En 1911 Rutherford enunció su modelo, que en 1913 fue corroborado por **Geiger y Marsden,** dos colaboradores suyos que desde 1909 experimentaban con partículas α. Bombardearon láminas de oro muy finas, de unos 10^{-7} m de espesor (no más allá de unos 200 átomos de oro) con partículas α. Comprobaron que la inmensa mayoría de las partículas atravesaba la lámina, que muy pocas eran desviadas alrededor de 1° o menos, y que otras (muy pocas) eran rechazadas o sufrían desviaciones muy importantes (solo una de cada 20 000 sufría desviaciones de 90° o más).

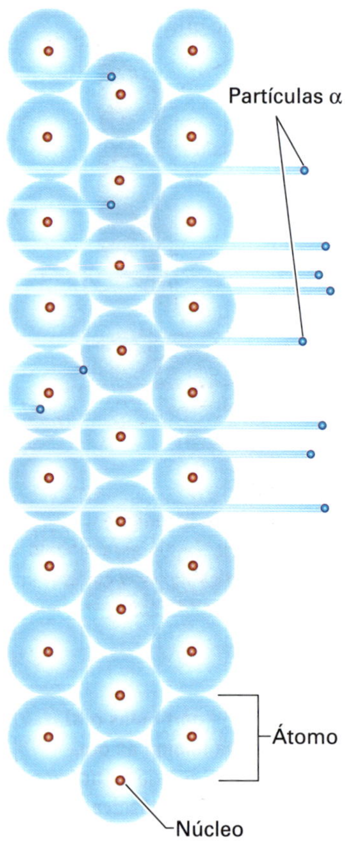

Finalmente midieron y calcularon cuidadosamente los porcentajes de partículas que sufrían uno y otro comportamiento; de este modo dedujeron el valor de la carga positiva del núcleo y su volumen respecto al volumen total del átomo.

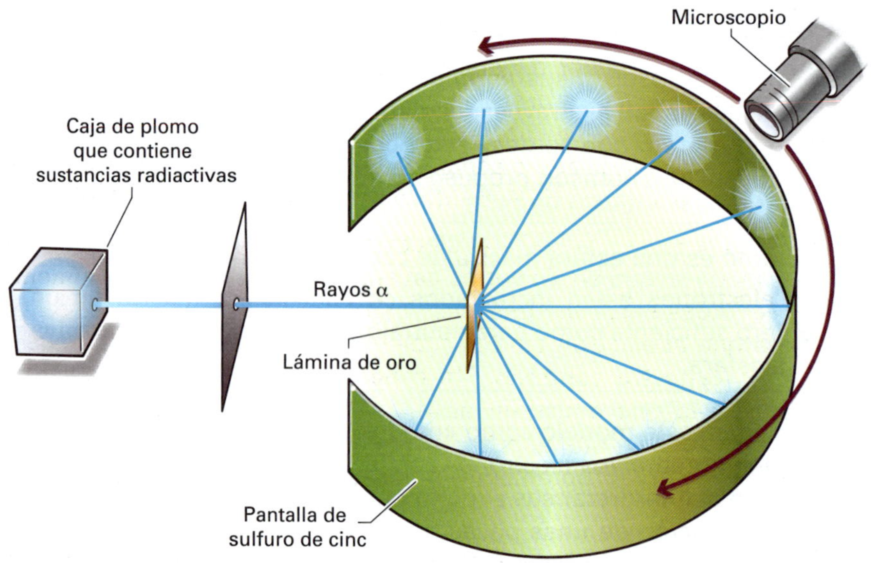

Figura 4.2.

Experimento de Rutherford. Los elevados porcentajes de partículas que atravesaban la lámina metálica sin desviarse sugirieron a Rutherford que el átomo debía de tener una gran cantidad de espacio vacío.

2.2 Principios del modelo de Rutherford

Rutherford propuso un modelo para el átomo basado en estos aspectos:

- El **átomo posee un núcleo central** que contiene prácticamente toda la masa del átomo y tiene carga eléctrica positiva.
- Los **electrones,** de masa muy pequeña y **carga eléctrica negativa, se encuentran girando alrededor del núcleo** a distancias relativamente grandes y en órbitas circulares concéntricas.
- Los electrones se mantienen alrededor del núcleo por la **atracción eléctrica** entre su carga negativa y la carga positiva del núcleo.
- La suma de cargas negativas de los electrones debe ser **igual** a la carga positiva del núcleo, pues el **átomo es eléctricamente neutro.**

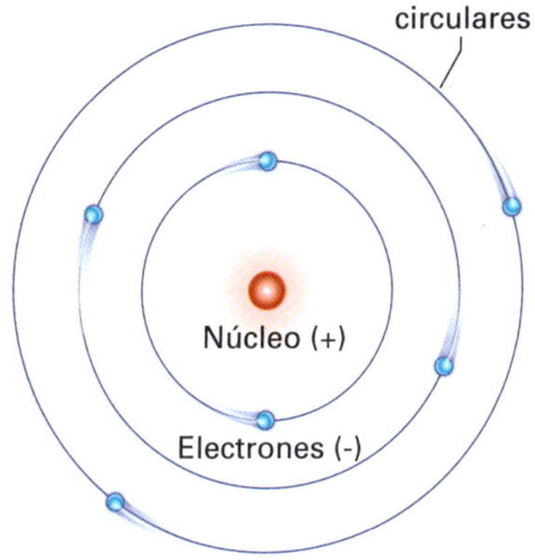

Figura 4.3.
Modelo atómico de Rutherford. Rutherford propuso un átomo vacío, al modo de un sistema solar, con casi toda la masa en el núcleo central.

Pero, además de proporcionar un modelo de la organización del átomo, Rutherford también calculó un diámetro de 10^{-10} m para el átomo y un diámetro de 10^{-14} m para el núcleo. Así, resultaba que el núcleo era unas 10 000 veces menor que el átomo, lo que concordaba perfectamente con la gran cantidad de espacio vacío previsto.

2.3 Aciertos y objeciones al modelo de Rutherford

El modelo de Rutherford se basa en leyes y principios de la Mecánica clásica. Es de poca dificultad matemática, sencillo y permite una buena representación gráfica. A veces se denomina **modelo planetario** del átomo, comparándolo a un sistema solar en miniatura con el núcleo en el centro, a modo de sol, y los electrones girando a su alrededor, como los planetas. El modelo explica algunas observaciones experimentales, sobre todo, el paso de partículas a través de los átomos sin que sean desviadas. También son correctos los cálculos sobre el tamaño de los átomos y de sus núcleos.

La principal objeción al modelo es que **incumple las leyes de la Física clásica** en las que se basa. Según estas leyes y todas las experiencias, una carga eléctrica en movimiento emite energía en forma de ondas electromagnéticas. Un electrón orbitando alrededor del núcleo debería emitir energía en forma de ondas electromagnéticas. Pero, si así fuera, debería hacerlo a costa de perder parte de su propia energía cinética, con lo cual disminuiría continuamente de velocidad e iría «cayendo» sobre el núcleo. Esto supondría la destrucción del átomo; por tanto, el **modelo de Rutherford predice un átomo inestable.**

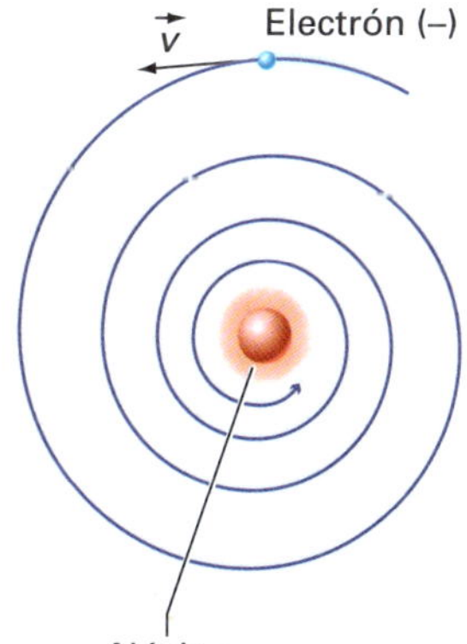

Figura 4.4.
El átomo según el modelo de Rutherford. Según este modelo, el átomo es inestable y los electrones acabarían cayendo sobre el núcleo.

Además, la caída sería gradual y el electrón describiría una trayectoria espiral con final en el núcleo. Mientras cayera, la energía que iría emitiendo en forma de ondas electromagnéticas variaría progresivamente de mayor a menor, porque el electrón tendría cada vez menos energía; es lo que se conoce como **espectro continuo.** Un **espectro es un conjunto de ondas electromagnéticas que emite un átomo.** Ahora bien, las observaciones experimentales indican que la energía que emiten los átomos no varía de manera gradual, sino abruptamente, y sus espectros así lo reflejan.

1 Explica la diferente interpretación que hicieron Thomson y Rutherford del experimento de bombardeo de láminas de oro por partículas alfa.

2 Si el experimento se hiciera con electrones en lugar de partículas alfa, ¿qué diferencias y qué similitudes se encontrarían en los resultados y en el procedimiento?

3 Núcleo atómico

	Masa (kg)	Carga eléctrica (C)
Electrón	$9{,}109 \times 10^{-31}$	$-1{,}6 \times 10^{-19}$
Protón	$1{,}672 \times 10^{-27}$	$+1{,}6 \times 10^{-19}$
Neutrón	$1{,}674 \times 10^{-27}$	0

Tabla 4.1.
Masa y carga eléctrica del electrón, el protón y el neutrón.

El núcleo concentra prácticamente toda la masa de un átomo, puesto que la masa de los electrones es insignificante en comparación con la de los protones y neutrones que forman el núcleo. Las características del núcleo de un elemento se definen a partir de:

- **El número atómico.** Es el número de protones que hay en un núcleo. En un átomo neutro, el número de electrones de la corteza debe ser igual también a este número.
- **El número másico.** Es el número de protones más el número de neutrones que hay en un núcleo; es decir, el total de nucleones o partículas del núcleo.

El número atómico y el número másico se representan, respectivamente, como subíndice y superíndice a la izquierda del símbolo químico de un elemento. Por ejemplo, el $^{235}_{92}U$ es un átomo cuyo número atómico es 92 y que tiene como número másico 235. Por tanto, tiene 92 protones y de la diferencia: 235 – 92 = 143 neutrones.

La masa de un protón y de un neutrón son muy similares y casi iguales a 1 u; por eso, a menudo se confunde el número másico con la masa en unidades de masa atómica de un átomo. Por ejemplo, se dice que la masa del $^{12}_{6}C$ es 12 u, aunque esto no es estrictamente cierto, ya que ni la masa de un protón ni la de un neutrón son exactamente 1 u.

El número de protones de un átomo determina si se trata de un elemento u otro y es invariable para cada elemento. Por ejemplo, los átomos de nitrógeno tienen todos 7 protones; los de oxígeno tienen 8; los de magnesio tienen 12; etc. En cambio, el número de neutrones puede variar de un átomo a otro del mismo elemento.

3.1 Isótopos, isobaros e isoelectrónicos

- **Isótopos.** Son átomos que tienen igual número atómico y distinto número másico; es decir, tienen igual número de protones, pero distinto número de neutrones. Por ejemplo, son isótopos los siguientes átomos:

$$^{1}_{1}H \begin{cases} 0 \text{ neutrones} \\ 1 \text{ protón} \end{cases} \quad ^{2}_{1}H \begin{cases} 1 \text{ neutrón} \\ 1 \text{ protón} \end{cases} \quad y \quad ^{3}_{1}H \begin{cases} 2 \text{ neutrones} \\ 1 \text{ protón} \end{cases}$$

  También lo son: $^{12}_{6}C \begin{cases} 6 \text{ neutrones} \\ 6 \text{ protones} \end{cases}$ $^{13}_{6}C \begin{cases} 7 \text{ neutrones} \\ 6 \text{ protones} \end{cases}$ y $^{14}_{6}C \begin{cases} 8 \text{ neutrones} \\ 6 \text{ protones} \end{cases}$

- **Isobaros.** Son átomos que tienen igual número másico y distinto número atómico. Es decir, tienen distinto número de protones y, por tanto, serán de distintos elementos, pero es semejante el número total de nucleones (protones + neutrones). Por ejemplo, son isobaros:

$$^{3}_{1}H \begin{cases} 2 \text{ neutrones} \\ 1 \text{ protón} \end{cases} \quad y \quad ^{3}_{2}He \begin{cases} 1 \text{ neutrón} \\ 2 \text{ protones} \end{cases}$$

  También lo son: $^{13}_{6}C \begin{cases} 7 \text{ neutrones} \\ 6 \text{ protones} \end{cases}$ y $^{13}_{7}N \begin{cases} 6 \text{ neutrones} \\ 7 \text{ protones} \end{cases}$

- **Isoelectrónicos.** Son los átomos o iones monoatómicos que tienen el mismo número de electrones. Por ejemplo, los siguientes iones y átomos tienen todos 10 electrones:

$$^{16}_{8}O^{2-} \quad ^{19}_{9}F^{-} \quad ^{20}_{10}Ne \quad ^{23}_{11}Na^{+} \quad ^{24}_{12}Mg^{2+}$$

Figura 4.5.
El isótopo $^{14}_{6}C$ es radiactivo y se descompone continuamente.
A partir de la concentración de $^{14}_{6}C$ remanente se puede calcular la antigüedad de muestras fósiles orgánicas, como las de este fémur humano de la época medieval. La proporción de este isótopo del carbono se determina por espectrometría de masas a partir de las muestras gasificadas.

Una de las propiedades más importantes de los elementos, la **valencia,** se explica por la tendencia a adquirir configuraciones isoelectrónicas con las de algunos elementos muy estables.

3.2 Masa atómica

Las pequeñísimas masas de átomos y moléculas acostumbran a medirse en unidades de masa atómica. La **unidad de masa atómica** se representa por **u** en el SI. Se fijó en 1961 como la doceava parte de la masa del $^{12}_{6}C$, que es el isótopo más abundante del carbono.

La recomendación actual de la IUPAC es usar la **masa atómica relativa** y la **masa molecular relativa** para expresar la masa de átomos y moléculas en función de la doceava parte de la masa del $^{12}_{6}C$. Expresada así, la masa atómica es una cifra adimensional. Se dirá, por tanto, que la masa atómica relativa del cloro es 35,45, o que la masa molecular relativa del agua es 18,0153.

Los elementos se presentan en la naturaleza como una mezcla de diversos isótopos. Así, cualquier cuerpo que esté formado por carbono, total o parcialmente, presentará átomos de $^{12}_{6}C$, pero también átomos de $^{13}_{6}C$ y de $^{14}_{6}C$. Las proporciones en las que se presenta cada uno de estos isótopos no son las mismas, pero cada isótopo influye en la masa atómica del elemento.

La **masa atómica** de un elemento es la media ponderada de las masas de sus isótopos, es decir:

$$\text{Masa atómica del elemento} = m_1X_1 + m_2X_2 + \cdots + m_iX_i$$

Donde m_1, m_2, ..., m_i, son las masas de los diferentes isótopos, y X_1, X_2, ..., X_i, son los porcentajes de abundancia relativa de cada isótopo.

EJEMPLO

El magnesio presenta tres isótopos: $^{24}_{12}Mg$, $^{25}_{12}Mg$ y $^{26}_{12}Mg$ cuyas masas son 23,985042; 24,985837 y 25,982593, cuyas abundancias relativas son 78,99 %; 10,01 % y 11,01 %. Calcula la masa atómica del elemento magnesio.

Aplicando la media ponderada:

$$M(\text{Mg}) = 23{,}985042 \times 0{,}7899 + 24{,}985837 \times 0{,}1000 + 25{,}982593 \times 0{,}1101 = 24{,}3051$$

Se conocen cuatro isótopos del cromo : $^{50}_{24}Cr$, $^{52}_{24}Cr$, $^{53}_{24}Cr$, $^{54}_{24}Cr$ cuyas masas son 49,946050; 51,940512; 52,940654 y 53,938885 y cuyas abundancias relativas son 4,345 %; 83,789 %; 9,501 % y 2,365 % . Calcula la masa atómica del elemento cromo.

Aplicando de nuevo la media ponderada:

$$M(\text{Cr}) = 49{,}946050 \times \frac{4{,}345}{100} + 51{,}940512 \times \frac{83{,}789}{100} + 52{,}940654 \times \frac{9{,}501}{100} + 53{,}938885 \times \frac{2{,}365}{100} = 51{,}996130$$

3 Se conocen cuatro isótopos del hierro: $^{54}_{26}Fe$, $^{56}_{26}Fe$, $^{57}_{26}Fe$ y $^{58}_{26}Fe$, cuyas masas son 53,940; 55,935; 56,935 y 57,933 y cuyas abundancias relativas son 5,84 %; 91,75 %; 2,12 % y 0,29 % . Calcula la masa atómica del elemento hierro.

Solución: 55,845.

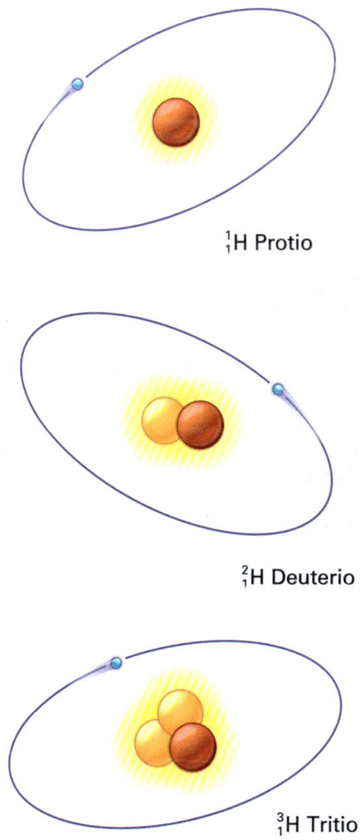

Figura 4.6.
Representación de los tres isótopos del hidrógeno.

4 Modelo atómico de Böhr y sus fundamentos

El danés **Niels Henrik David Böhr** (1885-1962), discípulo en Manchester de Ernest Rutherford, propuso un modelo atómico basado en las observaciones de la emisión y absorción de luz y otras ondas electromagnéticas por los átomos.

4.1 Ondas electromagnéticas

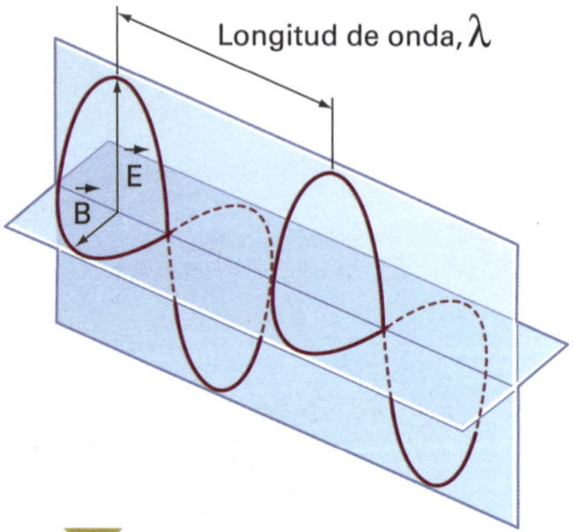

Figura 4.7.
Representación de una onda electromagnética. E y **B** son los campos eléctrico y magnético, respectivamente, en un punto.

Las ondas electromagnéticas consisten en la vibración de un campo eléctrico y otro magnético, perpendiculares a lo largo de los puntos del espacio por donde pasan sin necesitar la presencia de materia.

Además de la luz visible, son radiaciones ultravioletas los rayos γ, las ondas de radio y de televisión, las microondas o los rayos X. Toda onda electromagnética se caracteriza por estas magnitudes:

- **Longitud de onda,** λ. Es la distancia entre un punto por el que pasa la onda y el punto inmediatamente siguiente que está en el mismo estado de vibración. En el SI se mide en metros.
- **Frecuencia,** ν. Es el número de veces que la onda vibra en un segundo. En el SI se mide en segundos^{-1} (s^{-1}).
- **Período,** T. Es el tiempo que tarda en realizarse una vibración. Se mide en segundos en el SI. El período es el inverso de la frecuencia.
- **Velocidad de la luz,** c. Todas las ondas electromagnéticas viajan a la misma velocidad. Esta velocidad depende del medio. En el vacío es máxima y en unidades del SI vale $2{,}997925 \times 10^8$ m s^{-1}. Se cumple:

$$c = \lambda \cdot \nu = \frac{\lambda}{T}$$

4.2 Espectros

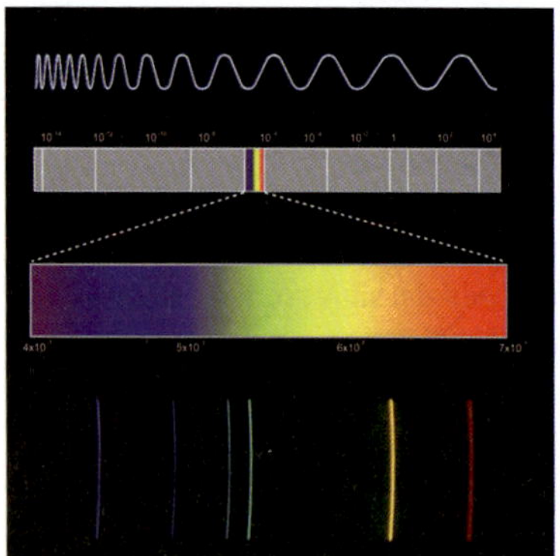

Figura 4.8.
Espectro de la luz solar (continuo) y del helio (de rayas).
La luz solar está formada por un espectro con distintos tipos de radiación visible e invisible de longitudes de onda comprendidas entre los 280 nm y los 3000 nm. En el espectro del helio solo se observan las líneas que corresponden a emisiones de determinadas longitudes de onda.

Un **espectro** es el conjunto de ondas simples que forman una onda compuesta. Así, el conjunto de energías de la luz visible constituye el espectro visible; el espectro electromagnético incluye todas las ondas electromagnéticas, visibles o no; y el espectro acústico incluye las ondas sonoras.

Los espectros se clasifican en:

- **Espectros de emisión.** Son debidos a la energía emitida por un cuerpo.
- **Espectros de absorción.** Son debidos a la energía absorbida por un cuerpo.

Según su aspecto, también pueden clasificarse así:

- **De rayas.** Muestran absorción o emisión de energías concretas. Por ejemplo, un átomo absorbe energía correspondiente a una radiación de longitud de onda igual a 420 nm, pero no de 419 nm ni de 421 nm.
- **De bandas.** Muestran absorción o emisión de cualquier valor de energía comprendido entre unos determinados intervalos.
- **Continuos.** Muestran absorción o emisión de todos los valores de energía posibles.

La energía puede ser emitida o absorbida a nivel de átomos individuales, si dichos átomos existen individualmente, pero puede serlo a nivel de moléculas, si así están formadas las sustancias, y también a nivel de red cristalina, con un número enorme e indeterminado de átomos. Los espectros de cada tipo son diferentes y muestran cómo están organizadas las sustancias.

Según la naturaleza del emisor o absorbente, los espectros pueden ser:

- **Atómicos.** Cuando son átomos los que emiten o absorben energía. Es el caso de gases monoatómicos, como gases nobles, vapores de metales o átomos escindidos. Son de rayas.
- **Moleculares.** Cuando las moléculas experimentan absorción o emisión de energía, como ocurre con las del ozono, O_3, las del agua, H_2O, o las del benceno, C_6H_6. Son aspectos espectros de bandas.
- **De sólidos.** Si se deben a transiciones entre estados energéticos que corresponden al conjunto de toda una red tridimensional de átomos, como el especto de emisión de un metal incandescente. Son continuos.

Los **espectros atómicos,** tanto de emisión como de absorción, son de **rayas.** Esto significa que los átomos absorben o emiten luz de determinadas longitudes de onda o de determinadas energías, y no de todas. Antes de que Böhr los justificara, se conocían detalladamente el espectro del átomo de hidrógeno y el de la luz solar (con el que coincide en parte, dado el contenido de H de las estrellas). Ambos se habían estudiado detenidamente y se conocían sus longitudes de onda, por lo que causó impresión su justificación teórica.

4.3 Teoría cuántica de Planck

Se sabe que un hierro o una cerámica cambian el color de la luz emitida a medida que aumentan de temperatura, desde el color rojo oscuro (a unos 500-550 °C) a rojo brillante, rojo amarillento, blanco incipiente y pueden llegar a blanco deslumbrante si se calientan hasta unos 1 250-1 350 °C. Hasta que **Planck** no emitió su teoría, nadie había conseguido dar con una relación matemática entre la longitud de onda o la frecuencia de una radiación y su energía. Max Planck planteó la idea de que los átomos del material emisor de luz no variaban su energía de cualquier manera, sino de un modo discreto, discontinuo, en unas ciertas cantidades, no en cualquier cantidad. La energía de la luz emitida y, por tanto, la energía que ganaban o perdían los átomos no podía tener cualquier valor, sino que había de ser un múltiplo exacto de una cantidad de energía, a la que llamó **cuanto,** y que vale:

$$E = h \cdot \nu$$

E = energía
$h = 6{,}626 \times 10^{-34}$ J s
ν = frecuencia de la radiación

La **constante de Planck** (*h*) es una de las **constantes fundamentales del universo.** La ley de la radiación fue uno de los pilares de la **teoría cuántica** de Planck. Esta teoría supone que los fenómenos subatómicos son discontinuos. En ellos, las magnitudes físicas no pueden variar su valor de forma continua y, por tanto, no son aplicables las leyes de la Mecánica clásica, que fueron deducidas para procesos continuos.

EJEMPLO

Calcula la energía de un cuanto de luz amarilla de 580 nm de longitud de onda.

Aplicamos la fórmula: $E = h \cdot \nu = h \cdot \dfrac{c}{\lambda}$ y expresamos en unidades del SI:

$$E = (6{,}626 \times 10^{-34}\ \text{J s}^{-1}) \times \left(\frac{3 \times 10^{8}\ \text{m s}^{-1}}{580 \times 10^{-9}\ \text{m}}\right) = 3{,}427 \times 10^{-19}\ \text{J}$$

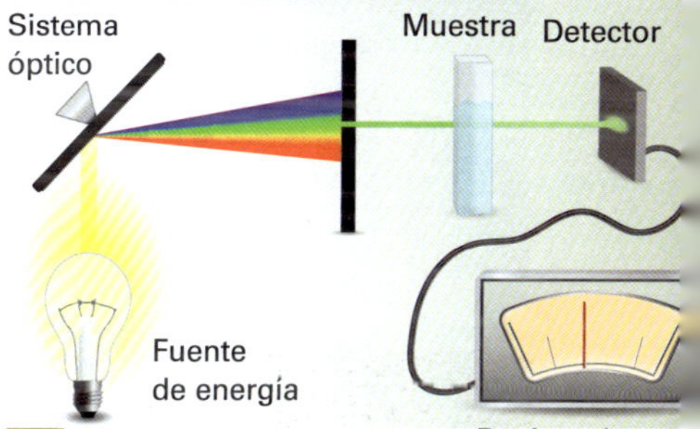

Figura 4.9.
Espectroscopía de emisión y de absorción. La imagen superior es un grabado del siglo XIX que muestra un espectroscopio de emisión atómica en el que la llama del mechero Bunsen proporcionaba la energía necesaria para que se produjese la excitación de los átomos a estados energéticos elevados. Posteriormente, la luz emitida era recogida por el sistema óptico, separada por el prisma y observada. La imagen inferior es un esquema elemental del funcionamiento de un espectroscopio de absorción actual: un sistema óptico selecciona una de las radiaciones emitidas por una fuente de energía y, después de atravesar la muestra, incide sobre un detector que transmite la señal a un registrador que calcula y registra la fracción absorbida por la muestra.

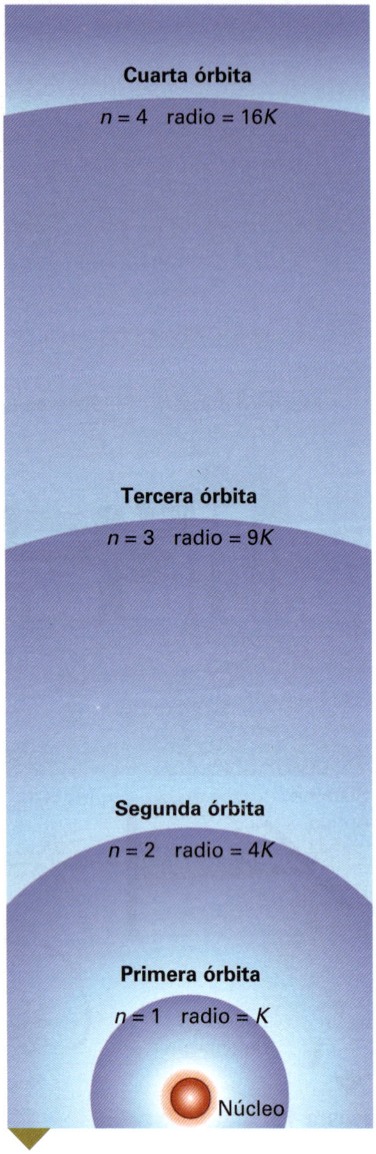

Figura 4.10.
Según el modelo de Böhr, el radio de las órbitas posibles es progresivamente creciente: *K*, 4*K*, 9*K*, 16*K*, etc.

4.4 Modelo atómico de Böhr

Böhr intentó compaginar el modelo planetario de Rutherford con la teoría cuántica de Planck. Su modelo enuncia tres postulados que, aún sin demostrar, explicaron los hechos experimentales, sobre todo, los espectros atómicos discontinuos:

- **Primer postulado.** Los electrones giran en órbitas circulares alrededor del núcleo. Son órbitas estacionarias, es decir, el electrón no emite energía (no sigue los principios del electromagnetismo clásico).

- **Segundo postulado.** No todas las órbitas son posibles. Los electrones solo pueden girar en órbitas en las que se cumple:

$$m \cdot v \cdot r = n \frac{h}{2\pi}$$

m = masa del electrón — $h = 6{,}626 \times 10^{-34}$ J s
r = radio de la órbita — n = 1, 2, 3, etc.
v = velocidad del electrón

El producto $m \cdot v \cdot r$ se conoce como **momento angular** y es igual al momento lineal ($m \cdot v$) por el radio r.

En la fórmula, n es el **número cuántico** del modelo de Böhr. Es una variable que solo toma valores naturales (1, 2, 3, etc.) y expresa matemáticamente que el momento angular del electrón no varía de manera continua.

- **Tercer postulado.** Si un electrón pasa de una órbita superior a una inferior, la diferencia de energía entre las dos órbitas se emite en forma de radiación electromagnética. Si el electrón pasa de una órbita inferior a una superior, necesita absorber la diferencia de energía entre ambas órbitas y también se absorbe en forma de radiación electromagnética.

Así, cualquier **tránsito electrónico** cumple:

$$\Delta E = E_j - E_i = h \cdot \nu$$

E_i y E_j son las energías que el electrón posee en cada una de las órbitas i y j entre las que transita; h es la constante de Planck y ν la frecuencia de la radiación emitida o absorbida, según el caso.

El modelo de Böhr permite calcular una expresión matemática para el radio de las órbitas y otra para la energía del electrón:

$$r = n^2 \cdot K \quad \text{y} \quad E = -\frac{K'}{n^2}; \quad K \text{ y } K' \text{ son constantes y } n = 1, 2, 3...$$

Se calcula $K = 5{,}2842 \times 10^{-11}$ m y $K' = 2{,}1747 \times 10^{-18}$ J para el átomo de hidrógeno. El valor negativo de la energía indica estabilidad. Por ejemplo, el radio y la energía para las tres primeras órbitas será:

- Órbita 1: $n = 1 \rightarrow r_1 = 1^2 \cdot K = K \;;\; E_1 = -K'/1^2 = -K'$
- Órbita 2: $n = 2 \rightarrow r_2 = 2^2 \cdot K = 4K \;;\; E_2 = -K'/2^2 = -K'/4$
- Órbita 3: $n = 3 \rightarrow r_3 = 3^2 \cdot K = 9K \;;\; E_3 = -K'/3^2 = -K'/9$

El radio aumenta y la energía disminuye exponencialmente al pasar de una órbita a otra. De este modo, la distancia entre la primera y la segunda órbita es mucho menor que la distancia entre la segunda y la tercera, y así sucesivamente. En cambio, con la energía ocurre justo al revés.

4.5 Aciertos y objeciones al modelo de Böhr

El modelo de Böhr acarreó la ruptura con la Física clásica y supuso un tratamiento aparte del mundo subatómico.

Entre sus aciertos, se ha de indicar que este modelo permite calcular teóricamente el valor del radio de las órbitas y de la energía de los electrones en ellas. A partir de estos cálculos teóricos de la energía en cada una de las órbitas se pueden calcular todas las diferencias de energía entre ellas. Para gran satisfacción de Böhr, todos estos «saltos» energéticos concordaron con los valores experimentales observados con los espectroscopios. En concreto, el modelo consiguió explicar todos los valores del espectro observados para el átomo de hidrógeno que ya habían sido estudiados por Balmer y otros científicos.

Su principal limitación es que el modelo de Böhr solo es aplicable al átomo de hidrógeno y a los átomos llamados hidrogenoides, por presentar un único electrón, como He^{+} o Li^{2+}.

Asimismo, también tropezó con nuevos datos de observaciones experimentales, pues la mejora de las técnicas espectroscópicas permitió observar nuevas líneas espectrales que el modelo de Böhr no conseguía explicar.

Figura 4.11.

Sello danés conmemorativo de Niels Börh. Se observa la fórmula de la energía correspondiente al tercer postulado de su modelo atómico.

4.6 Ampliación de Sommerfeld al modelo de Böhr

Cuando mejoró el poder de resolución de los espectroscopios, se observó que, allí donde antes se detectaba una sola línea espectral, aparecían dos o más líneas que, aunque estuvieran muy juntas, se apreciaban como distintas. Esto indicaba que, en lugar de un «salto» energético para el electrón, había más de uno. Por tanto, debían de existir muchas más órbitas que las previstas por el modelo de Böhr para que hubiesen muchas más posibilidades de «salto» entre ellas y, en consecuencia, se observasen muchas más emisiones de luz (o rayas) en los espectros atómicos.

Para explicar estas nuevas órbitas que justificasen las nuevas transiciones, el alemán **Arnold J. W. Sommerfeld** (1868-1951) propuso lo siguiente:

- Las **órbitas del electrón,** en general, son **elípticas,** y las órbitas circulares solo son un caso particular de las anteriores. Para definir una circunferencia basta con indicar un número, su radio, pero para definir una elipse hacen falta dos números: su eje mayor y su eje menor. Por tanto, el modelo de Böhr-Sommerfeld incluye dos números cuánticos en lugar de uno solo.
- En una órbita elíptica, la **velocidad del electrón varía** según esté más o menos cerca de los focos de la elipse. Entonces, como la masa de un cuerpo varía con la velocidad, la masa del electrón variaría a lo largo de su órbita. Esto permite que la órbita del electrón no se cierre sobre sí misma, sino que se produce una suerte de trayectoria en forma de roseta. Para distinta excentricidad de las elipses resultan diferentes valores de energía.

Esto ampliaba los posibles estados energéticos del electrón y, por tanto, también los posibles «saltos» de uno a otro.

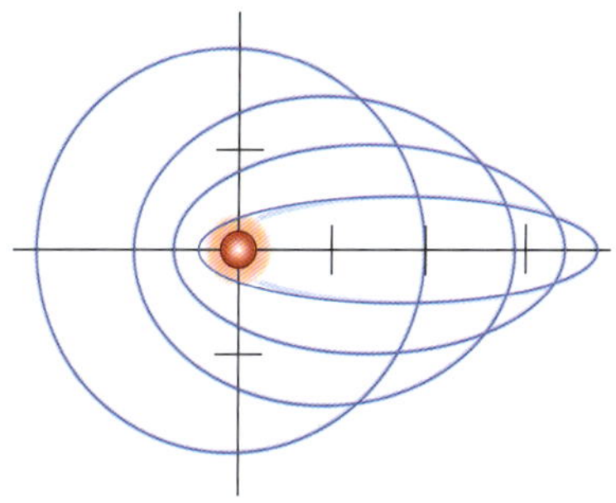

Figura 4.12.

Sommerfeld amplió el número de órbitas de cada nivel energético, proponiendo órbitas elípticas de diferente excentricidad. La órbita circular de Böhr es un caso particular de las elipsis posibles.

4 ¿Qué significado tiene el signo negativo en la expresión de la energía del electrón en el modelo de Böhr?

5 ¿Cuál era el principal acierto y la limitación más importante del modelo de Böhr?

5 Modelo vectorial del átomo

Nuevas mejoras en la técnica de los espectroscopios demostraron que muchas de las antiguas rayas se descomponían en otras. La ampliación de Sommerfeld no alcanzaba a explicar estas nuevas observaciones.

5.1 Efecto Zeeman

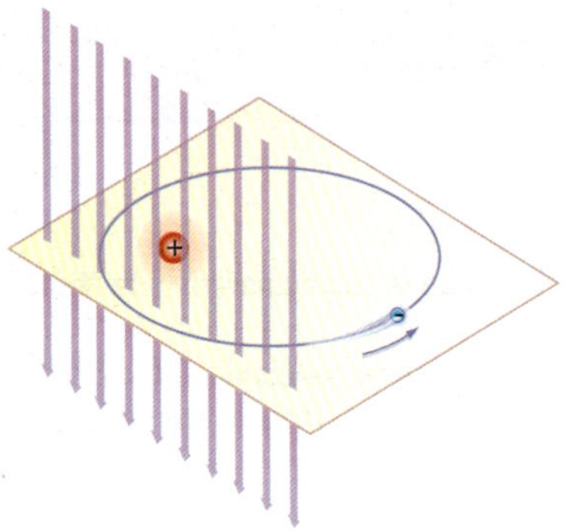

Figura 4.13.
El electrón orbitando es comparable a una corriente eléctrica y genera un campo magnético. Si se somete a un campo magnético externo, la energía del electrón depende del ángulo que forma este campo externo con el plano de la órbita.

El holandés **Pieter Zeeman** (1865-1943) descubrió en 1886 que, en el espectro de los átomos sometidos a un campo magnético, las rayas —que sin este campo aparecían como únicas— se convertían en múltiples. Es lo que se conoce como **efecto Zeeman.**

Se interpretó que un electrón, moviéndose alrededor del núcleo, genera un campo magnético (como cualquier corriente o cargas eléctricas en movimiento). Este campo magnético actúa como un pequeño imán a nivel atómico.

En ausencia de un campo magnético externo al átomo, los electrones que se mueven en órbitas iguales, pero con inclinaciones distintas, no tienen por qué tener energías diferentes. Pero, si se somete el átomo a un campo magnético externo, sucede lo mismo que cuando enfrentamos dos imanes y, entonces, la energía de los electrones depende de la inclinación de su órbita respecto al campo externo.

De este modo, aumenta el número de posibilidades energéticas para los electrones y, por ende, también el número de posibles tránsitos entre ellas.

Se concluyó, además, que la inclinación de las órbitas también estaba cuantizada, o sea, que no podía variar continuamente, y solo podía tener unos valores concretos.

5.2 *Spin* electrónico

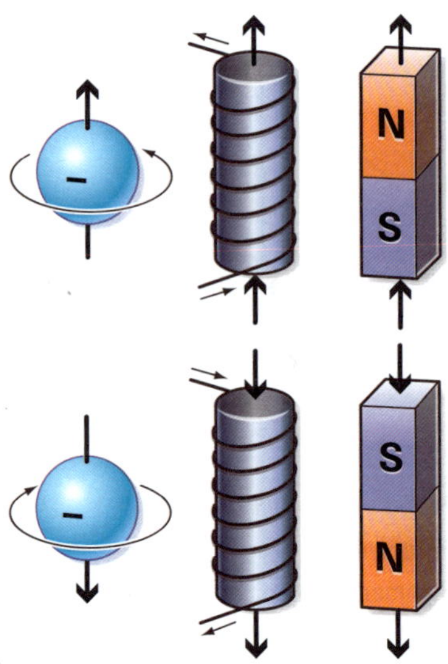

Figura 4.14.
Giro del electrón sobre sí mismo. Este giro también es comparable a una corriente eléctrica y genera un campo magnético que puede tener dos orientaciones según los dos sentidos de giro.

Los peldaños más finos en la escalera de la energía de los electrones fueron descubiertos en 1922 por Otto Stern y Walter Gerlach.

Otto Stern y **Walter Gerlach** dispararon un haz de átomos de plata a través de un campo magnético cuya intensidad crecía en dirección perpendicular a la que enviaba el haz. Vieron que los átomos eran desviados por el campo magnético, lo cual probaba que los mismos átomos presentaban magnetismo.

Pero, además, en lugar de encontrar todo tipo de desviaciones gradualmente, de menos a más, observaron que todos los átomos eran desviados hacia arriba o hacia abajo, pero con igual intensidad. Así pues, existía un magnetismo en los átomos, que presentaba dos posibilidades y solo dos, sin estados intermedios. Era un nuevo caso de cuantización a nivel atómico.

George Uhlenbeck y **Sam Goudsmit** propusieron en 1925 una explicación para este fenómeno. Estos científicos plantearon que el electrón se comporta como una esfera cargada eléctricamente que gira sobre sí misma y que genera un magnetismo propio, al que llamaron **momento angular de** *spin* (*spin* es una palabra inglesa que significa «giro»).

Como el átomo está cuantizado, se le asoció un nuevo número cuántico, que se conoce como **número cuántico de *spin*.** Al poder medir la desviación y conociendo el valor del campo magnético externo, se pudo saber el valor de este momento magnético de *spin*.

5.3 Valores permitidos de los números cuánticos del modelo vectorial

En el modelo de Böhr, la energía de un electrón depende de una sola variable, de un solo número cuántico, *n*. En el modelo vectorial, la ecuación de la energía de un electrón presenta cuatro variables, cuatro números cuánticos. A continuación se resumen los valores posibles para cada uno:

- **Número cuántico principal,** *n*. Puede tomar valores 1, 2, 3, 4, etc. Cuantiza el llamado **nivel energético principal.** Determina la distancia del electrón al núcleo, es decir, el radio de la órbita (si esta es circular) o la distancia promedio a la que el electrón se sitúa del núcleo (en caso de órbitas elípticas).
- **Número cuántico secundario o azimutal,** *l*. Toma valores que van desde 0 hasta $(n - 1)$. Así, si $n = 3$, los valores posibles para *l* son 0, 1 y 2. Cuantiza la excentricidad de la órbita. Su importancia en el valor de la energía es menor que la del número cuántico principal.

  El valor de *l* se acostumbra a representar con las letras *s* (cuando $l = 0$), *p* (cuando $l = 1$), *d* (cuando $l = 2$) y *f* (cuando $l = 3$).
- **Número cuántico magnético,** *m*. Puede tomar valores que van desde $-l$ hasta $+l$. Por ejemplo, si $l = 3$, entonces *m* puede tomar como valores: –3, –2, –1, 0, +1, +2 y +3. Cuantiza el ángulo de inclinación de la órbita. Su importancia en el valor de la energía del electrón es todavía menor que la del número cuántico anterior y solo se nota en presencia de un campo magnético externo.
- **Número cuántico de *spin*,** *s*. Puede tomar solo dos valores: $-\frac{1}{2}$ y $+\frac{1}{2}$

  Cuantiza el momento magnético del electrón que se atribuyó al giro del electrón sobre sí mismo o rotación, que podría tener dos sentidos: horario o antihorario.

Figura 4.15.
Pauli (1890-1958) y Böhr (1885-1962) observando el baile de una peonza de las llamadas «tippe-top» durante la inauguración del Instituto Bund de Física en Suecia. Estas peonzas invierten su posición durante el giro pasando a «bailar» sobre su cabeza.

EJEMPLO

Escribe todos los valores posibles para los números cuánticos cuando *n*, el número cuántico principal, es igual a 3.

Aplicando las reglas anteriores para los valores permitidos de *l*, *m* y *s*, se pueden escribir los valores posibles, que aparecen en la siguiente tabla:

n = 3	l = 2	m = 2	s = +1/2
n = 3	l = 2	m = 2	s = −1/2
n = 3	l = 2	m = 1	s = +1/2
n = 3	l = 2	m = 1	s = −1/2
n = 3	l = 2	m = 0	s = +1/2
n = 3	l = 2	m = 0	s = −1/2
n = 3	l = 2	m = −1	s = +1/2
n = 3	l = 2	m = −1	s = −1/2
n = 3	l = 2	m = −2	s = +1/2
n = 3	l = 2	m = −2	s = −1/2
n = 3	l = 1	m = 1	s = +1/2
n = 3	l = 1	m = 1	s = −1/2
n = 3	l = 1	m = 0	s = +1/2
n = 3	l = 1	m = 0	s = −1/2
n = 3	l = 1	m = −1	s = +1/2
n = 3	l = 1	m = −1	s = −1/2
n = 3	l = 0	m = 0	s = +1/2
n = 3	l = 0	m = 0	s = −1/2

6 Distribución de los electrones en los átomos polielectrónicos

A diferencia del antiguo modelo de Rutherford, el modelo de Böhr y el modelo vectorial son modelos cuánticos. Por tanto, solo son posibles unos determinados estados energéticos. Estas energías posibles se obtienen a partir de la ecuación de la energía que cada uno de los modelos deduce para el electrón.

Esas ecuaciones son mucho más complicadas que las que estamos acostumbrados a manejar para representar rectas o curvas habituales, como la parábola o la circunferencia. Dichas ecuaciones (que, por su complejidad, no reproduciremos aquí) contienen, como todas las ecuaciones, constantes y variables. Las variables son los llamados **números cuánticos.**

Los números cuánticos no son la energía de los electrones; son variables de la ecuación de la energía de un electrón. Sustituyendo las variables de la ecuación de la energía por valores concretos de los números cuánticos se obtiene el valor de esa energía.

Por ejemplo, si sustituimos los valores: $n = 3$, $l = 2$, $m = -2$ y $s = +\frac{1}{2}$ en la ecuación de la energía, se obtiene un valor de energía posible o permitida para el electrón. En resumen, podemos afirmar lo siguiente sobre los números cuánticos:

- Son **variables** de la ecuación de la energía de un electrón.
- Las variables cuánticas **solo pueden tomar algunos valores** —los otros valores darían energías prohibidas para el electrón—.
- Los valores que pueden tomar siguen unas **reglas sencillas,** las expuestas en el apartado 6.3.

6.1 Niveles y subniveles energéticos

Se trata de modelos cuánticos. Por tanto, solo son posibles unos cuantos estados energéticos:

- **Nivel o capa.** Está definido por el número cuántico principal, *n*. Los electrones que poseen el mismo valor de *n* están en el mismo nivel. Así, se habla de nivel 1, nivel 2, nivel 3, etc.
- **Subnivel o subcapa.** Está definido por dos números cuánticos: el principal, *n*, y el secundario, *l*. Así, un subnivel será $n = 1$ y $l = 0$, también denominado 1*s*. Otro subnivel puede ser el $n = 2$ y $l = 1$, o también 2*p*.
- **Orbital.** Está definido por tres números cuánticos que son: principal, *n*, secundario, *l*, y magnético, *m*. Los orbitales que tienen los mismos valores de *n* y *l* y se diferencian solo en el valor de *m*, **están degenerados,** porque, en ausencia de un campo magnético externo, tienen la misma energía.

Observa estos ejemplos de orbitales:

$$n = 1,\ l = 0,\ m = 0$$

$$n = 2,\ l = 1,\ m = -1$$

$$n = 2,\ l = 1,\ m = 0$$

Los dos últimos orbitales están degenerados, pues presentan los mismos valores de los números cuánticos principal y secundario, pero es distinto el número cuántico magnético.

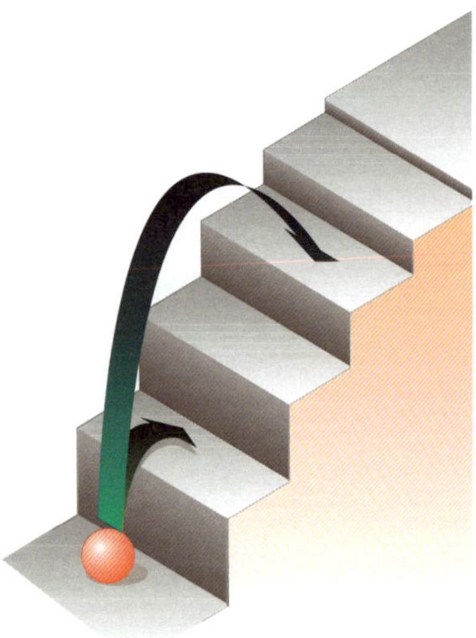

Figura 4.16.
Los estados energéticos del electrón en un átomo pueden compararse a los que tendría una pelota en una escalera en la que hubiera peldaños mayores (niveles) y, para cada uno de estos, otros menores (subniveles).

6.2 Principio de exclusión de Pauli

Wolfgang Pauli, alumno de Sommerfeld y de Max Börn, contribuyó notablemente al asentamiento de la teoría de la relatividad y de la teoría cuántica. Su principio de exclusión, referido a los electrones, afirma lo siguiente:

Principio de exclusión de Pauli. En un mismo átomo no pueden existir dos electrones que tengan sus cuatro números cuánticos iguales.

Del principio de exclusión se puede deducir que:

- En un orbital (iguales *n, l* y *m*) solo puede haber dos electrones que, obviamente, tendrán su cuarto número cuántico distinto $\left(s = -\frac{1}{2} \text{ y } s = +\frac{1}{2}\right)$.
- En un subnivel *l* hay $(2l + 1)$ orbitales y, como en cada orbital caben dos electrones, en un subnivel caben $2\ (2l + 1)$ electrones.
- En un nivel *n* caben $2n^2$ electrones.

6.3 Regla de Hund o de máxima multiplicidad

El alemán **Friedrich Hund** colaboró con Schrödinger, Dirac y Heisenberg, entre otros. Sus trabajos se centraron en el campo de los espectros, tanto atómicos como moleculares.

Regla de Hund o de máxima multiplicidad. Mientras sea posible, los electrones de un mismo subnivel se distribuyen de modo solitario, evitando formar parejas en un mismo orbital.

Esta regla equivale a afirmar que, mientras queden orbitales libres en un mismo subnivel, los electrones tienden a ocuparlos situando sus *spines* **desapareados** (con igual número de *spin*).

En cambio, cuando ya no quedan orbitales totalmente vacíos, los electrones se aparean en un mismo orbital, con lo cual sus *espines* deben ser distintos $\left(+\frac{1}{2} \text{ y } -\frac{1}{2}\right)$, lo que se conoce como **electrones apareados.**

6.4 Regla de Madelung

Definida por el científico alemán **Edwin Madelung,** hace referencia a la energía de los subniveles atómicos. En ausencia de un campo magnético externo, la energía de los orbitales solo depende del número cuántico principal, *n,* y del número cuántico secundario, *l.*

La importancia de *n* es mucho mayor que la de *l,* aunque no siempre es decisiva. No es cierto que todos los orbitales que tengan un *n* mayor posean más energía que los que lo tengan menor.

Regla de Madelung:

- Tiene menor energía el orbital con un valor de $n + l$ más bajo.
- A igualdad de $n + l$, tiene menor energía el orbital con un valor de *n* más bajo.

Un orbital con $n = 3$ y $l = 2$ posee menos energía que otro orbital con números cuánticos $n = 4$ y $l = 1$. Esto es así porque, aunque en los dos casos la suma de $n + l = 5$, el primero tiene un valor de *n* menor.

6.5 Principio de construcción, *building-up* o *aufbau*

También conocido por sus nombres en alemán *(aufbau)* e inglés *(building-up)*, fue propuesto inicialmente por Böhr en 1920 y no es sino un caso más del principio general de la Física y de la Química, según el cual los sistemas tienden a alcanzar estados con la menor energía posible.

Principio de construcción. Los electrones de un átomo se disponen ocupando sucesivamente los orbitales de menor energía posible.

Aplicando el principio de construcción y teniendo en cuenta las reglas de distribución electrónica citadas antes, se obtiene la disposición de electrones con la que un átomo tiene la menor energía posible, que se conoce como **estado fundamental.** En la figura 4.17 se facilita un diagrama mnemotécnico que se suele usar para seguir el llenado de subniveles.

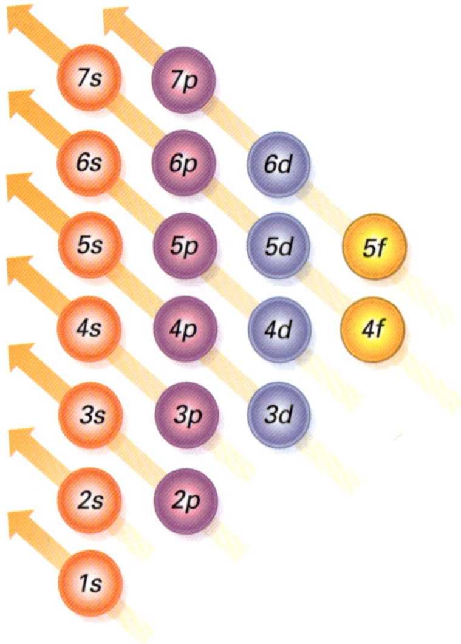

Figura 4.17.
Orden de llenado de los distintos subniveles. Se puede recordar fácilmente el orden de llenado siguiendo esta construcción.

Naturalmente, los electrones pueden romper este estado fundamental, pasando a **estados excitados,** es decir, cambiando a orbitales de mayor energía siempre que el átomo reciba esta diferencia de energía en forma de radiación electromagnética, pero tarde o temprano el electrón retornará a la disposición del estado fundamental, liberando el exceso de energía.

6.6 Escritura de notaciones electrónicas

La **notación electrónica** de un átomo es la indicación detallada de su **configuración electrónica,** o sea, de los niveles, subniveles y orbitales en que se sitúan todos sus electrones; no obstante, generalmente se usa la **notación simplificada,** que indica solo el número de electrones en cada subnivel.

Los subniveles se representan mediante el número cuántico principal, *n*, y el número cuántico secundario, *l*, que se escribe como *s* ($l = 0$), *p* ($l = 1$), *d* ($l = 2$) y *f* ($l = 3$). Como superíndice, se indica el número *x* de electrones presentes en el subnivel: nl^x

Por ejemplo:

- $2p^3$ indica el subnivel 2*p* ($n = 2$ y $l = 1$) con 3 electrones.
- $3d^7$ indica el subnivel 3*d* ($n = 3$ y $l = 2$) con 7 electrones.

El número de electrones que caben en cada subnivel es $2\ (2l + 1)$. Así:

- En un subnivel de tipo *s* ($l = 0$) caben 2 electrones, pues $2\ (2 \times 0 + 1) = 2$
- En un subnivel de tipo *p* ($l = 1$) caben 6 electrones, pues $2\ (2 \times 1 + 1) = 6$
- En un subnivel de tipo *d* ($l = 2$) caben 10 electrones, pues $2\ (2 \times 2 + 1) = 10$
- En un subnivel de tipo *f* ($l = 3$) caben 14 electrones, pues $2\ (2 \times 3 + 1) = 14$

Esto es así para cualquier suborbital del nivel que sea. Por ejemplo, un subnivel de tipo *s* siempre tendrá 2 electrones de capacidad, tanto si es 1*s* como si es 2*s*, 3*s* o cualquier otro. Un subnivel de tipo *p* siempre tendrá 6 electrones, tanto si es 2*p* como si es 3*p*, 4*p* o cualquier otro.

A veces, es útil que los orbitales se representen en forma de cajitas (círculos o cuadrados) en las que los electrones se dibujan dentro en forma de flechas. Cuando dos electrones están en la misma cajita (mismo orbital), sus *spines* deben estar desapareados, lo que se dibuja con una flecha apuntando hacia arriba y la otra, hacia abajo.

En cambio, cuando los electrones están en distintos orbitales del mismo subnivel, las flechitas se dibujan apuntando todas en la misma dirección (los *spines* están desapareados). Por ejemplo:

- $4p^3$ puede representarse como: [↑][↑][↑] ($4p$)
- $4d^7$ puede representarse como: [↑↓][↑↓][↑][↑][↑] ($4d$)
- $4s^2\ 3d^7$ puede representarse como: [↑↓] ($4s$) [↑↓][↑↓][↑][↑][↑] ($3d$)

Los orbitales degenerados (de un mismo subnivel) se suelen representar como cajitas pegadas o mucho más juntas entre sí que con las de otros subniveles.

EJEMPLO

Escribe las configuraciones electrónicas para los diez primeros elementos: H, He, Li, Be, B, C, N, O, F, Ne, Na, Mg y B.

El primer elemento es el H, que tiene un solo electrón; el segundo es el He, tiene 2; el tercero es el Li, que tiene 3, y así sucesivamente hasta el gas noble Ne, que tiene 10. Sus configuraciones electrónicas son:

		$1s$	$2s$	$2p$	$3s$	$3p$
$_1$H	$1s^1$	↑				
$_2$He	$1s^2$	↑↓				
$_3$Li	$1s^2\ 2s^1$	↑↓	↑			
$_4$Be	$1s^2\ 2s^2$	↑↓	↑↓			
$_5$B	$1s^2\ 2s^2\ 2p^1$	↑↓	↑↓	↑ [ ] [ ]		
$_6$C	$1s^2\ 2s^2\ 2p^2$	↑↓	↑↓	↑ ↑ [ ]		
$_7$N	$1s^2\ 2s^2\ 2p^3$	↑↓	↑↓	↑ ↑ ↑		
$_8$O	$1s^2\ 2s^2\ 2p^4$	↑↓	↑↓	↑↓ ↑ ↑		
$_9$F	$1s^2\ 2s^2\ 2p^5$	↑↓	↑↓	↑↓ ↑↓ ↑		
$_{10}$Ne	$1s^2\ 2s^2\ 2p^6$	↑↓	↑↓	↑↓ ↑↓ ↑↓		
$_{11}$Na	$1s^2\ 2s^2\ 2p^6\ 3s^1$	↑↓	↑↓	↑↓ ↑↓ ↑↓	↑	
$_{12}$Mg	$1s^2\ 2s^2\ 2p^6\ 3s^2$	↑↓	↑↓	↑↓ ↑↓ ↑↓	↑↓	
$_{13}$B	$1s^2\ 2s^2\ 2p^6\ 3s^2\ 3p^1$	↑↓	↑↓	↑↓ ↑↓ ↑↓	↑↓	↑ [ ] [ ]

A menudo se escribe la notación de un elemento añadiendo los orbitales diferenciales al último elemento del nivel anterior. Así, el Na sería: (Ne) $1s^1$; el Mg, (Ne) $1s^2$ y el B, (Ne) $1s^2\ 2p^1$.

Figura 4.18.
El oxígeno líquido queda atrapado entre dos electroimanes gracias a sus propiedades paramagnéticas. El paramagnetismo, tanto de átomos como de moléculas, se explica por la presencia de electrones desapareados.

Trabajo con textos

Radiactividad y energía nuclear

«Las **radiaciones ionizantes** emitidas por los materiales radiactivos se utilizan en diversas actividades sanitarias, industriales, agrícolas y científicas para diagnosticar y curar enfermedades, localizar y estudiar defectos en materiales, inspeccionar soldaduras, localizar fugas de aguas en embalses o de gases en tuberías; investigar nuevas sustancias y procesos, erradicar plagas de insectos, desinfectar material quirúrgico, etc. El material radiactivo puede estar en el interior de una cápsula de acero inoxidable o wolframio, cerrada herméticamente para evitar su dispersión. Esta cápsula se denomina **fuente radiactiva** y suele estar dentro de un **contenedor,** de mayor densidad y espesor, de forma que actúa como **blindaje** reduciendo los niveles de radiación hasta valores inofensivos.»

CONSEJO DE SEGURIDAD NUCLEAR: www.csn.es

«Eduard Rodríguez Farré (radiólogo del CSIC) asegura que, de momento, España no debe preocuparse por la radiación que llega por el aire desde Fukushima. El problema lo tendremos con el pescado por la radiación que se está expandiendo por el mar, las migraciones de los peces y la movilidad de los pesqueros españoles. El problema está en la cantidad de radioactividad que se está vertiendo en el mar, con isótopos de cesio 137, estroncio 90, plutonio y muchos otros. En la fisión del uranio, se forman docenas de sustancias radioactivas, algunas con afinidad biológica que son, fundamentalmente, el yodo 131, el cesio 137, el estroncio 90 y el plutonio, isótopos que se comportan de forma similar a otros elementos biogénicos a los que sustituyen en el organismo. Por ejemplo, el cesio 137 es muy similar al potasio, que es un elemento esencial en nuestro organismo.»

CRISTINA MONT: *La Vanguardia.*

«La energía nuclear aporta estabilidad económica en el coste de producción, pues el precio del combustible sólo pesa un 20 % sobre el coste final de producción. Es una energía de base, es decir, de generación continua y garantizada con grandes potencias y de gran fiabilidad (sus tiempos de funcionamiento superan el 90 % de las horas del año). La densidad energética del combustible nuclear, un millón de veces por unidad de peso superior con respecto a los combustibles fósiles, hace que una central de 1 000 MW consuma al año menos de 100 t de uranio. A eso se añade la estabilidad geopolítica en los países suministradores junto con la fiabilidad de la tecnología de las centrales con los citados índices de operación anual que son superiores al 90 %.»

FORO DE LA INDUSTRIA NUCLEAR ESPAÑOLA: www.foronuclear.org (adaptado).

Figura 4.19.
Planta productora de energía nuclear.

Cuestiones

a) ¿En qué consiste la radioactividad? ¿Qué tipo de emisiones producen las sustancias radioactivas?

b) Sitúa en la tabla periódica los isótopos radiactivos citados en los párrafos anteriores.

c) ¿Qué son elementos biogénicos? ¿Qué relación tienen con algunos isótopos radioactivos?

d) Valora el problema de la seguridad de las centrales nucleares y el de su necesidad para la producción eléctrica.

Experiencia de laboratorio

Construcción y uso de un espectroscopio

Objetivos

Planteamos dos objetivos:

- Construir un espectroscopio para entender su funcionamiento.
- Usar el espectroscopio para analizar diversas fuentes luminosas al alcance del alumno.

Material

- Una lámina de difracción, que se puede comprar en tiendas de óptica o de iluminación.
- Un tubo de cartón o plástico de unos 5 cm de diámetro y con una longitud comprendida entre 10 cm y 15 cm.
- Cartulina negra.
- Pintura negra mate.

Procedimiento

Un espectroscopio es el aparato destinado a la observación de espectros. Tiene la capacidad de separar las distintas radiaciones que forman una luz compuesta.

Para este fin, tradicionalmente se ha usado un prisma óptico, pero con el descubrimiento y la fabricación a precios muy asequibles de las redes de difracción, se pueden fabricar espectroscopios basados en ellas a muy bajo coste.

Las redes que se van a usar están basadas en los fenómenos de difracción que se producen cuando las ondas llegan a agujeros muy pequeños y aristas muy agudas. Las ondas resultantes interfieren constructiva y destructivamente entre ellas, produciendo un patrón de separación.

Seguimos estos pasos:

- **Pintamos** el interior del tubo con pintura negra mate para evitar los reflejos de la luz, que distorsionarían el funcionamiento del espectroscopio.
- **Recortamos** dos círculos de cartulina negra que tengan el mismo diámetro o un poco superior al del exterior del tubo, como si fueran dos tapaderas para los extremos.
- En el centro de uno de estos círculos **dibujamos** y recortamos un agujero circular de un centímetro de diámetro que ha de servir para mirar a través suyo.
- En el centro del otro círculo de cartulina, **cortamos** una ranura de unos 2 cm de largo y tan fina como podamos (1 mm o menos).
- **Pegamos** un trocito de lámina de difracción de manera que cubra esta ranura. Procuramos que el pegamento no ensucie el sector de lámina de difracción que coincide con la ranura.
- **Pegamos** los dos círculos de cartulina, uno a cada extremo del tubo. Ahora ya podemos utilizar el espectroscopio.
- También se puede **montar la lámina** de difracción en la tapa del agujero por donde vamos a mirar. En este caso, el espectro no se observará centrado sino a ambos lados del eje longitudinal del espectroscopio.

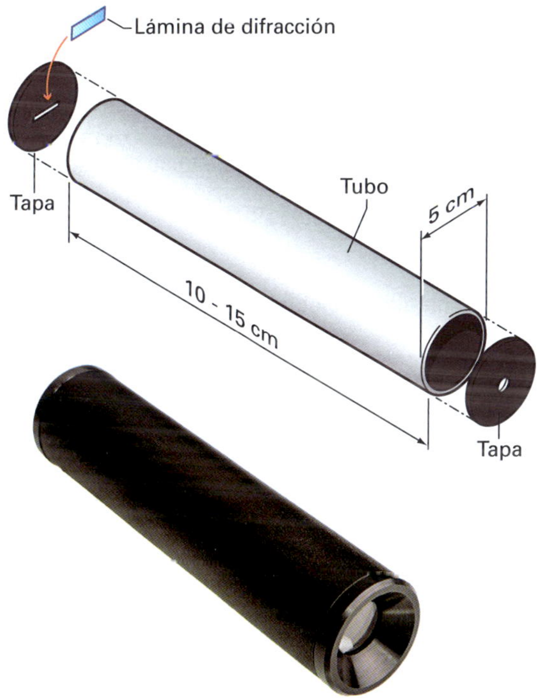

Figura 4.20.
Espectroscopio. Aparato y esquema de las piezas que se utilizan para construirlo.

Observaciones y conclusiones

Con el espectroscopio construido observa la luz solar (no mires directamente al Sol), la luz de una bombilla, la de un fluorescente, la de una llama.

Utiliza lápices de colores y dibuja sobre papel los cuatro espectros que has observado. Utiliza papel con cuadrícula, aunque sea simple como la de un cuaderno. Pon especial cuidado en dar a cada franja del espectro la longitud que te parece observar, para que luego puedas compararlas. Anota tus observaciones en una tabla.

La radiación que absorben los átomos

Calcula la energía, la frecuencia y la longitud de onda de la radiación electromagnética cuya incidencia sobre un átomo de hidrógeno en su estado fundamental pueda promocionar su electrón hasta la tercera órbita, según el modelo atómico de Böhr.

Comentarios al enunciado

Según el tercer postulado del modelo atómico de Böhr, el tránsito de un electrón de una órbita de menor energía a otra de mayor energía solo se produce cuando el átomo absorbe un fotón de radiación electromagnética de energía exactamente igual a la diferencia de energía entre ambas órbitas.

Primero calcularemos la energía de las dos órbitas entre las que se produce el tránsito y que son la primera (estado fundamental) y la tercera. La diferencia entre ambas energías se igualará a la energía de una radiación electromagnética, según la ecuación de Planck, y se hallará la frecuencia y la longitud de onda.

Resolución y cálculos

La energía del electrón del átomo de hidrógeno, según Böhr, es:

$$E = \frac{-k'}{n^2}, \quad \text{siendo } K' = 2{,}1747 \cdot 10^{-18}\ \text{J}$$

La energía del electrón en la tercera órbita se encuentra considerando $n = 1$, en la ecuación:

$$E_1 = \frac{-k'}{1^2} = \frac{2{,}1747 \cdot 10^{-18}\ \text{J}}{1^2} = -\ 2{,}1747 \cdot 10^{-18}\ \text{J}$$

La energía del electrón en la tercera órbita se encuentra considerando $n = 3$, en la ecuación:

$$E_3 = \frac{-k'}{3^2} = \frac{-2{,}1747 \cdot 10^{-18}\ \text{J}}{3^2} = -\ 2{,}41633 \cdot 10^{-19}\ \text{J}$$

La diferencia de energía entre la órbita final e inicial será:

$$E_{final} - E_{inicial} = E_3 - E_1 = -\ 2{,}41633 \cdot 10^{-19}\ \text{J} - (-\ 2{,}1747 \cdot 10^{-18}\ \text{J}) = 1{,}93307 \cdot 10^{-18}\ \text{J}$$

A la energía de la órbita final (tercera) se le resta la de la órbita inicial (primera) y el resultado positivo indica que la energía se debe absorber. Esta energía es la de la onda electromagnética absorbida en el tránsito electrónico.

Aplicando la ley de Planck, $E = h \cdot \nu$, se calculará la frecuencia:

$$\nu = \frac{E}{h} = \frac{1{,}93307 \cdot 10^{-18}\ \text{J}}{6{,}625 \cdot 10^{-34}\ \text{J}} = 2{,}91784 \cdot 10^{15}\ \text{s}^{-1}$$

Utilizando $c = \lambda \cdot \nu$, se calculará la longitud de onda, λ:

$$3 \cdot 10^8\ \text{m} \cdot \text{s}^{-1} = \lambda \cdot 2{,}91784 \cdot 10^{15}\ \text{s}^{-1}$$

De donde: $\lambda = \dfrac{3 \cdot 10^8\ \text{m} \cdot \text{s}^{-1}}{2{,}91784 \cdot 10^{15}\ \text{s}^{-1}} = 1{,}03 \cdot 10^{-7}\ \text{m} = 103\ \text{nm}$

Análisis de los resultados

Esta longitud de onda está en la zona ultravioleta del espectro, concretamente en el ultravioleta extremo.

El radio de las órbitas de Böhr

Compara la diferencia de distancias entre la primera y la segunda órbita y entre esta y la tercera órbitas de Böhr para el átomo de hidrógeno. (Datos: masa del electrón = $9{,}109 \times 10^{-31}$ kg; carga eléctrica del electrón = $1{,}602 \times 10^{-19}$ C; constante de Planck = $6{,}625 \times 10^{-34}$ J s.)

Comentarios al enunciado

El modelo de Böhr permite calcular el radio de las órbitas de los electrones y su energía. Los valores de los radios de las órbitas se calculan aplicando el segundo principio, que es un principio cuántico, y recurriendo a la mecánica clásica, al considerar el electrón girando alrededor del núcleo como una masa orbitando gracias a la fuerza centrípeta que le proporciona la atracción eléctrica que el núcleo ejerce sobre él.

Resolución y cálculos

El radio de las órbitas se restringe a una serie de valores que responden a $r = n^2 K$, siendo K una constante y $n = 1, 2, 3, \ldots$ El segundo principio impide que el radio de la órbita pueda ser cualquiera. Esta restricción es:

$$m\,v\,r = n\frac{h}{2p}$$

De esta fórmula, se puede aislar el radio de la órbita: $r = \dfrac{n\,h}{m\,v\,2\pi} = 1{,}1575 \times 10^{-4}\,\dfrac{n}{v}$

Para eliminar la dependencia de la velocidad del electrón, v, se recurre a la igualdad entre la fuerza centrípeta que hace girar el electrón alrededor del núcleo y de la fuerza de atracción eléctrica entre el núcleo y el electrón:

$$F_{\text{centrípeta}} = F_{\text{eléctrica}}$$

La fuerza centrípeta es: $m \cdot a_c = m \cdot v^2/r$

La fuerza eléctrica responde a la ley de Coulomb de atracción entre dos cargas, q, que en el caso del átomo de hidrógeno son iguales y están separadas una distancia r, el radio de la órbita:

$$m\frac{v^2}{r} = 9 \times 10^9\,\frac{q \cdot q}{r^2} \qquad \text{De donde, } r = 9 \times 10^9\,\frac{q^2}{mv^2} = \frac{2{,}536 \times 10^2}{v^2}$$

A partir de las dos expresiones del radio, puede obtenerse una que no contenga la velocidad, de modo que quede todo en función de constantes con la única variable cuántica, n:

$$\left.\begin{aligned} r &= 1{,}1575 \times 10^{-4}\,\frac{n}{v} \\ r &= \frac{2{,}536 \times 10^2}{v^2} \end{aligned}\right\}$$

Elevando la primera expresión al cuadrado: $r^2 = 1{,}3398 \cdot 10^{-8}\,\dfrac{n^2}{v^2}$

O sea: $v^2 = 1{,}3398 \times 10^{-8}\,\dfrac{n^2}{r^2}$ y sustituyendo en la segunda: $r = \dfrac{2{,}536 \times 10^2}{1{,}3398 \times 10^{-8}\,\dfrac{n^2}{r^2}}$

Reordenado: $r = 5{,}2838 \times 10^{-11}\,n^2$. Y sustituyendo por $n = 1, 2$ y 3 se encuentran los radios de las tres órbitas:

$r_1 = 5{,}2838 \times 10^{-11} \times 1^2$ m $= 5{,}2838 \times 10^{-11}$ m; $r_2 = 5{,}2838 \times 10^{-11} \times 2^2$ m $= 2{,}1135 \times 10^{-10}$ m;
$r_3 = 5{,}2838 \times 10^{-11} \times 3^2$ m $= 4{,}7554 \times 10^{-10}$ m

Las distancias pedidas son:

$$r_2 - r_1 = 2{,}1135 \times 10^{-10}\text{ m} - 5{,}2838 \times 10^{-11}\text{ m} = 1{,}5851 \times 10^{-10}\text{ m}$$

$$r_3 - r_2 = 4{,}7554 \times 10^{-10}\text{ m} - 2{,}1135 \times 10^{-10}\text{ m} = 2{,}6419 \times 10^{-10}\text{ m}$$

Análisis de los resultados

Está claro que la separación entre la tercera y la segunda órbitas es mucho mayor que entre esta y la primera.

Actividades

Modelos de Thomson y Rutherford

6 ¿Conoces ejemplos de conductividad eléctrica de los gases? ¿Por qué al experimentar el paso de corriente eléctrica los gases deben estar a baja presión?

7 ¿Conoces algún producto comercial derivado de la investigación de descargas eléctricas en gases?

8 ¿Qué radiación de las emitidas por un cuerpo radioactivo es más penetrante en la materia? ¿Por qué?

9 ¿Cuál es el principal defecto del modelo atómico propuesto por Thomson?

10 Cita los hechos más relevantes de los experimentos de bombardeo de láminas metálicas con partículas alfa.

11 Según el diámetro del núcleo y el átomo de Rutherford (10^{-14} m y 10^{-10} m), calcula el número de átomos y el espacio macizo en un cubo de oro de 1 cm^3 de volumen.

Solución: 10^{24} átomos; $5{,}236 \times 10^{-11}$ %.

12 ¿Qué significa «partícula elemental»? Protones, neutrones y electrones ¿se consideran hoy elementales?

13 Para un electrón que circula en una órbita de Rutherford de 10^{-10} m de radio alrededor del núcleo en un átomo de oro, calcula la fuerza de atracción eléctrica que actúa sobre él. (Datos: Z (Au) = 79; $q_e = 1{,}6 \times 10^{-19}$ C; $K = 9 \times 10^9$ Nm^2/C)

Solución: $1{,}82 \times 10^{-6}$ N.

14 En un modelo a escala muy aumentada del átomo, se usa como núcleo una pelota de tenis de 7 cm de diámetro. ¿Qué tamaño tendría el átomo entero? Pon un ejemplo de estructura u objeto de estas dimensiones.

Núcleo atómico

15 Con la masa del protón ($1{,}672 \times 10^{-27}$ kg) y del neutrón ($1{,}674 \times 10^{-27}$ kg), calcula la masa de los tres isótopos de hidrógeno, en kg y en masa atómica relativa.

Solución: $1{,}672 \times 10^{-27}$ kg; $3{,}346 \times 10^{-27}$ kg; $5{,}020 \times 10^{-27}$ kg
Y en masa atómica relativa: 1,0069; 2,0149; 3,0230.

16 El silicio presenta tres isótopos: $^{28}_{14}Si$, $^{29}_{14}Si$ y $^{30}_{14}Si$, de masas 27,976; 28,976 y 29,973 y de abundancias relativas en fracciones molares 0,922; 0,047 y 0,031, respectivamente. Calcula la masa atómica del elemento silicio.

Solución: 28,085.

17 El níquel presenta en su composición los siguientes isótopos: ^{58}Ni, ^{60}Ni, ^{61}Ni, ^{62}Ni y ^{64}Ni, cuyas masas son: 57,9353; 59,9308; 60,9311; 61,9283; 63,9280 y cuyas abundancias son: 0,680; 0,262; 0,011; 0,036 y 0,009.

Solución: 58,5729.

18 Calcula la masa atómica del germanio con isótopos: ^{70}Ge, ^{72}Ge, ^{73}Ge, ^{74}Ge y ^{76}Ge; de masas: 69,9242; 71,9221; 72,9235; 73,9212; 75,9214 y de abundancias: 0,2038; 0,2731; 0,0776; 0,3672; 0,0783.

Solución: 72,6399.

19 Detalla el número de electrones, protones y neutrones de las siguientes especies atómicas:

$^{18}_{8}O$, $^{30}_{14}Si$, $^{44}_{20}Ca$, $^{118}_{50}Sn^{2+}$, $^{127}_{53}I^-$, $^{32}_{16}S^{2-}$, $^{238}_{92}U$.

20 ¿Qué relaciones hay entre las especies atómicas?:

$^{23}_{11}Na^+$, $^{13}_{7}N$, $^{16}_{8}O^{2-}$, $^{13}_{6}C$, $^{19}_{9}F^-$, $^{14}_{7}N$, $^{14}_{6}C$.

21 ¿Qué relaciones existen entre las siguientes especies atómicas?:

$^{39}_{19}K^+$, $^{32}_{16}S^{2-}$, $^{39}_{19}K^+$, $^{19}_{9}F^-$, $^{80}_{34}Se^{2-}$, $^{32}_{16}S^{2-}$, $^{40}_{20}Ca^{2+}$, $^{35}_{17}Cl^-$, $^{40}_{20}Ca$, $^{35}_{17}Cl$.

22 ¿Qué relaciones existen entre las siguientes especies atómicas?:

$^{137}_{56}Ba^{2+}$, $^{136}_{54}Xe$, $^{138}_{56}Ba$, $^{133}_{55}Cs^+$, $^{124}_{54}Xe$, $^{133}_{55}Cs$, $^{131}_{54}Xe$, $^{136}_{52}Te^{2-}$, $^{128}_{52}Te$, $^{127}_{53}I^-$, $^{128}_{54}Xe$, $^{127}_{53}I$.

23 Se conocen los isótopos del calcio: ^{40}Ca, ^{42}Ca, ^{43}Ca, ^{44}Ca, ^{46}Ca y ^{48}Ca, de masas: 39,962; 41,9586; 42,9588; 43,9556; 45,9537 y 47,9525 y de porcentajes de abundancia: 96,941; 0,647; 0,135; 2,086; 0,004 y 0,187. Calcula la masa media del calcio.

Solución: 40,0784.

24 Detalla el número de electrones, protones y neutrones de las siguientes especies atómicas e indica qué relaciones existen entre ellas?:

$^{23}_{11}Na^+$, $^{13}_{7}N$, $^{16}_{8}O^{2-}$, $^{13}_{6}C$, $^{19}_{9}F^-$, $^{14}_{7}N$, $^{14}_{6}C$, $^{19}_{9}F$.

Modelo de Böhr

25 ¿Qué relación hay entre la radiación electromagnética y la materia?

26 ¿Qué diferencia los espectros continuos de los espectros de rayas? ¿A qué son debidos unos y otros?

27 ¿Cómo se dedujo que el Sol estaba formado por hidrógeno y helio?

28 ¿Qué diferencia fundamentalmente los espectros de átomos individuales, de moléculas y de sólidos?

29 Describe la composición de un espectroscopio y de un espectrómetro. ¿Qué diferencia hay entre ellos?

30 ¿A qué velocidad viaja la luz? ¿Y los rayos X? ¿Y las ondas de radio? ¿Es válida en todos los medios?

31 ¿Qué es longitud de onda, frecuencia y período para una onda electromagnética? Busca sus valores para los colores visibles.

32 Un rayo de luz azul y otro de color naranja tienen unas longitudes de onda de 450 nm y 615 nm, respectivamente. Calcula sus frecuencias y energías.

Solución: $6{,}67 \times 10^{14}$ s^{-1} y $4{,}87 \times 10^{14}$ s^{-1}; $4{,}418 \times 10^{-19}$ J y $3{,}226 \times 10^{-19}$ J.

33 Calcula el período y la longitud de onda de una radiación de color verde con una frecuencia 588 THz y de otra de color violeta con una frecuencia de 769 THz.

Solución: $1{,}70 \times 10^{-15}$ s, 510 nm y $1{,}30 \times 10^{-15}$ s, 390 nm.

34 ¿Qué significa «cuántico»? ¿Qué relación tiene con la cuántica el principio de Planck sobre la emisión de radiación electromagnética por los átomos?

35 Calcula la longitud de onda y la energía de una onda electromagnética cuya frecuencia es de 650×10^{12} Hz.

Solución: $4,62 \times 10^{-7}$ m; $4,31 \times 10^{-19}$ J.

36 Calcula la frecuencia y la longitud de onda de una luz de energía $2,95 \times 10^{-19}$ J

Solución: $4,45 \times 10^{14} s^{-1}$; $6,74 \times 10^{-7}$ m.

37 Una onda electromagnética tiene 450 Thz de frecuencia y otra tiene una longitud de onda de 450 nm. ¿Cuál de las dos tiene mayor energía?

38 Explica los principales aciertos y defectos del modelo de Böhr.

39 Explica el significado del número cuántico en el modelo de Böhr

40 Dibuja un modelo atómico de Böhr que incluya las siete primeras órbitas y representa todos los tránsitos electrónicos posibles entre ellas que emitan energía.

41 Aplicando el modelo de Böhr y su expresión para la energía del electrón en una órbita, indica en cuál de los tránsitos se emite mayor energía:

a) De la quinta órbita a la segunda.

b) De la tercera a la primera.

42 A partir del modelo atómico de Böhr, considera la distancia entre la segunda y la tercera órbita y la distancia entre la cuarta y la sexta en un átomo de hidrógeno. ¿Qué separación entre órbitas es mayor?

43 Deduce el valor de la energía de ionización del hidrógeno a partir del modelo de Böhr y su expresión para el valor de la energía del electrón. Considera el estado fundamental y que la ionización equivale a que el electrón se aleje infinitamente del núcleo.

44 Haz una representación a escala de las energías correspondientes a las cinco primeras órbitas electrónicas según el modelo de Böhr.

45 Haz una representación a escala del radio de las cinco primeras órbitas electrónicas según el modelo de Böhr.

Modelo vectorial

46 Explica en qué consiste el efecto Zeeman y qué se dedujo de su descubrimiento.

47 ¿Qué es el momento de *spin* de un electrón? ¿Puede tener momento de *spin* un protón? ¿Y un neutrón?

48 ¿Qué diferencia el modelo vectorial del átomo del modelo de Böhr?

49 ¿Qué es un número cuántico? ¿Qué magnitudes cuantizan y qué valores están permitidos para cada uno de ellos en el modelo vectorial del átomo?

50 ¿Cuántos electrones de un mismo átomo pueden pertenecer al nivel 3?

51 Escribe todas las combinaciones de números cuánticos posibles para un electrón del nivel 5.

52 Indica si son posibles las siguientes combinaciones de números cuánticos:

a) $n = 0$ $l = 1$ $m = 2$ $s = +1/2$

b) $n = 3$ $l = 0$ $m = 0$ $s = -1/2$

c) $n = 4$ $l = -2$ $m = 1$ $s = +1/2$

d) $n = 1$ $l = 1$ $m = -1$ $s = -1/2$

53 Indica si son posibles las siguientes combinaciones de números cuánticos:

a) $n = 5$ $l = -1$ $m = 5$ $s = -1/2$

b) $n = 1$ $l = 0$ $m = 2$ $s = +1/2$

c) $n = 0$ $l = 2$ $m = 1$ $s = +1/2$

d) $n = 2$ $l = 0$ $m = 0$ $s = -1/2$

54 Escribe el orden de llenado de los siguientes subniveles energéticos: 2*p*, 4*f*, 3*d*, 4*s*, 7*s*, 4*d*, 5*p*, 6*s*.

55 Indica cuáles de las siguientes configuraciones electrónicas corresponden a un estado fundamental del átomo, a un estado excitado y las que no son permitidas. ¿De qué elemento se trata?

	1*s*	2*s*	2*p*			3*s*
a)	↑↓	↑↓	↑	↑	↑	
b)	↑↓	↑	↑	↑↓	↑	
c)	↑↓	↓	↑	↑	↑	↑
d)	↑↓		↑↓	↑	↑	↑
e)	↑↓	↑↑	↑	↑	↑	

56 ¿Cuántos electrones pueden pertenecer al quinto nivel en un mismo átomo? ¿Y al cuarto?

57 Escribe las notaciones electrónicas de los siguientes elementos:

${}_{29}Cu$, ${}_{37}Rb$, ${}_{88}Ra$, ${}_{93}Np$, ${}_{50}Sn$, ${}_{35}Br$, ${}_{36}Kr$, ${}_{86}Rn$, ${}_{62}Sm$.

58 Escribe las notaciones electrónicas de las siguientes especies iónicas:

${}_{31}Ga^{3+}$, ${}_{8}O^{2-}$, ${}_{53}I^{-}$, ${}_{55}Cs^{+}$, ${}_{12}Mg^{2+}$.

59 ¿Qué tienen en común las siguientes especies? Opina acerca de la fuerza de atracción sobre el último electrón en cada una de ellas. Si crees que es distinta, ordénalas de mayor a menor fuerza de atracción:

${}^{39}_{19}K^{+}$

${}^{32}_{16}S^{2-}$

${}^{40}_{18}Ar$

${}^{35}_{17}Cl^{-}$

${}^{40}_{20}Ca^{2+}$

5 Ordenación de los elementos y enlace químico

1 Ordenación de los elementos

A mediados del siglo XIX se habían descubierto o confirmado una gran cantidad de elementos químicos. En 1829, el alemán **Johan Dobereiner** clasificó estos elementos en grupos de tres, y en 1862 el francés **Alexandre-Emile Beguyer de Chancourtois** propuso la primera tabla, agrupándolos por sus propiedades químicas. En 1863, **John Alexander Reina Newlands** confeccionó la primera tabla de elementos ordenados por masas atómicas.

1.1 La tabla periódica de Mendeléiev y Lothar Meyer

En 1869, de modo independiente, el alemán **Julius Lothar Meyer** y el ruso **Dimitri Ivanovich Mendeléiev** propusieron una tabla en la que los elementos:

- Se ordenaban por su **masa atómica.**
- Se agrupaban por sus **propiedades químicas,** especialmente por su **valencia** química que era la más destacada.

Si el orden según la masa atómica contradecía el de las propiedades químicas, Mendeléiev dio preferencia a estas últimas. Así, situó el yodo ($m = 126{,}9$) después del telurio ($m = 127{,}6$) porque las propiedades del telurio encajan con las del oxígeno, azufre y selenio, mientras que las del iodo encajan con las del flúor, cloro y bromo. Otro tanto ocurre con el cobalto ($m = 58{,}9$) que, a pesar de su mayor masa, se situa antes del níquel ($m = 58{,}7$). Y lo mismo pasa con el argón ($m = 39{,}9$) y el potasio ($m = 39{,}1$). Mendeliev incluso dejó huecos en la tabla (por ejemplo para el galio, el escandio, el germanio o el tecnecio) pronosticando que algún día se descubrirían los elementos que faltaban.

A finales del siglo XIX, el descubrimiento sucesivo de los diversos gases nobles hizo que la tabla de Mendeléiev se ampliara en un grupo, el llamado **grupo cero,** debido a que sus componentes no parecían tener valencia química, ya que no formaban enlaces con ningún otro elemento ni con ellos mismos.

Figura 5.1.
Dimitri Ivánovich Mendeléiev (Tobolsk, 1834-San Petersburgo, 1907).
Su investigación principal dio lugar a enunciar la ley periódica de los elementos.

1.2 La aportación de Moseley: ordenación por número atómico

El químico y físico inglés **Henry Gwyn-Jeffreys Moseley** observó que la longitud de onda de los rayos X emitidos por los distintos elementos disminuía a medida que se avanzaba en la tabla periódica. Esta disminución era tan regular que permitió decidir cuál de dos elementos iba primero y si entre ambos había algún otro elemento desconocido. La ordenación según la longitud de onda de los rayos X coincide con la ordenación según el número atómico (número de protones del núcleo). La tabla periódica quedaba **ordenada por el número atómico** y no por la masa atómica. Además, Moseley predijo que los elementos 43 (tecnecio), 61 (prometio) y 75 (renio) serían radioactivos y difícilmente se hallarían en la naturaleza, y declaró que la tabla periódica ya no tenía más huecos.

1.3 Glen Seaborg: familias de lantánidos y actínidos

El físico americano **Glenn Theodore Seaborg** descubrió el plutonio (Pu) y obtuvo artificialmente todos los elementos desde el $_{92}U$ hasta el 102, que no existen en la naturaleza. Postuló para ellos la familia de los **actínidos,** que comparó con la de los **lantánidos** del período anterior de la tabla. Así, el concepto de estas dos familias de elementos conocidas como series de transición quedó reforzado y se fijó la disposición actual de la tabla periódica de los elementos. Seaborg descubrió multitud de isótopos de diversos elementos y fue el único científico al que se le dedicó en vida el nombre de un elemento químico: el seaborgio.

2 Configuraciones electrónicas y tabla periódica

Figura 5.2.
Cristales de azufre. El azufre se encuentra en forma de elemento en las laderas de los volcanes, donde se deposita a partir de sus emanaciones gaseosas.

Figura 5.3.
Cristales de platino. Este metal debe su nombre a los españoles que lo consideraban «plata de mala calidad» y, como tal, lo desechaban cuando estaba mezclado con esta en las minas de Sudamérica.

En la tabla periódica, los elementos se ordenan de menor a mayor número atómico y se disponen en filas sucesivas, de modo que sus propiedades físicas y químicas se repiten o evolucionan periódicamente. Para tal fin, la tabla está organizada en períodos o filas y grupos o columnas.

2.1 Grupos

Un **grupo,** familia o columna está formado por elementos que tienen una configuración electrónica similar en su nivel más alto.

Los elementos del mismo grupo tienen el mismo número de electrones en el mismo tipo de subniveles, aunque sean de niveles distintos. Se dice que su configuración electrónica «acaba igual». Sus características químicas son semejantes porque dependen, sobre todo, de los electrones más externos de los átomos: los llamados **electrones de valencia.**

En la tabla periódica hay 18 grupos que se numeran simplemente del 1 al 18. Algunos de estos grupos o familias tienen nombre propio, como se indicará a continuación.

EJEMPLO

Sitúa según sus grupos en la tabla periódica, los siguientes elementos: $_{11}Na$, $_{32}Ge$, $_{37}Rb$, $_{17}Cl$, $_{50}Sn$, $_{35}Br$.

Ordenando los elementos según su número atómico, las configuraciones electrónicas en su estado fundamental son:

$_{11}Na$ $1s^2\,2s^2\,2p^6\,\underline{3s}^1$

$_{17}Cl$ $1s^2\,2s^2\,2p^6\,\underline{3s}^2\,\underline{3p}^5$

$_{32}Ge$ $1s^2\,2s^2\,2p^6\,3s^2\,3p^2\,\underline{4s}^2\,3d^{10}\,\underline{4p}^2$

$_{35}Br$ $1s^2\,2s^2\,2p^6\,3s^2\,3p^6\,\underline{4s}^2\,3d^{10}\,\underline{4p}^5$

$_{37}Rb$ $1s^2\,2s^2\,2p^6\,3s^2\,3p^2\,4s^2\,3d^{10}\,4p^6\,\underline{5s}^1$

$_{50}Sn$ $1s^2\,2s^2\,2p^6\,3s^2\,3p^2\,4s^2\,3d^{10}\,4p^6\,\underline{5s}^2\,4d^{10}\,\underline{5p}^2$

Por tanto podemos decir que:

$_{11}Na$ y $_{37}Rb$: son del grupo 1 o metales alcalinos, de configuración típica ns^1.

$_{17}Cl$ y $_{35}Br$: son del grupo 17 o halógenos. Su configuración típica es ns^2np^5.

$_{32}Ge$ y $_{50}Sn$: son del grupo 14 o carbonoides, con configuración típica $ns^2\,np^2$.

2.2 Períodos

Un **período** o fila está formado por todos los elementos cuyo nivel energético máximo es el mismo: en sus configuraciones electrónicas el número cuántico principal mayor es el mismo para todos ellos.

En la tabla periódica hay 7 períodos. No todos tienen el mismo número de elementos porque no puede haber el mismo número de orbitales en todos los niveles energéticos. El primero tiene 2 elementos, el segundo y el tercero tienen 8, el cuarto y el quinto tienen 18 y el sexto tiene 32, al igual que podría tener el séptimo, que no está completo.

EJEMPLO

Indica a qué período de la tabla pertenecen los elementos: $_{82}Pb$, $_{55}Cs$, $_{33}As$, $_{56}Ba$, $_{15}P$ y $_{36}Kr$.

Si se escriben sus notaciones electrónicas, el período al que pertenecen viene determinado por el nivel electrónico más alto:

$_{15}P$	$1s^2\ 2s^2\ 2p^6\ \underline{3s^2}\ \underline{3p^3}$
$_{33}As$	$1s^2\ 2s^2\ 2p^6\ 3s^2\ 3p^2\ \underline{4s^2}\ 3d^{10}\ \underline{4p^3}$
$_{36}Kr$	$1s^2\ 2s^2\ 2p^2\ 3s^2\ 3p^6\ \underline{4s^2}\ 3d^{10}\ \underline{4p^6}$
$_{55}Cs$	$1s^2\ 2s^2\ 2p^6\ 3s^2\ 3p^2\ 4s^2\ 3d^{10}\ 4p^6\ \underline{5s^2}\ 4d^{10}\ 5p^6\ \underline{6s^1}$
$_{56}Ba$	$1s^2\ 2s^2\ 2p^6\ 3s^2\ 3p^2\ 4s^2\ 3d^{10}\ 4p^6\ \underline{5s^2}\ 4d^{10}\ 5p^6\ \underline{6s^2}$
$_{82}Pb$	$1s^2\ 2s^2\ 2p^6\ 3s^2\ 3p^2\ 4s^2\ 3d^{10}\ 4p^6\ \underline{5s^2}\ 4d^{10}\ 5p^6\ \underline{6s^2}\ 4f^{14}\ 5d^{10}\ \underline{6p^6}$

El fósforo, $_{15}P$ es del tercer período; el arsénico, $_{33}As$ y el kripton, $_{36}Kr$ son del cuarto período y el cesio, $_{55}Cs$, el bario, $_{56}Ba$ y el plomo, $_{82}Pb$ son del sexto período.

Figura 5.4.
Litio, sodio y potasio en aceite mineral. Estos elementos se encuentran combinados con el aceite para evitar su contacto con agua, con la que son explosivos.

2.3 Elementos normales

Se consideran **elementos normales** aquellos que tienen su último electrón o **electrón diferenciador** en orbitales tipo ***s*** o tipo ***p***. Entre ellos están:

- Los **metales alcalinos.** Son el primer grupo de la tabla periódica. Su configuración electrónica es ns^1. Muchas tablas sitúan como elemento de este grupo al hidrógeno, que es un no metal. Pero recientemente se ha descubierto que a elevadísimas presiones, como las que puede haber en el núcleo de planetas gigantes como Júpiter, el hidrógeno puede comportarse como un metal.
- Los **metales alcalinotérreos.** Forman el segundo grupo de la tabla. Su configuración electrónica fundamental es ns^2.

Entre los que tienen por configuración fundamental ns^2np^x (con valores de $x = 1, 2... 6$), distinguimos:

- **Boroideos,** de configuración $ns^2\ np^1$. Da nombre al grupo su primer elemento, el boro. En total son: boro (B), aluminio (Al), galio (Ga), indio (In) y talio (Tl).
- **Carbonoideos,** de configuración $ns^2\ np^2$. Da nombre al grupo su primer elemento, el carbono. En total son: carbono (C), silicio (Si), germanio (Ge), estaño (Sn) y plomo (Pb).
- **Nitrogenoideos,** de configuración $ns^2\ np^3$. Da nombre al grupo su primer elemento, el nitrógeno. En total son: nitrógeno (N), fósforo (P), arsénico (As), antimonio (Sb) y bismuto (Bi).
- **Anfígenos,** de configuración $ns^2\ np^4$. Son: oxígeno (O), azufre (S), selenio (Se), teluro (Te) y polonio (Po).
- **Halógenos,** de configuración $ns^2\ np^5$. Son: flúor (F), cloro (Cl), bromo (Br) yodo (I) y astato (At).
- **Gases nobles,** de configuración $ns^2\ np^6$. Son: helio (He), neón (Ne), argón (Ar), criptón (Kr), xenón (Xe) y radón (Rn).

Figura 5.5.
Elementos no metálicos. a) Azufre. b) Bromo. c) Fósforo. d) Carbono. e) Yodo.

2.4 Elementos de transición

Los llamados elementos de **transición** o de **transición simple** integran 10 grupos de la tabla periódica. Son los que tienen una configuración electrónica con los electrones de mayor energía situados en orbitales tipo $(\boldsymbol{n}-1)\boldsymbol{d}^{x}$, siendo $\boldsymbol{n}$ el número de período al que pertenecen y $\boldsymbol{x} = 1, 2, 3... 10$. O sea, son elementos con el electrón diferenciador situado en orbitales tipo *d* de un nivel inferior al del período al que pertenecen: en orbitales 3*d* los del cuarto período, en orbitales 4*d* los del quinto período, y así sucesivamente. Todos ellos son metales, algunos muy conocidos como el oro, la plata, el cobre, el hierro y el mercurio.

Figura 5.6.
Alambique antiguo. Los objetos fabricados con cobre resisten bien la oxidación.

2.5 Elementos de doble transición

Los elementos de **transición interna** o de **doble transición** (antes llamados **tierras raras**) tienen una configuración electrónica con el electrón diferenciador en orbitales tipo $(\boldsymbol{n}-2)\boldsymbol{f}^{x}$, siendo $\boldsymbol{n}$ el número de período al que pertenecen y $\boldsymbol{x} = 1, 2, 3... 14$. Es decir, los del sexto período tienen el electrón diferenciador en orbitales 4*f*, y los del séptimo período, en orbitales 5*f*.

Ocupan 14 columnas de la tabla periódica, pero no forman 14 grupos, a imagen de los otros elementos de la tabla. Por sus semejanzas se considera, en cambio, que forman dos familias, cada una de 14 miembros:

- **Lantánidos,** con el lantano y los 13 elementos siguientes del sexto período de la tabla.
- **Actínidos,** con el actinio y los 13 elementos siguientes del séptimo período de la tabla.

Para acortar la presentación, lantánidos y actínidos se suelen escribir debajo, pero su situación natural es la que ocupan en la «forma larga» de la tabla, entre los metales alcalinotérreos y los de transición simple.

A principios de 2009 la IUPAC confirmó el descubrimiento del elemento 112 de la tabla periódica, que se denominó **Copernicio** en honor del astrónomo Nicolás Copérnico. En 2010 se confirmó su símbolo como **Cn** (anteriormente se le había designado como Cp).

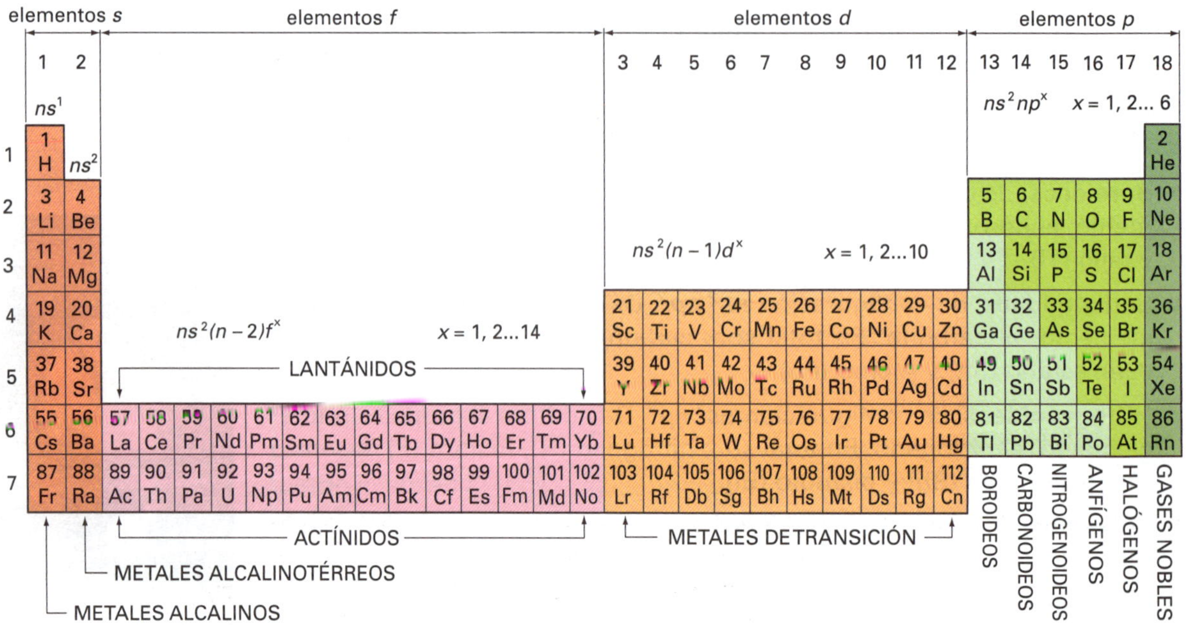

Figura 5.7.
Tabla periódica en forma larga. Se indica el nombre de los grupos o familias y su notación característica.

3 Propiedades periódicas

A continuación nos ocupamos de las propiedades que más claramente muestran una variación según el orden de la tabla periódica. Hay muchas más que no estudiaremos, con variaciones también periódicas. Entre ellas, se pueden citar la valencia, el número de oxidación, la acidez, la densidad y los puntos de fusión y ebullición.

3.1 Energía de ionización o potencial de ionización

La **energía de ionización** es la energía necesaria para arrancar un electrón a un átomo en estado gaseoso (es decir, que no está unido a otros átomos). El proceso se representa como:

$$X\,(g) \longrightarrow X^{+}\,(g) + e^{-}$$

La energía de ionización es siempre **positiva;** es la energía que se debe suministrar al átomo para arrancarle un electrón.

En el Sistema Internacional de unidades, se mide en **julios (J),** si se refiere a un **átomo,** y en **julios/mol (J/mol)** si se refiere a un mol de átomos.

Por ejemplo, en el caso del hidrógeno:

$$H\,(g) \longrightarrow H^{+}\,(g) + e^{-} \qquad \begin{array}{l} EI = 2{,}175 \times 10^{-18}\ \text{J/átomo} \\ EI = 1{,}310 \times 10^{6}\ \text{J/mol} \end{array}$$

También se conoce como **potencial de ionización** si se mide como potencial eléctrico (en voltios) necesario para arrancar un electrón a un átomo.

Si se arranca más de un electrón, se tendrá una primera, segunda o tercera energías de ionización. Cada vez costará más arrancar el siguiente electrón y las energías de ionización sucesivas serán cada vez mayores.

En un **grupo o familia,** la energía de ionización disminuye a medida que se desciende por el grupo, o sea, a medida que aumenta el número atómico de los elementos. Se producen dos efectos contrapuestos:

- La carga positiva del núcleo es mayor en los elementos inferiores del grupo. Así, sería mayor la atracción sobre el último electrón.
- El último electrón se coloca en orbitales cada vez más lejanos del núcleo, lo cual desfavorece la fuerza de atracción eléctrica del núcleo.

El segundo efecto supera al primero, pues la atracción (ley de Coulomb) disminuye con el cuadrado de la distancia. Aunque los elementos tienen un núcleo más positivo, la atracción sobre el último electrón es cada vez más débil, por estar este más y más lejos. Resulta cada vez más fácil arrancarlo y las energías de ionización son progresivamente menores.

A lo largo de un **período,** la energía de ionización aumenta desde el primer elemento hasta el último. Esto se debe a que la carga positiva del núcleo es cada vez mayor a medida que se recorre el período, con lo cual el último electrón es sucesivamente atraído con más fuerza y se necesita mayor energía para arrancarlo. Ahora, este efecto no encuentra compensación con la distancia a la que se sitúa el último electrón, ya que todos los elementos que pertenecen al mismo período tienen el último electrón en el mismo nivel energético y, por tanto, a distancia parecida del núcleo.

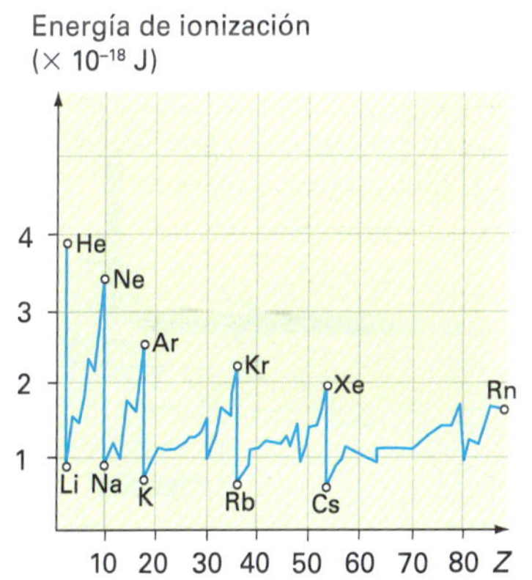

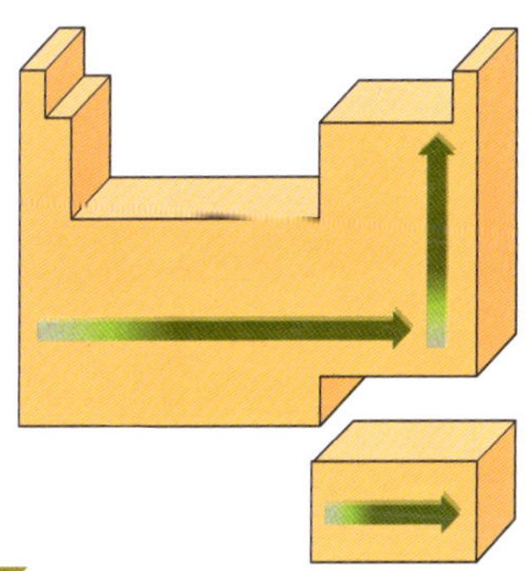

Figura 5.8.
Energía de ionización. Variación de esta energía respecto al número atómico y resumen de su tendencia en la tabla periódica.

3.2 Afinidad electrónica

La **afinidad electrónica** es la energía involucrada en el proceso de captura de un electrón por un átomo en estado gaseoso. El proceso se representa como:

$$X\ (g) + e^- \longrightarrow X^-\ (g)$$

La afinidad electrónica se mide en **julios (J)** y en **electrones-voltios (eV).**

Por ejemplo, para el cloro:

$$Cl\ (g) + e^- \longrightarrow Cl^-\ (g) \qquad \begin{array}{l} AE = -5{,}78 \times 10^{-19}\ \text{J/átomo} \\ AE = -3{,}48 \times 10^{5}\ \text{J/mol} \end{array}$$

La energía de ionización es siempre positiva, pero la afinidad electrónica puede ser **negativa** o **positiva.** Es negativa (o sea, se desprende) si los átomos tienden a captar electrones y son más estables con un electrón de más; es el caso de los no metales. En cambio, los metales y los gases nobles no muestran tendencia a captar electrones de más, sino que es un proceso desfavorable. Su afinidad electrónica es una energía positiva, es decir, hay que suministrarla para forzarles a adquirir el electrón de más.

Al igual que sucede con la energía de ionización, también se pueden dar una segunda y una tercera afinidades electrónicas. Pero es una energía más difícil de calcular, no varía de una forma tan regular y no se conoce tan bien para la mayoría de los elementos.

La variación de la afinidad electrónica en la tabla periódica concuerda con la de la energía de ionización: los elementos que pierden fácilmente un electrón también tienden poco a captar uno de más, y viceversa: aquellos a los que les resulta muy difícil arrancar un electrón, también tendrán gran «avidez» por capturar electrones que no les pertenecían.

En un **grupo,** la afinidad electrónica (considerada como energía liberada) crece hacia arriba, o sea, liberan más energía los primeros elementos de cada grupo que los últimos cuando capturan un electrón.

En un **período,** la afinidad electrónica (considerada como energía liberada) crece de izquierda a derecha, esto es, hacia el lado de los no metales.

En este sentido de crecimiento, se considera la energía con su valor absoluto. Si se tuviera en cuenta el signo negativo, por ser energía liberada, entonces los sentidos de crecimiento serían los inversos.

H –1,2							He +0,35
Li –0,99	Be –4,0	B –0,38	C –0,20	N –0,16	O –2,35	F –5,34	Ne +0,48
Na –0,88	Mg +3,84	Al –0,74	Si –1,98	P –1,23	S –3,32	Cl –5,78	Ar +0,58
K –0,8	Ca +2,59	Ca –0,59	Ge –1,92	As –1,28	Se –3,23	Br –5,38	Kr +0,64
Rb –0,78	Sr +1,98	In –0,56	Sn –2,0	Sb –1,68	Te –3,15	I –4,90	Xe +0,67
Cs –0,75	Ba +0,86	Tl –0,8	Pb –1,68	Bi –1,68	Po –2,88	At –4,48	Rn +0,67
Fr –0,74	Ra						

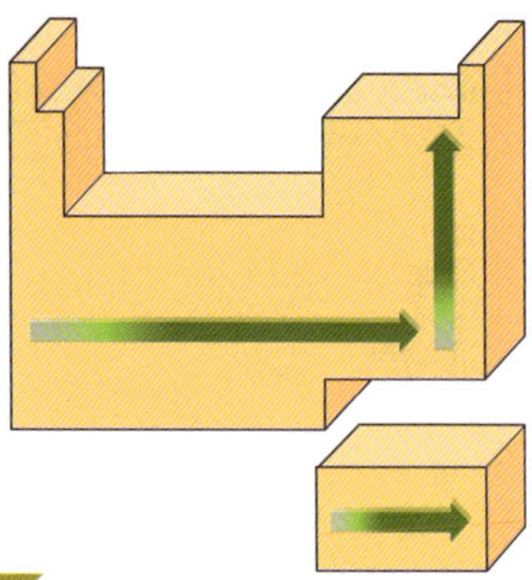

Figura 5.9.
Afinidad electrónica. Valores para algunos elementos y su tendencia de variación en la tabla periódica.

3.3 Electronegatividad

La formación de un enlace químico está relacionada con la cesión o el reparto que los átomos hacen de sus electrones más externos. En esta puesta en juego de los electrones más externos, unos átomos salen ganando más o menos que otros, dependiendo de la «apetencia» que manifiesten por esos electrones.

Una primera medida de esa «apetencia» por los electrones la dan tanto la energía de ionización como la afinidad electrónica. Pero ambas son valores de energía de determinados procesos.

La **electronegatividad** es una valoración del poder de un átomo para atraer hacia él los electrones que forman parte del enlace con otros átomos.

Se han propuesto diversas escalas de electronegatividad, si bien la más aceptada es la definida por el norteamericano **Linus Carl Pauling.** La escala de Pauling va de 0 a 4. Se asigna un valor de 4,0 al flúor (F), que es el elemento con mayor «avidez» por los electrones, y un valor de 0,7 al francio (Fr), que es el de menor electronegatividad. El hidrógeno tiene una electronegatividad de 2,1. En general, los metales tienen electronegatividades inferiores a 2, y los no metales, iguales o superiores a 2.

Cuando se unen dos elementos, si su diferencia de electronegatividades es elevada, formarán un enlace iónico, mientras que si no lo es tanto, el enlace será covalente.

Dentro de un **grupo,** la electronegatividad aumenta hacia arriba, siguiendo la misma variación que la energía de ionización y la afinidad electrónica.

Dentro de un **período,** la electronegatividad aumenta de izquierda a derecha, con la excepción de los gases nobles.

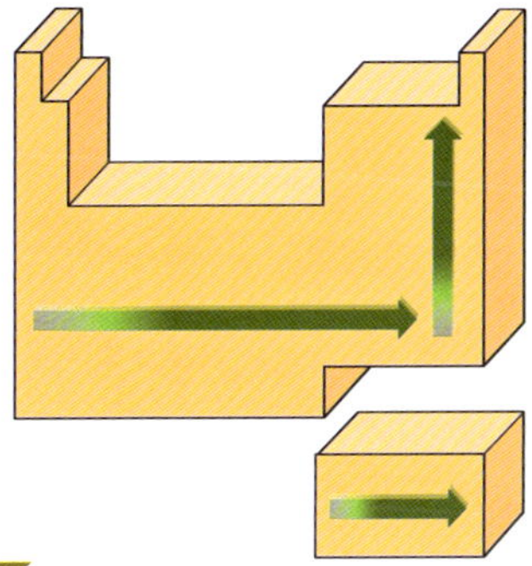

Figura 5.10.
Electronegatividad. Variación en la tabla periódica.

3.4 Radio atómico y volumen atómico

El tamaño de los átomos es algo difícil de medir objetivamente, porque el átomo no es una bola maciza de contornos definidos. De hecho, más allá del núcleo se extiende un gran espacio vacío por el que se mueven unos escasos electrones. Pero también se puede entender que el volumen de un átomo acaba donde comienza el del átomo vecino. Asimilando los átomos a esferas, se entiende que el radio atómico y el volumen atómico son dos magnitudes fácilmente obtenibles la una de la otra.

En el caso de los elementos metálicos, que forman ordenadas asociaciones de gran número de átomos, cuando el metal es puro se puede calcular muy bien el volumen de un átomo a partir del volumen que ocupa una cierta masa y del número de átomos que hay en este volumen. Es fácil si nos referimos a un mol:

$$\text{Volumen de un átomo} = \frac{\text{Masa de un mol de átomos}}{\text{Densidad} \cdot N_A}$$

En el caso de los no metales, algunos, como el carbono (caso del diamante) o del fósforo, permiten el mismo tipo de cálculo que los metales. Pero otros, como el hidrógeno, el oxígeno o el cloro, tienden a formar moléculas diatómicas que a temperatura ambiente se muestran en forma de gas muy separadas unas de otras. Se recurre entonces a calcular los volúmenes y los radios atómicos a partir, no del elemento puro, sino de los compuestos iónicos que forma dicho elemento con metales, cuyos volúmenes atómicos son ya conocidos independientemente.

Aunque no es lo mismo calcular volúmenes y radios atómicos a partir de formaciones metálicas, formaciones covalentes y formaciones iónicas, tampoco es tan distinto.

En un **grupo** se observa que el radio y el volumen atómico aumentan de arriba hacia abajo, lo cual es natural, porque los átomos cada vez tienen más electrones y estos se van situando en orbitales más y más lejanos.

A veces se entiende por **volumen atómico** el volumen de un mol de átomos.

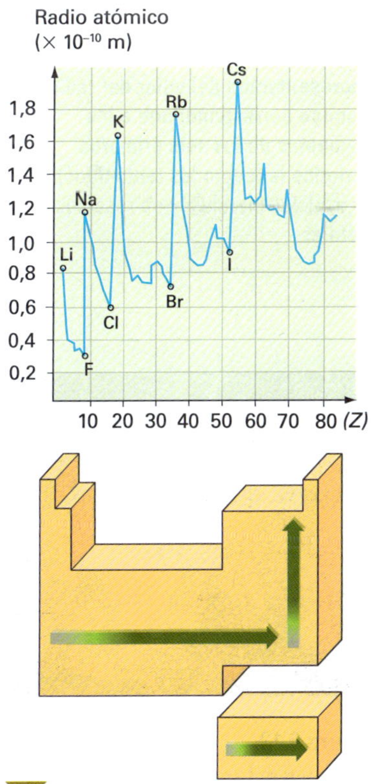

Figura 5.11.
Variación del radio atómico en función del número atómico y resumen de su tendencia en la tabla periódica.

Dentro de un **período** de la tabla, el radio y el volumen atómico disminuyen de izquierda a derecha, contrariamente de lo que sería, en principio, esperable, pues el número atómico crece hacia la derecha.

Esto se debe a que el electrón diferenciador de cada elemento respecto al anterior se añade al mismo nivel energético. O sea, no se sitúa más lejos del núcleo, de modo que el átomo no aumenta de tamaño. Pero, además, cada elemento incrementa en una unidad respecto al anterior el número de protones de su núcleo. Este aumento progresivo de la carga positiva nuclear incrementa también progresivamente la fuerza de atracción sobre los electrones y produce un efecto de disminución del volumen del átomo.

Se encuentran dos pequeñas desviaciones de este descenso del tamaño atómico en los elementos de los períodos cuarto y siguientes, ya que se llenan los orbitales *d* (a partir del período cuarto) y *f* (a partir del sexto período). Estos electrones son más internos que los que corresponden al nivel característico del período. La consecuencia es un efecto llamado de **apantallamiento** sobre los electrones externos, que induce un pequeño aumento del tamaño atómico. Este efecto es una repulsión eléctrica sobre los electrones externos que equivale a una protección de la atracción del núcleo.

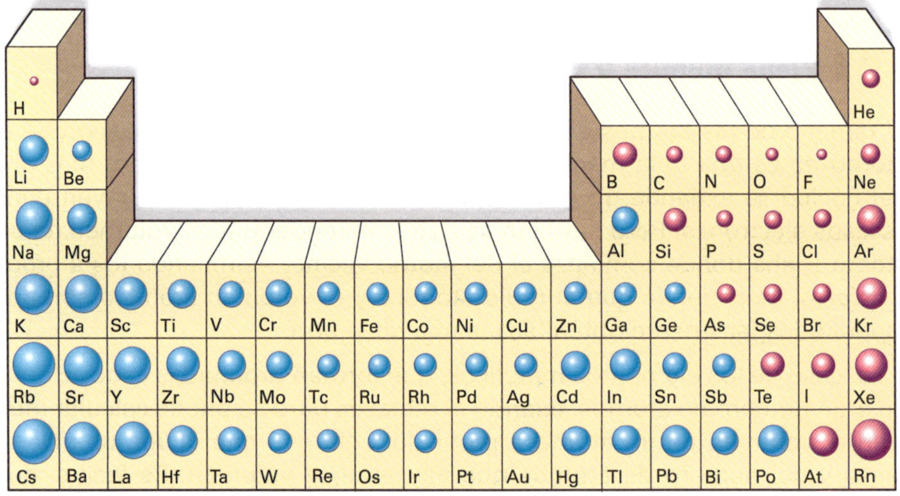

Figura 5.12.
Representación del valor del radio atómico correspondiente a los elementos de los seis primeros períodos (excepto los lantánidos).
En azul, los metales, y en rosa, los no metales.

3.5 Carácter metálico

Los **metales** son buenos conductores del calor y de la corriente eléctrica, tienen un brillo característico y son grises o dorados. En estado sólido son dúctiles y maleables; es decir, que pueden estirarse en hilos y separarse en láminas finas sin romperse. Pueden también fundirse fácilmente y mezclarse entre ellos en cualquier proporción, con lo que resultan las llamadas aleaciones. Químicamente tienden a perder electrones, quedando cargados positivamente cuando reaccionan con elementos que son no metales.

Los **no metales** forman entre ellos enlaces mucho más fuertes que los de los metales, con lo que sus compuestos son más difíciles de fundir, pero también son mucho más rígidos y frágiles que los metales. No son buenos conductores del calor ni de la electricidad. Cuando reaccionan con los metales tienden a ganar electrones y quedar cargados negativamente.

Son metálicos la mayoría de los elementos conocidos. Solo 22 de ellos son no metálicos. En la tabla periódica, hay una diagonal que separa los metales de los que no lo son. Esta diagonal se puede trazar desde el hidrógeno hasta el astato, los no metales quedan por encima de ella.

Figura 5.13.
Reacción del sodio con el agua.
El sodio es tan marcadamente metálico que, al contactar con el agua, le cede electrones, liberándose gas hidrógeno que se inflama por el calor de reacción.

4 Enlace químico

4.1 Tipos de asociaciones de átomos

En la mayoría de los casos, los átomos se encuentran unidos unos a otros formando moléculas y redes. Ambas pueden ser **homoatómicas** o **heteroatómicas,** según estén formadas por átomos iguales o distintos.

- Las **moléculas.** Poseen siempre exactamente la misma composición y sus átomos están unidos siempre de la misma manera. El número de átomos que forman las moléculas es pequeño. El enlace entre átomos es siempre covalente.
- Las **redes atómicas.** Están formadas por un número muy grande e indefinido de átomos. Este número de átomos es, además, variable. Los átomos están unidos por enlace metálico, covalente o iónico. La disposición de sus átomos puede dar lugar a un **cristal,** si los átomos se ordenan de modo regular, o a un **sólido amorfo,** si no se presenta este orden interno.
- Las **redes moleculares.** Están formadas por asociación de moléculas simples. El número de moléculas unidas es muy grande y variable. Se unen entre sí por enlaces más débiles que los covalentes. Estas moléculas pueden formar un **cristal molecular,** si se ordenan regularmente, o un **sólido amorfo,** si no se da el orden interno.

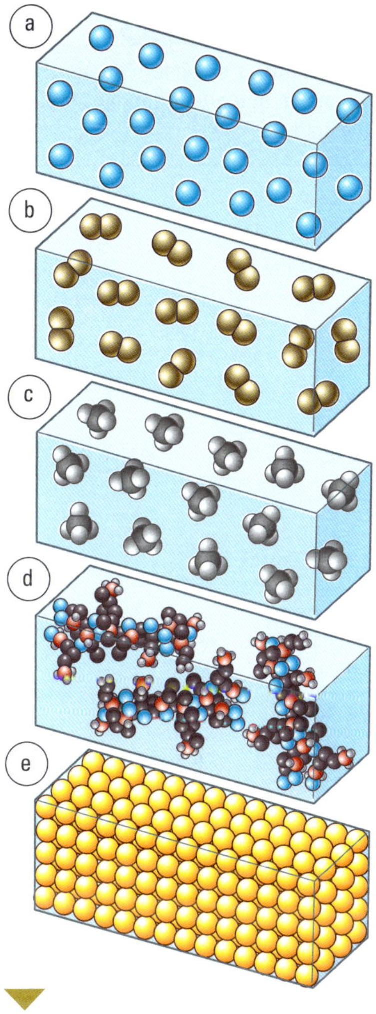

Figura 5.14.
Algunos tipos de organización de los átomos. Sustancia molecular monoatómica (a), por ejemplo H_2; diatómica (b), como el O_2; pentaatómica (c), como el CH_4; poliatómica (d), por ejemplo fenilalanina, y sustancia cristalina atómica (e), como el Li.

4.2 Estructuras de Lewis y teoría de Lewis o regla del octeto

La primera teoría moderna sobre el enlace químico se debe al americano **Gilbert Newton Lewis.** Ya en 1902, antes de enunciar su teoría sobre el enlace, Lewis había propuesto representar los electrones del último nivel electrónico, o **electrones de valencia,** como puntos o crucecitas alrededor del símbolo químico del elemento. Estas representaciones, conocidas como **estructuras de Lewis,** se revelaron como un modo fácil y eficaz de representar los átomos y sus uniones con otros átomos.

EJEMPLO

Escribe las estructuras de Lewis de los átomos: $_{18}Ar$, $_{14}Si$, $_{12}Mg$, $_{16}S$, $_{9}F$.

Las estructuras de Lewis se obtienen a partir de las configuraciones electrónicas, contando los electrones del último nivel y representándolos:

$_{18}Ar$	$1s^2\ 2s^2\ 2p^6\ \underline{3s^2}\ \underline{3p^6}$	Con 8 electrones en el último nivel será:	:Ar: (8 puntos)
$_{14}Si$	$1s^2\ 2s^2\ 2p^6\ \underline{3s^2}\ \underline{3p^2}$	Con 4 electrones en el último nivel, será:	·Si· (4 puntos)
$_{12}Mg$	$1s^2\ 2s^2\ 2p^6\ \underline{3s^2}$	Con 1 electrón en el último nivel será:	Mg:
$_{16}S$	$1s^2\ \underline{2s^2}\ 2p^6\ \underline{3s^2}\ \underline{3p^4}$	Con 6 electrones en el último nivel será:	·S· (6 puntos)
$_{9}F$	$1s^2\ \underline{2s^2}\ \underline{2p^5}$	Con 7 electrones en el último nivel será:	:F· (7 puntos)

Los electrones se representan por separado o en parejas siguiendo las reglas de la máxima multiplicidad.

Recuerda

Valencia es el número de enlaces simples que puede formar un elemento.

Lewis se había dado cuenta de la nula reactividad de los gases nobles y entendió que eso se debía a que su configuración electrónica era estable y no tenían ninguna tendencia a cambiarla. En 1916 enunció su teoría:

Teoría de Lewis. Cuando los átomos se unen con otros átomos, lo hacen ganando, perdiendo o compartiendo electrones de las capas externas, en un número que les permita conseguir la configuración de gas noble.

Excepto el helio, cuya configuración electrónica es $1s^2$, todos los demás gases nobles tienen configuraciones que acaban en $ns^2\ np^6$. Es decir, tienen 8 electrones en su último nivel. Por eso, la teoría de Lewis se conoce también como **regla del octeto.**

4.3 Estabilidad energética y características del enlace químico

Se ha visto que, con la excepción de los gases nobles, los átomos tienden a reunirse con otros átomos formando un enlace químico. Si esto es así, debe de ser porque se trata de una situación energéticamente más estable que si están de forma individual.

Por tanto, la energía de dos átomos enlazados ha de ser menor que la suma de las energías de cada uno cuando estaban separados. Y lo mismo sucede si se trata de moléculas de muchos más átomos o de toda una red atómica.

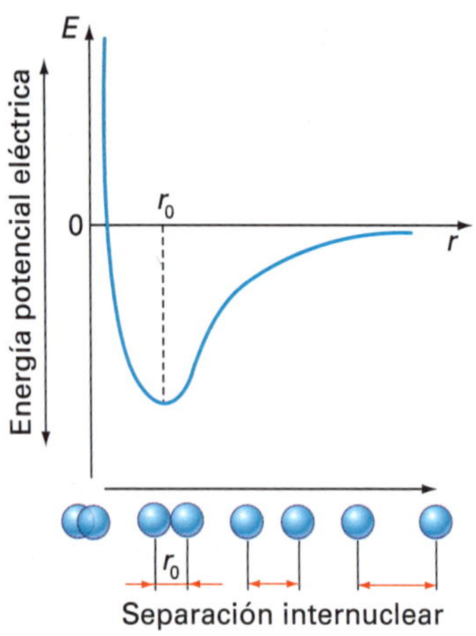

Figura 5.15.

Variación de energía de un sistema de dos átomos. Observa que a medida que se acercan los átomos para formar un enlace químico la energía de enlace es menor.

En la figura 5.15 se muestra un caso general de curva de energía para la formación de un enlace entre dos átomos.

Es el caso más simple de la unión covalente de dos átomos (por ejemplo, entre dos átomos de hidrógeno). Pueden darse varias situaciones:

- Se toma como 0 o valor de referencia la energía de ambos átomos cuando están muy separados. En la práctica, que estén muy separados significa que no se influyen mutuamente.
- A medida que los átomos se aproximan, la energía del sistema formado por ambos es menor que la que tenían cuando estaban muy separados. Esto indica que la unión será favorable energéticamente. Si fuera positiva, no lo sería.
- Llegados a un cierto acercamiento, comienza a actuar la repulsión entre los núcleos (son ambos positivos) de los átomos.
- Si se acercan más, la repulsión aumenta y la energía se torna menos negativa, incluso positiva respecto al nivel de referencia. Así, para un acercamiento mayor la estabilidad es menor.

Se toma como **longitud de enlace** la distancia a la cual la energía es mínima. Se debe entender que los átomos no se quedan exactamente en esta posición, sino que vibran alrededor de ella como si estuviesen sujetos por un muelle.

Se toma como **energía de enlace** el valor mínimo de la energía del sistema formado por dos átomos. Es una energía de signo negativo porque la situación final es de menor energía que la inicial y la diferencia energética se desprende cuando se forma el enlace. Para separar ambos átomos hay que suministrar esta energía mínima.

5 Enlace iónico

Los **iones** son átomos o grupos de átomos que no son neutros eléctricamente, porque han ganado o han perdido uno o más electrones respecto a los que tienen en estado neutro. Se denominan **cationes** los iones positivos y **aniones** los negativos.

Así, son iones el catión hidrógeno (H^+), que es un átomo de hidrógeno que ha perdido su único electrón, el ion cloruro (Cl^-), que es un átomo de cloro que tiene un electrón de más, y el ion sulfuro (S^{2-}), que es un átomo de azufre con dos electrones de más. También son iones los siguientes grupos atómicos: el ion sulfato (SO_4^{2-}), el ion perclorato (ClO_4^-) y el ion amonio (NH_4^+).

El nombre *ion* fue propuesto por **Michael Faraday;** esta palabra procede del griego *ion,* que significa «el que va», por hacer referencia a la movilidad de los iones en solución, que van hacia los electrodos de signo contrario.

Más tarde, **Svante Arrhenius** postuló la existencia de los iones, también en ausencia de corriente eléctrica, y los utilizó para explicar las reacciones entre muchas especies químicas.

Figura 5.16.
Cristal de selenita. Esta sustancia es una variedad de yeso (sulfato de calcio hidratado $CaSO_4 \cdot 2H_2O$).

5.1 Formación de los compuestos iónicos según la teoría de Lewis

La teoría de Lewis explica fácilmente la formación de iones estables y el establecimiento de un enlace entre estos iones. Así, las características del enlace iónico son:

- Se forma entre dos átomos que se han convertido en iones para alcanzar la configuración estable de gas noble.
- Uno de ellos pierde electrones y se convierte en un **catión** (ion positivo), mientras que el otro gana electrones y se convierte en un **anión** (ion negativo). Todas las sustancias iónicas son compuestos. No se pueden formar por átomos de un solo elemento, ya que han de tener electronegatividades muy distintas.
- Los iones formados quedan unidos por **atracción electrostática,** al ser de distinto signo.

Es precisamente este acercamiento de los iones que se atraen por tener signo contrario lo que favorece la formación de un compuesto iónico.

La **energía reticular** es la energía desprendida en esta formación del retículo cristalino, por acercamiento de los iones hasta la distancia en que la atracción se iguala con la repulsión entre sus núcleos.

5.2 Propiedades de los compuestos iónicos

Las propiedades de los compuestos iónicos se deducen de la estructura cristalina que los forma y del tipo de enlace que une sus átomos.

Estas propiedades se caracterizan porque:

- Tienden a formar **cristales** con formas externas regulares, reflejo de su orden interno.

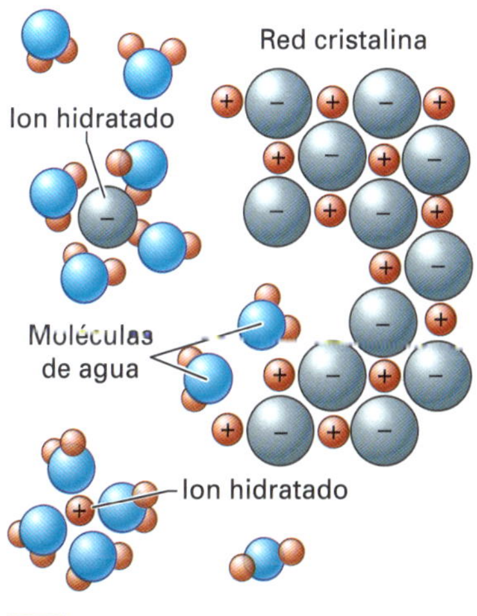

Figura 5.17.
Las moléculas de agua son polares. Esta polaridad de la molécula hace que puedan disolver los compuestos iónicos.

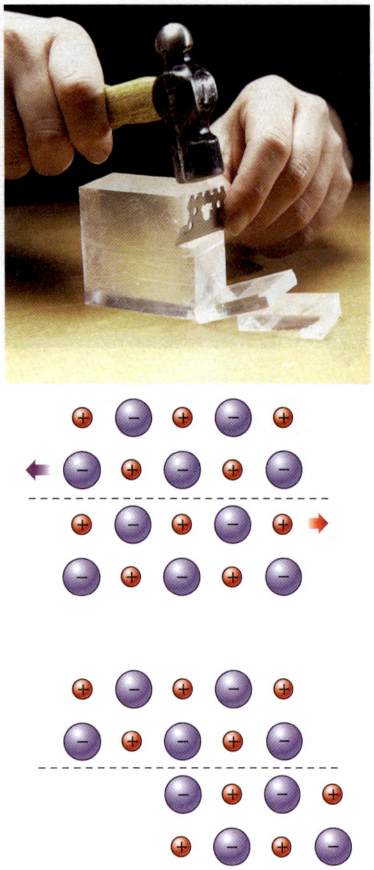

Figura 5.18.
Los compuestos iónicos son frágiles. Si una fuerza desplaza los iones de su posición, el compuesto iónico se rompe por la repulsión originada al enfrentarse iones del mismo signo. Su rotura produce planos limpios, como muestra este cristal de sal que se exfolia fácilmente.

- Son **solubles en agua** y demás disolventes polares, e **insolubles en disolventes poco polares.** Esto se debe a que las moléculas del disolvente polar se colocan alrededor de los iones, procurándoles un entorno eléctrico de signo contrario e impidiendo que vuelvan a unirse con los otros iones.
- A temperatura ambiente son sólidos con muy **altas temperaturas de fusión,** pues se necesita mucha energía para vencer la atracción eléctrica entre los iones.
- En disolución **conducen la electricidad,** porque sus iones se pueden mover libremente hacia los electrodos de signo contrario al suyo. En estado líquido también conducen la electricidad por el movimiento libre de sus electrones. En cambio, en estado sólido no son conductores, ya que los iones están fijos en sus posiciones dentro del cristal.
- Son **duros,** porque el enlace que une los iones es fuerte y no pueden separarse fácilmente aunque se presione con otros materiales. Un cristal iónico raya la superficie de un metal y no al revés.
- Son **frágiles y poco flexibles,** pues, a pesar de que el enlace iónico es fuerte, si una fuerza consigue desplazar ligeramente los iones de sus posiciones, pueden enfrentarse iones del mismo signo, con lo que aparecen fuerzas de repulsión que rompen el sólido.

EJEMPLO

Explica mediante la teoría de Lewis la formación del fluoruro de potasio.

Las configuraciones electrónicas y las estructuras de Lewis de los átomos neutros son:

$_{19}K$ $1s^2\,2s^2\,2p^6\,3s^2\,3p^6\,\underline{4s^1}$ Su estructura de Lewis es: K·

$_{9}F$ $1s^2\,\underline{2s^2}\,\underline{2p^5}$ Su estructura de Lewis es: :F̤̈·

Se han representado arbitrariamente como puntos rojos y azules los electrones de uno y otro átomo para distinguirlos aunque, naturalmente, son indistinguibles. Si el átomo de K pierde un electrón, sus últimos electrones son los del nivel anterior ($3s^2\,3p^6$) y adquiere un octeto completo. Lo mismo sucede si el átomo de F gana un electrón. Las configuraciones electrónicas y las estructuras de Lewis de ambos iones son:

$_{19}K^+$ $1s^2\,2s^2\,2p^6\,\underline{3s^2}\,\underline{3p^6}$ Su estructura de Lewis es: $:\ddot{\underset{..}{K}}:^{\oplus}$

$_{17}F^-$ $1s^2\,\underline{2s^2}\,\underline{2p^6}$ Su estructura de Lewis es: $:\ddot{\underset{..}{F}}:^{\ominus}$

Luego, los dos iones quedan unidos por atracción eléctrica: $:\ddot{\underset{..}{K}}:^{\oplus}\ \ :\ddot{\underset{..}{F}}:^{\ominus}$

1 ¿Puede una sustancia ser iónica si se trata de un elemento? ¿Por qué?

2 Escribe las estructuras de Lewis de los átomos neutros y de todos los compuestos iónicos que puedas formar con $_{16}S$, $_{53}I$, $_{19}K$ y $_{4}Be$.

3 Enumera cinco compuestos que sean claramente iónicos.

6 Enlace covalente

El enlace covalente es el enlace químico por excelencia. Justifica el concepto de valencia y con él se edifican las moléculas que forman arquitecturas tan complejas como los seres vivos.

Figura 5.19.
Diamante. Está formado por una red de átomos de carbono unidos por enlaces covalentes.

6.1 Teoría de Lewis sobre el enlace covalente

Lewis propuso en 1916 una explicación del enlace covalente presente en las sustancias que formaban moléculas. Según él:

> Dos átomos forman un **enlace covalente** cuando comparten un par de electrones.

Las características del enlace covalente, según la teoría de Lewis, son:

- Se forma entre **átomos muy electronegativos,** es decir, **dos no metales.**
- Los **electrones compartidos** se sitúan entre ambos núcleos. La atracción de los núcleos por esos electrones los mantiene unidos.
- Al compartir el par de electrones, cada uno de los átomos alcanza la **configuración de gas noble.**
- Ciertos átomos **pueden compartir más de un par de electrones** con un mismo átomo o con varios, formando más de un enlace covalente.

Los pares de electrones también se suelen representar como un guión, que es la representación típica de un enlace químico. A pesar de todo, en muchos enlaces no se cumple la teoría de Lewis.

EJEMPLO

Explica, según la teoría de Lewis, la formación do enlace en las moléculas de hidrógeno (H_2) y flúor (F_2).

La molécula de hidrógeno (H_2) es la más sencilla que existe. Ambos átomos tienen igual electronegatividad y comparten el par de electrones a la perfección.

La configuración electrónica del hidrógeno y las estructuras de Lewis de los átomos de H y de la molécula H_2 son las siguientes:

$_1$H $1s^1$ su estructura de Lewis es H·
$_1$H $1s^1$ su estructura de Lewis es H·

$$H\cdot + H\cdot \longrightarrow H:H$$

En la molécula de H_2, cada H dispone de 2 electrones, el suyo y el del otro H, alcanzando la configuración del He: $1s^2$.

Para átomos de flúor: $_9$F $1s^2\,\underline{2s^2}\,\underline{2p^5}$

Las estructuras de Lewis son: $:\ddot{\underset{..}{F}}\cdot$

Al unirse, resulta una molécula en la que cada átomo tiene una estructura de Lewis con 8 electrones. Es decir, alcanza configuración de gas noble:

$$:\ddot{\underset{..}{F}}\cdot + \cdot\ddot{\underset{..}{F}}: \longrightarrow :\ddot{\underset{..}{F}}:\ddot{\underset{..}{F}}:$$

Figura 5.20.
El bromo está formado por moléculas de dos átomos unidos por un enlace covalente simple, Br_2. A temperatura ambiente es un líquido rojo que pasa fácilmente a vapor amarillo-pardo.

Figura 5.21.

Moléculas de azufre. El azufre forma moléculas de 8 átomos unidos covalentemente (S_8), que luego se ordenan en una red molecular.

Explica, según la teoría de Lewis, la formación de enlace en las moléculas de oxígeno (O_2) y nitrógeno (N_2).

Para el oxígeno: $_8O \rightarrow 1s^2\,\underline{2s}^2\,\underline{2p}^4$. La estructura de Lewis es: 

Al unirse dos átomos, resulta una molécula de O_2 en la que cada átomo, para alcanzar una configuración de gas noble, debe compartir, no un par, sino dos pares de electrones con el otro átomo:

Para el nitrógeno: $_7N \rightarrow 1s^2\,\underline{2s}^2\,\underline{2p}^3$. La estructura de Lewis es: 

En la molécula de N_2, cada átomo, para alcanzar una configuración de gas noble, debe compartir, no uno ni dos, sino tres pares de electrones con el otro átomo:

Explica, según la teoría de Lewis, la formación de enlace en las moléculas de agua (H_2O), amoníaco (NH_3) y metano (CH_4).

Las estructuras de Lewis de los átomos que intervienen en las moléculas son:

Para alcanzar la configuración de gas noble, el O se combina con 2 átomos de H, el N con 3 y el C con 4. El resultado es:

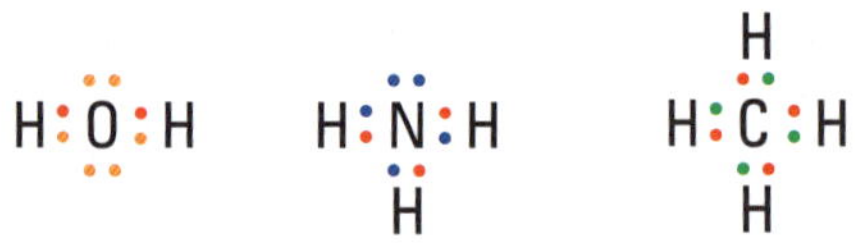

6.2 Polarización del enlace covalente

Los dos electrones de un enlace covalente solo están perfectamente compartidos cuando unen dos átomos iguales y con igual entorno. Se habla entonces de **enlace covalente puro** y los electrones que lo forman equidistan de los núcleos atómicos que unen.

Son enlaces covalentes puros los enlaces indicados en rojo entre átomos iguales de las moléculas:

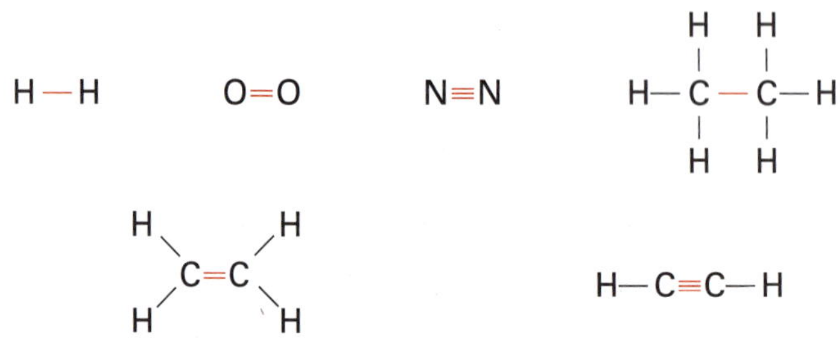

Cuando los átomos son distintos o tienen entornos distintos, el hecho de compartir los electrones no es perfecto. Los electrones del enlace se desplazan hacia el átomo más electronegativo o el que tiene un entorno más electronegativo. Se trata de un **enlace covalente polarizado.** Esta polarización es más acusada si uno de los dos átomos es de elevada electronegatividad (F, O, Cl, N). Es el caso de los enlaces indicados en rojo de las moléculas siguientes:

```
                                     H   H
                                     |   |
H–F      O=C      N≡C–H          H–C–C–O–H
                                     |   |
                                     H   H
```

Se dibuja el enlace como una flecha hacia el átomo más electronegativo, que tendrá una carga parcial negativa; el otro la tendrá parcial positiva. Por ejemplo: H→F. Existe una graduación desde el enlace covalente puro hasta el enlace iónico, que sería una polarización total en la que uno de los átomos dispone en exclusiva de los dos electrones. La polarización del enlace explica algunos fenómenos importantes, como el enlace por puente de hidrógeno o el comportamiento de los ácidos.

6.3 Propiedades de las sustancias covalentes

A diferencia de las sustancias iónicas y de los metales, las sustancias covalentes manifiestan una gran disparidad. Sus propiedades son muy diferentes según estén formadas por moléculas o por redes atómicas. Tampoco se parecen si son moléculas pequeñas, como amoníaco, o grandes, como proteínas. En general, se puede afirmar que:

- Si forman moléculas pequeñas, pueden ser gases o líquidos a temperatura ambiente. Sus **temperaturas de fusión y ebullición** dependen de las fuerzas que existan entre las moléculas. Cuanto más se atraigan las moléculas entre sí, menos volátil será la sustancia.
- Son **solubles en disolventes polares o apolares,** dependiendo de la propia polaridad de las moléculas. Así, el cloruro de hidrógeno (HCl) formado por moléculas polares será soluble en disolventes polares como el agua. En cambio, el metano (CH_4) formado por moléculas apolares se disolverá mejor en disolventes apolares, como la gasolina.
- Si forman **redes atómicas,** como el diamante o la sílice, serán siempre sólidos insolubles. Son extraordinariamente duros, pero frágiles y poco flexibles porque los enlaces covalentes, si son desplazados, se rompen y no se recomponen.
- **No son buenos conductores del calor ni de la electricidad,** porque los electrones que deberían moverse para ser conductores están fijos, formando los enlaces entre los átomos. (Hay algunas excepciones, como el grafito y algunos plásticos conductores, debido en ambos casos a la existencia de unos electrones móviles.)

Figura 5.22.
Plásticos y vidrio. Los plásticos están formados por polímeros (macromoléculas obtenidas por reacción de moléculas simples). El vidrio es un silicato que forma una red atómica. Tanto los unos como el otro son sustancias covalentes.

4 Cita cinco elementos y cinco compuestos que sean covalentes.

5 Escribe las estructuras de Lewis de las moléculas HBr, H_2Se, y AsH_3.

6 Escribe las estructuras de Lewis de las moléculas NO_2 y CH_3CH_2OH.

7 Enlace metálico

Los metales son, en su mayoría, **sólidos a temperatura ambiente.** Esto indica que deben formar una red atómica en la que cada átomo se una a varios átomos vecinos.

Podríamos suponer que sus uniones fuesen enlaces covalentes. Ahora bien, si se tiene en cuenta que un enlace covalente se forma compartiendo un par de electrones y si se examina la estructura de Lewis de un metal alcalino (como el sodio) o de un alcalinotérreo (como el magnesio), se llega a la conclusión de que no disponen de suficientes electrones como para formar los enlaces que necesitan para unirse a sus «vecinos». Por ejemplo, el sodio ($1s^2\,2s^2\,2p^6\,\underline{3s^1}$) solo tiene un electrón de valencia. Únicamente puede formar un enlace.

Tampoco es de esperar para ellos un enlace iónico, puesto que son átomos de electronegatividades iguales (en el caso de elementos puros) o muy semejantes (en el caso de las aleaciones). Esta similitud o igualdad de electronegatividades hace inviable la formación permanente de iones de distinto signo.

Para explicar la formación de enlace en los metales se han propuesto varias teorías. Veámoslas.

7.1 Teoría de la deslocalización

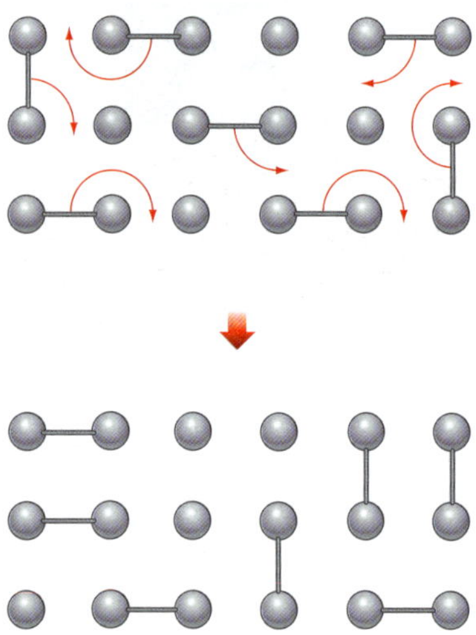

Figura 5.23.
Teoría de la deslocalización. Intercambio de los electrones que forman los enlaces.

Los átomos en la red metálica no se enlazan con todos sus vecinos, sino solo con algunos de ellos, según permita el número de electrones de valencia que posean. Pero estos enlaces no son fijos, sino que pueden cambiar rápidamente de un par de átomos a otro.

Así pues, los dos electrones que forman un enlace no están siempre uniendo los mismos átomos, pues pueden estar uniendo ahora unos átomos, ahora otros. No están localizados en un sitio fijo, sino «deslocalizados».

7.2 Teoría de los electrones libres

Esta teoría propone directamente que en la red metálica los últimos electrones de cada átomo (esto es, los electrones de valencia) no están vinculados a cada átomo en concreto, sino que pasan a pertenecer al colectivo.

De este modo, los átomos quedan en forma de iones positivos, mientras que los electrones de valencia se mueven entre estos átomos a modo de nube electrónica reforzando la unión de todos los átomos y no de unos u otros en particular.

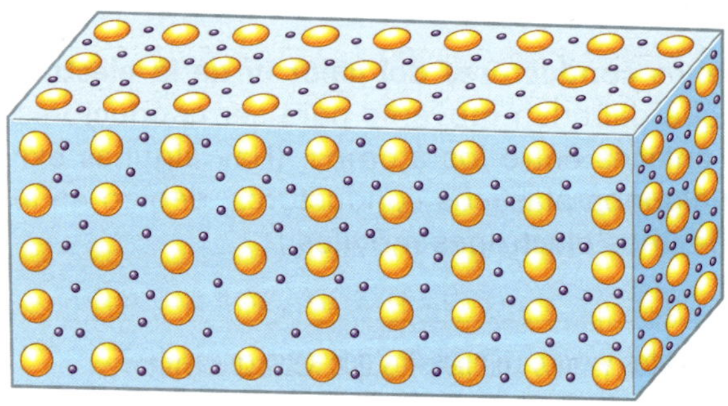

Figura 5.24.
Teoría de los electrones libres. Según esta teoría, estos se mueven por todo el metal sin pertenecer exclusivamente a ningún átomo.

7.3 Propiedades de las sustancias metálicas

Los metales tienen unas propiedades físicas y químicas que se explican muy bien desde el conocimiento de su estructura:

- Químicamente, están caracterizados por su baja electronegatividad, que los hace **fácilmente oxidables.** En la naturaleza, raramente se encuentran en estado puro. Entre los más comunes, solo el oro, la plata y el cobre pueden encontrarse sin oxidar en formas que se llaman nativas.
- Tienen **densidad elevada,** lo que indica que sus átomos se encuentran muy apretados en la red que forman.
- Tienen **puntos de fusión no demasiado elevados,** pues el enlace metálico es un enlace de compromiso que parte de un déficit de electrones de valencia y no puede ser tan fuerte como un enlace iónico o un enlace covalente.
- Son **buenos conductores de la electricidad** gracias a sus electrones de valencia, que pueden moverse a través del metal desde el extremo de potencial eléctrico negativo hacia el positivo.
- Son **muy deformables,** porque si las fuerzas desplazan a los átomos de sus posiciones, el enlace no se rompe, por ser un enlace global de la red de átomos y no de unas posiciones fijas. Los metales pueden ser estirados en hilos (ductilidad) o aplastados en láminas finas (maleabilidad) sin que se rompan.
- Tienen un **brillo característico** a causa de sus electrones libres, que absorben y vuelven a emitir prácticamente toda la luz que reciben. Los de aspecto dorado (cobre y oro) deben este matiz amarillento a que no emiten parte de radiación azul.
- Son **buenos conductores del calor,** también debido a sus electrones móviles. El calor produce un aumento de energía cinética en estos electrones que, gracias a su movilidad, se transmite por todo el metal.
- **Forman aleaciones** en cualquier proporción entre ellos. Las aleaciones no son compuestos químicos, sino mezclas. Pueden mezclarse muchos metales y en cualquier proporción. Se mezclan fundidos y, cuando solidifican, los átomos siempre colaboran al enlace global con sus electrones de valencia. Las propiedades de las aleaciones pueden ser muy diferentes de las de los elementos integrantes y permiten mejorar las características de los metales puros, especialmente en lo que se refiere a dureza, oxidabilidad, magnetismo, etcétera.
- Pueden **emitir electrones** cuando se los calienta (efecto termoeléctrico) o cuando reciben energía lumínica (efecto fotoeléctrico).

7 Cita cinco elementos metálicos y alguno de sus usos o aplicaciones.

8 A partir de su estructura de Lewis, justifica los estados de oxidación +1 y +2 del cobre, $_{29}Cu$.

9 Explica la tendencia a formar iones Pb^{2+} y Pb^{4+} del plomo, $_{82}Pb$.

10 Explica el significado de «metal noble» y qué metales son así considerados.

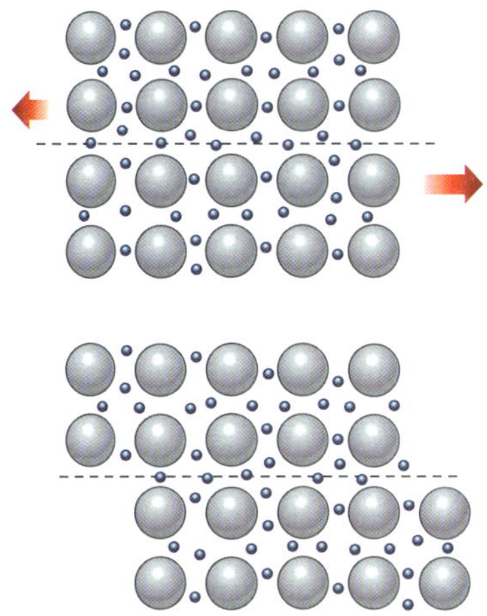

Figura 5.25.
Los metales son muy deformables porque su enlace basado en la nube electrónica no se rompe aunque los átomos se desplacen unos respecto a otros.

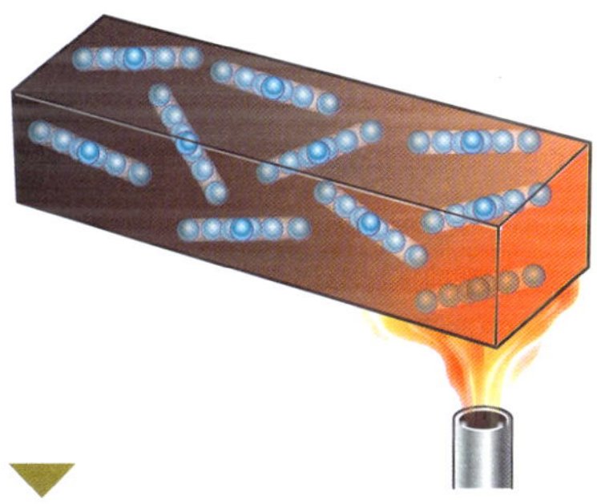

Figura 5.26.
Sus electrones, que pueden moverse por todo el sólido, permiten transmitir rápidamente el calor.

Figura 5.27.
Lingotes de oro. El oro tiene el brillo característico de los metales.

8 Enlaces intermoleculares

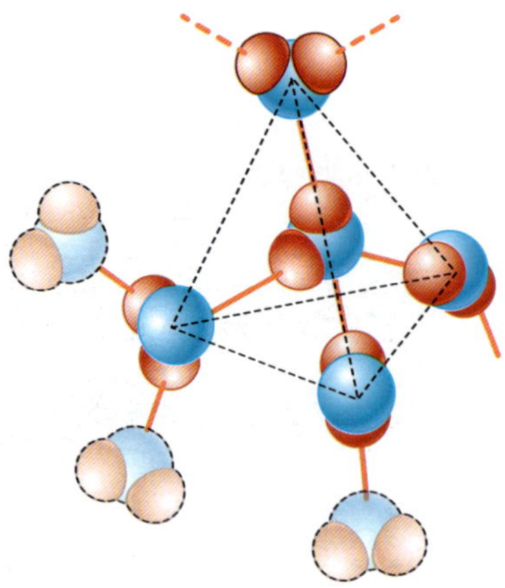

Figura 5.28.
Enlace por puente de H. La atracción entre un H de una molécula y el O de otra permite que el agua sea líquida a temperatura ambiente.

En las sustancias que forman moléculas, alguna fuerza de atracción debe mantenerlas unidas cuando están en fase líquida, y aun más en fase sólida. Si no fuera así, la energía cinética que adquieren las moléculas acabaría por separarlas, tal y como ocurre en los gases.

Estos enlaces entre moléculas son de dos tipos: **enlace por puente de hidrógeno** y **fuerzas de van der Waals.** El primero es más fuerte que el segundo, pero solo lo presentan algunas sustancias. El segundo tipo de enlace es universal.

8.1 Enlace por puente de hidrógeno

El enlace por puente de hidrógeno es consecuencia directa de la **polarización** de los enlaces de algunos átomos de **elevada electronegatividad** con átomos de hidrógeno.

En el átomo electronegativo aparece una carga parcialmente negativa (δ–) y en el átomo de hidrógeno una carga parcialmente positiva (δ+). Esto permite una atracción eléctrica entre los hidrógenos de una molécula y los átomos electronegativos de otras moléculas.

$$H^{\delta+}\!\rightarrow\!X^{\delta-} \cdots\cdots\cdots H^{\delta+}\!\rightarrow\!X^{\delta-}\cdots\cdots\cdots H^{\delta+}\!\rightarrow\!X^{\delta-}$$

Los átomos X que, unidos al H pueden dar este fenómeno, son los más electronegativos de la tabla periódica. Concretamente son F, O, N y Cl.

El **agua** es un ejemplo destacado. Sin estos puentes de hidrógeno, el agua sería un gas a temperatura ambiente. La fuerza de estos enlaces mantiene las moléculas unidas en forma líquida y le permite congelar a 0 °C.

A veces puede producirse esta atracción entre átomos de una misma molécula si están a la distancia adecuada. Por ejemplo, son muy importantes en las proteínas, en muchas de las cuales determinan el repliegue de la molécula sobre sí misma y la estabilizan en la forma funcional adecuada. También son importantes en el ADN, donde los puentes de hidrógeno entre las bases nitrogenadas de ambas cadenas permiten la apertura y el cierre de la doble hélice, a modo de cremallera química.

8.2 Fuerzas de van der Waals

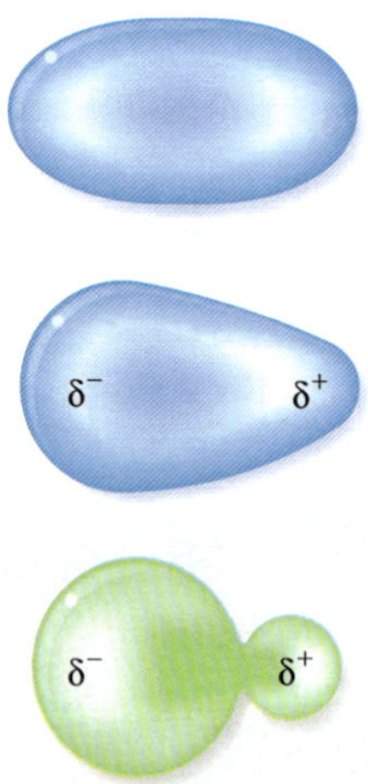

Figura 5.29.
Fuerzas de van der Waals. Si la nube electrónica de una molécula se desplaza casualmente, aparece un dipolo instantáneo. Si lo hace por la diferente electronegatividad de sus átomos, el dipolo es permanente.

Este tipo de fuerzas entre moléculas lleva el nombre de su descubridor, el neerlandés **Johannes Diderik van der Waals.**

Las fuerzas de van der Waals son **interacciones muy débiles entre moléculas,** unas mil veces menos que un enlace covalente.

A pesar de su debilidad, estas fuerzas son fundamentales para justificar la licuación y la solidificación de muchas sustancias. Están basadas en la aparición de **dipolos eléctricos en las moléculas** y en la atracción que estos ejercen entre sí.

Una molécula puede polarizarse permanentemente debido a la diferencia de electronegatividades entre los átomos que la forman, tal y como se ha comentado al hablar del enlace covalente polarizado.

Pero también puede polarizarse de un modo casual y no permanente, debido a la fluctuación de la nube electrónica de sus átomos, el resultado es que en un determinado momento la nube esté más desplazada hacia un extremo de la molécula que hacia otro. La atracción que existe entre estos dipolos, aunque no sean permanentes, es suficiente para atraer las moléculas, unas hacia otras, y permitir su paso a líquido y sólido si la temperatura desciende lo suficiente.

9 Espectros atómicos y moleculares

La **espectroscopía** estudia la relación entre la radiación electromagnética y las sustancias químicas, con la finalidad de identificar dichas sustancias. La **espectrometría** mide no solo el tipo de radiación emitida o absorbida por una sustancia, sino también la intensidad de dicha radiación y, a partir de ella, se calcula la cantidad de sustancia.

9.1 Espectroscopía atómica

En los átomos, la absorción y emisión de energía se relaciona con los **tránsitos electrónicos** entre diferentes orbitales atómicos. Estas energías emitidas y absorbidas **(espectros de emisión** y **de absorción)** identifican a cada elemento inequívocamente. Por ejemplo, se puede conocer la composición de las estrellas si se analiza la luz que procede de ellas. Para el estudio de la radiación, se utiliza un **espectroscopio** (fig. 5.31) que consta de:

- **La fuente de radiación,** que emite en las longitudes de onda coincidentes con la absorción de la muestra (por ejemplo, lámparas de descarga). También puede utilizarse una fuente de emisión continua (desde el ultravioleta hasta el visible), que atraviesa un monocromador, el cual selecciona una radiación determinada del total emitido.
- **El atomizador** para obtener átomos individuales a partir de las moléculas contenidas en las muestras. Debe suministrar la energía suficiente para disociar las moléculas. Los atomizadores más conocidos son los de llama.
- **Un fotómetro** o **sistema detector de la radiación,** que tiene una escala o sistema que permite leer la longitud de onda de la radiación estudiada. Se puede realizar desde la observación visual sobre una escala, hasta una fotografía de la radiación o la lectura de la señal proporcionada por dispositivos fotomultiplicadores de luz.

En la **espectroscopía de absorción** se necesita una lámpara diferente para cada elemento o un monocromador. En la **espectroscopía de emisión** no es necesaria la fuente de radiación específica para cada elemento. La radiación que es objeto de estudio es la emitida por los átomos después de perder la energía de excitación comunicada por la llama.

Las espectroscopías de emisión y absorción atómicas tienen una capacidad de **resolución** que llega al nivel de trazas (concentración igual o menor de cien partes por millón). Se utilizan en el **análisis de muestras** geológicas, biológicas, medioambientales e industriales. Las muestras líquidas se analizan directamente, mientras que las sólidas y las gaseosas son disueltas previamente.

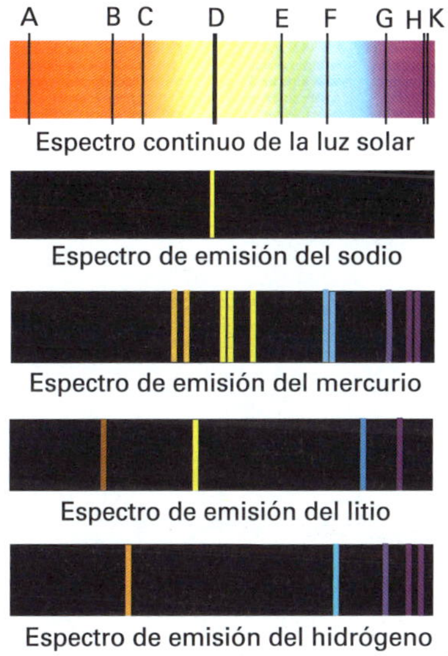

Figura 5.30.
Espectros de emisión atómica de distintos elementos. Observa las distintas rayas que diferencian los espectros de estos elementos, así como su separación.

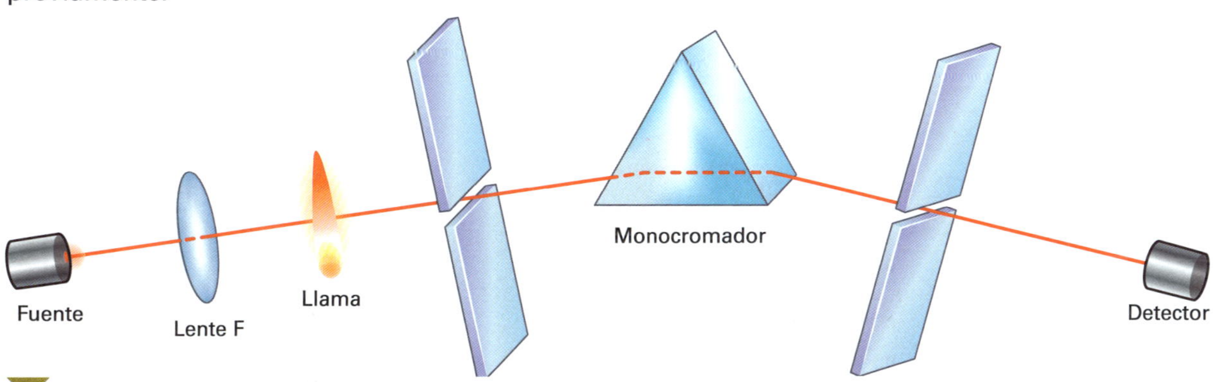

Figura 5.31.
Funcionamiento y componentes de un espectroscopio de absorción atómica.

9.2 Espectroscopía molecular

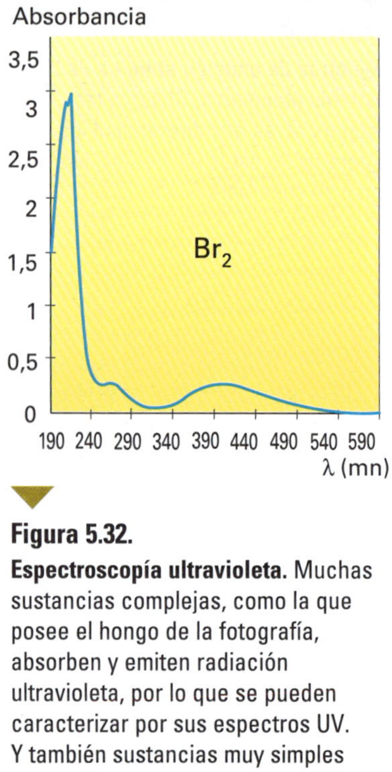

Figura 5.32.

Espectroscopía ultravioleta. Muchas sustancias complejas, como la que posee el hongo de la fotografía, absorben y emiten radiación ultravioleta, por lo que se pueden caracterizar por sus espectros UV. Y también sustancias muy simples como el bromo, cuyo espectro UV se muestra abajo.

A nivel molecular también se da absorción y emisión de energía. En este caso, los tránsitos energéticos se dan entre distintos orbitales moleculares, pero también entre diferentes estados energéticos debidos a la flexión y vibración de los enlaces. Esta variedad de estados energéticos es muy rica en las moléculas y, por tanto, también hay muchos tránsitos entre ellos. Así, los espectros moleculares son más ricos y variados que los atómicos, aunque siguen siendo específicos y permiten identificar a cada sustancia. Los espectros moleculares son de bandas.

En las técnicas de absorción molecular, las energías pueden corresponder al **visible** (λ de 400 a 700 nm), al **infrarrojo** (más de 700 nm) y al **ultravioleta** (menos de 400 nm). La muestra a analizar puede ser gaseosa pero suele estar disuelta en un líquido que no debe absorber en la zona en que absorbe la muestra. Así, para el UV, el agua es transparente hasta unos 200 nm y se usa para la mayoría de sustancias inorgánicas, mientras que para las orgánicas se utiliza heptano, isooctano, metanol o etanol. Un caso diferente es la espectroscopía de RMN basada en fenómenos nucleares.

- **Espectroscopía de radiación visible** o **colorimetría.** Muchas sustancias tienen color propio que permite su identificación y el cálculo de su concentración. Por ejemplo, el permanganato de potasio ($KMnO_4$) tiene un intenso color violeta, y el dicromato de potasio ($K_2Cr_2O_7$), un fuerte color anaranjado. A veces se recurre a reacción con otras sustancias. Así, los iones Fe^{3+} reaccionan con los iones sulfocianuro, SCN^-, dando un compuesto de color rojo intenso de concentración medible por colorimetría (en cambio, no lo dan los Fe^{2+}):

$$Fe^{3+} + 6\,SCN^- \longrightarrow Fe(SCN)^{3-}$$

- **Espectroscopía de ultravioleta.** Casi todas las sustancias absorben en la zona del UV, hasta unos 200 nm de longitud de onda, y permiten realizar análisis útiles. Así, nitritos (NO_2^-) y nitratos (NO_3^-) pueden distinguirse fácilmente por sus espectros UV. También sustancias orgánicas como el benceno y el tolueno. Otro ejemplo de interés es el ozono, O_3, cuya concentración atmosférica mide el llamado espectrómetro Dobson a partir de la medida de radiación UV-A (325 nm) y UV-B (305 nm).

- **Espectroscopía de infrarrojo.** Las mediciones en la zona del IR (longitud de onda entre 2 y 15 nm) son muy útiles para la determinación de sustancias orgánicas. El espectro de las sustancias en la zona IR es muy rico y detallado e identifica cada compuesto de manera inequívoca, tanto que a veces se compara este espectro con una «huella digital» que permite identificar los componentes de una mezcla y calcular sus concentraciones.

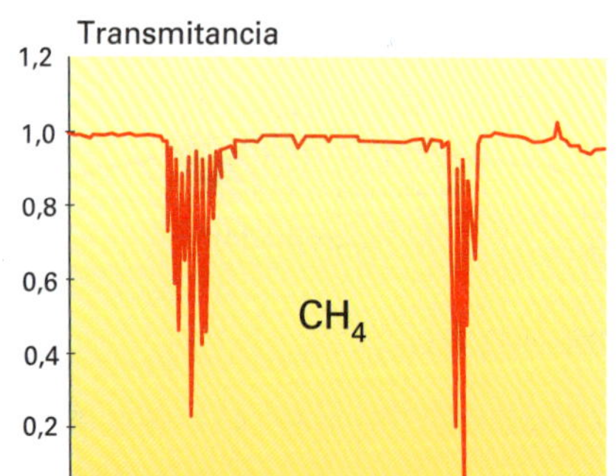

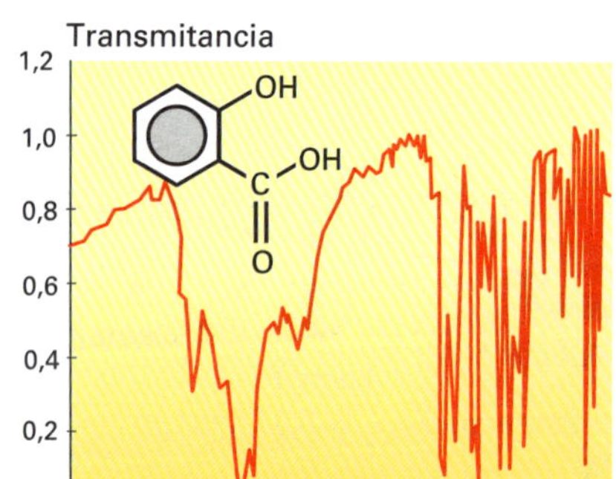

Figura 5.33.

Espectros de absorción infrarroja. Metano (izquierda) y ácido acetilsalicílico (derecha).

- **Espectroscopía de resonancia magnética nuclear (RMN).** Esta técnica es útil para estudiar estructuras de compuestos orgánicos, ya que permite analizar núcleos atómicos con número impar de protones o neutrones o de ambos, como $^{1}_{1}H$, $^{13}_{6}C$, $^{19}_{9}F$ o $^{31}_{15}P$. Estos núcleos poseen *spin*, al igual que los electrones, como si un movimiento de rotación los convirtiese en pequeños imanes. En un campo magnético, los núcleos con *spin* positivo se orientan en la dirección y sentido del campo, en un estado de mínima energía *(spin* α), y los núcleos con *spin* negativo se orientan en sentido opuesto, en un estado de mayor energía *(spin* β).

  Si un compuesto orgánico se irradia con radiación de radiofrecuencias, los núcleos son promovidos del estado de menor energía *(spin* α) al de mayor energía *(spin* β). Cuando estos núcleos vuelven a su estado inicial, emiten radiación que depende de esta diferencia de energía (ΔE) entre los estados de *spin* α y β. El espectrómetro de RMN detecta estas señales y las registra como una gráfica de frecuencias frente a intensidad (fig. 5.34).

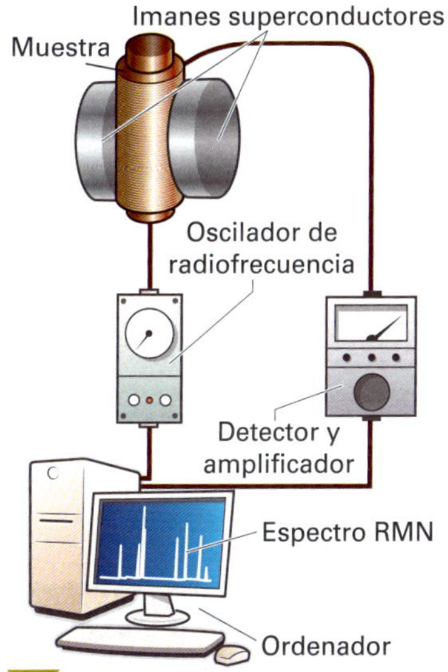

Figura 5.34.
Funcionamiento de un espectrógrafo de RMN. La muestra se coloca en un campo magnético (entre imanes) y se aplica un campo de radiofrecuencia haciendo pasar corriente a través de una bobina que rodea dicha muestra. Al incrementar el campo magnético, tiene lugar el paso de los núcleos de una orientación a otra debido a la absorción de la energía proporcionada por la radiofrecuencia. Esto produce un voltaje inducido que, detectado y convenientemente amplificado, proporciona el espectro RMN de la muestra.

9.3 Espectrometría. Ley de Beer-Lambert

El estudio de la radiación emitida o absorbida por las sustancias no solo permite caracterizarlas e identificarlas (análisis cualitativo), sino que también posibilita averiguar la cantidad o la concentración de dichas sustancias, ya que la intensidad de la radiación emitida o absorbida será proporcional a su concentración (análisis cuantitativo).

Johann Heinrich Lambert (1728-1777) y **August Beer** (1825-1863) relacionaron la intensidad inicial incidente, I_0, de una radiación con la intensidad final, I, de dicha radiación después de atravesar una sustancia (fig. 5.35):

$$I = I_0 \cdot 10^{-A} \quad \text{donde} \quad A = a \cdot b \cdot c$$

Donde ***A*** es la **absorbancia**; ***a***, la **absortividad** propia de cada sustancia; ***b***, la distancia recorrida por la radiación a través de la muestra y ***c***, la concentración de sustancia en la muestra. Las unidades de *a*, *b* y *c* deben ser coherentes, de modo que *A* sea adimensional. Por ejemplo, si *c* se expresa en g/cm^3, y *b* en cm, *a* tendrá por unidades cm^2/g. En cambio, si *c* se expresa en mol/L o mol /1 000 cm^3, el valor de *a* será en cm^2/mol; es lo que se denomina *absortividad molar.* En la mayoría de los espectrofotómetros, el valor de *b* es 1 cm (longitud de la cubeta donde se deposita la muestra).

Se designa $T = \frac{I}{I_0}$ como **transmitancia**. Por tanto $A = -\log T$.

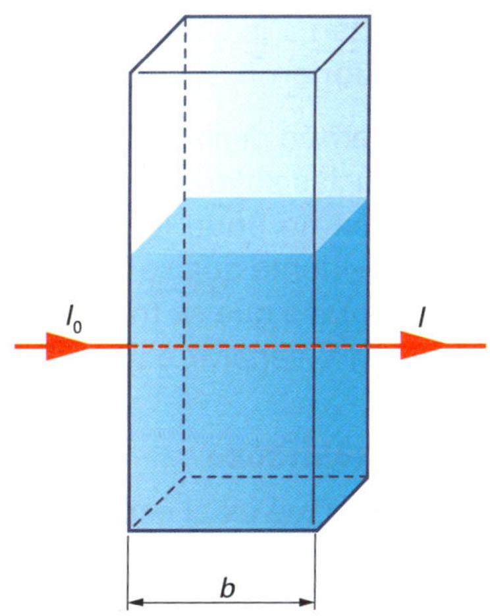

Figura 5.35.
Ley de Beer-Lambert. Representación de la intensidad incidente, I_0, y emergente, I, de la radiación al atravesar una cubeta llena de la sustancia que se analiza con un recorrido lineal *b* para la radiación.

EJEMPLO

Una disolución de cromato de potasio absorbe el 62,7 % de una radiación incidente de 290 nm de longitud de onda. La medida se realiza en una cubeta de 1 cm de anchura. La absortividad del K_2CrO_4 es $10{,}7 \times 10^3$ cm^2/g.

Una absorción del 62,7 % equivale a una transmisión del 37,3 %.

Es decir, $T = \frac{I}{I_0} = 0{,}373$, luego $A = -\log T = -\log (0{,}373) = 0{,}428$. Si $A = a \cdot b \cdot c$, entonces

$0{,}428 = 10{,}7 \times 10^3 \text{ cm}^2/\text{g} \times 1 \text{ cm} \times c$, de donde: $c = 4 \times 10^{-5} \text{ g/cm}^3 = 0{,}04 \text{ g/L}$

Trabajo con textos

El descubrimiento del helio

La luz proveniente del Sol está compuesta por la mayoría de las longitudes de onda que componen la radiación electromagnética. Al conjunto de todas estas longitudes de onda, una vez separadas mediante un espectroscopio, se le denomina **espectro solar.**

La luz generada en el laboratorio mediante el calentamiento de sustancias puras, gases, metales y sales, al pasar por el espectrógrafo, mostraba una serie de líneas brillantes de color sobre un fondo oscuro (espectro de emisión). La longitud de onda de cada una de estas líneas es característica del elemento químico que se ha calentado. Por otra parte, así como el gas caliente da lugar a líneas brillantes en el espectro, el gas frío produce líneas oscuras donde antes se veían las brillantes de color (espectro de absorción).

Figura 5.36.
Espectro de emisión del helio (superior) y espectro de absorción de este gas (inferior). Estos espectros de líneas se consideran, de forma general, como la «huella digital» de los elementos observados.

En 1814, **Joseph von Fraunhofer** había descubierto líneas oscuras dentro del espectro solar. En 1861, **Gustav Kirchhoff** y **Robert Bunsen,** al estudiarlo, encontraron que estas líneas eran debidas a la absorción de longitudes de onda específicas producidas cuando la luz procedente del Sol atravesaba los gases presentes en la atmósfera solar. De manera increíble, las líneas oscuras del espectro solar permitían conocer la composición química de los astros. Si lo comparaban con los espectros conocidos, llegaban a la conclusión de que la atmósfera solar contenía, entre otros, hidrógeno y sodio. Además descubrieron dos nuevos elementos, el cesio y el rubidio.

Un tiempo después, el astrónomo francés **Pierre Janssen** aplicó el espectroscopio a la luz de las protuberancias solares durante un eclipse total de Sol (agosto de 1868). Al realizar el análisis comparativo, Jansen no pudo identificar unas líneas que aparecían con los patrones de los elementos conocidos; era evidente que se había descubierto otro elemento químico. Se le atribuyó a **Sir Norman Lockyer** que asegurase que se trataba de un nuevo elemento que denominó «helio» (en griego, Sol). Hasta 1895 no se logró separar e identificar este elemento en nuestro planeta.

Cuestiones

a) ¿Qué es el espectro solar?

b) Indica las principales diferencias entre los tipos de espectros que se citan.

c) Identifica los términos científicos del texto y busca su significado.

d) ¿A qué es debido que salgan las líneas brillantes, características de cada elemento o cada sustancia pura, en los espectros?

e) La espectroscopía permite conocer la composición de los astros. Investiga sobre este tema y comenta qué otros datos puede aportar la espectroscopía astronómica a la ciencia.

Experiencia de laboratorio

Identificación de cloruros, bromuros y yoduros

Objetivos

Se consideran estos dos:

- Realizar reacciones de precipitación de los diversos halogenuros insolubles, conocer su aspecto y aprender a identificarlos.
- Entender químicamente qué ocurre cuando se produce la precipitación y saber escribir la reacción química entre los iones principales.

Material y reactivos

- 12 tubos de ensayo y una gradilla de soporte.
- Agua destilada.
- Reactivos:
  - Cloruro de sodio, NaCl.
  - Bromuro de sodio, NaBr.
  - Yoduro de sodio, NaI.
  - Nitrato de plata, $AgNO_3$.
  - Nitrato de plomo(II), $Pb(NO_3)_2$.
  - Nitrato de mercurio(I), $Hg_2(NO_3)_2$.
  - Nitrato de mercurio(II), $Hg(NO_3)_2$.

Procedimiento

Los cloruros (Cl^-), bromuros (Br^-) y yoduros (I^-) son todos solubles, excepto los de Ag^+, de Pb^{2+} y de Hg_2^{2+}. En el caso de los yoduros, también es insoluble el de Hg^{2+}.

La precipitación de estas sales sirve para indicar la presencia de cloruros, bromuros y yoduros en aguas y en otras muestras.

Para llevar a cabo la experiencia preparamos disoluciones de todas las sales antes indicadas. Como se trata de una experiencia en la que se deben cruzar los haluros de sodio con los nitratos, prepararemos 4 disoluciones de cada haluro y 3 de cada nitrato.

Puesto que la experiencia es cualitativa, no es necesario pesar la cantidad de sal que se disuelve ni medir exactamente el agua que se pone en cada tubo.

Seguimos estos pasos:

- **Etiquetamos** los tubos de ensayo con los nombres de cada sal que disolveremos en ellos.
- **Llenamos** los tubos de ensayo con agua destilada hasta una cuarta parte de su altura.
- **Añadimos** a cada uno un grano o cristalito de la sal correspondiente a su etiqueta. No hay que añadir demasiado pues costará disolverlo.
- **Agitamos** la disolución hasta que se disuelva el cristal o los cristales añadidos.
- **Vertemos** el contenido de cada tubo de haluro en uno de los tubos de nitratos.
- **Observamos** y **anotamos** el resultado.

Análisis de datos y conclusiones

- Elabora una tabla donde reflejes los resultados de la experiencia y analízalos. Anota los resultados de los reactivos NaCl, NaBr y NaI al añadirlos al $AgNO_3$, $Pb(NO_3)_2$, $Hg(NO_3)_2$ y $Hg(NO_3)_2$.
- En cada intersección anota el aspecto de la mezcla de los dos tubos implicados.
- Escribe las reacciones de la tabla de precipitación que han ocurrido. ¿Qué iones son los protagonistas y qué iones no participan en ellas?

Figura 5.37.
Aspecto del cloruro, bromuro y yoduro de plata (de izquierda a derecha) en suspensión acuosa.

Estrategias

El número atómico determina la identidad

Un elemento tiene un número atómico igual a 53. Deduce la mayor cantidad de propiedades previsibles para dicho elemento.

Comentarios al enunciado

El número atómico de un elemento es igual al número de protones del núcleo de sus átomos. Pero, además, nos permite conocer el comportamiento de un elemento a partir del lugar que ocupa en la tabla.

Por otra parte, se puede escribir la notación electrónica y la estructura de Lewis del átomo en su estado elemental, lo que hace posible prever su valencia, el tipo de enlace y las asociaciones que formará, así como las propiedades de estas.

Resolución y cálculos

En primer lugar estableceremos la configuración electrónica del átomo en su estado elemental o de mínima energía. Se trata de disponer 53 electrones (en un átomo neutro, el número de electrones será igual al número de protones) en los diversos niveles y subniveles siguiendo el principio de construcción, el principio de exclusión de Pauli y la regla de Madelung.

Siguiendo la regla mnemotécnica indicada en la unidad anterior, se disponen los 53 electrones de este modo:

$$1s^2\, 2s^2\, 2p^6\, 3s^2\, 3p^6\, 4s^2\, 3d^{10}\, 4p^6\, \underline{5s}^2\, 4d^{10}\, \underline{5p}^5$$

El nivel electrónico más alto (aparece subrayado) es el 5. Por tanto, será un elemento del quinto período de la tabla. Su configuración es del tipo $ns^2\,np^5$. O sea, le falta 1 electrón para completar los orbitales *p*. Será un elemento del grupo de los halógenos, el penúltimo grupo de la tabla antes del de los gases nobles. Se trata, por tanto, del yodo: $_{53}I$

Sus propiedades atómicas más claras serán:

- Comportamiento propio de un no metal.
- Electronegatividad moderada (penúltimo de los halógenos).
- Volumen atómico alto, por ser un elemento del quinto período.

A partir de la configuración electrónica, se puede escribir la estructura de Lewis del átomo, que incluye solo los electrones del último nivel, el de valencia:

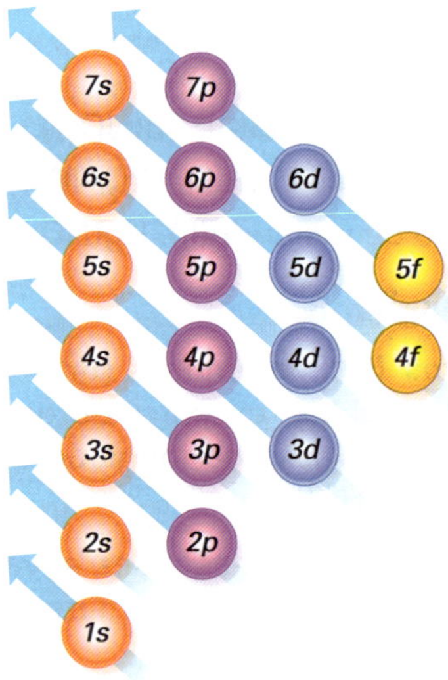

Figura 5.38.
Orden de llenado de los distintos niveles.

Con esta estructura es previsible que los átomos de I se unan dos a dos mediante enlaces covalentes para formar:

Estas moléculas biatómicas permiten aventurar que:

- El yodo (I_2), a causa de la elevada masa de sus moléculas, será líquido o sólido. El flúor (F_2) y el cloro (Cl_2) son gases, pero el bromo (Br_2) ya es líquido.
- Será fácilmente evaporable, pues el enlace de sus átomos no es polar y, por tanto, la única atracción entre moléculas serán las fuerzas de Van de Waals.
- Tenderá a reaccionar con los metales para formar sales iónicas. Por ejemplo: $2\,Na + I_2 \rightarrow 2\,NaI$.

Propiedades detrás de una fórmula

Se han realizado análisis para una sustancia y se ha comprobado que su fórmula empírica es CH_4. Deduce la mayor cantidad de propiedades previsibles para ella.

(Datos: M (C) = 12,01; M (H) = 1,008; la electronegatividad del C es 2,5 y la del H es 2,1.)

Comentarios al enunciado

La fórmula empírica ofrece información solo sobre la proporción en la que los distintos elementos entran a formar parte de un compuesto, pero no permite saber si la sustancia es molecular o forma una red atómica, ni tampoco informa sobre el número exacto de cada tipo de átomos en las posibles moléculas.

Para deducir si es una posibilidad u otra, se parte de la configuración electrónica y de los posibles enlaces.

Resolución y cálculos

La configuración electrónica del C es: $1s^2\ 2s^2\ 2p^2$.

El carbono (C) es un elemento divalente, porque tiene 2 electrones no apareados que puede compartir con otros átomos. Pero también es tetravalente, ya que, si un electrón del subnivel $2s$ promociona hasta el subnivel $2p$, entonces serán 4 los electrones no apareados y los que podrá compartir. Esta es la valencia más común del carbono:

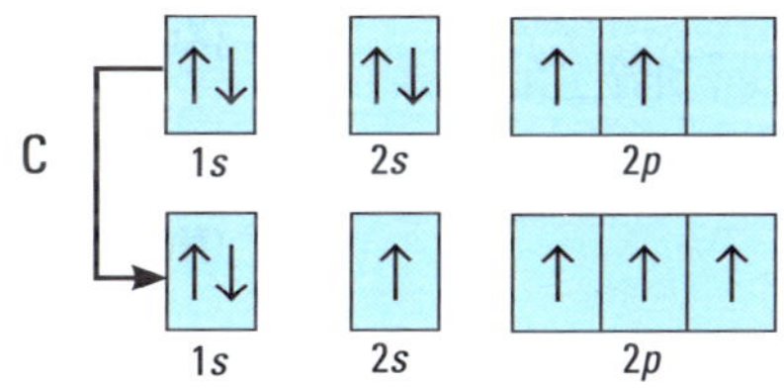

Puede formar 4 enlaces covalentes con otros átomos de C o de otros elementos.

- Si la proporción entre C y H es de 1:4, todos los posibles enlaces del C los consume enlazándose con H. Así, la fórmula CH_4 es, no solo la proporción entre C e H, sino también la fórmula molecular. Es decir, existen las moléculas CH_4 y no pueden existir las moléculas C_2H_8, las C_3H_{12}, ni cualquier otro múltiplo.
- La estructura de Lewis de estas moléculas es:

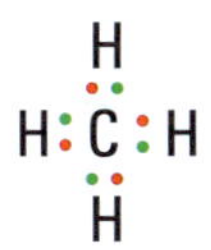

- Los enlaces C—H de esta molécula estarán débilmente polarizados, porque la electronegatividad del H (2,1) y del C (2,5) son muy parecidas. Además, por la particular simetría de la molécula, las polaridades de los enlaces se compensarán y la molécula, globalmente, no presentará polaridad.
- Por tanto, no existirán más fuerzas de atracción entre moléculas que las fuerzas de Van der Waals, debidas a la existencia de dipolos instantáneos o esporádicos. Estas son las fuerzas más débiles entre moléculas y, consecuentemente, el CH_4 será gas a temperatura ambiente.
- La masa molecular será:

$$M(CH_4) = M(C) + 4 \cdot M(H) = 12{,}01 + 4 \times 1{,}008 = 16{,}042$$

- Esta masa molecular indica que es un gas más ligero que el aire. El aire está formado, aproximadamente, por un 20 % de O_2 (de masa molecular 32) y un 80 % de N_2 (de masa molecular 28).

Actividades

Tabla periódica

11 ¿Cuál es el elemento más abundante del Universo? ¿Dónde se encuentra y en qué estado?

12 ¿Cuál es el elemento más abundante en la Tierra y en qué tipo de sustancia se presenta?

13 Busca dónde se encuentra en la naturaleza, la época de su descubrimiento y el significado del nombre para los primeros diez elementos de la tabla periódica.

14 Escribe la notación electrónica de los elementos correspondientes a los huecos dejados por Mendeléiev para los elementos que se podrían descubrir cuando elaboró su tabla.

15 ¿Qué origen tienen los últimos elementos de la tabla periódica? ¿Por qué no se dan en la naturaleza?

16 ¿Pueden fabricarse artificialmente más elementos de la tabla periódica de modo que nunca tenga fin?

17 ¿Qué deben tener en común dos elementos para pertenecer a un mismo grupo? ¿Y a un mismo período?

18 ¿Cuál es la diferencia básica entre la ordenación de la tabla presentada por Mendéleiev y la que quedó después de la aportación de Moseley?

19 ¿Cuántos elementos son gaseosos, cuántos líquidos y cuántos sólidos a temperatura ambiente?

20 ¿Cuántos elementos se conocen hoy en día? ¿Cuántos elementos son metálicos y cuántos no?

21 Define:

a) Metales alcalinos.

b) Elementos de transición.

c) Halógenos.

d) Gases nobles.

22 Identifica y sitúa en la tabla periódica los elementos que se caracterizan por ser:

a) Gas que forma moléculas diatómicas y es el más ligero entre los gases conocidos.

b) Metal de menor electronegatividad conocido.

c) Segundo gas más ligero conocido, inerte y que forma moléculas monoatómicas.

d) Metal líquido a temperatura ambiente.

23 Escribe la notación electrónica y sitúa correctamente en la tabla (indicando grupo y período) los siguientes elementos: ${}_{3}X$, ${}_{15}X'$, ${}_{18}X''$, ${}_{30}X'''$.

24 Indica su situación en la tabla periódica y describe las propiedades previsibles para el elemento ${}_{36}X$.

25 ¿Qué elementos son líquidos, cuáles son gases y cuáles sólidos a temperatura ambiente?

26 Busca en la tabla periódica los elementos que tienen su nombre dedicado a científicos y también los que tienen nombres dedicados a países o ciudades.

27 ¿Por qué los lantánidos y los actínidos se consideran como grupos o familias si no corresponden a columnas de la tabla periódica sino a filas?

28 Newlands ordenó los elementos en conjuntos de ocho que llamó «octavas». ¿Crees que en la tabla periódica de Mendéleiev se encuentra alguna relación con estas agrupaciones de ocho elementos? Explícalo.

29 Sitúa en la tabla periódica los elementos con las siguientes configuraciones:

(Kr)	↑ (5s)	
(Ar)	↑↓ (4s)	↑↓ ↑↓ ↑↓ ↑ ↑ (3d)
(Ne)	↑↓ (3s)	↑↓ ↑↓ ↑ (3p)

30 Sitúa en la tabla periódica los elementos con las siguientes configuraciones:

(Ar)	↑↓ (4s)	↑↓ ↑↓ ↑↓ ↑ ↑ (3d)	↑ ↑ ↑ (4p)
(Kr)	↑↓ (5s)	↑ ↑ ↑ ↑ ↑ (4d)	↑ ↑ ↑ (5p)
(Ne)	↑ (3s)	↑ ↑ ↑ (3p)	

31 Justifica las posibles valencias de los elementos de las dos actividades anteriores.

32 ¿A qué período pertenece el elemento de configuración electrónica: $1s^2$, $2s^2$, $2p^6$, $3s^2$, $3p^6$, $4s^2$, $3d^{10}$, $4p^6$, $5s^2$, $4d^{10}$, $5p^6$, $6s^2$, $4f^{14}$, $5d^2$? Indica si se trata de un metal o de un no metal y de qué familia.

33 Se habla de metales pesados como sustancias que pueden ser contaminantes peligrosas para el medio ambiente. ¿Sabes a qué tipo de metales se refiere?

34 ¿Conoces algún uso de los gases nobles? ¿Y de los elementos halógenos?

35 Cita tres propiedades que presenten los no metales y que nunca presenten los metales. Cita también tres propiedades exclusivas de los metales.

Propiedades periódicas

36 ¿Qué significa «propiedad periódica» y con qué se relacionan las propiedades periódicas de los elementos?

37 ¿Cómo se averigua la energía de ionización de un elemento? ¿Por qué a veces se le llama potencial de ionización? Define esta propiedad.

38 La energía de ionización del litio es 520,2 kJ mol^{-1}. ¿Es positiva o negativa? ¿Se absorbe o se desprende? Calcula su valor para un sólo átomo de litio.

Solución: $8,638 \cdot 10^{-19}$ J.

39 La energía de ionización del calcio es 589,8 kJ mol^{-1}. ¿Se absorbe o se desprende? ¿Es positiva o negativa? Calcúlala para un sólo átomo de calcio. Escribe el proceso de ionización. ¿Es estable el ion formado?

Solución: $9,48 \cdot 10^{-19}$ J.

40 La primera y segunda energías de ionización del potasio son 418,8 kJ/mol y 3 052 kJ/mol. Para el bario, 502,9 kJ/mol y 965,2 kJ/mol. ¿Por qué en el potasio la segunda energía es más de siete veces mayor que la primera mientras en el bario no llega al doble?

41 La primera, segunda y tercera energías de ionización del berilio son 899,5 $kJmol^{-1}$, 1 757,1 $kJmol^{-1}$ y 14 848,7 kJ mol^{-1}. ¿Qué electrones concretos se arrancan cada vez? ¿Por qué la diferencia entre la tercera y segunda energías es mucho mayor que entre la segunda y la primera?

42 Define afinidad electrónica. La del cloro es 348 kJ mol^{-1}. ¿Por qué es negativa esta energía? Calcula la afinidad electrónica de un átomo de cloro.

Solución: $-5,78 \cdot 10^{-19}$ J.

43 Cuando un átomo de flúor captura un electrón, se desprende una energía de 3,34 eV. Calcula la afinidad electrónica del flúor referida a un mol y en unidades del sistema internacional (Dato: 1 eV = $1,6 \cdot 10^{-19}$ J).

Solución: $-3,22 \cdot 10^{5}$ J mol^{-1}.

44 La afinidad electrónica del silicio es 134 kJ/mol. La del fósforo 71 kJ/mol. ¿Por qué es menor?

45 La afinidad electrónica del Cl es –348 kJ mol^{-1}. La del F es $-3.22 \cdot 10^{6}$ J mol^{-1} a pesar de ser el elemento más electronegativo. Propón una explicación.

46 La energía de ionización de un átomo de potasio es 4,35 eV. Calcula, en kJ, la energía necesaria para ionizar 2 g de potasio vaporizado (Dato: *M* (K) = 39,0983.)

Solución: 21,44 kJ.

47 ¿En qué unidades se mide la electronegatividad en la escala de Pauling? Sin consultar sus valores, ordena de mayor a menor electronegatividad los elementos: francio, potasio, yodo, oxígeno, litio, plata, oxígeno.

48 ¿Por qué el carbono es un no metal mientras que el estaño es un metal si ambos pertenecen al mismo grupo y tienen similares configuraciones electrónicas?

49 El plomo es uno de los metales más densos. La densidad del plomo es 11,34 g cm^{-3}. Su masa atómica es 207,2. Calcula su volumen atómico.

Solución: $3,03 \cdot 10^{-29}$ m^3.

50 El litio es el metal más ligero. Su densidad es 0,534 g · cm^{-3}. Su masa atómica es 6,941. Calcula su volumen atómico.

Solución: $2,16 \cdot 10^{-29}$ m^3.

51 Calcula la densidad del mercurio conociendo que su volumen atómico es $2,45 \cdot 10^{-29}$ m^3. (Dato: *M* (Hg) = 200,6.)

Solución: 13,6 g/cm^3.

52 El volumen atómico del oro es $1,695 \cdot 10^{-29}$ m^3. Calcula la densidad del oro es. (Dato: *M* (Au) = 196,97.)

Solución: 19,3 g/cm^3.

53 Discute la situación del hidrógeno en la tabla periódica. ¿Por qué en algunas tablas se sitúa aparte, sin conexión con ningún grupo de la tabla?

54 Ordena de menor a mayor volumen atómico los elementos de número atómico 4, 11, 13, 20, 31, 37, 71 y 90. ¿Son comparables estos volúmenes atómicos sin incurrir en ninguna falta de objetividad? ¿Por qué? ¿Qué tienen en común estos elementos?

55 Las configuraciones electrónicas siguientes pertenecen a átomos neutros:

A $1s^2\,2s^2\,2p^6\,3s^2\,3p^4$ **B** $1s^2\,2s^2\,2p^6\,3s^2\,3p^6$

C $1s^2\,2s^2\,2p^6\,3s^2\,3p^2$ **D** $1s^2\,2s^2\,2p^6\,3s^1$

E $1s^2\,2s^2\,2p^6\,3s^2$ **F** $1s^2\,2s^2\,2p^6\,3s^2\,3p^3$

a) Ordénalos según el primer potencial de ionización.

b) ¿Cuál tiene el segundo potencial de ionización mayor?

c) ¿Cuál tiene mayor afinidad electrónica?

d) ¿Qué elementos son metálicos?

56 Escribe la notación electrónica de las siguientes especies químicas: ${}_{11}Na+$, ${}_{12}Mg^{2+}$ y ${}_{13}Al^{3+}$. ¿Se necesita la misma energía para arrancar un electrón a cada una de ellas? ¿Por qué?

57 Escribe la notación electrónica de las siguientes especies químicas: ${}_{10}Ne$, ${}_{9}F^{-}$, ${}_{8}O^{2-}$ y ${}_{7}N^{3-}$. ¿Se necesita la misma energía para arrancar un electrón a cada una de ellas? ¿Por qué?

58 Considera las siguientes especies químicas: ${}_{10}Ne$, ${}_{9}F$, ${}_{8}O^{-}$ y ${}_{7}N^{2-}$. ¿Tienen la misma afinidad electrónica todas ellas? ¿Por qué?

59 Escribe la notación electrónica de las especies: ${}_{36}Kr$, ${}_{35}Br^{-}$, ${}_{37}Rb^{+}$ y ${}_{38}Sr^{2+}$. ¿Tienen todas el mismo radio atómico? ¿Por qué? Si opinas que no, ordénalas de menor a mayor. Si opinas que sí, justifícalo.

60 Cuándo un átomo neutro de flúor gana un electrón y se convierte en el ion negativo fluoruro, ¿aumenta o disminuye su radio atómico? ¿Por qué?

61 Cuando un átomo neutro de potasio pierde un electrón y se convierte en el catión potasio, ¿aumenta o disminuye su radio atómico? ¿Por qué?

62 ¿Porqué en los elementos del tercer y cuarto período, se produce un ligero aumento del volumen atómico respecto a elementos anteriores del mismo período cuando los orbitales *d* se acaban de llenar?

Actividades

Enlace químico

63 ¿Qué es enlace químico? ¿Qué tipo de fuerzas universales sustentan todos los tipos de enlace químico entre átomos? ¿Y entre moléculas?

64 Razona la validez de las siguientes afirmaciones: «Respecto a los átomos separados, la energía de los átomos unidos químicamente es…»:

a) Mayor, porque una reacción necesita calor y esta energía la ganan los átomos.

b) Menor, porque los átomos pasan a una situación más estable.

c) Igual, porque la energía no se crea ni se destruye.

d) Todas son ciertas, según cómo se mida.

65 ¿Cómo se determina la estructura de Lewis de un átomo? ¿Y de un ion? ¿Y de una molécula?

66 ¿Qué afirma la teoría de Lewis? ¿Se cumple siempre? Tanto si opinas que sí como si tu opinión es que no, propón ejemplos.

67 Escribe las estructuras de Lewis de los siguientes átomos: $_{3}Li$, $_{6}C$, $_{9}F$, $_{12}Mg$, $_{15}P$ y $_{18}Ar$.

68 Escribe las estructuras de Lewis de los siguientes iones: $_{56}Ba^{2+}$, $_{87}Fr^{+}$, $_{38}Sr^{2+}$ y $_{81}Tl^{3+}$.

69 Escribe las estructuras de Lewis de los siguientes iones: $_{34}Se^{2-}$, $_{35}Br^{-}$, $_{7}N^{3-}$, $_{16}S^{2-}$ y $_{53}I^{-}$.

70 Escribe las estructuras de Lewis de $_{35}Br$, y $_{37}Rb$. ¿Pueden formar un compuesto? ¿Qué tipo de enlace tendrá? Escribe la estructura del Lewis del compuesto. Enumera algunas de sus propiedades previsibles.

71 Escribe las estructuras de Lewis de $_{17}Cl$ y $_{56}Ba$. ¿Pueden formar un compuesto? ¿Qué tipo de enlace tendrá? Escribe la estructura del Lewis del compuesto. Enumera algunas de sus propiedades previsibles.

72 Escribe las estructuras de Lewis de $_{8}O$ y $_{87}Fr$. ¿Pueden formar un compuesto? ¿Qué tipo de enlace tendrá? Escribe su estructura de Lewis. Enumera algunas de sus propiedades previsibles.

73 Define enlace covalente según la teoría de Lewis. Escribe la estructura de Lewis de las moléculas de cloro ($_{17}Cl$) bromo ($_{35}Br$) y yodo($_{53}I$) en las que se cumple la teoría de Lewis.

74 Escribe la estructura de Lewis de la molécula de ácido sulfhídrico o sulfuro de hidrógeno. ¿Con qué molécula muy común la podrías comparar?

75 Dibuja una de las moléculas cíclicas de ocho átomos de azufre que forma este elemento.

76 Explica por qué es tan duro el diamante y tan blando el azufre si ambos los forman enlaces covalentes.

77 Escribe las estructuras de Lewis de las moléculas de dióxido de carbono, CO_2, metano, CH_4, y eteno, $CH_2{=}CH_2$. (Datos: $_{6}C$, $_{8}O$, $_{1}H$).

78 Dibuja la estructura de Lewis de una molécula de agua oxigenada o peróxido de hidrógeno (H_2O_2) y de una molécula de agua ordinaria.

79 Escribe la estructura de Lewis de la molécula de ácido sulfúrico, H_2SO_4. (Datos: $_{16}S$, $_{8}O$, $_{1}H$). Indica si se cumple para cada átomo la teoría de Lewis.

80 Escribe la estructura de Lewis de las moléculas:

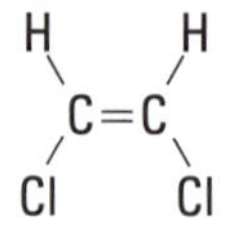
1,2-dicloroeteno

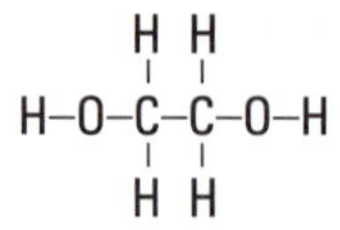
1,2-etanodiol

81 ¿Qué es un enlace covalente polar? ¿Qué se necesita para que sea polar?

82 Las electronegatividades del hidrógeno, oxígeno y azufre son 2,1; 3,5 y 2,5, respectivamente. Compara la polaridad de los enlaces de las moléculas de ácido sulfhídrico, H_2S, con los enlaces de las de agua, H_2O. ¿Estos compuestos difieren en alguna propiedad explicable a partir de la diferencia de polaridades de sus enlaces?

83 ¿Cuál de las siguientes moléculas tendrá enlaces covalentes polares: HCl, HF, F_2, H_2, H_2S? ¿Por qué?

84 ¿Cuál de los enlaces C–C de las siguientes moléculas estará más polarizado?:

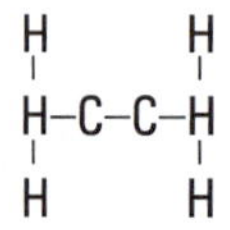
Etano

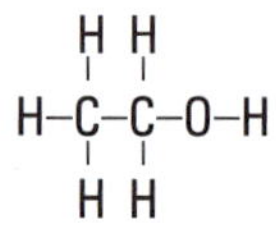
Etanol

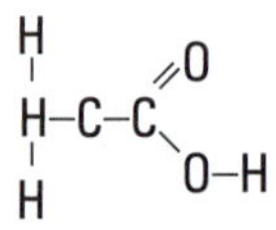
Ácido etanoico

85 El ácido fluorhídrico se puede formular como dímero, H_2F_2. Explícalo dadas las electronegatividades del H (2,1) y del F (4,0). Explica los enlaces del H_2F_2.

86 Dibuja la interacción entre moléculas de agua y explica de qué tipo es.

87 Las energías de los enlaces siguientes: C–C, C=C y C≡C son: 348 kJ mol^{-1}, 612 kJ mol^{-1} y 837 kJ mol^{-1}, respectivamente. ¿Por qué la energía del enlace doble y triple no son exactamente el doble y el triple, respectivamente, del valor del enlace simple?

88 Una sustancia forma moléculas de fórmula YX_3 donde X e Y son átomos de electronegatividades muy parecidas y unidos por enlaces covalentes. Cita propiedades previsibles para esta sustancia.

89 Dos elementos del mismo período tienen configuraciones electrónicas como las siguientes:

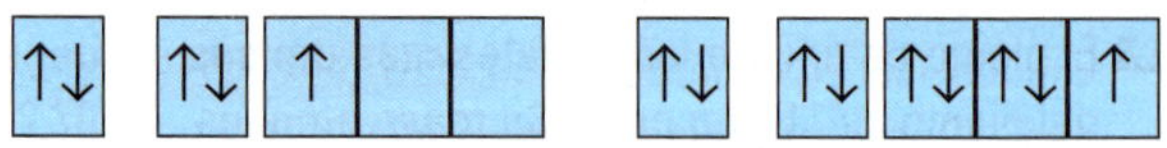
1*s* 2*s* 2*p* 1*s* 2*s* 2*p*

a) ¿Qué tipo de enlaces pueden formar entre ellos?

b) Determina la fórmula empírica del compuesto.

c) Escribe la estructura de Lewis del compuesto.

d) ¿Qué propiedades prevés para el compuesto?

90 Un elemento del segundo período tiene por configuración electrónica la siguiente:

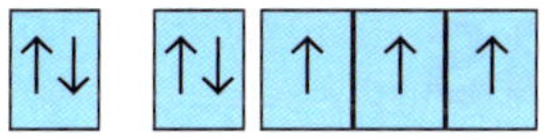

a) ¿Qué tipo de enlace puede formar con el mismo?

b) Determina la fórmula de su molécula.

c) Escribe la estructura de Lewis de esta molécula.

d) ¿Qué propiedades son previsibles?

91 Un elemento del tercer período tienen por configuración electrónica la siguiente:

a) ¿Qué tipo de enlace puede formar con el hidrógeno?

b) Determina la fórmula del compuesto hidrogenado.

c) Escribe la estructura de Lewis de esta molécula.

d) ¿Qué propiedades se prevén para este compuesto?

92 ¿Por qué el enlace covalente no se forma entre los elementos metálicos? ¿Y el iónico?

93 La estructura cúbica centrada en el cuerpo es común en los metales. En ella se dispone un átomo en cada vértice de un cubo y otro en su centro. ¿Cuántos enlaces debería formar el átomo central? ¿Si fuesen covalentes, cuántos electrones debería aportar cada átomo? ¿Es eso posible?

94 Busca en una enciclopedia o en Internet la composición de las aleaciones: bronce, latón, alpaca.

95 ¿Por qué metales distintos con distinta valencia pueden formar aleación?

96 Enumera tres características de los metales que se deriven del tipo de enlace que tienen.

97 El oro, la plata y el cobre se conocen como «metales nobles». ¿Qué significa? A parte de oro, plata y bronce, ¿tienen otros metales un comportamiento similar?

98 Al fundir los metales, ¿qué fuerza o enlace mantiene en contacto los átomos entre sí? ¿Los metales fundidos conducen la corriente eléctrica nada, igual, mejor o peor que los metales sólidos? Razona tu respuesta.

99 ¿Por qué son metálicas las ollas, sartenes y otros utensilios de cocina para calentar a la llama?

100 Al pasar corriente eléctrica a través de un metal, ¿este se calienta o se enfría? ¿Por qué? ¿Conoces alguna aplicación, prueba o ejemplo de ello?

101 Explica las cualidades: tenacidad, ductilidad, maleabilidad. ¿Qué sustancias las poseen en buen grado? ¿Con qué enlace químico se relacionan? ¿Por qué?

102 ¿Se pueden evaporar los metales? ¿Conoces algún ejemplo que pueda probar o refutar tal posibilidad?

103 ¿Se puede disolver un metal? ¿En qué tipo de disolventes se disolverá mejor? ¿Conoces algún ejemplo?

104 ¿Por qué los metales tienen distintas temperaturas de fusión si todos tienen el mismo tipo de enlace? Cita un metal de baja y otro de alta temperatura de fusión.

105 Las aleaciones pueden tener distinto punto de fusión de los metales de partida y, generalmente, se busca que sea mayor. Explica a qué puede ser debida esta mayor temperatura de fusión.

106 ¿Has oído alguna vez que los objetos de oro no deben tocar el mercurio? ¿Sabes qué significa? ¿Sabes por qué? ¿Puedes explicarlo químicamente?

107 Cita, al menos, un uso para cada metal: aluminio, sodio, mercurio, hierro, plomo, calcio, oro y cobre.

108 Relaciona cada nombre de metal con una de la cualidades que le son características:

- Mercurio, oro, estaño, cobre, uranio.
- Radiactivo, dúctil, líquido, dorado, el frío lo pulveriza.

Espectros atómicos y moleculares

109 Explica la diferencia entre la espectroscopía de absorción y la de emisión atómicas.

110 Indica tres posibles aplicaciones concretas del análisis de sustancia por absorción atómica.

111 ¿Cómo se averiguan las concentraciones de ozono en la atmósfera?

112 El ferrocianuro de potasio (hexacianoferrato(II) de potasio) tiene una absortividad molar de 742 cm^2/mol para la radiación de 436 nm de longitud de onda. Calcula qué porcentaje de radiación incidente de esta longitud de onda se absorberá, al incidir sobre una cubeta de análisis de 1 cm de lado que contenga una concentración de $1{,}58 \times 10^{-2}$ mol/L de ferrocianuro de potasio.

Solución: Se absorbe un 2,67 %.

113 Para analizar una mezcla de dos sustancias solubles X e Y, se disuelve dicha mezcla en agua y por métodos espectrofotométricos se mide su transmitancia, resultando ser del 50 % para una radiación de longitud de onda λ_1, y del 40 % para una de λ_2. Analizando por separado las sustancias X e Y, resulta que una disolución $5 \cdot 10^{-5}$ M de la sustancia X tiene una transmitancia de 80 % para la longitud de onda λ_1 y de 4 % para λ_2, mientras que una disolución $6 \cdot 10^{-5}$ M de la sustancia Y tiene una transmitancia de 6 % para la longitud de onda λ_1 y de 75 % para λ_2. ¿Cuál es la proporción de ambas sustancias en la mezcla?

Solución: 1:1.

114 Una disolución de permanganato de potasio tiene una transmitancia del 35,72 % al ser analizada en una cubeta de 2 cm de ancho con una radiación de 520 nm de longitud de onda. Calcula la concentración de esta disolución, conociendo que la absortividad molar del permanganato de potasio es de 2 235 para la radiación de 520 nm.

Solución: $c = 1 \times 10^{-4}$ M.

6 Reacciones químicas

1 Reacciones químicas

Una **reacción química** es un proceso por el cual unas sustancias químicas se transforman en otras. Este proceso va acompañado de liberación o absorción de energía, generalmente en forma de calor aunque también puede ser energía eléctrica o lumínica.

Figura 6.1.
Montaje de laboratorio. Por muy aparente que pueda ser un montaje de laboratorio, la química no está muy lejana de un juego de construcción donde las piezas son los átomos de las sustancias.

1.1 Ecuaciones químicas

En una ecuación química, como mínimo, se indican:

- Fórmulas de las sustancias de partida llamadas **reactantes** o **reactivos**.
- Fórmulas de las sustancias finales de la reacción denominadas **productos**.
- Una flecha que las separa e indica el sentido en que ocurre la reacción. Ejemplo:

$$\underbrace{H_2 + O_2}_{\text{Reactivos}} \longrightarrow \underbrace{H_2O}_{\text{Productos}}$$

A veces, se escribe una **doble flecha** para significar que la reacción directa **coexiste** con la reacción inversa y que ambas deben tenerse en cuenta:

$$H_2(g) + N_2(g) \rightleftarrows NH_3\ (g)$$

Además, en una ecuación química, es conveniente escribir:

- Abreviado, para cada fórmula, el **estado físico** de la sustancia: *(g)* gas, *(l)* líquido, *(s)* sólido y *(aq)* disolución acuosa.
- La **energía** desprendida (negativa) o absorbida (positiva) referida a 1 mol formado o desaparecido de la sustancia protagonista de la reacción.
- Los **coeficientes estequiométricos**. En cada fórmula, indican cuántas unidades intervienen en la reacción en relación a las otras sustancias. Estos coeficientes deben ser tales, que el número de átomos de cualquier elemento sea el mismo al principio y al final de la reacción. Ejemplo:

$$H_2\ (g) + \frac{1}{2}\, O_2\ (g) \longrightarrow H_2O\ (l) \qquad \Delta H = -284{,}57\ \text{kJ/mol (a 25 °C y } 10^5 \text{ Pa)}$$

1.2 Estequiometría de una reacción química

La **estequiometría** de una reacción es la escritura de sus coeficientes estequiométricos que indican en qué proporciones, unas respecto a otras, participan las sustancias en la reacción. Se dice que una **reacción** está **ajustada** o **igualada** cuando para cada elemento aparecen el mismo número de átomos entre los reactivos que entre los productos.

Figura 6.2.
Los cálculos matemáticos sobre las condiciones de la reacción y las cantidades que se utilicen de reactivos siempre deben ser previos a cualquier operación química, por muy meticulosa y diestra que sea esta.

Nunca debe igualarse una reacción cambiando los subíndices de las fórmulas. Eso no sería igualar la reacción sino cambiarla por otra. Por ejemplo:

$C + O_2 \longrightarrow CO$ Nunca debe igualarse como: $C + O_2 \longrightarrow CO_2$

Igualar ecuaciones es una tarea a veces fácil y otras difícil, pero siempre es posible. A continuación describiremos con ejemplos dos **procedimientos** generales de **igualación**.

La búsqueda de los coeficientes puede plantearse simplemente como una cuestión matemática que deriva en un sistema de ecuaciones que planteen la igualdad de átomos a uno y otro lado de la ecuación. La solución del sistema de ecuaciones proporciona los coeficientes estequiométricos.

Figura 6.3.
Flujo de gas quemándose. El cálculo estequiométrico permite, por ejemplo, calcular el flujo de gas u otro combustible que podrá ser quemado eficazmente en una corriente de aire.

A menudo, es más utilizada por los químicos la simple prueba por tanteo de coeficientes hasta dar con los adecuados. Esto resulta casi inmediato en las ecuaciones de fácil igualación y algo más complicado en otras, pero no es difícil conseguir resultados satisfactorios.

Muchas veces al multiplicar una fórmula por un coeficiente para conseguir igualar los átomos de un elemento, deja de estar igualado otro elemento que estaba en la misma fórmula. Para evitar esto en lo posible, es conveniente comenzar a probar coeficientes por los elementos que están presentes menos veces en la ecuación y continuar progresivamente hasta acabar con el elemento que está más veces.

Un trabajo sistemático nos ahorrará esfuerzos y resultará menos frustrante que la prueba desordenada de coeficientes en la ecuación.

EJEMPLOS

Escribe e iguala la reacción de oxidación del aluminio a óxido de aluminio.

El óxido de aluminio es Al_2O_3. A partir del Al metálico y del oxígeno, O_2, será:

$$Al + O_2 \longrightarrow Al_2O_3$$

Que se iguala simplemente como: $2\,Al + \frac{3}{2}\,O_2 \longrightarrow Al_2O_3$

Y, multiplicando por dos: $4\,Al + 3\,O_2 \longrightarrow 2\,Al_2O_3$

Escribe e iguala la reacción de combustión del hexeno, C_6H_{12}.

Sea, por ejemplo, la reacción de combutión del hexeno: $C_6H_{12} + O_2 \longrightarrow CO_2 + H_2O$

Como el C e H están presentes en dos fórmulas y el O en tres, se empezará por uno de los dos primeros. Sea el C: en C_6H_{12} hay 6 C, para igualar deberá ponerse un 6 como coeficiente ante el CO_2:

$$C_6H_{12} + O_2 \longrightarrow 6\,CO_2 + H_2O$$

En C_6H_{12} hay 12 H, en cada H_2O hay 2 H. Deberá ponerse un 6 ante el H_2O para igualar:

$$C_6H_{12} + O_2 \longrightarrow 6\,CO_2 + 6\,H_2O$$

Sólo queda el O por igualar. A la derecha de la reacción y teniendo en cuenta los coeficientes ya introducidos, hay $6 \times 2 = 12$ O en el CO_2 más $6 \times 1 = 6$ O en el H_2O. En total, 12 O + 6 O = 18 O. A la izquierda de la reacción, cada O_2 tiene 2 O. Para que aparezcan 18, el coeficiente que conviene es 9:

$$C_6H_{12} + 9\,O_2 \longrightarrow 6\,CO_2 + 6\,H_2O$$

En este ejemplo, los coeficientes que se obtienen ya son números enteros. Si no lo fueran, se podría multiplicar toda la ecuación por una misma cantidad para lograrlo.

1 Escribe e iguala las reacciones de formación de Cl_2O_3 y Cl_2O_5 a partir de Cl_2 y O_2.

2 Escribe la reacción de combustión del benceno, C_6H_6.y ajústala estequiométricamente.

3 Escribe y ajusta estequiométricamente la reacción de formación del etanol, CH_3CH_2OH, a partir de sus elementos, C, O_2 e H_2.

2 Reacciones ácido-base

Desde antiguo, los químicos venían observando que ciertas sustancias compartían características comunes que les daban una cierta afinidad química. Algunas de estas características se recogen en la tabla 6.1.

Ácidos	Bases
Sabor ácido.	Sabor a lejía.
Colores característicos con indicadores.	Colores característicos con indicadores.
Atacan el mármol y desprenden CO_2.	Con las grasas dan jabones.
Reaccionan con metales y liberan H_2.	Precipitan con las sales de magnesio.
Concentrados, son cáusticos, destruyen la materia orgánica.	Concentradas, son cáusticos, destruyen la materia orgánica.
Se neutralizan con las bases.	Se neutralizan con los ácidos.
Dan sales con las bases.	Dan sales con los ácidos.

Tabla 6.1.
Propiedades características de ácidos y bases.

2.1 Teoría de Arrhenius sobre ácidos y bases

En 1887 el sueco **Svante August Arrhenius** propuso la **teoría de la disociación iónica,** según la cual ácidos, bases y sales eran sustancias neutras que, al disolverse en agua, se disociaban en iones positivos (cationes) y negativos (aniones).

- Los **ácidos** se disocian dando iones $\mathbf{H^+}$ e iones negativos:

$$HA \longrightarrow H^+ + A^-$$

Ejemplos:

$$HCl \longrightarrow H^+ + Cl^-$$
$$H_2SO_4 \longrightarrow 2\,H^+ + SO_4^{2-}$$
$$HClO_4 \longrightarrow H^+ + ClO_4^-$$

- Las **bases** se disocian dando iones $\mathbf{OH^-}$ e iones positivos:

$$BOH \longrightarrow B^+ + OH^-$$

Ejemplos:

$$NaOH \longrightarrow Na^+ + OH^-$$
$$Ca(OH)_2 \longrightarrow Ca^{2+} + 2\,OH^-$$
$$LiOH \longrightarrow Li^+ + OH^-$$

2.2 Fortaleza y debilidad de ácidos y bases

La reacción de disociación que predice la teoría de Arrhenius solo es total si los ácidos y las bases son **fuertes**. En el caso de ácidos y bases **débiles,** la disolución es parcial. Así, un ácido fuerte tendrá una disociación como:

	HA	$\longrightarrow$	H^+	+	A^-
Concentración inicial	c		0		0
Concentración final	0		c		c

Por ejemplo, son ácidos fuertes el cloruro de hidrógeno, HCl; el ácido nítrico, HNO_3; el ácido sulfúrico, H_2SO_4, o el ácido perclórico, $HClO_4$.

	HCl	$\longrightarrow$	H^+	+	Cl^-
Concentración inicial	0,1 M		0		0
Concentración final	0		0,1 M		0,1 M

Lo mismo se puede decir para las bases. Las bases fuertes se disocian así:

	BOH	$\longrightarrow$	B^+	+	OH^-
Concentración inicial	c		0		0
Concentración final	0		c		c

Ejemplos de bases fuertes son los hidróxidos de litio, LiOH; de sodio, NaOH; de potasio, KOH; de magnesio, $Mg(OH)_2$, o de calcio, $Ca(OH)_2$:

	$LiOH$	$\longrightarrow$	Li^+	+	OH^-
Concentración inicial	0,1 M		0		0
Concentración final	0		0,1 M		0,1 M

Figura 6.4.
Coloración con el indicador rojo de metilo de un ácido fuerte (izquierda) y de un ácido débil (derecha).
El rojo de metilo es un indicador, sustancia que cambia de color según la acidez del medio.

2.3 Escala de pH

El signo negativo sirve para pasar a valor positivo, ya que el logaritmo de números menores que uno es negativo.

El 1909 el danés **Søren Peter Lauritz Sørensen** introdujo el concepto de pH para facilitar el manejo de las concentraciones de los iones H^+ y OH^-. Definió pH como el logaritmo en base diez de la concentración de H^+ en moles por litro. La definición es aplicable a concentraciones de H^+ entre 1 M y 10^{-14} M.

$$pH = -\log [H^+]$$

Sea cual sea la concentración de H^+ en el medio, a 25 °C, se cumple que:

$$[H^+]\,[OH^-] = 10^{-14}$$

En agua pura, la concentración de H^+ y OH^- es la misma, y, a 25 °C es igual a 10^{-7} mol/L. Estos valores se toman como condición de neutralidad a 25 °C:

$$\text{Neutralidad a 25 °C: } [H^+] = [OH^-] = 10^{-7}\ M$$

Aplicando su definición, el pH de la neutralidad a 25 °C es:

$$pH_{neutro} = -\log [10^{-7}\ M] = 7$$

A partir de esta definición, se consideran:

- **Medios ácidos:** tienen una concentración de iones H^+ superior a la del agua pura, o sea, superior a 10^{-7} M. Su pH va de 0 a 7.
- **Medios neutros:** tienen una concentración de iones H^+ igual a la del agua pura, es decir, igual a la de los OH^- e igual a 10^{-7} M. Su pH es 7.
- **Medios básicos:** tienen una concentración de iones H^+ inferior a la del agua pura, o sea, inferior a 10^{-7} M. Su pH va de 7 a 14.

El pH se puede medir con ayuda de:

- **Sustancias indicadoras** que cambian de color según el pH. La mayoría presenta solo dos colores, pero con diversos indicadores se puede tener una disolución indicadora que cubra prácticamente toda la escala de pH.
- **pHmetros,** que miden el pH con un electrodo introducido en la solución. La mayoría son digitales y se calibran con soluciones de pH conocido.

La constitución y el medio de vida de los seres vivos es acuoso. Por ello son muy sensibles al pH del medio y de las disoluciones que contactan con ellos (medicamentos como leches, jarabes, inyecciones). La mayoría tolera mal las desviaciones de la neutralidad.

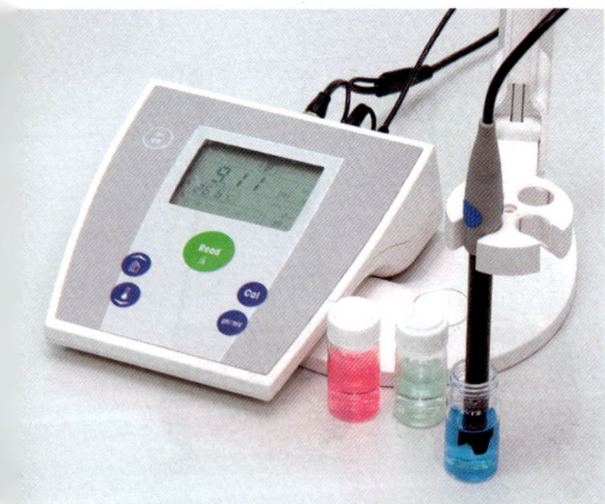

Figura 6.5.
pHmetro digital. El electrodo se introduce en la solución y se obtiene el valor del pH.

La **lluvia ácida** se forma cuando las gotas de lluvia disuelven gases de la atmósfera como óxidos de azufre (SO_2 y SO_3) y de nitrógeno (NO y NO_2). La reacción con las moléculas de agua da ácidos fuertes como:

$$SO_3 + H_2O \longrightarrow H_2SO_4 \qquad 3\,NO_2 + H_2O \longrightarrow 2\,HNO_3 + NO$$

Dichos óxidos provienen de las erupciones volcánicas y sobre todo de la quema de combustibles fósiles (carbón e hidrocarburos) en calefacciones, vehículos y centrales térmicas. Transportados por el viento, pueden causar lluvia ácida muy lejos de su origen. Esta lluvia causa defoliación y muerte de árboles y otras plantas y también mortandad de peces y otros animales en ríos y lagos, especialmente en los de aguas puras. También actúa disolviendo la roca calcárea con desprendimiento de CO_2, y por ello afecta a muchas estatuas y monumentos de mármol:

$$CaCO_3 + H_2SO_4 \longrightarrow CaSO_4 + CO_2\uparrow + H_2O$$

EJEMPLO

Calcula la concentración de H^+ y el pH al disolver 2,5 g de HBr en agua hasta llegar a 250 mL de disolución. (Datos: *M* (H)= 1,00797; *M* (Br)= 79,9041.)

Calculamos la masa molecular del HBr:

$$M\,(HBr) = M\,(Br) + M\,(H) = 79{,}9041 + 1{,}00797 = 80{,}9120$$

$$2{,}5\ g\ HBr \times \frac{1\ mol\ HBr}{80{,}9120\ g\ HBr} = 0{,}0309\ mol \rightarrow [HBr] = \frac{0{,}0309\ mol\ HBr}{0{,}250\ L\ disolución} = 0{,}124\ M$$

	$HBr \longrightarrow$	H^+	+ Br^-
Concentración inicial	0,124	0	0
Concentración final	0	0,124	0,124

Así: $[H^+] = 0{,}124$ M Y el pH = – log $[H^+]$ = – log (0,124 M) = 0,9

2.4 Reacción ácido-base o reacción de neutralización

La reacción entre un ácido y una base se conoce como reacción de neutralización, puesto que la acidez de una sustancia se anula con la basicidad de otra y el medio queda **neutro**. Los productos de la reacción son siempre una sal y agua:

$$\underset{ácido}{HA} + \underset{base}{BOH} \longrightarrow \underset{sal}{BA} + \underset{agua}{H_2O}$$

Como se ve, la reacción ácido-base es una reacción de doble sustitución. Los protagonistas de la reacción son los iones H^+ y OH^-; los otros iones actúan como acompañantes.

$$H^+ + OH^- \longrightarrow H_2O$$

Ejemplos:

$$HCl + NaOH \longrightarrow NaCl + H_2O$$

$$2\ HClO_4 + Ca(OH)_2 \longrightarrow Ca(ClO_4)_2 + 2\ H_2O$$

$$H_2SO_4 + 2\ KOH \longrightarrow K_2SO_4 + 2\ H_2O$$

En las reacciones de doble sustitución, dos elementos o grupos intercambian su posición:

$$AB + CD \rightarrow AC + BD$$

EJEMPLO

Se mezclan en disolución 1,7 moles de ácido sulfúrico con 4,2 moles de hidróxido de sodio. Escribe la reacción y calcula las cantidades de cada sustancia después de la reacción.

La reacción ya igualada es: $H_2SO_4 + 2\ NaOH \longrightarrow Na_2SO_4 + 2\ H_2O$

Cada mol de H_2SO_4 necesita 2 moles de NaOH. Así 1,7 moles de H_2SO_4 necesitan 3,4 moles de NaOH. De NaOH había 4,2 moles por lo que sobrarán: 4,2 – 3,4 = 0,8 moles. Los moles iniciales y finales de cada reactivo se resumen como:

	H_2SO_4	+ 2 NaOH $\longrightarrow$	Na_2SO_4	+ 2 H_2O
Moles iniciales	1,7	4,2	0	0
Moles finales	0	4,2 – (2 × 1,7) = 0,8	1,7	2 × 1,7 = 3,4

Naturalmente los moles de agua producidos son insignificantes frente a toda el agua de la disolución.

Figura 6.6.
Reacciones de valoración.
Si se conoce la concentración de una disolución de un ácido se puede averiguar la de una base (y viceversa) mediante las reacciones ácido-base llamadas de valoración.

3 Reacciones de reducción-oxidación (redox)

El término **oxidación** proviene de la combinación de los elementos con el oxígeno, que fueron las primeras oxidaciones conocidas y estudiadas. Cualquier elemento, excepto el flúor, se oxidará al unirse al oxígeno.

El término **reducción** indica que, al perder oxígeno o «desoxidarse», la masa de las sustancias, en efecto, se reduce.

Las reacciones con el oxígeno del aire están entre las más corrientes. Tanto la corrosión de un hierro en la intemperie como la combustión de un papel o de una madera son ejemplos de reacciones de reducción-oxidación.

3.1 Concepto de oxidación y de reducción

En las reacciones redox, las sustancias participantes intercambian electrones. Este intercambio puede desglosarse en dos sucesos:

- **Oxidación:** pérdida de electrones por parte de un reactivo. Ejemplos:

$$Na \longrightarrow Na^+ + 1e^-$$

$$H_2 \longrightarrow 2H^+ + 2e^-$$

- **Reducción:** ganancia de electrones por parte de otro reactivo. Ejemplos:

$$S + 2e^- \longrightarrow S^{2-}$$

$$I_2 + 2e^- \longrightarrow 2I^-$$

No hay oxidación o reducción independientes. Si una sustancia pierde electrones, otra los tendrá que ganar y viceversa. Por esto, se denominan reacciones de reducción-oxidación o reacciones redox. La sustancia que se oxida es un **reductor** porque gracias a ella otra sustancia se reduce. Igualmente, la sustancia que se oxida es un **oxidante.**

Algunas sustancias tienen una gran tendencia a perder electrones (a oxidarse) y, por tanto, son **reductores fuertes.** Entre ellas, destacan:

- Li, se oxida hasta Li^+.
- Na, se oxida hasta Na^+.
- Ca, se oxida hasta Ca^{2+}.
- Mg, se oxida hasta Mg^{2+}.

Otras sustancias tienen una gran tendencia a ganar electrones (reducirse) y, por tanto, son **oxidantes fuertes.** Entre ellas, destacan:

- F_2, se reduce hasta F^-.
- H_2O_2, se reduce hasta H_2O.
- MnO_4^-, se reduce hasta MnO_2.
- BrO_3^-, se reduce hasta Br_2.
- Cl_2, se reduce hasta Cl^-.

A veces, de las sustancias iónicas se indica solo el ion protagonista de la reacción redox.

3.2 El número de oxidación

El **número de oxidación** es una carga eléctrica asignada a un átomo a partir de las siguientes consideraciones:

- Es **cero** para **todos los elementos,** sea cual sea la forma en que se presenten. Así ocurre con: He, H, N, O, Hg, Fe, P, S, etcétera.
- Para **especies iónicas monoatómicas** coincide con la carga del ion. Por ejemplo, el del Al^{3+} es +3, el del S^{2-} es –2, el del Na^+ es +1, etcétera.
- Para el **hidrógeno,** en hidruros metálicos, es –1; por ejemplo AlH, LiH, etc. En el resto de compuestos, es +1; por ejemplo: CH_4, H_2O, H_2SO_4.
- El número de oxidación del **oxígeno** en todos sus compuestos es –2, excepto en los peróxidos, donde es –1. Por ejemplo: Na_2O_2, H_2O_2, etcétera.
- El de **metales alcalinos** es siempre +1 y el de alcalinotérreos es siempre +2.
- Para **halógenos,** es –1 en haluros. En otros compuestos puede ser positivo, excepto para el flúor (siempre –1), al ser el elemento más electronegativo.
- La suma de los números de oxidación de los átomos de una molécula neutra es igual a **cero** y en el caso de un ion es igual a su **carga neta.**

En una reacción redox cambian los números de oxidación. Por ejemplo:

$$\overset{0}{C} + \overset{0}{O} \longrightarrow \overset{+4\,-2}{CO_2}$$

El C se oxida (pasa de 0 a +4) y el O se reduce (pasa de 0 a –2).

$$\overset{+1\;+7\;-2}{KMnO_4} + \overset{+1\;-1}{KI} + \overset{+1\;-2}{H_2O} \longrightarrow \overset{0}{I_2} + \overset{+4\;-2}{MnO_2} + \overset{+1\;-2\;+1}{KOH}$$

El I^- se oxida (pasa de –1 a 0) y el Mn se reduce (pasa de +7 a +4).

El **número de oxidación** no es una carga real, sería la de un átomo si sus enlaces polares se convirtiesen en iónicos.

En los elementos es cero porque los enlaces no son polares pues se establecen entre átomos idénticos.

3.3 Reacciones de combustión

Son reacciones redox en las que se desprende gran cantidad de energía y el oxidante es un gas. En las más conocidas el oxidante es el oxígeno, O_2, y el reductor, una sustancia a base de carbono.

La combustión de sustancias orgánicas produce H_2O con los átomos de H y CO_2 con los átomos de C. En un hidrocarburo:

$$C_xH_y + \left(x + \frac{y}{4}\right) O_2 \longrightarrow x\, CO_2 + \frac{y}{2} H_2O$$

Si la sustancia tiene átomos de oxígeno ($C_xH_yO_z$) el O_2 a aportar será menor. Y si tiene N o S, dará óxidos como N_2O_5 o SO_3. Por ejemplo:

$$C_3H_8 + 5\, O_2 \longrightarrow 3\, CO_2 + 4\, H_2O$$

$$C_6H_{12}O_6 + 6\, O_2 \longrightarrow 6\, CO_2 + 6\, H_2O$$

Los combustibles fósiles incluyen el petróleo y derivados, el gas natural y los diversos tipos de carbones. La combustión de gasolinas y carbones, es la causa de la **lluvia ácida** porque estos óxidos reaccionan con el vapor de agua atmosférico produciendo ácidos fuertes:

$$N_2O_5 + H_2O \longrightarrow 2\, HNO_3$$

$$SO_3 + H_2O \longrightarrow H_2SO_4$$

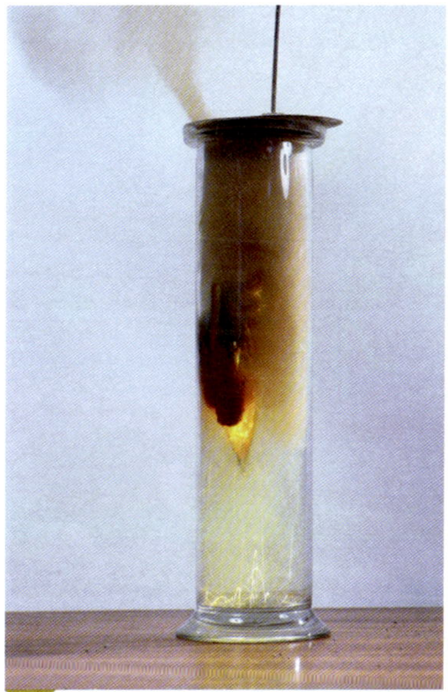

Figura 6.7.
Lana de hierro quemando en atmósfera de cloro. Las oxidaciones con gran desprendimiento de energía no se limitan a las sustancias orgánicas.

3.4 Reacciones redox de interés tecnológico

Las reacciones redox pueden dar **corriente eléctrica** si la transferencia de electrones del reductor al oxidante se produce a través de un circuito. Es el caso de **pilas** y **baterías.** Así, en las pilas alcalinas la reacción es:

$$Zn + 2\, MnO_2 + 2\, KOH \longrightarrow K_2ZnO_2 + Mn_2O_3 + H_2O$$

El paso de una corriente eléctrica también puede desencadenar una reacción redox. Son **procesos electrolíticos** o **electrolisis** que se aplican a disoluciones líquidas o sustancias fundidas porque necesitan la movilidad de los iones. Destaca la obtención de elementos puros a partir de sus compuestos, como H_2 y O_2 a partir del agua o Na sólido y gas Cl_2 a partir de la sal, NaCl, fundida o de aluminio, zinc y cloro a partir de sus sales fundidas:

$$2\, H_2O \longrightarrow 2\, H_2 + O_2 \qquad 2\, NaCl \longrightarrow 2\, Na + Cl_2$$

$$2\, AlCl_3 \longrightarrow 2\, Al + 3\, Cl_2 \qquad ZnCl_2 \longrightarrow Zn + Cl_2$$

En procesos de **galvanostegia** se recubren objetos con una capa metálica. Niquelado, zincado, cadmiado, cromado y estañado son los procesos más conocidos. Si el objeto que se va recubrir ya es metálico, se dice que se ha galvanizado.

En procesos de **galvanoplastia** se reproducen objetos utilizando la deposición electrolítica de metales sobre moldes.

El **anodizado** es un proceso electrolítico que confiere más resistencia a algunos metales contra la corrosión y la abrasión cambiando las propiedades de su superficie.

Cuando hay falta de oxígeno o mala ventilación, las combustiones producen monóxido de carbono, CO, en lugar de dióxido de carbono, CO_2.

Mientras el CO_2 es un gas inocuo para la salud, el CO es un verdadero veneno que se fija a la hemoglobina de la sangre y causa la muerte por asfixia.

4 Escribe e iguala la reacción de combustión del etino, C_2H_2, y del benceno, C_6H_6.

5 Escribe e iguala la reacción de combustión del etanol, C_2H_6O, y del ácido butanoico, $C_4H_8O_2$.

4 Termodinámica y reacciones químicas

Figura 6.8.

Sistemas y transformaciones. Un lago es un sistema abierto. Puede intercambiar materia (evaporación, afluentes, filtraciones, etc.) y energía (solar, eólica, etc.) con su entorno. Un foco eléctrico o una bombilla es un sistema cerrado: puede recibir energía eléctrica del entorno y emitir energía luminosa; también calentarse y enfriarse, pero no puede intercambiar materia. Un vaso Dewar, o «termo», es una de las mejores aproximaciones prácticas a lo que sería un sistema aislado: cierra herméticamente y sus paredes impiden el paso de radiación en ambos sentidos.

Además de la transformación de unas sustancias en otras, en las reacciones químicas se produce un **intercambio de energía.** Para romper enlaces, hay que suministrar energía, y en la formación de nuevos enlaces, se desprende energía. La termodinámica es la parte de la Física y de la Química que estudia la evolución de los sistemas en función de la energía. Esta ciencia no tiene en cuenta el tiempo, es decir, predice el estado final de una evolución, en este caso de una reacción, pero no el tiempo que tardará en alcanzarse. De la velocidad de las reacciones se ocupa la cinética química.

4.1 Sistemas y transformaciones termodinámicos

Un **sistema termodinámico** es cualquier porción de universo que se estudia. Puede ser una célula, un océano, una estrella o una reacción en el laboratorio.

El **entorno** es el resto de universo fuera del sistema. Generalmente se limita a un entorno práctico, o zona cercana al sistema capaz de interaccionar con él.

Los **límites** del sistema pueden ser **reales,** como las paredes de un depósito de gas, o **imaginarios** como los 1 000 km de altura de la atmósfera terrestre.

Un sistema, según sus intercambios con el entorno, puede ser:

- **Abierto.** Puede intercambiar materia y energía con el entorno. Por ejemplo, un vaso de agua puede calentarse y enfriarse (intercambio de energía) y ganar y perder agua u otras sustancias (intercambio de materia).
- **Cerrado.** Puede intercambiar energía, pero no materia con el entorno. Por ejemplo, agua dentro de un recipiente hermético formado por paredes que permitan el intercambio de energía.
- **Aislado.** No puede intercambiar ni materia ni energía con el entorno. Por ejemplo, un recipiente hermético que se protege con paredes aislantes para impedir que se caliente, que se enfríe o que entre cualquier tipo de radiación. Aunque los sistemas estrictamente aislados son prácticamente imposibles, una buena aproximación es un vaso Dewar o «termo».

Una **fase** es la región del sistema con composición y propiedades homogéneas. Por ejemplo, en un vaso de agua con hielo hay tres fases: la fase sólida, la fase líquida y la fase de vapor. En una mezcla de polvo de azufre y de limaduras de hierro hay dos fases, ambas sólidas. En una disolución de azúcar en agua hay una sola fase líquida. Según esto, los sistemas pueden ser:

- **Homogéneos.** Si constan de una sola fase. Por ejemplo, una reacción donde tanto los reactivos como los productos son gases o una reacción en la que todas las sustancias están en disolución:

$$2\,CO(g) + O_2\,(g) \longrightarrow 2\,CO_2\,(g)$$

$$NaOH\,(aq) + HCl\,(aq) \longrightarrow NaCl\,(aq) + H_2O\,(l)$$

- **Heterogéneos.** Cuando tienen más de una fase. La combustión de glucosa o la descomposición de carbonato cálcico por el calor, son ejemplos:

$$C_6H_{12}O_6\,(s) + 6\,O_2\,(g) \longrightarrow 6\,CO_2\,(g) + 6\,H_2O\,(g)$$

$$CaCO_3\,(s) \longrightarrow CaO\,(s) + CO_2\,(g)$$

A veces se toman erróneamente como homogéneos algunos sistemas que no lo son, al olvidar la influencia de las paredes del recipiente. Un sistema puede ser químicamente puro y constar de dos o más fases (por ejemplo, un recipiente con vapor de agua, agua líquida y hielo).

4.2 Estado de un sistema. Variables y funciones de estado

Para describir un sistema, hay que especificar su composición química, la concentración de los componentes y otras variables como la presión, la temperatura, el volumen, la densidad, etc. Estas variables se denominan **variables termodinámicas** o **variables de estado.** Según estén o no directamente relacionadas con la cantidad de materia del sistema, se clasifican en:

- Variables **extensivas,** como la masa.
- Variables **intensivas,** como la densidad.

Se denominan **funciones de estado** las variables termodinámicas cuyo valor depende solo del estado del sistema y no de cómo se ha llegado a él. Así, la variación de una función de estado entre un estado 1 y un estado 2 no depende del camino que se haya seguido para llegar de 1 a 2. Naturalmente, la variación de una función de estado durante un ciclo en el que el sistema retorna al estado inicial es cero. Por ejemplo, la temperatura es una función de estado. La diferencia de temperaturas entre un vaso de agua a 30 °C y el mismo vaso a 90 °C es siempre 60 °C, sin importar si ha necesitado mucho o poco tiempo en calentarse ni si, supongamos, primero se ha calentado hasta 100 °C y después se ha enfriado a 90 °C. En cambio, el trabajo de fricción no es una función de estado. El trabajo que realiza un móvil para ir de un punto A a un punto B, depende del camino por donde haya pasado.

Figura 6.9.
Ejemplo de una sustancia homogénea. El vino presenta una sola fase aunque químicamente esté formado por sustancias muy diversas: agua, etanol, aminoácidos, taninos, sales, azúcares, etcétera.

4.3 Transformación termodinámica. Equilibrio

Un sistema está en equilibrio cuando se dan simultáneamente:

- Equilibrio **químico:** su composición no varía con el tiempo.
- Equilibrio **mecánico:** no hay movimiento observable macroscópicamente.
- Equilibrio **térmico:** la temperatura es la misma en todos sus puntos.

Una **transformación** o **cambio** es cualquier variación en el estado de un sistema termodinámico. Por ejemplo, el gas contenido en un depósito puede definirse por tres variables termodinámicas, como son la presión, el volumen y la temperatura. Si el gas en unas condiciones iniciales p_i, V_i, T_i cambia a otras p_f, V_f, T_f se dirá que ha sufrido una transformación. Atendiendo al estado de equilibrio, las transformaciones pueden ser:

- **Reversibles:** se producen a través de una serie continua de estados de equilibrio.
- **Irreversibles:** mientras dura la transformación, en algún momento o en todo momento, el sistema no está en equilibrio.

En un proceso reversible todos los cambios se pueden invertir exactamente al realizar el proceso en sentido contrario. Para ello, el sistema debe estar siempre en equilibrio y el proceso será extraordinariamente lento con cambios infinitesimales en las propiedades. Todas las transformaciones espontáneas del universo se producen de modo irreversible.

Según las condiciones del proceso, las transformaciones pueden ser:

- **Adiabáticas:** si no se transfiere calor entre el sistema y el entorno.
- **Isotérmicas:** si no varía la temperatura del sistema.
- **Isóbaras:** si no hay variación de la presión.
- **Isócoras:** si no hay variación del volumen.

5 Energía de las reacciones químicas

Desde el punto de vista termodinámico, el balance de energía de una reacción está sometido al llamado primer principio de la termodinámica, mientras que su espontaneidad depende del segundo principio.

5.1 Primer principio de la termodinámica

El **primer principio de la termodinámica** asegura que en un sistema aislado, la **energía total** se conserva.

En termodinámica, la energía se suele clasificar en dos tipos:

- El **calor,** representado por $\boldsymbol{Q}$ y que se refiere a la energía que se transfiere gracias a una diferencia de temperaturas.
- El **trabajo,** representado por $\boldsymbol{W}$ y que se refiere a cualquier energía que no sea calor. Por ejemplo, trabajo de expansión de gases o trabajo eléctrico.

Así, el primer principio también puede enunciarse como:

La **variación de energía total** de un sistema es igual a la suma de los intercambios de calor y trabajo entre el sistema y su entorno.

5.2 Energía interna

La **energía interna** es la energía total de los componentes de un sistema (energías de los enlaces, de traslación y de rotación de las moléculas, de vibración de los átomos, de transición de los electrones, etcétera). Es una función de estado representada por $\boldsymbol{U}$ y es incalculable para un estado determinado, pero sí es posible calcular su diferencia entre dos estados del sistema. Es decir, no se puede calcular ni U_1 ni U_2, pero sí $\Delta U = U_2 - U_1$. Consideremos una transformación en la cual un sistema cerrado intercambia calor, Q, y trabajo, W, con su entorno. La variación de energía interna será:

$$\Delta U = Q - W$$

Esta es la expresión matemática del primer principio. El criterio de signos común en termodinámica, física e ingeniería para Q y W es el siguiente:

$Q > 0$, si el entorno lo cede al sistema.	$Q < 0$, si el sistema lo cede al entorno.
$W > 0$, si lo realiza el sistema sobre el entorno.	$W < 0$, si lo realiza el entorno sobre el sistema.

Tabla 6.2. Criterio de signos común en termodinámica.

Si la presión, p, se expresa como cociente entre la fuerza ejercida, F, y la superficie sobre la que se aplica, S, y el trabajo de una fuerza constante, F, como su producto, por la distancia recorrida (Δx), el trabajo de expansión de un gas contra una presión constante es $W = F \cdot \Delta x = p \cdot S \cdot \Delta V$. En las reacciones químicas es frecuente que el único trabajo sea de expansión de gases. Con ello, los valores de ΔU para determinados procesos son:

- **Isotérmicos** (a temperatura constante): $\Delta U = 0$.
- **Isóbaros** (a presión constante): $\Delta U = Q - p\,\Delta V$.
- **Isócoros** (a volumen constante) será $W = 0$. Por tanto: $\Delta U = Q_V$.
- **Adiabáticos** (sin cesión de calor), $Q = 0$. Por tanto: $\Delta U = -W = -p\,\Delta V$.

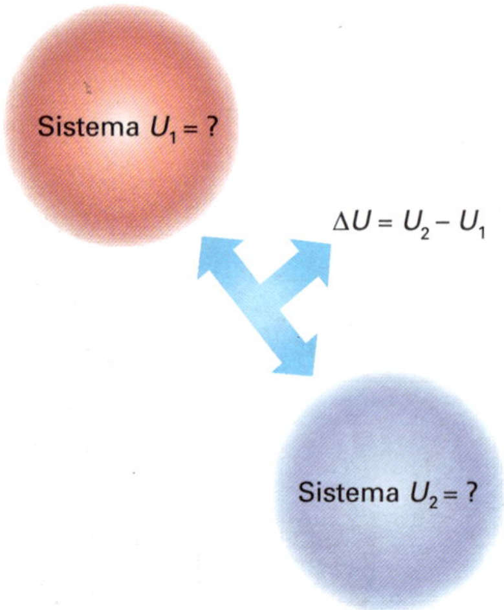

Figura 6.10.
Aunque no se conozca el valor de la energía interna inicial ni final de un sistema, sí se puede saber la variación de energía interna que conlleva un cambio en el sistema. No es una paradoja. Pongamos el símil de los granos de arena de una playa. Aceptemos que no hay modo de contarlos pero si cogemos tres de ellos y nos los llevamos de la playa, podemos afirmar sin error que la variación del número de granos de arena es 3 granos.

A diferencia del criterio físico, el criterio IUPAC es:

- $Q > 0$, si se transfiere del entorno al sistema.
- $Q < 0$, si se transfiere del sistema al entorno.
- $W < 0$, cuando es realizado por el sistema sobre el entorno.
- $W > 0$, cuando es realizado por el entorno sobre el sistema.

Es decir, toda la energía que entra en el sistema es positiva, y la que sale de él, negativa. Con este criterio, el trabajo de expansión de un gas es $W = -p\,\Delta V$.

La aplicación de uno u otro criterio no entraña mayor dificultad y ambos conducen a los mismos resultados.

5.3 Entalpía

Si un sistema experimenta un cambio a volumen constante, el calor intercambiado es una buena medida de la variación de su energía interna. Pero la igualdad $\Delta U = Q_V$ solo puede usarse cuando el calor es la única forma de energía que entra o sale de un sistema. Esto limita la aplicación de la fórmula, ya que es muy frecuente que las reacciones se realicen en vasijas abiertas y puede darse liberación de gases. Si es así, el sistema pierde energía en forma de trabajo de expansión de dichos gases y su cambio de energía interna será mayor que el detectado midiendo simplemente el calor. En estos casos se escoge otra medida conocida como **entalpía.**

La **entalpía,** representada por ***H,*** es una función de estado (solo se pueden conocer sus variaciones). Se define a partir de la energía interna, como:

$$H = U + pV$$

A partir de la expresión anterior, se puede escribir en general:

$$\Delta H = \Delta U + p\,\Delta V + V\,\Delta p$$

Para un **proceso isóbaro,** teniendo en cuenta que $\Delta U = Q - W$ y que al ser p constante es: $V\Delta p = 0$ y también $W = p\,\Delta V$, la ecuación anterior resulta:

$$\Delta H = \Delta U + p\,\Delta V + 0 = Q - W + p\,\Delta V = Q - p\,\Delta V + p\,\Delta V = Q_p$$

Así, en un proceso reversible a presión constante, es $\Delta H = Q_p$.

Las entalpías de reacción suelen referirse a 1 mol de sustancia. Según sea ΔH, **un proceso es:**

- **Exotérmico,** si $\Delta H < 0$. Por ejemplo, la formación de agua:

$$H_2\,(g) + \frac{1}{2}O_2\,(g) \longrightarrow H_2O\,(l) \quad \Delta H = -285 \text{ kJ mol}^{-1}$$

- **Endotérmico,** si $\Delta H > 0$. Por ejemplo, la formación del propeno:

$$3\,C(s) + 3\,H_2\,(g) \longrightarrow CH_3{-}HC{=}CH_2\,(g) \quad \Delta H = 20{,}83 \text{ kJ mol}^{-1}$$

Hay reacciones en las que se intercambia energía eléctrica u otras, como la fotosíntesis, en las que el intercambio es en forma de energía luminosa.

La **variación de energía interna, ΔU,** se mide por el calor absorbido o desprendido por una reacción en recipiente cerrado para que los gases no puedan expandirse. Por eso se designa como **calor a volumen constante, Q_V.**

La **entalpía, *H*,** es la suma de la energía interna y el trabajo de expansión de los gases. Para medir la **variación de entalpía, ΔH,** se mide el **calor** de la reacción realizada a **presión constante, Q_p.** Es una medida más apropiada en reacciones donde intervienen gases porque habitualmente se realizan en recipientes abiertos a la presión atmosférica que se mantiene apreciablemente constante durante la reacción. Al ser más frecuentes las reacciones a presión constante que a volumen constante, es más habitual usar entalpías que energías internas. Se ha acordado definir:

- **Estado estándar** de una sustancia es su forma pura a 1 atm de presión.
- **Entalpía estándar de reacción, ΔH^0,** es la medida de variación de entalpía cuando reactivos en su estado estándar se transforman en productos en su estado estándar.

Las entalpías de reacción estándar pueden referirse a cualquier temperatura, pero de forma habitual se refieren a 25 °C.

Figura 6.11.
En las reacciones realizadas en vasijas abiertas, los gases que puedan producirse se expanden a presión constante (la atmosférica) y el calor medido en estas condiciones, Q_p, es igual a la variación de entalpía, ΔH, de la reacción.

EJEMPLO

En la reacción a volumen constante: $N_2\ (g) + 3H_2\ (g) \longrightarrow 2\ NH_3\ (g)$, cuando, de la mezcla inicial, ha reaccionado 1 mol de nitrógeno a 25 °C, el calor generado es 41 kJ. ¿Qué calor genera la reacción de 1 mol a presión constante de 1 atm y a la misma temperatura?

El calor a volumen constante es la variación de energía interna:

$$Q_V = \Delta U = -41 \text{ kJ}$$

Cuando 1 mol de N_2 reacciona con 3 moles de H_2 aparecen 2 moles de NH_3, la variación de moles es: 2 – (1 + 3) = –2 moles. A la presión de 1 atm, esto significa una disminución de volumen de:

$$V = \frac{2 \text{ mol} \cdot 0{,}082 \text{ atm L K}^{-1} \text{ mol}^{-1}\ (273{,}15 + 25)\text{K}}{1 \text{ atm}} = 48{,}898 \text{ L}$$

El trabajo de compresión será:

$$p\,\Delta V = 1 \text{ atm } (-49 \text{ L}) = -49 \text{ atm L} = -49 \text{ atm L} \frac{101 \text{ kJ}}{1 \text{ atm L}} = -\,4{,}95 \text{ kJ}$$

Y el calor a presión constante o variación de entalpía será:

$$Q_p = \Delta H = \Delta U + p\,\Delta V = -41 \text{ kJ} + (-4{,}95 \text{ kJ}) = -45{,}95 \text{ kJ}$$

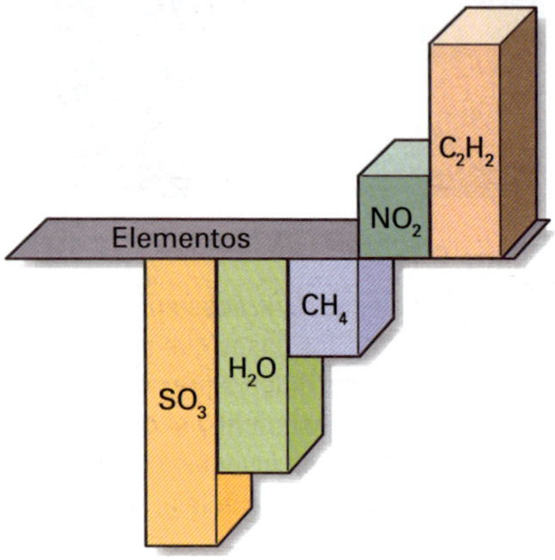

Figura 6.12.

Los elementos marcan el nivel cero de entalpías. Los compuestos cuya entalpía de formación es positiva son más inestables que los elementos y los que la tienen negativa son más estables que ellos.

5.4 Ecuaciones termoquímicas. Entalpía de reacción

Una **ecuación termoquímica** es una ecuación química donde se anotan:

- Las **fórmulas** de reactivos y productos y los coeficientes estequiométricos que corresponden a la reacción ajustada.
- La **energía** absorbida o desprendida por la reacción.
- El **estado físico** de reactivos y productos: sólido *(s)*, líquido *(l)*, gaseoso *(g)* o en disolución, generalmente acuosa *(aq)*.
- La **presión** y la **temperatura** a las que se realiza la reacción. Suelen tomarse unas **condiciones estándar:**

$$P = 1 \text{ atm} \qquad T = 298{,}15 \text{ K } (25\ °\text{C})$$

La variación de entalpía de una reacción es la diferencia entre las entalpías de los productos y las de los reactivos, multiplicadas por el respectivo número de moles que indica la estequiometría:

$$\Delta H = H_2 - H_1 = \Sigma(n_P\, H_P) - \Sigma(n_R\, H_R)$$

En general, para: $a\,A + b\,B \longrightarrow c\,C + d\,D$

Será: $\Delta H = c\,H_C + d\,H_D - (a\,H_A + b\,H_B)$

En condiciones estándar, la variación de entalpía de una reacción se denomina **variación de entalpía estándar** y se representa como ΔH^0. Como solo se pueden medir variaciones de entalpía, ΔH, *se* define un valor de referencia:

La entalpía de los elementos químicos en su forma más estable y en condiciones estándar se considera **cero.**

EJEMPLO

En unas determinadas condiciones, se mide la entalpía de combustión del propano y resulta –2 220 kJ por mol de propano quemado. Calcula la masa de propano que debe quemarse por hora para obtener 100 000 kJ de calor por hora. (Datos: M (H) = 1,00797; M (C) = 12,0107.)

La ecuación de combustión del propano, C_3H_8, ya igualada es:

$$C_3H_8\ (g) + 5\ O_2\ (g) \longrightarrow 3\ CO_2\ (g) + 4\ H_2O\ (l)$$

$$M(C_3H_8) = 3\ M(C) + 8\ M(H) = 3 \cdot (12{,}0107) + 8 \cdot (1{,}00797) = 44{,}0959$$

$$100\,000\ \frac{\cancel{kJ}}{h} \cdot \frac{1\ \cancel{mol}\ C_3H_8}{2\,220\ \cancel{kJ}} \cdot \frac{44{,}0959\ \cancel{g}}{1\ \cancel{mol}\ C_3H_8} \cdot \frac{1\ kg}{1\,000\ \cancel{g}} = 1{,}986\ kg/h\ C_3H_8$$

5.5 Diagramas de entalpía

Las variaciones de energía de una reacción química se pueden representar gráficamente mediante diagramas en los que también se puede aplicar la ley de Hess, que veremos a continuación. En estos diagramas, se representa la entalpía de formación de los reactivos y la de los productos, tomando como **cero** el valor de la entalpía de los elementos en su **forma estable** y en **condiciones estándar** (figuras 6.13 y 6.14). La diferencia entre la entalpía de formación de los productos y la entalpía de formación de los reactivos proporciona la variación de entalpía de la reacción.

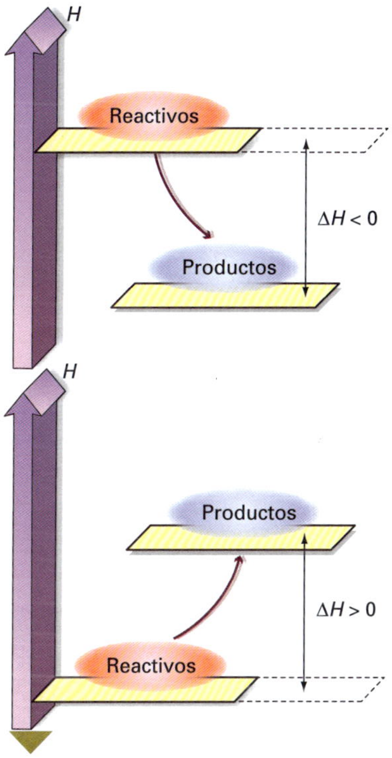

Figura 6.13.
Si la entalpía de reactivos es mayor que la de productos, la diferencia se libera y la reacción es exotérmica. Si sucede al revés, es endotérmica.

EJEMPLO

Calcula, con un diagrama de entalpías, la entalpía de formación del monóxido de carbono, conociendo que $\Delta H_f\ (CO_2) = -393{,}5\ kJ\ mol^{-1}$ y que la entalpía de combustión de CO a CO_2 es $-283\ kJ\ mol^{-1}$.

Para representar el diagrama de entalpías de la reacción, se toma como nivel cero el de los elementos, y a ese nivel se representan los reactivos (C y O_2) que intervienen en las reacciones del enunciado. Luego se representan los productos de ambas reacciones de formación (CO y CO_2) a los niveles correspondientes (en este caso son ambos negativos). Se indican las tres variaciones de entalpía, ΔH_1, ΔH_2 y ΔH_3, correspondientes a la oxidación hasta CO_2, ΔH_1, hasta CO y también la de CO a CO_2, respectivamente.

En el diagrama de entalpías (fig. 6.15) se observa que la entalpía pedida, ΔH_2, es:

$$\Delta H_2 = \Delta H_1 - \Delta H_3 = -393{,}5\ kJ\ mol^{-1} - (-283\ kJ\ mol^{-1})$$

$$\Delta H_2 = -110{,}5\ kJ\ mol^{-1}$$

El cálculo experimental de $\Delta H_f^0(CO)$ ofrece dificultad, porque no se forma solo CO en la oxidación del C, sino que siempre se forma también algo de CO_2.

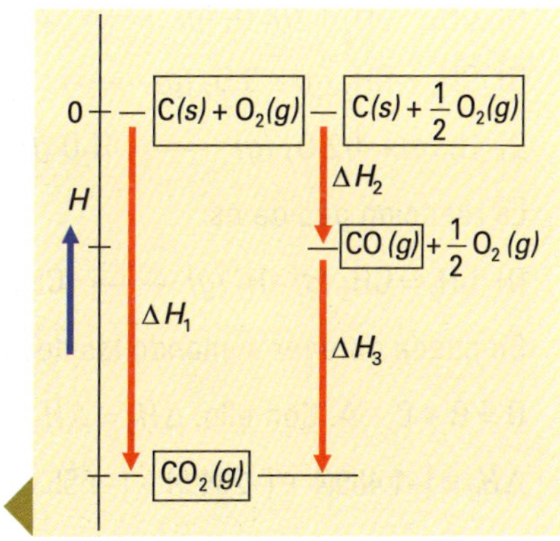

Figura 6.15.
Diagrama de entalpías de las reacciones de formación del CO, del CO_2 y de la oxidación de CO a CO_2.

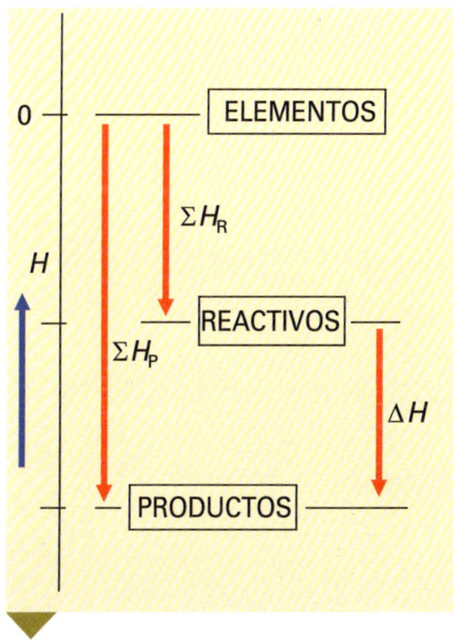

Figura 6.14.
Diagrama de entalpías. Tanto la entalpía de reactivos como la de productos toman como referencia el valor cero que corresponde a los elementos en sus formas estables y condiciones estándar.

5.6 Aditividad de las entalpías de reacción. Ley de Hess

El cambio de entalpía depende de los reactivos (estado inicial) y de los productos (estado final) y no del camino seguido. Así, según la ley de Hess:

> Si una reacción se puede desglosar en varias intermedias (a igual temperatura y presión que la global) la **variación de entalpía** para la reacción global es la **suma** de las variaciones de entalpía de las distintas etapas.

$$A \xrightarrow{\Delta H_1} B \xrightarrow{\Delta H_2} C \xrightarrow{\Delta H_3} D \xrightarrow{\Delta H_4} F.... \xrightarrow{\Delta H_x} P$$

$$\Delta H = \Delta H_1 + \Delta H_2 + \Delta H_3 + \Delta H_4 + \cdots + \Delta H_x$$

EJEMPLO

Para la formación de monóxido de carbono a partir de carbono y oxígeno (A), $\Delta H^0 = -110{,}5$ kJ/mol, mientras que para la oxidación de monóxido de carbono a dióxido de carbono (B), $\Delta H^0 = -283$ kJ/mol. Calcula la entalpía estándar para la formación del CO_2 a partir de sus elementos.

La ecuación de formación de CO_2 se puede encontrar como la suma de las ecuaciones indicadas en el enunciado, de las que se conoce su variación de entalpía:

$$2\,C\,(s) + O_2\,(g) \longrightarrow \cancel{2\,CO}\,(g) \qquad \Delta H^0_A = 2\,(-110{,}5)\text{ kJ} = -221{,}0\text{ kJ}$$

$$\cancel{2\,CO}\,(g) + O_2\,(g) \longrightarrow 2\,CO_2\,(g) \qquad \Delta H^0_B = 2\,(-283)\text{ kJ} = -566{,}0\text{ kJ}$$

$$2\,C\,(s) + 2\,O_2\,(g) \longrightarrow 2\,CO_2\,(g) \qquad \Delta H^0 = ?$$

$\Delta H^0 = \Delta H^0_A + \Delta H^0_B = -221{,}0$ kJ $- 566{,}0$ kJ $= -787$ kJ, o también $-393{,}5$ kJ/mol de CO_2.

EJEMPLO

Los calores de combustión a 25 °C de etano, eteno e hidrógeno son, respectivamente, $-1\,553{,}3$ kJ mol^{-1}, $-1\,405{,}4$ kJ mol^{-1} y $-284{,}5$ kJ mol^{-1}, quedando en todos los casos el agua líquida. Calcula el calor de hidrogenación del eteno a etano.

A) $CH_3-CH_3 + 7/2\,O_2\,(g) \longrightarrow 2\,CO_2\,(g) + 3\,H_2O\,(l) \qquad \Delta H_A = -1\,553{,}3\text{ kJ mol}^{-1}$

B) $CH_2=CH_2\,(g) + 3\,O_2\,(g) \longrightarrow 2\,CO_2\,(g) + 2\,H_2O\,(l) \qquad \Delta H_B = -1\,405{,}4\text{ kJ mol}^{-1}$

C) $H_2\,(g) + 1/2\,O_2\,(g) \longrightarrow H_2O\,(l) \qquad \Delta H_C = -284{,}5\text{ kJ mol}^{-1}$

La reacción pedida es:

D) $CH_2=CH_2\,(g) + H_2\,(g) \longrightarrow CH_3-CH_3\,(g) \qquad \Delta H_D = ?$

Se puede obtener sumando las dos últimas con la inversa de la primera:

D = B + C − A. Con ello, $\Delta H_D = \Delta H_B + \Delta H_C - \Delta H_A$

$\Delta H_D = [-1\,405{,}4 + (-284{,}5) - (-1\,553{,}3)]\text{ kJ mol}^{-1} = -136{,}6\text{ kJ mol}^{-1}$

5.7 Entalpía en una reacción según las entalpías de formación

Reacción de formación es la reacción en la que un compuesto se obtiene a partir de sus elementos, no a partir de otros compuestos.

Por ejemplo:

$$C\ (s) + \frac{1}{2}\ O_2\ (g) \longrightarrow CO\ (g) \qquad \Delta H_f^0 = -110{,}5\ \frac{kJ}{mol}$$

$$C\ (s) + O_2\ (g) \longrightarrow CO_2\ (g) \qquad \Delta H_f^0 = -393{,}5\ \frac{kJ}{mol}$$

Si una entalpía de reacción no puede medirse experimentalmente, se obtiene matemáticamente a partir de las entalpías de formación de productos y reactivos:

$$a\,A + b\,B \longrightarrow c\,C + d\,D$$

$$\Delta H_{\text{reacción}} = \Sigma \Delta H_{f_{\text{productos}}} - \Sigma \Delta H_{f_{\text{reactivos}}} = c\Delta H_{f_C} + d\,\Delta H_{f_D} - (a\,\Delta H_{f_A} + b\,\Delta H_{f_B})$$

La entalpía de formación de un elemento en condiciones estándar es cero.

Sustancia	ΔH_f^0 (kJ mol^{-1})
CH_4 *(g)*	–74,90
NH_3 *(g)*	–46,15
H_2O *(g)*	–284,67
H_2S *(g)*	–22,08
HF *(g)*	–268,50
HCl *(g)*	+92,20
HBr *(g)*	–35,85
CO *(g)*	–110,50
CO_2 *(g)*	–393,50
NO *(g)*	+90,29
NO_2 *(g)*	+33,46
SO_2 *(g)*	–296,44
$CaCO_3$ *(s)*	–1 206,25
CH_3OH *(l)*	–238,60
CH_3CH_3 *(g)*	–84,70
$CH{\equiv}CH$ *(g)*	+226,73

Tabla 6.3.
Entalpías de formación estándar de algunas sustancias.

EJEMPLO

Calcula la entalpía estándar de la reacción entre el sulfuro de carbono y el cloro para dar tetracloruro de carbono y dicloruro de diazufre. (Datos: entalpías de formación estándar de CS_2, CCl_4 y S_2Cl_2 son –66,2756 kJ/mol, 140,585 kJ/mol y 59,833 kJ/mol.)

La reacción ya igualada es:

$$CS_2\ (l) + 3\ Cl_2\ (g) \longrightarrow CCl_4\ (l) + S_2Cl_2\ (l)$$

$$\Delta H^0_{\text{reacción}} = \Delta H^0_{f\ \text{productos}} - \Delta H^0_{f\ \text{reactivos}}$$

$$\Delta H^0_{\text{reacción}} = \Delta H^0_{f(CCl_4)} + \Delta H^0_{f(S_2Cl_2)} - [\Delta H^0_{f(CS_2)} + 3 \cdot \Delta H^0_{f(Cl_2)}]$$

$$\Delta H^0_{\text{reacción}} = +140{,}585\ \text{kJ/mol} + 59{,}833\ \text{kJ/mol} - (-66{,}2756\ \text{kJ/mol} + 3 \times 0\ \text{kJ/mol})$$

$$\Delta H^0_{\text{reacción}} = 266{,}694\ \text{kJ/mol}$$

La reacción es endotérmica.

EJEMPLO

Calcula la entalpía estándar de la reacción de esterificación entre el ácido etanoico y etanol con formación de etanoato de etilo y agua. (Datos: las entalpías estándar de formación de etanol, ácido etanoico, etanoato de etilo y agua son: –277,6 kJ/mol, –486,2 kJ/mol, –442,92 kJ/mol y –285,84 kJ/mol).

Tanto las sustancias reactivos como las sustancias producto de la reacción son líquidos en las condiciones estándar. La reacción ya igualada es:

$$CH_3CH_2OH\ (l) + CH_3COOH\ (l) \longrightarrow CH_3COOCH_2CH_3\ (l) + H_2O\ (l)$$

$$\Delta H^0_{\text{reacción}} = \Delta H^0_{f\ \text{productos}} - \Delta H^0_{f\ \text{reactivos}} =$$

$$= \Delta H^0_f\,(CH_3COOCH_2CH_3) + \Delta H^0_f\,(H_2O) - [\Delta H^0_f\,(CH_3CH_2OH) + \Delta H^0_f\,(CH_3COOH)]$$

$$\Delta H^0_{\text{reacción}} = -442{,}92\ \text{kJ/mol} - 285{,}84\ \text{kJ/mol} - (-277{,}6\ \text{kJ/mol}, -486{,}2\ \text{kJ/mol})$$

$$\Delta H^0_{\text{reacción}} = 35{,}04\ \text{kJ/mol}$$

La reacción es endotérmica.

Enlaces	ΔH_f^0 (kJ mol^{-1})
H—H	436,40
Cl—Cl	243,77
O—O	142,55
O=O	494,55
N—N	159,50
N=N	418,25
N≡N	946,39
C—C	348,15
C=C	612,90
C≡C	898,43
H—O	460,05
H—N	390,14
H—C	415,32
H—Cl	432,39
C—N	285,08
C=N	615,21
C≡N	687,71
C—O	352,45
C=O	730,22

Tabla 6.4.
Entalpías estándar de algunos enlaces.

5.8 Entalpía de enlace

La entalpía de enlace es la energía necesaria para romper un enlace y es la misma que se desprende en su formación. Se suele referir a un mol de dichos enlaces.

La energía de una reacción es la diferencia entre la energía absorbida para la ruptura de enlaces y la energía liberada en la formación de nuevos enlaces:

$$\Delta H_{\text{reacción}} = \Sigma H_{\text{enlaces rotos}} - \Sigma H_{\text{enlaces formados}}$$

Desde el punto de vista energético, existen dos tipos de reacciones:

- Reacción **exotérmica** (desprende energía): la energía liberada en la formación de enlaces supera a la invertida en la ruptura de los enlaces
- Reacción **endotérmica** (absorbe energía): la energía invertida en la ruptura de enlaces supera a la liberada en la formación de enlaces nuevos.

EJEMPLO

A partir de las entalpías de enlace de la tabla 6.4, calcula el calor de combustión del eteno.

La reacción escrita mostrando los enlaces de las moléculas es:

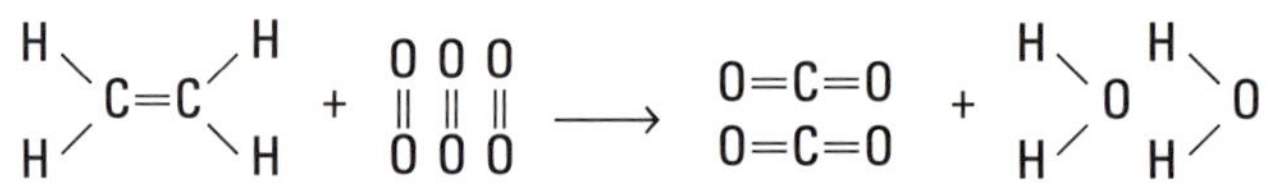

$$\Delta H_{\text{reacción}} = \Sigma H_{\text{enlaces rotos}} - \Sigma H_{\text{enlaces formados}}$$

$$\Delta H_{\text{reacción}} = H_{C=C} + 4\ H_{C-H} + 3\ H_{O=O} - (4\ H_{C=O} + 4\ H_{O-H}) =$$

$$= [612{,}90 + 4 \times 415{,}32 + 3 \times 494{,}55 - (4 \times 730{,}22 + 4 \times 460{,}05)]\ \text{kJ/mol} = -1\,003{,}29\ \text{kJ/mol.}$$

EJEMPLO

Calcula la energía de hidrogenación del 1,3-butadieno a butano, conociendo las entalpías de enlace siguientes: $\Delta H_{C=C}$ = 612,90 kJ mol^{-1}; ΔH_{C-C} = 348,15 kJ mol^{-1}; ΔH_{C-H} = 415,32 kJ mol^{-1}; ΔH_{H-H} = 436,40 kJ mol^{-1}.

La reacción es:

$$CH_2{=}CH{-}CH{=}CH_2\ (g) + 2\ H_2\ (g) \longrightarrow CH_3{-}CH_2{-}CH_2{-}CH_3\ (g)$$

- Enlaces rotos:

  2 enlaces C=C $\longrightarrow$ 2 (612,90 kJ mol^{-1}) = 1 225,80 kJ mol^{-1}

  2 enlaces H—H $\longrightarrow$ 2 (436,40 kJ mol^{-1}) = 872,80 kJ mol^{-1}

  Total: 2 098,60 kJ mol^{-1}

- Enlaces formados:

  2 enlaces C—C $\longrightarrow$ 2 (348,15 kJ mol^{-1}) = 696,30 kJ mol^{-1}

  4 enlaces C—H $\longrightarrow$ 4 (415,32 kJ mol^{-1}) = 1 661,28 kJ mol^{-1}

  Total: 2 357,58 kJ mol^{-1}

Por tanto:

$$\Delta H_{\text{reacción}} = (2\,098{,}60 - 2\,357{,}58)\ \text{kJ mol}^{-1} = -258{,}98\ \text{kJ mol}^{-1}$$

6 Espontaneidad de las reacciones químicas

El primer principio de la termodinámica asegura que en ningún proceso puede haber pérdida ni creación de energía, pero no afirma nada sobre si será o no posible que un proceso se produzca por sí solo. Si embargo, la experiencia muestra que unos procesos ocurren por sí solos y otros no.

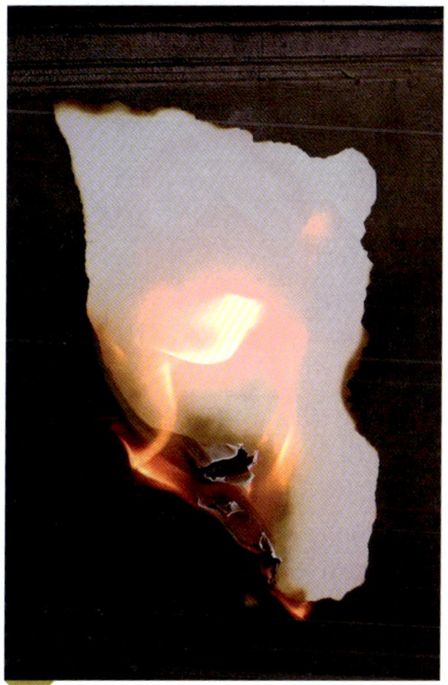

Figura 6.16.
Oxidación de la celulosa. El papel en contacto con el oxígeno del aire produce una reacción espontánea que genera CO_2 y H_2O.

6.1 Procesos espontáneos y no espontáneos

Pongamos como ejemplo un proceso físico. Al calentar una barra de metal en un extremo, el calor se reparte por toda la barra. Nunca se ha visto que una barra metálica se caliente en un extremo por sí sola y se enfríe el resto. Citemos también un ejemplo químico. Al quemar etanol (CH_3CH_2OH), la reacción produce CO_2 y vapor de H_2O, pero que estas sustancias se recombinen por sí solas y regeneren el etanol (CH_3CH_2OH), no se conoce. Ambos son ejemplos de procesos **espontáneos** que jamás se invierten por sí solos.

Procesos espontáneos son aquellos que tienen lugar por sí solos en un sistema sin intervención externa de ningún tipo.

Los procesos espontáneos son termodinámicamente irreversibles, es decir, el sistema **no** evoluciona siguiendo estados de equilibrio.

Un proceso no espontáneo no es imposible. Así, es posible sacar calor del extremo de una barra metálica y transferirlo al otro extremo gracias al trabajo de un refrigerador. También se puede obtener etanol a partir de agua y dióxido de carbono. Simplemente hay que «pagar» el coste energético para realizar estas reacciones «a contracorriente» de su sentido espontáneo.

6.2 Segundo principio de la termodinámica

El segundo principio de la termodinámica permite determinar si un cambio será o no espontáneo en unas ciertas condiciones. Se puede enunciar como:

No es posible transformar totalmente el calor en trabajo.

En cambio, sí que es posible transformar totalmente el trabajo en calor. Además, cuando un tipo de energía se convierte en otro, siempre se producen pérdidas en forma de calor. Así, otro enunciado del segundo principio es:

No es posible construir una máquina que absorba cíclicamente el calor de un foco calorífico y lo convierta íntegramente en trabajo.

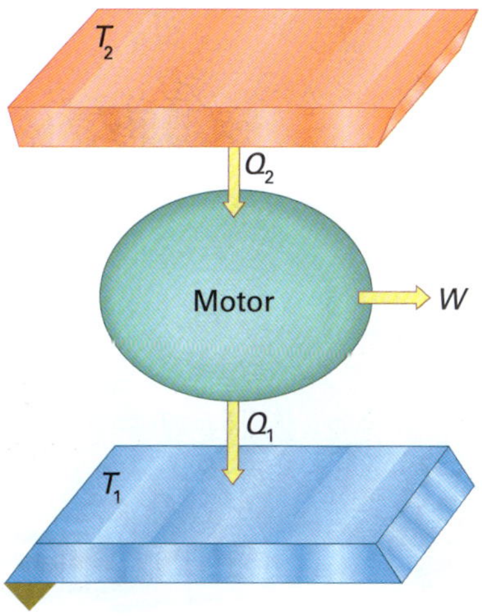

Figura 6.17.
Motor térmico. Un motor térmico funciona absorbiendo calor, Q_2, de un foco a temperatura elevada, T_2, y devolviendo parte, Q_1, a un foco de temperatura más baja, T_1. El trabajo producido es $W = Q_2 - Q_1$.

Una **máquina térmica** funciona entre un foco calorífico a una temperatura superior, T_2, donde absorbe un calor, Q_2, y otro a temperatura inferior, T_1, donde retorna un calor, Q_1. No se puede transformar todo Q_2 en trabajo. Es necesario que se ceda una parte, Q_1, al foco de temperatura inferior.

El trabajo, ***W***, es la diferencia entre energía absorbida y retornada: Q_2-Q_1. El rendimiento de un motor (trabajo realizado/energía consumida) es:

$$\text{Rendimiento} = \frac{W}{Q_2} = \frac{Q_2 - Q_1}{Q_2} = \frac{T_2 - T_1}{T_2}$$

El rendimiento de una máquina térmica reversible nunca puede ser del 100 %. Lo sería si $T_1 =$ 0 K, temperatura inalcanzable. Para un motor o **proceso irreversible,** el **rendimiento** es siempre **menor** que el de uno **reversible**.

Sustancias	S° (J mol^{-1} K^{-1})
H_2 *(g)*	130,7
O_2 *(g)*	204,82
NO *(g)*	210,42
CO *(g)*	198
CO *(g)*	213,8
H_2O *(l)*	69,79
Br_2 *(l)*	152,92
I_2 *(g)*	116,25
NaCl *(s)*	72,08
NaBr *(s)*	83,75
CaO *(s)*	39,7
$CaCO_3$ *(s)*	92,8
Na *(s)*	50,83
Ag *(s)*	42,50
Mg *(s)*	32,38
Cu *(s)*	33,21
Al *(s)*	28,13
$C_{(grafito)}$	5,67
$C_{(diamante)}$	2,42

Tabla 6.5.
Entropías estándar de algunas sustancias.

6.3 Entropía

A partir de la expresión del rendimiento se deduce que en un ciclo:

$$\frac{Q_2}{T_2} + \frac{Q_1}{T_1} = 0$$

De ello se desprende que el cociente Q/T es una función de estado (su variación en un ciclo es nula) y se define **variación de entropía**, ΔS, como el cociente entre el calor transferido reversiblemente y la temperatura a la cual se transfiere (Q_{rev}/T).

$$\Delta S = \frac{Q_{rev}}{T}$$

En un proceso **reversible,** el sistema se mantiene en equilibrio termodinámico, pero el valor de ΔS es válido también para uno irreversible entre los mismos estados inicial y final pues ΔS es función de estado. Los **procesos espontáneos son irreversibles,** con aumento de entropía y de desorden. El aumento o disminución de **entropía puede conocerse comparando el orden del estado inicial y final.** Así, al reunir gases o disoluciones, se mezclan al azar y aumenta el desorden. Otro caso es la conversión de energía eléctrica en calor, pasando de un movimiento ordenado de electrones a su vibración desordenada en el conductor eléctrico. También la fusión de una sustancia aumenta la entropía porque aumenta el desorden.

La variación de entropía en una reacción química será la diferencia entre las entropías de los productos y las de los reactivos, multiplicadas por el número de moles que indica la estequiometría:

$$aA + bB \longrightarrow mM + nN$$

$$\Delta S = S_{Productos} - S_{Reactivos} = aS_A + bS_B - (mS_M + nS_N)$$

Max Planck, en 1913, propuso un valor de referencia **para la entropía:**

La entropía de una **sustancia cristalina perfecta** es cero en el cero absoluto de temperatura (0 K).

Si no es así, la entropía de una sustancia es siempre positiva. En condiciones estándar, la entropía y la variación de entropía se representan por S° y ΔS°.

Figura 6.18.
Sustancia cristalina. A una sustancia cristalina perfecta a la temperatura de –273,15 K, se le adjudica el valor cero de entropía.

6.4 Energía libre de Gibbs

La tendencia de una reacción química (y de un proceso en general) viene determinada por dos principios:

- Los sistemas tienden a evolucionar hacia estados de menor entalpía.
- Los sistemas tienden a evolucionar hacia la entropía máxima.

Estos dos principios corresponden al primer y segundo principio de la termodinámica. Para recoger ambos factores en una sola magnitud energética, se define la **entalpía libre** o **energía libre de Gibbs, *G*,** como:

$$G = H - T \cdot S$$

Donde H es la entalpía, T la temperatura en K y S la entropía del sistema.

Para un proceso isotérmico (*T* constante), su variación es: $\Delta G = \Delta H - T\Delta S$

La variación de entalpía libre de una reacción es la diferencia entre las entalpías libres de los productos y las de los reactivos, multiplicadas todas ellas por el número de moles que indica la estequiometría de la reacción:

$$a\,\text{A} + b\,\text{B} \longrightarrow m\,\text{M} + n\,\text{N}$$

$$\Delta G = G_{\text{productos}} - G_{\text{reactivos}} = \Sigma(n_P\ G_P) - \Sigma(n_R\ G_R) = mG_M + nG_N - (aG_A + bG_B)$$

Las **energías libres** de todos los elementos en su **estado estándar** son iguales a **cero** a cualquier temperatura.

El **estado estándar** de elementos sólidos y líquidos es su forma pura y estable a 1 atm. Para elementos gaseosos, es el gas ideal. La entalpía libre de formación es ΔG *de* formación del compuesto a partir de sus elementos, En general se refieren a 1 mol de compuesto formado. ΔG a 25 °C y 1 atm, se conocen como entalpías libres estándar y se designan como ΔG^o.

Figura 6.19.
A altas temperaturas el dicromato amónico,$(NH_4)_2Cr_2O_7$ se descompone en óxido de cromo(III) (sólido), nitrógeno (gas) y vapor de agua. El proceso es espontáneo ya que es muy exotérmico y rinde productos con mayor entropía que el reactivo.

6.5 Condiciones de equilibrio y espontaneidad

La variación de la energía libre, ΔG, permite saber si una reacción o un proceso está en equilibrio o es espontáneo a *T* y *p* constantes. Se pueden resumir como:

Equilibrio: $\Delta G = 0$. Proceso espontáneo: $\Delta G < 0$. Proceso no espontáneo: $\Delta G > 0$.

Como se ha indicado, que un proceso no sea espontáneo no significa que sea imposible, puesto que puede producirse con la ayuda de agentes externos. Por ejemplo, la reacción siguiente no es espontánea:

$$\text{NaCl}\ (l) \longrightarrow \text{Na}\ (s) + \text{Cl}_2\ (g)$$

Sin embargo, no es imposible porque se puede producir mediante electrólisis. La espontaneidad de un proceso depende de si es endotérmico o exotérmico y de si induce orden o desorden. Es decir, influye tanto ΔH como ΔS, esta última condicionada, a su vez, por la temperatura (tabla 6.7).

ΔH	ΔS	ΔG	Espontaneidad de la reacción ($\Delta G = \Delta T - T\Delta S$)
+	−	+	La reacción química nunca es espontánea.
−	+	−	La reacción siempre es espontánea.
+	+	+, −	Depende de la temperatura. Si en valores absolutos, $\lvert\Delta H\rvert < \lvert T\Delta S\rvert$, la reacción será espontánea.
−	−	+, −	Depende de la temperatura. Si en valores absolutos, $\lvert\Delta H\rvert > \lvert T\Delta S\rvert$, la reacción será espontánea.

Tabla 6.7.
Influencia de los signos de ΔH y ΔS sobre la espontaneidad de la reacción.

Sustancias	G^o (kJ mol^{-1})
O_2 *(g)*	0
N_2 *(g)*	0
CH_4 *(g)*	−50,58
NH_3 *(g)*	−16,42
H_2O *(l)*	−236,25
H_2S *(g)*	−32,79
HF *(g)*	−132,5
HCl *(g)*	−94,75
HBr *(g)*	−52,25
CO *(g)*	−136,71
CO_2 *(g)*	−392,75
NO *(g)*	+86,51
NO_2 *(g)*	+51,45
SO_2 *(g)*	−298,75
$CaCO_3$ *(s)*	−864,17
CH_3OH *(l)*	−166,67
CH_3CH_3 *(g)*	−32,75

Tabla 6.6.
Energías libres de Gibbs estándar de algunas sustancias.

Se observa que el proceso es espontáneo ($\Delta G < 0$) si:

- $\Delta H < 0$. Son reacciones exotérmicas. Las uniones entre los átomos de los productos son más fuertes que las que había entre los reactivos.
- $T\Delta S > 0$. Se trata de reacciones donde aumenta el desorden ($\Delta S > 0$). Los productos están menos ordenados que los reactivos.

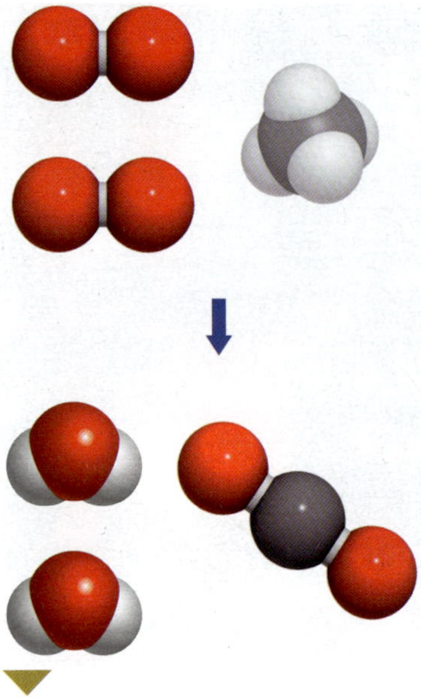

Figura 6.20.
Representación de la combustión del metano. La combustión de hidrocarburos como el metano, el etano o el butano es siempre un proceso espontáneo (átomos de O en rojo, de C en gris y de H en blanco).

En muchos procesos físicos, ΔS es el factor dominante. Por ejemplo, en la mezcla de líquidos de similar polaridad, es prácticamente $\Delta H = 0$, pero la S aumenta mucho. En cambio, en ciertas reacciones, ΔH es el factor dominante, mientras que ΔS es casi cero. Por ejemplo, la formación de fluoruro de hidrógeno: $H_2\ (g) + F_2\ (g) \longrightarrow 2\ HF(g)$

Los enlaces H—F del producto de reacción son más fuertes que los H—H y F—F de los reactivos. Por tanto, la reacción es fuertemente exotérmica (ΔH = –268,8 kJ/mol). En cambio, como el número de moles no varía de reactivos a productos y como ambos son gases, ΔS es muy pequeño.

EJEMPLO

Averigua si será espontánea la combustión del etano en condiciones estándar. Las energías libres estándares de formación del etano *(g)*, dióxido de carbono *(g)*, y agua *(l)* son: –32,75, –392,75 y –236,25 kJmol^{-1}, respectivamente.

La reacción de combustión igualada: $C_2H_6\ (g) + \frac{7}{2}\ O_2\ (g) \longrightarrow 2\ CO_2\ (g) + 3\ H_2O\ (l)$

$$\Delta G^0 = G^0_{\text{productos}} - G^0_{\text{reactivos}} = 2\ G^0(CO_2) + 3\ G^0(H_2O) - [G^0(C_2H_6) + \frac{7}{2}\ G^0(O_2)] =$$

$$= 2\ (-392{,}75) + 3(-236{,}25) - \left[(-32{,}75) + \frac{7}{2}\ (0)\right]\ \text{kJmol}^{-1} = -1\ 461{,}5\ \text{kJmol}^{-1}$$

El valor negativo indica que la combustión será espontánea.

EJEMPLO

Calcula si la oxidación del monóxido de nitrógeno a dióxido de nitrógeno será espontánea. Las entalpías estándares de formación de NO *(g)* y NO_2 *(g)* son 90,29 y 33,46 kJ mol^{-1}; las entropías estándares de NO, NO_2 y O_2 son 210,42; 240,0 y 204,82 J mol^{-1} K^{-1}, respectivamente.

La reacción de oxidación igualada es: $NO\ (g) + \frac{1}{2}\ O_2\ (g) \longrightarrow NO_2\ (g)$

La variación de entalpía para la reacción será:

$$\Delta H^0 = \Delta H^0_{\text{productos}} - \Delta H^0_{\text{reactivos}} = \Delta H^0(NO_2) - [\Delta H^0(NO) + \frac{1}{2}\ \Delta H^0(O_2)] =$$

$$= 33{,}46\ \text{kJmol}^{-1} - [90{,}29\ \text{kJmol}^{-1} + \frac{1}{2}\ 0\ \text{kJmol}^{-1}] = -56{,}83\ \text{kJmol}^{-1}$$

La variación de entropía para la reacción será:

$$\Delta S^0 = S^0_{\text{productos}} - S^0_{\text{reactivos}} = S^0(NO_2) - [S^0(NO) + \frac{1}{2}\ S^0(O_2)] =$$

$$= 240{,}0\ \text{J mol}^{-1}\text{K}^{-1} - [210{,}42\ \text{J mol}^{-1}\ \text{K}^{-1} + \frac{1}{2}\ 204{,}82\ \text{J mol}^{-1}\ \text{K}^{-1}] = -72{,}83\ \text{J mol}^{-1}\ \text{K}^{-1}$$

La variación de energía libre de Gibbs, será:

$$\Delta G^0 = \Delta H^0 - \text{T}\Delta S^0 = -56{,}83 \times 10^3\ \text{J mol}^{-1} - [T(-72{,}83\ \text{J mol}^{-1}\ \text{K}^{-1})]$$

$$\Delta G^0 = (-56\ 830 + T \cdot 72{,}83)\ \text{J mol}^{-1} \qquad \Delta G^0 \text{ será 0 si } T = \frac{56\ 830}{72{,}83}\ \text{K} = 780\ \text{K}.$$

A esta temperatura, la reacción estará en equilibrio químico. A temperaturas menores, $T < 780$ K, $\Delta G^0 < 0$ y el proceso será espontáneo. A temperaturas mayores, $T > 780$ K, $\Delta G^0 > 0$ y el proceso no será espontáneo.

7 Cálculos estequiométricos

El significado de los coeficientes estequiométricos de una reacción se puede entender:

- **A escala molecular.** Por ejemplo, en la formación del amoníaco:

$$3\ H_2\,(g) + N_2\,(g) \longrightarrow 2\ NH_3\,(g)$$

Los coeficientes indican que se necesitan 3 moléculas de H_2 para reaccionar con 1 molécula de N_2 y producir 2 moléculas de NH_3.

- **A escala de moles.** Hay que multiplicar por el número de Avogadro toda la ecuación anterior para que la proporción en número de moléculas se transforme en proporción en número de moles que, evidentemente, es la misma. Así:

$$3\ H_2\,(g) + N_2\,(g) \longrightarrow 2\ NH_3\,(g)$$

Se necesitan 3 moles de H_2 para reaccionar con 1 mol de N_2 y producir 2 moles de NH_3.

7.1 Cálculos químicos basados en moles

A partir de una reacción igualada y conociendo la cantidad de una sustancia que participa en ella, se averiguan las cantidades de otras sustancias necesarias para reaccionar con esta, las cantidades que se habrán formado o las que habrán sobrado tras la reacción. En estos cálculos se usan equivalencias y proporciones en forma de **factores de conversión y siempre se realizan en moles,** aunque a menudo los datos de partida y los resultados se dan en kilogramos, porque resulta una unidad mucho más común para el comercio o la industria.

Recuerda que se puede pasar fácilmente de masa a moles y viceversa, aplicando el valor de la masa molecular o formular.

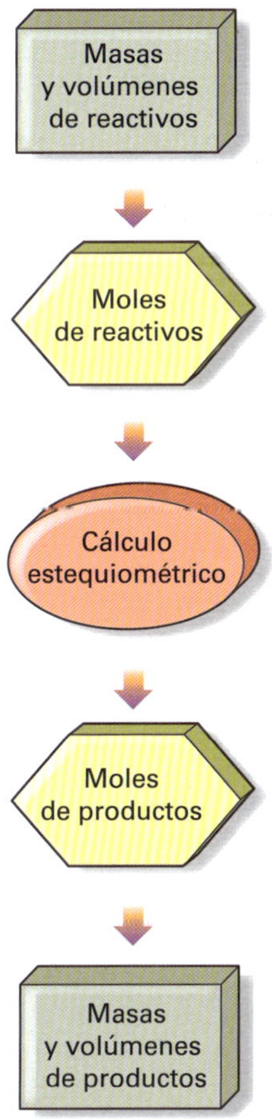

Figura 6.21.

Cálculos químicos basados en moles. Todos los cálculos químicos deben pasar por la conversión a moles de cualquier otra expresión de cantidad de reactivos y productos.

EJEMPLO

El octano es uno de los componentes mayoritarios de las gasolinas de automoción (el octanaje de una gasolina se refiere precisamente a él). Suponiendo que toda la gasolina de un depósito se pueda asimilar a octano, calcula la masa de CO_2 que se formará por combustión de 40 kg de octano. (Datos: *M* (C) = 12,011; *M* (H) = 1,00797; *M* (O) = 15,9994.)

La reacción de combustión del octano producirá CO_2 y H_2O:

$$C_8H_{18} + O_2 \longrightarrow CO_2 + H_2O$$

Igualando primero los C y los H en ambos lados de la ecuación, y luego los O, resulta:

$$C_8H_{18} + \frac{25}{2}\,O_2 \longrightarrow 8\ CO_2 + 9\ H_2O$$

Y multiplicamos por 2, para evitar coeficientes fraccionarios:

$$2\ C_8H_{18} + 25\ O_2 \longrightarrow 16\ CO_2 + 18\ H_2O$$

Antes de aplicar los factores de conversión es posible calcular las masas moleculares de C_8H_{18} y CO_2:

$$M\,(C_8H_{18}) = 8\ M\,(C) + 18\ M\,(H) = 8\,(12{,}0107) + 18\,(1{,}00797) = 114{,}2291$$

$$M\,(CO_2) = M\,(C) + 2\ M\,(O) = 12{,}0107 + 2\,(15{,}9994) = 44{,}0095$$

$$40\,000\ g\ C_8H_{18} \times \frac{1\ mol\ C_8H_{18}}{114{,}2291\ g\ C_8H_{18}} \times \frac{8\ mol\ CO_2}{1\ mol\ C_8H_{18}} \times \frac{44{,}0095\ g\ CO_2}{1\ mol\ CO_2} = 123\,288\ g\ CO_2$$

Estos 123 kg de CO_2 serán los liberados si se consumen los 40 kg de octano.

Figura 6.22.
Glucosa ardiendo al aire libre.
En esta reacción de combustión, la glucosa es el reactivo limitante, pues el oxígeno del aire es prácticamente inagotable.

7.2 Cálculos con reactivos limitantes y en exceso

La estequiometría de una reacción indica en qué proporciones deben encontrarse los reactivos para que no falte ni sobre de ninguno. Cuando las proporciones en las que se encuentran los reactivos no son las indicadas por los coeficientes estequiométricos, ni son múltiplos ni submúltiplos de ellas, ocurre que alguno o algunos de los reactivos se agotarán, mientras que otros quedarán, en parte, sin reaccionar, por el hecho de que se habrán agotado aquellos y no encontrarán con qué reaccionar.

- A veces se dice que el **reactivo limitante** es el que se encuentra en menor cantidad. No es tanto así, sino que se encuentra más por debajo de la cantidad que le correspondería según la estequiometría. Es el de menor cociente entre su número de moles y su coeficiente estequiométrico.

El **reactivo limitante** determina la cantidad máxima de producto.

- Los **reactivos en exceso** son aquellos cuyas cantidades superan las que les corresponde según la estequiometría. La adición de reactivos en exceso es una práctica habitual en reacciones en las que conviene forzar el consumo total de otros reactivos o mejorar el rendimiento.

Sabiendo las cantidades de reactivos, se debe averiguar si entre ellos existe algún reactivo limitante. Luego se calculan las cantidades de productos respecto a la cantidad presente de ese reactivo limitante.

EJEMPLO

Se mezclan en un depósito 25 moles de propano y 100 moles de oxígeno y se hace saltar una chispa. Averigua si alguno de los dos reactivos es limitante y calcula las cantidades de todas las sustancias presentes después de la reacción.

La reacción de combustión del propano es: $C_3H_8 + O_2 \longrightarrow CO_2 + H_2O$

Que se iguala fácilmente como: $C_3H_8 + 5\ O_2 \longrightarrow 3\ CO_2 + 4\ H_2O$

Según la reacción, por cada mol de C_3H_8 se necesitan 5 mol de O_2. Entonces, para los 25 moles de C_3H_8 se necesitarían $25 \times 5 = 125$ mol de O_2. Los 100 mol de O_2 disponibles no cubren esta cantidad. Por tanto, el O_2 es el reactivo limitante, que se agotará completamente y, al final, sobrará C_3H_8 sin reaccionar.

Así, a partir de los 100 moles de O_2 se realizarán los cálculos de obtención de productos:

$$100\text{ mol } O_2 \cdot \frac{3\text{ mol } CO_2}{5\text{ mol } O_2} = 60\text{ mol } CO_2 \rightarrow 100\text{ mol } O_2 \cdot \frac{4\text{ mol } H_2O}{5\text{ mol } O_2} = 80\text{ mol } H_2O$$

Los moles de C_3H_8 que han reaccionado se calculan también a partir de los 100 mol de O_2 que es el reactivo limitante:

$$100\text{ mol } O_2 \cdot \frac{1\text{ mol } C_3H_8}{5\text{ mol } O_2} = 20\text{ mol } C_3H_8$$

Por tanto, al final de la reacción quedarán: $25\text{ mol } C_3H_8 - 20\text{ mol } C_3H_8 = 5\text{ mol } C_3H_8$

6 Calcula las cantidades de sustancias presentes después de reaccionar 50 g de hidrógeno con 25 g de oxígeno.

7.3 Cálculos con reacciones en disolución

A menudo, las reacciones se realizan con los reactivos disueltos en agua o en otros disolventes. En estos casos se debe tener en cuenta que:

- Los cálculos estequiométricos se realizan en moles.
- La mayoría de las veces, las cantidades de reactivos y productos se facilitan mediante el volumen y la concentración de las disoluciones.

$$x \text{ L disolución} \cdot \frac{c \text{ mol sustancia}}{1 \text{ L disolución}} = x \cdot c \text{ mol sustancia}$$

- A diferencia de la masa, el volumen no es una propiedad aditiva. Al mezclar dos disoluciones, el volumen resultante solo es aproximadamente igual a la suma de los volúmenes de ambas disoluciones de partida. Con todo, esta aproximación se hace si no se conocen las densidades de las disoluciones y estas son suficientemente diluidas.

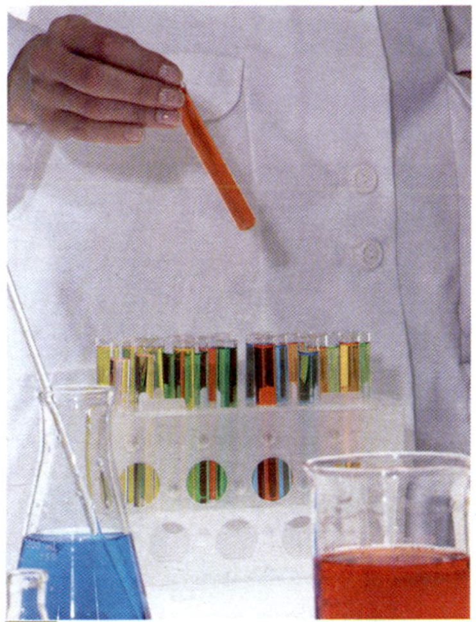

Figura 6.23.

Reactivos disueltos en agua o en otros disolventes. La mayoría de las reacciones que se llevan a cabo en el laboratorio se desarrollan en medio líquido, porque aumenta mucho la velocidad de reacción.

EJEMPLO

Se mezclan 20 mL de disolución 0,1 M de KOH con 10 mL de disolución 0,25 M de HCl. Calcula el pH de la disolución resultante.

La reacción entre el KOH y el HCl es una reacción de neutralización ácido-base:

$$KOH + HCl \longrightarrow KCl + H_2O$$

Los moles iniciales de KOH y de HCl se calculan así:

$$20 \text{ mL disolución} \times \frac{1 \text{ L}}{1\,000 \text{ mL}} \times \frac{0{,}1 \text{ mol KOH}}{1 \text{ L disolución}} = 0{,}002 \text{ mol KOH}$$

$$10 \text{ mL disolución} \times \frac{1 \text{ L}}{1\,000 \text{ mL}} \times \frac{0{,}25 \text{ mol HCl}}{1 \text{ L disolución}} = 0{,}0025 \text{ mol HCl}$$

El reactivo limitante es el KOH. Atendiendo a los 0,002 mol de KOH, se formará este mismo número de moles de KCl y de H_2O, y se consumirá también este número de moles de HCl. El HCl que sobrará sin reaccionar será:

0,0025 mol HCl iniciales – 0,002 mol HCl consumidos = 0,0005 mol HCl sobrantes

Los moles de reactivos y de productos al principio y al final de la reacción son:

	KOH	+	HCl	$\longrightarrow$	KCl	+	H_2O
Moles iniciales:	0,002		0,0025		0		0
Moles finales:	0		0,0005		0,002		0,002

De todas las sustancias que existen al final de la reacción, solo el HCl puede condicionar la acidez del medio. Su concentración final se calcula suponiendo que el volumen de la reunión de las dos disoluciones es la suma de ambos volúmenes. En este caso, es aproximadamente igual a: 20 mL + 10 mL = 30 mL = 0,030 L:

$$[HCl] = \frac{0{,}0005 \text{ mol HCl}}{0{,}03 \text{ L disolución}} = 0{,}0167 \text{ M de HCl}$$

Al ser HCl un ácido fuerte, esta concentración de HCl restante estará completamente disociada:

	HCl	$\longrightarrow$	Cl^-	+	H^+
	0		0,0167 M		0,0167 M

Con lo que: pH = $-\log [H^+] = -\log (0{,}0167 \text{ M}) = 1{,}8$

7.4 Cálculos con mezclas y reactivos impuros. Su importancia industrial

Figura 6.24.
Vagonetas de pirita en una minería. La pirita nunca es sulfuro de hierro puro, sino una mezcla con otras sustancias químicas.

La estequiometría de las reacciones químicas establece relaciones entre los moles de una y otra sustancia participantes en la reacción. Ahora bien, estas proporciones son de las sustancias representadas por sus fórmulas químicas, o sea, de las sustancias químicamente puras.

En cambio, tanto en el laboratorio como, sobre todo en la industria, la mayor parte de las veces se trata con mezclas o sustancias impurificadas con otros componentes. Por ejemplo:

- En la **minería** se debe contar siempre con los **porcentajes de riqueza,** pues los minerales son una mezcla de productos químicos y la sustancia de interés se verá acompañada de otras que hay que desechar.
- Las **materias primas** vegetales y animales también son **mezclas de muchas sustancias** y es habitual que la sustancia de interés se encuentre en bajísima cantidad, como ocurre con las vitaminas o las esencias. En los procesos de preparación hay muchas pérdidas.

Respecto a la pureza de los productos que se obtienen, también se encuentra una gran variabilidad, incluso cuando la sustancia que se quiere obtener es la misma. Por ejemplo, un alcohol no se elabora con la misma pureza para usos farmacéuticos que cuando va a utilizarse como disolvente de pinturas. Entre los procesos industriales que demandan más pureza destacan:

- La **producción de medicamentos** en laboratorios farmacéuticos.
- La **producción de reactivos** y **especialidades químicas** para el análisis.

En los cálculos hay que tener en cuenta los porcentajes de riqueza de cada sustancia y multiplicar adecuadamente las cantidades de cada reactivo en bruto por el porcentaje de riqueza en la sustancia en cuestión.

EJEMPLO

El cloruro de hidrógeno ataca al carbonato de calcio produciendo cloruro de calcio y desprendiendo dióxido de carbono. Calcula la cantidad de piedra caliza de una riqueza en carbonato de calcio del 85,3 % que se necesita para obtener 25 toneladas de cloruro de calcio. (Datos: M (C) = 12,011; M (O) = 15,9994; M (Cl) = 35,453; M (Ca) = 40,078.)

En primer lugar se escribe la ecuación de la reacción, que se iguala muy fácilmente:

$$CaCO_3 + 2\,HCl \longrightarrow CaCl_2 + CO_2 + H_2O$$

Se calculan las masas correspondientes a las fórmulas de $CaCl_2$ y $CaCO_3$:

$$M\,(CaCl_2) = M\,(Ca) + 2\,M\,(Cl) = 40{,}08 + 2\,(35{,}453) = 110{,}986$$

$$M\,(CaCO_3) = M\,(Ca) + M\,(C) + 3\,M\,(O) = 40{,}078 + 12{,}0107 + 3\,(15{,}9994) = 100{,}0869$$

A continuación se efectúan los cálculos habituales mediante factores de conversión, con la única salvedad de que, al final, se debe procurar que el resultado no sea la cantidad de $CaCO_3$ puro, sino de piedra caliza que lo contiene, para lo cual se aplica el porcentaje de riqueza en los factores de conversión:

$$25\text{ t } CaCl_2 \times \frac{10^6\text{ g}}{1\text{ t}} \times \frac{1\text{ mol } CaCl_2}{110{,}984\text{ g } Ca\,Cl_2} \times \frac{1\text{ mol } CaCO_3}{1\text{ mol } CaCl_2} \times \frac{100{,}0869\text{ g } CaCO_3}{1\text{ mol } CaCO_3} \times \frac{100\text{ g caliza}}{85{,}3\text{ g } CaCO_3} \times \frac{1\text{ t}}{10^6\text{ g}} =$$

$$= 26{,}43\text{ t de piedra caliza}$$

7.5 Rendimiento de procesos químicos

Incluso con reactivos puros, las cantidades de productos obtenidas nunca son las que teóricamente se esperan. Esto se debe a que las reacciones no han funcionado con un 100 % de eficacia. Existen diversas causas:

- **La aparición de la reacción inversa,** que hace reaccionar los productos entre sí y revierten a reactivos. De este modo se establece un equilibrio entre las reacciones directa e inversa, impidiendo que cualquiera de las dos progrese hasta el final.
- **El envenenamiento de catalizadores,** que son sustancias que facilitan y aceleran las reacciones, pero que son muy sensibles a algunos agentes contaminantes y pueden dejar de realizar su función. Así, la reacción se vuelve tan lenta que tampoco consigue llegar al final.
- **Las pérdidas durante el proceso,** tales como fugas, evaporaciones o incrustaciones en las vasijas de reacción. Pueden afectar tanto a reactivos como a productos, de modo que las cantidades obtenidas son menores.
- **Las reacciones laterales** que den otros productos no deseados.
- **La producción de isómeros químicos** que no sean interesantes como productos. Por ejemplo, la obtención simultánea de propan-1-ol y propan-2-ol cuando solo se desea una de estas sustancias.

El **rendimiento** define la relación entre las cantidades obtenidas de producto y las cantidades esperadas según los cálculos teóricos sobre la estequiometría de la reacción, y teniendo en cuenta las cantidades de partida de reactivos. Puede expresarse en tanto por uno o en tanto por cien como:

$$\text{Rendimiento} = \frac{\text{Cantidad obtenida de producto}}{\text{Cantidad teóricamente esperada de producto}} \times 100$$

Figura 6.25.
Rendimiento de procesos químicos a escala industrial. En las instalaciones industriales hay pérdidas de reactivos y productos debido a la gran variedad de operaciones y al largo recorrido al que se someten las sustancias.

EJEMPLO

El carburo de aluminio reacciona con el agua produciendo metano e hidróxido de aluminio. Calcula el volumen de este gas, en condiciones normales, que se puede obtener suponiendo unas pérdidas del 5,4 % a partir de 160 g de carburo de aluminio del 93 % de pureza. (Datos: M (H) = 1,00797; M (C) = 12,011; M (O) =15,9994; M (Cl) = 35,453; M (Al) = 26,9815.)

La reacción igualada es: $Al_4C_3 + 12\ H_2O \longrightarrow 4\ Al(OH)_3 + 3\ CH_4$.

Calculamos las masas de las fórmulas de Al_4C_3 y CH_4:

$$M\,(Al_4C_3) = 4\ M\,(Al) + 3\ M\,(C) = 4 \times 26{,}9815 + 3 \times 12{,}011 = 143{,}959$$

$$M\,(CH_4) = M\,(C) + 4\ M\,(H) = 12{,}011 + 4\,(1{,}00797) = 16{,}0428$$

Ahora se hacen los cálculos habituales mediante factores de conversión considerando los datos del enunciado: pureza del carburo de aluminio, (93 %), y pérdidas (5,4 %, o sea, rendimiento del 94,6 %):

$$160\ \text{g}\ Al_4C_3 \times \frac{93\ \text{g}\ Al_4C_3}{100\ \text{g}\ Al_4C_3} \times \frac{1\ \text{mol}\ Al_4C_3}{143{,}959\ \text{g}\ Al_4C_3} \times \frac{3\ \text{mol}\ CH_4}{1\ \text{mol}\ Al_4C_3} \times \frac{94{,}6\ \text{mol}\ CH_4\ \text{obtenidos}}{100\ \text{mol}\ CH_4\ \text{previstos}} \times \frac{22{,}4\ \text{L}}{1\ \text{mol}\ CH_4} =$$

$$= 65{,}71\ \text{L de}\ CH_4$$

Trabajo de investigación

Consumo de combustibles y emisión de CO_2

Objetivos

Expresar numéricamente el consumo de combustibles fósiles de una comunidad, valorar el perfil de usos al que se destina y qué medidas permiten incidir en su ahorro. Determinar también las emisiones de CO_2 relacionadas con él.

Obtener información

Páginas web de empresas fabricantes de calderas, cocinas, calentadores y vehículos a motor, Ayuntamiento, Ministerio de Industria, Energía y Turismo, etc.).

Desarrollo

- Elige como elemento de estudio una comunidad de entre 100 y 1 000 habitantes (puede ser un bloque de viviendas, un barrio, una calle o una pequeña población). El número escogido ha de permitir conocer aproximadamente el tipo y la cantidad de dispositivos que quemen combustibles fósiles, sean domésticos o de locomoción. No se tomarán en cuenta las industrias y empresas.
- Averigua si los aparatos (cocinas, horno, calentador de agua o caldera de calefacción) funcionan conectados a gas ciudad, a gas butano, a propano o queman petróleo, gasóleo, carbón u otro combustible. Los vehículos, con algunas excepciones a gas, la mayoría queman gasolina o gasóleo.
- Calcula el número de personas usuarias, los tiempos de uso y los costes y consumos mensuales o anuales de los distintos combustibles (puedes hacer la consulta a nivel de unidad familiar o de comunidad de vecinos). En el caso de la automoción pide también el kilometraje medio recorrido. Este valor puedes obtenerlo de los datos anuales, si tienes en cuenta que algunos consumos no son regulares a lo largo del año y que deberás ponderarlos para obtener los valores anuales.
- Busca las características técnicas y la potencia que generan estos aparatos en las páginas web citadas. Establece la relación entre potencia y consumo de combustible en masa, o en litros (en c. n.), si se trata de gases. Realiza un cálculo de los valores promedio entre los aparatos más utilizados de las distintas marcas y modelos.
- Escribe las ecuaciones de combustión de los combustibles implicados para calcular las cantidades de CO_2 emitidas. A partir de los datos de consumo, crea una hoja de cálculo donde se recojan, para cada aparato, los valores de: a) consumo anual (kg), b) coste económico (€), c) potencia generada *(W),* d) coste/potencia (€/*W),* e) emisión de CO_2 (kg), f) tiempo anual de uso, g) personas que lo utilizan, h) consumo por persona (€), i) potencia consumida por persona *(W),* j) emisión de CO_2 por persona (kg CO_2).

Resultados

a) Calcula y presenta los valores totales de consumo energético por vivienda, por individuo en una vivienda de uno, dos, tres, cuatro o más habitantes.

b) Calcula el valor total del gasto económico, del consumo energético y de las emisiones de CO_2 que se generan en el elemento de estudio que hayas elegido.

c) A partir de los datos energéticos obtenidos de los aparatos de cocina, de calefacción y de automoción, y de la información sobre el número de personas usuarias, realiza una gráfica que relacione el consumo promedio por persona con el número de usuarios. ¿Puedes deducir alguna tendencia?

d) Utiliza los datos de automoción para realizar una gráfica que relacione el consumo energético con el kilometraje medio. ¿Qué puedes concluir?

e) Propón medidas para el ahorro económico y energético y para mitigar las emisiones de CO_2. A partir de los datos de la tabla, calcula numéricamente la eficiencia de las medidas propuestas.

Experiencia de laboratorio

Valoración de una disolución de agua oxigenada

Fundamento

El agua oxigenada es un compuesto muy utilizado por sus propiedades oxidantes y desinfectantes. Su poder desinfectante proviene de la liberación de oxígeno, O_2, que es tóxico para los organismos nocivos anaerobios que pueden infectar las heridas.

Tradicionalmente, la concentración de las disoluciones de agua oxigenada se ha expresado en volúmenes. Una disolución de H_2O_2 es de *n* volúmenes si, por descomposición, desprende *n* veces su volumen de oxígeno (medido en c.n.). Por ejemplo, el agua oxigenada para usos farmacéuticos es de 10 volúmenes.

Este compuesto se puede valorar (calcular el valor de su concentración) con una disolución de $KMnO_4$ de concentración conocida. Como se deduce de su ecuación ajustada, la reacción necesita medio ácido. Por tanto, esta reacción se debe acidular antes de proceder a la valoración.

Objetivos

- Preparar una disolución de concentración conocida de permanganato potásico.
- Valorar una disolución de agua oxigenada de concentración desconocida.
- Conocer los cálculos estequiométricos relacionados con la valoración.

Material y reactivos

- Bureta, matraz erlenmeyer de 100 mL, pipeta de 5 mL, frasco lavador con agua destilada, matraz aforado de 100 mL.
- Disolución de H_2O_2, disolución de H_2SO_4 1M y $KMnO_4$.
- Balanza de precisión.

Procedimiento

- **Vierte** 5 cm de la solución de agua oxigenada en un matraz erlenmeyer. Añade unos 25 mL de agua destilada y unos 5 mL de solución de H_2SO_4 1M.
- **Calcula** la masa de $KMnO_4$ que se necesita para preparar 100 mL de disolución 0,5 M de $KMnO_4$.
- **Pesa** con una balanza de precisión la cantidad calculada de $KMnO_4$, disuelve esta masa en agua y prepara 100 mL de disolución con un matraz aforado de esta capacidad.
- **Llena** una bureta con esta disolución.
- **Añade** gota a gota, con la bureta, la disolución de KMnO en el erlenmeyer que contiene la disolución de H_2O_2, agitando continuamente. No se necesita indicador puesto que, a la primera gota de exceso, el $KMnO_4$ comunicará su característico color violeta a la reacción.
- **Repite** dos veces el experimento y con los valores promedio de los resultados, calcula la concentración en moles por litro de la disolución de agua oxigenada.

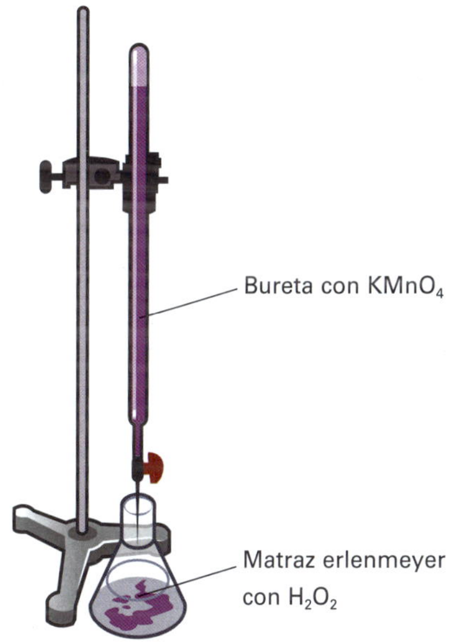

Figura 6.26.
Valoración del agua oxigenada con permanganato potásico.

Análisis de datos y conclusiones

- Calcula la concentración en mol/L de la disolución de agua oxigenada a partir de su reacción de valoración con el permanganato potásico.

$$H_2O_2 + 2\ KMnO_4 + 3\ H_2SO_4 \longrightarrow 5\ O_2 + 2\ MnSO_4 + K_2SO_4$$

- Indica el compuesto oxidante y el reductor.
- Calcula la concentración en volúmenes del agua oxigenada, dado que se descompone según:

$$2\ H_2O_2 \longrightarrow 2\ H_2O + O_2$$

Cálculos con reactivos limitantes

Se encierran en un depósito 15 kg de butano y 15 kg de oxígeno y se hace saltar una chispa. Calcula las cantidades de sustancias después de la reacción. Datos: M (C) = 12,0107; M (H) = 1,00797; M (O) = 15,9994.

Comentarios al enunciado

Conociendo los moles de cada reactivo que intervienen en una reacción, se puede deducir si entre ellos existe un reactivo limitante. Primero se igualará la reacción y se calcularán en moles las cantidades de cada reactivo. A continuación se comparan los moles disponibles de cada reactivo con los previstos según la estequiometría ajustada de la reacción. De ello se deduce si existe un reactivo limitante y cuál es.

Resolución y cálculos

La reacción de combustión del metano es: $C_4H_{10} + O_2 \rightarrow CO_2 + H_2O$

Que se iguala fácilmente como: $C_4H_{10} + \frac{13}{2} O_2 \longrightarrow 4\,CO_2 + 5\,H_2O$

Las masas moleculares del butano y del oxígeno son:

$$M\,(C_4H_{10}) = 4 \cdot M\,(C) + 10 \cdot M\,(H) = 4 \cdot 12{,}0107 + 10 \cdot 1{,}00797 = 58{,}1225$$

$$M\,(O_2) = 2\,M\,(O) = 2 \cdot 15{,}9994 = 31{,}9988$$

A partir de estas masas moleculares y de las masas indicadas en el enunciado se hallan los moles de metano y de oxígeno puesto que como siempre los cálculos químicos deben realizarse en moles.

$$15\,000 \text{ g } C_4H_{10} \cdot \frac{1 \text{ mol } C_4H_{10}}{58{,}1225 \text{ g } CH_4} = 258{,}08 \text{ mol } C_4H_{10} \qquad 15\,000 \text{ g } O_2 \cdot \frac{1 \text{ mol } O_2}{31{,}9988 \text{ g } O_2} = 468{,}77 \text{ mol } O_2$$

Estos valores indican si existe reactivo limitante y cuál es. A la vista de la reacción, cada mol de C_4H_{10} necesita 13/2 mol de O_2. Entonces, 258,08 mol C_4H_{10} necesitan $6{,}5 \times 258{,}08 = 1\,677{,}49$ mol O_2. Pero no se dispone de esta cantidad sino sólo de 468,77 mol de O_2. Entonces, el O_2 es el reactivo limitante y no lo es el C_4H_{10}.

Así, a partir de los 468,77 moles de O_2 se realizarán los cálculos de producto obtenido:

$$468{,}77 \text{ mol } O_2 \cdot \frac{4 \text{ mol } CO_2}{\frac{13}{2} \text{ g } O_2} = 288{,}46 \text{ mol } CO_2 \qquad 468{,}77 \text{ mol } O_2 \cdot \frac{5 \text{ mol } H_2O}{\frac{13}{2} \text{ g } O_2} = 369{,}59 \text{ mol } H_2O$$

Pero a parte de los productos formados, ocurre que el C_4H_{10} no habrá podido reaccionar completamente pues no había todo el oxígeno necesario. Los moles de C_4H_{10} que han reaccionado se calculan también a partir de los moles de O_2 que es el reactivo limitante:

$$468{,}77 \text{ mol de } O_2 \cdot \frac{1 \text{ mol } C_4H_{10}}{\frac{13}{2} \text{ g } O_2} = 72{,}12 \text{ mol } C_4H_{10}$$

Por tanto, al final de la reacción quedarán:

258,08 moles iniciales de C_4H_{10} – 72,12 moles consumidos de C_4H_{10} = 185,96 moles finales de C_4H_{10}.

Análisis de los resultados

Al final se encontrarán los productos de la reacción junto con parte de uno de los reactivos. Resumiendo, los moles de cada sustancia presentes al comienzo y al final de la reacción son:

	C_4H_{10}	$+ O_2 \longrightarrow$	$4\,CO_2$	$+ 5\,H_2O$
Moles iniciales:	258,08	468,77	0	0
Moles finales:	185,96	0	288,46	369,59

Si se desea pasar los resultados en masa, no hay más que usar el valor de la masa molecular de cada sustancia.

Valoración de un ácido concentrado

Se pesan 3,68 g de ácido sulfúrico concentrado de densidad de 1,795 g/cm^3 y se diluyen en agua hasta un volumen de 100 cm^3. A continuación, se toman 12,5 cm^3 de esta disolución y se valoran con una disolución de hidróxido de potasio de concentración 0,95 mol/L. En la valoración se consumen 10,5 mL de la disolución. Calcula la concentración del ácido sulfúrico en tanto por ciento y en molaridad. (Datos: M (H) = 1,00797; M (O) = 15,994; M (S) = 32,065).

Comentarios al enunciado

Los ácidos concentrados no se pueden valorar directamente, sino que se debe efectuar una dilución y es esta la que se valora. Luego, utilizando cálculos matemáticos, se averigua la concentración del ácido concentrado. En las especificaciones de fábrica siempre se indica la densidad de estos ácidos concentrados. El pesado, en este caso, es la medida de elección, porque proporciona una precisión que no alcanzan las medidas volumétricas.

Resolución y cálculos

Comenzamos calculando la masa molecular del ácido sulfúrico:

$$M\,(H_2SO_4) = 2\,M\,(H) + M\,(S) + 4\,M\,(O) = 2\,(1{,}00797) + 32{,}065 + 4\,(15{,}994) = 98{,}0785$$

La reacción de valoración ajustada es: $H_2SO_4 + 2\,KOH \longrightarrow K_2SO_4 + 2\,H_2O$

Se observa que cada mol de H_2SO_4 necesita dos moles de KOH. Por tanto, podemos calcular los moles gastados de ácido conociendo los moles gastados de KOH, que son los contenidos en 10,5 mL de disolución de concentración 0,95 mol/L:

$$10{,}5\text{ mL} \times \frac{0{,}95\text{ mol KOH}}{1\,000\text{ mL}} \times \frac{1\text{ mol }H_2SO_4}{2\text{ mol KOH}} = 0{,}0050\text{ mol }H_2SO_4$$

Estos moles estaban todos contenidos en los 15 mL de disolución de H_2SO_4 que se han valorado, por tanto, la concentración de este H_2SO_4 diluido es:

$$[H_2SO_4]_{\text{diluido}} = \frac{0{,}0050\text{ mol }H_2SO_4}{0{,}0125\text{ L}} - 0{,}3325\text{ M}$$

Calculamos ahora la concentración del ácido de partida. Los gramos de H_2SO_4 son:

$$100\text{ cm}^3 \times \frac{0{,}0050\text{ mol }H_2SO_4}{125\text{ cm}^3} \times \frac{98{,}0785\text{ g }H_2SO_4}{1\text{ mol }H_2SO_4} = 3{,}2693\text{ g }H_2SO_4$$

Estos 3,2693 g de H_2SO_4 estaban contenidos en los 3,68 g de ácido sulfúrico concentrado, por lo que su concentración en tanto por ciento es:

$$\frac{3{,}2693\text{ mol }H_2SO_4}{3{,}68\text{ g disolución}} \times 100 = 88{,}73\ \%$$

Para hallar la molaridad, usamos la densidad, que permite obtener el volumen de la preparación:

$$\frac{88{,}73\text{ g }H_2SO_4}{100\text{ g disolución}} \times \frac{1\text{ mol }H_2SO_4}{98{,}0785\text{ g }H_2SO_4} \times \frac{1{,}795\text{ g disolución}}{1\text{ mL}} \times \frac{1\,000\text{ mL}}{1\text{ L}} = 16{,}24\text{ M}$$

Análisis de los resultados

El ácido sulfúrico es un ácido de los llamados fijos; es decir, que prácticamente no se evapora. Esto hace que sus preparaciones concentradas no pierdan concentración, como ocurre con el cloruro de hidrógeno o el ácido nítrico, que son volátiles. La molaridad encontrada (16,24 M) entra perfectamente en el rango de concentraciones en las que se facilita comercialmente el ácido sulfúrico concentrado.

Actividades

Reacciones químicas y estequiometría

7 Pon un ejemplo de reacción química e indica qué sustancias son los reactivos y cuáles los productos.

8 Explica en qué consiste una reacción química. ¿Cómo la distinguirías de un fenómeno físico? Pon tres ejemplos de reacciones químicas que se puedan observar cotidianamente.

9 ¿Cómo se llaman las reacciones químicas que liberan energía? ¿Por qué lo hacen? Pon tres ejemplos.

10 ¿Puede una misma sustancia ser reactivo y producto? ¿En la misma reacción? ¿Y en distintas reacciones? Argumenta tu respuesta con ejemplos.

11 Escribe la ecuación de combustión del pentano y encuentra sus coeficientes estequiométricos.

12 Escribe e iguala estequiométricamente las ecuaciones de combustión del hexano y del propanol.

13 Escribe e iguala estequiométricamente la ecuación de combustión del éter metílico (CH_3OCH_3).

14 El azufre sólido arde en presencia de oxígeno siendo oxidado hasta trióxido de azufre. Escribe e iguala estequiométricamente esta reacción.

15 Completa e iguala las ecuaciones siguientes:

a) $S + \boxed{} \longrightarrow SO_3$

b) $\boxed{} + Fe \longrightarrow Fe_2S_3$

c) $CH_4 + \boxed{} \longrightarrow H_2O + CO_2$

d) $Cu + \boxed{} \longrightarrow CuCl_2$

16 ¿Qué son los coeficientes estequiométricos? ¿Han de ser números naturales forzosamente? ¿Puede variar el coeficiente estequiométrico de una sustancia, según la reacción en que participe? Pon ejemplos.

17 Iguala las ecuaciones siguientes:

a) $Pb(NO_3)_2\ (aq) + KI\ (aq) \longrightarrow PbI_2\ (s) + KNO_3\ (aq)$

b) $N_2\ (g) + O_2\ (g) \longrightarrow N_2O_5\ (g)$

c) $AgNO_3\ (aq) + Fe\ (s) \longrightarrow Ag\ (s) + Fe(NO_3)_3\ (aq)$

d) $N_2O_4\ (g) \longrightarrow NO_2\ (g)$

Reacciones ácido-base

18 Cita tres sustancias conocidas con propiedades ácidas y tres sustancias conocidas con propiedades básicas.

19 Explica tres propiedades generales de los ácidos y tres propiedades generales de las bases.

20 ¿Conoces alguna prueba que confirme la bondad de la teoría de Arrhenius sobre la disociación iónica?

21 Define ácido y base según la teoría de Arrhenius. Pon tres ejemplos de cada uno con sus disociaciones.

22 Indica si son verdaderos o falsos los siguientes enunciados:

a) Todas las sustancias que se disuelven lo hacen separándose en iones.

b) Todas las sustancias que se disuelven en agua lo hacen separándose en iones.

c) Todas las sustancias que se disocian lo hacen en iones positivos y negativos.

d) No existe ninguna sustancia formada solo por iones negativos o solo por iones positivos.

e) Las sustancias que se ionizan producen el mismo número de iones negativos que de iones positivos.

23 Cita tres ácidos fuertes. Escribe las ecuaciones de sus disociaciones iónicas e indica las concentraciones de sus iones si se parte de una solución 0,25 M del ácido.

24 Cita tres bases fuertes. Escribe las ecuaciones de sus disociaciones iónicas e indica las concentraciones de sus iones si se parte de una solución 0,05 M de la base.

25 Define pH. ¿Cuál es la principal utilidad de la escala de pH establecida por Sörensen?

26 ¿Se puede aplicar la definición de pH a ácidos fuertes concentrados? ¿Por qué?

27 ¿Qué son sustancias indicadoras? ¿Conoces alguna?

28 ¿Qué es un pHmetro? ¿Cómo funciona? ¿Cómo se calibra?

29 Define el concepto de neutralidad. ¿Depende de la temperatura? ¿Por qué?

30 Define medio ácido, medio neutro y medio básico.

31 ¿Existe alguna relación matemática constante entre los iones H^+ y los iones OH^- presentes en una misma disolución?

32 Calcula el pH de las disoluciones de los siguientes ácidos fuertes:

a) Una disolución de cloruro de hidrógeno 0,01 M.

b) Una disolución de ácido perclórico 0,05 M.

c) Una disolución de ácido nítrico 0,025 M.

33 Calcula el pH de las siguientes disoluciones de bases fuertes:

a) Una disolución de hidróxido de sodio 0,075 M.

b) Una disolución de hidróxido de bario 0,01 M.

c) Una disolución de hidróxido de litio 0,025 M.

34 Se disuelven 10 g de ácido nítrico en agua hasta un volumen de 500 mL. Calcula la concentración de sus especies iónicas y el pH. (Datos: M (H) = 1,00797; M (O) = 15,9994; M (N) = 14,0067.

Solución: $[H^+] = [NO_3^-]$ = 0,32 M, pH = 0,5.

35 Se disuelven 2,5 g de ácido perclórico en agua hasta un volumen de 500 mL. Calcula la concentración de sus especies iónicas y el pH. (Datos: M (H) = 1,00797; M (O) = = 15,9993; M (Cl) = 35,4527.

Solución: $[H^+] = [ClO_4^-]$ = 0,05 M, pH = 1,3.

36 Calcula la concentración de las especies iónicas y el pH de una solución preparada disolviendo 2,5 g de hidróxido de potasio en agua hasta 500 mL. (Datos: M (H) = 1,00797; M (O) = 15,9994; M (K) = 39,0983.

Solución: $[K^+] = [OH^-]$ =0,089 M; pH = 12,95.

37 Calcula la concentración de las especies iónicas y el pH de una disolución preparada disolviendo 1,5 g de hidróxido de magnesio en agua hasta obtener 1 000 mL de disolución. (Datos: M (H) = 1,00797; M (O) = 15,9994; M (Mg) = = 24,3050.)

Solución: $[Mg^{2+}]$ = 0,0257 M; $[OH^-]$ = 0,0514 M; pH = 12,71.

38 Escribe e iguala las reacciones entre:

a) Ácido perclórico e hidróxido de litio.

b) Ácido nítrico e hidróxido de magnesio.

c) Ácido sulfúrico e hidróxido de calcio.

d) Ácido sulfúrico e hidróxido de sodio.

Reacciones redox

39 Indica los números de oxidación de cada elemento en las siguientes sustancias: I_2, K_2SO_4, CH_4, C_6H_6, H_2O, H_2O_2, $CaCO_3$, $KMnO_4$, CO, CO_2, He, HCl, Cl_2.

40 En las siguientes reacciones, indica el oxidante, el reductor y también qué sustancia se oxida y cuál se reduce:

a) $4\ Fe + 3\ O_2 \longrightarrow 2\ Fe_2O_3$

b) $CH_4 + 2\ F_2 \longrightarrow CF_4 + 2\ H_2$

c) $Zn + 2\ MnO_2 + 2\ KOH \longrightarrow K_2ZnO_2 + Mn_2O_3 + H_2O$

41 Escribe separadamente las semireacciones de reducción y de oxidación de las siguientes reacciones:

a) $4\ Fe + 3\ O_2 \longrightarrow 2\ Fe_2O_3$

b) $CH_4 + 2\ F_2 \longrightarrow CF_4 + 2\ H_2$

c) $Zn + 2\ MnO_2 + 2\ KOH \longrightarrow K_2ZnO_2 + Mn_2O_3 + H_2O$

42 ¿Qué tipo de reacciones son las reacciones de combustión? Defínelas y pon un ejemplo. Ajusta la reacción de este ejemplo. ¿Para qué se usan las reacciones de combustión?

43 Si se quema una sustancia orgánica, indica qué dos productos se obtendrán con seguridad. ¿Por qué?

44 ¿Existen combustiones que no sean de sustancias orgánicas? Pon dos ejemplos e iguala sus reacciones.

45 Escribe e iguala la reacción de combustión de las siguientes sustancias:

a) Ácido etanoico.

b) Propeno.

c) Propino.

46 Escribe e iguala la ecuación de combustión de la glucosa, $C_6H_{12}O_6$. Calcula cuántos gramos de agua se liberarán en la combustión de 1 g de glucosa. (Datos: M (H) = 1,00797; M (C) = 12,0107; M (O) = 15,9994.)

Solución: 0,6 g.

47 Escribe e iguala la reacción de combustión de:

a) Butano.

b) Buteno.

c) Butino.

48 Si una sustancia orgánica posee átomos de azufre y de nitrógeno en sus moléculas, ¿qué productos, además de dióxido de carbono y agua, dará su combustión?

49 Calcula los moles de dióxido de carbono que se liberarán cuando se quemen 10 moles de butano, 10 moles de propano y 10 moles de metano.

Solución: 40, 30 y 10 moles.

50 Calcula los gramos de dióxido de carbono que se liberarán cuando se queme 1 g de metano. (Datos: M (H) = = 1,00797; M (C) = 12,0107; M (O) = 15,9994.)

Solución: 2,74 g CO_2.

51 La calefacción de un edificio quema diariamente en su sistema 1 500 kg de metano. Calcula la masa de las emisiones de dióxido de carbono que produce. (Datos M (H) = = 1,00797; M(C) = 12,0107; M (O) = 15,9994.)

Solución: 4 115 kg CO_2.

52 Escribe e iguala la reacción de combustión del benceno, C_6H_6 y del ciclohexano, C_6H_{12}.

53 Escribe e iguala la reacción de combustión del metanol, del ácido propanoico y del éter metílico.

54 Describe cómo debería ser un combustible que evitase el aumento de los niveles atmosféricos de CO_2.

Energía de las reacciones químicas

55 Define reacción endotérmica y reacción exotérmica y pon un ejemplo de cada una.

56 Explica cómo debe escribirse una reacción termoquímica. Pon un ejemplo escribiendo una de ellas.

57 Define variación de energía interna y variación de entalpía de una reacción química. Explica cómo se pueden medir.

58 ¿Puede existir una reacción en la que su variación de energía interna y su variación de entalpía tengan el mismo valor? Arguméntalo con ejemplos.

59 ¿Qué se entiende por forma estándar de una sustancia química? ¿Cuánto vale la entalpía de un elemento en forma estándar? ¿Y si es un compuesto?

60 La entalpía estándar de combustión del octano es del –5 471 kJ/mol. La densidad del octano es de 0,70 g/cm³. Calcula el calor obtenido al quemar 65 L de octano. (Datos: M (H) =1,00797; M (C) = 12,0107.)

Solución: $-2{,}18 \times 10^6$ kJ.

61 La entalpía estándar de formación del etino es igual a +226,73 kJ/mol y la del etano es –84,68kJ/mol. Escribe la reacción de hidrogenación del etino hasta etano. Calcula la entalpía estándar de esta reacción.

Solución: $-311{,}41\ kJ\ mol^{-1}$.

62 La oxidación moderada de metano produce metanol. Es difícil medir la entalpía de esta reacción porque es inevitable que aparezcan oxidaciones totales hasta CO_2. Calcula la entalpía estándar de oxidación del metano a metanol si sus valores de entalpías estándares de formación son: –74,81 y –238,66 kJ · mol^{-1}.

Solución: –163,85 kJ mol^{-1}.

63 Calcula la entalpía estándar de la reacción de descomposición del tetraóxido de dinitrógeno en dióxido de nitrógeno. (Datos: $\Delta H_{fNO_2\,(g)}$ = +33,18 kJ/mol y $\Delta H_{fN_2O_4\,(g)}$ = 9,16 kJ/mol.)

Solución: + 57,20 kJ/mol.

64 Calcula el calor producido en la combustión de 100 g de metanol. (Datos: $\Delta H^0_{CO_2\,(g)}$ = –393,50 kJ/mol; $\Delta H^0_{H_2O\,(l)}$ = = –284,67 kJ/mol; $\Delta H^0_{CH_3OH\,(l)}$ = –238,60 kJ/mol; *M* (H) = = 1,00797; *M* (C) = 12,0107; *M* (O) = 15,9994.)

Solución: –2 260,10 kJ.

65 Calcula el calor producido por la combustión en condiciones estándar de 500 L de metano medidos en condiciones normales). (Datos: $\Delta H^0_{CO_2\,(g)}$ = –393,50 kJ/mol; $\Delta H^0_{H_2O\,(l)}$ = = –284,67 kJ/mol; $\Delta H^0_{CH_4\,(g)}$ = –74,90 kJ/mol.)

Solución: –19 819,2 kJ.

66 Calcula la entalpía estándar de combustión del benceno y el calor que se desprenderá por la combustión de 50 g de esta sustancia. (Datos: *M* (H) =1,00797; *M* (C) = = 12,0107, $\Delta H^0_{C_6H_6\,(g)}$ = +49,0 kJ/mol; $\Delta H^0_{CO_2\,(g)}$ = –393,50 kJ/mol; $\Delta H^0_{H_2O\,(l)}$ = –284,67 kJ/mol.)

Solución: 3 166,01 kJ mol^{-1}; 2 026,58 kJ.

67 Las entalpías estándar de combustión del hidrógeno, metano y octano son –286 kJ/mol, –890 kJ/mol, –5 471 kJ/mol, respectivamente. ¿Cuál crees que tiene un rendimiento energético mayor por kilogramo de combustible? (Datos: *M* (H) =1,00797; *M* (C) = 12,0107.)

68 Los calores de formación estándar del monóxido de nitrógeno y dióxido de nitrógeno son 90,3 kJ/mol y 33,2 kJ/mol. Calcula la entalpía estándar de oxidación de monóxido de nitrógeno a dióxido de nitrógeno.

Solución: –57,1 kJ mol^{-1}.

69 Las entalpías estándar de formación del dióxido de azufre y del trióxido de azufre son –296,8 kJ/mol y –395,7 kJ/mol. Calcula la entalpía estándar de la oxidación del dióxido de azufre a trióxido de azufre.

Solución: –98,9 kJ mol^{-1}.

70 Calcula el valor de la entalpía estándar de la reacción de hidrogenación del propino a propeno. (Datos: $\Delta H^0_{C\equiv C}$ = = 898,43 kJ/mol; $\Delta H^0_{C=C}$ = 612,90 kJ/mol; $\Delta H^0_{C\text{–}H}$ = 415,32 kJ/mol; $\Delta H^0_{H\text{–}H}$ = 436,40 kJ/mol.)

Solución: –108,66 kJ mol^{-1}.

71 Calcula la entalpía estándar de la reacción de hidrogenación del propeno a propano. (Datos: $\Delta H^0_{C=C}$ = 612,90 kJ/mol; $\Delta H^0_{C\text{–}C}$ = 348,15 kJ/mol; $\Delta H^0_{C\text{–}H}$ = 415,32 kJ/mol; $\Delta H^0_{H\text{–}H}$ = = 436,40 kJ/mol.)

Solución: –129,49 kJ mol^{-1}.

72 Calcula la entalpía estándar de formación del propano, sabiendo que las entalpías estándar de combustión del carbono, del hidrógeno y del propio propano son –394 kJ/mol, –286 kJ/mol y –2 220 kJ/mol, respectivamente.

Solución: –106 kJ mol^{-1}.

Espontaneidad de las reacciones

73 Averigua si será espontánea la combustión del ciclohexano en condiciones estándar. Las entalpías libres estándares de formación del ciclohexano *(l)*, dióxido de carbono *(g)*, y agua *(l)* son: +27,0, –392,75 y –236,25 kJ mol^{-1}, respectivamente.

Solución: $\Delta G^0_{reacción}$ = –3 801 kJ/mol.

74 Al calentar, el carbonato de calcio (sólido) se descompone en dióxido de carbono (gas) y óxido de calcio (sólido). La variación de entalpía estándar del proceso es de 179 kJ mol^{-1} y su variación de entropía estándar es de 160 J $K^{-1}mol^{-1}$. Calcula a qué temperaturas el proceso será espontáneo.

Solución: Será espontáneo a $T > 1\,119$ K.

75 Averigua si la descomposición del carbonato de magnesio en óxido de magnesio y dióxido de carbono es espontánea en condiciones estándar o cuándo lo será. Las entalpías estándar de formación y las entropías estándar para carbonato de magnesio (sólido), dióxido de carbono (gas) y óxido de magnesio (sólido) son –1095,8 kJ mol^{-1}, –303,5 kJ mol^{-1}, –601,7 kJ mol^{-1}; 65,7 J K^{-1} mol^{-1}, 213,7 J K^{-1} mol^{-1} y 26,9 J K^{-1} mol^{-1}, respectivamente.

Solución: Será espontáneo a $T > 1\,089{,}8$ K.

76 Calcula ΔH, ΔS y ΔG a 25 °C para el paso de Br_2 líquido a Br_2 gaseoso, indicando si el proceso es espontáneo a esta temperatura. Determina la temperatura de ebullición del Br_2. (Datos: a 25 °C: $\Delta H_{Br_2\,(g)}$ = 30,91 kJ mol^{-1}; $\Delta H_{Br_2\,(l)}$ = 0; $S_{Br_2\,(g)}$ = 245,4 J K^{-1} mol^{-1}; $S_{Br_2\,(l)}$ = 152,2 J K^{-1} mol^{-1}.)

Solución: ΔH = 30,91 kJ mol, ΔS = 93,2 J mol^{-1} K^{-1}, ΔG = 3,14 kJ mol^{-1}, T_{ebull} = 331,65 K.

77 Calcula la energía libre de evaporación del agua a 25 °C y 1 atm y la temperatura a la que el agua líquida y su vapor estarán en equilibrio bajo presión atmosférica. Para la evaporación del agua a 25 °C y 1 atm, es ΔH = 44,01 kJ mol^{-1} y ΔS = 117,9 J mol^{-1} K^{-1}.

Solución: ΔG = 8 870 J mol^{-1} y T = 373,33.

78 Para la siguiente reacción: $A\,(g) + B\,(g) \longrightarrow AB\,(g)$

se conoce que su variación de entalpía es igual a –81 kJ y su variación de entropía es igual a –180 J K^{-1} mol^{-1}. Calcula en qué intervalo de temperatura se puede trabajar para que la reacción sea espontánea. ¿Qué significan los signos negativos de ΔH y ΔS?

Solución: $T < 450$ K.

Cálculos estequiométricos ponderales y volumétricos

79 ¿Qué volumen de hidrógeno medido en condiciones normales se generará al reaccionar 50 g de cinc con ácido sulfúrico en exceso? (Datos: *M* (Zn) = 65,409.)

Solución: 17,36 L.

80 Atacando el sulfuro de hierro(II) con ácido sulfúrico se produce sulfato de hierrro(II) y se libera ácido sulfhídrico. Calcula el volumen de ácido sulfhídrico medido a 20 °C y 1,15 atm obtenido al atacar 50 kg de mineral con un 85 % de sulfuro de hierro(II).

Solución: 10 106 L.

81 Calcula el volumen de aire (de una riqueza en oxígeno del 21 % en volumen) necesario para quemar 25 L de metano medidos en las mismas condiciones.

Solución: 238,10 L.

82 Se ataca con exceso de cloruro de hidrógeno 7,65 kg de roca caliza que tiene una riqueza en carbonato cálcico del 85,3 %. Calcula el volumen medido en condiciones normales de dióxido de carbono desprendido. (Datos: *M* (C) = 12,0107; *M* (O) = 15,9994; *M* (Ca) = 40,078.)

Solución: 1 470 L.

83 Al atacar 10,00 g de sulfato de amonio con un exceso de hidróxido de potasio se desprenden 3,53 L de amoníaco medidos a 745 mm Hg y 18 °C. Calcula la pureza de la muestra de sulfato amónico.

Solución: 95,76 %.

84 Calcular el volumen de aire (medido en condiciones normales) para quemar completamente 100 g de octano. (Datos: *M* (H) = 1,00797; *M* (C) = 12,0107; riqueza en oxígeno del aire = 20,99 % en volumen).

Solución: 1 183 L.

85 Un volumen de 22,5 cm^3 de una mezcla de etano y acetileno y 90 cm^3 de oxígeno medidos en las mismas condiciones, se hacen estallar y, al recuperar las condiciones iniciales, el vapor de agua condensa y quedan 60,75 cm^3 de dióxido de carbono y oxígeno. Calcula la composición inicial.

Solución: 41,57 % C_2H_2 y 58,43% C_2H_6.

86 El oxígeno puede oxidar al amoníaco hasta monóxido de nitrógeno y agua. ¿Qué volumen de aire (del 21 % en volumen de oxígeno) se necesita para oxidar 25 litros de amoníaco medidos en las mismas condiciones?

Solución: 148,81 L.

87 ¿Qué volumen de solución de ácido sulfúrico 0,5 M se debe tomar para que contenga 5 g de H_2SO_4?

Solución: 102 cm^3.

88 Calcula la cantidad de cobre y de ácido sulfúrico del 97 % de riqueza en H_2SO_4 necesarias para obtener 2,5 kg de sulfato de cobre pentahidratado ($CuSO_4 \cdot 5H_2O$).

Solución: 636g Cu; 1012 g ácido sulfúrico.

89 Al calentar el nitrito de amonio se descompone en nitrógeno y agua. Calcula el volumen de nitrógeno medido a 752 mm Hg y 16 °C obtenido al calentar hasta descomposición total 50 g de nitrito de amonio.

Solución: 18,71 L.

90 Se atacan 50,00 g de una aleación de aluminio y cinc con cloruro de hidrógeno diluido de modo que solo resulta atacado el cinc y se desprende un volumen de 5,125 L de hidrógeno medido en condiciones normales. Calcula la composición de la aleación.

Solución: 29,52 % Zn; 70,48 % Al.

91 En un reactor hermético, se encierran 500 cm^3 de una mezcla de metano, monóxido de carbono e hidrógeno y 670 cm^3 de oxígeno medidos en las mimas condiciones. Se hace estallar la mezcla. Al final quedan 500 cm^3 de gas medido en las mismas condiciones iniciales con 30 % de oxígeno y 70 % de dióxido de carbono. Halla la composición de la mezcla inicial.

Solución: 34 % CO; 36 % CH_4; 30 % H_2.

92 El ácido etanoico (CH_3COOH) neutralizado con hidróxido de calcio, da etanoato de calcio que calentando rinde carbonato de calcio y propanona (CH_3COCH_3). El rendimiento del proceso es del 85 %. ¿Qué cantidad de propanona se obtiene a partir de 1 500 kg de ácido etanoico del 91 % de pureza?

Solución: 561 kg.

93 Calcula los gramos de $Na_2CO_3 \cdot 10\ H_2O$ necesarios para preparar 250 g de una disolución de carbonato de sodio, Na_2CO_3, al 10 %. (Datos *M* (H) = 1,00797; *M* (C) = 12,0107; *M* (O) =15,9994; *M* (Na) = 22,9898.

Solución: 67 g.

94 ¿Cuántos moles de hidróxido de potasio contienen 1 000 cm^3 de una disolución con un 41,71 % de riqueza en dicha sustancia y una densidad de 1,415 g/cm^3?

Solución: 10,49 mol.

95 ¿Qué volumen de ácido sulfúrico del 92,77 % en H_2SO_4 y de 1,827 g/cm^3 de densidad se necesita para preparar 25 litros de disolución 0,25 M en este ácido?

Solución: 362 cm^3.

96 Se toma 1 cm^3 de una disolución de amoníaco de 0,892 g/cm^3 de densidad y se diluye hasta 200 cm^3. Se toman ahora 50 cm^3 de esta dilución y se valoran con HCl 0,1 M, consumiéndose 39,28 cm^3 de la solución ácida. Calcula la concentración de la disolución primitiva en porcentaje de amoníaco.

Solución: 29,98 % NH_3.

7 Química del carbono

1 Carbono y compuestos orgánicos

Denominamos **compuestos orgánicos** a los que están formados a partir de carbono, con la participación de algunos pocos elementos más. La mayoría de compuestos orgánicos contienen solo seis elementos: **carbono**, C; **hidrógeno**, H; **oxígeno**, O; **nitrógeno**, N; **azufre**, S; y **fósforo**, P. Para tener una idea de la variedad y riqueza de los compuestos orgánicos, basta citar:

- La base de datos químicos **Beilstein** contiene un número superior a 10^7 compuestos orgánicos.
- La base de **Chemical Abstracts Service** reúne unas 64×10^6 proteínas y ADN.
- En 2011, el PNUMA, Programa de Naciones Unidas para el Medio Ambiente, publicó un estudio según el cual se calculan en 8,7 millones las especies vivientes en la Tierra.
- Un organismo simple como una bacteria posee unas 3 000 proteínas distintas y un ser humano, unas 5×10^6.

Figura 7.1.
El leopardo es una de las especies de seres vivos de nuestro planeta. La gran diversidad de seres vivos atesora una enorme variedad de moléculas orgánicas, muchas de ellas todavía por descubrir y estudiar.

La enorme cantidad de compuestos orgánicos se explica por las características químicas del carbono, cuyos átomos son capaces de enlazarse unos a otros formando cadenas de longitud y ramificación muy variable.

1.1 Origen de los compuestos orgánicos

El nombre de **química orgánica** fue propuesto por el sueco **Jöns J. Berzelius** (1779-1848) y se refiere a la creencia de que tales compuestos solo podían ser sintetizados por los seres vivos gracias a una «fuerza vital», que no podía obtenerse de ningún modo en el laboratorio.

La vida apareció en la Tierra hace unos tres mil millones de años. Anteriormente debió de existir una química orgánica abiótica. A partir de los gases de la atmósfera, metano, CH_4, dióxido de carbono, CO_2, vapor de agua, H_2O, y nitrógeno N_2, con la ayuda de la energía solar y de eventuales descargas eléctricas, se generaron las primeras moléculas orgánicas que fueron los *ladrillos* para la construcción de los seres vivos. La atmósfera no tenía, en aquel entonces, prácticamente nada de oxígeno. Todo el oxígeno, O_2, que hoy forma el 21 % de nuestra atmósfera se ha originado por la actividad de los organismos fotosintéticos durante milenios.

No fue hasta 1828 cuando el alemán **Friedrich Whöler** (1800-1882) consiguió sintetizar artificialmente un compuesto orgánico por primera vez. Se trató de la **urea,** $CO(NH_2)_2$, una sustancia de desecho del metabolismo animal. Esto supuso romper la barrera de la «vitalidad» y crecieron los trabajos dedicados a obtener y purificar compuestos orgánicos de la naturaleza. Se descubrieron reacciones para la síntesis artificial de muchos compuestos y también se sintetizaron compuestos orgánicos nuevos que no existían en absoluto en la naturaleza.

A los compuestos orgánicos terrestres, hay que sumar los existentes en el espacio interestelar. En los restos del meteorito caído en el lago canadiense *Tagish* en el año 2000 se confirmó la existencia de ácido fórmico, azúcares y aminoácidos. El radiotelescopio Green Bank ha detectado líneas espectrales de propanal, propenal, hidroxietanal, ciclopropenona, etenimina y acetamida, entre otros compuestos orgánicos prebióticos.

Hoy, la orgánica es el sector más pujante de la industria y de la investigación química, y lo es mucho más si incluimos en ella la bioquímica y las nuevas tecnologías derivadas de la ingeniería genética: combustibles, tejidos, plásticos, medicamentos, materiales de construcción, insecticidas, plaguicidas, perfumes, cosméticos y un larguísimo etcétera que no excluye la amenaza de moléculas nuevas de efectos imprevistos para el planeta. Lejos ya de la obtención de productos naturales, es más apropiado hablar de **química del carbono** que de química orgánica.

2 Características del átomo de carbono

Figura 7.2.
Fibra de carbono. Es un material extremadamente duro y resistente, formado por carbono puro con átomos unidos por enlaces covalentes.

El carbono es el **sexto elemento de la tabla periódica,** porque sus átomos tienen un núcleo con **6 protones** y una capa electrónica con **6 electrones** que orbitan alrededor del núcleo. El número de neutrones en el núcleo varía según los isótopos. El isótopo más abundante tiene 6 neutrones, pero existe también un isótopo con 7 neutrones y otro con 8. Estos isótopos, con la composición de sus núcleos, son:

$$^{12}_{6}C \begin{cases} 6 \text{ neutrones} \\ 6 \text{ protones} \end{cases} \qquad ^{13}_{6}C \begin{cases} 7 \text{ neutrones} \\ 6 \text{ protones} \end{cases} \qquad ^{14}_{6}C \begin{cases} 8 \text{ neutrones} \\ 6 \text{ protones} \end{cases}$$

Los isótopos estables del carbono son el ^{12}C (98,89 %) y el ^{13}C (1,11 %). El ^{14}C es inestable, con un período de semidesintegración de 5 730 años y se analiza su abundancia en la datación de fósiles y de otras muestras originadas por organismos vivos. La configuración electrónica que presenta el carbono es:

$$_{6}C \qquad 1s^2\ \underline{2s^2\ 2p^2}$$

En el último nivel ($n = 2$) hay cuatro electrones ($2s^2\ 2p^2$).

2.1 Tipos de enlaces del átomo de carbono

Si lo comparamos con el flúor, que forma solo un enlace covalente porque tiene un electrón desapareado:

$_{9}F \qquad 1s^2\ 2s^2\ 2p^5$ [↑↓] [↑↓] [↑↓|↑↓|↑]

en un principio, el C solo podría formar dos enlaces covalentes porque únicamente tiene dos electrones desapareados:

$_{6}C \qquad 1s^2\ 2s^2\ 2p^2$ [↑↓] [↑↓] [↑|↑|]

Según esto, 2 sería la valencia natural del C. Pero el uso de esta valencia es muy raro; solo se da en dos compuestos: el monóxido de carbono, CO, y el carbeno, CH_2:

:C::O: H:C:H

En la mayoría de los compuestos, el C actúa con valencia 4. O sea, comparte 4 pares de electrones con otros átomos. Para eso, promociona uno de los electrones situados en el orbital 2*s* a uno de los orbitales *p*, que está vacío. Así, resultan 4 electrones desapareados en la capa de valencia:

$_{6}C \qquad 1s^2\ 2s^1\ 2p^3$ [↑↓] [↑] [↑|↑|↑]

Su notación de Lewis muestra 4 electrones, cada uno de los cuales puede formar, con electrones de otros átomos, un par para compartir. Formando estos 4 enlaces covalentes, el átomo de C alcanza el octeto de valencia completo, es decir, una configuración estable comparable a la de los gases nobles. Por ejemplo, con hidrógeno forma el metano, CH_4:

$_{1}H \qquad 1s^1$ H·

$_{6}C \qquad 1s^2\ 2s^1\ 2p^3$ ·Ċ·   →   H:C:H (con H arriba y H abajo)

El monóxido de carbono, CO, es un gas que se produce en las combustiones con déficit de oxígeno. Es muy tóxico por lo que se debe inspeccionar todo tipo de fogones, hornos y calderas para evitar su formación. Su toxicidad se debe a la similitud entre las moléculas C=O y O=O. Al igual que la de O_2, la molécula de CO se une a la hemoglobina sanguínea, pero a diferencia del O_2, no se separa de ella cuando la sangre llega a las células. Con ello, la sangre se satura de CO, pierde la capacidad de proveer de O_2 a las células y se da la muerte por asfixia.

El átomo de carbono puede formar dobles enlaces con otros átomos. Por ejemplo, en la molécula de dióxido de carbono, CO_2:

$_6C$ $1s^2\,\underline{2s^1}\,\underline{2p^3}$

$_8O$ $1s^2\,\underline{2s^2}\,\underline{2p^4}$

Y también forma triples enlaces, como en la molécula de cianuro de hidrógeno, HCN:

$_1H$ $\underline{1s^1}$

$_6C$ $1s^2\,\underline{2s^1}\,\underline{2p^3}$

$_7N$ $1s^2\,\underline{2s^2}\,\underline{2p^3}$

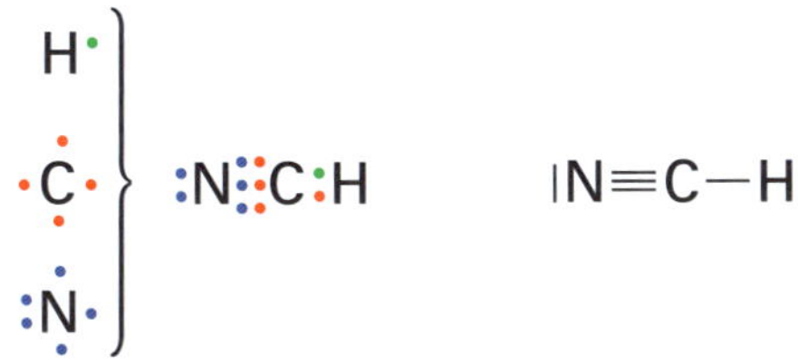

2.2 Enlaces entre átomos de carbono

Los átomos de carbono también pueden formar enlaces consigo mismos. Esto ocurre con muchos otros elementos: así, existen moléculas de O_2, O_3, N_2, Cl_2 y S_8. Pero solo dos elementos, el Si y el C, pueden formar largas cadenas de átomos del mismo elemento. Esto es lo que permite al C construir la gran variedad de moléculas orgánicas y bioquímicas que mantienen el extraordinario sistema químico de los seres vivos. Los ejemplos más simples de enlace simple, doble y triple entre átomos de C lo constituyen los hidrocarburos de dos C, etano, eteno y etino:

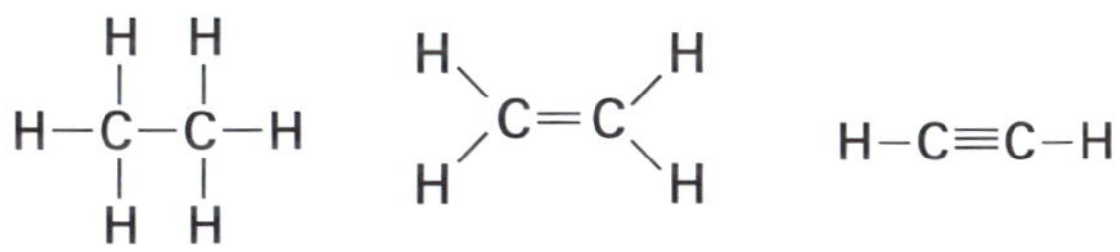

Etano Eteno Etino

	Longitud de enlace (10^{-10} m)	Energía de enlace (kJ/mol)
C–C	1,543	348
C=C	1,337	612
C≡C	1,204	898

Tabla 7.1.
Longitudes y energías de los distintos enlaces entre átomos de carbono.

Naturalmente, un enlace triple es más fuerte que uno doble y este es más fuerte que uno simple. Las energías, los ángulos y las longitudes de enlace se muestran en la tabla adjunta.

- **Ángulo de enlace.** En la figura 7.3 se muestran los ángulos que forman tres átomos de C cuando entre dos de ellos hay un enlace simple, doble o triple. Cuando un átomo de C solo forma enlaces simples, estos se disponen siguiendo los vértices de un tetraedro. Si dos átomos de C se unen mediante un doble enlace, los enlaces con otros átomos se disponen en un mismo plano. Cuando se forma un triple enlace, los dos átomos y los otros dos que se unen a continuación están en línea recta.

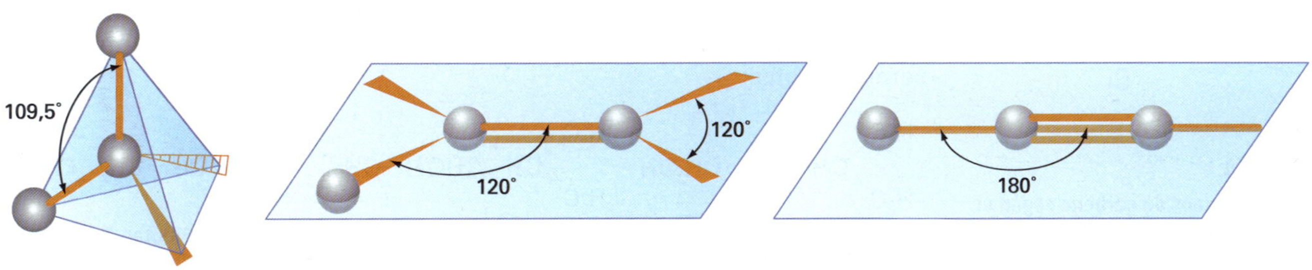

Figura 7.3.
Disposición espacial de los distintos enlaces entre átomos de carbono.

Un **silano** es un análogo de los alcanos. La fórmula general de un silano es Si_nH_{2n+2}. Tiende a ser menos estable, puesto que el enlace Si—Si es de menor energía que el enlace C—C. El oxígeno descompone los silanos, porque el enlace Si—O es muy estable.

- **Rotación.** Una diferencia fundamental entre los enlaces simples y los dobles o los triples es que los simples pueden girar sin romperse permitiendo a las moléculas «doblarse» o «torcerse» mientras que los dobles y triples representan puntos de rigidez estructural.
- **Energías de enlace.** El orden de energías es: $E_{triple} > E_{doble} > E_{simple}$. Por tanto, costará más romper un enlace triple que uno doble y uno doble será más difícil de romper que uno simple. A pesar de ello, la energía de un enlace doble no es el doble de la energía de un enlace simple, ni la de un enlace triple es el triple de la de uno simple. Esto se debe a que, en el primer enlace que se forma, los electrones se sitúan justo en el eje entre los dos núcleos que unen. Se trata de la mejor zona para formar un enlace y, al situarse en ella, el par de electrones forma el enlace más fuerte posible. Al formar otro enlace entre los mismos átomos, el siguiente par de electrones ha de situarse apartado de la zona internuclear y el enlace resulta menos fuerte que el anterior. Lo mismo sucede con otro enlace para completar uno triple.
- **Reactividad.** Reactividad de C≡C > reactividad de C=C > reactividad de C—C. Esto es así porque un enlace triple representa un punto de la molécula con mayor densidad de electrones que uno doble y este, con mayor densidad que uno simple. Por eso, este será el orden de reactividad con los iones positivos y, en general, con los átomos o moléculas llamados **electrófilos,** que tienen elevada afinidad por los electrones.

2.3 Cadenas carbonadas

Con la excepción del silicio, el carbono es el único elemento cuyos átomos se unen unos a otros formando cadenas que pueden ser **lineales**, **ramificadas** y también **cerradas,** formando ciclos. Naturalmente, un determinado compuesto puede presentar combinaciones mixtas de estos tipos de cadena. La longitud de estas cadenas abarca desde los dos átomos del etano hasta centenares o miles de átomos de carbono, que forman las cadenas de los polímeros.

Aunque se denominen lineales, tridimensionalmente estas cadenas adoptan la forma que les permiten los enlaces C—C, C=C y C≡C. Solo el enlace triple determina linealidad entre los átomos que lo forman y sus vecinos inmediatos.

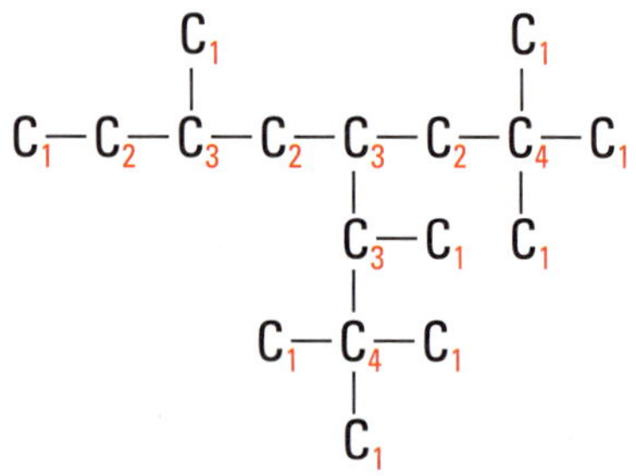

Figura 7.4.

Tipos de átomos de carbono según el número de átomos de carbono a los que están unidos. Carbonos primarios, C_1; secundarios, C_2; terciarios, C_3, y cuaternarios, C_4, en una cadena carbonada.

Los átomos de C de una cadena se clasifican en **primarios,** C_1; **secundarios,** C_2; **terciarios,** C_3, y **cuaternarios,** C_4, según estén unidos a uno, dos, tres o cuatro átomos de carbono vecinos. Las propiedades que determinan grupos atómicos característicos (que se conocen como funciones orgánicas) son distintas según estén situados sobre un carbono primario, secundario o terciario. Por ejemplo, el grupo —OH o grupo alcohol, en una misma cadena puede ocupar diversas posiciones. Las propiedades de estos compuestos serán distintas:

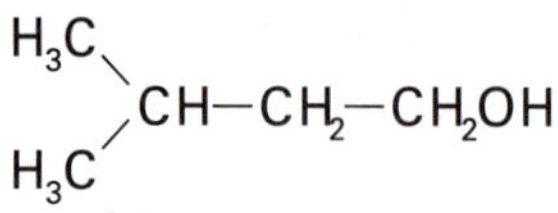

3-metilbutan-1-ol
3-metil-1-butanol

3-metilbutan-2-ol
3-metil-2-butanol

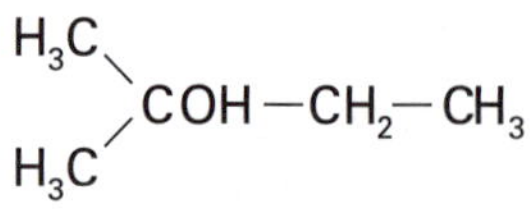

2-metilbutan-2-ol
2-metil-2-butanol

Esto se debe al diferente entorno electrónico que proporcionan los átomos vecinos a un átomo de C.

3 Formas alotrópicas del carbono puro

El carbono puro presenta varias **formas alotrópicas** que son sustancias distintas que tienen la misma composición, pero presentan diferentes propiedades debido a la organización de sus átomos. A las tradicionales formas de diamante y grafito, se unen las descubiertas a fines del siglo XX.

- El **diamante,** formado por una red tridimensional de átomos de C unidos mediante enlaces covalentes simples con una disposición tetraédrica. Es transparente y de gran dureza, pues su rotura implica romper enlaces covalentes. No es conductor eléctrico porque todos los electrones de valencia están ocupados en los enlaces y no pueden desplazarse. Además del interés en joyería por los diamantes puros y grandes, su gran dureza hace útiles a los demás como abrasivos y en herramientas de corte.

- En el **grafito,** los átomos de C unidos por enlaces simples y dobles alternados forman láminas de hexágonos planos. Los electrones de los dobles enlaces pueden saltar de un átomo a otro. Esta movilidad confiere conductividad eléctrica al grafito. Las distintas láminas de átomos de C se unen por fuerzas de van der Waals que son débiles frente a un enlace covalente, por lo que el grafito es exfoliable si se aplica una fuerza según el plano de las láminas. El grafito se usa en lapiceros y en electrodos y conectores eléctricos de motores. También es un buen lubricante sólido y es crucial en reactores de centrales nucleares como moderador de la fisión.

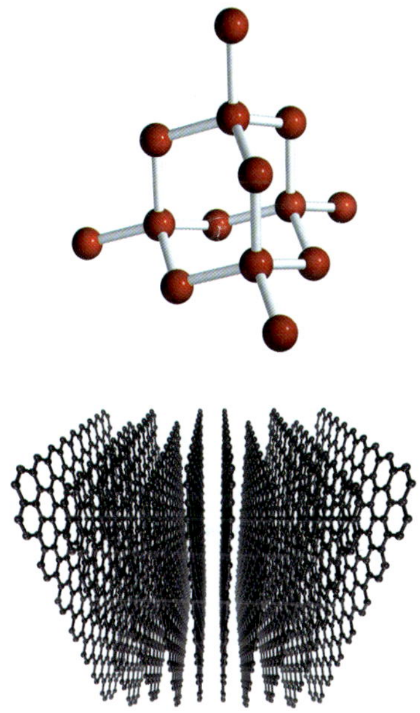

Figura 7.5.
Estructura del diamante (arriba) y del grafito (abajo). Son las dos formas alotrópicas de carbono más conocidas.

- Los **fullerenos** o **buckybolas** se hallaron en 1985 por Harold Kroto, James Heath, Sean O'Brien, Robert Curl y Richard Smalley al irradiar grafito con un rayo láser y mezclar el vapor de C producido con una corriente de helio. En el residuo encontraron moléculas constituidas exclusivamente por 60 o 70 átomos de carbono en forma de jaula esférica. Con el tiempo, se ha visto que su existencia es más común de lo sospechado, encontrándose desde en el hollín de una vela hasta en el polvo interestelar.

  Se les llamó **fullerenos** por Buckminster Fuller, un arquitecto de cúpulas geodésicas (7.6). El C_{60}, llamado **buckminsterfullereno** o **futboleno** (recuerda un balón de futbol), contiene 20 hexágonos y 12 pentágonos. Otros son C_{30}, C_{32}, C_{36}, C_{40}, C_{50}, C_{58} y C_{70}, más los gigantes como C_{240}, C_{540} y C_{960}. También se han sintetizado agregados de estos fullerenos y polímeros bidimensionales y tridimensionales de ellos, especialmente del C_{60}.

  Sus moléculas se unen débilmente por fuerzas de Van der Waals, con lo que resultan sólidos blandos y líquidos fluidos con aplicaciones como lubricantes. Al solidificar pueden cristalizar (por ejemplo, la **fullerita** formada por futboleno). Son la única forma alotrópica de carbono puro soluble en disolventes orgánicos como el tolueno o el disulfuro de carbono.

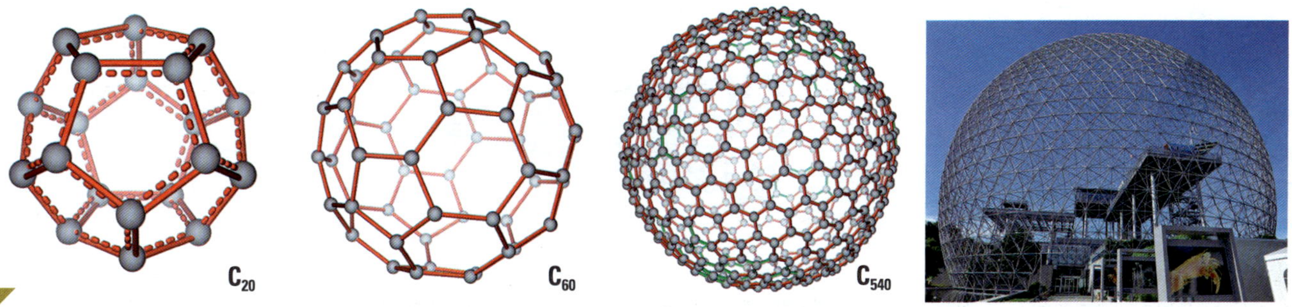

Figura 7.6.
Cúpula geodésica (derecha) formada por polígonos cuyos vértices coinciden con la superficie de una esfera. Esta estructura es remedada por los fullerenos en moléculas como C_{20}, C_{60} o C_{540}.

Los fullerenos son muy estables pero, aun así, reaccionan, por ejemplo, con diazometano, CH_2N_2, o con bromopropanodiato de 1,3-dietil en presencia de NaH (reacción de Bingel). Esta reacción permite la unión a la esfera fullerénica de cadenas carbonadas con distintos grupos funcionales que alteran sus propiedades (solubilidad y comportamiento electroquímico) y abren un enorme potencial de aplicaciones técnicas.

Los **fullerenos endoédricos** incorporan en su red a iones u otras moléculas más pequeñas. Se estudia la posibilidad de encapsular en estructuras fullerénicas a metales como el gadolinio, que se usan como agentes de contraste en resonancias magnéticas con el fin de disminuir su toxicidad.

El conjunto de estas nuevas formas alotrópicas de carbono ha promovido gran agitación en los grupos investigadores y ha demostrado nuevamente la versatilidad del átomo de carbono.

- Los **nanotubos** o **fullerenos tubulares** (fig. 7.8) se descubrieron a principios de los años noventa en el hollín de un arco eléctrico entre electrodos de grafito. Sus átomos de C se disponen en hexágonos como en el grafito, pero adquieren la estructura de tubo de unos nanómetros de diámetro y una longitud que puede llegar al milímetro. Los hay monocapa y multicapa (nanotubos metidos unos dentro de otros), con extremos abiertos y extremos cerrados. También pueden contener otros átomos y moléculas en su interior y se piensa usarlos como almacenes de hidrógeno en pilas de combustible (que producen electricidad por combustión de H_2).

  Los nanotubos se unen por fuerzas de van der Waals y pueden hilarse en fibras de gran resistencia (cien veces la del acero) y de extraordinaria ligereza (cinco veces más que la del acero). Estas fibras son elásticas, recuperan la forma después del esfuerzo, y la posible rotura de algunos nanotubos no se propaga al resto al ser molecularmente independientes. Pueden generar materiales semiconductores (aplicaciones en células solares) y también superconductores con capacidad de transportar corriente mil veces superior a la del cobre (aplicables al desarrollo de supercondensadores). Los nanotubos de carbono se proponen como sucesores (más pequeños, rápidos y eficaces) de los transistores de silicio.

- El **grafeno** se obtuvo en 2004 por Andre Geim y Konstantin Novoselov (premios Nobel de Física 2010), exfoliando grafito con cinta adhesiva en láminas cada vez más delgadas hasta llegar a una película de ciclos aromáticos de un solo átomo de grosor. Supera la dureza del diamante y la resistencia del acero (más de 200 veces). Es muy rígido, pero ligero (densidad de 0,00077 g/m^2) y resiste las fuerzas de flexión sin rotura. Es idóneo en la fabricación de aviones y naves espaciales, y en medicina, para las prótesis. Por sus propiedades electrónicas, el grafeno puede almacenar energía en baterías de gran duración y su transparencia y delgadez se prestan a aplicaciones en pantallas flexibles para todo tipo de dispositivos electrónicos.

Figura 7.7.
Teléfono móvil futurista. Utiliza una lámina de grafeno como pantalla.

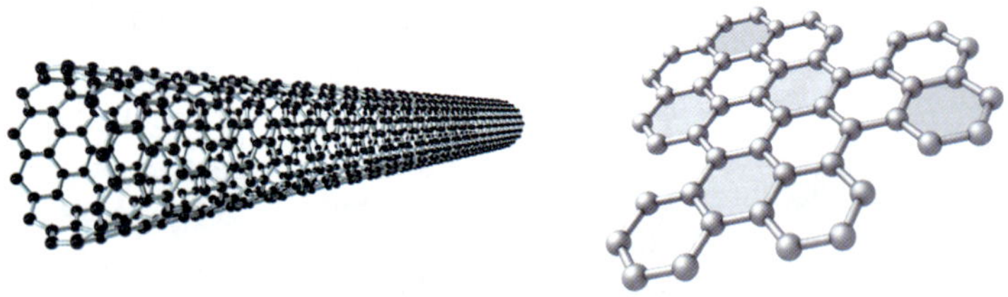

Figura 7.8.
Estructura de un nanotubo de carbono (izquierda) y de grafeno (derecha). Se observa la estructura tubular alargada en el primero y la disposición de los ciclos aromáticos en el segundo. En 2013, un equipo de la Universidad de Stanford presentó el primer ordenador fabricado totalmente con nanotubos de carbono.

4 Grupo funcional y serie homóloga

En el estudio de las propiedades químicas de los compuestos orgánicos son muy importantes los conceptos de grupo funcional y serie homóloga.

Un **grupo funcional** es un conjunto de átomos unidos entre sí siempre del mismo modo y cuya presencia confiere a las moléculas un comportamiento y unas propiedades similares y características.

Por ejemplo, el grupo alcohol está formado por la unión del grupo $-O-H$ a cualquier C de una molécula orgánica:

CH_3-O-H	CH_3-CH_2-O-H	$CH_3-CH_2-CH_2-O-H$
Metanol	Etanol	1-propanol Propan-1-ol

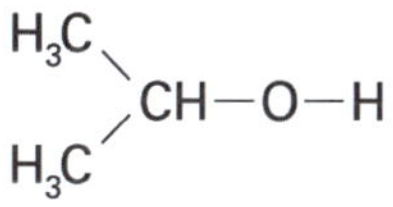
Isopropanol
2-propanol
Propan-2-ol

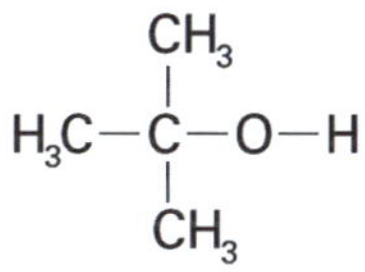
terc-Butanol
2-metil-2-propanol
2-metilpropan-2-ol

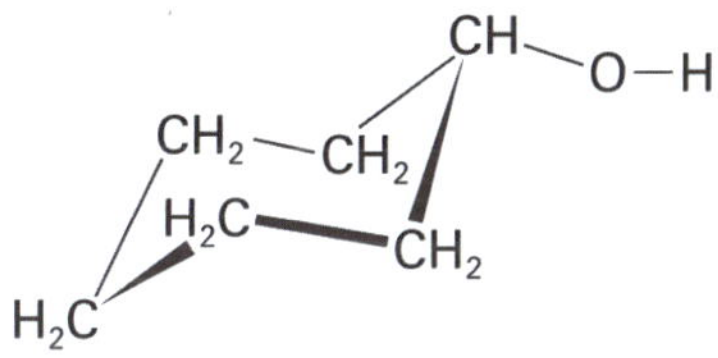
Ciclohexanol

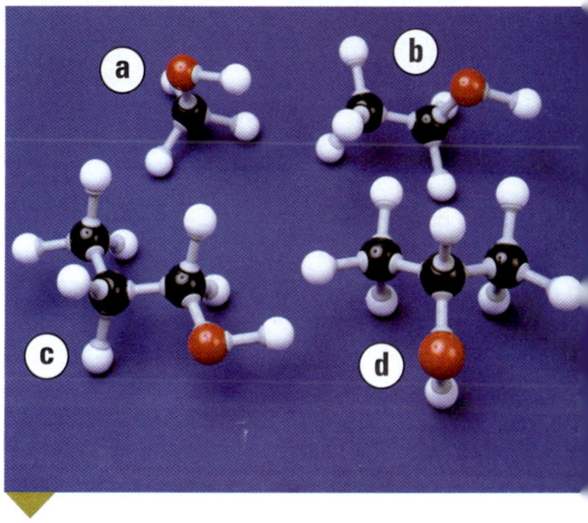

Figura 7.9.
Los compuestos con el grupo funcional –OH se denominan alcoholes. Metanol (a), etanol (b), propan-1-ol (c) y propan-2-ol (d) tienen el mismo grupo funcional, el grupo hidroxilo $-OH$, que les confiere propiedades semejantes.

Todos los compuestos anteriores comparten algunas propiedades químicas que les confiere el grupo $-OH$. Además, estas características son típicas de este grupo funcional y distinguen a los compuestos que las poseen de los que no las tienen.

Estas propiedades, debidas al grupo funcional, suelen ser las más relevantes de las sustancias orgánicas, de modo que se conocen como una familia química de sustancias. De hecho, los compuestos orgánicos se clasifican principalmente **según sus grupos funcionales.**

En una molécula puede haber más de un grupo funcional. En este caso, sus propiedades dependerán de cada uno de los grupos funcionales presentes en sus moléculas y, además, de las posibles interacciones entre ellos.

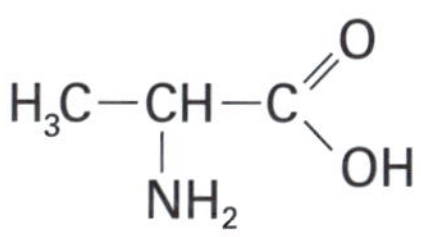
Ácido 2-aminobutanoico

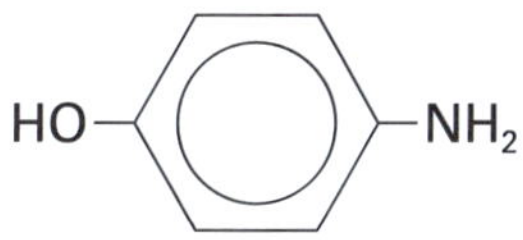
p-aminofenol

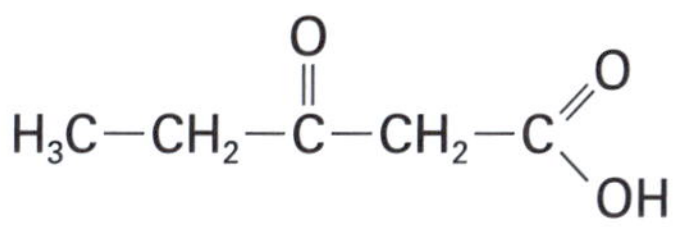
Ácido 3-oxopentanoico

Una **serie homóloga** es el conjunto de compuestos con el mismo grupo funcional, ordenados según el número de átomos de C, de manera que cada compuesto tiene un eslabón $-CH_2-$ más en la cadena carbonada de su molécula.

Por ejemplo, los primeros miembros de la serie de ácidos carboxílicos son:

Ácido metanoico	$H-COOH$
Ácido etanoico	CH_3-COOH
Ácido propanoico	CH_3-CH_2-COOH
Ácido butanoico	$CH_3-CH_2-CH_2-COOH$
Ácido pentanoico	$CH_3-CH_2-CH_2-CH_2-COOH$
Ácido hexanoico	$CH_3-CH_2-CH_2-CH_2-CH_2-COOH$

En este libro, la nomenclatura de los compuestos orgánicos contempla las últimas recomendaciones de la IUPAC, que consisten, básicamente, en colocar los **numerales** que indican la **posición del grupo funcional inmediatamente delante del prefijo, sufijo e infijo.** Este nombre aparece en primer lugar y debajo se mantiene la nomenclatura anterior.

Familia de compuestos	Grupo funcional	Sufijo y prefijo	Ejemplo	
Alcanos		-ano	$CH_3-CH_2-CH_3$	Propano
Alquenos	$>C=C<$	-eno [en-]	$CH_3-CH=CH-CH_3$	But-2-eno 2-buteno
Alquinos	$-C\equiv C-$	-ino [in-]	$CH\equiv C-CH_2-CH_3$	But-1-ino 1-butino
Hidrocarburos aromáticos		Nombre no sistemático		Benceno
Haluros de alquilo	$R-X$	Haluro de -ilo	$CHCl_3$	Tricloruro de metilo
Alcoholes	$R-O-H$	-ol Hidroxi-	CH_3-CH_2OH	Etanol
Éteres	$R-O-R'$	Éter [R-oxi-R']	$CH_3-CH_2-O-CH_3$	Etil-oxi-metil Etil metil éter
Aldehídos	$R-C(=O)-H$	-al Oxo-	CH_3-CH_2-CHO	Propanal
Cetonas	$R-C(=O)-R'$	-ona Oxo-	$CH_3-CO-CH_3$	Propanona
Ácidos carboxílicos	$R-C(=O)-O-H$	-oico Carboxi- $(-COOH)$	CH_3-CH_2-COOH	Ácido propanoico
Ésteres	$R-C(=O)-O-R'$	-ato de -ilo [R-oxi-R'oxicarbonil]	$CH_3-COO-CH_3$	Etanoato de metilo
Haluros de ácido	$R-C(=O)-O-X$	Haluro de -oilo	$CH_3-COOCl$	Cloruro de etanoilo
Amidas	$R-C(=O)-N<$	-amida Carbamoil- $(-CONH_2)$	CH_3-CONH_2	Etanamida
Aminas	$R-N(-R'')-R'$	-amina amino-	$CH_3-CH_2NH_2$ $CH_3-NH-CH_2-CH_3$ $CH_3-N(-CH_3)-CH_3$	Etilamina *N*-metiletilamina Trimetilamina
Nitrilos	$-C\equiv N$	-nitrilo Cianuro $(-C\equiv N)$ de -ilo [Ciano]	$CH_3-CH_2-C\equiv N$	Propanonitrilo (Cianuro de etilo)
Nitroderivados	$-NO_2$	nitro-	CH_3-NO_2	Nitrometano

Tabla 7.2.
Principales grupos funcionales, su nomenclatura y ejemplos de compuestos que los tienen.

5 Nomenclatura de compuestos orgánicos

La nomenclatura de los compuestos orgánicos recomendada por la IUPAC utiliza un nombre que se forma a partir de una raíz:

- La **cadena carbonada:** se indica el número de C mediante una raíz.
- El grupo o grupos funcionales se señalan mediante **sufijos** y **prefijos.**
- Las **posiciones** donde se encuentran los grupos funcionales se indican con números.

En la tabla 7.3 aparecen las raíces que sirven para indicar el número de C de la cadena. En la tabla 7.2 se muestran los sufijos y prefijos que designan los principales grupos funcionales y en la tabla 7.4 se indica el orden de prioridad de los grupos funcionales, lo cual es importante porque solo el grupo funcional principal de una molécula debe designarse usando un sufijo, mientras que todos los demás grupos funcionales que pudiera haber deben designarse con prefijos.

Esta nomenclatura normativa coexiste con múltiples nombres tradicionales que, a veces, presentan la ventaja de su mayor brevedad.

N.º de C	Raíz	N.º de C	Raíz
1	Met-	20	Eicos-
2	Et-	21	Heneicos-
3	Prop-	22	Docos-
4	But-	23	Tricos-
5	Pent-	24	Tetracos-
6	Hex-	25	Pentacos-
7	Hept-	26	Hexacos-
8	Oct-	27	Heptacos-
9	Non-	28	Octacos-
10	Dec-	29	Nonacos-
11	Undec-	30	Triacont-
12	Dodec-	31	Hentriacon-
13	Tridec-	32	Dotriacont-
14	Tetradec-	...	...
15	Pentadec-	40	Tetracont-
16	Hexadec-	50	Pentacont-
17	Heptadec-	60	Hexacont-
18	Octadec-	...	...
19	Nonadec-	100	Hect-

Tabla 7.3.
Raíces indicativas del número de C según la nomenclatura recomendada por la IUPAC.

5.1 Elección de la cadena principal

Si hay un solo grupo funcional y si la cadena hidrocarbonada no presenta ramificaciones, el nombre del compuesto no presenta ninguna dificultad.

Si hay dos o más grupos funcionales y la cadena no presenta ramificaciones se escoge el grupo funcional prioritario y se nombra como sufijo, mientras que los demás grupos funcionales se nombran como prefijos.

Para nombrar un compuesto orgánico que presenta una o varias ramificaciones, se debe elegir una cadena principal y las ramificaciones se nombran como sustituyentes de esa cadena principal. Para escoger la cadena principal se siguen, por orden de prioridad, los siguientes criterios:

- Contener el máximo número de grupos funcionales principales.
- Mayor número de enlaces dobles y triples (considerados por igual).
- Mayor número de átomos de C.
- Mayor número de enlaces dobles.

EJEMPLO

Escoge la cadena principal del siguiente compuesto:

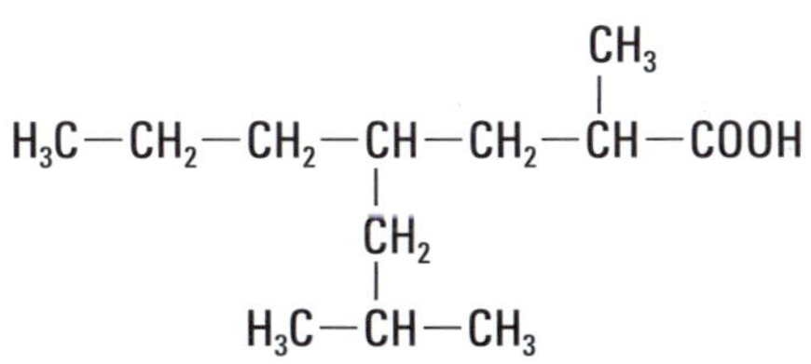

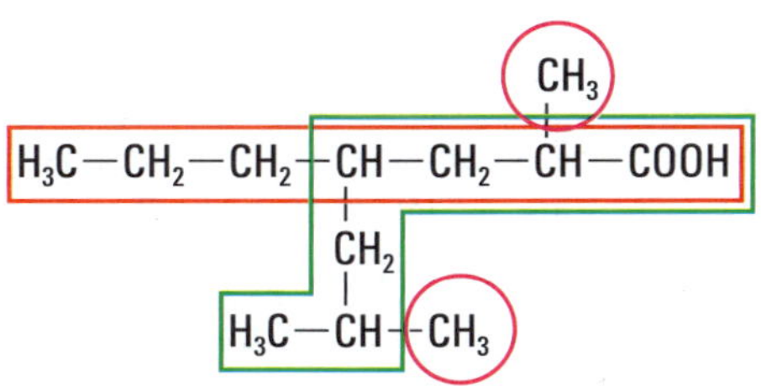

Se pueden trazar dos cadenas que contengan el grupo principal y que tengan el máximo número de C que sea posible. Están indicadas con los colores verde y rojo. Ambas tienen siete C y ambas incluyen el grupo carboxílico.

Para decidir entre una y otra se debe observar que la marcada en color verde tiene un sustituyente metilo más que la roja. Así, la verde es la principal y tiene tres sustituyentes, radicales o cadenas laterales: los dos metilos y el propilo, que era el final de la roja y ahora no incluye la verde.

Nomenclatura del grupo funcional	Grupo funcional
Ácido	R COOH
Éster	R—COO—R'
Amida	$R—CONH_2$
Nitrilo	R—C≡N
Aldehído	R—CHO
Cetona	R—CO—R'
Alcohol	R—C—O—H
Amina	$R\ NH_2$
Éter	R—O—R'
Enlace doble	$>C=C<$
Enlace triple	—C≡C—
Halógeno	—X
Grupo alquilo	—R

Tabla 7.4.
Orden de prioridad (de arriba abajo) de los principales grupos funcionales.

Las cadenas laterales o **radicales** se nombran de acuerdo con su número de C y un sufijo en ***-ilo***. La numeración parte del C de unión a la cadena principal. Ejemplos:

$-CH_2-CH_2-CH_3$ Propilo

$-CH_2=CH-CH_3$ 1-propenilo
Prop-1-enilo

$-CH_2-C\equiv CH$ 2-propinilo
Prop-2-inilo

5.2 Numeración de la cadena principal

Los criterios que se han de seguir son:

- Se procede a numerar los C de la cadena principal, de modo que el grupo principal tenga el **número más bajo posible.**
- Si existe más de una posibilidad, se procura que los restantes grupos funcionales tengan también los números más bajos posibles.
- Si existen **dobles y triples enlaces,** se les asigna los **localizadores más bajos posibles sin realizar distinciones entre dobles y triples.**
- Si un **doble o triple enlace está en posiciones equivalentes,** se empieza a numerar por el extremo, que da **el número más bajo al doble enlace.**

EJEMPLO

Numera la cadena principal del ejemplo anterior.

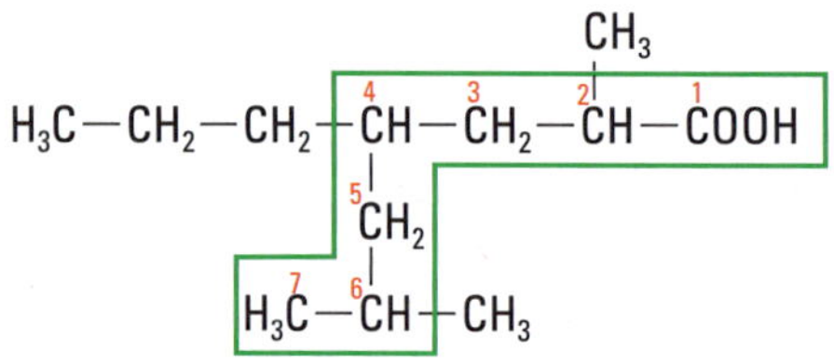

No presenta ninguna duda. El primer C es el del grupo carboxílico, que es el grupo funcional.

La numeración es consecutiva hasta el otro extremo de la cadena.

Algunas cadenas o radicales tienen nombre no normativo usual y aceptado, además del basado en las normas IUPAC (los prefijos *sec-* y *terc-* se refieren a la unión o a la situación de una función en un carbono secundario, respectivamente):

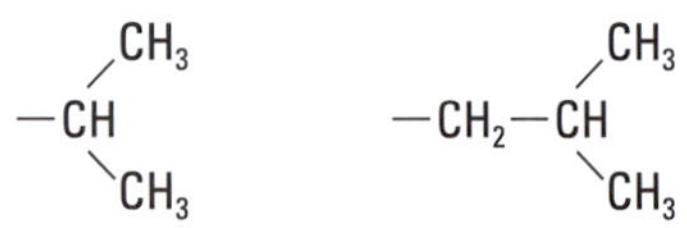

Isopropil Isobutil

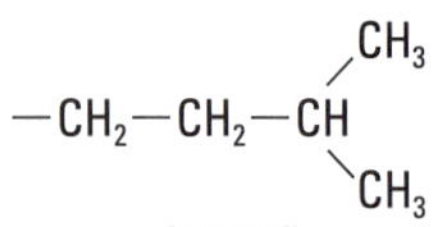

Isopentil

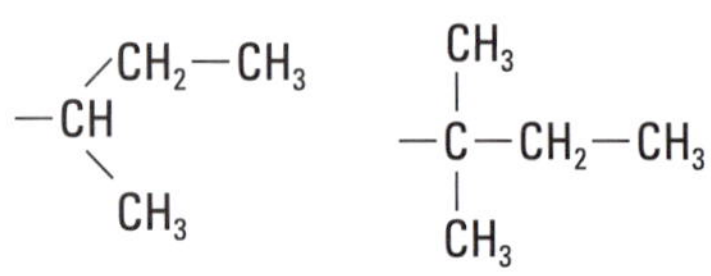

sec-butil *terc*-pentil

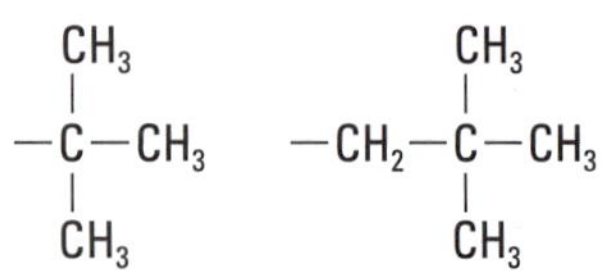

terc-butil Neopentil

5.3 Reglas para nombrar un compuesto orgánico

- El **grupo principal** se nombra mediante **sufijo** y los **otros grupos** funcionales, si los hay, se nombran mediante **prefijos.**
- La cadena principal da nombre al compuesto. Las cadenas laterales se nombran como **radicales.**
- Los nombres de estos radicales y de los prefijos que indican los grupos funcionales secundarios se citan por orden alfabético y precedidos del número que indica el C de la cadena principal al que se unen.
- Si hay dos o más sustituyentes iguales, se indican mediante un prefijo *di-, tri-, tetra-*... Este prefijo no cuenta para el orden alfabético de los radicales.
- Al nombrarlos, se indican **en primer lugar los dobles enlaces** y después, los triples enlaces.

EJEMPLO

Nombra el compuesto del ejemplo anterior.

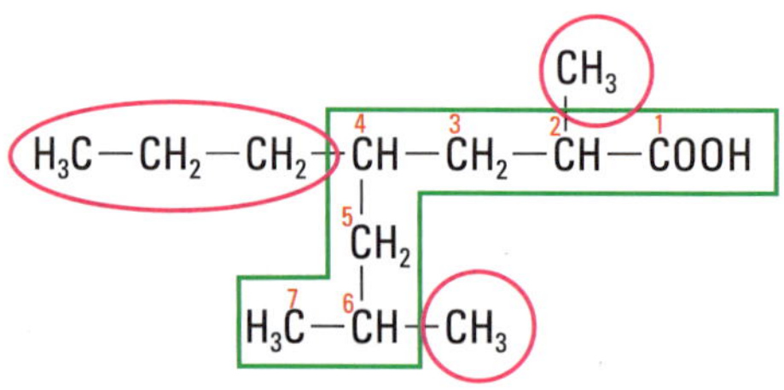

- La cadena principal tiene 7 C, por tanto, será un *heptano.*
- El grupo principal es un carboxilo, por lo que será el *ácido heptanoico.*
- Las cadenas laterales son dos metilos en las posiciones 2 y 6, y un propilo en la posición 4.

Por tanto, el nombre del compuesto es:

Ácido 2,6-dimetil-4-propilheptanoico

6 Isomería estructural e isomería espacial

La isomería no es ninguna propiedad química especial, sino una consecuencia de la manera de representar las moléculas que, a veces, puede dar la misma representación a moléculas que pertenecen a sustancias químicas distintas y que tienen propiedades químicas diferentes.

Isómeros son aquellos compuestos que presentan la misma fórmula molecular y distinta fórmula estructural.

Se distinguen dos grupos básicos de isomería: la **isomería estructural** y la **estereoisomería**.

Figura 7.10.
Isómeros de cadena del octano.
Observa la diferente disposición de los enlaces en cada uno de los casos.

6.1 Isomería estructural

Isómeros estructurales son los compuestos que, a pesar de tener el mismo número de átomos de cada elemento, estos se unen entre sí de forma diferente.

- **Isomería de cadena.** Se presenta cuando las uniones entre los C que forman la cadena son diferentes. Esto se puede dar en cadenas de cuatro o más C. Por ejemplo, los siguientes hidrocarburos tienen todos ellos cinco C y son, por tanto, pentanos, pero se trata de sustancias químicas distintas, con diferentes puntos de fusión y ebullición, con distinta densidad, con distinta reactividad, etc.

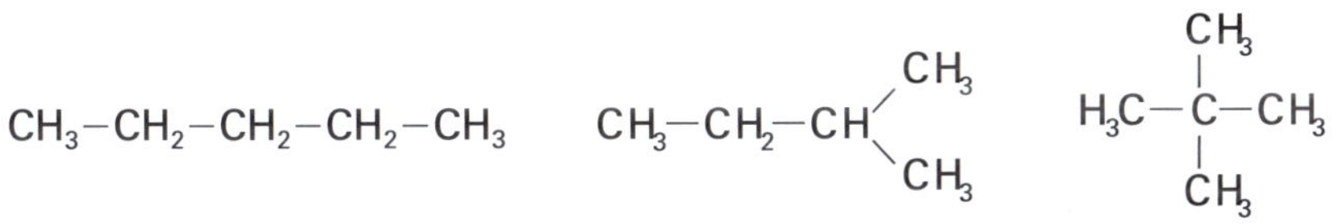

Pentano / *n*-pentano — 2-Metilbutano o isopentano — 2,2-Dimetilpropano o *terc*-pentano

- **Isomería de posición.** Se da entre compuestos que presentan el grupo funcional en distintos C de una misma cadena carbonada. Por ejemplo:

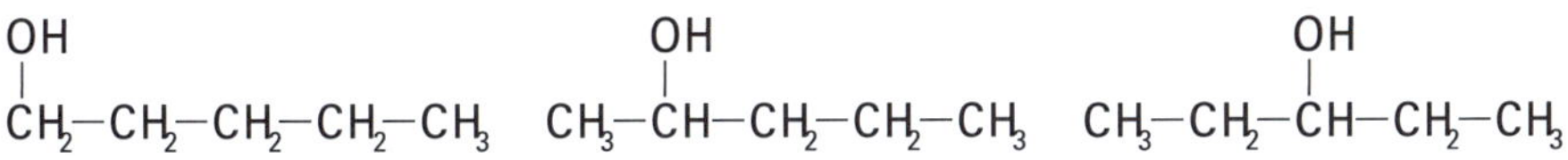

1-Pentanol / Pentan-1-ol — 2-Pentanol / Pentan-2-ol — 3-Pentanol / Pentan-3-ol

- **Isomería de función.** Ocurre cuando dos grupos funcionales diferentes tienen el mismo número y tipo de átomos. Ejemplos:

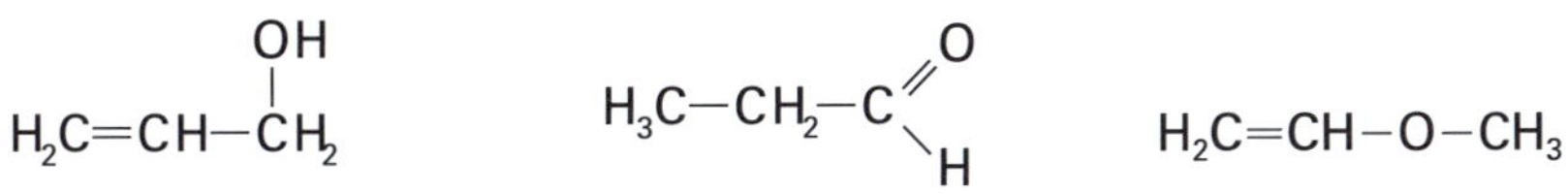

2-Propen-1-ol / Prop-2-en-1-ol — Propanal — Etenil metil éter / Metoxieteno

1 Formula y nombra todos los isómeros de cadena que existen del heptano.

2 Formula y nombra todos los isómeros funcionales de la 2–heptan–2–ona o 2–heptanona.

3 Formula y nombra todos los isómeros de posición de la heptanona.

6.2 Isomería espacial o estereoisomería

Los **estereoisómeros** son los compuestos cuyas moléculas poseen los mismos átomos, las mismas cadenas y los mismos grupos funcionales situados en las mismas posiciones de la cadena, pero difieren en alguna de sus orientaciones espaciales.

- **Isomería geométrica** o **isomería *cis-trans*.** Ocurre cuando dos átomos de C están unidos por enlaces que no pueden girar y presentan sustituyentes distintos, de modo que hay más de una ordenación diferente y no son intercambiables.

  Es típica del doble enlace de los alquenos. Por ejemplo, el 2-buteno presenta dos isómeros:

cis-2-Buteno
cis-But-2-eno

trans-2-Buteno
trans-But-2-eno

Se denomina ***cis*** al isómero que tiene los dos grupos iguales al mismo lado del plano que contiene el enlace, y ***trans***, al isómero que tiene los grupos iguales en posiciones opuestas, uno a cada lado del doble enlace:

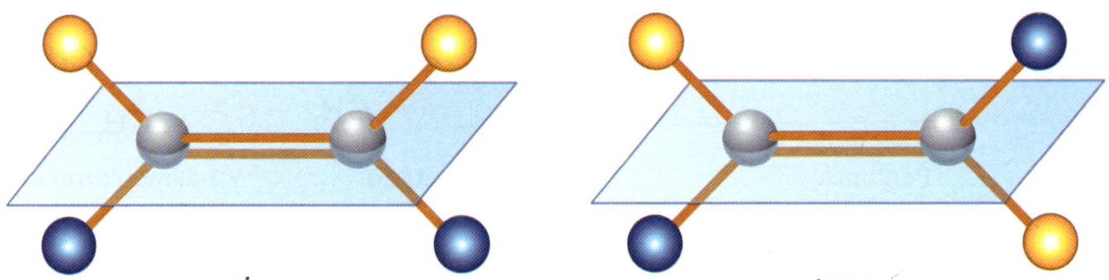

cis *trans*

La denominación *cis-trans* es clara cuando, al menos, dos de los sustituyentes son iguales. Cuando no es así, se recurre a una nomenclatura más general. Se trata de la nomenclatura *E-Z*. Para usarla, se ordenan por prioridad de masa atómica los sustituyentes de los C que forman el doble enlace. Cuando los dos sustituyentes de mayor prioridad están al mismo lado del enlace, se dice que este tiene configuración *Z* (del alemán *zusammen*) y, cuando están a lados distintos, el doble enlace tiene configuración *E* (del alemán *entgegen*). Ejemplos:

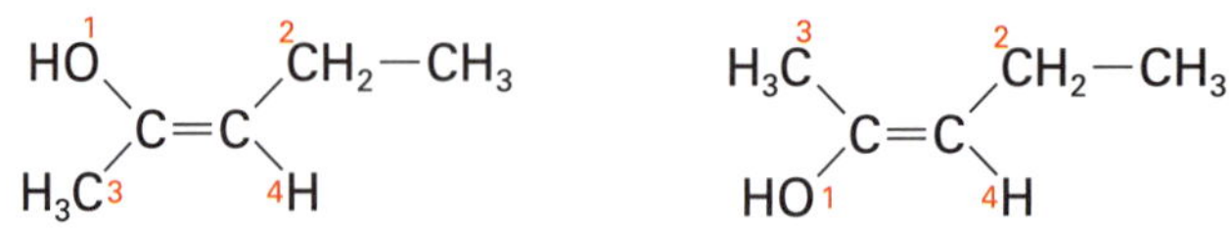

Z-Pent-2-en-2-ol
Z-2-Penten-2-ol

E-Pent-2-en-2-ol
E-2-Penten-2-ol

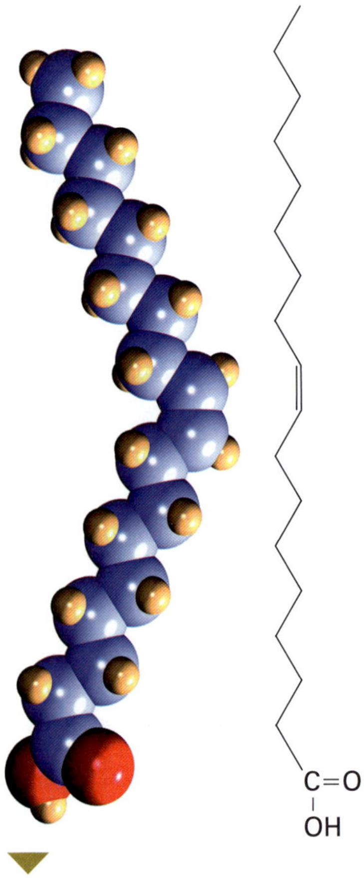

Figura 7.11.
Ácido oleico. El ácido oleico es el *cis*-9-octadecanoico (*cis*-octadeca-9-en-oico). Su isómero *trans* no tiene las mismas propiedades biológicas.

4 Teniendo en cuenta las posibles isomerías *cis–trans*, formula y nombra todos los isómeros que existen del penteno.

5 Formula y nombra los isómeros geométricos del 2,4–heptadieno o hepta–2,4–dieno.

La isomería *cis-trans* no se limita a los compuestos con dobles enlaces. Está también presente en los compuestos de cadena cerrada, en los que los enlaces no pueden girar libremente.

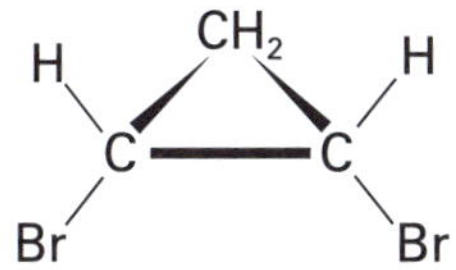

cis-1,2-dibromociclopropano

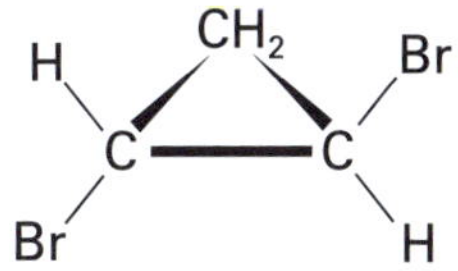

trans-1,2-dibromociclopropano

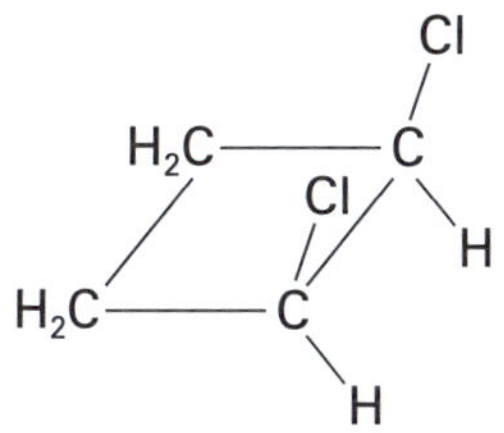

cis-1,2-diclorociclobutano

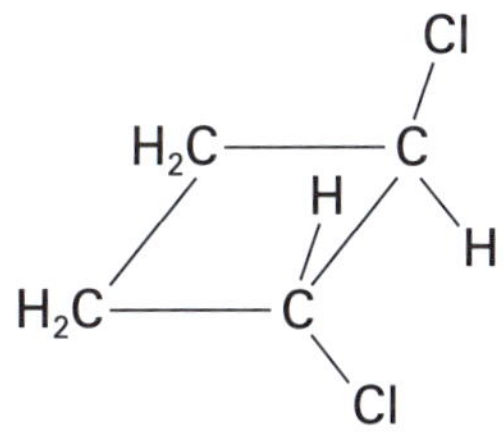

trans-1,2-diclorociclobutano

- **Isomería óptica.** Si un átomo de C se enlaza con otros tantos átomos o grupos de átomos que son distintos entre sí, se dice que es **asimétrico** o **quiral**. La disposición de los enlaces de C en las direcciones de los vértices de un tetraedro condiciona que, para cuatro sustituyentes distintos, haya dos y solo dos disposiciones posibles:

Cualquier intercambio entre sustituyentes en una disposición da como resultado la otra. Además, cada una es imagen especular de la otra, es decir:

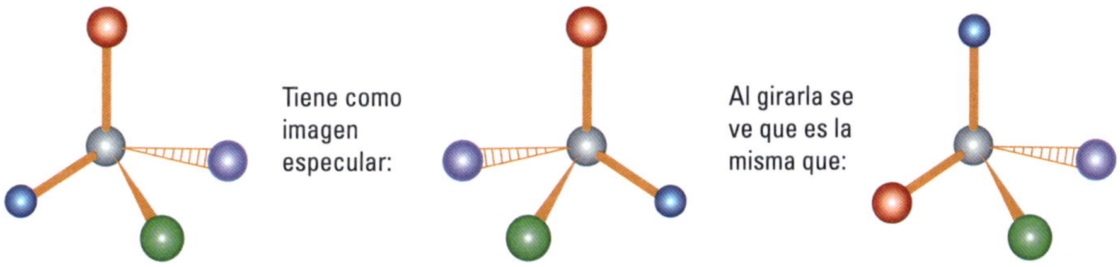

Por ejemplo, el 1-bromo-1-cloroetano:

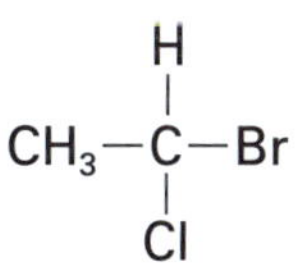

1-bromo-1-cloroetano

Tiene dos isómeros:

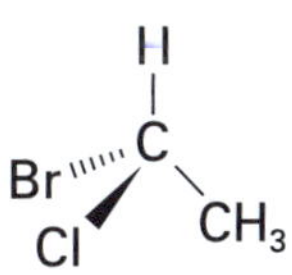

(1R)-1-bromo-1-cloroetano

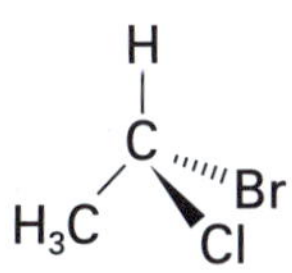

(1S)-1-bromo-1-cloroetano

Se conoce como isomería óptica porque la única propiedad física que diferencia un isómero del otro es que cada uno de ellos desvía el plano de la luz polarizada en sentido contrario al del otro isómero. La luz polarizada es la que tiene solo un plano de vibración, a diferencia de la luz ordinaria, formada por rayos, cada uno de los cuales vibra en un plano distinto. El isómero que desvía el plano de la luz hacia la izquierda (–) se designa **levo,** y el que lo hace hacia la derecha (+), **dextro**.

Figura 7.12

Modelos en madera de cristales de isómeros ópticos distintos, pertenecientes a Louis Pasteur (1822-1895). Louis Pasteur demostró la existencia de isómeros ópticos y preparó métodos para su separación.

El 2,3-dihidroxipropanal (o gliceraldehído) se tomó como referencia para la nomenclatura D-L.

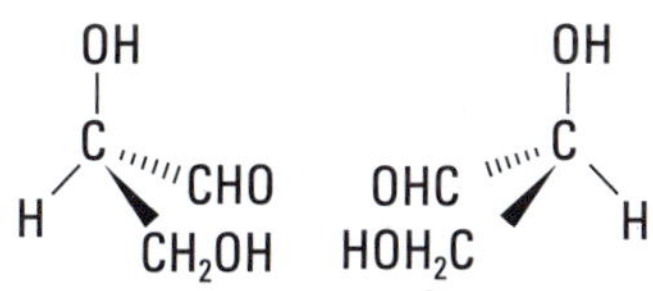

D-gliceraldehído L-gliceraldehído

Figura 7.13.
Una disolución de fructosa muestra su actividad óptica frente a la luz polarizada. La luz polarizada por un filtro pasa a través de la fructosa y, después, a través de otro filtro que privilegia uno de los colores de la luz blanca incidente. El color depende del ángulo entre los filtros (50° en la imagen superior y 75° en la inferior).

Un isómero óptico se denomina **enantiómero** si es imagen especular del otro, lo que siempre ocurre si la molécula tiene un solo C asimétrico. Se denominan **diastereómeros** dos isómeros ópticos que no son imagen especular uno del otro. Una molécula con *n* C asimétricos tiene 2*n* estereoisómeros, entre los cuales hay solo un enantiómero.

La nomenclatura D-L designa como compuestos D a los que tenían una configuración comparable con la (+) del gliceraldehído y compuestos L a los que se podía comparar con la (–) del mismo compuesto, independientemente de si efectivamente eran destrorrotativos (+) o levorrotativos (–).

La nomenclatura R-S ordena los sustituyentes del 1 al 4, de mayor a menor prioridad, por masa atómica. Luego se sitúa el grupo de menor prioridad lo más alejado posible y los otros tres hacia delante, como el volante de un coche, y se recorren por orden numérico. Si el recorrido es en sentido horario, el C asimétrico es R, y si es en sentido antihorario, es S.

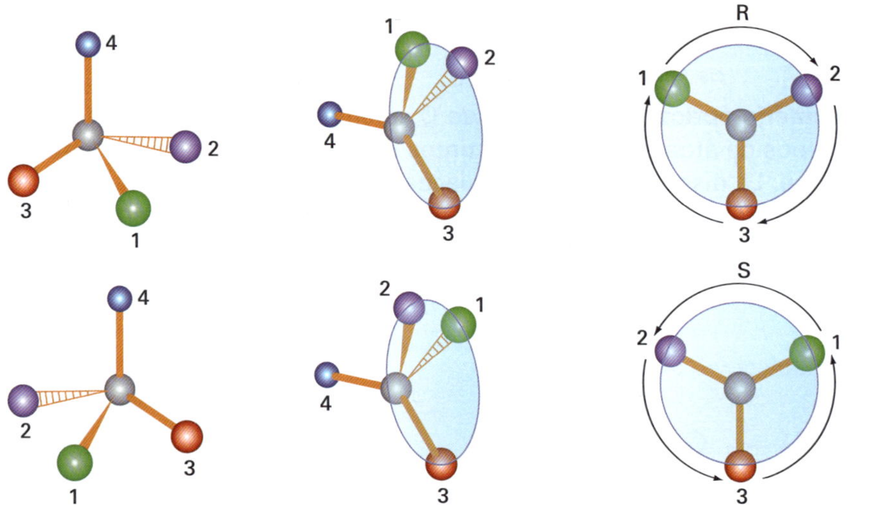

EJEMPLO

Averigua si el isómero representado es el R o S.

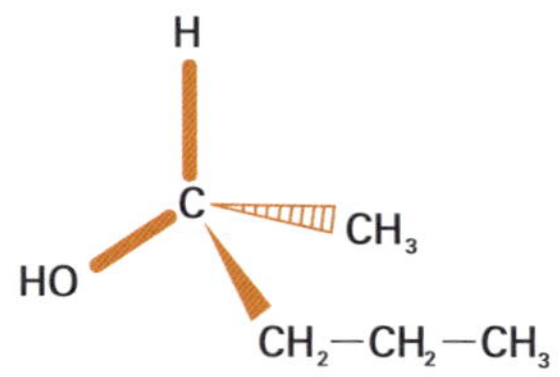

① Numeramos los sustituyentes del C asimétrico de 1 a 4, siguiendo el orden de mayor a menor prioridad:

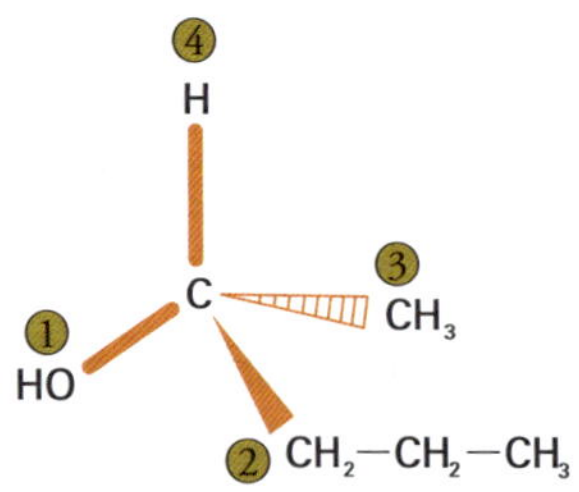

② Luego se gira la molécula hasta que el grupo menos importante queda detrás:

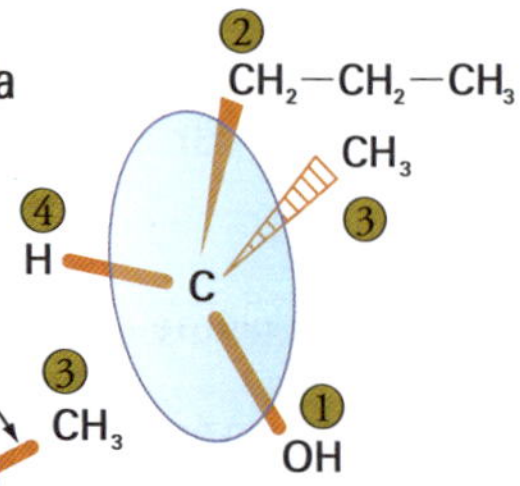

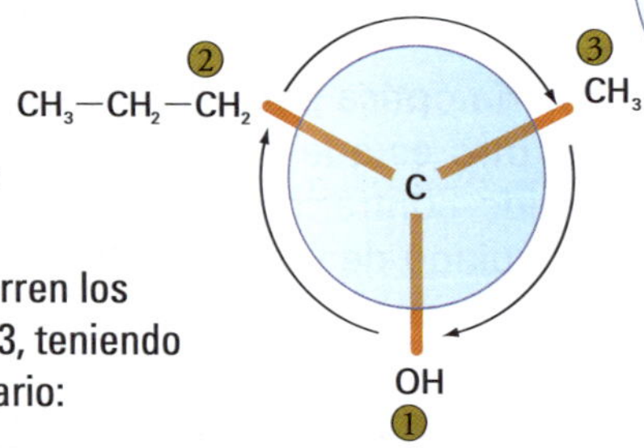

③ Finalmente se recorren los sustituyentes del 1 al 3, teniendo el giro en sentido horario:

Por tanto, se trata del isómero R.

7 Hidrocarburos

Los **hidrocarburos** son compuestos formados solo por carbono e hidrógeno, de ahí su nombre. Se obtienen del gas natural, del petróleo y de la destilación seca, tanto de la hulla como de la madera. Se utilizan mucho como combustibles.

Son poco polares (la electronegatividad del H es 2,1 y la del C 2,5), por lo que son escasamente solubles en agua, pero sí son solubles entre ellos y en disolventes no polares, como el tetracloruro de carbono, el éter o el tolueno.

En condiciones normales, los de 4 o menos C son gases; los siguientes, hasta 14 o 16 C, son líquidos, y los superiores a estos son sólidos. Los puntos de fusión y ebullición crecen regularmente.

Son incoloros o blancuzcos y menos densos que el agua, por lo que, en estado sólido o líquido, flotan en ella.

Se clasifican según diversos criterios:

- **Alifáticos,** si su cadena carbonada es abierta y **cíclicos,** si es cerrada.
- **Lineales** o **ramificados,** según tengan una sola cadena o existan cadenas laterales.
- **Saturados** o **alcanos,** si todos los enlaces entre C son simples, e **insaturados** si tienen dobles enlaces **(alquenos)** o triples **(alquinos)**.
- **Aromáticos,** si son ciclos con una estabilidad adicional derivada de la particular alternancia de dobles y simples enlaces, y **alicíclicos** si no tienen esta estabilidad especial.

Figura 7.14.
Parafina con un colorante azul flotando sobre agua. La parafina es una mezcla de hidrocarburos de elevada masa molecular, pero es menos densa que el agua, por lo que flota en ella.

7.1 Alcanos

Los **alcanos** carecen de dobles o triples enlaces. Son saturados porque poseen el máximo número posible de H unidos a los C. Su fórmula general es C_nH_{2n+2}. Se nombran con la raíz, que indica el número de átomos de C, y el sufijo ***–ano:***

Metano	CH_4	Heptano	$CH_3-(CH_2)_5-CH_3$
Etano	CH_3-CH_3	Octano	$CH_3-(CH_2)_6-CH_3$
Propano	$CH_3-CH_2-CH_3$	Nonano	$CH_3-(CH_2)_7-CH_3$
Butano	$CH_3-CH_2-CH_2-CH_3$	Decano	$CH_3-(CH_2)_8-CH_3$
Pentano	$CH_3-CH_2-CH_2-CH_2-CH_3$	Undecano	$CH_3-(CH_2)_9-CH_3$
Hexano	$CH_3-CH_2-CH_2-CH_2-CH_2-CH_3$	Dodecano	$CH_3-(CH_2)_{10}-CH_3$

Nombre	Fórmula
Tridecano	$CH_3-(CH_2)_{11}-CH_3$
Tetradecano	$CH_3-(CH_2)_{12}-CH_3$
(...)	(...)
Icosano	$CH_3-(CH_2)_{18}-CH_3$
Triacontano	$CH_3-(CH_2)_{28}-CH_3$
Tetracontano	$CH_3-(CH_2)_{38}-CH_3$

Tabla 7.5.
Ejemplos de hidrocarburos de elevado número de átomos de carbono.

Destacan sus **reacciones de sustitución** de H por otros átomos o grupos:

- **Halogenación.** El cloro, Cl_2, necesita una activación por luz o calor:

$$CH_3-CH_3 + Cl_2 \xrightarrow{h\nu} CH_3-CH_2Cl + HCl$$

- **Nitración.** A alta temperatura (más de 400 °C):

$$CH_3-CH_3 + HNO_3 \longrightarrow CH_3-CH_2-NO_2 + H_2O$$

- **Sulfonación.** Por reacción con ácido sulfúrico concentrado:

$$CH_3-CH_3 + H_2SO_4 \longrightarrow CH_3-CH_2-SO_3H + H_2O$$

7.2 Alquenos

Los **alquenos** presentan dobles enlaces entre C. Si el doble enlace es uno solo, la fórmula general es C_nH_{2n}. Pueden presentar isomería *cis-trans.* Se nombran con la raíz, que indica el número de C, y el sufijo ***-eno.*** Si hay más de un doble enlace, se indica con los prefijos *di-*, *tri-*, *tetra-*, etc. Sus posiciones se indican mediante números.

Los más simples son el eteno y el propeno, ambos sin isómeros. Existen dos butenos isómeros de posición del doble enlace: el 1-butano y el 2-butano. El primero no tiene isomería *cis-trans,* por tener el primer C dos H:

$CH_2{=}CH_2$	$CH_2{=}CH{-}CH_3$	$CH_2{=}CH{-}CH_2{-}CH_3$
Eteno	Propeno	But-1-eno 1-Buteno

Del 2-buteno existe un isómero *cis* y otro *trans,* lo mismo que del 2-penteno:

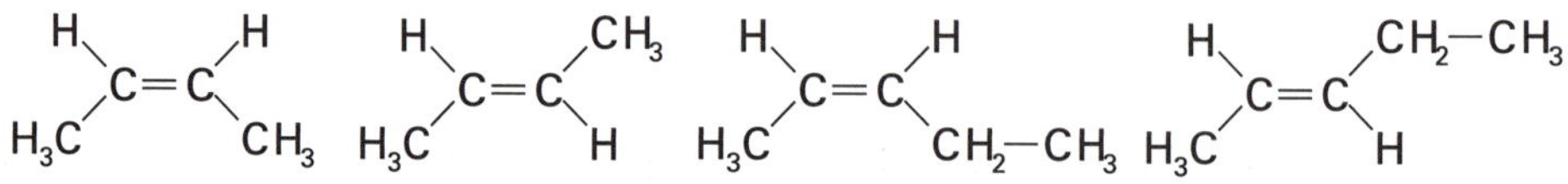

cis-But-2-eno, *cis*-2-Buteno; *trans*-But-2-eno, *trans*-2-Buteno; *cis*-Pent-2-eno, *cis*-2-Penteno; *trans*-Pent-2-eno, *trans*-2-Penteno

Las **reacciones de adición al doble enlace** son las propias de los alquenos:

- **Hidrogenación.** Con catálisis de metales como níquel, paladio o platino:

$$CH_2{=}CH{-}CH_3 + H_2 \xrightarrow{Pt} CH_3{-}CH_2{-}CH_3$$

- Adición de **halogenuros de hidrógeno** (H^+X^-). Con dos posibles productos, por ejemplo:

$$CH_2{=}CH{-}CH_3 + HCl \longrightarrow CH_3{-}CHCl{-}CH_3 + CH_3{-}CH_2{-}CH_2Cl$$

- Adición de **agua** (H^+OH^-). Con dos posibles productos, por ejemplo:

$$CH_2{=}CH{-}CH_3 + H_2O \longrightarrow CH_3{-}CHOH{-}CH_3 + CH_3{-}CH_2{-}CH_2OH$$

7.3 Alquinos

Los **alquinos** presentan triples enlaces entre C. Si solo es uno, su fórmula general es C_nH_{2n-2}. Se nombran con la raíz del número de C y el sufijo ***-ino.*** Si poseen más de un triple enlace, se indica mediante los prefijos *di-, tri-, tetra-,* etc. Sus posiciones se indican con números.

Su reactividad está basada en el triple enlace, que actúa de modo parecido al doble enlace de los alquenos en el que desemboca:

- **Hidrogenación.** Con catálisis de metales como níquel, paladio o platino:

$$CH{\equiv}CH \xrightarrow{H_2/Pt} CH_2{=}CH_2 \xrightarrow{H_2/Pt} CH_3{-}CH_3$$

- **Halogenación:**

$$CH{\equiv}CH \xrightarrow{Br_2} CHBr{=}CHBr \xrightarrow{Br_2} CHBr_2{-}CHBr_2$$

- **Adición de halogenuros de hidrógeno** (H^+X^-). Con dos posibilidades:

$$CH{\equiv}CH \xrightarrow{HCl} CH_2{=}CHCl \xrightarrow{HCl} CH_3{-}CHCl_2 + CH_2Cl{-}CH_2Cl$$

- **Adición de agua** (H^+OH^-). Primero se forma un alcohol al lado de un doble enlace, que luego se isomeriza a un aldehído o a una cetona:

$$CH{\equiv}C{-}CH_3 + H_2O \longrightarrow CH_2{=}COH{-}CH_3 \longrightarrow CH_3{-}CO{-}CH_3$$

Figura 7.15.
El carburo cálcico, Ca_2C, reacciona con agua produciendo etino o acetileno, CH≡CH. El más simple de los alquinos es un gas que quema con una llama brillante. Esta reacción se usa en las llamadas luces de carburo.

7.4 Hidrocarburos alicíclicos y aromáticos

Los hidrocarburos de cadena cerrada se nombran igual que los de cadena abierta, anteponiendo el prefijo ***ciclo-***.

Entre los **cicloalcanos,** el ciclopropano y el ciclobutano son inestables porque el ángulo de sus enlaces (60° y 90°) se aparta mucho del ángulo tetraédrico (109,5°). Son estables el ciclopentano y el ciclohexano, con moléculas dobladas según el ángulo tetraédrico. En el ciclohexano predomina la conformación «en silla» sobre la «conformación en bote», pero son interconvertibles, por lo que se trata de conformaciones y no de isómeros:

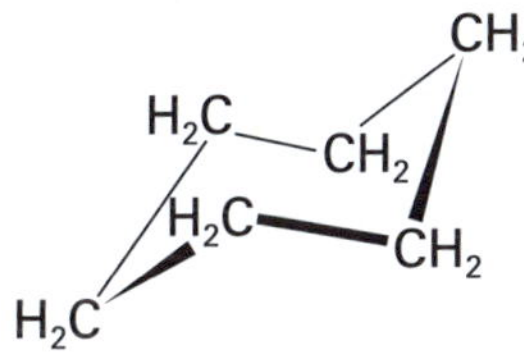

Conformación «en silla» del ciclohexano

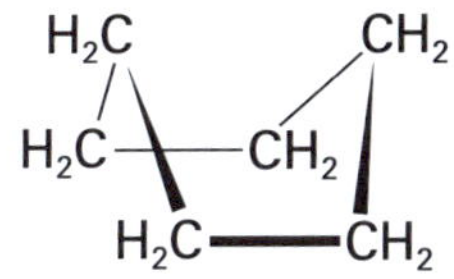

Conformación «en bote» del ciclohexano

En los **cicloalquenos,** los primeros estables son el ciclopenteno y el ciclohexeno. Entre los **cicloalquinos,** la linealidad de los cuatro C del triple enlace (C−C≡C−C) impide que sean estables los ciclos menores de 8 C.

El **benceno,** C_6H_6, es el nombre usual del 1,3,5-ciclohexatrieno. Sus dobles enlaces alternados le dan una estabilidad adicional que se conoce como **aromaticidad**. La molécula del benceno es plana:

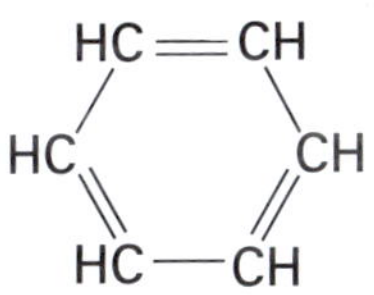

Los dobles enlaces alternados actúan como un doble enlace que se repartiera por toda la molécula. Por eso suele representarse como:

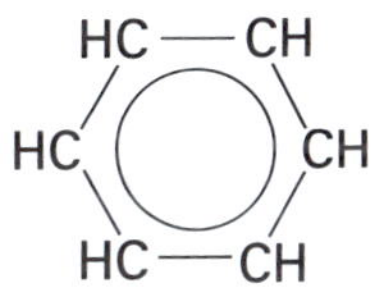

Las reacciones propias del benceno son las **sustituciones de H por otros grupos** en lugar de adiciones al doble enlace, como los alquenos:

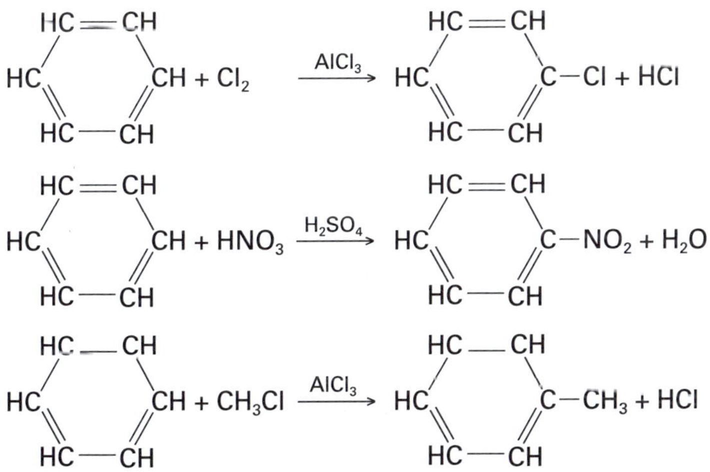

A continuación se indican los compuestos más destacados formados por la unión o por la conjugación de anillos de benceno. En color rojo se indica la numeración para posibles sustituyentes:

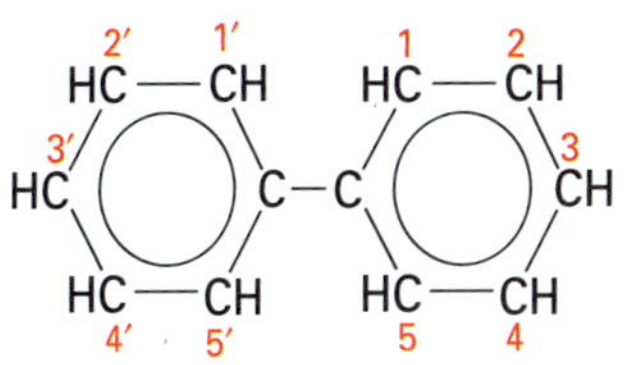

Bifenilo

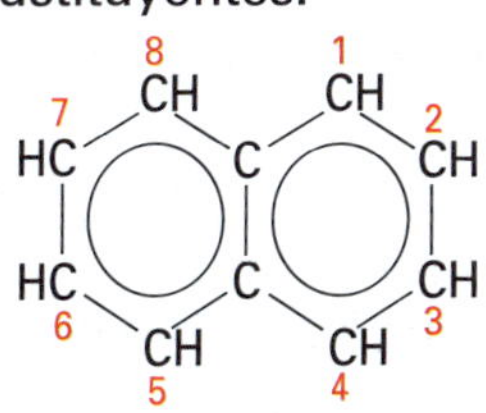

Naftaleno

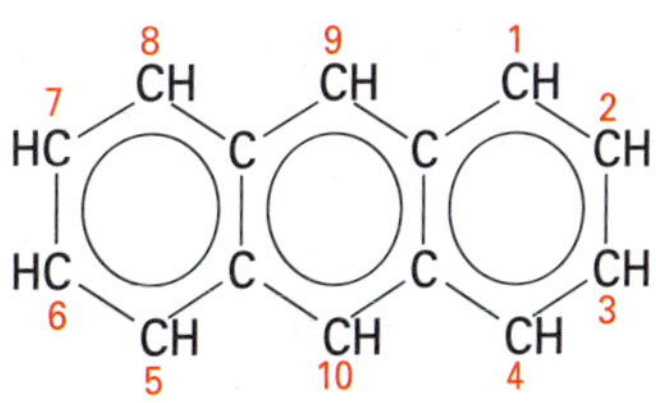

Antraceno

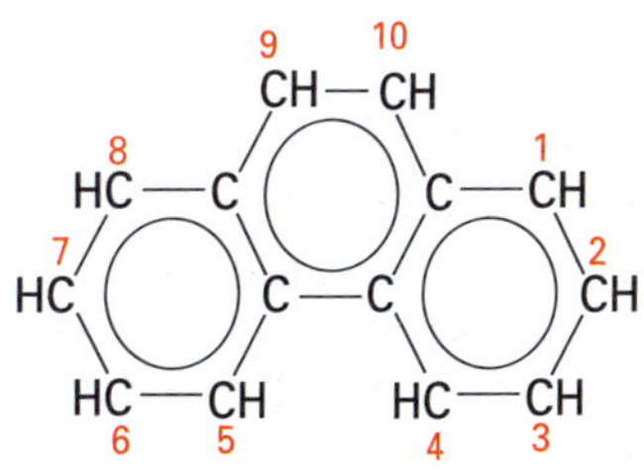

Fenantreno

El **benceno,** como radical o cuando está unido a otra cadena, $-C_6H_5$, se nombra como **fenil** o **fenilo.**

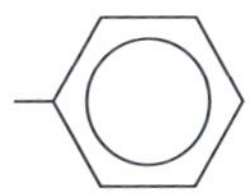

Figura 7.16.
El benceno es un líquido incoloro e insoluble en agua. El benceno sólido es más denso que el líquido y se hunde en él (izquierda), a diferencia de lo que ocurre con el hielo y el agua (derecha).

Trabajo con textos

Fullerenos espaciales

El telescopio espacial Spitzer mide 0,85 metros de diámetro y tiene tres instrumentos científicos enfriados criogénicamente, capaces de tomar imágenes y espectros de 3 y 180 μm. Fue lanzado en agosto de 2003 y se espera que siga en activo hasta 2019. Es un complemento del telescopio espacial Hubble y del observatorio Chandra de Rayos X.

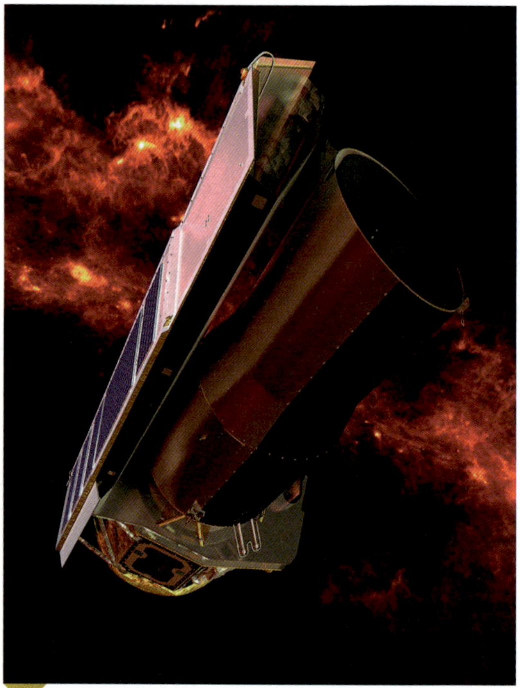

Figura 7.17.
Telescopio espacial Spitzer. Representación de su estructura.

Su sensibilidad en el infrarrojo cercano permite una visión más allá de regiones muy oscurecidas por el polvo interestelar, mientras que la correspondiente al infrarrojo lejano permite estudiar la distribución del polvo en la Vía Láctea. A diferencia de otros telescopios espaciales, el Spitzer no sigue una órbita terrestre, sino una órbita heliocéntrica detrás de la Tierra. Es decir, sigue a la Tierra en su camino alrededor del Sol. Spitzer se ha ido alejando de nuestro planeta a una velocidad de ~ 0,1 AU/año.

En julio de 2013, el Spitzer fue capaz de proporcionar la primera prueba de la existencia de fullerenos en el espacio de la Vía Láctea. Además, resultó que no se trataba del descubrimiento de algo raro y poco común, sino que los fullerenos son más comunes y abundantes en el universo de lo que se hubiera podido pensar.

Se han encontrado en nuestra propia galaxia alrededor de varias estrellas moribundas similares al Sol, llamadas nebulosas planetarias, compuestas de material derramado de las estrellas que se están extinguiendo. Otra investigación muestra que todas las nebulosas planetarias en las que se han detectado fullerenos son ricas en hidrógeno. Esta coexistencia de los fullerenos con hidrógeno en las nebulosas planetarias puede ofrecer una pista acerca de su formación.

También se han encontrado fullerenos en la Pequeña Nube de Magallanes, una nebulosa cuya distancia a la Tierra se conoce y que ha permitido calcular su cantidad, resultando ser una masa igual al veinte por ciento de la masa de la Tierra.

Se ha especulado con que los fullerenos, dada su estabilidad, hayan podido actuar como «jaulas transportadoras» para otras moléculas y átomos y, así, llevar protegidas hasta la Tierra sustancias provenientes de una química espacial, que podrían haber servido para lanzar las fases iniciales de la química de los seres vivos terrestres. Además, se tiene confirmación de la existencia de fullerenos en los meteoritos que transportan gases extraterrestres.

Cuestiones

a) ¿Por qué se dice que el Spitzer es un complemento del telescopio espacial Hubble y del observatorio Chandra de Rayos X?

b) Explica cómo el papel de «jaulas» de moléculas de los fullerenos pudo facilitar el origen de la vida en nuestro planeta.

c) ¿De dónde procede el carbono interestelar para la formación de fullerenos?

d) ¿Cómo crees que el telescopio Spitzer ha detectado los fullerenos espaciales?

Experiencia de laboratorio

Producción de eteno

Objetivos

La experiencia tiene tres objetivos:

- Obtener eteno a partir de etanol por una reacción de deshidratación.
- Recoger un gas sobre agua.
- Reconocer el eteno mediante algunas reacciones típicas.

Material y reactivos

- Cristalizador o recipiente ancho lleno de agua, tubos de ensayo de Pyrex, tubo de vidrio de 1 m de longitud y tapón perforado que ajuste al tubo de ensayo.
- Mechero Bunsen, soporte y pinza abrazadera.
- Algodón, etanol y porcelana porosa no vítrea.
- Agua de bromo, solución de $KMnO_4$ y Na_2CO_3.

Procedimiento

El etanol, como todos los alcoholes de dos o más carbonos saturados, puede sufrir deshidratación con pérdida del grupo OH^- y de un H de un C vecino, y con formación de un doble enlace entre estos C. Esta deshidratación se da al elevarse la temperatura. Con este fin, se prepara un material, como la porcelana, a temperatura elevada y se hace pasar a través suyo el etanol en estado gaseoso, previamente vaporizado. El eteno se recoge sobre agua porque es poco soluble en ella.

Seguimos estos pasos:

- Cogemos un pellizco de algodón hidrófilo con las pinzas y lo **impregnamos** con alcohol etílico. Lo introducimos en un tubo de ensayo y lo empujamos hasta el fondo.
- Con el tubo en posición horizontal, **amontonamos** en su sección central fragmentos de porcelana porosa y lo tapamos con el tapón perforado.
- **Sujetamos** el tubo con el algodón impregnado en alcohol con ayuda de una pinza y un soporte, tal como se indica en la figura 7.18. Acabamos de preparar el montaje introduciendo el tubo de recogida de gases en el baño de agua y conectando ambos tubos de ensayo mediante el tubo conductor de los gases emitidos.
- Comenzamos **calentando con intensidad** la parte media del tubo donde está la porcelana porosa; luego, **calentamos suavemente** el fondo del tubo para que el etanol se evapore y pase a través del montoncito de porcelana caliente, donde se deshidrata y se convierte en eteno, gas insoluble en agua, que burbujea a través de ella. Se recoge en el tubo de ensayo invertido.
- **Preparamos** tres o cuatro tubos para irlos cambiando a medida que el eteno los llena y desplaza al agua. Con cada uno de estos tubos llenos de gas podemos realizar un ensayo.
- Cuando acabamos de calentar, **retiramos** el tubo conector del baño de agua para que no se produzca succión hasta la porcelana caliente y se resquebraje el tubo.

Análisis de los datos y conclusiones

- Escribe la reacción de deshidratación del etanol.
- Invierte uno de los tubos y acerca una llama para comprobar cómo arde. Escribe la reacción de combustión.
- Vierte en otro tubo unas gotas de agua de bromo y observa cómo se decolora. Escribe la reacción que se produce.
- Vierte en el tercer tubo unas gotas de disolución diluida de permanganato potásico alcalinizado con carbonato sódico y observa cómo se decolora. Escribe la reacción que se produce.

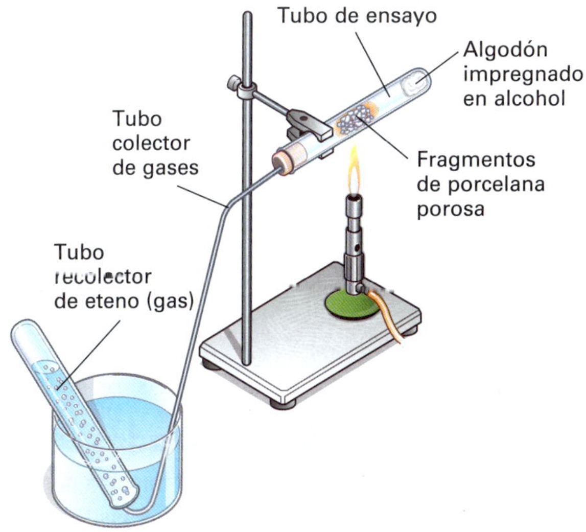

Figura 7.18.
Montaje para la obtención de eteno en el laboratorio.

Estrategias

Escritura de fórmulas orgánicas complicadas

Formula el ácido 2-etil-9-fenil-2-metil-5-(2-metilpropil)-nona-3-(*Z*)-6-(*E*)-dienoico.

Comentarios al enunciado

La formulación es una cuestión de método. Cada sufijo, prefijo o raíz del nombre del compuesto indica algún grupo funcional y los números señalan dónde está situado. Un buen método consiste en ir subrayando o tachando cada indicación a medida que se va colocando en la fórmula que se escribe.

Resolución y cálculos

Se debe comenzar escribiendo la cadena principal. La raíz *nona* indica que esta cadena principal es de 9 C. Se escribe, pues, una cadena carbonada de 9 C:

C–C–C–C–C–C–C–C–C

A continuación se escribe el grupo funcional principal, que es un ácido carboxílico indicado por el sufijo *-oico.* El grupo carboxílico solo puede estar en un C primario, o sea, en uno cualquiera de los dos extremos de la cadena. A partir de él se numerarán los C para saber dónde se sitúan los otros grupos funcionales y radicales. Sin situar todavía los H, se colocan como dobles los enlaces 3 y 6 (contados a partir del extremo del grupo carbonilo). Todavía no hace falta determinar si son *Z* o *E*, como se señala en el nombre:

9 8 7 6 5 4 3 2 1
C–C–C–C–C–C–C–C–COOH

9 8 7 6 5 4 3 2 1
C–C–C=C–C–C=C–C–COOH

Se coloca en la posición 2 un radical *etil* y un *metil*, en la posición 9 un *fenil* y en la posición 5 un *2-metilpropil*, es decir, un *propil* en cuyo segundo C (contado a partir del punto de unión a la cadena principal) hay un *metil*. Una vez colocadas todas las cadenas laterales, se pueden completar con H las valencias de cada C:

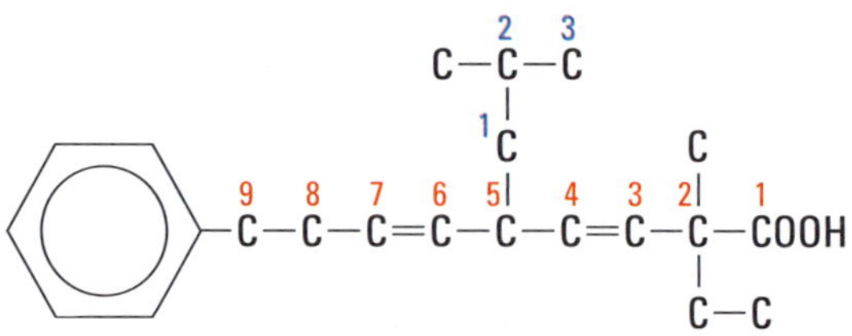

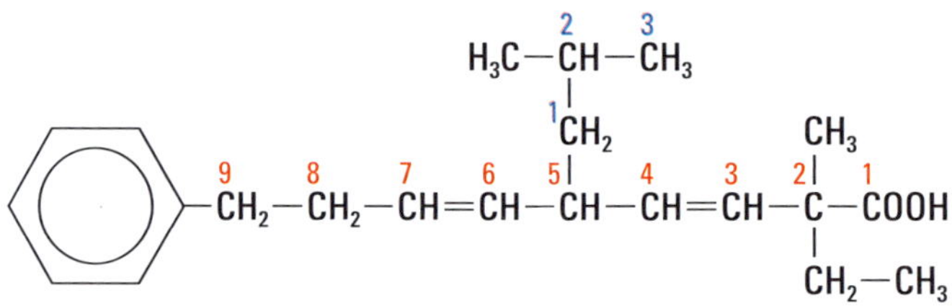

Queda formular los dobles enlaces según las indicaciones *Z* (los dos grupos de mayor prioridad al mismo lado) para el número 3 y *E* (los dos grupos de menor prioridad, en distintos lados) para el número 6:

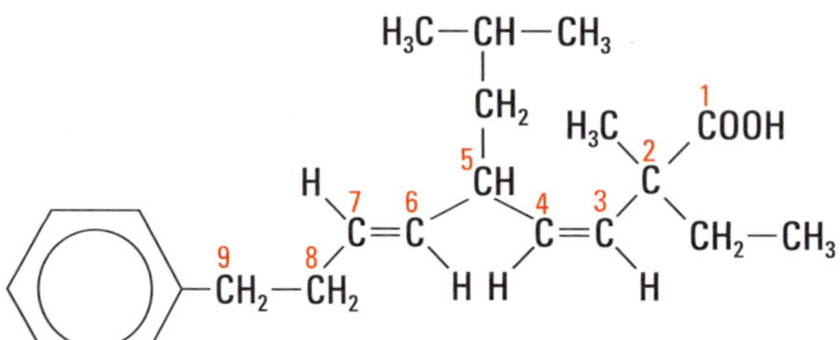

Análisis de los resultados

La configuración *Z* del enlace 3 también podría nombrarse como *cis* y la configuración *E* del enlace 6 podría nombrarse como *trans,* puesto que los C implicados tienen, en ambos casos, dos sustituyentes que son H y facilitan la aplicación de la nomenclatura *cis-trans* que, en caso de ser cuatro sustituyentes distintos, no puede aplicarse.

El C 2 y el C 5 son quirales y, aunque no se cita en el enunciado, la molécula tendrá dos isómeros: el R y el S para cada uno de ellos. En total serán cuatro isómeros (RR, RS, SR y SS).

Nomenclatura de un compuesto orgánico

Nombra el siguiente compuesto orgánico:

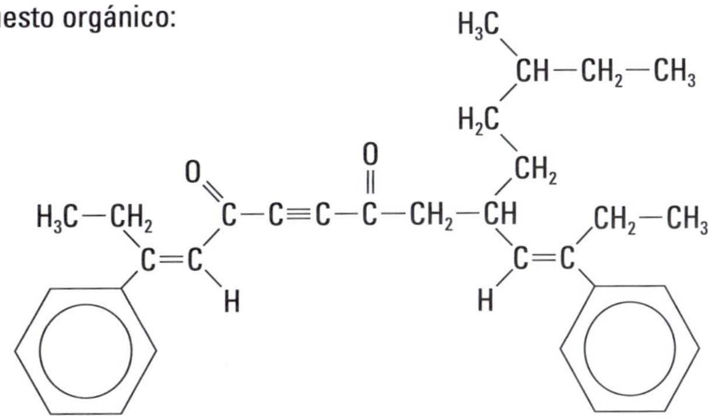

Comentarios al enunciado

Con una fórmula complicada, es útil escribirla subrayando o rodeando cada función y cada radical. El uso de colores también te ayudará.

Resolución y cálculos

El primer paso consiste en escoger la cadena principal. En este compuesto, la más larga es la azul, pero no contiene uno de los dobles enlaces. Por tanto, la cadena principal es la señalada en color rojo:

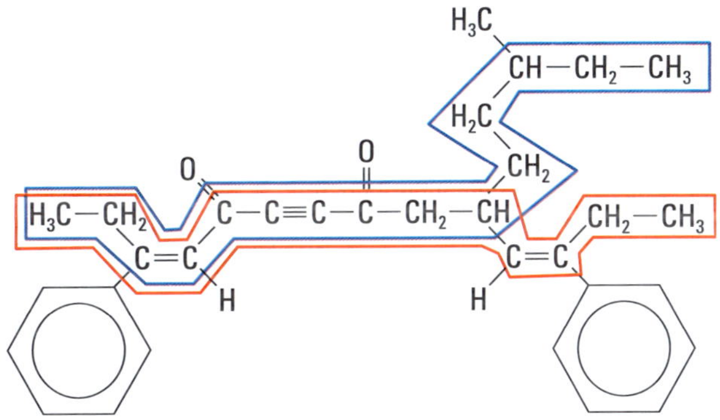

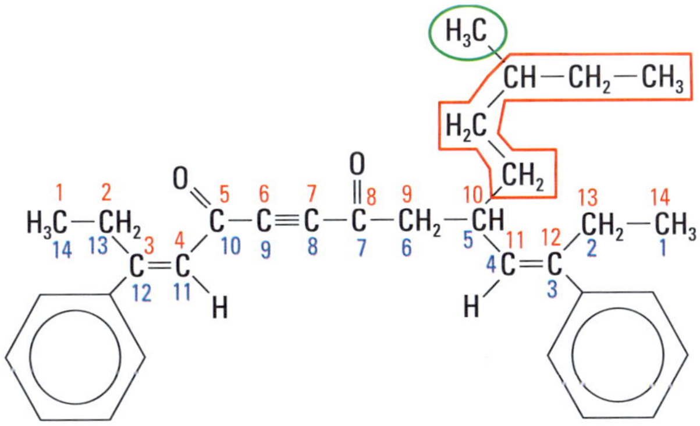

Una vez escogida la cadena principal, se debe proceder a numerarla. En la figura se indican las dos numeraciones posibles, según se empiece por un extremo o por el otro.

La numeración en rojo es la correcta, pues los grupos funcionales *oxo* y el triple enlace tienen posiciones más bajas que con la numeración en azul, que comienza por el otro extremo. Los grupos funcionales y los radicales que hay que citar son: en los C 5 y 8, dos grupos *oxo;* en los C 3 y 12, dos *fenilos,* y en el C 10, un *pentil* en cuyo C 3 hay un *metil*, o sea, un *3-metilpentil.* Los dobles enlaces de las posiciones 3 y 11 son *E,* pues los sustituyentes de mayor prioridad están en lados distintos del eje. La cadena principal es 3-(*E*)-11-(*E*)-dieno-6-ino. Añadiendo los radicales sustituyentes (en orden alfabético) y los grupos *oxo*, que darán el sufijo de cetona, el compuesto será:

3,12-difenil-10-(3-metilpentil)-tetradecan-3-(*E*)-11-(*E*)-dieno-6-ino-5,8-diona

Análisis de los resultados

El compuesto presenta quiralidad en el C 10 de la cadena principal y en el C 3 del pentilo lateral. Cada uno de estos C tiene dos posibles configuraciones, la R y la S, por lo que en la fórmula anterior se incluyen cuatro isómeros (RR, RS, SR y SS).

Actividades

Carbono y compuestos orgánicos

6 Define «compuestos orgánicos» y explica su origen.

7 Escribe la fórmula desarrollada de los siguientes compuestos e indica la valencia del carbono en cada uno de ellos: Al_4C_3; C_2H_4; C_2H_2; KCN; CH_2; CH_4; $CO(NH_2)_2$; CO; CO_2; $CaCO_3$.

8 ¿Cuál fue el primer compuesto orgánico que se sintetizó artificialmente? ¿A partir de qué sustancias? Escribe la reacción global de su síntesis artificial.

9 Explica las diferencias entre la atmósfera actual de la Tierra y la atmósfera primitiva antes de que aparecieran los seres vivos.

10 Cita cinco artículos orgánicos de origen natural que se puedan encontrar fácilmente en un domicilio.

11 Cita cinco sustancias químicas orgánicas de uso habitual en la vida cotidiana.

Características del átomo de carbono y formas alotrópicas

12 Escribe la notación electrónica del átomo de C y explica las valencias que tiene a partir de ella.

13 Escribe las fórmulas de Lewis de las moléculas de propano, propeno y etino y dibuja tridimensionalmente estas moléculas.

14 Indica en las siguientes cadenas qué C son primarios, cuáles secundarios y cuáles terciarios, completando la molécula con el número de átomos de H necesarios en cada caso:

a)

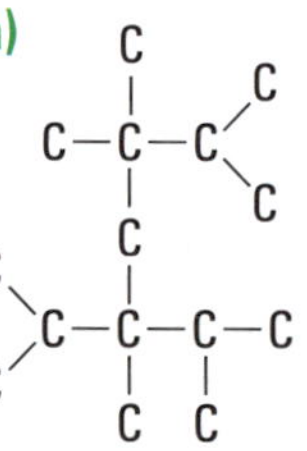

b)

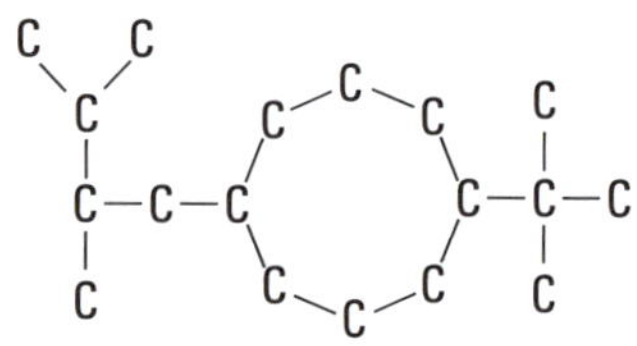

15 Escribe la fórmula de un alcohol primario, de uno secundario y de uno terciario, todos ellos de 5 C.

16 Explica la diferencia entre grafito y grafeno.

17 Cita cinco diferencias entre diamante y fullerenos.

18 Indica cuatro aplicaciones de los nanotubos.

19 Justifica la resistencia de las fibras de nanotubos.

Grupo funcional, serie homóloga y nomenclatura

20 Define el concepto de grupo funcional y menciona tres ejemplos de moléculas de tres carbonos.

21 Define el concepto de serie homóloga, pon un ejemplo y cita, al menos, cinco miembros suyos.

22 Escribe todos los compuestos que conozcas con distinto grupo funcional que tengan la misma cadena de C que el butano.

23 Formula y nombra los diez primeros miembros de la serie homóloga de las cetonas.

24 Escribe los diez primeros miembros de la serie homóloga de las amidas.

25 Formula los compuestos de dos átomos de C que tengan grupos funcionales con O.

26 La fórmula C_2H_6O puede corresponder a un alcohol y a un éter. Formúlalos. ¿Qué diferencias existen entre estos dos compuestos?

27 ¿Qué diferencias existen entre una amina y una amida? Pon un ejemplo sencillo de cada una de ellas.

28 Indica qué grupo funcional poseen los siguientes compuestos y nómbralos:

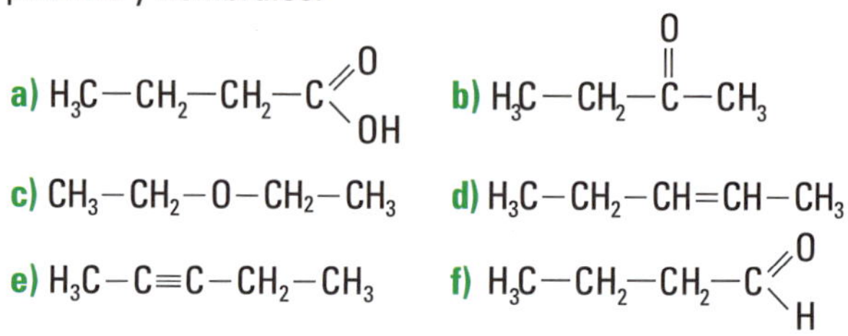

29 Formula los siguientes compuestos: ácico propanoico, butanal, butanona, etilamina y metanol.

30 Nombra los siguientes compuestos:

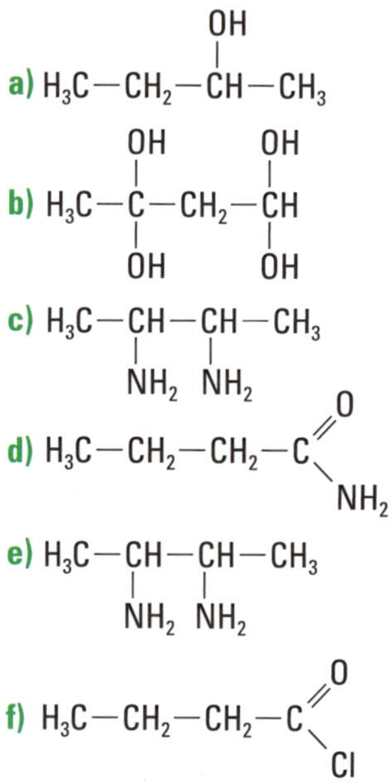

31 Formula los siguientes compuestos: propanamida, bromuro de propanoílo, iodoformo, etanonitrilo y dinitrometano.

32 Escoge la cadena principal en los siguientes compuestos:

a)

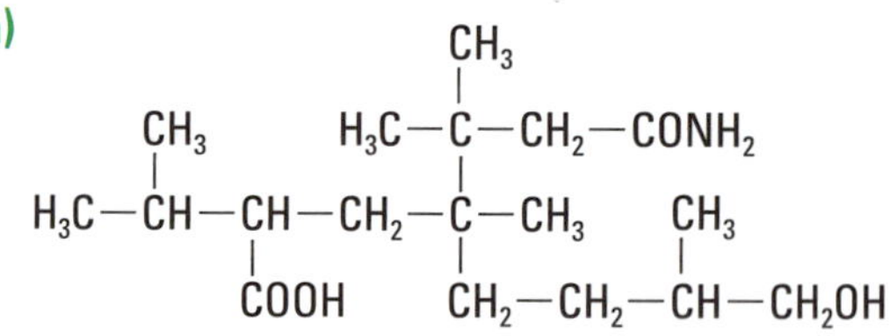

b) 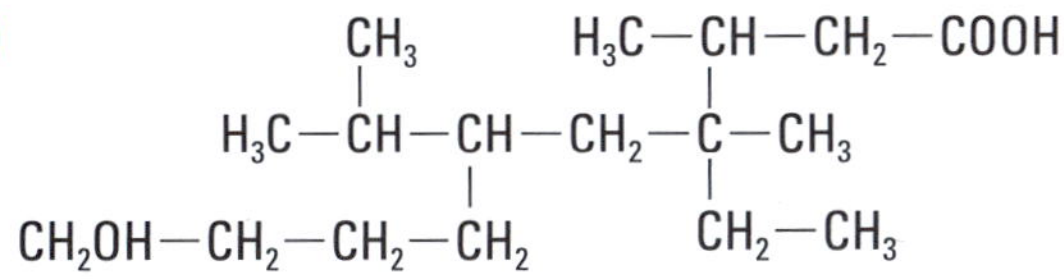

33 Ordena por prioridad los grupos funcionales: cetona, amida, nitrilo, amina, ácido carboxílico, doble enlace, alcohol primario, triple enlace, aldehído.

34 Ordena de mayor a menor prioridad los siguientes grupos funcionales: grupo nitro, aldehído, ioduro, alcohol secundario, cloruro de ácido, amina, bromuro.

35 Ordena, de mayor a menor prioridad, los siguientes radicales: metilo, etinilo, *terc*-butilo y *sec*-propilo.

36 Nombra los siguientes compuestos:

a) 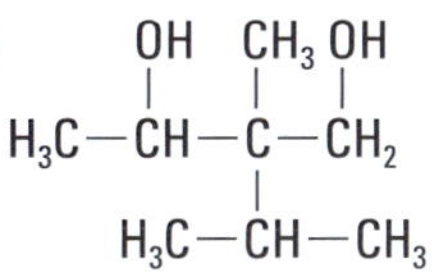

b) 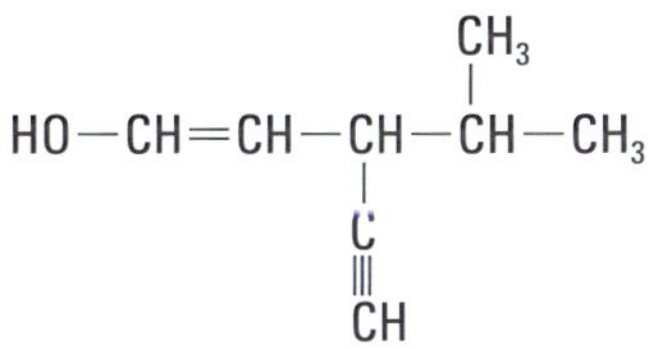

c) 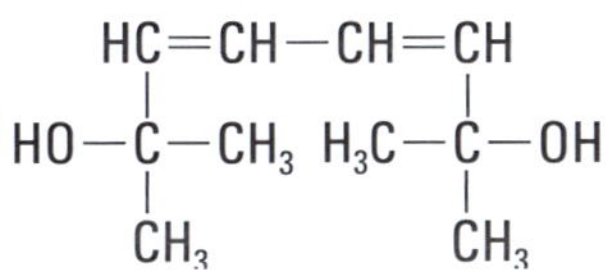

d) 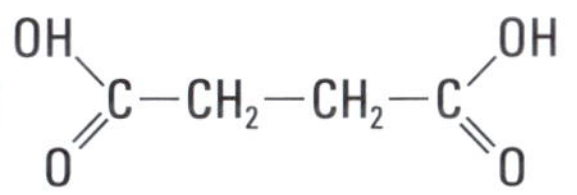

37 Nombra los siguientes compuestos:

a) 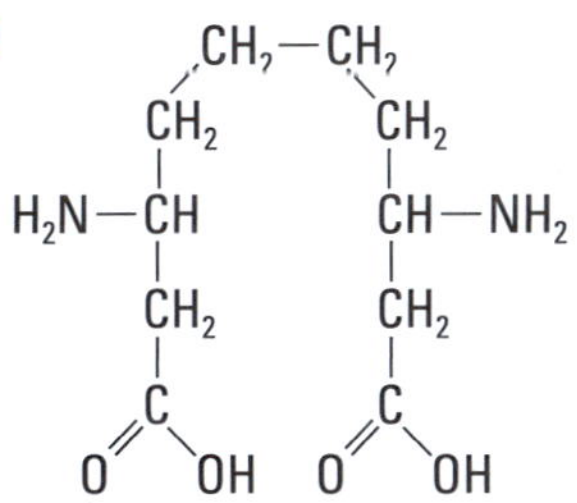

b) 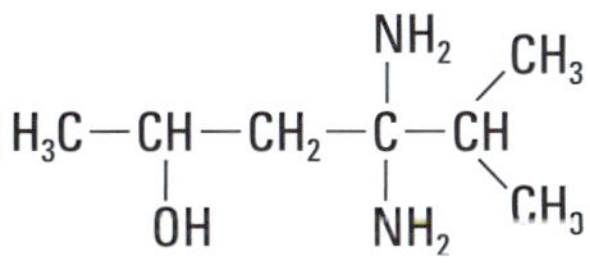

c) 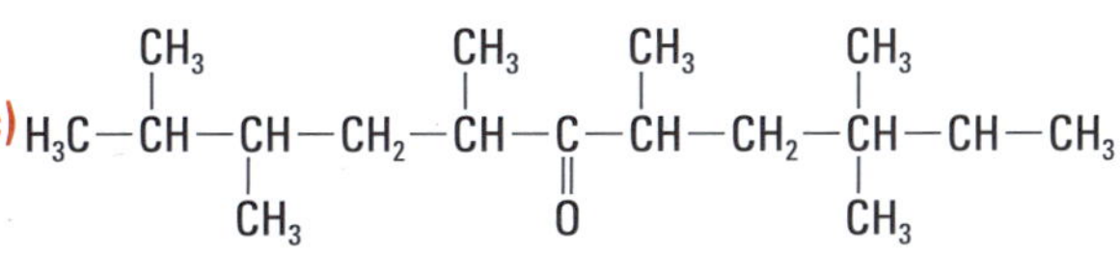

Isomería

38 Explica en qué consiste la isomería estructural de cadena. Pon un ejemplo con dos isómeros estructurales de cinco átomos de C.

39 Formula y nombra todos los isómeros estructurales de cadena del pentano y del hexano.

40 Explica en qué consiste la isomería estructural de posición.

41 Formula y nombra todos los isómeros estructurales de función de la butanona.

42 Formula y nombra los isómeros de función de la fórmula C_4H_7O.

43 Formula y nombra todos los isómeros estructurales de función del 3-aminobutan-2-ol.

44 Pon un ejemplo de isomería estructural de posición con dos compuestos de 5 C.

45 Formula y nombra todos los isómeros de posición de la pentilamina y del butano-1,2-diol.

46 ¿Qué tipo de isomería presenta el but-1-eno? ¿Y el but-2-eno? Formula y nombra todos sus isómeros.

47 Formula y nombra todos los isómeros del pent-2-eno.

48 ¿Por qué el eteno-1,2-diol (o 1,2-etenodiol) presenta dos isómeros, mientras que el etano-1,2-diol (o 1,2-etanodiol) no los tiene? Nombra y formula estos isómeros.

49 Nombra los siguientes compuestos:

a) 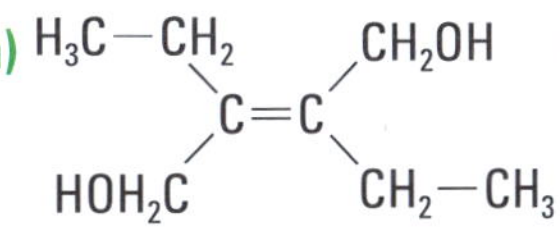

b) 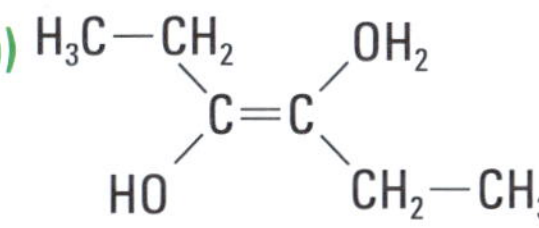

c) 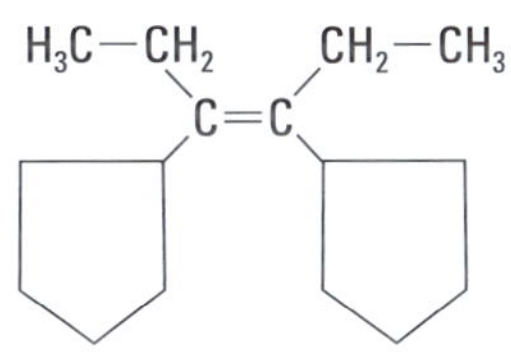

d) 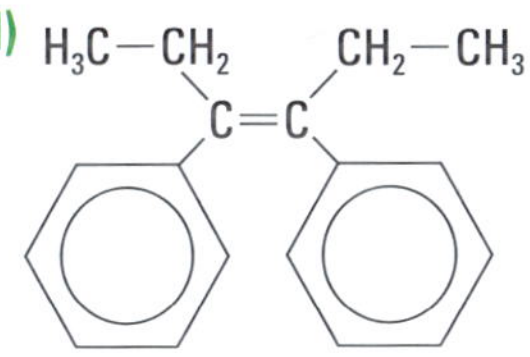

50 Formula los siguientes compuestos: pent-2-*cis*-eno; hex-3-*trans*-eno-3,4-diol; 3,4-difenilhex-3-*trans*-eno; 4,5–diisopropiloct–4–*cis*–eno.

51 Nombra los siguientes compuestos:

a) 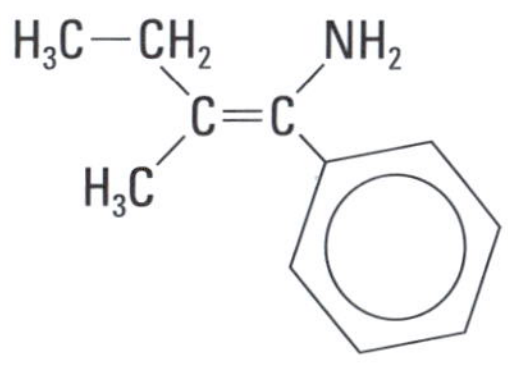

b) 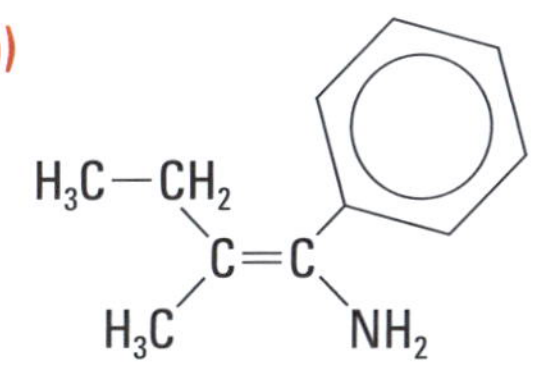

c) 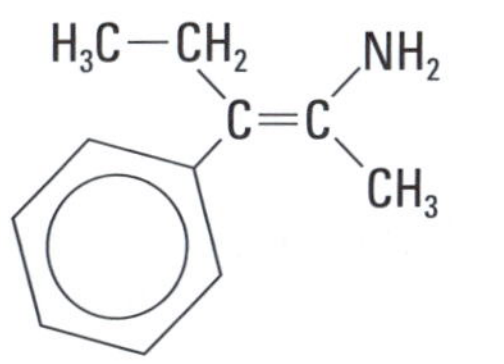

d) 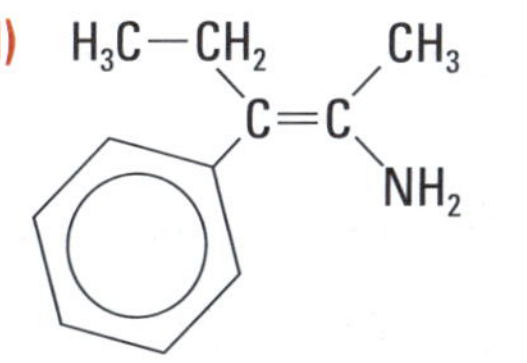

52 Nombra los siguientes compuestos:

a) 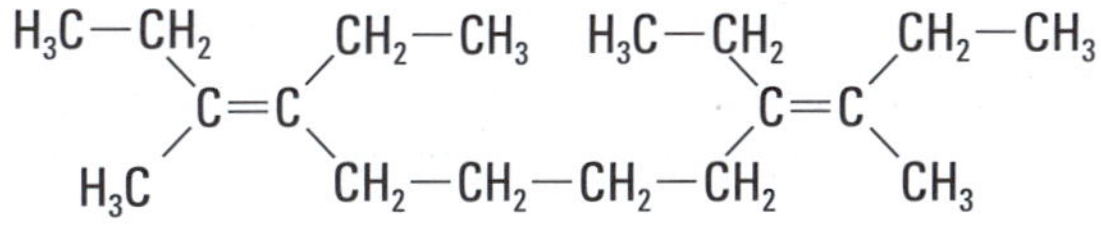

Actividades

b) 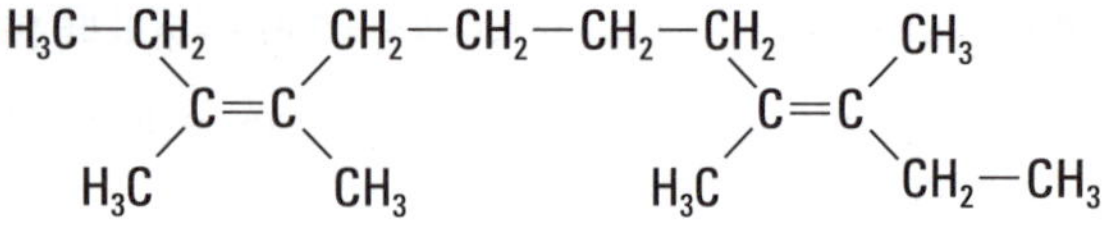

53 Formula los siguientes compuestos: 2-pent-*E*-enil-2-amina; 4-metil-hept-3-*Z*-enil-3-amina; 2-cloro-3-yodo-hept-2-*Z*-eno y 2-bromo-3-yodo-hex-2-*E*-eno.

54 Justifica la existencia de isómeros en el 1,2-dimetilciclopropano, formúlalos y nómbralos.

55 Formula y nombra todos los isómeros posibles del ciclopenta-1,3-dieno-1,3-diol.

56 Nombra los siguientes compuestos:

a) 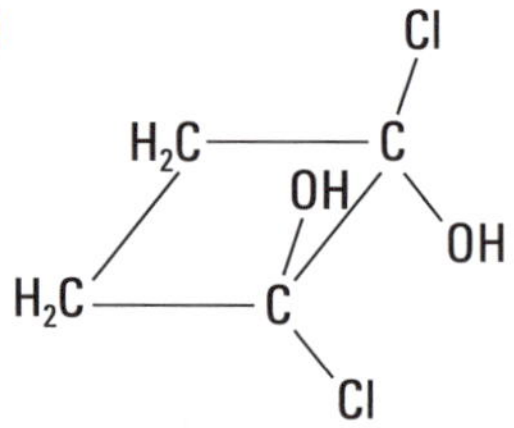

b) 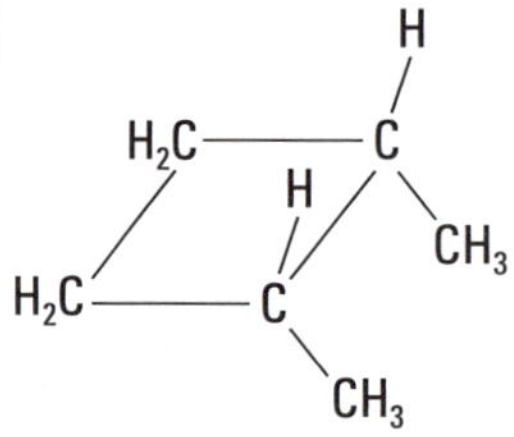

57 Explica en qué consiste la estereoisomería óptica y por qué se llama así.

58 ¿Qué es un átomo de C quiral? ¿Puede ser quiral un C primario? ¿Y uno secundario? Pon ejemplos para argumentar tu respuesta.

59 Escribe el compuesto más simple que creas posible con un C quiral. Formula y nombra sus isómeros.

60 Representa los isómeros D y L del gliceraldehído e indica el nombre de cada uno usando la nomenclatura R-S.

61 Nombra los siguientes compuestos:

a) 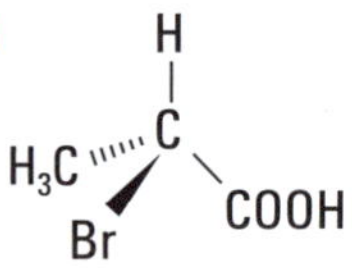

b) 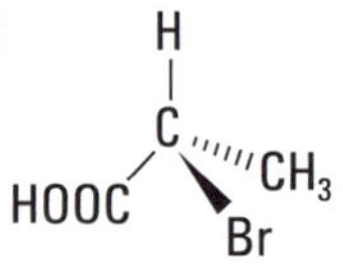

c) 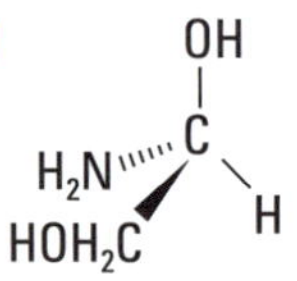

d) 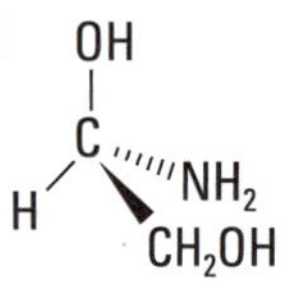

62 Formula el 1-(R)-bromo-2-(R)-fluorobutano.

63 Explica qué es un enantiómero. Pon ejemplos y formúlalos.

64 Explica qué es un distereómero. Cita algunos ejemplos y formúlalos.

65 Nombra el siguiente compuesto, averigua cuántos átomos de C tiene que sean quirales y cuántos enantiómeros podrán existir de esta molécula.

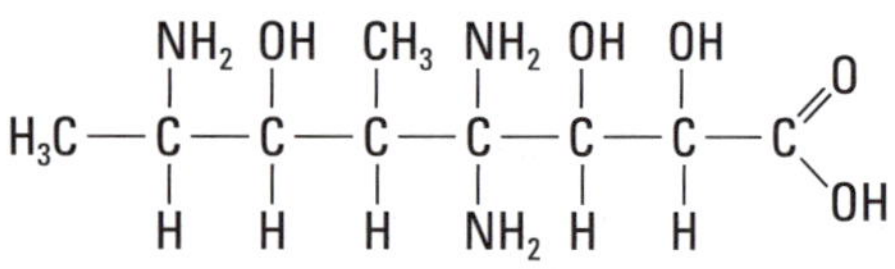

66 Escribe todos los enantiómeros posibles para el compuesto, nómbralos y explica si este compuesto tiene el número exacto de enantiómeros que corresponden al número de C quirales que posee, argumentando tu respuesta:

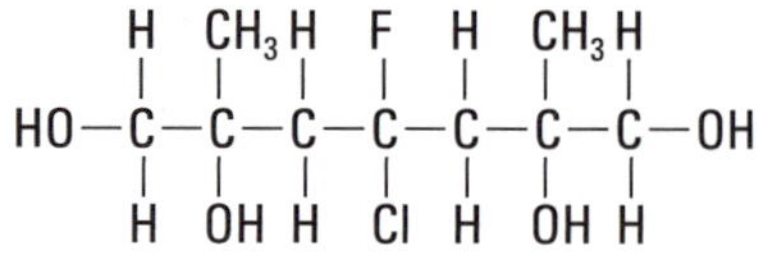

Hidrocarburos

67 Formula los compuestos: dodecano, tetracosano, octacosano, dotriacontano y pentacontano.

68 Formula el heptano, el hept-2-eno y el hept-2-ino (o 3-octino) y demuestra que se ajustan a las fórmulas generales de alcanos, alquenos y alquinos.

69 Cita tres propiedades generales de todos los hidrocarburos.

70 Formula y nombra un hidrocarburo de seis C que sea:

a) Alifático. **b)** Alicíclico. **c)** Aromático.

71 Formula y nombra un hidrocarburo de cinco C que sea:

a) Alifático saturado. **b)** Cíclico e insaturado.

c) Alifático insaturado y ramificado.

72 Completa en tu cuaderno las siguientes reacciones:

a) $CH_3-CH_2-CH_3 + Cl_2 \xrightarrow{h\nu}$

b) $CH_3-CH_2-CH_3 + HNO_3 \xrightarrow{T > 400\ °C}$

c) $CH_3-CH_2-CH_3 + H_2SO_4 \longrightarrow$

73 Escribe la reacción general de combustión de un alcano. Escribe también la de combustión del heptano y del propano, y comprueba si se ajustan a la ecuación general.

74 Escribe la reacción del ciclopentano con ácido nítrico a temperatura elevada.

75 Nombra los siguientes alcanos:

a) 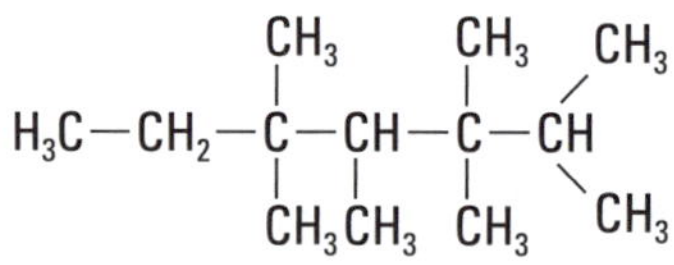

b) 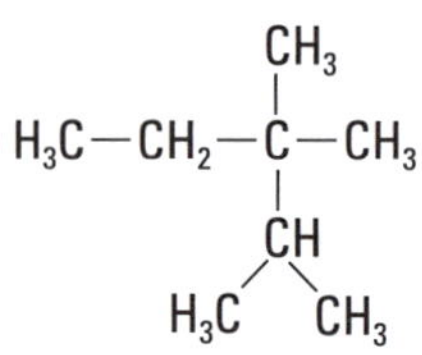

c) 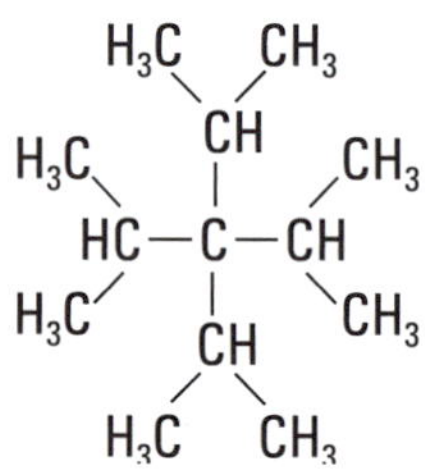

76 Nombra los siguientes cicloalcanos:

a) 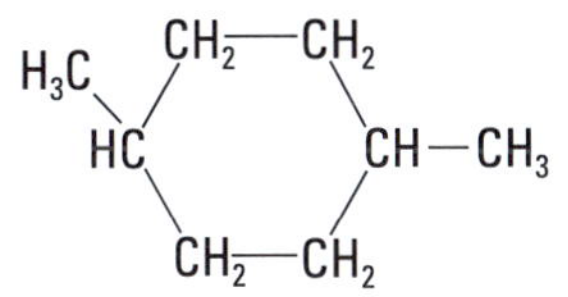

b) 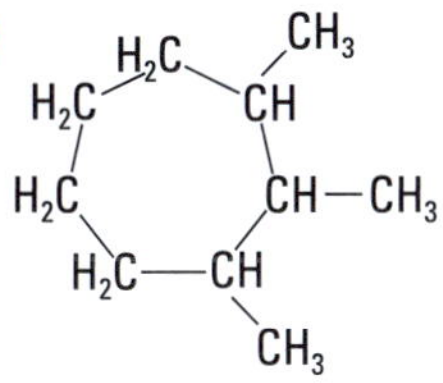

c) 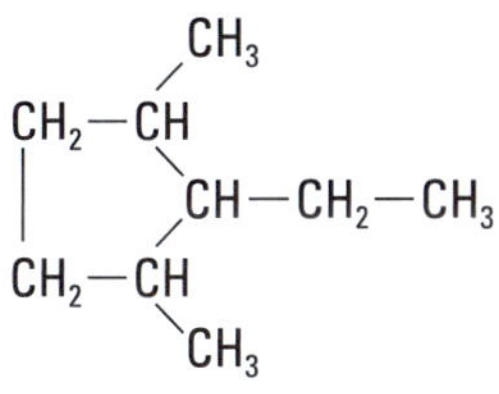

d) 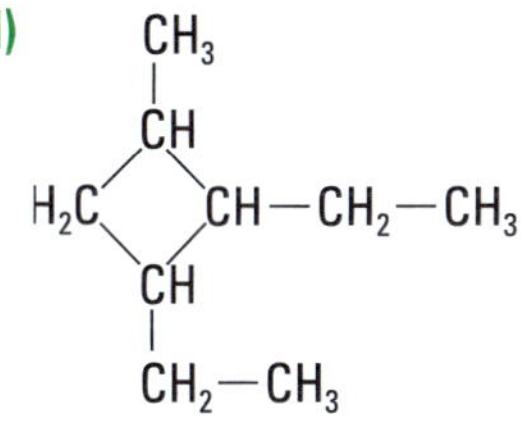

77 Explica la diferencia de forma entre las moléculas del 1,4-dimetil-benceno y del 1,4-dimetilciclohexano.

78 ¿Qué forma tiene la molécula de hexametilbenceno?

79 Razona la geometría de las moléculas de naftaleno, antraceno y fenantreno.

80 Formula los siguientes compuestos: hex-2-eno; hepta-1,3-dieno; nona-2,4,6-trieno; 2,2-dimetilocta-4,6-dieno; penta-1,3-dieno; ciclopenteno; cicloocteno.

81 Formula todos los estereiosómeros posibles del deca-2,5-dieno.

82 Nombra los siguientes cicloalquenos:

a) 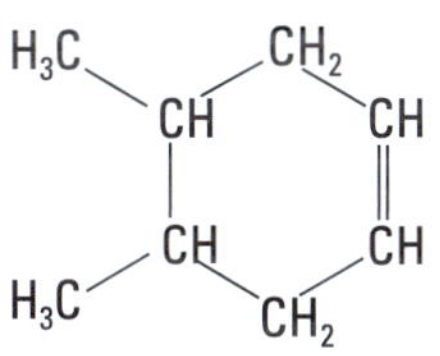

b) 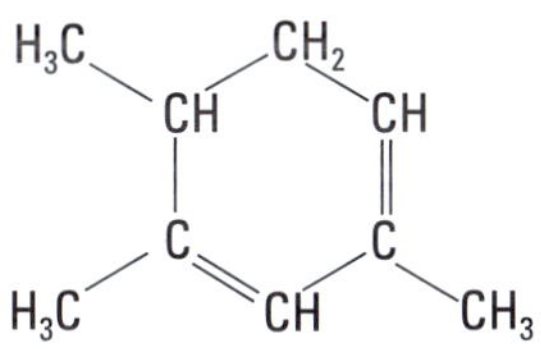

c) 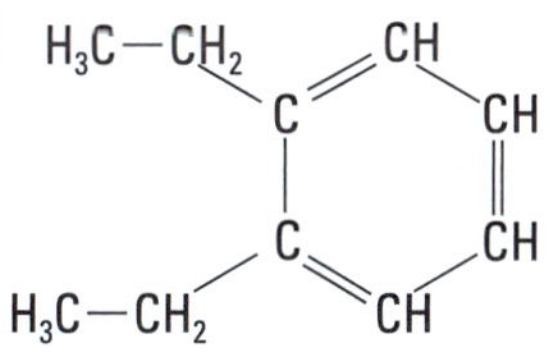

83 Nombra los siguientes compuestos:

a) 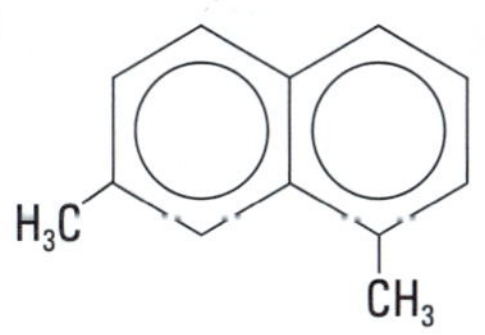

b) 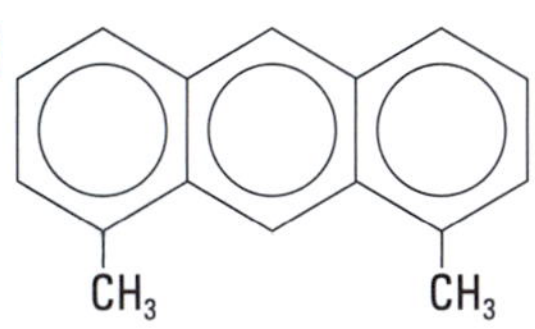

c) 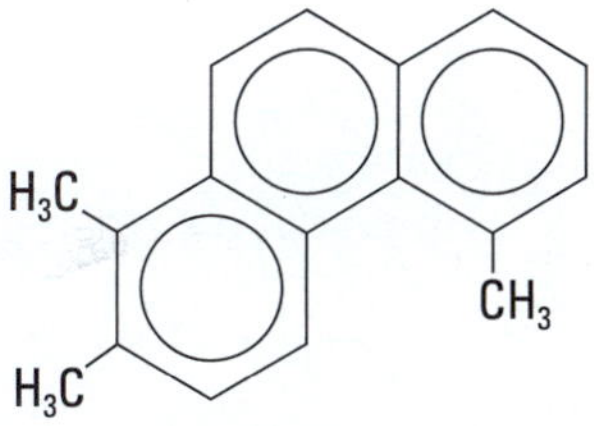

d) 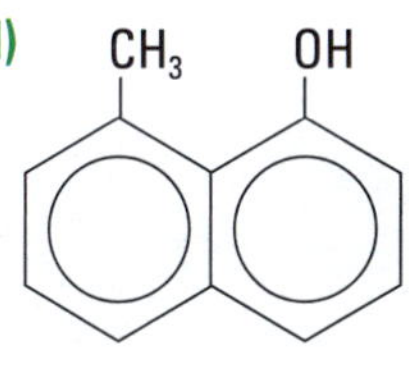

84 Formula los compuestos: 1,8-dimetilnaftaleno; 1,8,10-triyodoantraceno; 2,7-difenilantraceno; fenantreno-9,10-diol.

85 Completa en tu cuaderno las siguientes reacciones:

a) $CH_2{=}CH{-}CH_2{-}CH{=}CH_2 + H_2 \xrightarrow{Pt}$

b) $CH_2{=}CH{-}CH_2{-}CH{=}CH_2 + HCl \longrightarrow$

c) $CH_2{=}CH{-}CH_2{-}CH{=}CH_2 + H_2O \longrightarrow$

86 ¿Por qué los dobles enlaces entre C pueden determinar isomería *cis-trans* y los triples enlaces no?

87 Formula los siguientes alquinos: 3,6-dimetildeca-1-4-7-9-tetraino; 4,7-dimetilundeca-2,5,8-triino; 4,7-(p-metilfenil)dodeca-2,5,8,11-tetraino.

88 Nombra los siguientes alquinos:

a) 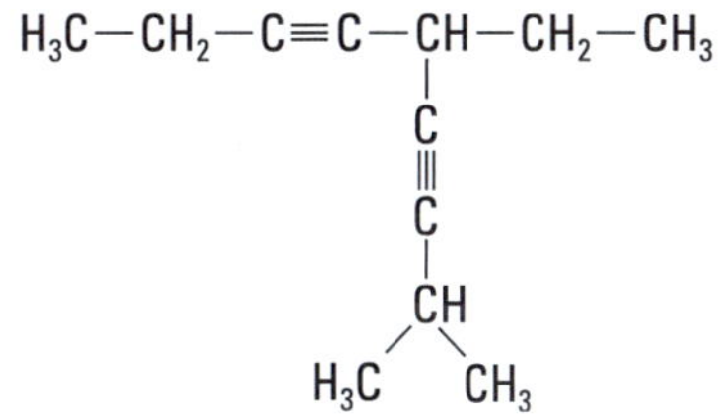

b) 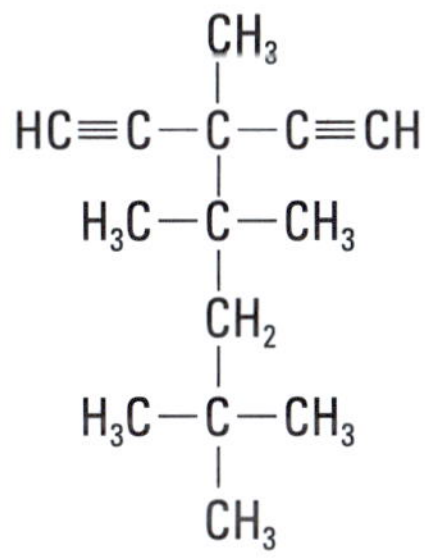

c) 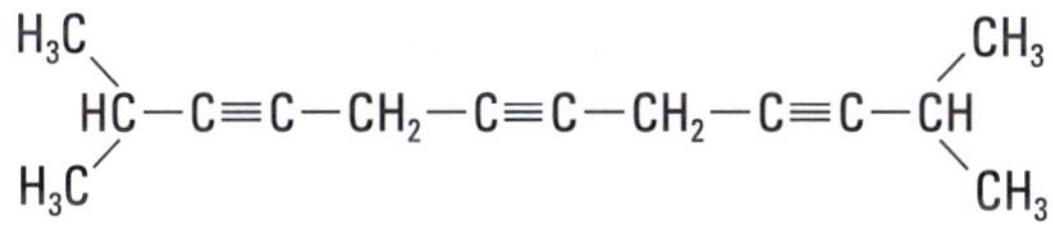

89 Nombra los siguientes compuestos:

a) 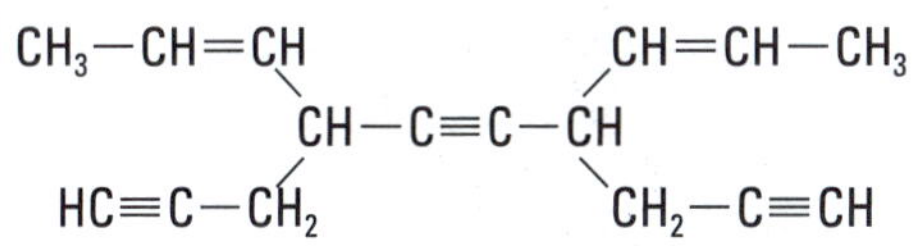

b) 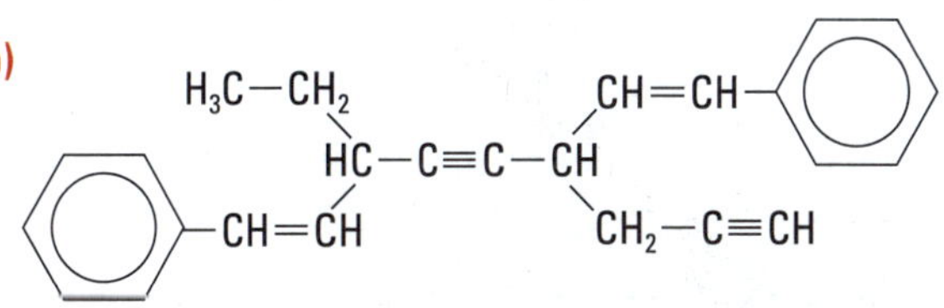

90 Completa las siguientes reacciones en tu cuaderno:

a) $HC{\equiv}C{-}CH_2{-}C{\equiv}CH + H_2 \xrightarrow{Pt}$

b) $HC{\equiv}C{-}CH_2{-}C{\equiv}CH + I_2 \longrightarrow$

c) $HC{\equiv}C{-}CH_2{-}C{\equiv}CH + HCl \longrightarrow$

d) $HC{\equiv}C{-}CH_2{-}C{\equiv}CH + H_2O \longrightarrow$

91 Explica por qué el ataque de moléculas de agua sobre dobles y triples enlaces puede acabar dando oxocompuestos en lugar de alcoholes.

8 Compuestos orgánicos oxigenados y nitrogenados

1 Haluros de alquilo
2 Alcoholes y fenoles
3 Aldehídos y cetonas
4 Azúcares
5 Ácidos carboxílicos
6 Ésteres
7 Éteres
8 Aminas
9 Amidas
10 Aminoácidos
11 Nitrilos
12 Nitrocompuestos

1 Haluros de alquilo

Los **haluros de alquilo** son hidrocarburos en los cuales uno o varios átomos de —H se han sustituido por uno o varios átomos de elementos halógenos.

La nomenclatura de la IUPAC los denomina como derivados de los hidrocarburos de referencia. Ejemplos:

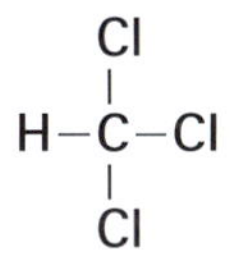

$CHCl_3$ (Cloroformo)
Triclorometano

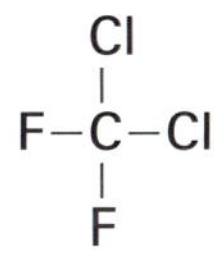

CCl_2F_2 (R-12)
Diclorodifluorometano

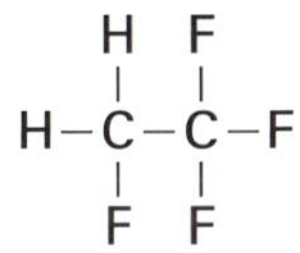

CH_2FCF_3 (R-134)
1,1,1,2-tetrafluoroetano

La familia de halocarburos más conocida es la de los CFC o clorofluorocarburos, que son un peligro para la atmósfera.

El primer halocarburo para el que se encontró utilidad fue el **cloroformo** o **triclorometano,** $CHCl_3$. Descubierto en 1831, fue usado en 1847 como anestésico general para las mujeres durante los partos y su empleo se extendió a todo tipo de operaciones quirúrgicas. Dejó de utilizarse debido a su toxicidad, especialmente, por el peligro de inducir arritmias cardíacas.

El **diclorodifluorometano,** CCl_2F_2, también llamado R-12 o CFC-12, es un gas que se usó hasta finales del siglo XX en los circuitos de refrigeración, tanto de frigoríficos como de aires acondicionados. Dejó de usarse cuando se comprobó que las cantidades que, de manera inevitable, escapaban a la atmósfera intervenían decisivamente en la destrucción de la capa de ozono, O_3. Además se descubrió que era un gas con efecto invernadero.

A finales del siglo XX fue sustituido por otros gases, como el **1,1,1,2-tetrafluoroetano,** CH_2FCF_3, conocido comercialmente como R-134 y considerado menos peligroso, al tener un menor efecto sobre el calentamiento global y al no contener átomos de Cl, que son los más activos en el mecanismo de destrucción del ozono.

El teflón es el nombre comercial del **politetrafluoroetileno.** De bajo coeficiente de fricción, muy resistente y poco reactivo, se usa como recubrimiento antiadherente en utensilios de cocina, en recipientes para reactivos químicos y como aislante eléctrico.

Los de baja masa molecular son gases y se usan como sustancias extintoras de fuegos, como propelentes en aerosoles y también como gases en circuitos de refrigeración. Muchos haluros de alquilo son líquidos y se utilizan como disolventes de sustancias orgánicas.

Cuantos más átomos de halógeno posee la molécula, menor es su inflamabilidad y menor es su reactividad en general. Los compuestos totalmente halogenados son muy estables, particularmente, los **fluorocarburos.**

Se pueden obtener por reacción de los alcoholes y de los alquenos con halogenuros de hidrógeno:

$$CH_3{-}CH_2OH + HBr \longrightarrow CH_3{-}CH_2Br + H_2O$$

$$CH_2{=}CH_2 + HBr \longrightarrow CH_3{-}CH_2Br$$

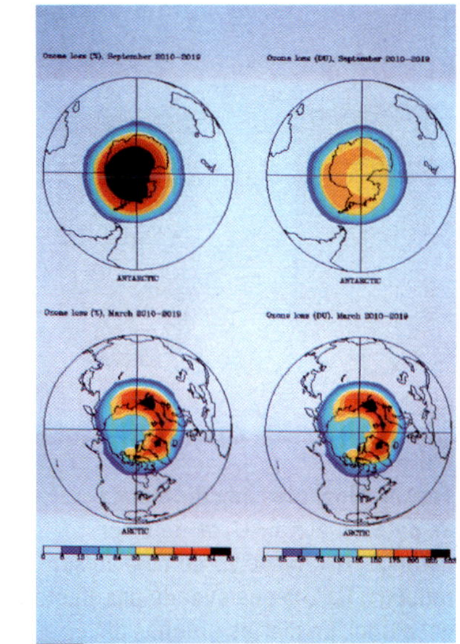

Figura 8.1.
Predicciones sobre la evolución de los agujeros de ozono entre 2010 y 2019 tanto en el Ántártico (arriba) como en el Ártico (abajo). Los porcentajes de pérdidas (izquierda) y las pérdidas absolutas (derecha) de ozono se indican en color, de menor (azul) a mayor (negro). La capa de ozono protege a la Tierra de la radiación solar y fue dañada por los halocarburos escapados a la atmósfera.

Dada su eficacia, los haluros de alquilo todavía se usan como **extintores de incendios** en instalaciones militares y nucleares y en aeronáutica. Estos compuestos actúan liberando átomos de halógeno, que se combinan con los radicales libres de la reacción de combustión y la detienen. Se dice que estas sustancias «envenenan» el fuego.

2 Alcoholes y fenoles

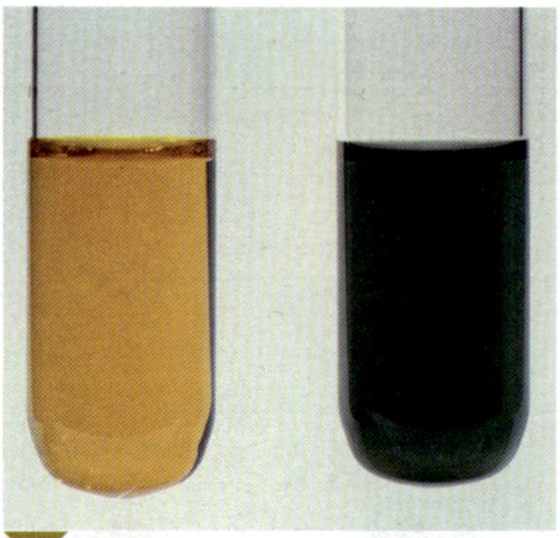

Figura 8.2.

Test de alcoholes con dicromato de potasio. El $K_2Cr_2O_7$ es de color naranja y se vuelve verde cuando se reduce a Cr^{3+}, lo que sucede por efecto del etanol. En ciertas pruebas de alcoholemia se usa esta reacción para analizar el aliento de las personas y comprobar en él la presencia de etanol.

El etanol es especialmente tóxico para el sistema nervioso. Se utiliza como disolvente y conservante, y ha cobrado interés su obtención a partir de productos vegetales para usarlo como combustible en automoción.

Algunos polialcoholes tienen propiedades edulcorantes. Por ejemplo, el **eritritol** ((2*R*,3*S*)-butano-1,2,3,4-tetraol), que se produce por fermentación de glucosa por algunas levaduras.

Los **alcoholes** y **fenoles** se pueden considerar hidrocarburos en los que se han sustituido uno o varios átomos de —H por grupos —OH.

Se nombran añadiendo el sufijo ***-ol*** al nombre del hidrocarburo de referencia e indicando numéricamente la posición del grupo hidroxilo en la cadena carbonada cuando es necesario:

CH_3OH	CH_3-CH_2OH	$CH_3-CH_2-CH_2OH$	$CH_3-CHOH-CH_3$
Metanol	Etanol	Propan-1-ol 1-propanol	Propan-2-ol 2-propanol

CH_2OH-CH_2OH	$CH_3-CHOH-CH_2OH$	$CH_2OH-CHOH-CH_2OH$
Etan-1,2-diol 1,2-etanodiol (etilenglicol)	Propano-1,2-diol 1,2-propanodiol	Propano-1,2,3-triol 1,2,3-propanotriol (glicerina)

Cuando el grupo —OH no es la función principal, se usa el prefijo *hidroxi-*:

$$CH_3-CH_2-CH_2-CH_2-CHOH-CH_2-CH_2-COOH$$

Ácido 4-hidroxioctanoico

El **etanol** se obtiene mayoritariamente a partir del petróleo, pero es conocida su obtención mediante la fermentación de productos azucarados:

$$C_6H_{12}O_6 + O_2 \longrightarrow CH_3CH_2OH + CO_2$$

En esta reacción, la glucosa, $C_6H_{12}O_6$, da un producto no totalmente oxidado como el etanol. La efectúa un hongo, *Sacharomyces cerevisae*, responsable de la fermentación del vino, la cerveza y otras bebidas alcohólicas.

El **metanol** se obtiene por destilación seca de la madera. Es más tóxico que el etanol y ataca especialmente el nervio óptico, causando ceguera.

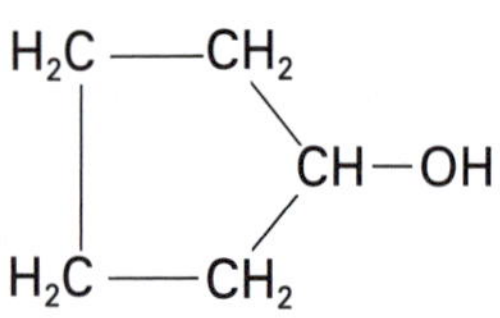

Ciclopentanol

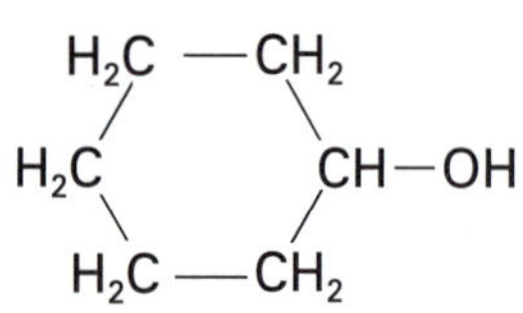

Ciclohexanol

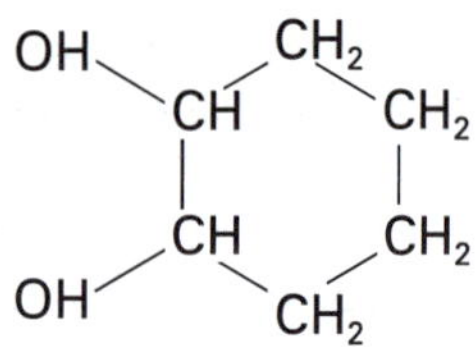

Ciclohexano-1,2-diol
1,2-ciclohexanodiol

El **fenol** es el alcohol del benceno. En derivados de dos grupos hidroxilo, sus posiciones se indican mediante números o mediante los prefijos *orto-* (posiciones 1 y 2), *meta-* (posiciones 1 y 3) y *para-* (posiciones 1 y 4).

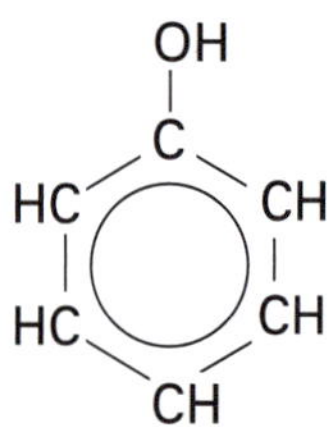

Fenol

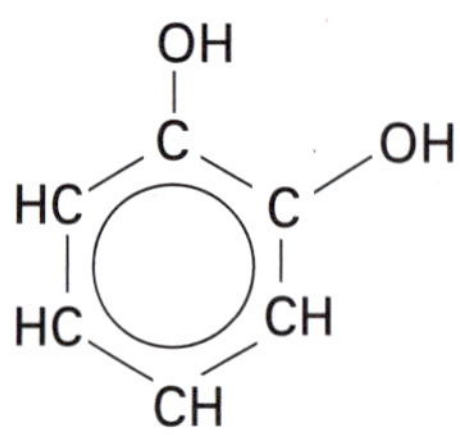

Benceno-1,2-diol
1,2–bencenodiol
o-bencenodiol

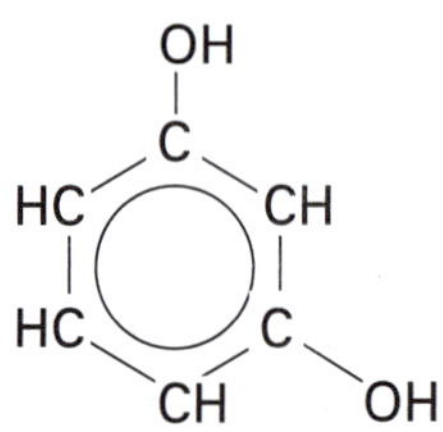

Benceno-1,3-diol
1,3–bencenodiol
m-bencenodiol

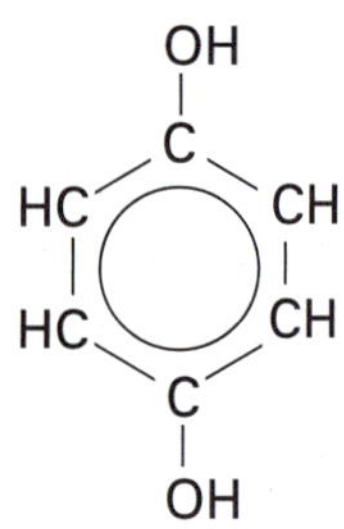

Benceno-1,4-diol
1,4–bencenodiol
p-bencenodiol

Los alcoholes se obtienen a partir de halogenuros de alquilo en medio básico y a partir de alquenos en medio básico:

$$CH_3CH_2Cl + NaOH \longrightarrow CH_3CH_2OH + NaCl$$

$$CH_3-CH=CH_2 + H_2O \longrightarrow CH_3-CHOH-CH_3 + CH_3-CH_2-CH_2OH$$

3 Aldehídos y cetonas

Los **aldehídos** y las **cetonas** son compuestos orgánicos con el mismo grupo funcional, el denominado grupo **carbonilo** $>C{=}O$. En los aldehídos, el grupo carbonilo corresponde a un C primario, o sea, situado al final de una cadena carbonada. En cambio, en las cetonas corresponde a uno secundario.

En general, los grupos funcionales aldehído y cetona se representan:

Aldehídos 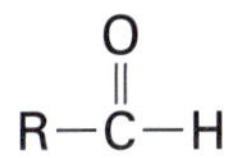 Cetonas 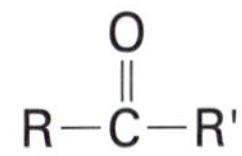

Los aldehídos se nombran añadiendo a la raíz que indica el número de carbonos el sufijo *-al.* Para las cetonas, ***-ona*** es el sufijo correspondiente. Si es necesario, hay que indicar numéricamente la posición de la función. Cuando no son el grupo principal, se nombran ambos con el prefijo ***-oxo.***

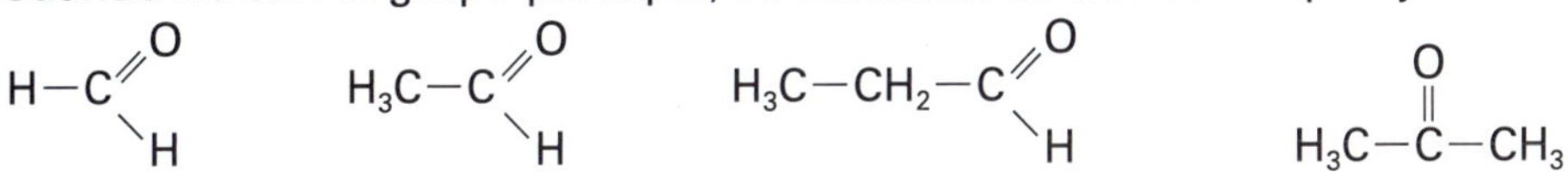

Metanal — Etanal — Propanal — Propanona o acetona

Para evitar confusiones con la función alcohol, la función aldehído se representa abreviadamente como $-CHO$ en lugar de $-COH$:

$CH_3-CO-CH_2-COOH$
Ácido 3-oxobutanoico

$CH_3-CH_2-CO-CH_2-CH_3$
Penta-3-ona
3-pentanona

$CH_3-CO-CH_2-CO-CH_3$
Penta-2,4-diona
2,4-pentanodiona

Los aldehídos y las cetonas son líquidos (excepto el metanal, que es gas) o sólidos a temperatura ambiente con puntos de fusión intermedios entre los de los hidrocarburos y los de los alcoholes con igual número de C que ellos. En general, los aldehídos tienen olores picantes, mientras que las cetonas son muy agradables al olfato y muchas de ellas se usan en perfumería.

El **metanal, formaldehído** o **aldehído fórmico,** HCHO, es un gas incoloro de olor penetrante, muy soluble en agua. Recibe este nombre porque se aisló por vez primera de las hormigas *(Formica domestica).* El formaldehído es uno de los compuestos orgánicos más importantes de la industria química. Entre otras finalidades, se usa en la producción de medicamentos y de plásticos, como la melamina («Formica» es el nombre de la empresa que los creó y distribuyó por primera vez). Una disolución del 35 % de formaldehído se ha usado tradicionalmente como desinfectante y conservante de muestras biológicas y cadáveres de animales (formol).

La **propanona** o **acetona,** CH_3COCH_3, es un líquido incoloro de olor característico, muy volátil e inflamable, de amplio uso como disolvente de productos orgánicos. Se utiliza en procesos de fabricación muy diversos, desde medicamentos a fibras y plásticos. Los aldehídos se pueden obtener por oxidación parcial de alcoholes primarios, usando $K_2Cr_2O_7$ como oxidante. Ejemplo:

$$CH_3-CH_2-CH_2OH \xrightarrow{K_2Cr_2O_7} CH_3-CH_2-CHO$$

Y las cetonas se pueden obtener a partir de alcoholes secundarios, oxidando con Cr_2O_3 en piridina. Ejemplo:

$$CH_3-CHOH-CH_3 \xrightarrow{Cr_2O_3/\text{piridina}} CH_3-CO-CH_3$$

Figura 8.3.
Los aldehídos se distinguen fácilmente de las cetonas mediante el reactivo de Tollens ($AgNO_3$ en disolución amoniacal). Los aldehídos (derecha) forman un espejo de plata por precipitación de plata metálica; las cetonas no (izquierda).

Ten en cuenta

La **acetona** puede formarse como producto de la metabolización de las grasas. Suele ser debido a la falta de insulina. Esta falta incapacita para la metabolización de la glucosa y produce la enfermedad conocida como diabetes. La acetona presente en sangre se excreta por la orina, a la que comunica su especial olor. Este olor frutal también caracteriza el aliento («aliento de acetona») de personas con elevada concentración de acetona el organismo.

4 Azúcares

Desde el punto de vista químico, los **azúcares simples** o **monosacáridos** pueden considerarse como oxopolialcoholes. En efecto, sus moléculas tienen un grupo **oxo** en uno de sus carbonos y grupos **hidroxilo** en todos los demás.

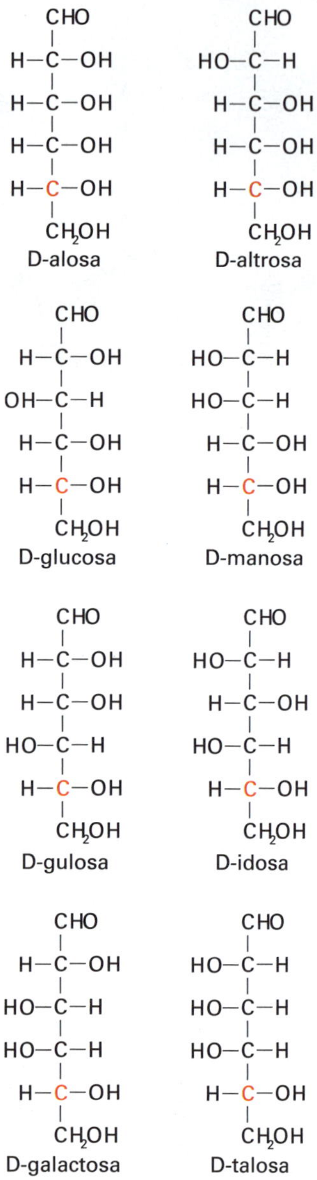

Figura 8.4.
Hexosas con función aldehído (aldosas). Todas ellas tienen configuración D en el C_5.

Todavía se citan con el antiguo nombre de hidratos de carbono porque la fórmula empírica de todos ellos puede escribirse como CH_2O.

Según que el grupo oxo esté o no en el primer carbono, los monosacáridos se clasifican en **aldosas** (función aldehído) o **cetosas** (función cetona).

$OHC{-}CHOH{-}CH_2OH$ — 2,3-dihidroxipropanal

$CH_2OH{-}CO{-}CH_2OH$ — 1,3-dihidroxipropanona

Según el número de C, se clasifican en triosas, tetrosas, pentosas, hexosas, heptosas y octosas. De todos ellos, las hexosas son las más abundantes. Entre las pentosas, se deben citar la ribosa y la desoxirribosa, que participan en las moléculas de ARN y ADN, respectivamente.

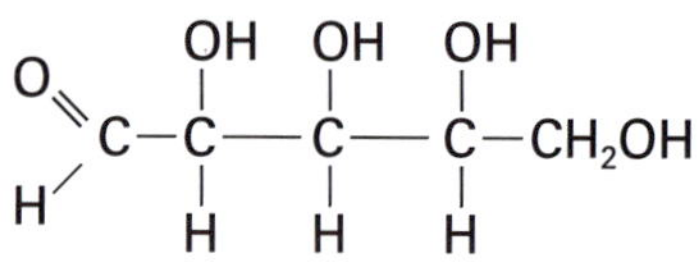

D-ribosa

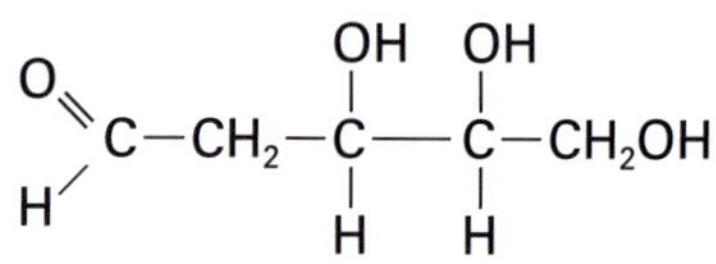

D-desoxirribosa

El **2,3-dihidroxipropanal** o **gliceraldehído** posee un C quiral y se toma como modelo de referencia en la nomenclatura D-L de estereoisómeros.

$OHC{-}CHOH{-}CH_2OH$

Gliceraldehído
2,3-dihidroxipropanal

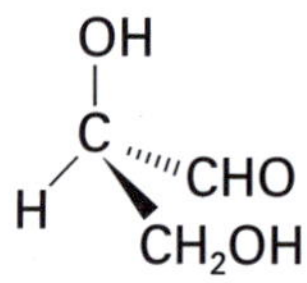

D-gliceraldehído
(2R)-2,3-dihidroxipropanal

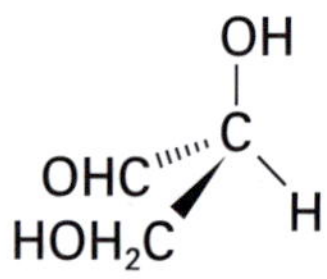

L-gliceraldehído
(2S)-2,3-dihidroxipropanal

En los monosacáridos con más de tres C, el número de C quirales es mayor que uno. Para cada C quiral existen dos isómeros R y S (según la IUPAC) o D y L (según la nomenclatura tradicional). En todo caso, en la nomenclatura D-L se toma en consideración la configuración del C más alejado del grupo carbonilo y, según sea D o L, se designa así el monosacárido en su totalidad. Casi todos los azúcares de origen natural están formados por D-monosacáridos. Por ejemplo, en la **glucosa,** este C es el número 5, que se indica en rojo:

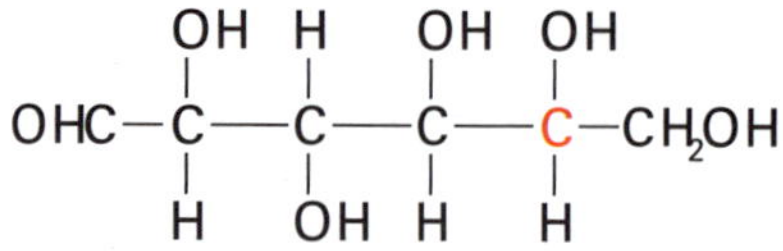

D-glucosa

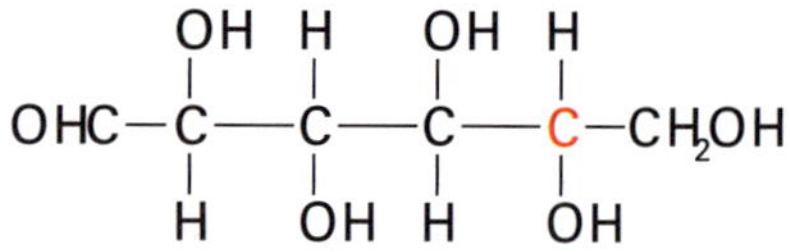

L-glucosa

Los monosacáridos se unen para formar **disacáridos.** Por ejemplo, la **sacarosa** se forma por unión de una fructosa y una glucosa; la **maltosa,** por la unión de dos glucosas; y la **lactosa,** por la unión de una glucosa y una galactosa.

La unión de muchas más unidades conduce a **polisacáridos** como la **celulosa** y el **almidón,** de origen vegetal, y el **glucógeno,** de origen animal. Todos ellos están formados por unión de glucosas.

5 Ácidos carboxílicos

Los **ácidos carboxílicos** reciben este nombre por la presencia del grupo **carboxilo,** —COOH, consistente en un grupo oxo y un grupo hidroxilo en el mismo átomo de C. El grupo carboxilo consume tres de las cuatro valencias de un C y, por tanto, solo puede estar en un C primario, al extremo de una cadena.

Los ácidos carboxílicos se conocen también como ácidos grasos, porque la mayoría se aisló por primera vez a partir de grasas vegetales y animales. Se nombran añadiendo el sufijo ***-oico*** a la raíz, que indica el número de C. También se pueden nombrar como carboxiderivados.

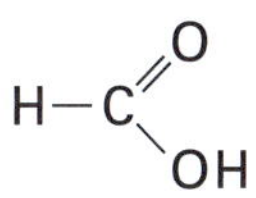

Ácido metanoico o ácido fórmico

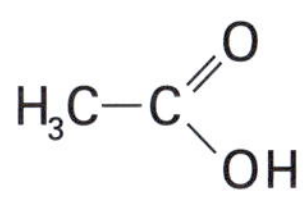

Ácido etanoico o ácido acético

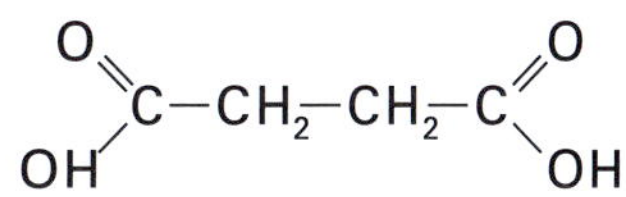

Ácido butanodioico

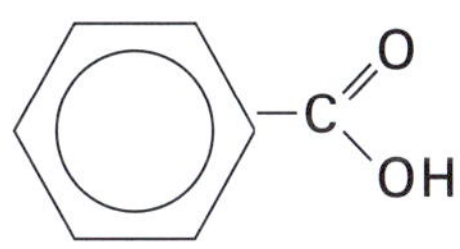

Ácido benzoico o carboxibenceno

Los ácidos carboxílicos de menos de 10 C son líquidos y los superiores son sólidos a temperatura ambiente. Todos tienen carácter ácido, reaccionando con las bases en reacciones de neutralización:

$$CH_3{-}COOH + NaOH \longrightarrow CH_3{-}COO^- \, Na^+ + H_2O$$

Las sales de los ácidos carboxílicos son jabones. Sus moléculas tienen por un lado una cadena carbonada apolar afín a las grasas y por otro lado el grupo carboxilato ($-COO^-Na^+$), que es polar y les permite disolverse en agua. En su acción de lavado, las cadenas lipófilas se adhieren a las partículas de grasa y el grupo hidrófilo permite arrastrar el conjunto al seno del agua. También reaccionan con los alcoholes en reacciones de esterificación:

$$CH_3{-}CH_2{-}COOH + CH_3OH \longrightarrow CH_3{-}CH_2{-}COO{-}CH_3 + H_2O$$

El **ácido metanoico** o fórmico, HCOOH, se encuentra en el veneno de las abejas, de las hormigas picadoras y de las ortigas. Se usa como conservante de alimentos y en numerosas síntesis químicas. El **ácido etanoico** o acético, CH_3COOH, es el ácido del vinagre (su nombre coloquial deriva de *acetum,* nombre del vinagre en latín). Se produce por la fermentación de una bacteria *(Acetobacter aceti)* sobre el vino, transformándose su alcohol (etanol) en ácido etanoico.

$$CH_3{-}CH_2OH \longrightarrow CH_3{-}COOH$$

Las grasas y aceites naturales son ésteres de la glicerina y ácidos grasos. En los de origen animal predominan los ácidos grasos, llamados saturados (o sea, sin dobles ni triples enlaces en la cadena carbonada). En los de origen vegetal predominan los ácidos insaturados (con dobles enlaces). Son ejemplos el **ácido oleico** y el **linoleico,** presentes en el aceite de oliva.

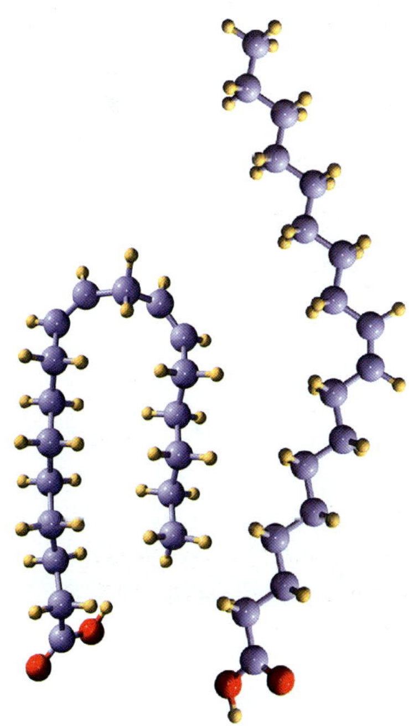

Figura 8.5.
Modelos moleculares de ácidos carboxílicos. El ácido linoleico (izquierda) y el ácido oleico (derecha) están presentes en el aceite de oliva.

1 Formula y nombra todos los ácidos dicarboxílicos de cinco C.

2 Escribe la reacción entre el ácido butanodioico y el hidróxido de sodio.

3 Escribe e iguala la reacción entre el ácido propinoico y el propan–2–ol.

6 Ésteres

Los **ésteres** se pueden considerar como resultado de la sustitución de un grupo hidroxilo —OH de un ácido por un grupo alcoxi —OR.

Se nombran como las sales de alquilo, cambiando el sufijo *-oico* de los ácidos por el sufijo ***-oato,*** e indicando el radical alquilo acabado en ***-ilo.*** Ejemplos:

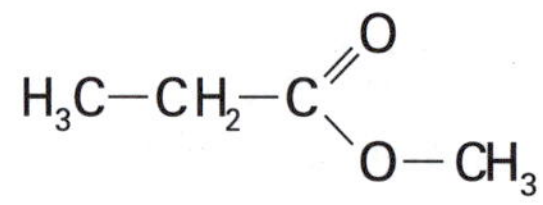

Propanoato de metilo

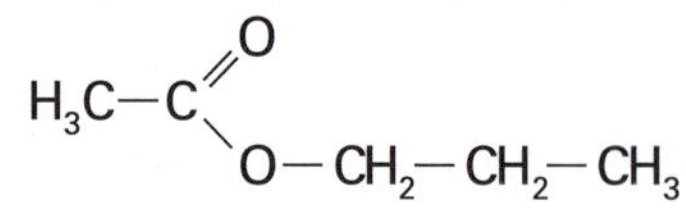

Etanoato de propilo

Se forman por reacción de esterificación entre un alcohol y un ácido:

$$CH_3COOH + CH_3OH \longrightarrow CH_3-COO-CH_3 + H_2O$$

Entre los ésteres más conocidos, el responsable del aroma de la bebida de ron es el propionato de isobutil; el etanoato de butil lo es del aroma de manzana; el etanoato de isopentil, del aroma de plátano y el butirato de butil, del de la piña americana.

Los ésteres son compuestos con muy buen olor. Dan su olor a muchas frutas y flores, y se usan en la preparación de perfumes y aromas. El etanoato de metilo y el etanoato de butilo son disolventes en procesos químicos industriales, por ejemplo, en la producción de adhesivos y barnices.

En la naturaleza tienen importancia tres tipos de ésteres: las **ceras,** los **fosfolípidos** y los **triglicéridos** o ésteres de la glicerina. Las ceras son ésteres de ácidos grasos y de alcoholes, ambos de cadena larga. Los triglicéridos y los fosfolípidos son ésteres del mismo polialcohol, la glicerina o propano-1,2,3-triol (o 1,2,3-propanotriol). En el caso de los triglicéridos, forman el éster tres ácidos grasos de cadena larga, mientras que en los fosfolípidos intervienen dos ácidos grasos y el ácido fosfórico. A continuación se muestran las fórmulas generales de los tres tipos de lípidos; en color rojo se indica la cadena carbonada del alcohol, y en negro, las de los ácidos grasos:

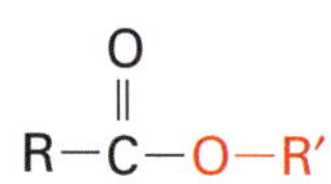

Cera

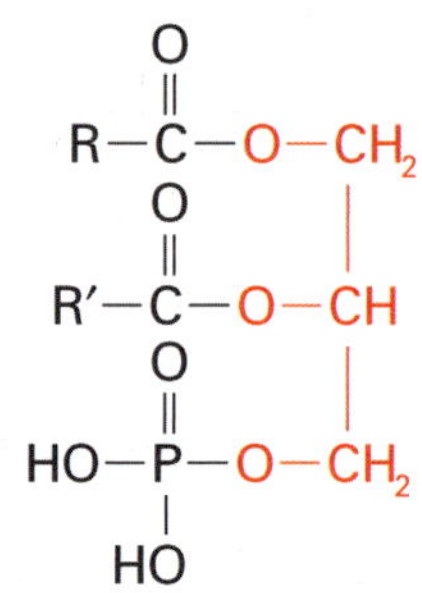

Fosfolípido

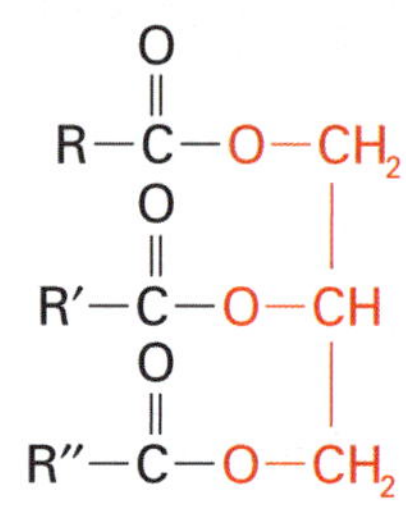

Triglicérido

Figura 8.6.
Fabricación industrial de jabón.
La elección del procedimiento y de las materias primas dependen de la calidad que se quiera obtener, de la instalación para el manejo y tratamiento de las materias primas y de los medios para producir el jabón y recuperar la glicerina.

Los ésteres reaccionan con las bases fuertes, como el hidróxido sódico o potásico, experimentando una reacción conocida como de **saponificación.** En esta reacción se libera el alcohol que formaba el éster y, además, las sales de los ácidos que constituyen el jabón. Como ya se ha indicado en el apartado relativo a los ácidos carboxílicos, estas sales tienen un extremo polar y otro apolar, que son el fundamento de su acción sobre las grasas en disolución acuosa. Para un triglicérido, la reacción de saponificación sería la siguiente:

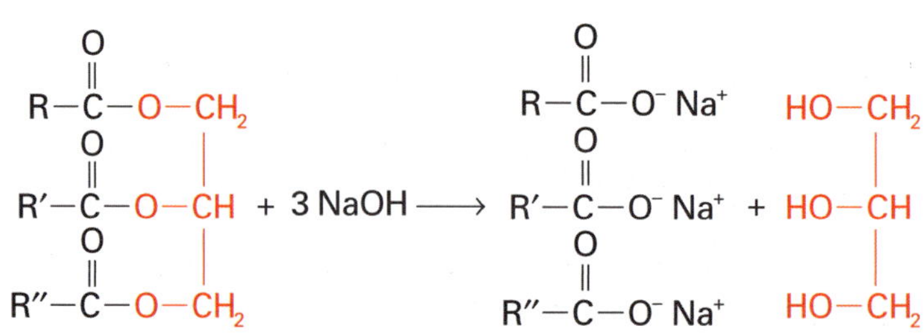

7 Éteres

Los **éteres** resultan de la unión de dos cadenas alquílicas por un átomo de oxígeno.

Tradicionalmente, se indica el nombre de las dos cadenas acabadas en *-il* y se añade la palabra ***éter***. La nomenclatura de la IUPAC propone nombrarlos como alcoxiderivados del grupo más complejo de los dos que forman el éter, con indicación, si es necesario, de la posición del gupo alcoxi –OR.

CH_3-O-CH_3 — Dimetil éter, Metoximetano

$CH_3-CH_2-O-CH_2-CH_3$ — Dietil éter, Etoxietano

$CH_3-CH_2-O-CH_2-CH_2-CH_3$ — Etil propil éter, Etoxipropano

El **dietiléter** es conocido simplemente como éter. Se usa desde hace tiempo como anestésico y también como disolvente. Otro éter que se emplea como disolvente y como aditivo para mejorar el rendimiento en las gasolinas libres de plomo es el **metil *terc*-butil éter**. Todos ellos son compuestos volátiles e inflamables, por lo que se deben manejar con cuidado, especialmente cerca de las fuentes de calor.

Se forman por deshidratación de alcoholes primarios con ácido sulfúrico:

$$2\ CH_3-OH \xrightarrow{H_2SO_4} CH_3-O-CH_3 + H_2O$$

Se rompen por catálisis ácida. Por ejemplo, con bromuro de hidrógeno:

$$CH_3CH_2-O-CH_2CH_3 + HBr \longrightarrow CH_3CH_2OH + CH_3CH_2Br$$

Los éteres cíclicos tienen nombres asistemáticos. Entre ellos, el **oxirano** u óxido de etileno es el de ciclo menor y es muy reactivo, debido a la tensión del anillo. Se usa como reactivo en síntesis orgánica y como desinfectante de material hospitalario. El **tetrahidrofurano** (THF) y el **oxano** se usan también como disolventes.

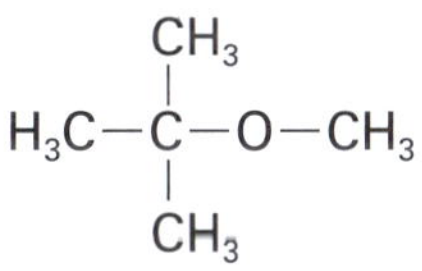

Metil *terc*-butil éter

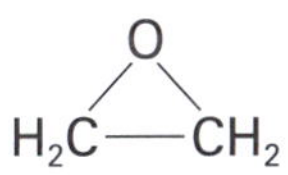

Oxirano

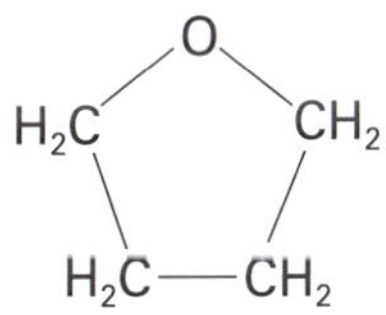

Tetrahidrofurano

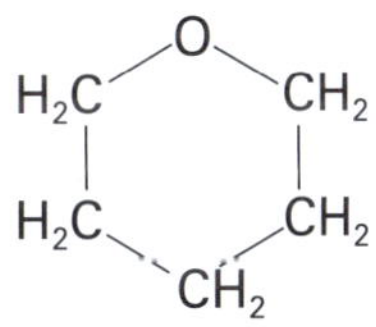

Oxano

El **polietilenglicol,** PEG, es un éter polimérico. Su longitud de cadena depende de su preparación. Se presenta como un líquido de viscosidad tanto mayor cuanto mayor sea su masa molecular. Se utiliza en diversos preparados farmacéuticos y cosméticos:

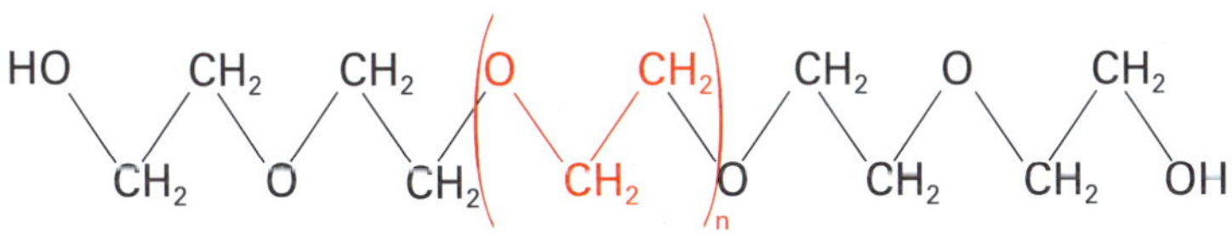

PEG o polietilenglicol (en rojo se indica el monómero que se repite).

4 Entre el oxirano y el oxano, explica cuál será una sustancia más reactiva.

5 ¿Cuál es el monómero a partir del que se forma el polietilenglicol? Formúlalo y escribe la reacción elemental de polimerización.

6 Formula y nombra todos los éteres que creas que se pueden formar deshidratando una mezcla de propano–1,3–diol y propano–1,2–diol.

Figura 8.7.

Detalle de los vaporizadores de éter y tricloroetileno de una máquina anestésica de Boyle. Esta máquina controla además los flujos de oxígeno, ciclopropano y óxido de nitrógeno (I) que se administran al paciente.

Los éteres corona

Las moléculas de los éteres corona son ciclos con varias funciones éter en su estructura. Se nombran a partir del número total de átomos y del número de oxígenos del ciclo. Son compuestos que tienen la capacidad de «refugiar» iones en su interior, con lo que pueden solubilizar sales inorgánicas en disolventes apolares.

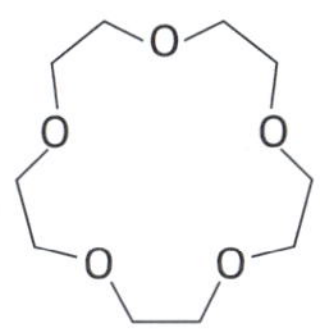

15-corona-5. El primer número indica los átomos totales en el ciclo, y el segundo, los átomos de oxígeno que contiene.

8 Aminas

Las **aminas** pueden considerarse derivadas del amoníaco, NH_3, en el que uno o varios de sus hidrógenos se han sustituido por cadenas hidrocarbonadas.

Se clasifican en aminas **primarias, secundarias o terciarias,** según se haya sustituido uno, dos o tres H:

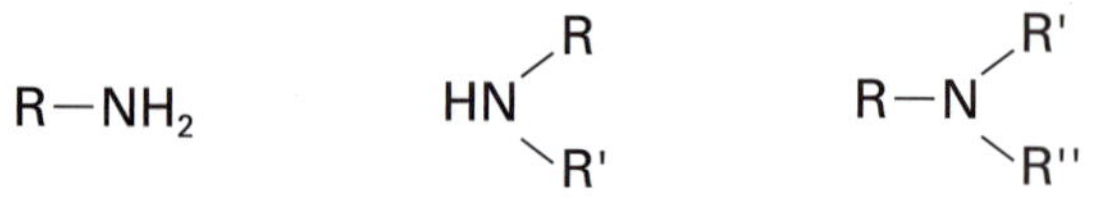

Amina primaria   Amina secundaria   Amina terciaria

Las aminas son unos compuestos que generalmente tienen mal olor. Muchas poseen el típico olor a pescado podrido. Destacan la *putrescina* y la *cadaverina* presentes en las masas orgánicas en descomposición y en los cadáveres.

Se nombran con el sufijo ***-amina*** si se consideran derivados del amoníaco y se reserva el prefijo ***amino-*** para cuando no son función principal. Ejemplos:

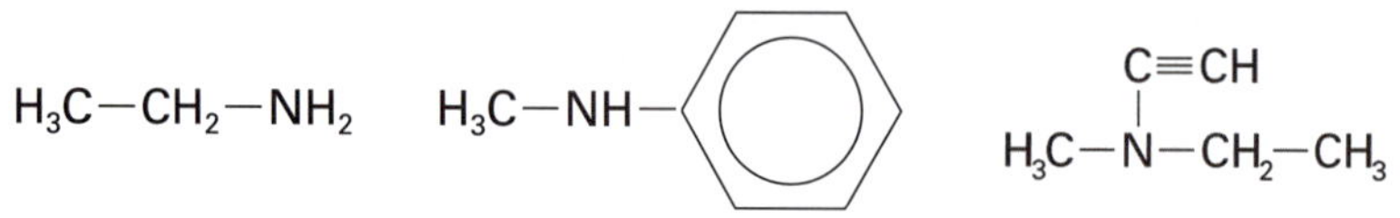

Etilamina   *N*-metil-fenilamina *N*-metilanilina   *N*-etil-*N*-metiletinilamina

Las aminas primarias y secundarias tienen puntos de fusión y ebullición intermedios entre hidrocarburos y alcoholes comparables. Las terciarias son igual o más volátiles que los hidrocarburos, ya que la ausencia de H en el N impide los puentes de hidrógeno. Las aminas de baja masa molecular son gases, las intermedias son líquidos y las de masa elevada son sólidos.

El olor típico de las aminas gaseosas o volátiles es a amoníaco. Las de masa molecular elevada son inodoras.

Siempre que el tamaño de las cadenas carbonadas no sea excesivo, las aminas son solubles en agua y en otros disolventes polares.

Tienen carácter básico, debido al átomo de N. Las aminas aromáticas son bases más débiles que el amoníaco. Las aminas alifáticas son más fuertes que el propio amoníaco y reaccionan con los ácidos, tanto orgánicos como inorgánicos, para formar sales:

$$CH_3-COOH + CH_3-NH_2 \longrightarrow CH_3-NH_3^+ \ {}^-OOC-CH_3$$

$$HCl + CH_3-NH_2 \longrightarrow CH_3-NH_3^+ \ {}^-Cl$$

Reaccionan también con los haluros de alquilo dando aminas de un orden superior:

$$CH_3-CH_2-CH_2Cl + CH_3-NH_2 \longrightarrow CH_3-NH-CH_2-CH_2-CH_3 + HCl$$

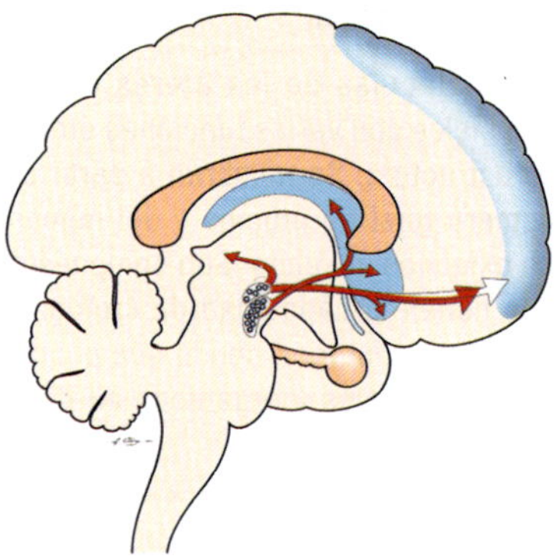

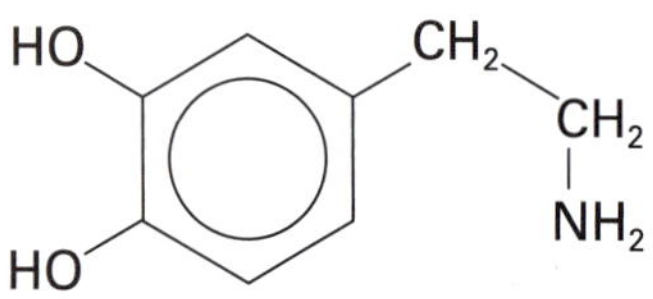

Figura 8.8.
La dopamina es un neurotransmisor involucrado en los procesos de control y respuesta emocional, incluidos la pena y el placer. En la ilustración se muestran las principales rutas y lugares de distribución de la dopamina en el cerebro.

La **fenilamina o anilina** es un líquido de olor característico, ligeramente amarillo, poco volátil y poco soluble en agua. Se aisló por primera vez a partir de un colorante natural, el índigo o añil, que le dio nombre. Interviene en la fabricación de la espuma de poliuretano, herbicidas, antioxidantes, estabilizadores para la industria del caucho, pinturas sintéticas, barnices y explosivos.

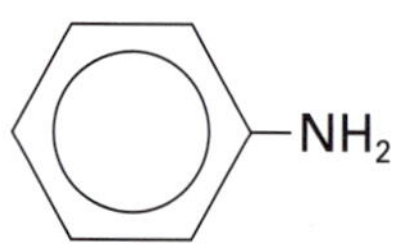

Fenilamina o anilina

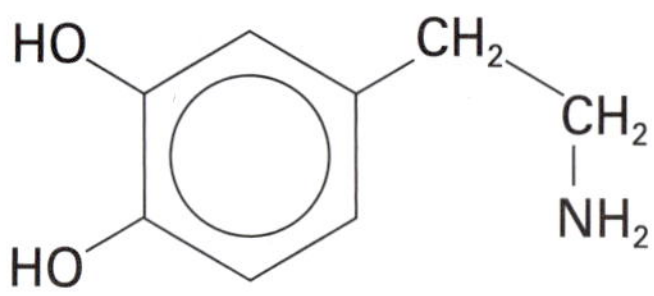

Dopamina o 4-(2-aminoetil)-benceno-1,2-diol

9 Amidas

> Las **amidas** son compuestos que se pueden considerar derivados de los ácidos carboxílicos por sustitución del grupo hidroxilo —OH por un grupo amino $-NH_2$.

Se nombran mediante el sufijo ***-amida*** y se indican con el nombre del radical detrás de una N si están sustituidas en el nitrógeno:

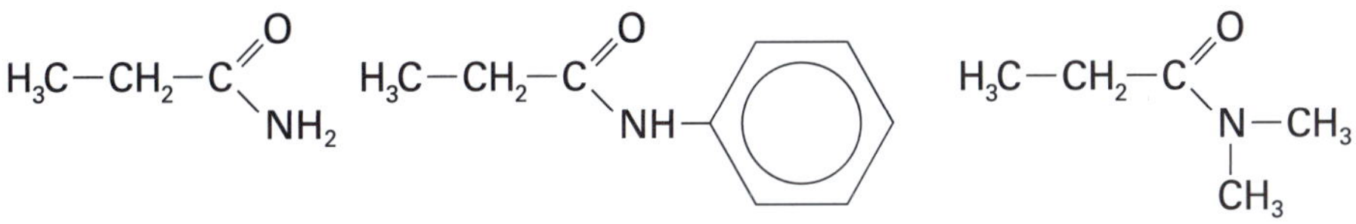

Propanamida — *N*-fenilpropanamida — *N,N*-dimetilpropanamida

Las amidas son mucho menos básicas que las aminas y su solubilidad en agua y disolventes polares es mucho mayor que en disolventes apolares. Se obtienen calentando las sales de amonio de ácidos carboxílicos:

$$CH_3-COO^- \, NH_4^+ \longrightarrow CH_3-CONH_2 + H_2O$$

La **metanamida** o **formamida,** $HCONH_2$, es líquida a temperatura ambiente, mientras que las restantes amidas son sólidas.

La **urea,** $CO(NH_2)_2$, es la diamida del ácido carbónico, H_2CO_3. Es una sustancia de desecho del metabolismo animal para expulsar el NH_3 sobrante del catabolismo. Fue la primera sustancia orgánica sintetizada artificialmente. Se usa como fertilizante y en la industria de plásticos y farmacéutica. Industrialmente se prepara a partir de dióxido de carbono y amoníaco:

$$O{=}C{=}O + \begin{matrix} NH_3 \\ NH_3 \end{matrix} \longrightarrow O{=}C\begin{matrix} NH_2 \\ NH_2 \end{matrix} + H_2O$$

El enlace amida también interviene en la formación de polímeros. Los **poliuretanos** se forman por polimerización de un diol, HO—R'—OH (en color rojo en el polímero) y un diisocianato, O=C=N—R—N=C=O:

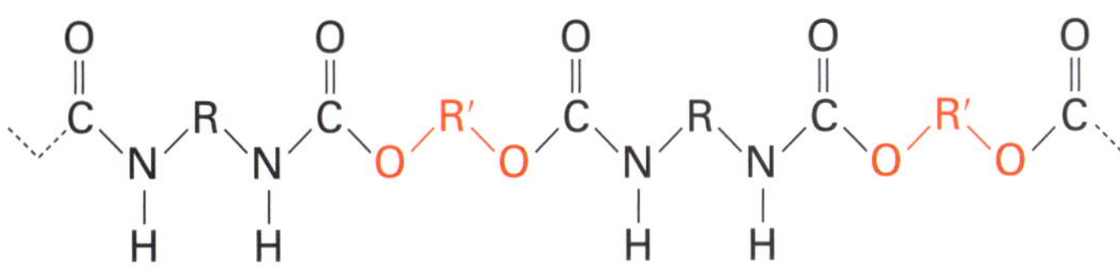

Las **poliamidas,** como el nailon, el perlón o el kevlar, se forman también mediante enlaces amida de sus monómeros. Por ejemplo, el nailon es un tejido que se puede formar a partir del ácido hexanodioico y de la hexano-1,6-diamina (o 1,6-hexanodiamina).

$$\cdots-\overset{H}{\underset{|}{N}}-\left(\overset{O}{\overset{\|}{C}}-(CH_2)_4-\overset{O}{\overset{\|}{C}}-\overset{H}{\underset{|}{N}}-(CH_2)_6-\overset{H}{\underset{|}{N}}\right)_n-\overset{O}{\overset{\|}{C}}-\cdots$$

7 Escribe una reacción de obtención de la pentanamida.

8 El nailon se forma a partir del ácido hexanodioico y la 1,6–hexildiamina. Escribe la reacción de formación y la fórmula general del nailon.

9 El kevlar se forma a partir de la 1,4–fenildiamina y del ácido tereftálico (ácido bencen–1,4–dicarboxílico). Escribe la reacción elemental que se produce y la fórmula general del kevlar.

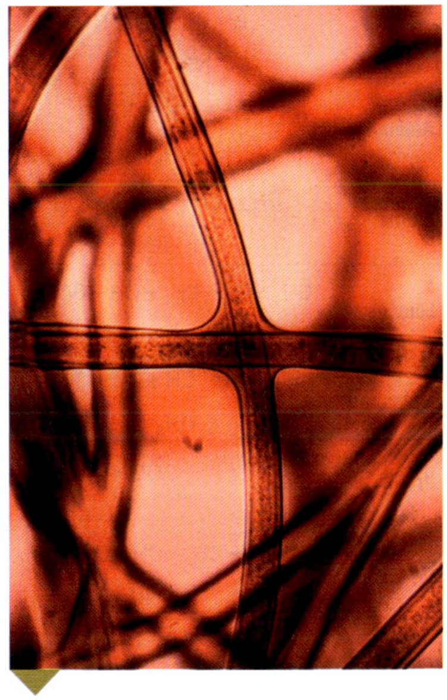

Figura 8.9.
Fotomicrografía de fibras de nailon. Las fibras de poliamidas tienen buena resistencia a la tracción, al desgarre y a la abrasión.

Las proteínas se forman por enlaces amida entre sus aminoácidos. De hecho, las proteínas son poliamidas naturales. Las poliamidas artificiales, como el nailon, imitan a las proteínas naturales, como la seda producida por las larvas de algunas mariposas y formada a partir de las proteínas fibroína y sericina.

Con grupos R no polares	
Glicina	$H-CH(NH_2)-COOH$
Alanina	$CH_3-CH(NH_2)-COOH$
Valina	$CH_3-CH(CH_3)-CH(NH_2)-COOH$
Leucina	$CH_3-CH(CH_3)-CH_2-CH(NH_2)-COOH$
Isoleucina	$CH_3-CH_2-CH(CH_3)-CH(NH_2)-COOH$
Prolina	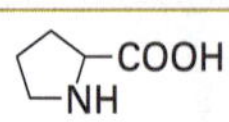
Fenilalanina	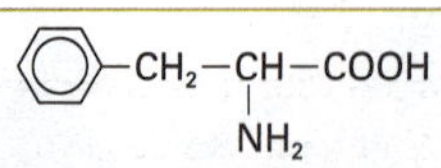
Triptófano	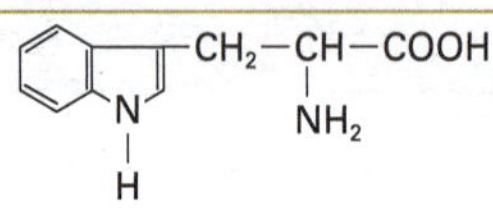
Metionina	$CH_3-S-CH_2-CH_2-CH(NH_2)-COOH$
Con grupos R polares	
Serina	$HO-CH_2-CH(NH_2)-COOH$
Treonina	$CH_3-CH(OH)-CH(NH_2)-COOH$
Cisteína	$HS-CH_2-CH(NH_2)-COOH$
Tirosina	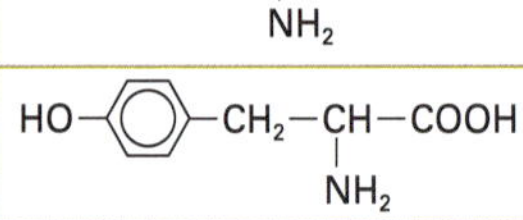
Asparagina	$H_2N-CO-CH_2-CH(NH_2)-COOH$
Glutamina	$H_2N-CO-CH_2-CH_2-CH(NH_2)-COOH$
Con grupos R ácidos	
Ácido aspártico	$HOOC-CH_2-CH(NH_2)-COOH$
Ácido glutámico	$HOOC-CH_2-CH_2-CH(NH_2)-COOH$
Con grupos R básicos	
Lisina	$H_2N-CH_2-CH_2-CH_2-CH_2-CH(NH_2)-COOH$
Arginina	$H_2N-C(=NH)-NH-CH_2-CH_2-CH_2-CH(NH_2)-COOH$
Histidina	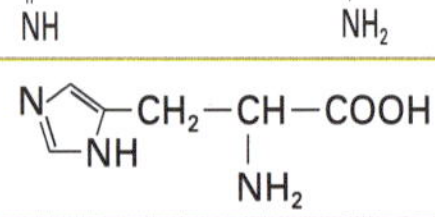

Tabla 8.1.
Aminoácidos proteicos. Son los más frecuentes y forman la mayoría de las proteínas conocidas.

Los **aminoácidos** son compuestos que incorporan la función ácido o carboxi y la función amina.

La nomenclatura de la IUPAC los nombra como derivados de ácidos carboxílicos, que es su función principal:

$$H_2N-CH_2-CH_2-CH_2-COOH$$

Ácido 4-aminobutanoico

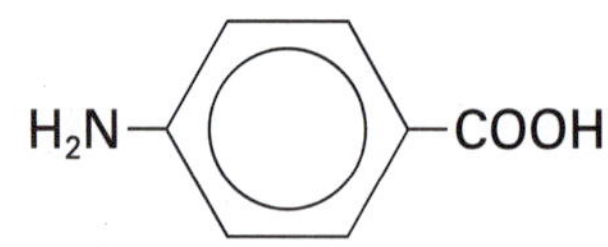

Ácido-4-aminobenzoico
Ácido *p*-aminobenzoico

El **ácido 4-aminobutanoico o GABA** es un inhibidor de la neurotransmisión en el sistema nervioso y en la retina. Es un aminoácido que no forma parte de las proteínas.

El **ácido *p*-aminobenzoico** se usa como conservante y también en protectores solares para el bronceado.

Todos los aminoácidos que intervienen en la formación de proteínas tienen el grupo amino en el C siguiente al grupo ácido. Según la nomenclatura de la IUPAC, son 2-aminoácidos y α-aminoácidos en la nomenclatura tradicional, que ordena los C mediante el alfabeto griego a partir del C siguiente al grupo carboxilo. Prácticamente todas las proteínas conocidas se forman a partir de solo 20 aminoácidos. El C siguiente al grupo carboxílico es un C asimétrico o quiral, porque sus cuatro sustituyentes son distintos. Por tanto, cada α-aminoácido presenta dos isómeros ópticos, R y S en la nomenclatura de la IUPAC o D y L en la nomenclatura tradicional.

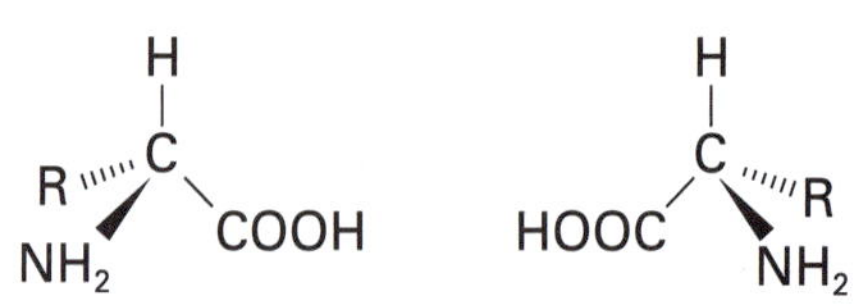

Prácticamente todos los aminoácidos naturales son D-aminoácidos, o sea, tienen una configuración comparable a la del D-gliceraldehído, que es el compuesto de referencia para la nomenclatura D-L:

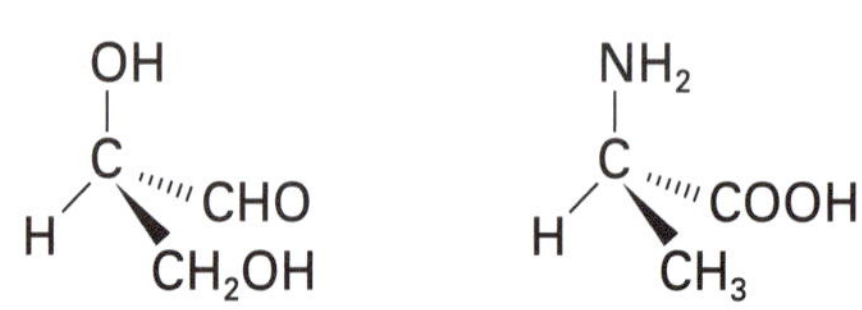

D-gliceraldehído D-alanina

La existencia en la misma molécula de un grupo ácido (—COOH) y de un grupo básico ($-NH_2$) provoca que, según el pH del medio, uno de ellos esté ionizado, lo esté el otro o lo estén ambos. A pH neutro, ambos grupos están ionizados:

$$R-CH(NH_2)-COOH \rightleftarrows R-CH(^{+}NH_3)-COO^{-}$$

El enlace entre aminoácidos para formar una cadena proteínica es un enlace amida (se indica en color azul) entre el grupo ácido de uno de ellos y el grupo amina del siguiente, mientras se elimina una molécula de agua (en color rojo):

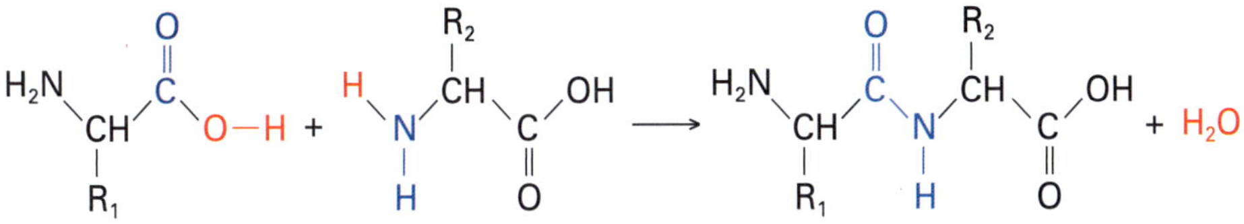

Los grupos R_1 y R_2 son típicos de cada aminoácido. De este modo, una cadena de proteína se forma con un esqueleto —CO—NH—CH—CO—, a cuyos lados cuelgan, alternativamente, los grupos R de los aminoácidos:

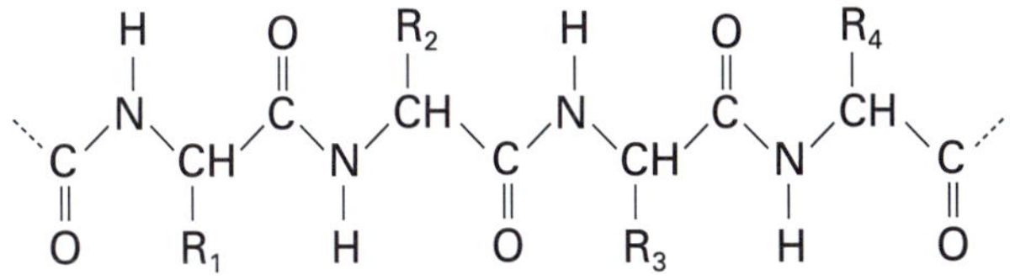

Esta estructura es una **poliamida.** Las poliamidas sintéticas que se usan como fibras textiles copian la estructura de las proteínas naturales, pero con un solo aminoácido o un escaso número de ellos, de modo que los grupos R son siempre iguales o varían poco.

Figura 8.10.
Test del Biuret para proteínas mediante sulfato de cobre (II).
Las proteínas y péptidos forman un complejo con los iones Cu^{2+}, que presenta color azul oscuro (a la derecha), frente al color azul claro de un test negativo (a la izquierda).

EJEMPLO

Formula el ácido 2-amino-3-metilpentanoico y el ácido 2-amino-3-hidroxibutanoico y escribe las posibles reacciones entre ellos.

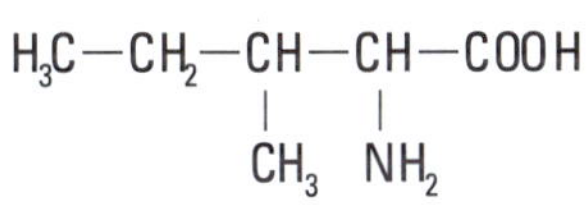

2-amino-3-metilpentanoico (isoleucina)

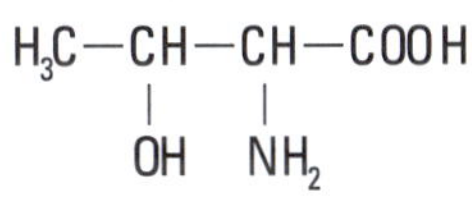

2-amino-3-hidroxibutanoico (treonina)

Se trata de la isoleucina y de la treonina. Como ambas moléculas tienen un grupo ácido y un grupo amino, se puede formar un enlace amídico entre ellas. Se dan dos posibilidades, según cuál sea la molécula que aporte el grupo ácido y cuál la del grupo amino.

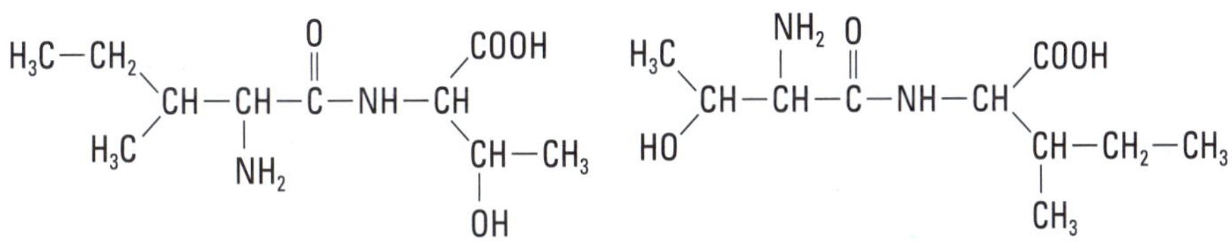

Y un enlace éster entre el ácido de la isoleucina y el alcohol de la treonina:

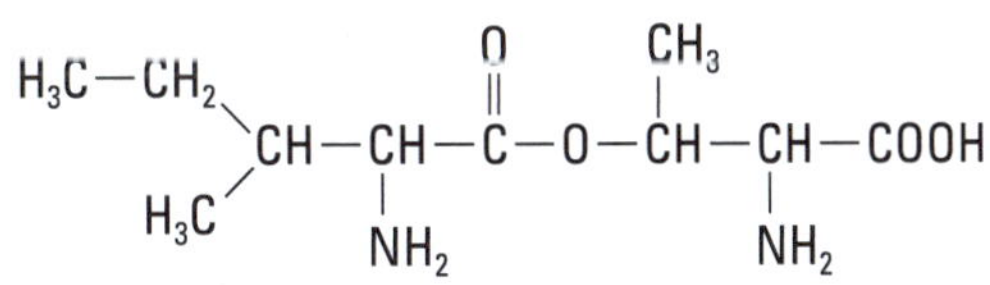

10 ¿Cuántos estereoisómeros posee la glicocola (ácido aminoetanoico)?

11 Escribe la ionización a pH neutro de la lisina (2,6–diaminohexanoico).

12 Formula los compuestos y escribe la reacción de formación de un enlace peptídico entre la leucina (ácido 2–amino–4–metilpentanoico) y la isoleucina (ácido 2–amino–3–metilpentanoico).

11 Nitrilos

Los **nitrilos** tienen como grupo funcional el grupo **ciano,** $-C\equiv N$. Se pueden considerar derivados del cianuro de hidrógeno, $H-C\equiv N$, por sustitución del H por un radical de alquilo, por lo que también se les conoce como **cianuros de alquilo.**

Se nombran preferentemente añadiendo el sufijo *-**nitrilo*** a la raíz, que indica el número de C:

$H_3C-CH_2-C\equiv N$

Propanonitrilo
Cianuro de etilo

$CH_2=CH-CH_2-C\equiv N$

3-Butenonitrilo
Cianuro de 2-propenilo

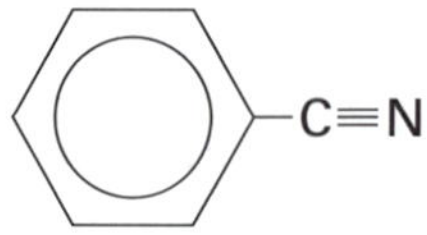

Benzonitrilo
Cianuro de fenilo

La polaridad del grupo ciano establece atracciones entre las moléculas. Así, los nitrilos tienen puntos de fusión y ebullición superiores a los de sus correspondientes hidrocarburos. Los de pocos carbonos son líquidos y los de cadenas más largas son sólidos.

Son solubles en disolventes orgánicos y los de baja masa molecular también lo son en agua. Son tóxicos, a pesar de su olor agradable.

Se pueden obtener atacando los derivados halogenados con cianuro sódico. Esta reacción alarga en un C la longitud de la cadena hidrocarbonada. Mediante hidrólisis ácida se pueden obtener la amida y el ácido:

$$CH_3-CH_2-Cl + NaC\equiv N \longrightarrow CH_3-CH_2-C\equiv N + NaCl$$

$$CH_3-CH_2-C\equiv N \xrightarrow{H_2O/H^+} CH_3-CH_2-CONH_2 \xrightarrow{H_2O/H^+} CH_3-CH_2-COOH + NH_3$$

El **propenonitrilo o acrilonitrilo** es el nitrilo de mayor producción. Como monómero es muy usado en procesos químicos de síntesis. Es un polímero suyo el poliacrilonitrilo (comprende las fibras acrílicas) que tienen muchas aplicaciones textiles. También interviene en las polimerizaciones de gomas.

El **metil-2-cianoacrilato** es un ejemplo de los cianoacrilatos que son la base de los pegamentos instantáneos, porque polimerizan rápidamente en contacto con la humedad del aire:

$H_2C=CH-C\equiv N$

Propenonitrilo

$N\equiv C-C(=CH_2)-C(=O)-O-CH_3$

2-cianopropenoato de metilo
Metil-2-cianoacrilato

EJEMPLO

Se atacan 10 kg de 2-clorobutano con exceso de cianuro de sodio. Escribe la reacción y calcula la masa de producto formado. (Datos: M (C) = = 12,0107; M (H) = 1,00797; M (N) = 14,0067; M (Cl) = 35,453.)

2-Clorobutano $\quad (H_3C)(H_3C-H_2C)CH-Cl + NaCN \longrightarrow (H_3C)(H_3C-H_2C)CH-C\equiv N + NaCl$

2-Metilbutanonitrilo

La masa de 2-Metilbutanonitrilo se calcula mediante factores de conversión:

$$10^4 \text{ g } C_4H_9Cl \times \frac{1 \text{ mol } C_4H_9Cl}{92{,}5675 \text{ g}} \times \frac{1 \text{ mol } C_5H_9N}{1 \text{ mol } C_4H_9Cl} \times \frac{83{,}1319 \text{ g } C_5H_9N}{1 \text{ mol } C_5H_9N} = 8\,799 \text{ g } C_5H_9N$$

Ten en cuenta

El citalopram es un nitrilo complejo de propiedades antidepresivas que actúa aumentando los niveles de serotonina, que es un neurotransmisor cerebral que produce sensación de bienestar, por bloqueo de su transportador.

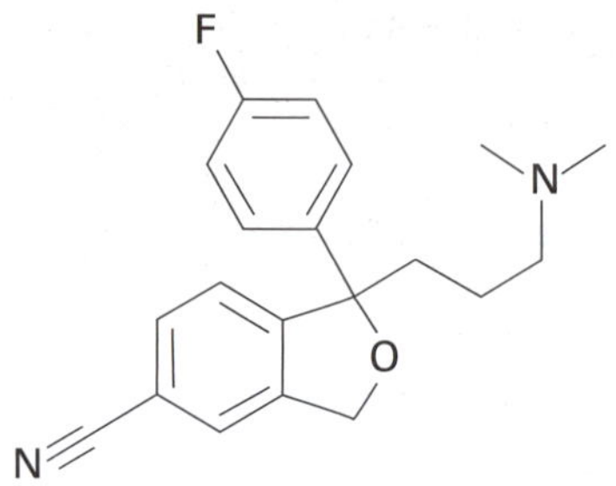

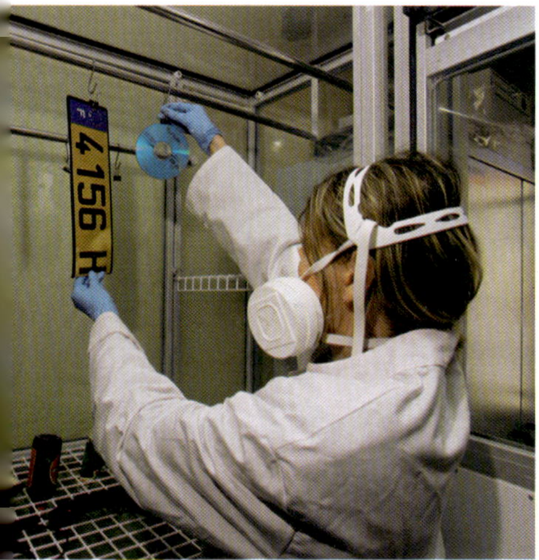

Figura 8.11.
El cianoacrilato se usa también para detectar huellas digitales sobre objetos no porosos. Sus vapores se depositan sobre estos objetos y polimerizan en contacto con la ligera humedad que pueda tener una huella digital volviéndose visible y pudiéndose fotografiar.

12 Nitrocompuestos

Los **nitrocompuestos** tienen el grupo nitro $-NO_2$ como grupo funcional.

Se nombran con el prefijo ***nitro-*** y una indicación numérica de su posición, si es necesario:

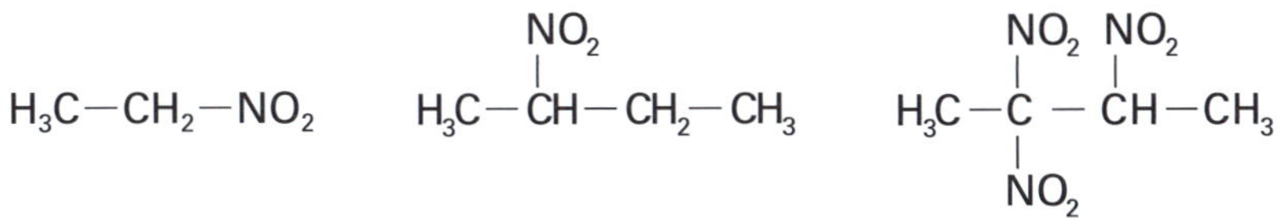

Nitroetano — 2-nitrobutano — 2,2,3-trinitrobutano

Debido al grupo nitro, son compuestos muy polares y se disuelven bien en agua si las cadenas carbonadas no son muy grandes. A temperatura ambiente, los de masas moleculares bajas son líquidos y los restantes son sólidos. La mayoría son altamente explosivos. Muchos encuentran utilidad en esta propiedad y se usan como explosivos o como coadyuvantes de combustibles en motores de explosión.

No se deben confundir con los ésteres nitrosos ni con los ésteres nítricos, en los que la unión con el carbono del grupo alquilo la realiza un átomo de O. En los nitroderivados, el átomo de N se une directamente a un C de la cadena orgánica:

$R-NO_2$	$R-O-NO_2$	$R-O-NO$
Nitroderivado	Éster nítrico	Éster nitroso

Los **nitroderivados alifáticos** se preparan por reacción de los haluros de alquilo con nitrito sódico:

$$CH_3-CH_2-CH_2-Cl + NaNO_2 \longrightarrow CH_3-CH_2-CH_2-NO_2$$

Al reducirlos con hidruros metálicos, como $LiAlH_4$, se obtienen las aminas:

$$CH_3-CH_2-CH_2-NO_2 + LiAlH_4 \longrightarrow CH_3-CH_2-CH_2-NH_2$$

Los **nitroderivados aromáticos** se obtienen por ataque del ácido nítrico, HNO_3, catalizado por ácido sulfúrico, H_2SO_4:

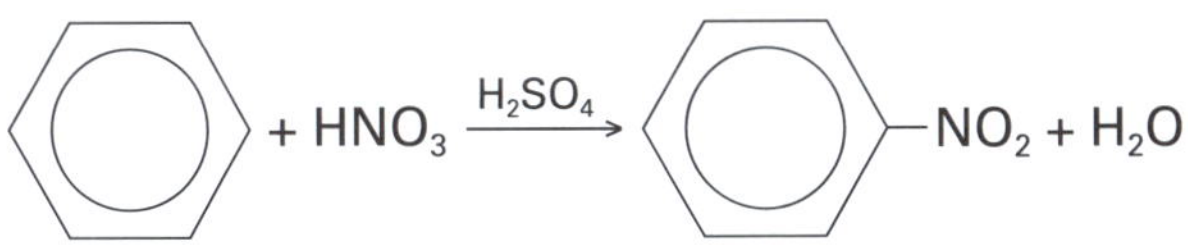

Entre los derivados aromáticos, tanto el 2,4,6-trinitrotolueno (TNT) como el 2,4,6-trinitrofenol, son dos potentes explosivos:

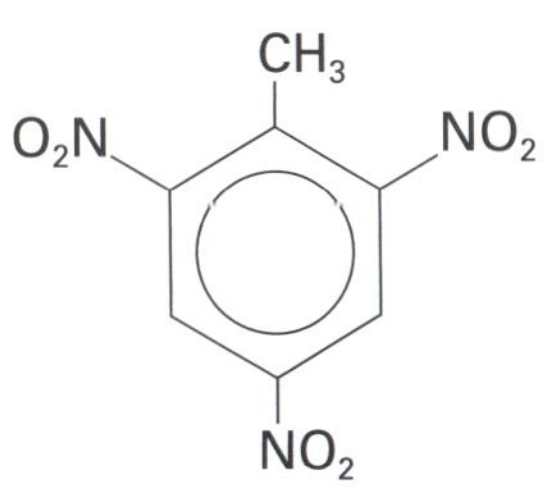

2-metil-1,3,5-trinitrobenceno
2,4,6-trinitrotolueno (TNT)

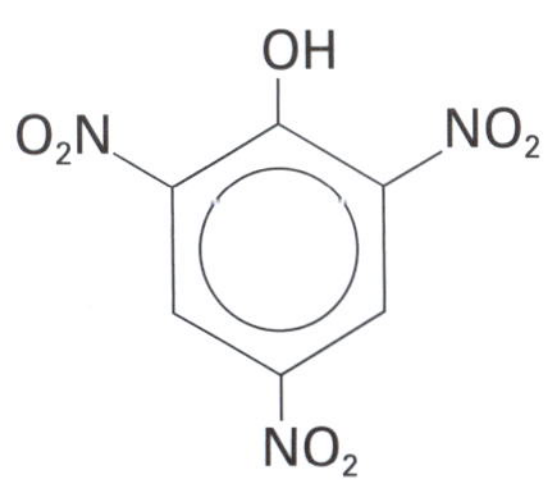

2,4,6-trinitrofenol
(Ácido pícrico)

13 Escribe la obtención del nitroetino a partir de un precursor halogenado.

14 Formula y nombra todos los dinitroderivados del naftaleno.

Figura 8.12.
Alfred Nobel (1833-1896) inventó la dinamita al mezclar la nitroglicerina con tierra de diatomeas que la estabiliza y anula el riesgo de explosión fortuita.
La nitroglicerina fue descubierta en 1846 por Ascanio Sobrero y además de un explosivo es un potente vasodilatador coronario que se usa contra los ataques anginosos de corazón.

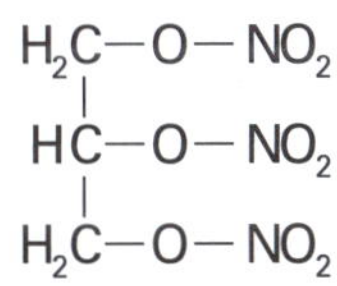

La expresión **equivalente en TNT** se usa para medir la energía liberada en una explosión química, una explosión nuclear o en otros fenómenos como terremotos o colisiones de asteroides. El **ton de TNT** es aproximadamente la energía liberada en la detonación de una tonelada de este compuesto y equivale a 4,184 gigajulios. Un **kilotón** de TNT, y especialmente el **Megatón** (4,184 petajulios) se utilizan también mucho.

Trabajo con textos

La dulzura de la química

El dulce es uno de los sabores básicos y parece que es el que tiene el umbral de detección más alto (1 parte en 200 para la sacarosa en solución). En cambio, el sabor amargo tiene un umbral de detección mucho más bajo (1 parte en 2 millones para una disolución de quinina). El sabor de los primates y de los humanos debió evolucionar identificando el dulzor como señal de energía en los alimentos, mientras que la amargura alertaría de la toxicidad.

Con los años, los humanos aprendieron no solo a buscar alimentos dulces sino también a extraer de ellos las sustancias químicas responsables del dulzor para añadirlas a otros alimentos o elaborarlas culinariamente. La sacarosa extraída de la caña de azúcar y de la remolacha es el azúcar común, utilizado ampliamente en todo tipo de alimentos. Se atribuye a la sacarosa un grado de percepción del dulzor de 1 y se califica a las otras sustancias en relación con ella. Así, la fructosa, es 1,7 veces más dulce. En la sociedad actual, el consumo de sacarosa conlleva dos problemas: la elevada ingesta calórica que induce obesidad y el desarrollo de caries dental en los consumidores. Por ello se han buscado sustitutos de la sacarosa que tienen que superar pruebas de nutrición, toxicología e idoneidad técnica.

Figura 8.13. Diversas clases de azúcar de distinto grado de refino y cristalización. Todas ellas son químicamente sacarosa.

Los edulcorantes calóricos son azúcares (glucosa, fructosa y azúcar invertido) y alcoholes de azúcares (como licasin, sorbitol y xilitol). Son sustancias metabolizables por el organismo al que aportan calorías. La glucosa, la fructosa y el azúcar invertido se utilizan fundamentalmente en las comidas para bebés. Aunque la producción ácida es igual que la de la sacarosa, estos azúcares se consideran menos cariogénicos porque producen menor cantidad de placa bacteriana.

Los edulcorantes no calóricos son un grupo muy heterogéneo. Tienen un intenso sabor dulce y no son metabolizables por el organismo, con lo que no aportan energía. Por ello se prescriben en dietas de adelgazamiento y en personas con tendencia a aumentar de peso. Tampoco los metabolizan las bacterias orales, con lo que contribuyen a evitar la caries. Entre sus desventajas están el sabor, que no iguala el de los azúcares naturales, su estabilidad y el escaso volumen que aportan en las dosis usadas y que dificulta algunas aplicaciones. Algunos de los más conocidos son el aspartamo, el ciclamato, la sacarina, el asesulfam potásico, la sucrosa, el alamite, el palatinose o el eritritol.

Actualmente, se presta atención a compuestos de origen natural y baja metabolización. Por un lado están los glucósidos como la glicirricina, de la raíz de regaliz, que es unas 30 veces más dulce que la sacarosa. Otro ejemplo es el esteviósido, del arbusto sudamericano *Stevia rebaudiana* (unas 250 veces más dulce que la sacarosa). Otra clase en auge de edulcorantes naturales son las proteínas dulces como la taumatina, del fruto *katemfe* de África Occidental y, mucho menos exótica, la lisozima de los huevos de gallina, que, además, tiene un marcado efecto antibiótico.

Cuestiones

- **a)** Resume la lectura anterior en un párrafo que no supere las 150 palabras.
- **b)** ¿Somos más sensibles al sabor dulce o al amargo? ¿Por qué?
- **c)** Valora si te parecen graves o leves los peligros indicados sobre el uso de sacarosa.
- **d)** Explica el significado de edulcorante, cariogénico, metabolizable y glucósido.
- **e)** ¿Qué tipo de funciones orgánicas caracterizan a los edulcorantes calóricos?
- **f)** ¿Por qué crees que no se metabolizan los edulcorantes no calóricos?
- **g)** ¿Qué tipo de pruebas debe superar un edulcorante artificial antes de que se permita su distribución en el mercado?

Experiencia de laboratorio

Preparación de jabón

Objetivos

- Preparar jabón por saponificación de un aceite vegetal.
- Comparar las distintas propiedades de los jabones obtenidos, según sea el aceite vegetal de partida y el hidróxido alcalino empleado en la saponificación.

Material, reactivos y normas de seguridad

- Vaso de precipitados de 1 000 mL de Pyrex o un recipiente metálico o cerámico de similar capacidad que pueda exponerse al fuego.
- Varilla de vidrio.
- Vidrios de reloj o pesasustancias.
- Espátula.
- Baño de arena o mechero Bunsen con rejilla de amianto y trípode o soporte.
- Balanza de tipo granatario (no es necesario que sea de precisión).
- Aceites vegetales diversos, como aceite de coco, aceite de palma o aceite de oliva. También puede probarse con grasas animales, como la mantequilla o la manteca de cerdo.
- 250 g de NaCl, 200 g de NaOH y agua (no es necesario que sea destilada).
- Gafas protectoras.

Procedimiento

Los jabones son sales alcalinas de ácidos grasos de cadena larga. Estas sales tienen una cadena lipófila (la del ácido graso) y un extremo hidrófilo que es el grupo carboxilato. Esto hace que puedan participar en las fases lipídicas, como puede ser una gota de grasa y, a la vez, en la fase acuosa. Así, ayudan a la dispersión en agua de las grasas, que es el fundamento de su acción lavadora.

La preparación se realiza por saponificación de aceites vegetales o de grasas animales. Ambos son triésteres de la glicerina, por lo que el jabón preparado siempre incorpora algo de la glicerina de origen.

Seguimos estos pasos:

- Preparamos una **disolución de 200 g de sosa cáustica,** NaOH, en 1 L de agua y otra disolución que contenga **250 g de sal,** NaCl, también en 1 L de agua.
- Colocamos en el **vaso de precipitados** de Pyrex de 1 000 mL (o en un recipiente amplio que pueda exponerse al fuego) unos 250 g de aceite de coco y lo calentamos a fuego moderado hasta la fusión.
- Una vez fundido el aceite de coco, vamos a **añadir** 250 mL de la disolución de sosa cáustica y removemos bien con la varilla de vidrio.
- Añadimos ahora **100 mL de agua salada** y volvemos a remover bien. Dejamos reposar. Resultará un jabón duro, pero que es muy fácil de disolver.
- Podemos repetir el experimento con otros aceites o con grasas animales.
- También podemos repetir la misma experiencia usando **hidróxido de potasio, KOH,** en lugar de hidróxido de sodio.
- Podemos **añadir** al jabón colorantes, perfumes o algo de glicerina en el momento de añadir la solución salina y antes de que endurezca.

Análisis de los datos y conclusiones

Una vez enfriada, filtra, deja secar y pesa la masa de jabón obtenida.

- **Calcula** el rendimiento del proceso.
- **Humedece** una porción de jabón y comprueba con un papel indicador de pH si el jabón obtenido tiene carácter ácido, básico o neutro.
- **Compara** la dureza y la fragilidad de los jabones resultantes con NaOH frente a los obtenidos con KOH. ¿Observas alguna diferencia? ¿Y entre los obtenidos con distintos aceites y grasas?

Figura 8.14.
Montaje para la obtención de jabón. Las gafas evitan cualquier problema durante la manipulación de los reactivos.

Fabricando jabón

Se dispone de 5 toneladas de trilinoleato de glicerina. Se saponifican con una disolución concentrada de hidróxido de potasio y se precipitan con una solución salina. Además del jabón, de la saponificación se obtienen 487 kg de glicerina. Se desea que el proceso tenga un rendimiento superior al 90 %. Calcula si, efectivamente, es así. (Datos: M(C) = 12,0107; M(H) = 1,00797; M(O) = 15,9994.)

Comentarios al enunciado

El ácido linoleico es un ácido graso esencial para el organismo humano, lo cual quiere decir que el organismo no puede sintetizarlo y que debe ser ingerido en la dieta. Se trata de un ácido graso insaturado, concretamente, diinsaturado (dos dobles enlaces). Las insaturaciones están en los enlaces 9 y 12, contados a partir del grupo carboxílico. Según cierto tipo de nomenclatura (que no es la de la IUPAC), pertenece al grupo omega-6, porque tiene el primer doble enlace en el carbono 6 contado a partir del extremo ω, que es el más distante del grupo carboxilo.

Resolución y cálculos

El ácido linoleico es el *cis,cis*-9,12-octadecadienoico:

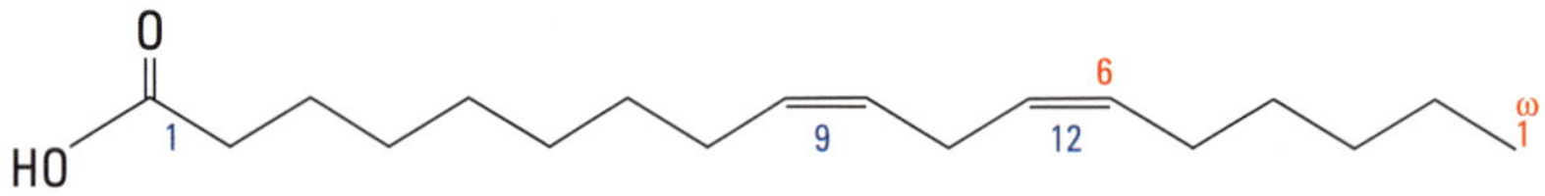

El trilinoleato de glicerina y su reacción de saponificación son:

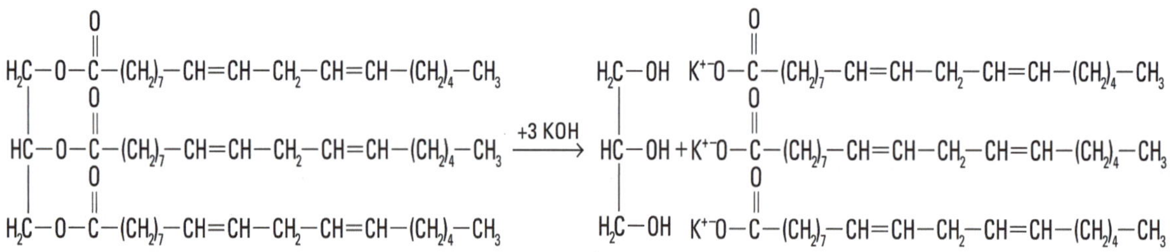

La reacción anterior, en sus fórmulas moleculares, es:

$$C_{57}H_{98}O_6 + 3\ KOH \longrightarrow C_3H_8O_3 + 3\ C_{18}H_{31}O_2\ K$$

Para llevar a cabo los cálculos en moles, se hallan las masas moleculares del triéster y de la glicerina:

$$M(C_{57}H_{98}O_6) = 57 \cdot M(C) + 98 \cdot M(H) + 6 \cdot M(O) = 57\ (12{,}0107) + 98\ (1{,}00797) + 6\ (15{,}9994) = 879{,}3874$$

$$M(C_3H_8O_3) = 3 \cdot M(C) + 8 \cdot M(H) + 3 \cdot M(O) = 3\ (12{,}0107) + 8\ (1{,}00797) + 3\ (15{,}9994) = 92{,}0941$$

Aplicando la estequiometría de la reacción mediante el uso de factores de conversión tenemos:

$$5 \times 10^6\ g\ C_{57}H_{98}O_6 \times \frac{1\ mol\ C_{57}H_{98}O_6}{879{,}3874\ g\ C_{57}H_{98}O_6} \times \frac{1\ mol\ C_3H_8O_3}{1\ mol\ C_{57}H_{98}O_6} \times \frac{92{,}0941\ g\ C_3H_8O_3}{1\ mol\ C_3H_8O_3} = 523\,626\ g = 523{,}6\ kg$$

A partir de la cantidad de glicerina obtenida se puede calcular el rendimiento de la saponificación:

$$\text{Rendimiento} = \frac{kg\ C_3H_8O_3\ \text{prácticas}}{kg\ C_3H_8O_3\ \text{teóricos}} \times 100 = \frac{487\ kg}{523{,}6\ kg} \times 100 = 93{,}01\ \%$$

Análisis de los resultados

Aunque en el enunciado se citan 487 kg de glicerina como subproducto en la obtención del jabón, lo cierto es que una parte importante de la glicerina queda mezclada con el jabón. Esto no es contraproducente, pues da mayor suavidad al jabón.

Para cuantificar el rendimiento sería mejor sumar la masa total de productos finales, aunque, en este caso, los cálculos serían un poco más tediosos.

Fabricación de un polímero antibalas

Calcula la masa mínima de fenildiamina y de dicloruro de tereftaloilo que se necesitarán como mínimo para producir 500 kg de fibra de kevlar de un grado de polimerización promedio de 100 000. (Datos: M(C) = 12,0107; M(H) = 1,00797; M(N) = 14,0067; M(O) = 15,9994; M(Cl) = 35,453.)

Comentarios al enunciado

El ácido tereftálico es el el ácido bencen-1,4-dicarboxílico. El dicloruro de tereftaloilo es el derivado ácido diclorado. Aunque la reacción entre ácidos y aminas es fácil, el uso del derivado clorado del ácido la mejora.

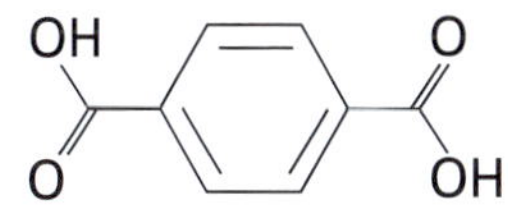

En la reacción entre un ácido y una amina, se forma el enlace amida con eliminación de una molécula de H_2O. Si la reacción se da entre una amina y un cloruro de ácido, no se elimina una molécula de H_2O sino una molécula de HCl. El kevlar es un polímero sintético con una extraordinaria resistencia mecánica y térmica que se utiliza en las prendas de protección antibalas y en aplicaciones aerospaciales, marítimas e industriales. El enunciado pide la masa mínima porque no facilita datos sobre el rendimiento de la reacción que se supondrá del 100 % en los cálculos.

Resolución y cálculos

La fenil-1,4-diamina y el dicloruro de tereftaloilo, producen un polímero donde se alternan las moléculas de un monómero y otro. Es así porque ninguno de los monómeros reacciona consigo mismo. La reacción base de la polimerización es:

$M_{\text{fenildiamina}} = 6 \cdot M(\text{C}) + 2 \cdot M(\text{N}) + 8 \cdot M(\text{H}) = 6 \cdot 12{,}0107 + 2 \cdot 14{,}0067 + 8 \cdot 1{,}00797 = 108{,}1414$

$M_{\text{cloruro tereftaloilo}} = 8 \cdot M(\text{C}) + 2 \cdot M(\text{O}) + 4 \cdot M(\text{H}) + 2 \cdot M(\text{Cl}) = 8 \cdot 12{,}0107 + 2 \cdot 15{,}9994 + 4 \cdot 1{,}00797 + 2 \cdot 35{,}453 = 203{,}0223.$

La fórmula general del polímero y la masa de su unidad fundamental es:

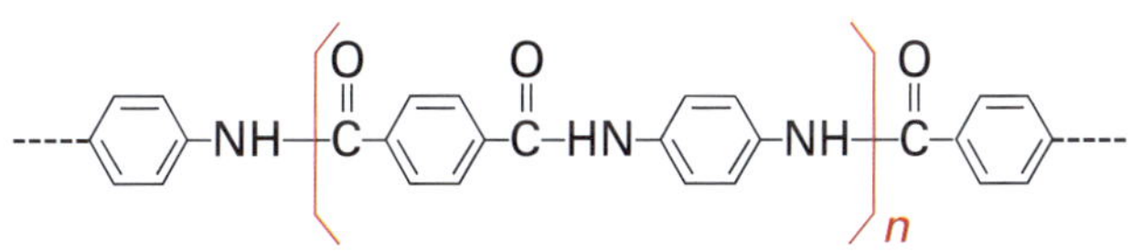

$M_{\text{unidad kevlar}} = 14 \cdot M(\text{C}) + 2 \cdot M(\text{N}) + 10 \cdot M(\text{H}) + 2 \cdot M(\text{O}) = 14 \cdot 12{,}0107 + 2 \cdot 14{,}0067 + 10 \cdot 1{,}00797 + 2 \cdot 15{,}9994 = 238{,}2417.$

Con ello, la masa molecular promedio del polímero de grado de polimerización 100 000 será: $238{,}2417 \times 10^5 \approx 24 \times 10^6$.

Para preparar 500 kg de kevlar se necesitarán las cantidades de $C_6H_4(NH_2)_2$ y $C_6H_4(COCl)_2$ siguientes:

$$500 \cdot 10^3 \text{ g kevlar} \frac{1 \text{ mol kevlar}}{238{,}2417 \times 10^5 \text{ g kevlar}} \cdot \frac{100\,000 \text{ mol } C_6H_4(NH_2)_2}{1 \text{ mol kevlar}} \cdot \frac{108{,}1414 \text{ g } C_6H_4(NH_2)_2}{1 \text{ mol } C_6H_4(NH_2)_2} \cdot \frac{1 \text{ kg}}{10^3 \text{ g}} = 227 \text{ kg } C_6H_4(NH_2)_2$$

$$500 \cdot 10^3 \text{ g kevlar} \frac{1 \text{ mol kevlar}}{238{,}2417 \times 10^5 \text{ g kevlar}} \cdot \frac{100\,000 \text{ mol } C_6H_4(COCl)_2}{1 \text{ mol kevlar}} \cdot \frac{203{,}0223 \text{ g } C_6H_4(COCl)_2}{1 \text{ mol } C_6H_4(COCl)_2} \cdot \frac{1 \text{ kg}}{10^3 \text{ g}} = 426 \text{ kg } C_6H_4(COCl)_2$$

Análisis de los resultados

Se observará que la suma de ambas cantidades supera los 500 kg de kevlar pedidos. Este exceso de masa corresponde a las moléculas de HCl que se liberan al formarse cada una de las uniones amida del polímero:

$$500 \cdot 10^3 \text{ g kevlar} \frac{1 \text{ mol kevlar}}{238{,}2417 \times 10^5 \text{ g kevlar}} \cdot \frac{200\,000 \text{ mol HCl}}{1 \text{ mol kevlar}} \cdot \frac{36{,}4610 \text{ g HCl}}{1 \text{ mol HCl}} \cdot \frac{1 \text{ kg}}{10^3 \text{ g}} = 153 \text{ kg } C_6H_4(COCl)_2$$

Actividades

Halogenuros de alquilo

15 Formula los siguientes compuestos: tetrayoduro de carbono, triyodometano; diyodometano, yodometano.

16 Nombra los compuestos: $CF_3—CFBr_2$; $CCl_3—CCl_3$; $CH_2Br—CHCl—CFCl_2$; $CCl_2=CF_2$.

17 Formula los siguientes compuestos: 1,2,4-trifluorociclohexano y 1,2-diclorociclopenteno.

18 Nombra los siguientes compuestos:

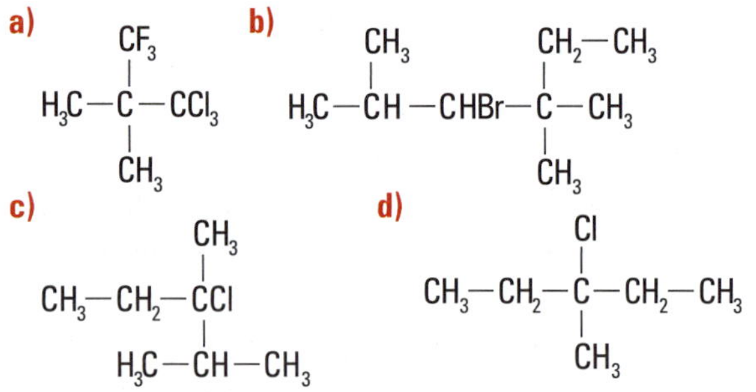

19 Indica si en alguno de los compuestos de la actividad anterior hay algún C quiral. Si es así, nombra y formula sus isómeros ópticos.

20 Formula y completa la reacción del 1-butanol con ácido bromhídrico.

21 Formula y completa la reacción del 1-buteno con ácido bromhídrico.

22 Formula y completa la reacción del ciclohexeno con ácido yodhídrico.

23 ¿Por qué crees que los haluros de alquilo totalmente halogenosustituidos son menos reactivos que los correspondientes hidrocarburos?

24 Previsiblemente, ¿serán más reactivos los cloruros de alquilo o los fluoruros de alquilo?

25 Escribe la fórmula general del polímero conocido como teflón (politetrafluoroetileno) y el monómero a partir del cual se forma. ¿Por qué crees que tiene las propiedades antiadherentes que lo caracterizan?

Alcoholes y fenoles

26 Formula las siguientes sustancias: etanol; propan-2-ol; butano-1,2,4-triol; butano-1,1,1-triol; ciclohexano-1,2-diol.

27 Nombra las siguientes sustancias:

a) $CH_3—C(OH)_2—CH_3$

b) $CH_2OH—CH_2OH$

c) $CH_3—CHOH—C(OH)_2—CHOH—CHOH—CH_3$

d) $CH_3—CHOH—CH_3$

e) $CH_2=COH—C(OH)_2—CH_3$

28 Formula las siguientes sustancias: ciclohexanol; ciclopentano-1,1,3-triol; ciclohexeno-1,3-diol; fenol y benceno-1,3-diol.

29 Nombra las siguientes sustancias:

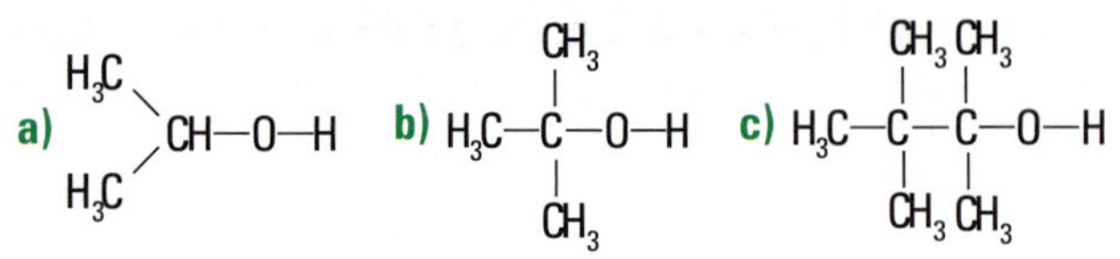

30 Nombra los siguientes compuestos:

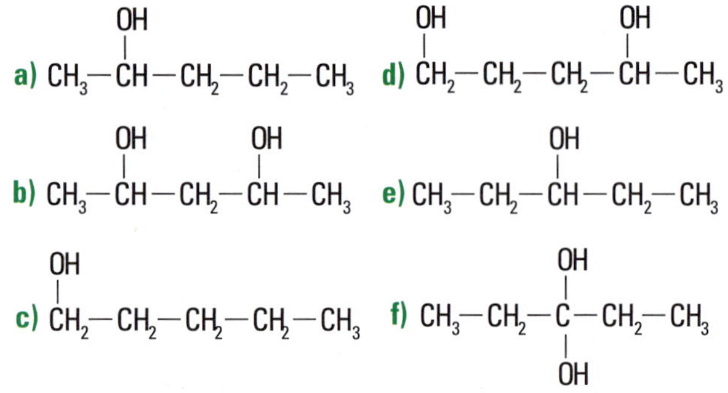

31 Escribe una ecuación de preparación del hexan-2-ol (o 2-hexanol) a partir de un alqueno. ¿Este sería el único producto obtenido? ¿Por qué?

32 Formula una ecuación de preparación de hexan-2-ol (o 2-hexanol) a partir de un bromuro de alquilo. ¿El pentan-2-ol sería el único producto obtenido? ¿Por qué?

33 Escribe detalladamente la fórmula espacial del ciclohexano en su conformación más estable. ¿Cuántos isómeros existen del ciclohexano-1,4-diol (o 1,4-ciclohexanodiol)?

34 Escribe la reacción de fermentación alcohólica de la glucosa. Suponiendo que existe un rendimiento del 45 %, calcula los litros de etanol que se podrán obtener por fermentación de 500 kg de glucosa. (Datos: M (C) = 12,0107; M (O) = 15,9994; M (H) = 1,00797; densidad del etanol = = 0,810 g/cm^3.)

Solución: 142 L.

35 Las entalpías estándares de combustión de la glucosa y del etanol son –2 813 kJ/mol y –1 371 kJ/mol, respectivamente.

a) Escribe la fermentación alcohólica de la glucosa.

b) Calcula la pérdida energética por kg de glucosa que supone la fermentación alcohólica respecto a la respiración aerobia. (Datos: M(C) = 12,0107; M(O) = 15,9994; M(H) = 1,00797.)

Solución: 1 522,01 kJ/kg glucosa.

36 Crece el uso de productos agrícolas para obtener etanol destinado a automoción. Calcula la energía que finalmente podrán obtener los motores de automóviles a partir de 2 500 toneladas de caña de azúcar con un contenido equivalente en glucosa al 20 %, si esta sufre una fermentación alcohólica con una eficiencia del 65 %. (Datos: M(C) = 12,0107; M(O) = 15,9994; M(H) = 1,00797; ΔH°_c(etanol) = –1 236 kJ/mol quedando agua como vapor.)

Solución: $4,236 \times 10^9$ kJ.

Aldehídos y cetonas

37 ¿Cuál es la diferencia entre aldehídos y cetonas? ¿Por qué crees que tienen propiedades químicas distintas si tienen el mismo grupo funcional?

38 ¿Cuál es el aldehído más simple que existe? ¿Y cuál es la cetona más simple que se conoce? Formúlalos y nómbralos. ¿Tienen isómeros de algún tipo?

39 ¿Cuántos isómeros existen del hexanal? ¿Y de la hexanona? ¿Por qué?

40 Formula las siguientes sustancias: propanal; propanodial; 3-hidroxipentanal; 2,3-dihidroxipentanal y pent-2-enal.

41 Nombra las siguientes sustancias:

$CH_3—CH_2—CH_2—CH_2—CHO$, $CH_3—CHOH—CHO$, $OHC—CHOH—CHO$, $CH_3—C(OH)_2—CHO$
$CH_2{=}COH—CHOH—CHO$

42 Formula las siguientes sustancias: propanona, butanona, butadiona, pentan-2-ona y pentan-2,4-diona.

43 Nombra las siguientes sustancias:

$CH_3\ CH_2—CO—CH_2—CH_3$, $CH_3—CO—CH_2OH$, $OHC—CO—CHOH—CH_2—CH_3$, $CH_3—CO—CH_3$, $CH_3—CO—C(OH)_2—CHO$, $CH_2{=}COH—CO—CH_3$

44 Formula todas las monocetonas de seis C que puedan existir.

45 Nombra los siguientes compuestos:

a) 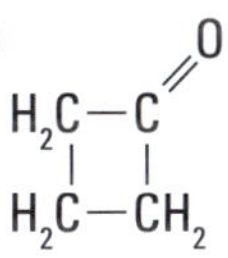

b) 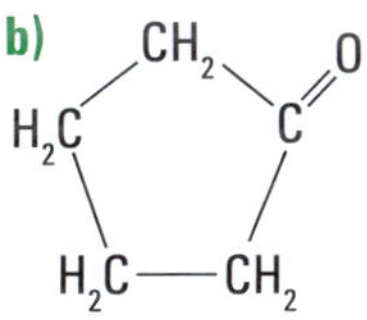

c) 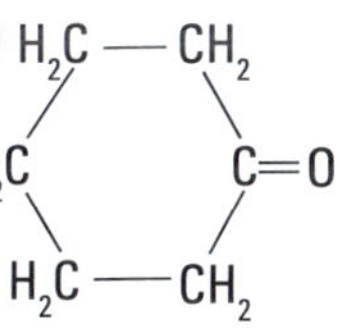

46 Escribe e iguala estequiométricamente la reacción de combustión de la propanona.

47 Escribe e iguala estequiométricamente la reacción de combustión del propanal.

48 La ciclohexanona es la cetona del ciclohexano. ¿Puede existir del mismo modo la cetona del benceno? ¿Por qué?

49 Completa e iguala las ecuaciones siguientes en tu cuaderno:

a) .... + $K_2Cr_2O_7 \longrightarrow CH_3CHO$

b) $CH_3CHOHCH_3$ + Cr_2O_3/piridina $\longrightarrow$ ....

c) .... + $K_2Cr_2O_7 \longrightarrow CH_3CH_2CHO$

d) $CH_3CHOHCH_2CH_3$+ Cr_2O_3/piridina $\longrightarrow$ ....

50 Formula y nombra todas las ciclohexadionas posibles.

51 Formula y nombra todos los aldehídos posibles cuya molécula tenga seis C.

52 Nombra los siguientes compuestos:

a) 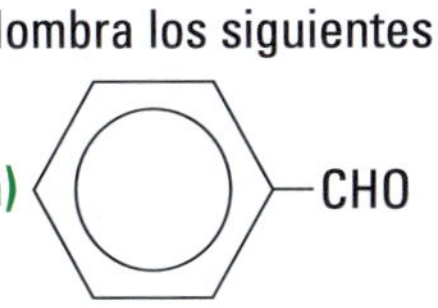

b) 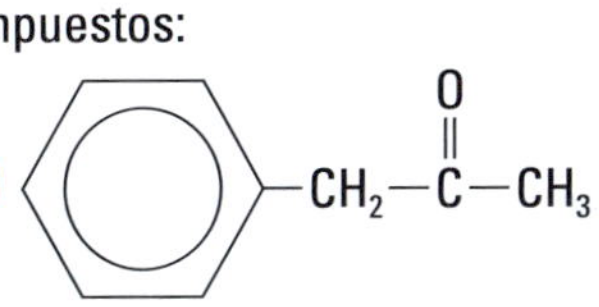

Azúcares

53 Químicamente, ¿qué tipo de sustancia es un monosacárido? ¿Cómo se clasifican los monosacáridos?

54 ¿En qué consiste la isomería óptica que presentan los monosacáridos? ¿Cómo acostumbran a nombrarse los isómeros ópticos de los azúcares?

55 ¿Qué cualidad relaciona todos los monosacáridos presentes en los seres vivos o producidos por ellos? ¿A qué crees que se debe esta coincidencia?

56 ¿Cuántos C quirales tiene una pentosa? ¿Es lo mismo para pentosas aldosas que para pentosas cetosas? ¿Por qué?

57 Formula todos los isómeros posibles para una tetraosa aldosa y para una tetraosa cetosa.

58 Escribe y ajusta la ecuación de combustión de una pentosa. ¿La ecuación es la misma para una aldosa que para una cetosa?

59 Nombra, según la nomenclatura normativa de la IUPAC, las siguientes fórmulas, que corresponden a la D-ribosa y a la D-desoxirribosa.

a) 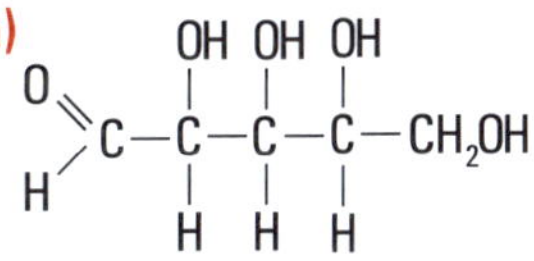

b) 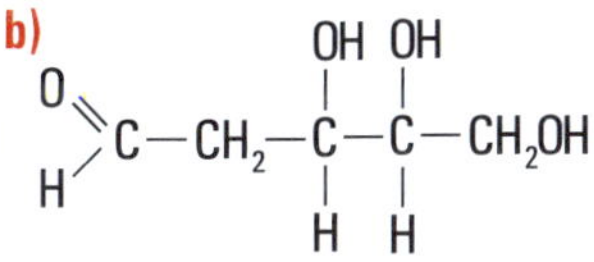

¿Cuántos estereoisómeros tiene cada una de ellas?

60 Escribe un enantiómero y un diastereómero para la molécula de D-glucosa:

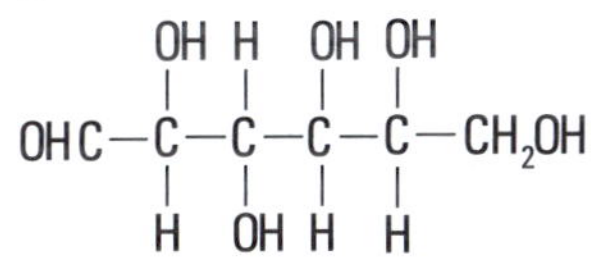

61 Calcula la energía que puede obtenerse de la combustión de 1,5 kg de glucosa. (Datos: M (C) = 12,0107; M (O) = =15,9994; M (H) = 1,00797; ΔH_c°(glucosa) = –2 813 kJ/mol.)

Solución: 23 421 kJ.

Ácidos carboxílicos

62 Formula los siguientes compuestos: ácido propenoico, ácido pentanoico, ácido 5-hidroxioctanoico, ácido 2,4-dienpentanoico, ácido propinoico y ácido hexanodioico.

63 Nombra los siguientes compuestos:

$CH_3—CH_2—COOH$, $HCOOH$, $HOOC—CH_2—COOH$, $CH_2{=}CH—CO—COOH$, $HC{\equiv}C—CH_2—COOH$, $CH_3—CO—CHOH—COOH$.

64 Escribe y ajusta la reacción de neutralización del ácido etanoico con hidróxido de calcio.

65 Escribe y ajusta la reacción del ácido propanodioico con hidróxido de potasio.

66 Calcula la concentración molar de una disolución obtenida disolviendo 5 g de ácido propanoico en agua hasta un volumen de 500 mL. (Datos: M (C) = 12,0107; M (O) = = 15,9994; M (H) = 1,00797.)

Solución: 0,13 M.

67 Calcula el volumen de una disolución de hidróxido de sodio 0,25 M que se necesitará para neutralizar completamente 150 mL de una disolución de ácido acético 0,15 M.

Solución: 90 mL.

68 Nombra las siguientes sustancias:

a) 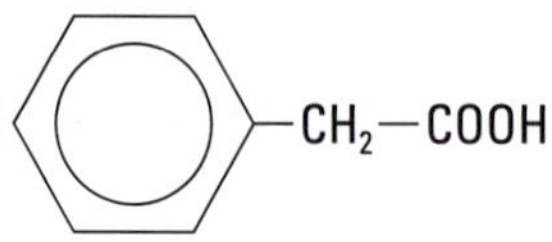

b) 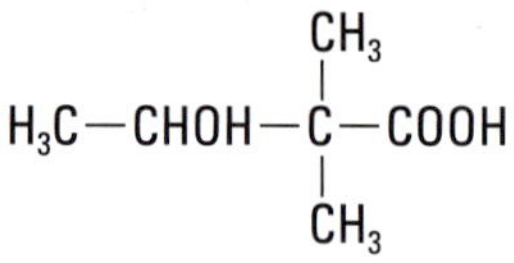

c) 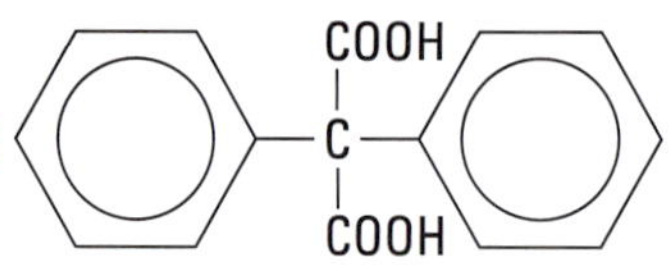

69 Formula los siguientes ácidos grasos presentes en los aceites vegetales:

a) Ácido esteárico o ácido octadecanoico.

b) Ácido oleico o ácido *cis*-9-octadecaenoico.

c) Ácido linoleico o ácido *cis*-9-*cis*-12-dien-octadecanoico.

d) Ácido linolénico o ácido *cis*-9-*cis*-12-*cis*-15-trien-octadecanoico.

Ésteres

70 Nombra los siguientes compuestos:

$CH_2{=}CH{-}COO{-}CH_3$, $HCOO{-}CH_3$,
$CH_3{-}CH_2{-}COO{-}CH_3$,
$CH_2{=}CH{-}COO{-}C{\equiv}C{-}CH_2{-}CH_3$

71 Formula los siguientes compuestos: propinoato de metilo, hexanoato de 2-butinilo, metanoato de etenilo, 3-pentenoato de 2-butinilo y etanoato de etilo.

72 Escribe la reacción de esterificación entre el pentan-2-ol y el ácido propanoico.

73 Escribe la reacción de esterificación entre el hexano-2,4-diol y el ácido butanoico.

74 Calcula el volumen de etanol que se debe tomar para esterificar completamente 2 L de una disolución de ácido metanoico 0,2 M. (Datos: M(C) = 12,0107; M(O) = 15,9994; M(H) = 1,00797; densidad del etanol = 0,810 g/cm^3.)

Solución: 22,75 mL.

75 Escribe la reacción de saponificación mediante hidróxido de potasio del pentanoato de isopropilo.

76 Formula el trioleato de glicerina. El ácido oleico en nomenclatura de la IUPAC es el ácido *cis*-9-en-octadecanoico y la glicerina es el propano-1,2,3-triol.

77 Ajusta estequiométricamente la reacción de saponificación del trioleato de glicerina mediante hidróxido de sodio.

78 ¿Cuántos ésteres distintos se pueden formar si se mezclan en un mismo recipiente de reacción ácido oleico, ácido linoleico, ácido linolénico y glicerina?

79 Una cantidad de 2 250 kg de trioleato de glicerina se saponifican con la cantidad suficiente de disolución de hidróxido de potasio. Calcula la cantidad de glicerina que se liberará durante la saponificación.

Solución: 234 kg.

Éteres

80 Nombra los siguientes compuestos:

a) $CH_3{-}O{-}CH_2{-}C{\equiv}C{-}CH_3$ b) $CH_3{-}O{-}CH_2{-}COOH$
c) $CH_2OH{-}CH_2{-}O{-}CH{=}CH_2$ d) $CH_3{-}O{-}CH_3$
e) $CH_2{=}CH{-}O{-}CH{=}CH_2$.

81 Nombra los siguientes compuestos:

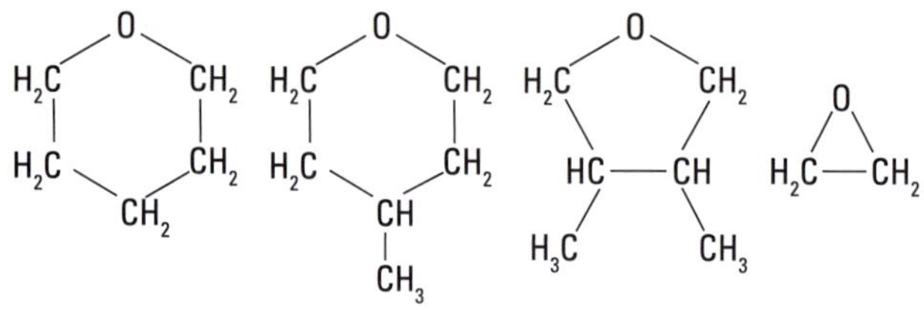

82 Formula los siguientes compuestos: di-prop-2-inil éter, metil *terc*-butil éter, tetrahidrofurano, prop-2-inil prop-1-inil éter y 2-hidroxipropil metil éter.

83 ¿Cuál es el monómero que forma el polietilenglicol? Escribe la fórmula general de la cadena polimérica.

84 Escribe la fórmula general del polipropilenglicol. ¿A partir de qué monómero se forma este polímero?

85 Escribe una reacción de formación del etil butil éter a partir de los alcoholes que consideres convenientes. En el proceso de obtención, ¿será el único producto obtenido, o habrá otros? ¿Cuáles?

86 Nombra los siguientes compuestos:

a) 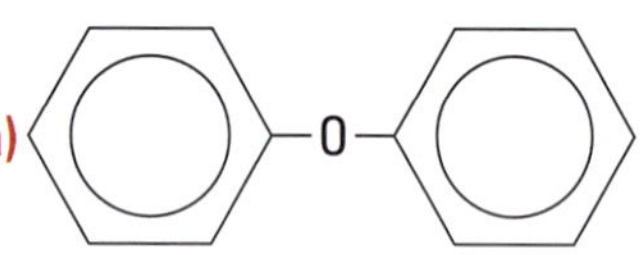

b) 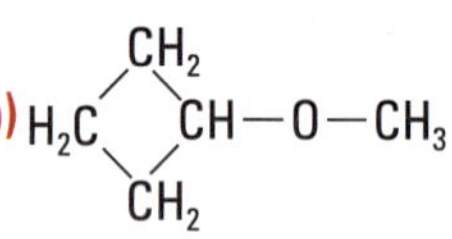

c) 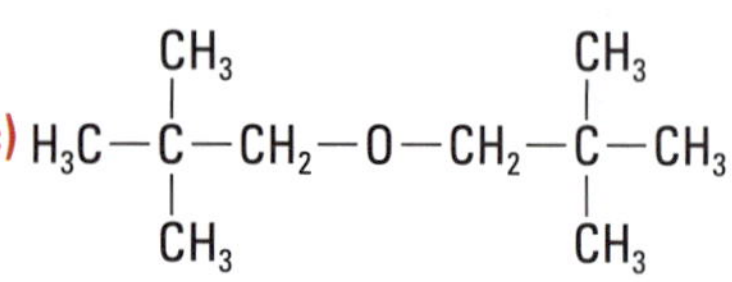

87 Escribe y ajusta estequiométricamente la reacción de combustión del dimetil éter. Calcula los litros de CO_2, medido en condiciones normales, que se obtendrán por la combustión de 2 L de dimetil éter. (Datos: densidad del dimetil éter = 0,7134 g/cm^3.)

Solución: 1 406 L.

88 Escribe y ajusta la reacción de ataque del yoduro de hidrógeno sobre el dibutil éter.

Aminas, amidas y aminoácidos

89 Formula los siguientes compuestos: ciclooctilamina, *N*-propil-prop-2-inilamina, trifenilamina, *N*-metil-*N*-etenil-*N*-propilamina y trimetilamina.

90 Nombra los siguientes compuestos:

a) 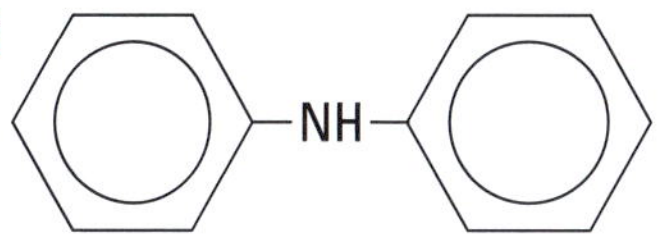

b) 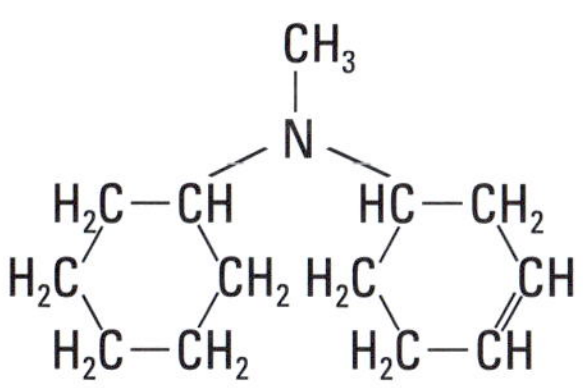

c) 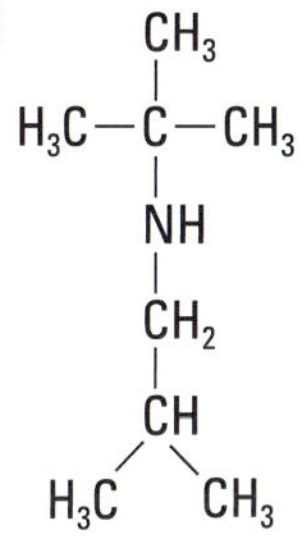

91 Se mezcla en un recipiente ácido propanoico y amoníaco, y el producto obtenido se calienta. Escribe las reacciones y nombra el producto resultante intermedio y final.

92 Escribe la reacción entre 2-clorobutano y 2-propilamina. Nombra el producto resultante de la reacción.

93 Formula los siguientes compuestos e iguala la reacción de combustión de las siguientes sustancias:

a) Ácido etanoico. b) Propeno. c) Propino.

94 Formula los siguientes compuestos:

a) 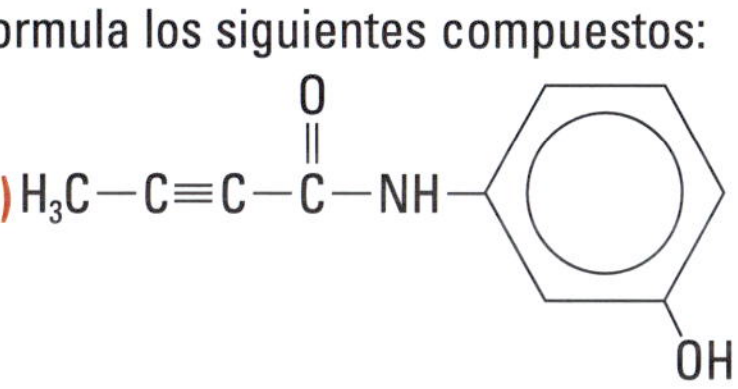

b) 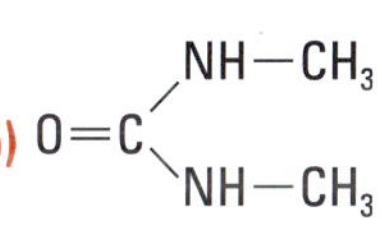

c) 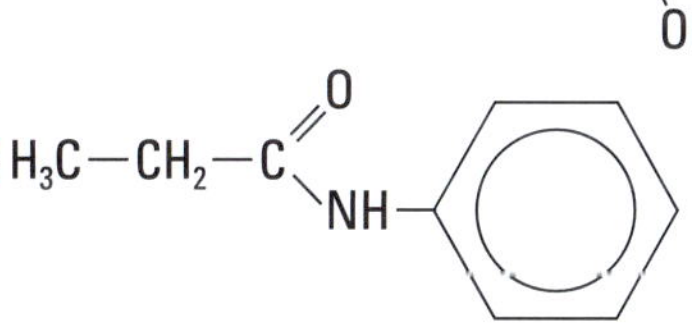

95 Nombra las siguientes sustancias: $CH_3-CONH-CH_3$, $HCONH_2$, $CH_3-CH=CH-CON(CH_3)_2$, $(CH_3)_2NOC-CH_2-CH_2-CON(CH_3)_2$, $CH_3-CH_2-CONH_2$.

96 Escribe una reacción de polimerización y la fórmula general de la cadena de poliamida que se obtiene a partir del ácido 2-aminopropanoico.

97 Comparando una amina y una amida con la misma cadena hidrocarbonada, ¿cuál de las dos es más soluble en agua y cuál tendrá un punto de fusión más alto?

98 Formula los dos isómeros ópticos, R y S, o D y L, de la alanina (ácido 2-aminopropanoico) indicando cuál corresponde a cada fórmula.

99 Escribe la reacción entre la glicocola (ácido aminoetanoico) y la alanina (ácido 2-aminopropanoico). Nombra el producto o productos de la reacción.

100 Escribe la ionización de la lisina (ácido 2,6-diaminohexanoico) y del ácido glutámico (ácido 2-aminopentanodioico) a pH neutro.

Nitrilos y nitroderivados

101 Nombra los siguientes compuestos:
$CH_2=CH-CHOH-C\equiv N$, $(CH_3)_2CH-CH_2-C\equiv N$,
$N\equiv C-CH_2-CO-CH_2-CO-CH_2-C\equiv N$,
$CH_2=CH-C\equiv N$, $CH_2=COH-CO-CH_2-C\equiv N$.

102 Formula los siguientes compuestos: propenonitrilo; butinodinitrilo; cianuro de ciclobutilo; 2,2-dimetil-butanonitrilo y 2,2,4,4-tetraclorooctanonitrilo.

103 Obtén el ácido butanoico a partir del 1-cloropropano con ayuda de cianuro de sodio y ácidos.

104 Nombra los siguientes compuestos:

a) 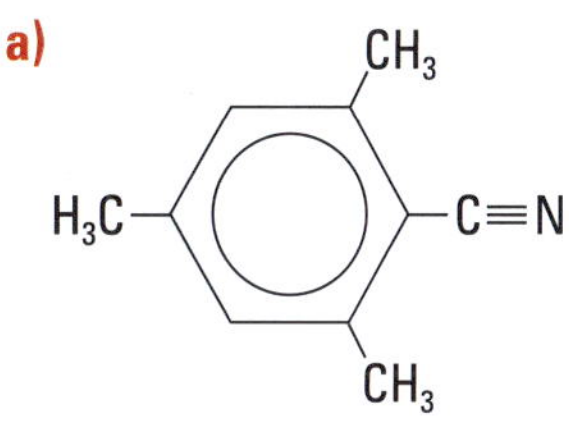

b) 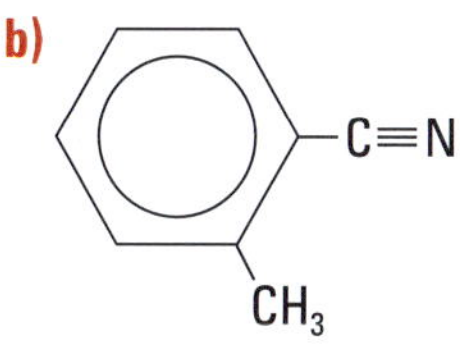

c) 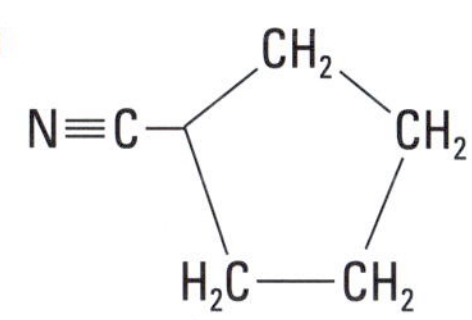

d) 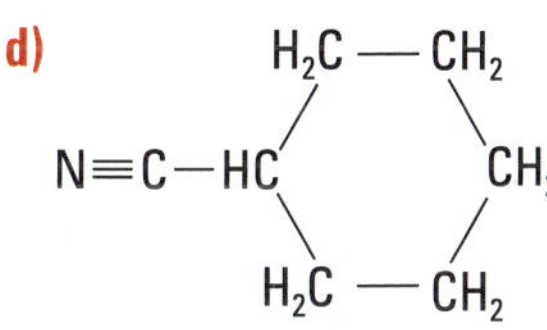

105 Formula las siguientes sustancias: 1,3-dinitroglicerina; *o*-nitrotolueno; 2,2-dinitropropano; 2,6-dinitrofenol; 3-nitrofenol y nitrociclopentano.

106 Nombra los siguientes compuestos:

a) 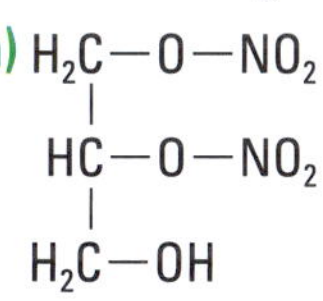

b) 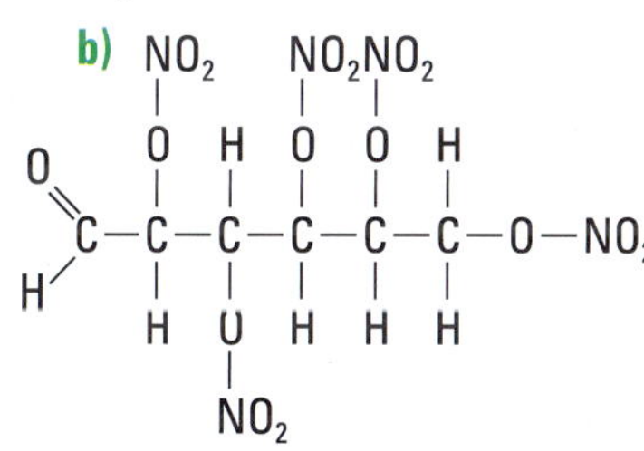

c) 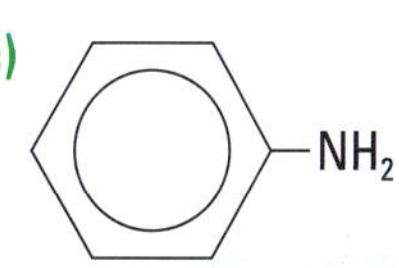

d) 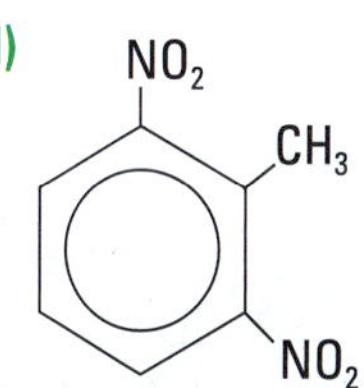

107 Escribe el proceso químico por el que se podría obtener la 2-butilamina a partir del 2-clorobutano.

108 Se dispone de benceno, ácido nítrico, ácido sulfúrico y tetrahidruro de aluminio y litio. Explica cómo se puede obtener anilina a partir de estas sustancias.

109 Calcula la cantidad de nitroglicerina que puede obtenerse a partir de 55 kg de glicerina (propano-1,2,3-triol), ácido nítrico y ácido sulfúrico en cantidad suficiente. (Datos: M (C) = 12,0107; M (O) = 15,9994; M (H) = 1,00797; M (N) = 14,0067.)

Solución: 135 kg.

9 Química, industria y sociedad

1. Diversidad de la industria química
2. Ejemplos de industria química inorgánica
3. Metalurgia del hierro y del acero
4. El gas natural
5. El petróleo
6. Polímeros de interés industrial

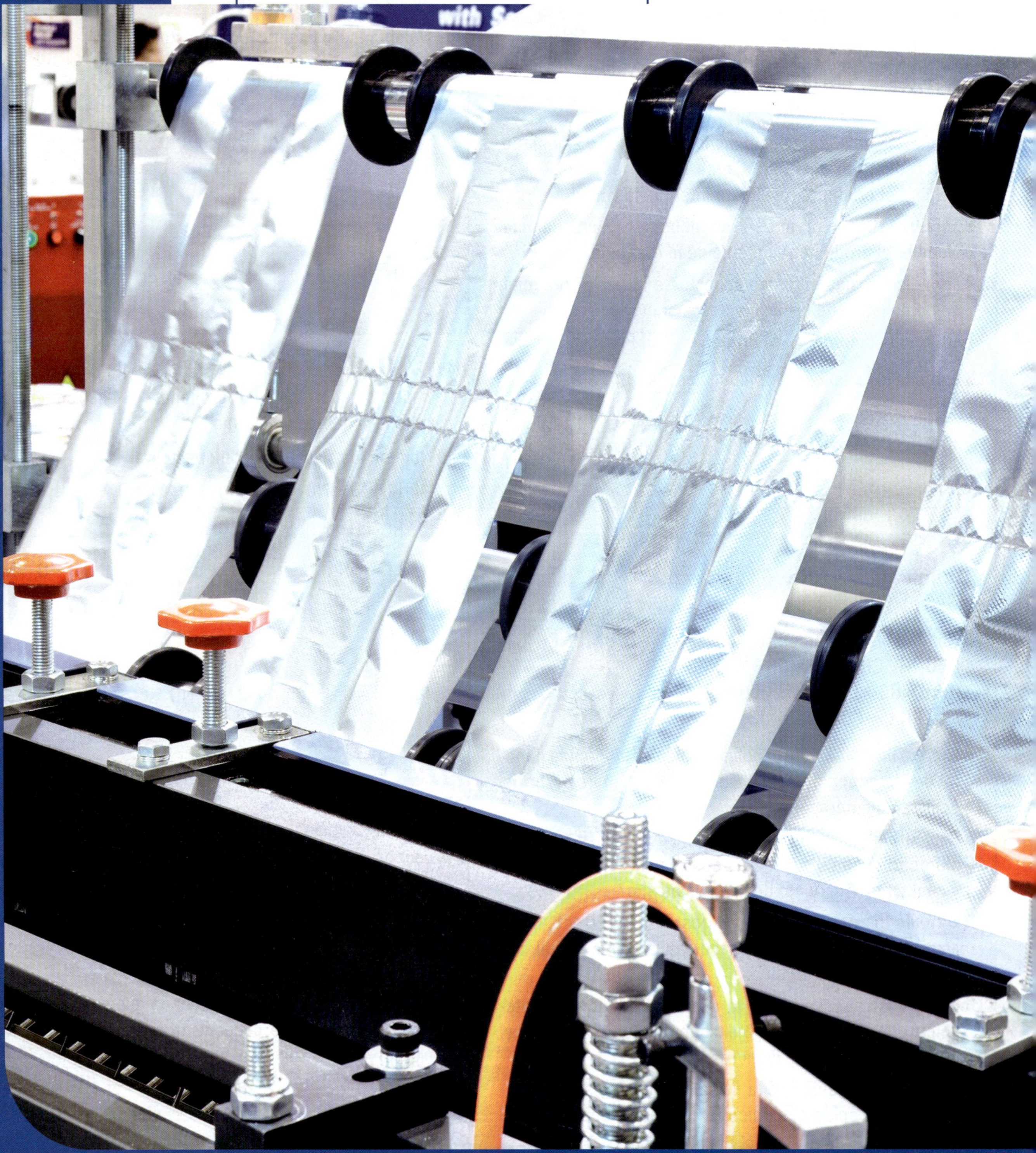

1 Diversidad de la industria química

Una **planta química** es un espacio donde se organiza una actividad química industrial con las instalaciones, almacenes, suministros energéticos, agua y vías de comunicación adecuados.

Actualmente, se clasifican en:

- **Plantas básicas o de cabecera.** A partir de materias primas naturales se obtienen productos básicos de gran consumo y bajo precio (como H_2SO_4, NH_3, $CH_2 = CH_2$, NaOH, CaO, etc.), que son reactivos de otras industrias de productos más elaborados. Se instalan cerca de los puntos de extracción o de recepción de dichas materias primas.
- **Plantas intermedias.** Los **productos intermedios** son compuestos estables de elevado consumo a partir de los cuales se obtienen varios productos finales. Son ejemplos el fenol o el cloruro de vinilo, que por polimerización pueden producir diversos tipos de plásticos y resinas.
- **Plantas de química fina.** Fabrican productos intermedios **de elevada pureza** y rigurosa especificación de calidad usados para preparar reactivos de laboratorio, medicamentos, aditivos alimentarios, etc.
- **Plantas transformadoras** o **finales.** Fabrican productos para el mercado de valor añadido. Se instalan cerca de puntos de consumo para minimizar costes de transporte. Estas plantas industriales sufren las consecuencias de la fluctuación de la demanda.
- **Plantas de consumo.** Elaboran productos finales envasados, etiquetados, con aditivos precisos y las concentraciones adecuadas para su empleo. Es frecuente que las plantas finales sean también de consumo.

Figura 9.1.
Los hornos calcinadores de caliza son plantas que trabajan directamente con la piedra caliza como materia prima y por esto se sitúan muy cerca de las extracciones. Su producto, una vez mezclado con algo de yeso, constituye el llamado cemento Pórtland.

Actualmente, casi todas las industrias químicas se pueden clasificar en cuatro grandes sectores tradicionales y otros tres emergentes:

- **Minería y metalurgia.** Con subsectores como el siderúrgico, del aluminio y del cobre. Abarca extracciones de mineral, acererías, altos hornos, chatarrerías, laminación y moldeado, galvanotecnia, etcétera.
- **Química inorgánica.** Producción de ácidos y bases, agua oxigenada y haluros no metálicos, óxidos diversos, sales de halógenos y de azufre, nitrógeno, fósforo y silicio, elementos puros, gases atmosféricos y el subsector cementero y yesero de materiales de construcción.
- **Química orgánica.** Toda la química del carbono y derivados: industria farmacéutica y fitosanitaria, perfumería, cosméticos, jabones, detergentes, pinturas, tintes, reprografía, impresión, plásticos, cauchos, resinas, fibras artificiales, textiles, papel, cartón y derivados.
- **Química agrícola industrial.** Productos agrícolas, especialmente los no alimentarios, gestión de residuos, etcétera. Actualmente está en auge la producción de biocombustibles a partir de las cosechas.
- **Ingeniería genética y biotecnología.** Producción de vitaminas, antibióticos, hormonas y compuestos a partir de microorganismos y cultivos celulares. Aislamiento de genes responsables de sustancias de interés y producción con organismos modificados con estos genes.
- **Nuevos materiales.** Desarrollo y producción de materiales compuestos, cristales líquidos, semiconductores y superconductores.
- **Química medioambiental.** Tratamiento y gestión de residuos, depuración de aguas, control de emisiones atmosféricas y acuáticas, gestión y control de vertederos sólidos y de planes de sostenibilidad.

Figura 9.2.
Plantas tratadas por técnicas de ingeniería genética. Este sector de investigación es uno de los de mayor auge en nuestra sociedad.

2 Ejemplos de industria química inorgánica

Muchos productos clave de la química son sustancias inorgánicas, como ácidos, bases y gases para síntesis. Describiremos algunos ejemplos a continuación.

2.1 Amoníaco

El amoníaco, NH_3, es un **gas incoloro** de olor sofocante. A presión atmosférica es líquido entre –77 °C y –33 °C. A presión no muy elevada puede licuarse a temperatura ambiente. Se incorpora en productos de limpieza porque es un buen disolvente de las grasas y elimina la dureza del agua, precipitando $CaCO_3$ a partir del bicarbonato cálcico que pueda haber en ella.

Otra aplicación del NH_3 aprovecha su **elevado calor latente de vaporización.** Por cada gramo evaporado (a –20 °C), el NH_3 absorbe 1 328,8 J. En circuitos de neveras y refrigeración, el NH_3 se comprime hasta licuarlo en un condensador donde el calor desprendido se intercambia con aire o con agua fría. El amoníaco líquido pasa luego al serpentín, donde se expande y sustrae el calor de la cámara frigorífica.

Obtención de amoníaco

Fritz Haber (1868-1934) y **Carl Bosch** (1874-1940) desarrollaron un método de producción de NH_3 por reacción directa de los elementos (fig. 9.3):

$$N_2\,(g) + 3\,H_2\,(g) \rightleftarrows 2\,NH_3\,(g) \qquad \Delta H = -92{,}4 \text{ kJ/mol}$$

La doble flecha indica que la **reacción directa convive en equilibrio con su inversa, que revierte a los reactivos.** Muchas reacciones en equilibrio pueden desplazarse hacia los productos o hacia los reactivos variando las condiciones de presión y temperatura en las que se lleven a cabo. En este caso:

- **Si se aumenta la presión,** el equilibrio se desplaza hacia la formación de NH_3 ya que para compensar el aumento de presión, el sistema tiende a generar el menor número de moles gaseosos posible (2 moles de NH_3 frente a 4 moles de N_2 y H_2).
- **Si se disminuye la temperatura,** el equilibrio también se desplazará hacia la formación de NH_3 puesto que la reacción genera calor en este sentido (exotérmica). Pero no conviene que la temperatura sea demasiado baja, dado que las reacciones a baja temperatura son muy lentas.

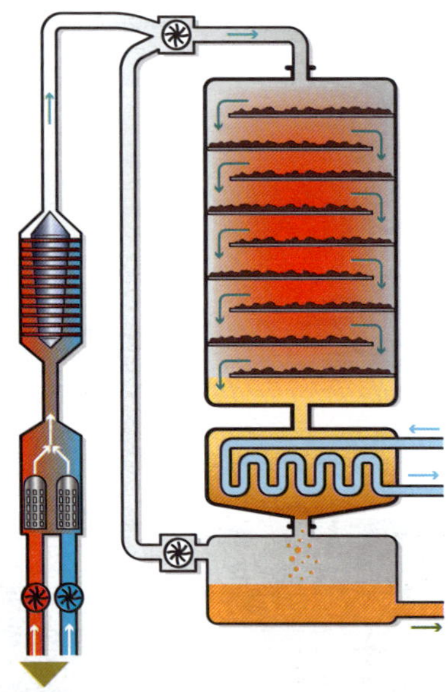

Figura 9.3.
Esquema de la producción de NH_3 en el proceso Haber. Los gases N_2 (en azul) y H_2 (en rojo) se limpian, se mezclan y se comprimen a unas 200 atmósferas. La mezcla circula en la torre de reacción y catálisis a través de bandejas de hierro a 450 °C formándose NH_3. En la base de la torre de reacción, un circuito de refrigeración por agua (en color azul claro) condensa el amoniaco en un líquido (en naranja) que se canaliza fuera.

A 200 atm de presión y 500 °C de temperatura el rendimiento del proceso es del 15 %. A 900 atm se puede llegar al 40 %. Se necesitan **catalizadores,** que son sustancias que participan en la reacción sin consumirse y aumentan su velocidad (como Fe, Mo, Fe_3O_4 o Al_2O_3). La retirada continua del producto, NH_3, ayuda a que se desplace el equilibrio y favorece el rendimiento de la reacción.

Otros métodos de obtención de NH_3 son el de la **cianamida cálcica** que usa cal y carbón de coque. Además, en la destilación seca de la hulla para la obtención del carbón de coque también se obtiene como subproducto.

Otra reacción que produce amoníaco es la de las **sales amónicas con hidróxidos alcalinos** o **alcalinotérreos:**

$$NH_4^+ + OH^- \longrightarrow NH_3 + H_2O$$

Muy relacionados con el NH_3 están las sales amónicas (como $(NH_4)_2SO_4$), la hidracina (N_2H_4), la hidroxilamina (NH_2OH) y las aminas y aminoácidos.

9.2 Ácido nítrico

El ácido nítrico, HNO_3, es un ácido **fuerte** y un buen **oxidante** que ataca y disuelve muchos metales. Además, es un agente **nitrante,** capaz de introducir grupos NO_2 en las moléculas orgánicas. En un líquido de 1,5 g/cm^3 de densidad que hierve a 83 °C y se congela a –41,6 °C. Con el agua forma un **azeótropo** (disolución de punto de ebullición constante), que es como se comercializa habitualmente, con un 68 % de HNO_3 y una temperatura de ebullición de 121,9 °C. Sus disoluciones concentradas son **fumantes.** En estado puro es algo inestable y se descompone por la acción de la luz y del calor. Interviene en la fabricación de plásticos sintéticos, explosivos, medicamentos y colorantes. Sus sales son muy abundantes en la naturaleza.

Figura 9.4.
Torres de producción de HNO_3 en una planta de fertilización. Una gran cantidad del ácido nítrico se dedica a la producción de nitratos para la agricultura.

Obtención de ácido nítrico

El método que se ha impuesto para su obtención es el desarrollado por el químico alemán **Wilhelm F. Oswald** (1853-1932). Consiste en la oxidación del amoníaco catalizada por una malla de platino. El proceso tiene lugar en varias fases:

- El amoníaco se mezcla con un volumen de aire diez veces superior y es calentado a 600 °C.
  - En un breve contacto (de centésimas de segundo) con el catalizador:

$$4\ NH_3 + 5\ O_2 \longrightarrow 4\ NO + 6\ H_2O \qquad \Delta H = -904\ \text{kJ/mol}$$

  - Después se añade más aire para oxidar hasta dióxido de nitrógeno:

$$2\ NO + O_2 \longrightarrow 2\ NO_2 \qquad \Delta H = -226\ \text{kJ/mol}$$

Como las dos reacciones anteriores son exotérmicas, ayudan no solo a mantener, sino incluso a elevar la temperatura del horno de reacción.

- Finalmente, el NO_2 pasa a través de agua para formar el ácido nítrico:

$$3\ NO_2 + H_2O \longrightarrow 2\ HNO_3 + NO$$

La mezcla resultante contiene un 50-60 % de HNO_3. Posteriormente, el NO se recicla y el HNO_3 se concentra por destilación en ácido sulfúrico concentrado. El proceso se puede esquematizar como:

$$NH_3 \xrightarrow{\text{Oxidación con catalizador}} NO \xrightarrow{\text{Oxidación}} NO_2 \xrightarrow{-H_2O} NO_3 + NO$$

(el NO obtenido vuelve a la etapa NO)

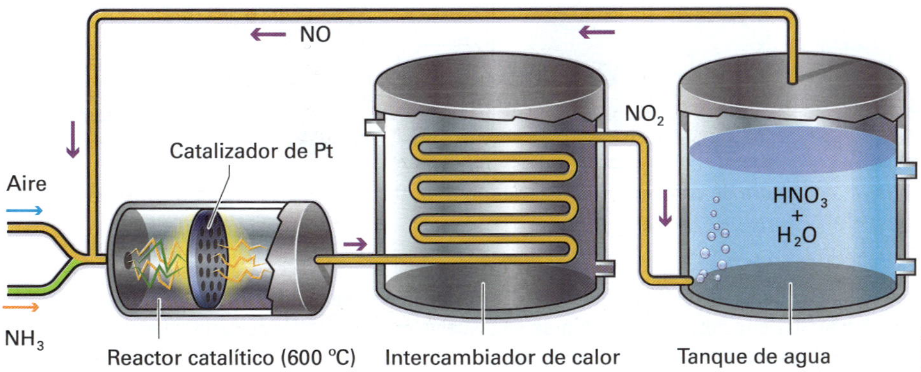

Figura 9.5.
Esquema de la producción de HNO_3. En el reactor catalítico, el NH_3 se oxida hasta NO_2, que se enfría en el intercambiador de calor y se pasa a través de agua para generar el HNO_3. El NO que se obtiene se recicla hacia el reactor para formar más NO_2.

2.3 Ácido sulfúrico

El ácido sulfúrico, H_2SO_4, es un **líquido incoloro, no volátil** y **denso** (densidad, *d* = 1,84 g/mL a 15 °C). Se congela a 10,5 °C y hierve a 338 °C. Su disolución en agua es muy exotérmica (73,96 kJ/mol). Al disolverlo se debe verter lentamente y removiendo el ácido sobre el agua y no al revés. Si no se hace así, el calor puede provocar la ebullición instantánea del agua con salpicaduras peligrosas. Es un ácido **fuerte, oxidante** y **deshidratante**.

El ácido sulfúrico interviene en gran cantidad de procesos: fabricación de explosivos, plásticos, colorantes, productos farmacéuticos, fibras textiles, tratamiento de metales, en refinerías petrolíferas, industria petroquímica, etc. Su falta paralizaría la mayoría de industrias químicas.

Obtención del ácido sulfúrico

Los sulfatos son las sales del ácido sulfúrico. El sulfato de sodio se utiliza en la fabricación del vidrio y como aditivo en los detergentes; el sulfato de cobre en la fabricación de la viscosa (para el rayón y el celofán); el yeso (sulfato de calcio) y la barita (sulfato de bario), en la construcción y como aditivos en la producción de papel y cartulina. El sulfato de bario también tiene utilidad en medicina para realizar radiografías de contraste.

En la obtención industrial del H_2SO_4 se establecen tres pasos clave (fig. 9.6):

1. **Obtención del SO_2.** Tanto el antiguo método de las cámaras de plomo como el método actual de contacto parten del SO_2 obtenido de la combustión del azufre o de la tostación de sulfuros como las piritas.

2. **Oxidación.** Una vez obtenido el SO_2 se debe oxidar hasta SO_3. En el método de contacto esta oxidación se cataliza para aumentar su velocidad sin que haya que aumentar la temperatura. Como catalizador se puede utilizar platino finamente dividido o una mezcla de Fe_2O_3 y V_2O_5:

$$SO_2 + 1/2\ O_2 \longrightarrow SO_3$$

   El catalizador puede deteriorarse por la existencia de arsénico y otras sustancias. Por eso, el SO_2 pasa a través de cámaras separadoras de polvo y se lava con agua y ácido sulfúrico. El SO_2 purificado y aire en exceso se introducen en la cámara catalítica o de contacto. A 400 °C, con ayuda del catalizador sobre un soporte esponjoso, el SO_2 se oxida a SO_3.

3. **Reacción con el agua.** El SO_3 no reacciona directamente con H_2O, sino que se disuelve en ácido sulfúrico fumante (H_2SO_4 al 98 %) formando ácido pirosulfúrico, $H_2S_2O_7$. Seguidamente, se añade agua suficiente para obtener el ácido de la riqueza deseada (normalmente, también al 98 %). Las reacciones son:

$$SO_3 + H_2SO_4 \longrightarrow H_2S_2O_7 \qquad H_2S_2O_7 + H_2O \longrightarrow 2\ H_2SO_4$$

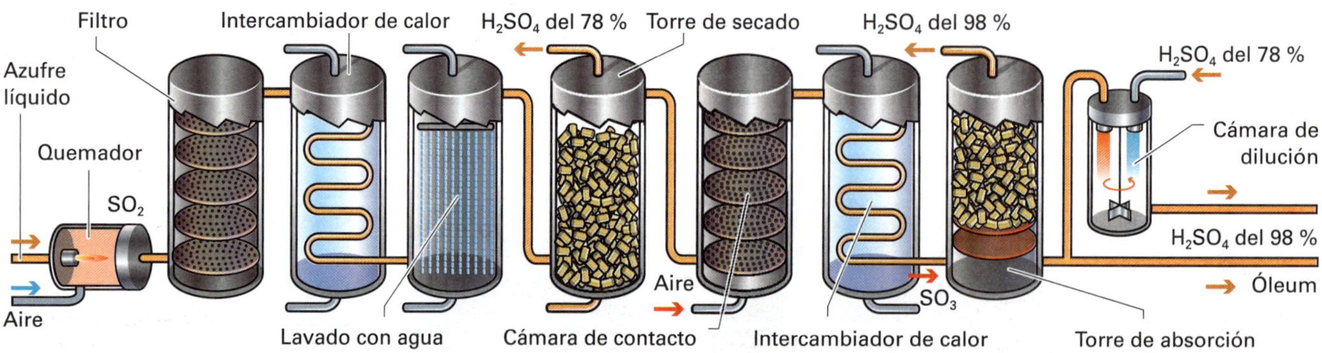

Figura 9.6.
Esquema de la producción de H_2SO_4. El SO_2 se produce quemando el S fundido. Este SO_2 se limpia y se seca en diversas cámaras antes de pasar a la cámara catalítica, donde se oxida hasta SO_3, que después de enfriarse se disuelve en ácido sulfúrico fumante en la torre de absorción. Finalmente, en la cámara de dilución se rebaja a la concentración deseada.

3 Metalurgia del hierro y del acero

El hierro es el metal más usado en nuestra civilización. Las máquinas y los edificios no podrían fabricarse sin este metal. Su obtención parte de los minerales que contienen hierro en cantidades aprovechables.

3.1 Altos hornos

El principal mineral de hierro es la **hematita,** Fe_2O_3, con impurezas de SiO_2 y cierta cantidad de manganeso y de fósforo. La obtención de hierro requiere la reducción del Fe^{3+} a Fe^0. Esta reacción transcurre en un **alto horno,** llamado así por su altura de 30 m y de 10 m de diámetro. Por la boca del horno se vierte una mezcla de mineral de hierro, carbón de coque y piedra caliza ($CaCO_3$). Al mismo tiempo, por la parte inferior se inyecta aire comprimido u oxígeno puro, calentados a unos 500 °C.

- **Formación de CO.** En la parte inferior del horno, donde el oxígeno es abundante, el carbón se quema para dar dióxido de carbono:

$$C\ (s) + O_2\ (g) \longrightarrow CO_2\ (g)$$

A medida que el CO_2 asciende por la mezcla de calcita, mineral formado por hierro y carbón, reacciona con el carbón para dar monóxido de carbono:

$$C\ (s) + CO_2\ (g) \longrightarrow 2\ CO\ (g)$$

Como estas reacciones de combustión son exotérmicas, favorecen que se mantenga elevada la temperatura del horno (hasta unos 1 600 °C).

- **Reducción del Fe.** El monóxido de carbono producido es el agente reductor, que reacciona con el mineral de hierro:

$$Fe_2O_3(s) + 3\ CO\ (g) \longrightarrow 2\ Fe\ (l) + 3\ CO_2\ (g)$$

El hierro en estado de fusión, Fe *(l)*, se escurre hacia la parte inferior del horno, de donde se recoge para proceder a formar lingotes.

- **Formación de escorias.** A la temperatura del horno, la piedra caliza añadida con el mineral se descompone en CO_2 y CaO. El óxido de calcio reacciona con el SiO_2, para formar silicato cálcico:

$$CaCO_3\ (s) \longrightarrow CaO\ (s) + CO_2\ (g)$$

$$SiO_2\ (s) + CaO\ (s) \longrightarrow CaSiO_3\ (l)$$

El $CaSiO_3$ fundido arrastra las impurezas del metal y forma una masa vítrea menos densa que el hierro fundido y que se deposita encima de él formando escorias. Estas se extraen por una salida encima de la salida del hierro fundido y se aprovechan en la construcción de carreteras. Un alto horno produce alrededor de unas 1 000 t diarias de un producto que se conoce como **arrabio** y que es un hierro todavía muy impuro, con un 4 % de carbono y algo de manganeso, fósforo y silicio.

Figura 9.8.
Minerales de hierro: hematita (a); limonita (b); goetita (c); pirita (d).

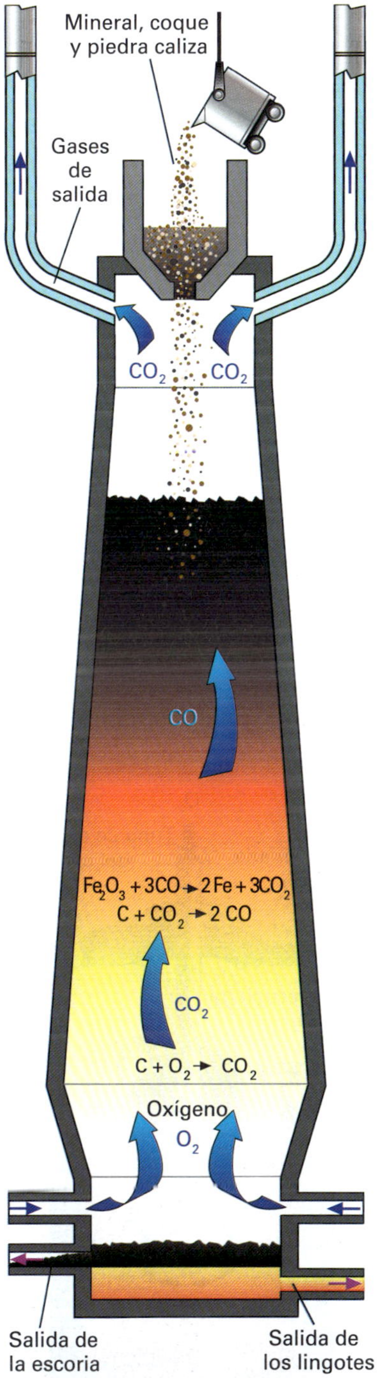

Figura 9.7.
Esquema de un alto horno. El agente reductor del Fe_2O_3 es el CO que se forma por reacción del CO_2 con el carbón de coque en la parte superior del horno. El uso de oxígeno, en lugar de aire, aumenta mucho la eficacia del proceso.

3.2 Producción de acero

El **acero** es una aleación de hierro y carbono (la concentración de este varía entre 0,03 % y 1,075 %). Tiene especial dureza y flexibilidad. A concentraciones de carbono mayores del 2,0 % las aleaciones son frágiles y no permiten la forja. Por esto, el **arrabio** de los altos hornos no se usa directamente. Para convertirlo en acero hay que disminuir la presencia de silicio, manganeso, fósforo y carbono. El método que se utiliza en la actualidad es el del **«oxígeno básico»**: un tanque se llena con mezcla de arrabio fundido (un 70 %), chatarra (un 25 %) y piedra caliza (un 5 %). A través de un tubo refrigerado por agua se introduce oxígeno puro a unas 10 atm de presión. Al incidir sobre el hierro fundido, la corriente de oxígeno produce una violenta agitación y desencadena las reacciones de purificación.

El proceso consiste en las siguinetes fases:

- **Separación de Si, Mn y P.** Se consigue oxidando el arrabio fundido con el oxígeno puro que se inyecta a través del tubo:

$$Si\ (s) + O_2\ (g) \longrightarrow SiO_2\ (s)$$

$$P_4\ (s) + 5\ O_2\ (g) \longrightarrow P_4O_{10}\ (s)$$

$$2\ Mn\ (s) + O_2\ (g) \longrightarrow 2\ MnO\ (s)$$

  Los óxidos formados a partir de las impurezas se separan de la masa de hierro gracias a la piedra caliza ($CaCO_3$) añadida que, al igual que en el alto horno, se descompone en CaO y CO_2. Y el óxido de calcio, CaO, que es un óxido básico, reacciona con los óxidos anteriores, que son óxidos ácidos, para dar un producto del tipo de la escoria.

- **Disminución del contenido en C por debajo del 2 %.** Se consigue también a partir del oxígeno inyectado que propicia la quema del carbón:

$$C\ (s) + O_2\ (g) \longrightarrow CO_2\ (g)$$

  El proceso se sigue mediante un análisis químico computerizado y se corta la entrada de oxígeno cuando el contenido de C llega al nivel deseado.

  El proceso suele durar menos de una hora. A continuación se vuelca la colada de acero para obtener lingotes. La producción de cada colada depende, lógicamente, de las dimensiones del convertidor, pero normalmente es de unas 200 t.

Las propiedades del acero obtenido dependen sobre todo del porcentaje en carbono que contiene:

- Los aceros de **alto contenido** en C (0,7 – 1,5 %) son duros, pero quebradizos. Se utilizan para hacer muelles y herramientas de corte.
- Los aceros de **contenido medio** en C (0,25 – 0,7 %) son más dúctiles que los anteriores, pero menos duros. Se utilizan en la fabricación de vigas y demás componentes estructurales de construcción y maquinaria.
- Los llamados **aceros blandos** (menos del 0,25 % de C) son muy dúctiles y útiles para chapa de automóviles y hojalatas para envases metálicos.

La aleación de acero más conocida es el **acero inoxidable** que contiene un 15 % de cromo y un 8 % de níquel, y es muy resistente a la corrosión. El **acero al manganeso** es otra variedad que contiene, al menos, un 10 % de este metal y es particularmente duro y resistente. El acero eléctrico o **acero al silicio** contiene hasta un a 6,5 % de Si, que aumenta su permeabilidad magnética y lo hace apropiado para construir transformadores.

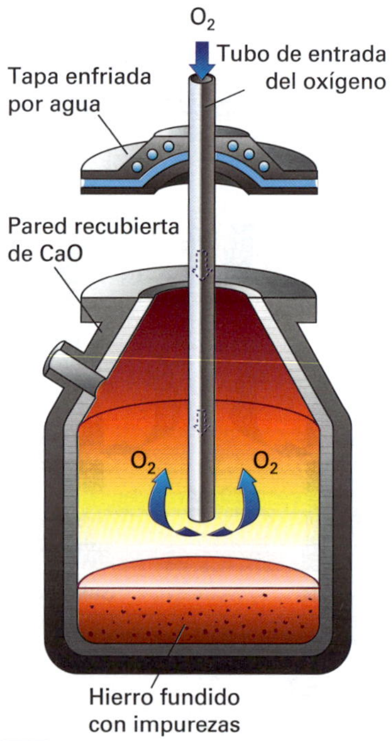

Figura 9.9.

Esquema de un convertidor para la producción de acero. En el proceso se utilizan materiales de arrabio y chatarra.

4 El gas natural

El petróleo y el gas natural, junto con el carbón, se conocen como **combustibles fósiles** porque se originaron en épocas geológicas anteriores. Su uso actual está liberando en poco tiempo la energía y el carbono acumulados durante millones de años.

Químicamente, el gas natural es una mezcla gaseosa de metano, CH_4 (60 %-97%), etano C_2H_6 (5%-20%) y algo de N_2, CO_2, H_2O, propano, C_3H_8, butano, C_4H_{10}, mercaptanos y otros hidrocarburos. Como el petróleo, se formó hace millones de años por descomposición de materia orgánica, especialmente vegetal, entre sedimentos de estuarios y pantanos en ambientes muy pobres en oxígeno a alta presión y temperatura. En la actualidad, se halla en poros y fisuras de rocas sedimentarias.

El gas natural puro o asociado a depósitos de petróleo se explota en procesos muy parecidos a los petrolíferos.

Recientemente también se están utilizando otras fuentes de gas natural:

- **Depósitos de carbón** que han generado gas metano.
- Gas formado en rocas relativamente impermeables de las que escapa de manera constante en pequeñas cantidades.
- **Gas de lutita** o *shale gas*. La lutita es una roca sedimentaria de muy baja permeabilidad que impide el ascenso del gas a la superficie. Para extraerlo, se fractura la roca *(fracking)* inyectando agua y arena a alta presión, lo que produce grietas que permiten la fuga del gas.

La **fractura hidráulica** o ***fracking*** es una técnica que ha dado lugar a debate, pues necesita gran cantidad de agua dulce, conlleva fuertes emanaciones de CH_4 (con mayor efecto invernadero que el CO_2) y causa temblores de tierra.

El gas natural extraído se somete a eliminación de las impurezas (polvo, arena, agua...) y recuperación de productos de interés:

- Recuperación de etano, propano, butano y otros hidrocarburos.
- Deshidratación para evitar la corrosión y la formación de hidratos.
- Eliminación de sulfuro de hidrógeno (ácido sulfhídrico), dióxido de carbono y mercaptanos.
- Separación de N_2 y He, no combustibles y útiles para otros fines.
- Adición obligada (por seguridad) de un gas de fuerte olor que no reaccione con el metano. En España se usa el tetrahidrotiofeno (THT).

El gas natural se transporta a **alta presión** por gasoductos terrestres y marinos o licuado (a –160 °C) en barcos metaneros. Se almacena en depósitos y, una vez regasificado, se distribuye por gasoductos de baja presión y camiones cisterna.

Los residuos que genera la combustión del gas natural son muy inferiores a los del carbón, petróleo y derivados. Su principal contaminante es el CO_2, por ser un **gas de efecto invernadero**.

El gas natural tiene aplicaciones industriales como materia prima y como combustible, tanto industriales como domésticas y de automoción. Utilizan gas natural los quemadores, calderas generadoras de vapor, secadores, estufas, hornos, reactores químicos, motores de gas, turbinas de gas (presentes en casi todas las flotas navales), las centrales térmicas de gas y las de ciclo combinado, máquinas frigoríficas y de calefacción y los gasodomésticos, más eficientes que los electrodomésticos.

5 El petróleo

Figura 9.10.
El petróleo crudo es denso y viscoso, generalmente de aspecto oscuro. Petróleo significa literalmente «aceite de piedra» y el término describe su origen a partir de rocas impregnadas de esta sustancia.

Petróleo significa literalmente aceite de piedra y se conocía ya en la Antigüedad, en regiones como Oriente Medio, donde afloraba de modo natural. Es una mezcla heterogénea de hidrocarburos con un aspecto desde amarillento y líquido, hasta el de una pasta negra y viscosa. Su densidad varía (entre 0,75 g/mL y 0,95 g/mL), según las proporciones de hidrocarburos presentes. También según los hidrocarburos predominantes, se designa como **parafínico, naftalénico, aromático** o **mixto.** Es la principal fuente de energía, pero es un recurso no renovable.

La teoría más aceptada sobre su formación propone que se debió a la acción de las bacterias, de la temperatura y de la presión ejercida sobre cúmulos de materia orgánica que se encontraban en los fondos marinos en ausencia de oxígeno. En sus yacimientos, el petróleo llena espacios de rocas fisuradas o impregna capas porosas cubiertas en los estratos superiores de la corteza terrestre. Es típico que debajo del petróleo haya una capa de agua salada y por la parte superiror la capa de gases a presión, el llamado gas natural, especialmente metano.

Los yacimientos se explotan mediante **pozos perforados,** tanto en tierra firme como en plataformas marinas litorales. La misma presión del gas acumulado en el yacimiento empuja el petróleo hacia la superficie. Cuando esta **presión disminuye,** se debe inyectar vapor de agua a presión o trabajar **con** bombas de extracción.

5.1 Refinado del petróleo

El petróleo bruto nunca se utiliza como tal, sino que se separa en sus componentes destinados a la combustión o a la síntesis. Los procesos de refinado suelen llevarse a cabo en tres fases:

- **Procesos de preparación.** Incluyen operaciones como el desalado o eliminación de las sales minerales que contiene el petróleo, que facilitan procesos posteriores y evitan problemas como incrustaciones, corrosiones, etcétera.
- **Procesos de fraccionamiento.** Consisten en una o varias destilaciones que separan el petróleo en diversos componentes según su volatilidad. Aunque a veces se procede por una columna de presión, fundamentalmente se realiza a partir de una columna de destilación atmosférica (fig. 9.11). El petróleo se introduce por la parte inferior, mezclado con vapor de agua, lo que facilita la destilación. Por conductos laterales a diferentes alturas de la columna se obtienen las diversas fracciones del petróleo inicial.

  Las fracciones dependen de cada instalación pero, en general, y de arriba abajo de la columna, se extraen: gases licuados (propano y butano), gasolina ligera, nafta, queroseno, diesel-oil, gas-oil y en el fondo de la columna queda el llamado **residuo atmosférico** del que se pueden separar, en una columna de vacío, fuel-oil, aceites lubricantes y asfalto.
- **Procesos de transformación y acabado.** Estos procesos permiten obtener productos de una fracción a partir de los de otra o mejorar sus propiedades. Destacan la hidrodesulfuración, el tratamiento con hidrógeno para la eliminación del azufre y demás impurezas, la isomerización para aumentar el índice de octano de las gasolinas de cadena demasiado lineal, el endulzamiento con oxidantes para eliminar los mercaptanos y, especialmente, dos procesos que se tratan con más detalle a continuación: el **craqueo** y el **reformado.**

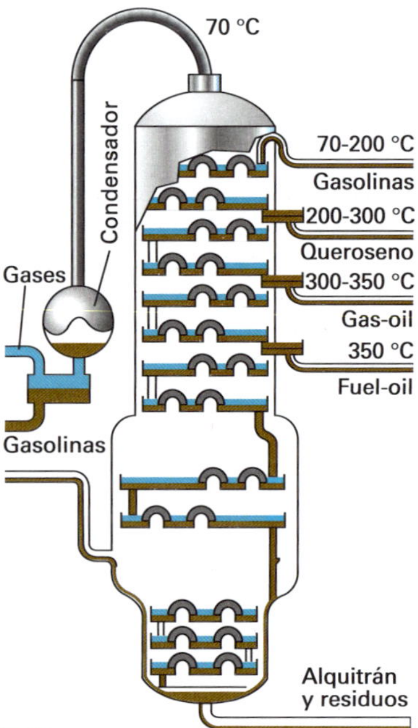

Figura 9.11.
Esquema de una columna de destilación de petróleo. Se observan las distintas fracciones del petróleo obtenidas a lo largo del proceso.

Craqueo o *cracking*

Es un proceso de transformación de determinados productos del petróleo en otros más ligeros. Se realiza en cilindros de acero al molibdeno por efecto de la temperatura, la presión y los catalizadores. Hoy solo se destina a producir alquenos de bajo peso molecular: eteno, propeno, etc.

- El **craqueo térmico.** Se realiza entre 500 °C - 600 °C y en ausencia de aire, para evitar oxidaciones. Se producen deshidrogenaciones y ruptura homolítica de enlaces de los hidrocarburos. Los radicales producidos se recombinan rápidamente con formación de hidrocarburos de cadena más corta, carbono e hidrógeno.
- El **craqueo catalítico**. Se produce a temperaturas entre 400 °C - 500 °C, con ayuda de un catalizador (formado por óxidos de silicio y de aluminio). El mecanismo es diferente del craqueo térmico; se basa en la aparición de iones de carbono y reacciones de isomerización. El producto tiene una composición más elevada en isoparafinas. Este método se usa, especialmente, para la obtención de gasolina de elevado octanaje.
- El **hidrocraqueo**. Es un caso especial de craqueo catalítico realizado en presencia de hidrógeno. En esta técnica se aprovecha el hidrógeno obtenido en las mismas refinerías a partir de los procesos de reformado.

Figura 9.12.
Planta de craqueo de petróleo mediante vapor. Una de las características visibles es la gran altura que alcanzan los cilindros de acero en los que tiene lugar la transformación, 15 m de altura y unos 3 m de diámetro.

Reformado o *reforming*

En el reformado, a partir de hidrocarburos pesados, se obtienen hidrocarburos de elevado índice de octano para los motores de combustión. Las reacciones de los hidrocarburos a temperaturas de unos 600 °C y presiones de 75 atm son similares a las del *cracking* pero, con la inyección de un refrigerante, los gases son enfriados bruscamente. Esto permite obtener un índice de octano de 80. El **reformado catalítico** se realiza a temperaturas y presiones inferiores (500 °C y 30 atm) con catalizadores como platino, óxido de molibdeno u óxido de cromo. Predominan reacciones de deshidrogenación y de ciclación.

Antes, se realizaba en las instalaciones de craqueo térmico. Luego se construyeron instalaciones especiales.

EJEMPLO

Escribe todos los productos que se pueden obtener por craqueo y reformado del pentano.

El pentano, $CH_3-CH_2-CH_2-CH_2-CH_3$, producirá hidrocarburos de menor cadena, de cadena ramificada e insaturados. Los posibles productos son:

$CH_3-CH_2-CH_2-CH=CH_2$	$CH_3-CH_2-CH=CH-CH_3$	CH_4
$CH_3-CH_2-CH=CH_2$	$CH_3-CH=CH-CH_3$	$CH_3-CH=CH_2$
$CH_3-\underset{\displaystyle CH_3}{\underset{\vert}{CH}}-\underset{\displaystyle CH_3}{\underset{\vert}{CH}}-CH_3$	$CH_3-\underset{\displaystyle CH_3}{\underset{\vert}{CH}}-CH_3$	$CH\equiv CH$
$CH_3-\underset{\displaystyle CH_3}{\underset{\vert}{CH}}-CH=CH_2$	$CH_3-\underset{\displaystyle CH_3}{\underset{\vert}{C}}=CH_2$	$CH_2=CH_2$

No se consideran productos diinsaturados, y solo se indica el acetileno, entre los hidrocarburos de triple enlace, pues los demás no se suelen obtener.

5.2 Derivados combustibles del petróleo

Figura 9.13.
Queroseno. Es el combustible usado en los motores a reacción de aviones y cohetes.

Las distintas fracciones del petróleo obtenidas tienen diversos usos:

- **Gases.** Son sustancias con temperatura de ebullición entre 30 °C y 65 °C. Se incluyen el metano, el etano, el propano y el butano. Su uso principal es el de combustible doméstico e industrial. Los combustibles gaseosos son muy apreciados, porque su combustión se puede regular fácilmente. Los más empleados son el butano y el gas natural, que es básicamente metano. También existen manufacturados, como el gas de coquería o el gas de agua.
- **Éter de petróleo.** Con temperaturas de ebullición entre 30 °C y 90 °C.
- **Gasolinas.** Con puntos de ebullición entre 30 °C y 200 °C. Están formadas por mezclas de hidrocarburos. Se usan como combustibles en motores.
- **Queroseno** o **petróleo refinado.** Es un líquido incoloro o ligeramente amarillo. Sus puntos de ebullición se sitúan entre 175 °C y 275 °C; es una mezcla de hidrocarburos con cadenas de unos 12 a 16 carbonos. Antiguamente se usaba para iluminación. Actualmente se utiliza como combustible en los motores a reacción y de turbina de gas de cohetes y aviones y añadido al diésel de automoción para maquinaria pesada en minería, movimiento de tierras y agricultura.
- **Aceites pesados.** Sus temperaturas de ebullición están entre 175 °C y 400 °C. Se utilizan como combustibles en hornos y en motores de compresión.
- **Ceras.** Son sólidas a temperatura ordinaria y su temperatura de ebullición es de unos 350 °C. Se usan como combustibles. Al arder producen mucho humo y dejan bastantes residuos sólidos.

La detonación demasiado rápida de los combustibles produce golpeteo de los motores en lugar de un empuje continuo y regular. El **índice de octano** u **octanaje** de un combustible mide su capacidad antidetonante. Se toman como referencias el heptano (índice 0) y el isooctano (índice 100). Así, una gasolina de 95 octanos tiene el mismo poder antidetonante que una mezcla al 95 % de isooctano y al 5 % de heptano. Las gasolinas con moléculas ramificadas son más antidetonantes.

EJEMPLO

Compara el calor de combustión de 1 L de metanol con el de 1 L de octano. (Datos: la densidad del metanol es de 0,792 g/mL y la del octano es de 0,703 g/mL. Sus entalpías de combustión estándares: –726,3 kJ/mol y –5 471 kJ/mol, respectivamente; M (O) = 15,9994; M (C) = 12,0107; M (H) = 1,00797.)

Las reacciones de combustión de una y otra sustancia son:

$$CH_4O + \frac{3}{2} O_2 \longrightarrow CO_2 + 2\,H_2O \qquad \Delta H = -726{,}3 \text{ kJ/mol}$$

$$C_8H_{18} + \frac{25}{2} O_2 \longrightarrow 8\,CO_2 + 9\,H_2O \qquad \Delta H = -5\,471 \text{ kJ/mol}$$

Sus masas moleculares son:

$$M(CH_4O) = M(O) + M(C) + 4 \cdot M(H) = 12{,}0107 + 15{,}9994 + 4\,(1{,}00797) = 32{,}0420$$

$$M(C_8H_{18}) = 8 \cdot M(C) + 18 \cdot M(H) = 8\,(12{,}0107) + 18\,(1{,}00797) = 114{,}2291$$

Y las energías obtenidas por combustión de un litro de cada una de las sustancias son:

$$1 \text{ L } CH_4O \times \frac{792 \text{ g}}{1 \text{ L}} \times \frac{1 \text{ mol } CH_4O}{32{,}0420 \text{ g } CH_4O} \times \frac{726{,}3 \text{ kJ}}{1 \text{ mol } CH_4O} = 17\,952 \text{ kJ}$$

$$1 \text{ L } C_8H_{18} \times \frac{703 \text{ g}}{1 \text{ L}} \times \frac{1 \text{ mol } C_8H_{18}}{114{,}2291 \text{ g } C_8H_{18}} \times \frac{5\,471 \text{ kJ}}{1 \text{ mol } C_8H_{18}} = 33\,670 \text{ kJ}$$

En algunos países se comercializa el *gasohol*, gasolina con un 85 % de alcohol.

5.3 Derivados industriales del petróleo

La industria petroquímica y la de sus derivados, es el sector químico más importante del mundo. A partir de los derivados del petróleo se fabrica una enorme gama de productos, que abarca casi todos los sectores:

- **Aceites lubricantes.** Se utilizan para disminuir la fricción en máquinas y motores; así se disminuye el calentamiento y aumenta el rendimiento.
- **Asfalto.** De aspecto negro, muy denso y viscoso, se emplea en tareas de impermeabilización de superficies y, mezclado con arenas y gravillas, en la pavimentación de carreteras.
- **Plásticos y polímeros.** Todos los plásticos actuales se obtienen por polimerización de compuestos monómeros obtenidos del petróleo.
- **Caucho sintético.** Domina la producción de neumáticos y ha sustituido por completo al caucho natural.
- **Fibras textiles sintéticas,** como el nailon, el poliéster y poliamidas o seda artificial.
- **Detergentes,** jabones y productos blanqueadores.
- **Insecticidas,** plaguicidas, productos sanitarios y fitosanitarios.
- **Productos farmacéuticos.** Principios activos y coadyuvantes.
- **Explosivos, disolventes, pinturas y barnices.** Tienen una amplísima variedad de aplicaciones.

El **Brent** es un tipo de petróleo ligero considerado ideal para la producción de gasolinas. Se extrae principalmente del mar del Norte y el precio de un barril (unos 159 litros) se toma como referencia para el precio de los otros tipos de petróleo.

Figura 9.14.
Producción de botellas de polietileno. Este polímero es otro de los derivados del petróleo.

EJEMPLO

Las sustancias básicas para obtener caucho sintético son: el butadieno, el isopreno (2-metil-1,3-butadieno) y el cloropreno (2-cloro-1,3-butadieno). Formúlalos y escribe el resultado de las reacciones de polimerización que conducen a la obtención del caucho sintético.

$CH_2{=}CH{-}CH{=}CH_2$ Butano-1,3-dieno o 1,3-butadieno

$CH_2{=}CCl{-}CH{=}CH_2$ 2-clorobutano-1,3-dieno o 2-cloro-1,3-butadieno

$CH_2{=}C(CH_3){-}CH{=}CH_2$ 2-metilbutano-1,3-dieno o 2-metil-1,3-butadieno

La reacción fundamental de polimerización es una adición al doble enlace. Si interviene uno solo de los dos enlaces del butadieno, se forma una cadena según:

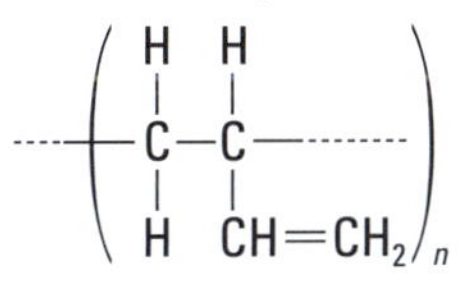

En cambio, si experimentan reacción de adición ambos dobles enlaces, resulta:

El cloropreno se necesita porque el alqueno que experimenta la reacción de polimerización ha de tener grupos dadores electrones para estabilizar el carbocatión que se forma, y que permite el ataque al doble enlace. El isopreno dará mayor o menor ramificación al polímero final. El primero es el isómero *cis-* y el segundo, el isómero *trans-*. El primero es más flexible.

5.4 Importancia medioambiental del uso del petróleo

Figura 9.15.
Peces muertos en la costa. Las mareas negras asociadas a accidentes en el transporte de crudos petrolíferos causan grandes pérdidas de fauna y flora en el litoral, y resultan muy difíciles de eliminar.

Desde el punto de vista medioambiental, el uso del petróleo acarrea una problemática directa en relación a su extracción, transporte y almacenamiento.

- **Problemas en los pozos de extracción.** Los accidentes en los pozos de extracción marinos pueden causar mareas negras, mientras que en los terrestres los problemas se derivan de incendios accidentales o intencionados.
- **Vertidos accidentales de crudo o productos de refinado** (buques petroleros y la rotura de oleoductos). Las mareas negras tienen efectos locales graves en las playas y el litoral.

En su uso como combustible, el petróleo y sus derivados tienen:

- **Producción de CO_2.** La atmósfera retiene parte de la energía que el suelo emite al ser calentado por la radiación solar. Esta retención evita que la energía del Sol vuelva inmediatamente al espacio y produce, a gran escala, un efecto similar al observado en un invernadero.

En su uso como derivados químicos:

- **No son biodegradables,** porque no han evolucionado paralelamente a los microorganismos. Los insecticidas, plaguicidas, disolventes, se acumulan en los ecosistemas pasando de unos seres vivos a otros en las cadenas tróficas. Así, se han encontrado insecticidas en grasas de focas y pingüinos, a pesar de que los vertidos se realizaron muy lejos de su hábitat.
- **Son contaminantes.** Los polímeros plásticos, fibras textiles artificiales, caucho sintético y otros derivados han cubierto la superficie del planeta. La sostenibilidad exige moderación en el uso de bolsas y recipientes y un retorno a materiales biodegradables.

Se ha exigido en repetidas ocasiones que los buques petroleros sean de doble casco, para dificultar la salida del crudo en caso de accidente, y también que sus rutas de navegación se alejen de puntos especialmente peligrosos.

EJEMPLO

El consumo de petróleo en España se estima en 1 573 000 barriles al día. Un barril contiene aproximadamente 159 L. Suponiendo que el 87 % de ellos se destina a combustible y asimilando todo el combustible a octano, calcula las emisiones diarias de CO_2 a la atmósfera debidas a la quema de combustibles del petróleo. (Datos: M (O) = 15,9994; M (C) = 12,0107; M (H) = 1,00797, d_{octano} = 0,703 g/cm^3.)

La reacción de combustión del octano es:

$$C_8H_{18} + \frac{25}{2} O_2 \longrightarrow 8\, CO_2 + 9\, H_2O$$

Las masas moleculares de C_8H_{18} y CO_2 son:

$M(C_8H_{18}) = 8 \cdot M(C) + 18 \cdot M(H) = 8 \times 12{,}0107 + 18 \times 1{,}00797 = 114{,}2291$

$M(CO_2) = M(C) + 2 \cdot M(O) = 12{,}0107 + 2 \times 15{,}9994 = 44{,}0095$

Los cálculos a partir del número de barriles serán:

$$1{,}573 \times 10^6 \frac{\text{barriles}}{\text{día}} \cdot \frac{159\text{ L}}{\text{barril}} \cdot \frac{703\text{ g octano}}{\text{L octano}} \cdot \frac{1\text{ mol } C_8H_{18}}{114{,}2291\text{ g } C_8H_{18}} \cdot \frac{8\text{ mol } CO_2}{1\text{ mol } C_8H_{18}} \cdot \frac{44{,}0095\text{ g}}{1\text{ mol } CO_2} \cdot \frac{1\text{ t}}{10^6\text{ g}} =$$

$= 541\,927$ t CO_2

6 Polímeros de interés industrial

Los polímeros se forman por uniones covalentes de moléculas menores, llamadas **monómeros.** Los hay naturales (como celulosa, almidón o goma) y artificiales. La polimerización produce cadenas de tamaño y masa variables, por lo que es preferible referirse a **longitud media** de las cadenas y a **masa molecular media.** Los polímeros pueden clasificarse en:

- **Inorgánicos.** Siliconas (a base de Si y O), azufres poliméricos (a base de S), fosfocenos (P y N) y fibras de carbono y grafito (a base de C).
- **Orgánicos.** Formados a partir de hidrocarburos o sus derivados. Es el caso de poliésteres, poliéteres, poliamidas, etcétera.

Según la ordenación de las cadenas, puede distinguirse entre:

- **Cristalinos,** cuyas largas cadenas se ordenan en paralelo unas a otras y se unen químicamente. Así, el conjunto tiene una elevada resistencia a la tracción. Es el caso de las fibras de celulosa.
- **Amorfos,** con cadenas que no se alinean ni se unen entre ellas. Al calentar, las cadenas pueden deslizarse unas respecto a otras, el polímero se ablanda y puede llegar a fundirse.

En función de la **respuesta al calor,** se distingue entre polímeros:

- **Termoplásticos.** Se funden o reblandecen varias veces sin cambiar de estructura y propiedades. Son moldeables en caliente y solubles en disolventes orgánicos. Son ejemplos las poliamidas y los polietilenos.
- **Termoestables.** Al calentarse, estos polímeros sufren cambios (generalmente por entrecruzamiento de cadenas) que les impiden volver a fundirse. Son insolubles en disolventes orgánicos.

6.1 Polímeros de condensación

Se forman por reacciones de condensación de los monómeros con liberación de pequeñas moléculas como H_2O o CO_2. Poliamidas y poliésteres son los componentes mayoritarios de las fibras textiles artificiales. Otros son las siliconas, los poliuretanos y los policarbonatos.

- **Poliamidas.** Formadas por enlaces amida entre grupos –COOH y grupos $-NH_2$ de los monómeros, como en las proteínas. Por ejemplo, la reacción entre el hexano-1,6-diamina y el ácido hexanodioico forma el nailon 6,6 (las cifras 6,6 indican el número de C de cada monómero):

$$n\,H_2N-CH_2-(CH_2)_4-CH_2-NH_2 + n\,HO-\overset{O}{\overset{\|}{C}}-(CH_2)_4-\overset{O}{\overset{\|}{C}}-OH \longrightarrow \cdots\left(\overset{H}{\overset{|}{N}}-\overset{O}{\overset{\|}{C}}-(CH_2)_4-\overset{O}{\overset{\|}{C}}-NH-(CH_2)_6\right)_n\cdots + n\,H_2O$$

- Los **poliésteres** se forman por reacción entre un dihidroxicompuesto y un ácido dicarboxílico. Por ejemplo, el **dracón:**

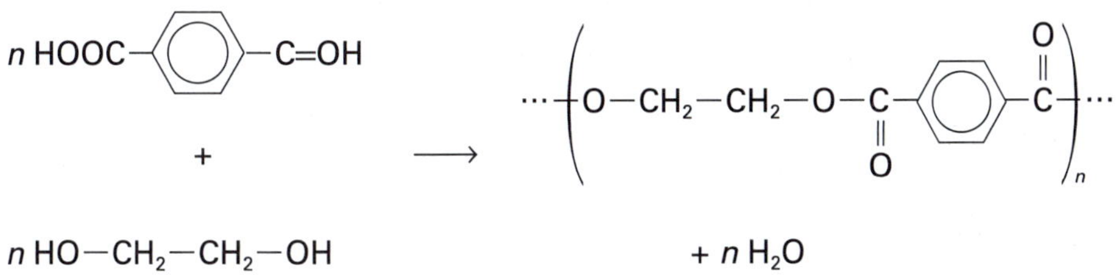

Figura 9.16.
Aplicación de silicona. Permite sellar e impermeabilizar juntas y uniones de distintos materiales.

Figura 9.17.
CDs y DVDs. Están fabricados sobre una base de policarbonatos.

- **Siliconas.** Se obtienen por condensación de **silanoles** (derivados hidroxilados del silicio). En catálisis ácida resultan polímeros lineales y, en catálisis básica, ramificados. Por ejemplo, el **polidimetilsiloxano:**

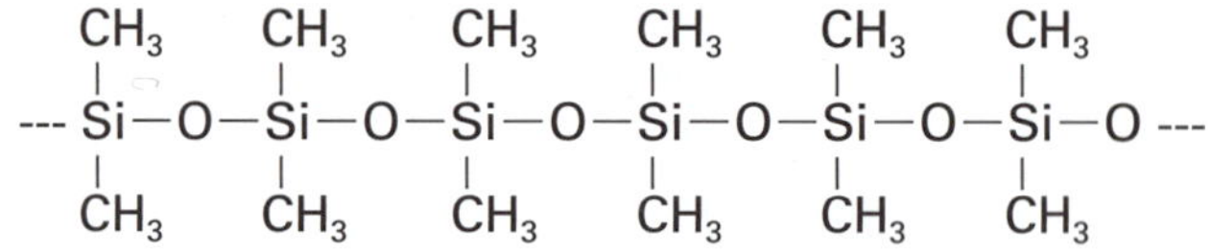

Los **aceites de silicona** (líquidos a temperatura ambiente) poseen cadenas lineales de masa molecular entre 4 000 y 25 000. Los **elastómeros de silicona tienen** cadenas lineales de mayor masa molecular y sometidas a reacciones de entrecruzamiento. Las **resinas de silicona son polímeros** ramificados muy resistentes al calor y al ataque químicos usadas como lubricantes, juntas, barnices y aislantes eléctricos.

- **Poliuretanos.** Usados de relleno en colchones, tapicerías, cojines y almohadas, se forman a partir de un prepolímero con grupos alcohol. Luego, se añade un diisocianato para formar el poliuretano. Para obtener espuma sólida debe introducirse gas en la mezcla en polimerización. Para ello se añade algo de agua que reacciona con algunos grupos isocianato liberando CO_2.

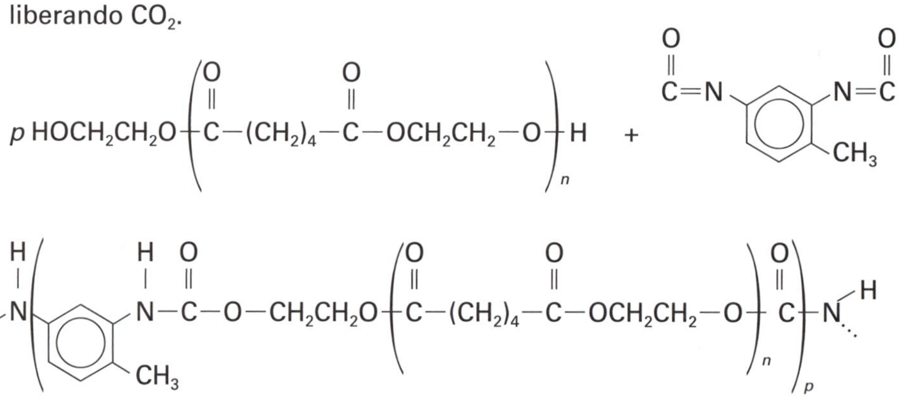

- **Policarbonatos.** Polímeros fuertes y transparentes, ideales para sustituir la fragilidad del cristal en lentes, visores, ventanas y claraboyas.

También los CDs y los DVDs están formados por una capa de policarbonato sobre otra de aluminio reflectante.

Un policarbonato importante se obtiene a partir de bisfenol A (BPA) y fosgeno ($COCl_2$). Los grupos carbonato (—O—CO—O—) unen los monómeros. El NaOH desprotona los grupos —OH y el oxígeno desprotonado reacciona con el fosfeno con salida de un ion Cl^-. Luego el crecimiento de la cadena continúa con el ataque de otro bisfenolato y salida de otro Cl^-:

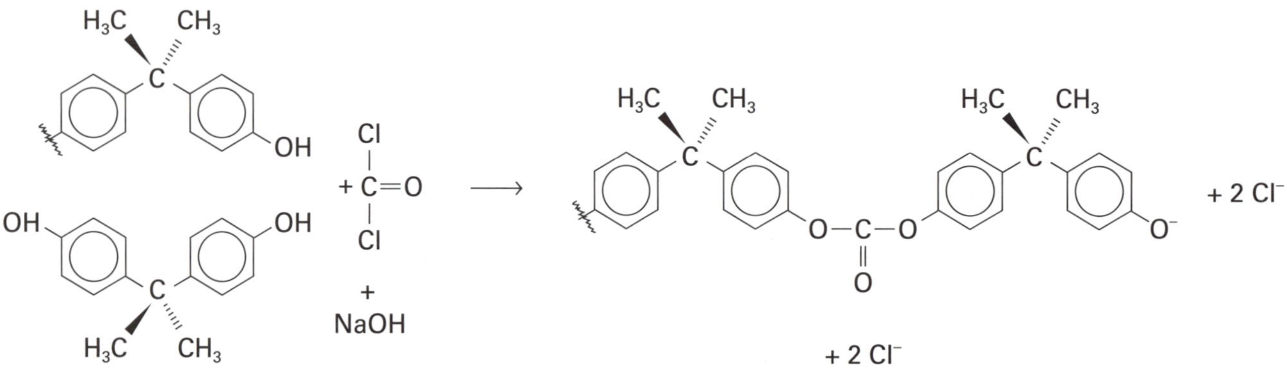

6.2 Polímeros de adición

Se forman por unión directa de unos monómeros con otros sin que se elimine ninguna molécula residual. Entre los más conocidos, están:

- **Polietileno.** Se forma a partir del eteno o etileno. El grado de polimerización depende de las condiciones:

$$n\,H_2C{=}CH_2 \longrightarrow H_3C\left[CH_2CH_2\right]_nCH_3$$

A presiones medianas y unos 70 °C se obtiene un **polietileno de alta densidad** (0,935 - 0,975 g/cm^3), casi sin ramificar. Es un sólido duro usado para fabricar juguetes, láminas para embalaje, cubos, botellas, depósitos, aislamientos de cables eléctricos, tubos, grifería, etcétera.

A presiones altas (de 1 000 a 3 000 atm) se forma un **polietileno de baja densidad** (0,915 - 0,935 g/cm^3) con cadenas ramificadas. Es un sólido blando y flexible usado en revestimientos. No resiste el desgaste como el de alta densidad pero es más manejable durante la inyección, la extrusión, el soplado y otros procesos de fabricación.

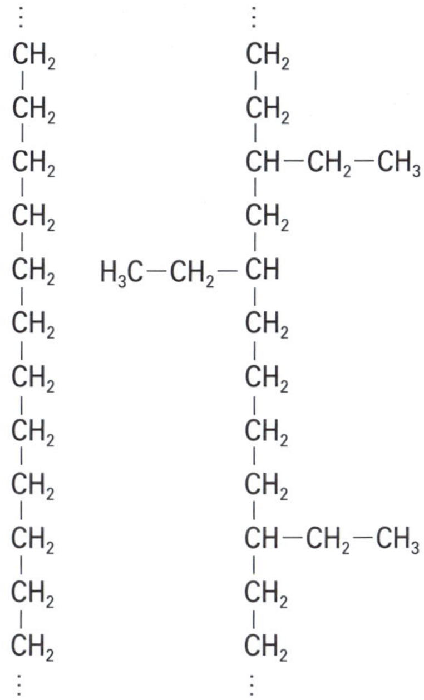

Figura 9.18.
Cadena lineal de polietileno de alta densidad (izquierda) y cadena ramificada de polietileno de baja densidad (derecha).

- **Poliestireno.** Se obtiene de la polimerización del **estireno** (o fenileteno), un hidrocarburo líquido que procede del petróleo:

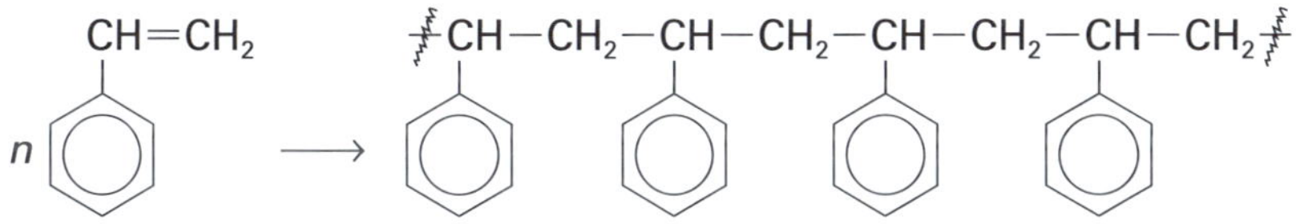

Cadena de polietileno.

Los principales tipos de poliestireno son: **cristal,** transparente, rígido y quebradizo, con moléculas lineales de escasa ramificación; **de choque,** resistente y opaco; **expandido,** muy ligero por adición de pentano burbujeante en su fabricación; y **extrusionado,** obtenido a partir del poliestireno cristal fundido mediante inyección de gas. El de choque y el cristal se usan para fabricar envases y objetos diversos por moldeo e inyección. Los poliestirenos expandido y extrusionado se utilizan como aislantes térmicos en construcción y en protección en embalajes.

Figura 9.19.
Embalaje de poliestireno. Este producto es un material habitual en todo tipo de embalajes debido a sus especiales características. Las aplicaciones del poliestireno de choque y de cristal son la fabricación de envases por extrusión-termoformado, y de objetos diversos por moldeo por inyección. El poliestireno expandido y el extrusionado se emplean como aislantes térmicos en construcción.

- **Caucho.** Comenzó a usarse para impermeabilizar prendas y zapatos, y ha terminado siendo un polímero básico en la fabricación de neumáticos para automoción. El **caucho** natural (del látex de *Hevea brasiliensis)* es un polímero del 2-metilbuta-1,3-dieno. No adquiere elasticidad y resistencia si no se somete a **vulcanización** (calefacción con 3 a 8 % de azufre), que forma puentes disulfuro entre sus cadenas y aumenta su resistencia al calor y a la abrasión.

El primer **caucho artificial** se fabricó a partir del 2,3-dimetilbutadieno:

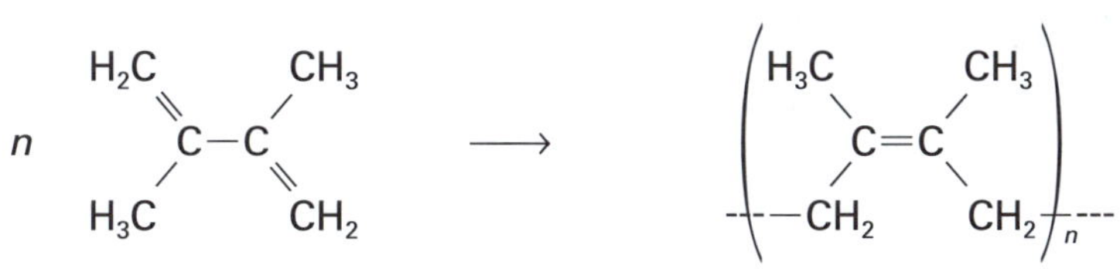

El estireno (fenileteno) también copolimeriza con butadieno en exceso dando un caucho sintético conocido como **buna.** El 80 % del butadieno se añade en 1,4 quedando una cierta cantidad de dobles enlaces necesarios en las reacciones de vulcanización del caucho sintético.

Figura 9.20.

Tubos de PVC. Los polímeros como el PVC han sustituido a los metales y a los materiales cerámicos en la fabricación de todo tipo de tuberías que no deban soportar elevadas temperaturas.

- **Cloruro de polivinilo (PVC).** De gran consumo y aplicación. Este polímero se obtiene del cloruro de vinilo o cloroeteno, $CH_2 = CHCl$, resultando largas cadenas que pueden llegar a tener una masa molecular de $1{,}5 \times 10^6$.

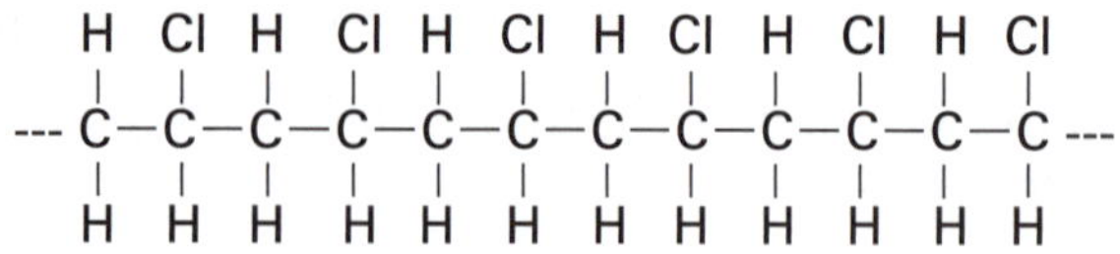

El cloruro de polivinilo polimeriza en suspensión acuosa con jabón de emulsionante, y $K_2S_2O_8$ de activador. El PVC puro es muy duro, pero frágil. La adición de plastificantes le da flexibilidad. El PVC rígido y resistente se usa en tuberías, puertas, ventanas y objetos moldeados. El PVC blando, como goma en juntas de puertas y ventanas, aislamientos de cables, cuero sintético, botes neumáticos, etc. Es poco biodegradable y su combustión libera dioxinas y otros productos con poder cancerígeno.

- **Teflón** o **politetrafluoruro de etileno.** Se obtiene por polimerización del **tetrafluoroeteno,** $CF_2 = CF_2$.

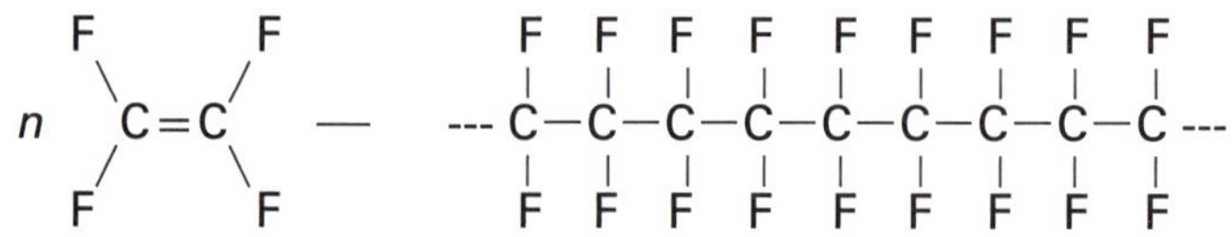

Este polímero se considera el plástico más resistente al calor y al ataque químico. Es incombustible y antiadherente. Se usa en la fabricación de juntas, válvulas y cojinetes, aunque su aplicación en el revestimiento de sartenes y otros utensilios de cocina son sus usos más populares.

- **Polimetacrilato** o **vidrio acrílico.** Es transparente, muy resistente mecánica y químicamente. Sustituye al vidrio en gafas de seguridad, relojes, mamparas antibala, automóviles o aviones. Plexiglás®, Perspex® o Lucite® son nombres comerciales de este polímero. **El polimetacrilato se obtiene** a partir del **ácido acrílico:**

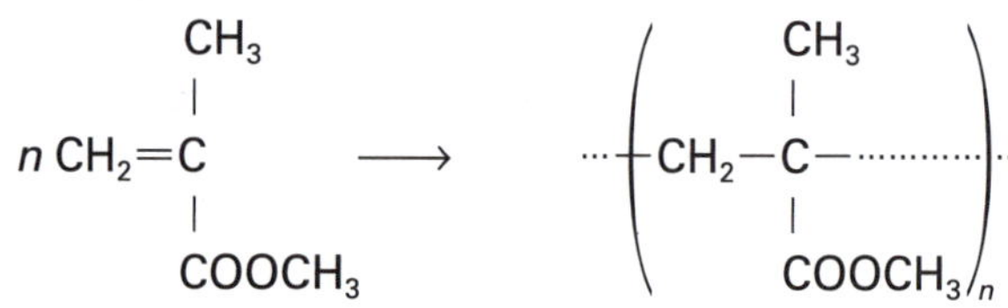

6.3 Resinas epoxi

Son la base de pegamentos de dos componentes, como Araldit. Su acción de fuertes adhesivos se puede entender porque:

- Se forma un polímero pequeño con grupos *epoxi* en sus extremos.
- Se añade el agente de entrecruzamiento que suele ser una poliamina.
- De la reacción de ambos se obtiene el polímero entrecruzado que da solidez a la unión del pegamento.

$H_2N-CH_2-CH_2-NH-CH_2-CH_2-NH_2$

Figura 9.21.

Fórmula de un polímero con extremos epoxilados y dietilentriamina que desencadena la segunda etapa de polimerización en un adhesivo epoxi.

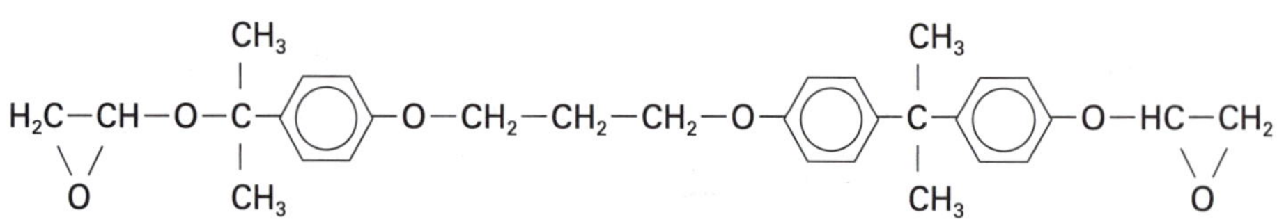

6.4 Fibra de vidrio

Las finas fibrillas de vidrio se forman cuando el vidrio, a temperaturas suficientemente elevadas para que se comporte de forma plástica, es extrusionado a través de agujeros de pequeño diámetro en hilos o fibras finísimos. La base química de estas fibras de vidrio es la sílice, SiO_2, que en forma pura existe como polímero $(SiO_2)_n$.

Las impurezas en el vidrio reducen la temperatura de trabajo, respecto a la fibra de sílice pura, sin alterar sus propiedades químicas. El tipo A, que es poco resistente a los álcalis. El tipo E es un aluminioborosilicato y es el más usado en la fabricación en continuo de filamento. El tipo S es el que tiene la resistencia más elevada a la tensión. El tipo C se desarrolló para resistir los agentes químicos, especialmente los ácidos.

Las fibras de vidrio admiten el tejido como otras fibras naturales o artificiales. Si las fibras se embeben en polímeros orgánicos, resulta un material tipo *composite*, muy apropiado para estructuras de moderado compromiso como son piscinas, chasis de vehículos, cascos, etcétera.

Figura 9.22.
Casco de fibra de vidrio. Las características de esta fibra la hacen adecuada para la fabricación de cascos protectores.

6.5 Fibra de carbono

También llamada **fibra de grafito,** está formada por fibras muy finas (0,005 a 0,01 mm de diámetro) compuestas de átomos de carbono. La estructura atómica de la fibra de carbono es similar a la del grafito. Consiste en láminas de átomos de C dispuestas en agrupaciones hexagonales. Pero si en el grafito estas láminas se disponen paralelas las unas a las otras, en la fibra de carbono las láminas se disponen entrecruzándose al azar.

Se puede producir oxidando fibras orgánicas como poliacrilonitrilos o celulosa mediante pirólisis en atmósfera inerte de argón a alta temperatura (2 000 °C). Se induce **grafitización** y se unen químicamente los C de unas cadenas con los C de las otras cadenas cercanas. La fibra de carbono se puede hilar y tejer según diferentes patrones y también se puede combinar con resinas plásticas para producir *composites* o materiales compuestos. La densidad de la fibra de carbono es mucho más baja que la del acero y sus propiedades de alta resistencia a la tensión y baja expansión térmica la hacen muy apropiada para aplicaciones aeroespaciales y deportivas.

Figura 9.23.
Bicicletas construidas en parte con fibra de carbono. Esta fibra tiene buenas aplicaciones en materiales para actividades deportivas.

EJEMPLO

Calcula la masa de celulosa necesaria para producir 100 kg de fibra de carbono mediante un proceso de grafitización que tiene un rendimiento del 65 %. (Datos: M (C) = 12,0107; M (H) = 1,00797; M (O) = 15,9994.)

La celulosa es un polisacárido formado por unión de moléculas de glucosa ($C_6H_{12}O_6$). En cada unión se elimina una molécula de H_2O, de modo que la fórmula de la celulosa puede tomarse como $(C_6H_{10}O_5)_n$, donde $n = 10^4$ o más. En cambio, la fibra de carbono estará formada exclusivamente por este elemento. La masa molecular de la celulosa será:

$$M\,[(C_6H_{10}O_5)_n] = n\,(6 \times 12{,}0107 + 10 \times 1{,}00797 + 5 \times 15{,}9994) = n \cdot 162{,}1409$$

$$10^5\ \text{g C} \cdot \frac{1\ \text{mol C}}{12{,}0107\ \text{g C}} \cdot \frac{1\ \text{mol}\ (C_6H_{10}O_5)_n}{6\ \text{n mol C}} \cdot \frac{n \cdot 162{,}1409\ \text{g}\ (C_6H_{10}O_5)_n}{1\ \text{mol}\ (C_6H_{10}O_5)_n} \cdot \frac{100}{65} =$$

$$= 346\,146\ \text{g}\ (C_6H_{10}O_5)_n = 346\ \text{kg}\ (C_6H_{10}O_5)_n$$

Trabajo con textos

La gasolina sin petróleo

La producción de biocombustibles se ha centrado en el etanol al aprovechar la fermentación alcohólica de biomasa agrícola. El principal problema es la falta de energía (alrededor del 70 % menos), si se compara con la gasolina, el gasoil o el queroseno. Una alternativa a este método son los alcoholes de cadena más larga que contengan por molécula más energía química acumulada en los enlaces entre sus átomos.

En la actualidad, el bioalcohol no se mezcla más allá de un 10 % con gasolina, pero los alcoholes como el butanol podrían llegar a mezclarse en un 50 % o más. Sin embargo, a diferencia de la fermentación etanólica, para la que se disponen cepas de gran eficiencia, los organismos productores de butanol lo producen en pequeñas cantidades.

En la Universidad de California se ha preparado una cepa de *Clostridium* capaz de producir isobutanol que, además de ser un buen combustible en sé mismo, permite obtener isobuteno por deshidratación y, a partir de este, puede obtenerse desde gasolina hasta queroseno.

Existen investigadores que piensan que la mejor aproximación a la gasolina pasa por la obtención directa de alcanos en lugar de alcoholes. Se han identificado genes responsables de la producción de hidrocarburos en cianobacterias y ya hay proyectos para su explotación comercial. Otra fuente de hidrocarburos en la materia vegetal son sus aceites, como el de palma o el de soja, que permiten obtener biodiésel por procesos de transesterificación. En este mismo campo de estudio se sitúan las investigaciones que parten del aceite de algas para obtener estos compuestos.

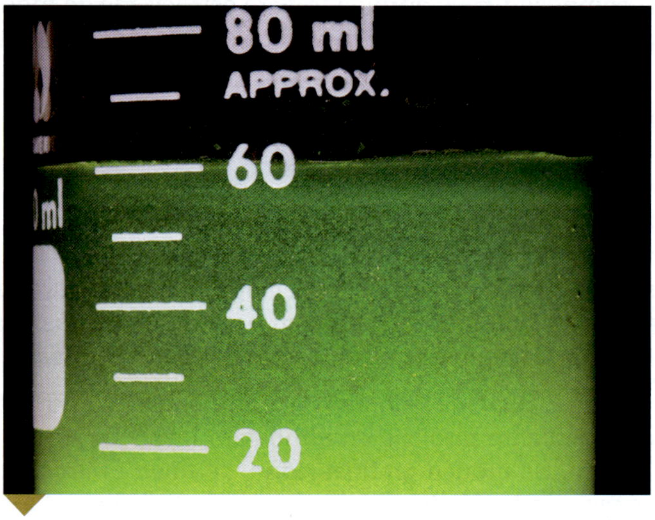

Figura 9.24.
Biodiésel obtenido a partir de algas. Es hoy día una alternativa a los productos combustibles derivados del petróleo.

Existen procesos abiógenos que son alternativas más rápidas que las fermentaciones de los microorganismos. Por ejemplo, si se tratan con ácido sulfúrico los rastrojos y la madera, se genera ácido fórmico y ácido levulínico que en presencia de un catalizador de rutenio y carbono se combinan para formar gamma-valerolactona (GVL), un líquido miscible en gasolina y que conserva un gran poder comburente. Pero además, a partir de la GVL puede obtenerse buteno por descarboxilación y, a partir del buteno, los hidrocarburos superiores típicos de la gasolina y del queroseno de aviación.

Otro ejemplo es el proceso de gasificación que puede convertir la biomasa en hidrocarburos apropiados para su uso como combustibles. Consiste en calentar sustancias orgánicas a temperaturas elevadas y en presencia de oxígeno. El gas obtenido puede usarse directamente como combustible o convertirse en combustible líquido siguiendo el proceso de Fischer-Tropsch.

Cuestiones

a) Resume las ventajas e inconvenientes del uso de microorganismos frente a las vías abiógenas en la producción de combustibles alternativos.

b) ¿Por qué crees que el etanol actualmente no se mezcla más de un 10 % con la gasolina?

c) Resume en un diagrama las principales alternativas de obtención de combustibles sin partir del petróleo.

Experiencia de laboratorio

Análisis de una roca caliza

Objetivos

La experiencia tiene dos objetivos:

- Demostrar la acción de un ácido fuerte sobre un carbonato insoluble.
- Realizar los cálculos de riqueza de un material en una sustancia determinada.

Material y reactivos

- Balanzas, espátulas, guantes y gafas protectores, vaso de precipitados, frasco de vidrio (si es posible, graduado en mililitros), tubo de ensayo, tubos de vidrio, tubos de goma para conectar los tubos de vidrio y tapones perforados que ajusten en el frasco y en el tubo de ensayo, permitiendo el paso de los tubos de vidrio.
- Trocitos de mármol o de roca caliza, cloruro de hidrógeno o sulfúrico concentrados, bicarbonato sódico y agua.

Procedimiento

El carbonato cálcico, componente mayoritario de las rocas calcáreas, es atacado por los ácidos, con lo que resulta ácido carbónico. Pero este ácido es inestable y se descompone casi inmediatamente en dióxido de carbono y agua. El CO_2 liberado se recoge sobre agua ya saturada de CO_2 para evitar pérdidas por dilución.

Seguimos estos pasos:

- **Tomamos pedacitos de mármol** de alrededor de 1 g. Pesamos cada uno con una balanza que mida hasta el centigramo y anotamos su masa.
- **Preparamos** una disolución saturada de bicarbonato sódico suficiente para llenar el frasco (B) y el vaso de precipitados (C).
- Disponemos el **tubo de ensayo (A),** el **frasco (B)** y el **vaso de precipitados (C)** como se muestra en el dibujo de la figura 9.25. Los unimos con los tubos y ajustamos los tapones que cierran los dos primeros. Si el frasco (B) no es graduado, hemos de determinar su volumen midiendo con una probeta el volumen de agua que cabe en él.
- **Llenamos** completamente el frasco (B) con una disolución acuosa saturada de bicarbonato de sodio. Con la misma disolución, llenamos el vaso de precipitados (C) y el tubo de goma que hace de sifón, y lo introducimos en el vaso (C). Para que no descargue el sifón, levantamos el vaso (C) con algún objeto, de forma que el líquido que contiene esté al mismo nivel que el que hay en el frasco (B).
- **Colocamos** en el tubo de ensayo (A) 5 mL de agua y 5 mL de ácido sulfúrico concentrado. **Introducimos también un trocito de mármol** de una masa aproximada de 1 g y colocamos inmediatamente el tapón en el tubo para evitar pérdidas de gas.
- Cuando el mármol se haya **disuelto,** medimos el volumen de líquido en el frasco (B) y, por diferencia, calculamos el volumen de CO_2 que se ha producido.

Análisis de los datos y conclusiones

- Aplicando la ecuación $p \cdot V = n \cdot R \cdot T$, calcula los moles obtenidos de CO_2. En la ecuación p es la presión atmosférica; deberás restarle la presión de vapor del agua. En la tabla se indican los valores de la presión de vapor a algunas temperaturas ambiente.

T (°C)	18	20	22	24	26	28
p_{vapor} (mmHg)	15,5	17,5	19,8	22,3	25,1	28,2

- Escribe la reacción por la que el ácido ha producido el desprendimiento de CO_2.
- Calcula la masa de $CaCO_3$ puro que debía existir en el trocito de mármol para que se origine el número de moles de CO_2 que has calculado.
- Calcula el porcentaje de riqueza en $CaCO_3$ del mármol investigado.

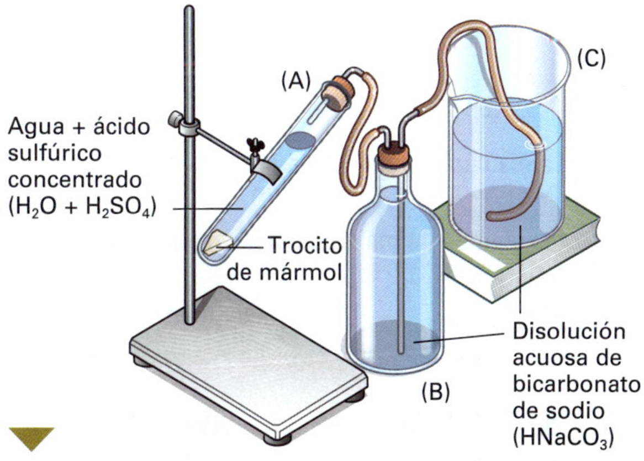

Figura 9.25.
Montaje para realizar la experiencia.

Estrategias

Cálculos con insecticidas peligrosos

El malathion ($C_{10}H_{19}O_6PS_2$) es un líquido pardo-amarillento de densidad 1,23 g/cm^3 y con olor a ajo. Usado como insecticida en cosechas y jardines, su concentración permitida en las aguas potables es, como máximo, 3×10^{-7} mol por litro de agua. Se fumiga un campo de cultivo de 20 ha con una disolución de malathion. Se corre el peligro de que las aguas de lluvia y de regadío recojan el malathion fumigado y lo viertan a una pequeña laguna de unos 5×10^6 L de agua.

Calcula la dosis máxima por hectárea para fumigar si se quiere evitar que la posible contaminación de la laguna supere la concentración máxima permitida (supón una fumigación de 100 mL por m^2). Calcula también la dosis por metro cuadrado de terreno que esto supone y el volumen de disolución y de malathion que se ha de medir para preparar la disolución adecuada. (Datos: M (C) = 12,011; M (H) = 1,00797; M (O) = 15,9994; M (S) = 32,065; M (P) = 30,9738.)

Comentarios al enunciado

La potencial toxicidad de la mayoría de los insecticidas y plaguicidas ha obligado a las agencias de protección del medio ambiente a elaborar baremos de concentraciones máximas tolerables sin peligro manifiesto. Muchos de estos baremos son revisados a la baja, lo que ocasiona que algunos de los insecticidas acaben siendo prohibidos. Así ocurrió con el DDT y con el fenthion.

Resolución y cálculos

Calculamos la masa molecular del malathion:

$$M(\text{malathion}) = 10 \cdot M(\text{C}) + 19 \cdot M(\text{H}) + 6 \cdot M(\text{O}) + M(\text{P}) + 2 \cdot M(\text{S}) = 330{,}36163 \text{ g}$$

Si se desea que no se superen los límites de toxicidad en el lago, se deberá suponer el caso extremo de que todo el malathion sea arrastrado y disuelto en sus aguas. A partir de la concentración permitida y del volumen de las aguas del lago, se deducirá la cantidad máxima de malathion para fumigar el campo de cultivo:

$$3 \times 10^{-7} \frac{\text{mol}}{\text{L}} = \frac{x}{5 \times 10^6 \text{ L}}$$

De donde: $x = 1{,}5$ mol de malathion

Si 1,5 mol de malathion deben servir para fumigar un terreno de 20 ha, la dosis por m^2 que recibirá será:

$$\frac{1{,}5 \text{ mol malathion}}{20 \text{ ha}} \times \frac{1 \text{ ha}}{10\,000 \text{ m}^2} = 7{,}5 \times 10^{-6} \frac{\text{mol}}{\text{m}^2}$$

Y si el líquido de fumigación se ha de repartir a razón de 100 mL por m^2, el volumen total de disolución que hay que preparar para fumigar las 20 ha será:

$$20 \text{ ha} \times \frac{10\,000 \text{ m}^2}{1 \text{ ha}} \times \frac{100 \text{ mL solución}}{\text{m}^2} \times \frac{1 \text{ L}}{1\,000 \text{ mL}} = 20\,000 \text{ L de solución}$$

La disolución tendrá una concentración de: $\dfrac{1{,}5 \text{ mol malathion}}{20\,000 \text{ L}} = 7{,}5 \times 10^{-5}$ M

El volumen de malathion necesario para preparar la disolución será:

$$1{,}5 \text{ mol malathion} \times \frac{330{,}36163 \text{ g malathion}}{\text{mol malathion}} \times \frac{\text{cm}^3}{1{,}23 \text{ g}} = 403 \text{ cm}^3 \text{ malathion}$$

Análisis de los resultados

En el cálculo del volumen de disolución no se ha tenido en cuenta el propio volumen del soluto, que es el malathion. Esto es así porque los aproximadamente 400 cm^3 de malathion que se deben tomar suponen una contribución despreciable al volumen de la disolución frente a los 20 000 L de agua que actúa como disolvente.

Cálculos sobre el funcionamiento de un alto horno

Un alto horno consume 3 000 toneladas al día de mineral de hematita, que tiene una riqueza de un 85 % en óxido de hierro(III) y contiene, entre otras impurezas, un 10 % de óxido de silicio. Calcula:

a) El mínimo teórico de carbón (97 % de pureza) que se tendrá que añadir diariamente para reducir el hierro.

b) La cantidad de escorias que se formarán a partir de un exceso añadido de piedra calcárea.

(Datos: *M* (O) = 15,9994; *M* (Si) = 28,0855; *M* (Ca) = 40,0784; *M* (C) = 12,0107; *M* (Fe) = 55,8452.)

Comentarios al enunciado

Por la boca del horno se vierte una mezcla de hematites, carbón de coque y piedra caliza, mientras que por la parte inferior se insufla aire u oxígeno puro a presión y precalentado a unos 500 °C con el fin de no enfriar la reacción que tiene lugar en el horno. En la parte inferior, el oxígeno es abundante y el carbón se quema completamente para dar dióxido de carbono, pero en la parte media y superior, el oxígeno escasea y la oxidación del carbón da abundante cantidad de monóxido de carbono. Además, el CO_2 reacciona con el C dando también CO. Estas reacciones son exotérmicas y mantienen la temperatura adecuada en la instalación.

Resolución y cálculos

Las reacciones de combustión del carbón son:

$$\mathrm{C}\ (s) + \mathrm{O_2}\ (g) \longrightarrow \mathrm{CO_2}\ (g) \qquad \mathrm{C}\ (s) + \mathrm{CO_2}\ (g) \longrightarrow 2\ \mathrm{CO}\ (g)$$

El CO es el verdadero agente reductor del hierro:

$$\mathrm{Fe_2O_3}\ (s) + 3\ \mathrm{CO}\ (g) \longrightarrow 2\ \mathrm{Fe}\ (l) + 3\ \mathrm{CO_2}\ (g)$$

a) El carbón necesario se calcula de la siguiente manera:

$$3000\ \text{t hematita} \times \frac{10^6\ \text{g}}{1\ \text{t}} \times \frac{85\ \text{g Fe}_2\text{O}_3}{100\ \text{g hematita}} \times \frac{1\ \text{mol Fe}_2\text{O}_3}{159{,}6886\ \text{g Fe}_2\text{O}_3} \times \frac{3\ \text{mol CO}}{1\ \text{mol Fe}_2\text{O}_3} \times \frac{0{,}5\ \text{mol C}}{1\ \text{mol CO}} \times \frac{12{,}0107\ \text{g C}}{1\ \text{mol C}} \times \frac{100\ \text{g carbón}}{97\ \text{g C}} \times \frac{1\ \text{t}}{10^6\ \text{g}} = 297\ \text{t carbón}$$

b) Las escorias se forman gracias a la piedra caliza, que se introduce en el alto horno con la misión de arrastrar la mayor cantidad posible de sílice, SiO_2, que aparece como impureza en la hematita. Con el calor, la piedra caliza se descompone en CO_2 y CaO, que es la sustancia que reacciona con la sílice:

$$\mathrm{CaCO_3}\ (s) \longrightarrow \mathrm{CaO}\ (s) + \mathrm{CO_2}\ (g) \qquad \mathrm{CaO}\ (s) + \mathrm{SiO_2}\ (s) \longrightarrow \mathrm{CaSiO_3}\ (l)$$

Este silicato cálcico fundido arrastra otras impurezas y forma una masa vítrea menos densa que el hierro fundido, por lo que se sitúa sobre él formando las escorias:

$$3000\ \text{t hematita} \times \frac{10^6\ \text{g}}{1\ \text{t}} \times \frac{10\ \text{g SiO}_2}{100\ \text{g hematita}} \times \frac{1\ \text{mol SiO}_2}{60{,}0843\ \text{g SiO}_2} \times \frac{1\ \text{mol CaSiO}_3}{1\ \text{mol SiO}_2} \times \frac{116{,}1621\ \text{g CaSiO}_3}{1\ \text{mol CaSiO}_3} \times \frac{1\ \text{t}}{10^6\ \text{g}} = 580\ \text{t escoria}$$

Análisis de los resultados

Como se ha indicado en el enunciado, la cantidad de carbón es la mínima que se puede añadir. De hecho es la cantidad consumida, por lo que se debe añadir más para mantener el calor y una cierta falta de oxígeno en el horno, pues de lo contrario no actuaría como reductor. Lo mismo se puede decir de las toneladas de escoria calculadas: se han hallado suponiendo que el SiO_2 era la única impureza y que reaccionaba totalmente. Ninguno de los dos son hechos totalmente ciertos, pero las cifras obtenidas son una buena aproximación al funcionamiento del alto horno.

Actividades

Diversidad de la industria química

1 ¿Qué diferencia existe entre una planta química de cabecera y una de intermedia? Cita dos ejemplos de cada una de ellas.

2 Pon tres ejemplos de plantas químicas transformadoras. ¿Qué diferencia hay entre plantas transformadoras y de consumo?

3 Las diez sustancias químicas de mayor producción mundial son ácido sulfúrico, nitrógeno, eteno, amoníaco, oxígeno, cal, hidróxido de sodio, cloro, ácido fosfórico y propeno. Indica cuál es la materia prima de partida para cada uno de ellos. Indica también al menos un uso para cada uno de ellos.

Ejemplos de industria química inorgánica

4 Escribe la electrólisis del cloruro de potasio fundido. Se electrolizan 750 kg de cloruro de potasio fundido y el proceso transcurre hasta la transformación de un 65 % de la masa inicial. Calcula cuántos kg de sodio y cuántos litros de cloro (medidos en c. n.) se obtienen. (Datos: M (K) = = 39,0983; M (Cl) = 35,4532.)

Solución: 256 kg K; 74 219 L Cl_2.

5 Dos químicos alemanes, Fritz Haber y Carl Bosch, desarrollaron un método para producir amoníaco a partir del nitrógeno del aire y de hidrógeno obtenido por electrólisis del agua. Ello supuso una fuente prácticamente inagotable de amoníaco. El proceso es difícil y necesita una catálisis adecuada con un rendimiento del 30 %. Calcula los litros de nitrógeno y de hidrógeno medidos en c. n. que se necesitarán para producir amoníaco suficiente para preparar 5 000 litros de disolución 1 M de este gas en agua. (Datos: M (N) = 14,0067; M (H) = = 1,00797.

Solución: 189 167 L N_2 y 567 500 L H_2.

6 Una planta química produce ácido sulfúrico por el método de contacto. Estudia este procedimiento en el libro y amplíalo consultando la bibliografía. Calcula la cantidad de ácido sulfúrico que se puede obtener a partir de 24 t de una pirita de hierro con una riqueza de un 82 % en FeS_2 si el proceso de tostación tiene un rendimiento del 65 % y el de conversión del óxido sulfuroso en óxido sulfúrico un rendimiento del 88 %. La recuperación del ácido sulfúrico tiene un rendimiento del 92,55 %. (Datos: M (Fe) = 55,8452; M (O) = 15,9994; M (S) = 32,0655.)

Solución: 17 t H_2SO_4.

7 Un mineral de cobre contiene un 77 % en masa de sulfuro de cobre(I). El proceso de concentración tiene un rendimiento del 85 % y en el refinado electrolítico se pierde un 6 % de cobre puro. Calcula la cantidad de mineral que se debe procesar para obtener 2,50 t de cobre puro.

Solución: 5,089 t de mineral.

8 Para obtener hidrógeno, se pasa vapor de agua a 600 °C sobre hierro candente que se oxida hasta Fe_3O_4. El Fe_3O_4 se reduce de nuevo a hierro por el monóxido de carbono.

a) Escribe e iguala las reacciones.

b) Calcula el hidrógeno que se liberará a partir de 1 500 kg de carbón (se quema para obtener CO) suponiendo un rendimiento del 62 %. Datos: M (Fe) = 55,8452; M (O) = = 15,9994; M (C) = 12,0107; M (H) = 1,00797.)

Solución: 156,096 kg.

9 Se ataca 3,5 t de óxido de plomo(II) con 1 500 L de ácido nítrico del 68 % y densidad 1,4 g/cm^3. Calcula la cantidad de nitrato de plomo(II) que se obtendrá suponiendo un rendimiento del 87 %. (Datos: M (Pb) = 207,21; M (O) = 15,9994; M (N) = 14,0067; M (H) = 1,00797.)

Solución: 3 265 kg $Pb(NO_3)_2$.

10 Una industria produce gas flúor por electrólisis de criolita (Na_3AlF_6) fundida. Calcula los metros cúbicos de gas flúor medido en condiciones de 15 °C y 10 atm de presión que podrá producir a partir de 3,25 t de un mineral con una riqueza del 86 % en Na_3AlF_6. (Datos: M (Na) = 22,9897; M (F) = 18,9984; M (Al) = 26,9815.)

Solución: 94,37 m^3.

11 Se prepara ácido nítrico por el método de Oswald de oxidación directa del amoníaco mediante oxígeno hasta óxido nítrico y su posterior hidratación. Calcula el volumen de amoníaco medido en condiciones normales necesario para obtener 500 L de ácido nítrico del 69 % de concentración y densidad 1,4 g/cm^3.

Solución: 260 996 L.

12 Una planta química prepara ácido clorhídrico por reacción entre cloruro de sodio y ácido sulfúrico en caliente. Calcula la masa necesaria de ácido sulfúrico del 90 % para obtener 500 kg de ácido clorhídrico de una riqueza del 37 % en masa. (Datos: M (Cl) = 35,4532; M (O) = 15,9994; M (N) = 14,0067; M (H) = 1,00797.)

Solución: 276 kg.

13 El óxido sulfúrico de la tostación de 11,5 toneladas de pirita de hierro (FeS_2) se disuelve en agua hasta 15 000 L de disolución. Calcula la concentración de la disolución y el volumen de oxígeno consumido medido en condiciones normales. (Datos: M (Fe) = 55,8452; M (S) = 32,0655.)

Solución: 12,78 M; $8,16 \times 10^6$ L O_2.

Metalurgia del hierro y del acero

14 Unos altos hornos procesan diariamente 12 000 t de hematites con una riqueza del 78 % de óxido férrico. Calcula la cantidad de arrabio y la cantidad de dióxido de carbono liberada a la atmósfera. (Datos: M (Fe) = 55,8452; M (O) = 15,9994; M (C) = 12,0107; % $Fe_{arrabio}$ = 94.)

Solución: 6 964 t de arrabio; 7 739 t CO_2.

15 Un alto horno produce 472 t de arrabio a partir de 1 000 t de mineral del 70 % en FeO, 400 t de coque y 300 t de caliza. Indica el rendimiento de la reacción (Datos: M(Fe) = 55,8452; M(O) = 15,9994; % $Fe_{arrabio}$ = 92.)

Solución: 85 %.

16 Escribe las reacciones de eliminación de impurezas de Si, Mn y P en un alto horno.

17 ¿Qué diferencias presentaría un alto horno si funcionara a partir de pirita (sulfuro de hierro)?

18 Señala diferencias entre el hierro ordinario y el acero.

Petróleo y gas natural

19 ¿Qué significa el término *craking?*

20 ¿Qué expresa el octanaje de una gasolina? ¿Qué compuestos toma como referencia? Formúlalos.

21 Explica qué tipo de contaminación ambiental produce la combustión de derivados del petróleo:

a) Si no tienen impurezas.

b) Si contienen impurezas de azufre.

c) Si contienen impurezas de derivados nitrogenados.

22 Un motor de automóvil está adaptado al consumo de *gasohol,* una mezcla de gasolina y alcohol al 15 % en masa en etanol (hay también mezclas al 10 % y al 85 %). Calcula el calor de combustión de 1 kg de gasohol. Se asemeja la gasolina al octano puro. Las entalpías de combustión estándares del etanol y del octano son respectivamente 1 368 kJ/mol y 5 471 kJ/mol.

Solución: 45 165 kJ.

23 Enumera las fracciones principales de la destilación fraccionada del petróleo.

24 Cita y explica en qué consisten los llamados procesos de acabado y transformación del petróleo.

25 Formula y nombra todos los posibles compuestos obtenibles por craqueo y reformado del butano.

26 ¿Qué tipos de combustibles conoces y para qué tipo de vehículos se utilizan?

27 Cita los derivados industriales del petróleo que conozcas y, al menos, un uso o aplicación para cada uno de ellos.

28 Durante el año 2013, el consumo estimado de petróleo fue de 90,5 $\times$ 10^6 barriles de petróleo al día. El 90 % de este petróleo se utiliza como combustible. Calcula los kilogramos y litros de CO_2 medidos en condiciones normales que cada día son liberados a la atmósfera de la Tierra. Datos: un barril de petróleo contiene 159 L y la densidad de esta sustancia es igual a 0,85 g/cm^3. También puedes considerar que todo el petróleo es octano para calcular el CO_2 producido por combustión. (Datos: M(H) = 1,00797; M(C) = 12,0107; M(O) = 15,9994.)

Solución: 3,7699 $\times$ 10^{10} kg; 1,9445 $\times$ 10^{13} L.

29 Compara el poder calorífico de 1 kg de metano con el de 1 kg de hidrógeno medidos ambos en c.n. (Datos: M (H) = 1,00797; M (C) = 12,0107; $\Delta H^0_{H_2}$ = –286 kJ/mol; $\Delta H^0_{CH_4}$ = – 890 kJ/mol.)

Solución: 141 869 kJ /kg H_2 y 55 477 kJ/kg CH_4.

Polímeros de interés industrial

30 Busca los nombres de cinco polímeros plásticos artificiales que se obtengan a partir de compuestos derivados del petróleo.

31 Una planta que trabaja con aceites y grasas quiere hidrogenar totalmente un aceite formado por tri(hexadeca-3,5,7-trienoato) de glicerina. Calcula los litros de hidrógeno medido en c.n. que se necesitarán para hidrogenar totalmente 240 kg del aceite citado y convertirlo así en una grasa sólida. (Datos: M(O) = 15,9994; M(C) = 12,0107; M(H) = 1,00797.)

Solución: 66 500 L.

32 El politetrafluoroetileno se conoce con el nombre comercial de teflón, registrado por la empresa química DuPont. Se fabrica por polimerización del tetrafluoroeteno. Calcula los litros (medidos en c. n.) de tetrafluoroeteno necesarios para fabricar 250 kg de teflón de masa molecular media igual a 1 500 000. (Datos: M (F) = 18,9984; M (C) = = 12,0107; M(H) = 1,00797.)

Solución: 56 742 L.

33 El teflón también puede obtenerse fluorando exhaustivamente el polietileno. Calcula la masa molecular media del teflón obtenido y los litros de flúor necesarios para fluorar 1,5 t de polietileno de alta densidad, de una masa molecular media de 400 000. (Datos: M (F) = 18,9984; M (C) = 12,0107; M(H) = 1,00797.)

Solución: M = 1 426 000; 2,4 $\times$ 10^6 L.

34 El teflón es muy resistente a ácidos, bases y agentes químicos. Resiste la temperatura hasta unos 250 °C. A unos 350 °C se degrada liberando ácidos orgánicos polifluorados como el difluroetanoico. Estos compuestos volátiles se han demostrado tóxicos. Por eso se debe evitar incinerar la basura que lleve residuos de teflón. Suponiendo que un 20 % en moles de los productos de degradación sea ácido difluoroetanoico, calcula la concentración de este ácido producida al quemar 50 kg de teflón de una masa molecular media de 10^6 y diluirse los gases en 1 000 m^3 de aire.

Solución: 10^{-4} M.

35 Una planta de reciclaje de productos agrícolas produce etanol que se destina a la síntesis de polietileno por deshidratación. Calcula los kg de polietileno que se podrán producir a partir de la fermentación de carbohidratos equivalentes a 1 000 kg de glucosa ($C_6H_{12}O_6$) suponiendo un rendimiento del 60 % en la fermentación y del 40 % en la polimerización. (Datos: M(H) = 1,00797; M(C) = 12,0107; M(O) = 15,9994.)

Solución: 75 kg.

Formulación y nomenclatura inorgánica

1 Principios de formulación

Una **fórmula empírica** o **molecular** refleja la constitución de una sustancia. Se representa cada elemento por su **símbolo químico** y el número absoluto o relativo de átomos mediante subíndice.

1.1 Valencia y número de oxidación

Los átomos se unen unos a otros ganando, perdiendo o compartiendo electrones. Un átomo forma tantos enlaces simples como electrones puede poner en juego con otros átomos.

> **Valencia** es el número de enlaces simples que forma un elemento.

El número de oxidación a menudo se confunde con la valencia. Se habla de valencias positivas y negativas cuando, en realidad, se está tratando del número de oxidación.

Hay elementos con una sola valencia. Así, la del H es 1 (siempre un enlace) y la del O es 2 (siempre dos enlaces). Otros elementos actúan con distintas valencias. Por ejemplo, el carbono actúa con valencia 2 (en el monóxido de carbono, C=O) y con valencia 4 (en el dióxido de carbono O=C=O).

> **Número de oxidación** es la carga eléctrica que adquiriría un átomo si todos sus enlaces con otros átomos se convirtieran en iónicos, quedando los electrones de cada enlace en el elemento más electronegativo de los dos.

Existen algunas reglas para conocer el número de oxidación:

- Es cero para los **elementos:** H_2, He, N_2, O_2, Na, Fe, P_4, S_8, etcétera.
- En **iones monoatómicos** coincide con la carga del ion.
- Para el **H** es –1 si se une a metales y +1 en sus demás compuestos.
- Para el **O** es –2, excepto en los peróxidos, que es –1.
- En **metales alcalinos** siempre es +1 y en **alcalinotérreos** siempre es +2.
- En combinación con hidrógeno y metales es: –1 en **halógenos** (F, Cl, Br y I), –2 en **anfígenos** (O, S y Te), –3 en **nitrogenoides** (N, P y As), –4 en **carbonoides** (C y Si) y –3 en el boro (B).
- La suma de los números de oxidación de un **compuesto neutro** debe ser cero y, en el caso de un ion, debe ser igual a la carga de este.

1	2	3	4	5	6	7	8	9	10	11	12	13	14	15	16	17
Li 1	Be 2						(1) H –1 1					B –3 3	C –4 2 4	N –3 1, 2 3, 4 5	O –2	F –1
Na 1	Mg 2											Al 3	Si 2 4	P –3 3 5	S –2 2 4 6	Cl –1 1, 3 5, 7
K 1	Ca 2	Sc 3	Ti 3 4	V 2, 3 4, 5	Cr 2 3 6	Mn 2 3, 4 6, 7	Fe 2 3	Co 2 3	Ni 2 3	Cu 1 2	Zn 2	Ga 3	Ge 2 4	As –3 3 5	Se –2 4 6	Br –1 1, 3 5, 7
Rb 1	Sr 2	Y 3	Zr 2, 3 4						Pd 2 4	Ag 1	Cd 2		Sn 2 4	Sb –3 3 5	Te –2 4 6	I –1 1, 3 5, 7
Cs 1	Ba 2							Ir 2 3 4	Pt 2 4	Au 1 3	Hg 1 2		Pb 2 4	Bi 3 5		

Tabla 1.
Números de oxidación de algunos elementos destacados.

La IUPAC es la organización encargada de elaborar las normativas sistemáticas sobre formulación y nomenclatura.

Además, la **nomenclatura tradicional** se verá en los casos donde está aceptado su uso y, por otra parte, existen **nombres comerciales** o **habituales** de algunos compuestos que se deben conocer.

Las nomenclaturas sistemáticas se basan en reglas definidas para construir los nombres de los compuestos.

2.1 Sistemas de nomenclatura

Veremos dos de los sistemas de nomenclatura recomendados por la IUPAC, la **nomenclatura de composición** y la **nomenclatura de sustitución.**

Nomenclatura de composición

Suministra exclusivamente información sobre los constituyentes que forman las sustancias y la proporción en la que se encuentran. Para indicar la proporción se pueden utilizar, entre otras, estas formas:

- **Prefijos.** Existen dos tipos de prefijos: los latinos (*mono-*, *di-*, *tri-*, ...) para entidades simples y los griegos (*bis*, *tris*, *tetrakis*, ...) para entidades complejas.
  - El prefijo *mono-* no se suele utilizar. Por ejemplo: el compuesto **PbO** se nombra como **óxido de plomo,** no monóxido de monoplomo.
  - En las entidades complejas, el nombre de la entidad que se repite debe ir entre paréntesis. Por ejemplo el compuesto **$Fe(CO_3)_2$** se nombra **bis(trioxidocarbonato) de hierro.**
  - El uso de los prefijos no es obligatorio en los compuestos binarios donde no haya ambigüedad. Por ejemplo el compuesto **Al_2O_3** se nombra **óxido de aluminio;** no hace falta, aunque se acepta, nombrarlo como trióxido de dialuminio. Al **$Ca(OH)_2$** se le nombra **hidróxido de calcio.**
- **Números de oxidación.** Se escriben en números romanos, entre paréntesis, sin dejar espacio entre el nombre del elemento y el paréntesis. No se utilizan en los compuestos binarios si no existe ambigüedad. Por ejemplo al **PbO_2** se le nombra como **óxido de plomo(IV).**

N.°	Entidades simples	Entidades complejas
1	mono	
2	di	bis
3	tri	tris
4	tetra	tetrakis
5	penta	pentakis
6	hexa	hexakis
7	hepta	heptakis
8	octa	octakis
9	nona	nonakis
10	deca	decakis

Tabla 2.
Los primeros prefijos para entidades simples y complejas.

Nomenclatura de sustitución

Se basa en la idea de un hidruro progenitor que se modifica al sustituir los átomos de hidrógeno por otros átomos o grupos de átomos. Se recomienda únicamente para los derivados de los hidruros de los grupos 13 al 17. Todos ellos se caracterizan por la terminación **–ano.**

Grupo 13		Grupo 14		Grupo 15		Grupo 16		Grupo 17	
BH_3	borano	CH_4	metano	NH_3	azano	H_2O	oxidano	HF	fluorano
AlH_3	alumano	SiH_4	silano	PH_3	fosfano	H_2S	sulfano	HCl	clorano
				AsH_3	arsano	H_2Se	selano	HBr	bromano
				SbH_3	estibano	H_2Te	telano	HI	yodano

Tabla 3.
Algunos de los hidruros progenitores de los grupos 13 al 17.

- Se aceptan los nombres de amoníaco para NH_3 y de agua para H_2O.
- La sustitución de hidrógenos origina cadenas: HOOH (dioxidano o peróxido de hidrógeno o agua oxigenada); NH_2NH_2 (diazano o hidrazina).
- La adición de un hidrón (H^+) da lugar a un catión que se nombra cambiando la vocal final del hidruro progenitor por **«io»**: H_3O^+ (oxidanio u oxonio); NH_4^+ (azanio o amonio).

2.2 Elementos e iones

Los elementos están formados por un solo tipo de átomos. Los iones son átomos o grupos de átomos que poseen carga eléctrica debido a la pérdida o ganancia de electrones.

Formulación y nomenclatura de elementos

Las variedades moleculares se indican colocando un subíndice tras el símbolo y se nombran mediante prefijos.

Fórmula	Nombre sistemático	Aceptado o habitual
F_2	diflúor	flúor
Cl_2	dicloro	cloro
O	monooxígeno	
O_2	dioxígeno	oxígeno
O_3	trioxígeno	ozono
H	monohidrógeno	
H_2	dihidrógeno	hidrógeno
N_2	dinitrógeno	nitrógeno
P_4	tetrafósforo	fósforo blanco

Elisión

Supresión de la vocal con que acaba una palabra cuando la siguiente empieza por vocal.

No se permite la elisión en los prefijos, salvo en el caso del prefijo «mono» delante del término «óxido», es decir, se acepta «monóxido» pero no «heptóxido» que debería decirse «heptaóxido».

Formulación y nomenclatura de iones

- **Cationes monoatómicos:** proceden de átomos que han perdido electrones. Se nombra el elemento seguido, sin dejar espacio, del número de carga entre paréntesis.

Fórmula	Nombre sistemático	Aceptado o habitual
$^{1}H^{+}$	protio(1+)	protón
H^+	hidrógeno(1+)	hidrón
Na^+	sodio(1+)	
Cu^{2+}	cobre(2+)	
Cr^{3+}	cromo(3+)	

- **Cationes heteropoliatómicos:** están formados por la unión de dos átomos de elementos distintos.

Fórmula	Nombre sistemático	Aceptado o habitual
NH^{4+}	azanio	amonio
H_3O^+	oxidanio	oxonio

- **Aniones monoatómicos:** proceden de átomos que han ganado electrones. Se nombra el elemento añadiendo o sustituyendo la terminación del elemento por **–uro,** salvo en el caso del oxígeno que cambia el nombre a **óxido.** A continuación, si existe ambigüedad y sin dejar espacio, se indica el número de carga entre paréntesis.

Fórmula	Nombre sistemático	Aceptado o habitual
H^-	hidruro(1–)	hidruro
Cl^-	cloruro(1–)	cloruro
O^{2-}	óxido(2–)	óxido
S^{2-}	sulfuro(2–)	sulfuro
N^{3-}	nitruro(3–)	nitruro
C^{4-}	carburo(4–)	carburo

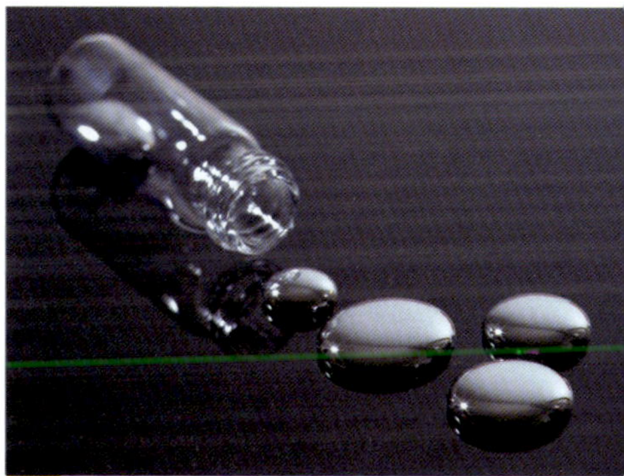

Figura 1.
El mercurio es el único elemento metálico en estado líquido a temperatura ambiente.

- **Aniones homopoliatómicos:** están formados por dos o más átomos de un mismo elemento.

  Se nombran igual que los aniones monoatómicos añadiendo los prefijos correspondientes al número de átomos del anión.

Fórmula	Nombre sistemático	Aceptado o habitual
O_2^{2-}	dióxido(2–)	peróxido
O_2^{-}	dióxido(1–)	superóxido
C_2^{2-}	dicarburo(2–)	acetiluro

En las combinaciones binarias, salvo casos especiales, se recomienda la nomenclatura de composición.

2.3 Combinaciones binarias

Un compuesto binario es el que está formado por dos elementos.

Normas generales de formulación

- Se escriben juntos los símbolos de los elementos y un número como subíndice en el lado derecho del símbolo que indica la proporción entre los elementos.
- Los subíndices corresponden a las valencias de los elementos intercambiadas y simplificadas, siempre que sea posible.
- El criterio escogido para ordenar los símbolos de los elementos es el de la electronegatividad. El elemento más electronegativo se coloca a la derecha de la fórmula.

GRUPOS				
13	14	15	16	17
B	C	N	O	F
Al	Si	P	S	Cl
Ga	Ge	As	Se	Br
In	Sn	Sb	Te	I
Tl	Pb	Bi	Po	At

Tabla 4.
El elemento con electronegatividad más alta es el flúor, a continuación siguen todos los halógenos. Luego el oxígeno y todos los anfígenos; después el nitrógeno y todo el grupo 15, y así sucesivamente.

Normas generales de nomenclatura

- Siempre se nombra de derecha a izquierda, es decir, se cita primero el elemento más electronegativo acabado en **-uro,** salvo que este sea el oxígeno; en ese caso, el nombre del compuesto comienza con el término **óxido.** En último lugar se cita el elemento menos electronegativo anteponiendo la preposición **de.**
- Para indicar la proporción se pueden utilizar prefijos o números de oxidación en la forma ya indicada.

Combinaciones binarias del hidrógeno

El hidrógeno con los no metales de los grupos 16 (S, Se y Te) y 17 (F, Cl, Br y I), forma sustancias que en disolución acuosa tienen carácter ácido por lo que tradicionalmente se les nombra como ácido + elemento-hídrico.

Figura 2.
Ejemplo de hidruro no metálico. Disolución acuosa de cloruro de hidrógeno, conocido comúnmente como salfumán (izquierda). Este compuesto desprende vapores de HCl y ataca muchos metales como el cinc (derecha).

Fórmula	Nom. composición	Nom. sustitución	Nom. tradicional
HCl	cloruro de hidrógeno	clorano	ác. clorhídrico
HBr	bromuro de hidrógeno	bromano	ác. bromhídrico
H_2S	sulfuro de hidrógeno	sulfano	ác. sulfhídrico
H_2Te	telururo de hidrógeno	telano	ác. telurhídrico
NH_3	trihidruro de nitrógeno	azano	amoníaco
CH_4	tetrahidruro de carbono	metano	
SnH_4	tetrahidruro de estaño o hidruro de estaño(IV)	estannano	
CrH_3	trihidruro de cromo o hidruro de cromo(III)		
CaH_2	hidruro de calcio		

Combinaciones binarias del oxígeno

Óxidos: son la combinación del oxígeno utilizando el número de oxidación –2, con otro elemento.

Fórmula	Nom. composición	Fórmula	Nom. composición
CaO	óxido de calcio	Al_2O_3	óxido de aluminio
PtO	óxido de platino óxido de platino(II)	Fe_2O_3	trióxido de dihierro óxido de hierro(III)
O_5I_2	diyoduro de pentaoxígeno	O_7Cl_2	dicloruro de heptaoxígeno
SO_3	trióxido de azufre óxido de azufre(VI)	OF_2	difluoruro de oxígeno

En las uniones de los halógenos con el oxígeno se considera a este menos electronegativo que los halógenos, por tanto, se escribe el símbolo del oxígeno en primer lugar y, en consecuencia, se nombra en segundo lugar.

Figura 3.
La cal es óxido de calcio, CaO. Este compuesto se ha usado tradicionalmente para el blanqueo de paredes.

Peróxidos: se forman por la combinación del anión peróxido (O_2^{2-}) con otro elemento. No se puede simplificar el subíndice 2, que indica la unión de los dos oxígenos del anión.

Fórmula	Nom. composición	Fórmula	Nom. composición
H_2O_2	dióxido de dihidrógeno peróxido de hidrógeno agua oxigenada	HgO_2	dióxido de mercurio peróxido de mercurio(II)
Na_2O_2	dióxido de disodio peróxido de sodio	Hg_2O_2	dióxido de dimercurio peróxido de mercurio(I)

Otros compuestos binarios

Compuestos entre no metal y metal, mas el catión amonio (NH_4^+), o bien combinaciones entre dos no metales.

Fórmula	Nom. composición	Fórmula	Nom. composición
$BaCl_2$	cloruro de bario	PF_3	trifluoruro de fósforo fluoruro de fósforo(III)
Na_2S	sulfuro de sodio	NH_4Br	bromuro de amonio
SnI_2	diyoduro de estaño yoduro de estaño(II)	CCl_4	tetracloruro de carbono cloruro de carbono(IV)
SnI_4	tetrayoduro de estaño yoduro de estaño(IV)	CaSe	selenuro de calcio

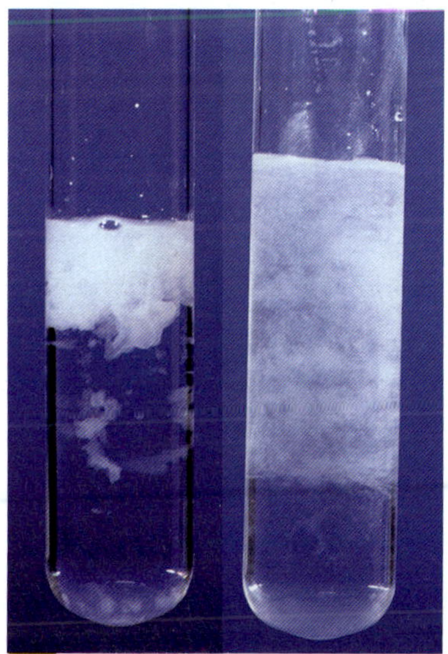

Figura 4.
Aplicaciones de los hidróxidos. El $Mg(OH)_2$, (izquierda), y el $Al(OH)_3$, (derecha), se usan como sustancias para contrarrestar la acidez de estómago.

2.4 Formulación y nomenclatura de hidróxidos

Combinación de un catión metálico o del catión amonio (NH_4^+), y el anión hidróxido (OH^-). Se formulan como si fueran combinaciones binarias entre el catión y el anión. En la nomenclatura de composición se utiliza el término «hidróxido de» seguido del nombre del catión.

Fórmula	Nom. composición	Fórmula	Nom. composición
$Ba(OH)_2$	hidróxido de bario	NH_4OH	hidróxido de amonio
NaOH	hidróxido de sodio sosa	KOH	hidróxido de potasio potasa
$Fe(OH)_2$	dihidróxido de hierro hidróxido de hierro(II)	$Ca(OH)_2$	hidróxido de calcio

2.5 Ácidos oxoácidos y aniones derivados

Un oxoácido es un compuesto que contiene: oxígeno (con número de oxidación −2), al menos un hidrógeno (con número de oxidación +1) unido al oxígeno y otro elemento, X.

$$H_aX_bO_c$$

Estados de oxidación (E.O.) de X			
Cuatro	**Tres**	**Dos**	**Uno**
hipo-X-oso	hipo-X-oso		
X-oso	X-oso	X-oso	
X-ico	X-ico	X-ico	X-ico
per-X-ico			

Tabla 5.
Los prefijos y sufijos utilizados tradicionalmente permiten diferenciar hasta cuatro estados de oxidación diferentes del elemento central X.

Nomenclatura tradicional de oxoácidos

Se antepone la palabra **ácido** a la raíz del nombre del elemento central X, utilizando un sistema combinado de prefijos **(hipo-** y **per-)** y de sufijos **(-oso** e **–ico)** para diferenciar hasta cuatro estados de oxidación diferentes del átomo central X.

La estrategia de considerar los ácidos como derivados de los óxidos correspondientes por adición de agua puede ayudar a recordar la fórmula y el nombre de los oxoácidos.

En este sentido, tradicionalmente se utilizaban otros prefijos antepuestos a los ya citados para indicar el contenido de agua: el prefijo **meta-**, indica el menor contenido de agua y el prefijo **orto-,** el mayor contenido de agua. Estos prefijos solo se utilizan en los ácidos donde existe ambigüedad.

Ácidos de los halógenos, Cl, Br y I: cuatro E.O. de X

Adición de agua	Fórmula	Nombre	E.O.
$OCl_2 + H_2O \rightarrow H_2Cl_2O_2$	$HClO$	ác. hipocloroso	+1
$O_3Cl_2 + H_2O \rightarrow H_2Cl_2O_4$	$HClO_2$	ác. cloroso	+3
$O_5Cl_2 + H_2O \rightarrow H_2Cl_2O_6$	$HClO_3$	ác. clórico	+5
$O_7Cl_2 + H_2O \rightarrow H_2Cl_2O_8$	$HClO_4$	ác. perclórico	+7

Ácidos de los anfígenos, S, Se y Te: tres E.O. de X

Adición de agua	Fórmula	Nombre	E.O.
$SO + H_2O \rightarrow H_2SO_2$	H_2SO_2	ác. hiposulfuroso	+2
$SO_2 + H_2O \rightarrow H_2SO_3$	H_2SO_3	ác. sulfuroso	+4
$SO_3 + H_2O \rightarrow H_2SO_4$	H_2SO_4	ác. sulfúrico	+6

Ácidos del nitrógeno, N: tres E.O. de X

Adición de agua	Fórmula	Nombre	E.O.
$N_2O + H_2O \rightarrow H_2N_2O_2$	HNO	ác. hiponitroso	+1
$N_2O_3 + H_2O \rightarrow H_2N_2O_4$	HNO_2	ác. nitroso	+3
$N_2O_5 + H_2O \rightarrow H_2N_2O_6$	HNO_3	ác. nítrico	+5

Ácidos de los nitrogenoides, P, As y Sb: tres E.O. de X

Adición de agua	Fórmula	Nombre	E.O.
$P_2O + 3\,H_2O \rightarrow H_6P_2O_4$	H_3PO_2	ác. hipofosforoso	+1
$P_2O_3 + 3\,H_2O \rightarrow H_6P_2O_6$	H_3PO_3	ác. fosforoso	+3
$P_2O_5 + 3\,H_2O \rightarrow H_6P_2O_8$	H_3PO_4	ác. fosfórico	+5
$P_2O + H_2O \rightarrow H_2P_2O_2$	HPO	ác. metahipofosforoso	+1
$P_2O_3 + H_2O \rightarrow H_2P_2O_4$	HPO_2	ác. metafosforoso	+3
$P_2O_5 + H_2O \rightarrow H_2P_2O_6$	HPO_3	ác. metafosfórico	+5

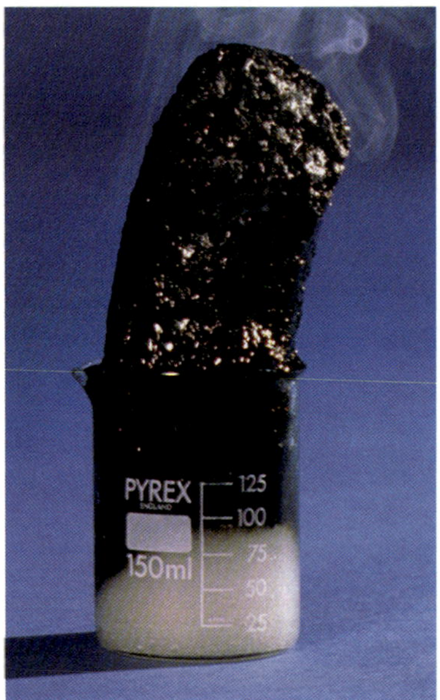

Figura 5.
El ácido sulfúrico, H_2SO_4, es un ácido fuerte. Presenta, además, una gran avidez por el agua llegando a carbonizar azúcares como la sacarosa.

Ácidos del carbono, C: dos E.O. de X

Adición de agua	Fórmula	Nombre	E.O.
$CO + H_2O \rightarrow H_2CO_2$	H_2CO_2	ác. carbon**oso**	+2
$CO_2 + H_2O \rightarrow H_2CO_3$	H_2CO_3	ác. carbón**ico**	+4

Ácidos del silicio y del boro, Si y B: un E.O. de X

Adición de agua	Fórmula	Nombre	E.O.
$SiO_2 + H_2O \rightarrow H_2SiO_3$	H_2SiO_3	ác. **meta**silíc**ico**	+4
$SiO_2 + \mathbf{2\ H_2O} \rightarrow H_4SiO_4$	H_4SiO_4	ác. silíc**ico**	+4
$B_2O_3 + H_2O \rightarrow H_2B_2O_4$	HBO_2	ác. **meta**bór**ico**	+3
$B_2O_3 + \mathbf{3\ H_2O} \rightarrow H_6B_2O_6$	H_3BO_3	ác. bór**ico**	+3

Figura 6.

El ácido carbónico es un ácido débil. Las bebidas carbónicas contienen H_2CO_3 que se forma por reacción del CO_2 con el H_2O.

Nomenclatura tradicional de oxoaniones

Se forman quitando todos o una parte de los hidrógenos del ácido oxoácido. El anión resultante tiene una carga negativa igual al número de hidrógenos que se han eliminado.

Para nombrarlos se cambian las terminaciones *–oso* e *–ico* del ácido por las terminaciones *–ito* y *-ato,* respectivamente. Si quedan hidrógenos se indican mediante prefijos.

Ácido	Fórmula	Anión	Fórmula
ác. nítr**ico**	HNO_3	nitr**ato**	NO_3^-
ác. sulfur**oso**	H_2SO_3	sulf**ito**	SO_3^{2-}
		hidrógenosulf**ito**	HSO_3^-
ác. fosfór**ico**	H_3PO_4	fosf**ato**	PO_4^{3-}
		hidrógenofosf**ato**	HPO_4^{2-}
		dihidrógenofosf**ato**	$H_2PO_4^-$

Fórmula	Nombre	E.O.
H_2MnO_4	ác. mangán**ico**	+6
$HMnO_4$	ác. **per**mangán**ico**	+7
H_2CrO_4	ác. cróm**ico**	+6
$H_2Cr_2O_7$	ác. **di**cróm**ico**	+3

Tabla 6.

Del manganeso, Mn, y del cromo, Cr, existen sales de uso frecuente que se construyen a partir de estos ácidos.

Nomenclatura de hidrógeno

Para nombrarlos se cita la palabra **«hidrogeno»** escrita sin tilde y unida al resto del nombre. El número de hidrógenos se indica mediante prefijos numéricos. Inmediatamente después y encerrado entre paréntesis va la palabra **«oxido»** escrita sin tilde e indicando el número de oxígenos mediante prefijos, seguida del nombre del átomo central terminado en **–ato.**

Nomenclatura tradicional	Fórmula	Nomenclatura de hidrógeno
ác. hipoyodoso	HIO	hidrogeno(oxidoyodato)
ác. perclórico	$HClO_4$	hidrogeno(tetraoxidoclorato)
ác. hiposelenioso	H_2SeO_2	dihidrogeno(dioxidoseleniato)
ác. sulfúrico	H_2SO_4	dihidrogeno(tetraoxidosulfato)
ác. nitroso	HNO_2	hidrogeno(dioxidonitrato)
ác. fosfórico	H_3PO_4	trihidrogeno(tetraoxidofosfato)
ác. carbónico	H_2CO_3	dihidrogeno(trioxidocarbonato)
ác. silícico	H_4SiO_4	tetrahidrogeno(tetraoxidosilicato)
ác. bórico	H_3BO_3	trihidrogeno(trioxidoborato)
ác. permangánico	$HMnO_4$	hidrogeno(tetraoxidomanganato)
ác. dicrómico	$H_2Cr_2O_7$	dihidrogeno(heptaoxidodicromato)

2.6 Oxosales y sales ácidas

Figura 7.

Cristales de $KMnO_4$, permanganato de potasio o bien tetraoxidomanganato de potasio.

Las **oxosales** se generan a partir de los aniones obtenidos tras la **pérdida total** de los hidrógenos del ácido oxoácido.

Las **sales ácidas** se generan a partir de los aniones obtenidos tras la **pérdida parcial** de los hidrógenos del ácido oxoácido.

Se formulan como si se tratase de sustancias binarias formadas por un catión y el oxoanión.

Nomenclatura tradicional

Se escribe primero el símbolo del catión y a continuación el del oxoanión intercambiando las valencias como subíndices entre ambos. Si se puede simplificar hay que hacerlo.

Se nombra primero el oxoanión seguido de la preposición *de* y a continuación el nombre del catión indicando inmediatamente después su estado de oxidación entre paréntesis si es necesario.

Anión	Catión	Fórmula	Nom. tradicional
ClO_4^-	Fe^{2+}	$Fe(ClO_4)_2$	perclorato de hierro(II)
SO_3^{2-}	NH_4^+	$(NH_4)_2SO_3$	sulfito de amonio
PO_3^{3-}	Al^{3+}	$AlPO_3$	fosfito de aluminio
$Cr_2O_7^{2-}$	K^+	$K_2Cr_2O_7$	dicromato de potasio
HSO_3^-	Cu^{2+}	$Cu(HSO_3)_2$	hidrógenosulfito de cobre(II)
HSO_4^-	Cr^{3+}	$Cr(HSO_4)_3$	hidrógenosulfato de cromo(III)
HPO_4^{2-}	Ni^{2+}	$NiHPO_4$	hidrógenofosfato de níquel(II)
$H_2PO_3^-$	Li^+	LiH_2PO_3	dihidrógenofosfito de litio
$HSiO_4^{3-}$	Mg^{2+}	$Mg_3(HSiO_4)_2$	hidrógenosilicato de magnesio

Figura 8.

La sal ácida conocida comercialmente como bicarbonato de sodio, $NaHCO_3$, se nombra como hidrógeno carbonato de sodio o bien hidrogeno(trioxidocarbonato) de sodio.

Nomenclatura de composición

Se escribe primero el símbolo del catión y a continuación el del oxoanión entre paréntesis si está afectado por algún prefijo multiplicativo (bis, tris, tetrakis, ...).

Se nombra primero el oxoanión seguido de la preposición *de* y a continuación se nombra el catión con el prefijo correspondiente.

Anión	Nombre	Catión	Fórmula	Nom. composición
ClO_4^-	tetraoxidoclorato(1−)	Fe^{2+}	$Fe(ClO_4)_2$	bis(tetraoxidoclorato) de hierro
SO_3^{2-}	trioxidosulfato(2−)	NH_4^+	$(NH_4)_2SO_3$	trioxidosulfato de diamonio
PO_3^{3-}	trioxidofosfato(3−)	Al^{3+}	$AlPO_3$	trioxidofosfato de aluminio
$Cr_2O_7^{2-}$	heptaoxidodicromato(2−)	K^+	$K_2Cr_2O_7$	heptaoxidodicromato de dipotasio
HSO_3^-	hidrogeno(trioxidosulfato)(1−)	Cu^{2+}	$Cu(HSO_3)_2$	bis[hidrogeno(trioxidosulfato)] de cobre
HSO_4^-	hidrogeno(tetraoxidosulfato)(1−)	Cr^{3+}	$Cr(HSO_4)_3$	tris[hidrogeno(tetraoxidosulfato)] de cromo
HPO_4^{2-}	hidrogeno(tetraoxidofosfato)(2−)	Ni^{2+}	$NiHPO_4$	hidrogeno(tetraoxidofosfato) de níquel
$H_2PO_3^-$	dihidrogeno(trioxidofosfato)(1−)	Li^+	LiH_2PO_3	dihidrogeno(trioxidofosfato) de litio
$HSiO_4^{3-}$	hidrogeno(tetraoxidosilicato)(3−)	Mg^{2+}	$Mg_3(HSiO_4)_2$	bis[hidrogeno(tetraoxidosilicato)] de trimagnesio

Actividades

1 Escribe la valencia y el número de oxidación de cada elemento en las siguientes sustancias químicas: H–O–H, H–O–O–H, O=O, H–H, C=O, O=C=O, H–Cl, Cl–Cl, N≡N, H–C≡N, H–F, F–F y F–O–F.

2 Escribe el número de oxidación de cada uno de los átomos de los siguientes compuestos: H_2SO_4, K_2O, NaCl, H_2S, $K_2Cr_2O_7$, BaO y BaO_2.

3 Cita y formula cinco óxidos que puedas encontrar en tu propia casa.

4 Menciona un óxido gaseoso, un óxido líquido y un óxido sólido considerados, todos ellos, a temperatura ambiente.

5 Formula las siguientes sustancias: óxido de calcio, dicloruro de trioxígeno, óxido de litio, óxido de boro, óxido de berilio, óxido de oro(I), óxido de aluminio, óxido de oro(III), pentaóxido de dinitrógeno, óxido de plata, trióxido de dicobalto, óxido de níquel(III) y óxido de cesio.

6 Nombra las siguientes sustancias: N_2O_3, Na_2O, K_2O, P_2O_5, SO_2, O_3Cl_2, SO_3, P_2O_3, N_2O_5, CO_2, O_3Br_2 y O_5I_2.

7 Formula las siguientes sustancias: hidruro de rubidio, fluoruro de hidrógeno, hidruro de litio, seleniuro de hidrógeno, hidruro de níquel(III), amoníaco, hidruro de paladio(II), silano, hidruro de cromo(III) y borano.

8 Formula las siguientes sustancias: hidróxido de magnesio, hidróxido de plomo(II), hidróxido de potasio, hidróxido de cobre(II), hidróxido de níquel(II), hidróxido de plomo(IV), hidróxido de aluminio, hidróxido de oro(III), hidróxido de estroncio e hidróxido de platino(II).

9 Nombra las sustancias: $Hg(OH)_2$, $Pb(OH)_2$, CsOH, LiOH, $Sr(OH)_2$, NaOH, RbOH, $Co(OH)_2$, $Bi(OH)_3$ y $Sn(OH)_4$.

10 Nombra las siguientes sustancias: H_2O, FrH, AsH_3, AuH_3, HBr, PbH_2, H_2S, SrH_2, CH_4 y HgH_2.

11 Formula: cloruro de mercurio(II), sulfuro de plata, nitruro de potasio, bromuro de potasio, yoduro de litio, carburo de magnesio, sulfuro de oro(III), fluoruro de potasio, nitruro de calcio y seleniuro de hierro(III).

12 Nombra las siguientes sustancias: $PbCl_4$, BeF_2, CsF, ZnS, $BaBr_2$, $RaBr_2$, K_4C, FeI_3, FeN y Al_2S_3.

13 Nombra las siguientes sustancias: HNO_3, $HClO_4$, $HClO_2$, H_2SO_3, $H_2Cr_2O_7$, H_3BO_3, H_2CO_3, H_3PO_4 y HPO_3.

14 Nombra las sustancias: $K_2Cr_2O_7$, $CaSO_4$, $CuSO_3$, $LiNO_3$, K_3BO_3, $MgCO_3$ y $Cu(ClO_3)_2$.

15 Formula estos compuestos: metaborato de sodio, silicato de magnesio, clorato de plomo(II), peryodato de hierro(III), carbonato de magnesio e hipoclorito de sodio.

16 Nombra las sustancias: K_2SO_3, $(NH_4)_3PO_4$, Ag_2S, $Au_2(SO_4)_3$, $BaCO_3$, y $PbSO_2$.

17 Nombra las siguientes sustancias: $Al_2(CO_3)_3$, $BeCl_2$, AgBr, $CuNO_2$, NH_4ClO_2 y Mg_2SiO_4.

18 Formula las sustancias: sulfato de litio, carbonato de cobre(I), nitrito de potasio, sulfuro de cesio y borato de magnesio.

19 Formula las sustancias: fluoruro de cromo(III), peróxido de bario, óxido de bario, trihidróxido de hierro, silicato de plomo(IV) e hidrógenocarbonato de magnesio.

20 Nombra los compuestos: $NaHSO_4$, KH_2PO_4, $LiHCO_3$, $Cu(HS)_2$, $CsHCO_3$, $Ca(HCO_3)_2$, $BaHPO_4$ y AgHSe.

21 Formula los compuestos: hidrógenoselenito de potasio, hidrógenofosfato de calcio, hidrógenocarbonato de potasio, hidrógenosulfuro de berilio y dihidrógenofosfito de estroncio.

22 Formula las siguientes sustancias: tetrakis(trioxidonitrato) de plomo, trioxidocarbonato de mercurio, hidrogeno(tetraoxidoclorato), trihidrogeno(trioxidofosfato) y metafosfito de cesio.

23 Nombra las siguientes sustancias: NH_4PO, $(NH_4)_3PO_2$, CrO_3, $Cu(OH)_2$, Na_2O_2, PCl_5, SnI_4, H_2MnO_4, $HMnO_4$, H_3BO_3 y H_2SeO_2.

24 Formula todos los ácidos que conozcas en los que intervenga el elemento cloro.

25 Formula todas las sustancias e iones que contengan solo átomos de hidrógeno, de oxígeno o de ambos elementos.

26 Formula los siguientes compuestos: fluoruro de hidrógeno, carbonato de plomo(IV), arsano, óxido de oro(III), hidrógenocarbonato de litio, nitruro de berilio, metano, y antimoniato de rubidio.

27 Formula estas sustancias: difosfato de calcio, hipoclorito de magnesio, sulfuro de hidrógeno, azufre, carbonato de calcio, hidróxido de aluminio, aziduro de plomo(II), yoduro de potasio, ozono, silano.

28 Nombra las siguientes sustancias: PH_3, Li_2O, H_3PO_4, $LiHCO_3$, K_2SO_3, KHS, $HClO_4$ y NH_3.

29 Nombra las siguientes sustancias: MgO, SrI_2, HI, HIO_4, $Ca(OH)_2$, $BaCrO_4$, BH_3, SiH_4 y BeO.

30 Escribe un óxido, un hidruro no metálico, un hidróxido, una sal de ácido hidrácido y otra de ácido oxoácido que puedas encontrar con facilidad en tu casa.

31 Formula las siguientes sustancias: hidrógenosulfito de oro(I), carbonato de cinc, helio, óxido de plomo(IV), hidróxido de níquel(II), ácido peryódico, monóxido de carbono, nitrógeno, hipobromito de estaño(IV) y nitruro de berilio.

32 Formula las sustancias: agua, hidróxido de plomo(IV), argón, silano, yoduro de hidrógeno, hierro, sulfuro de cromo(III), dihidrógenofosfato de cobre(II), amoníaco, mercurio, aziduro de estroncio y arseniato de amonio.

Herramientas de la Física

1 Aritmética y álgebra
2 Trigonometría
3 Geometría
4 Cálculo vectorial
5 Derivadas

1 Aritmética y álgebra

Las operaciones con los números reales son muy frecuentes y ya las conoces; no obstante, repasaremos algunas de ellas.

1.1 Operaciones con fracciones

- Suma algebraica: $\frac{a}{b} \pm \frac{c}{d} = \frac{a \cdot d \pm c \cdot b}{b \cdot d}$
- Producto: $\frac{a}{b} \cdot \frac{c}{d} = \frac{a \cdot c}{b \cdot d}$
- Cociente: $\frac{a}{b} : \frac{c}{d} = \frac{\frac{a}{b}}{\frac{c}{d}} = \frac{a \cdot d}{b \cdot c}$

Recuerda

Suma, producto y cociente con fracciones:

$$a \cdot \frac{b}{c} = \frac{a}{c} \cdot b = \frac{a \cdot b}{c}$$

$$a \pm \frac{b}{c} = \frac{a \cdot c \pm b}{c}$$

1.2 Operaciones con potencias

- Producto de potencias de la misma base: $a^m \cdot a^n = a^{m+n}$
- División de potencias de la misma base: $\frac{a^m}{a^n} = a^{m-n}$
- Potencia de una potencia: $(a^m)^n = a^{m \cdot n}$
- Expresión de una raíz: $\sqrt[n]{a^m} = a^{\frac{m}{n}}$

Recuerda

Estas dos expresiones matemáticas también son importantes:

$$a^0 = 1$$

$$a^{-n} = \frac{1}{a^n}$$

1.3 Relaciones de uso frecuente

- Suma o diferencia al cuadrado: $(a \pm b)^2 = a^2 + b^2 \pm 2ab$
- Diferencia de cuadrados: $a^2 - b^2 = (a + b) \cdot (a - b)$

1.4 Soluciones de una ecuación de segundo grado

Al resolver la ecuación $ax^2 + bx + c = 0$, se pueden encontrar tres casos, dependiendo del valor que tome el discriminante, $\Delta = b^2 - 4ac$:

- $\Delta = b^2 - 4ac < 0 \rightarrow$ La ecuación no tiene soluciones reales.
- $\Delta = b^2 - 4ac = 0 \rightarrow$ La ecuación tiene una solución doble:

$$x_1 = x_2 = -\frac{b}{2a}$$

- $\Delta = b^2 - 4ac > 0 \rightarrow$ La ecuación tiene dos soluciones reales:

$$x = \frac{-b \pm \sqrt{b^2 - 4ac}}{2a}$$

Las soluciones matemáticas de una ecuación no siempre tienen sentido físico. Además de verificar la ecuación, deben ser coherentes con el enunciado o con el contexto del ejercicio.

2 Trigonometría

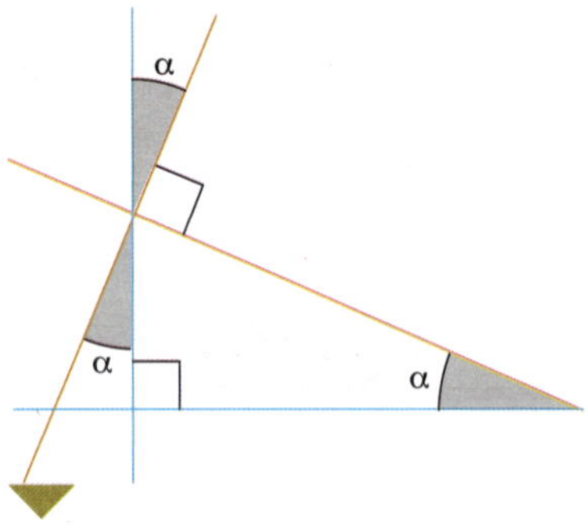

Figura 1.
Ángulos iguales. Son los de lados perpendiculares y los opuestos por el vértice.

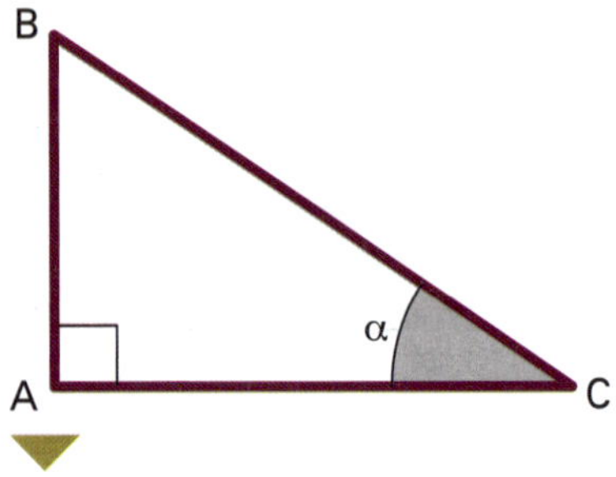

Figura 2.
Triángulo rectángulo. El ángulo α es agudo.

Recuerda

El radián es la unidad derivada y unidimensional del SI y su símbolo es rad.

2.1 Ángulos

Los ángulos, entre otras propiedades, cumplen que:

- Los ángulos de lados perpendiculares son iguales.
- Los ángulos opuestos por el vértice son iguales.

2.2 Algunas razones trigonométricas

Las razones trigonométricas, seno, coseno y tangente de un ángulo agudo (α), definidas a partir de un triángulo rectángulo $\widehat{ABC}$, construido sobre él, son:

$$\sin\alpha = \frac{\text{cateto opuesto}}{\text{hipotenusa}} = \frac{\overline{AB}}{\overline{BC}}\ ;\ \cos\alpha = \frac{\text{cateto contiguo}}{\text{hipotenusa}} = \frac{\overline{AC}}{\overline{BC}}$$

$$\tan\alpha = \frac{\sin\alpha}{\cos\alpha} = \frac{\text{cateto opuesto}}{\text{cateto contiguo}} = \frac{AB}{AC}$$

También son importantes para el estudio de la Física:

- Algunas relaciones fundamentales:

$$\sin^2\alpha + \cos^2\alpha = 1 \quad ; \quad 1 + \tan^2\alpha = \frac{1}{\cos^2\alpha}$$

- Seno y coseno del ángulo doble:

$$\sin 2\alpha = 2\sin\alpha\cos\alpha \quad ; \quad \cos 2\alpha = \cos^2\alpha - \sin^2\alpha$$

- Ángulos complementarios: suman 90° → α y 90 – α

$$\sin\alpha = \cos(90 - \alpha) \quad ; \quad \cos\alpha = \sin(90 - \alpha)$$

- Ángulos suplementarios: suman 180° → α y (180 – α)

$$\sin\alpha = \sin(180 - \alpha) \quad ; \quad \cos\alpha = -\cos(180 - \alpha)$$

2.3 El radián y algunas funciones trigonométricas

El **radián** es un ángulo tal que el arco que abarca tiene la misma longitud que el radio con el que se ha trazado. Se asocia a cada ángulo, en radianes, el valor de su seno o coseno: $y = \sin x$; $y = \cos x$.

°	rad	0	0	30	$\frac{\pi}{6}$	45	$\frac{\pi}{4}$	60	$\frac{\pi}{3}$	90	$\frac{\pi}{2}$	180	π	270	$\frac{3\pi}{2}$	360	2π
seno		0		$\frac{1}{2}$		$\frac{\sqrt{2}}{2}$		$\frac{\sqrt{3}}{2}$		1		0		–1		0	
coseno		1		$\frac{\sqrt{3}}{2}$		$\frac{\sqrt{2}}{2}$		$\frac{1}{2}$		0		–1		0		1	

Estas funciones son periódicas de período 2π; es decir, los valores de la y se repiten cada 2π rad.

$$y = \sin x = \sin(x + 2\pi n) \quad ; \quad y = \cos x = \cos(x + 2\pi n) \qquad (n = 0, 1, 2, 3...)$$

La ecuación del movimiento armónico simple es una función del tipo: $y = A\sin(\omega \cdot t)$, o bien, $y = A\cos(\omega \cdot t)$, donde A y ω son constantes.

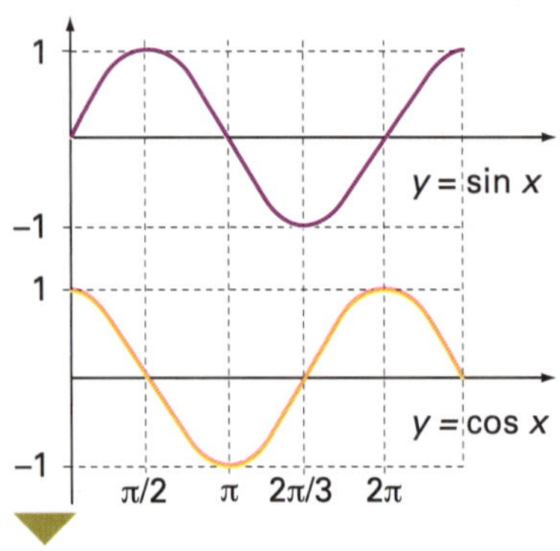

Figura 3.
La función seno está desplazada respecto a la función coseno π/2.

3.1 Triángulos

El área de un triángulo es:

$$A = \frac{\text{base} \cdot \text{altura}}{2} = \frac{b \cdot h}{2}$$

El **teorema del coseno** permite calcular la longitud de uno de los lados de un triángulo cualquiera, conocidos los otros dos y el ángulo que forman:

$$a^2 = b^2 + c^2 - 2bc \cos \alpha$$

En el caso de que $\alpha = 90°$, el triángulo sería rectángulo y el teorema quedaría reducido al **teorema de Pitágoras:**

$$a^2 = b^2 + c^2$$

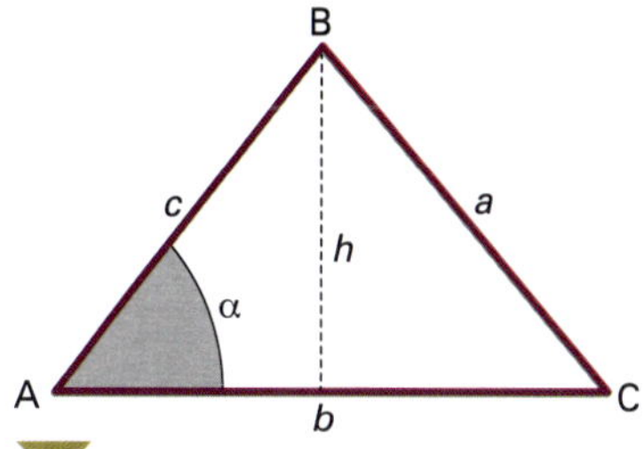

Figura 4.
Elementos de un triángulo.

3.2 Paralelogramos

El área de un paralelogramo es:

$$A = \text{base} \cdot \text{altura} = b \cdot h$$

- Si los ángulos son rectos, tenemos un rectángulo de área: $A = a \cdot b$
- Si, además, los lados son iguales, tenemos un cuadrado de área: $A = a^2$

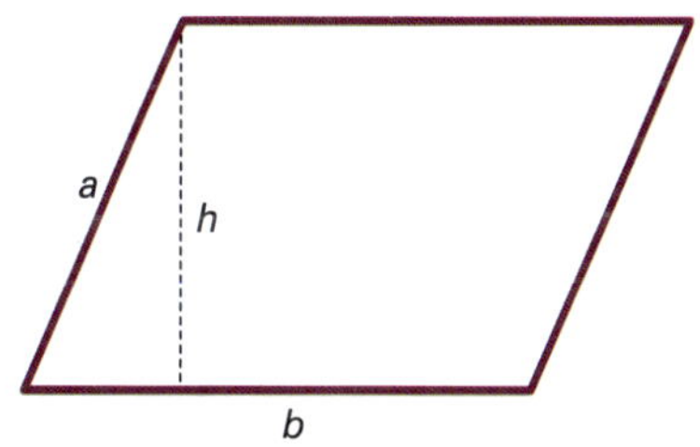

Figura 5.
Elementos de un paralelogramo.

3.3 Ecuación de la recta

La ecuación de una recta es: $y = m \cdot x + y_0$

En ella, y_0 es la ordenada en el origen y m es la pendiente de la recta, que se puede calcular como la tangente del ángulo (α) que forma la recta con el eje positivo de las x.

Si conocemos dos puntos de la recta, P (x_1, y_1) y Q (x_2, y_2), la ecuación se puede escribir como:

$$y - y_1 = m\,(x - x_1)$$

Y la pendiente tiene la siguiente expresión:

$$m = \tan \alpha = \frac{y_2 - y_1}{x_2 - x_1}$$

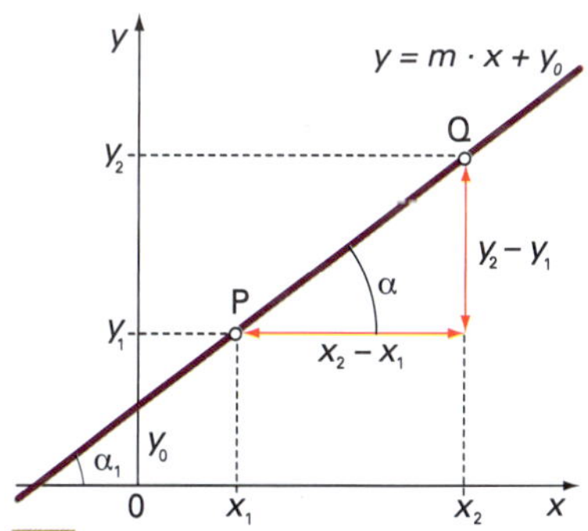

Figura 6.
Ecuación de una recta. En la expresión: $y = m \cdot x + y_0$, m es la tangente del ángulo que forma la recta con el eje positivo de las x.

> La relación entre la velocidad, v, y el tiempo, t, en un movimiento uniformemente acelerado es lineal: $v = v_0 + a \cdot t$
>
> La pendiente de esta recta es la aceleración, $m = a$, y la ordenada en el origen será la velocidad inicial, $y_0 = v_0$.

Si la recta pasa por el punto O (0, 0) la ecuación sería, $y = m \cdot x$. Las **variables** relacionadas son **directamente proporcionales.**

> La masa y el volumen de un cuerpo son directamente proporcionales:
>
> $$m = d \cdot V$$
>
> La pendiente de esta recta es la densidad d.

3.4 Algunas cónicas

Circunferencia

Consideramos la circunferencia de radio r centrada en el origen. Se definen:

Ecuación	Longitud	Área
$x^2 + y^2 = r^2$	$L = 2\pi \cdot r$	$A = \pi \cdot r^2$

Parábola

Las ecuaciones de segundo grado están representadas por parábolas.

Ecuación	Vértice	Posición
$y = a \cdot x^2 + b \cdot x + c$	$x_v = -\dfrac{b}{2a}$	$a > 0 \rightarrow$ vértice hacia abajo $a < 0 \rightarrow$ vértice hacia arriba

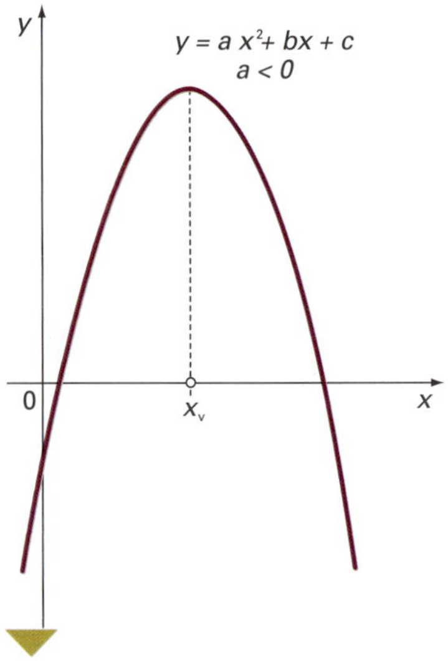

Figura 7.
Parábola: $a < 0$.

La ecuación del movimiento de un cuerpo que se lanza verticalmente dentro del campo gravitatorio terrestre está representado por una parábola:

$$y = y_0 + v_0 \cdot t - \frac{1}{2} g \cdot t^2$$

Los coeficientes corresponden a la posición inicial, $y_0 = c$; la velocidad inicial, $v_0 = b$, y la mitad de la aceleración de la gravedad terrestre, $-\frac{1}{2} g = a$.

Hipérbola equilátera

La ecuación que representa la hipérbola equilátera es:

$$y = \frac{\text{Cte}}{x}$$

Está formada por dos ramas. Las **variables** relacionadas son **inversamente proporcionales**.

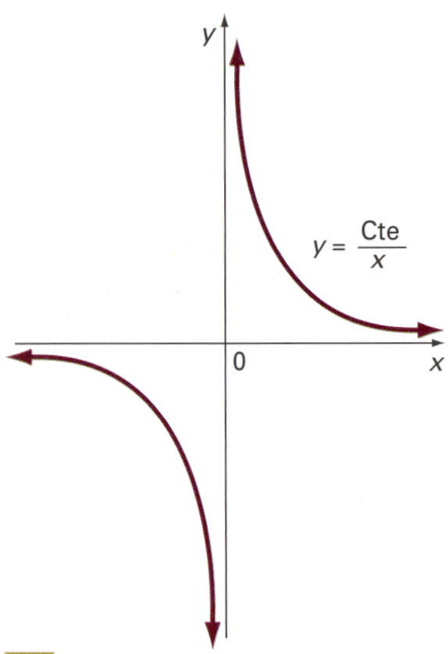

Figura 8.
Hipérbola equilátera.

La ley de Boyle dice que la presión de un gas, p, y su volumen, V, son inversamente proporcionales cuando el gas evoluciona a temperatura constante. Por tanto, la expresión matemática de esta ley sería:

$$p \cdot V = \text{Cte}$$

Algunos sólidos de revolución

	Esfera de radio r	Cilindro de radio r y altura h
Área	$A = 4 \cdot \pi \cdot r^2$	$A = 2 \cdot \pi \cdot r^2 + 2 \cdot \pi \cdot r \cdot h$
Volumen	$V = \frac{4}{3} \pi \cdot r^3$	$V = \pi \cdot r^2 \cdot h$

Los vectores son segmentos orientados que se caracterizan por tener:

- **Módulo, longitud o valor del vector.** Está relacionado con la longitud del segmento $\overline{OA}$.
- **Dirección del vector.** La recta (*r*) que lo contiene o cualquier paralela.
- **Sentido del vector.** El que indica la flecha.
- **Origen o punto de aplicación.** Punto O donde comienza el segmento. Al punto A se le denomina extremo del vector.

- **Representación de un vector.** El vector de origen O y extremo A se representa por $\overrightarrow{OA}$, $\vec{a}$, o bien por **a**. El módulo se representa por $|\overrightarrow{OA}|$, $|\vec{a}|$ o, simplemente, *a*.
- **Vector opuesto.** Cualquier vector tiene un opuesto definido con la misma dirección y módulo, pero de sentido opuesto. El opuesto del vector **a** se representa mediante –**a**.
- **Vector unitario.** Dado cualquier vector **a,** distinto de 0, el vector que resulta de dividir **a** entre su módulo es unitario; es decir, su módulo vale 1, en la misma dirección y sentido que **a**. Se representa con $\mathbf{u_a}$.

$$\mathbf{u_a} = \frac{\mathbf{a}}{|\mathbf{a}|}$$

Cualquier vector **a** se puede representar, por tanto, como: $\mathbf{a} = a \cdot \mathbf{u_a}$

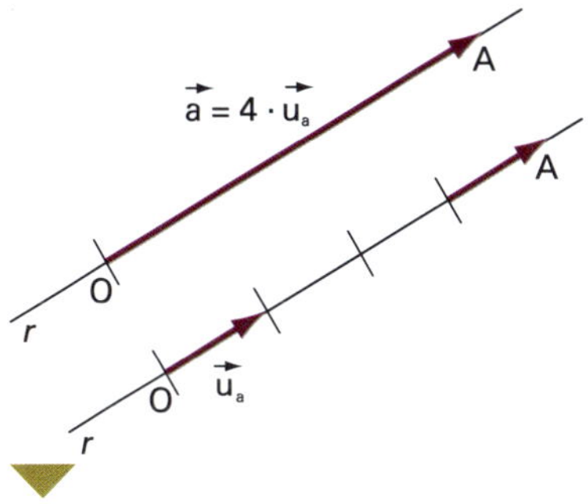

Figura 9.
Vector unitario del vector **a.**

4.1 Espacio vectorial

Matemáticamente, los vectores son elementos representados por pares ordenados en el plano R^2 (dos dimensiones) $\mathbf{r} = (x, y)$, y por $\mathbf{r} = (x, y, z)$ en el espacio R^3 (tres dimensiones).

Los números *x, y, z* se llaman **componentes del vector** y coinciden con las proyecciones ortogonales del vector sobre cada uno de los ejes cartesianos.

Si el origen del vector coincide con el origen del sistema de coordenadas, las componentes coinciden con las coordenadas del extremo del vector.

Se dota de dos operaciones al conjunto de los vectores:

- **Suma de vectores.** Al sumar dos vectores, $\mathbf{r}_1 = (x_1, y_1, z_1)$ y $\mathbf{r}_2 = (x_2, y_2, z_2)$, el resultado es otro vector, $\mathbf{r}_1 + \mathbf{r}_2$, cuyas componentes son la suma de las componentes de esos vectores:

  $$\mathbf{r}_1 + \mathbf{r}_2 = (x_1 + x_2, y_1 + y_2, z_1 + z_2)$$

  La suma de vectores cumple las propiedades asociativa, conmutativa y existencia del elemento neutro (vector cero) y del elemento opuesto para cualquier vector.

- **Producto por escalares.** El producto de un número real, λ, por un vector, $\mathbf{r} = (x, y, z)$, es otro vector, $\lambda \cdot \mathbf{r}$, cuyas componentes son el producto del número por las componentes del vector:

  $$\lambda \cdot \mathbf{r} = (\lambda \cdot x, \lambda \cdot y, \lambda \cdot z)$$

  El producto por escalares cumple las propiedades distributiva, asociativa y existencia del elemento neutro (λ = 1).

El conjunto de los vectores con estas dos operaciones forma una estructura algebraica denominada **espacio vectorial**.

Recuerda

Propiedad asociativa. Se pueden sumar más de dos vectores a la vez y en el orden que se quiera:

$$(\mathbf{r}_1 + \mathbf{r}_2) + \mathbf{r}_3 = \mathbf{r}_1 + (\mathbf{r}_2 + \mathbf{r}_3)$$

Propiedad conmutativa. Se puede cambiar el orden de los sumandos:

$$\mathbf{r}_1 + \mathbf{r}_2 = \mathbf{r}_2 + \mathbf{r}_1$$

Propiedad distributiva. Se puede sacar factor común:

$$\lambda \cdot \mathbf{r}_1 + \lambda \cdot \mathbf{r}_2 = \lambda \cdot (\mathbf{r}_1 + \mathbf{r}_2)$$

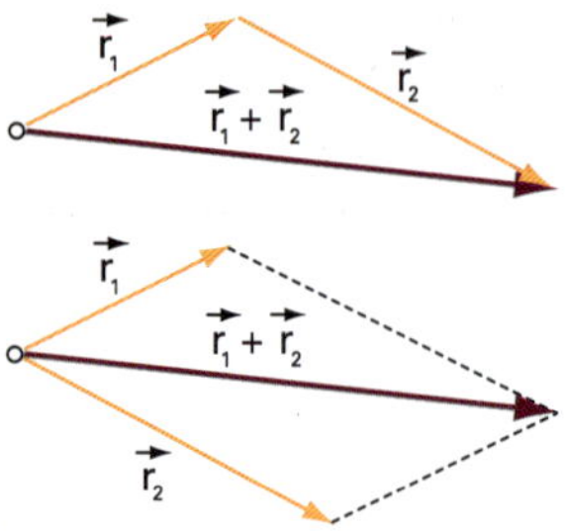

Figura 10.
Suma gráfica de vectores.

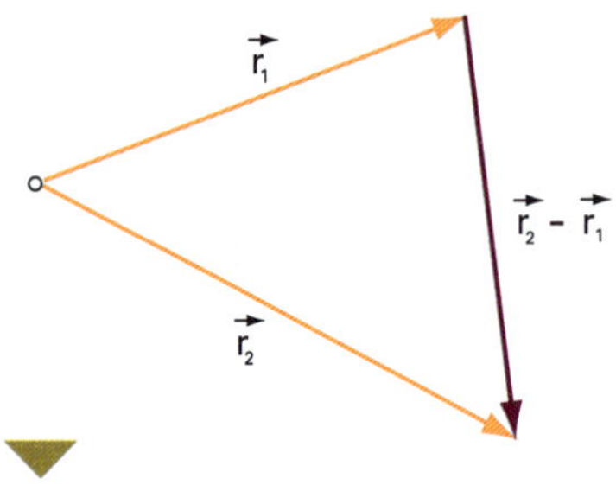

Figura 11.
Resta gráfica de vectores.

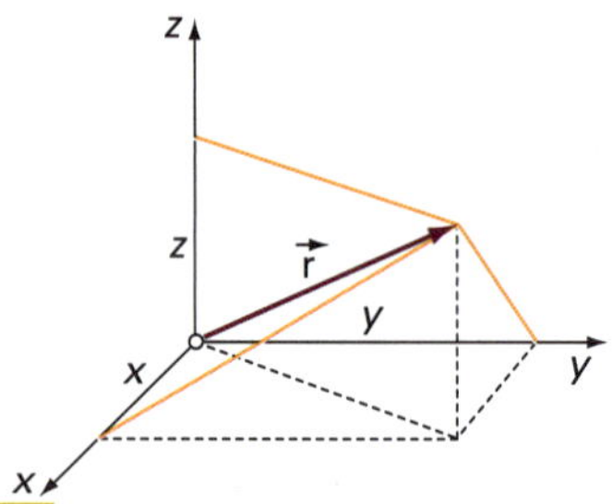

Figura 12.
Representación de un vector en tres dimensiones.

4.2 Operaciones con vectores (método gráfico)

Para sumar dos vectores ($\mathbf{r}_1$ y $\mathbf{r}_2$) gráficamente, se puede proceder de dos formas:

- Se dibujan los vectores de forma que coincida el extremo del primero, $\mathbf{r}_1$, con el origen del segundo, $\mathbf{r}_2$.
- La suma, $\mathbf{r}_1 + \mathbf{r}_2$, se representa por el vector que une el origen del primero con el extremo del segundo.

Obtenemos el mismo resultado si:

- Se dibujan los vectores de forma que coincidan los orígenes de ambos y se traza el paralelogramo que originan.
- La suma, $\mathbf{r}_1 + \mathbf{r}_2$ se representa por la diagonal del paralelogramo que sale del origen común.

Como cada vector tiene su opuesto, también podemos restar los vectores $\mathbf{r}_2$ y $\mathbf{r}_1$, sumando el opuesto de $\mathbf{r}_1$ al vector $\mathbf{r}_2$:

$$\mathbf{r}_2 - \mathbf{r}_1 = \mathbf{r}_2 + (-\mathbf{r}_1)$$

La construcción del vector resta se simplifica mucho, pues el resultado es el mismo si se siguen estos pasos:

1. Se dibujan los vectores de forma que coincidan sus orígenes.
2. La resta, $\mathbf{r}_2 - \mathbf{r}_1$ se representa mediante el vector que une los extremos de los dos vectores desde el segundo, $\mathbf{r}_1$, al primero de ellos, $\mathbf{r}_2$.

> El vector desplazamiento $\Delta\mathbf{r} = \mathbf{r}_2 - \mathbf{r}_1$ se construye uniendo los extremos de dos posiciones del móvil en instantes diferentes.

4.3 Base cartesiana

Es el conjunto de vectores unitarios cuyas direcciones son las de los ejes cartesianos y cuyos sentidos son los positivos de estos ejes:

En dos dimensiones ($\mathbb{R}^2$): $\mathbf{i} = (1, 0)$ $\quad \mathbf{j} = (0, 1)$

En tres dimensiones ($\mathbb{R}^3$): $\mathbf{i} = (1, 0, 0)$ $\quad \mathbf{j} = (0, 1, 0)$ $\quad \mathbf{k} = (0, 0, 1)$

Cualquier vector, $\mathbf{r}$, se puede escribir como combinación lineal de ellos:

$$\mathbf{r} = (x, y) = x \cdot \mathbf{i} + y \cdot \mathbf{j} \qquad \mathbf{r} = (x, y, z) = x \cdot \mathbf{i} + y \cdot \mathbf{j} + z \cdot \mathbf{k}$$

Este conjunto de tres vectores unitarios se denomina base cartesiana del espacio.

4.4 Cálculo de las componentes y del módulo de un vector

Los ángulos que forma el vector con cada eje se designan por α, β y γ. Como las componentes coinciden con las proyecciones ortogonales del vector sobre los ejes, tenemos:

$$x = r \cdot \cos\alpha \qquad y = r \cdot \cos\beta \qquad z = r \cdot \cos\gamma$$

El módulo se calcula como:

$$r = \sqrt{x^2 + y^2 + z^2}$$

4.5 Productos entre vectores. Aplicaciones

Producto escalar

Dados los vectores $\mathbf{a} = (a_x, a_y, a_z)$ y $\mathbf{b} = (b_x, b_y, b_z)$, el producto escalar, $\mathbf{a} \cdot \mathbf{b}$, es el número:

$$\mathbf{a} \cdot \mathbf{b} = a \cdot b \cdot \cos \alpha \qquad (0 \leq \alpha \leq \pi)$$

El producto escalar tiene las siguientes propiedades: conmutativa, distributiva respecto a la suma de vectores, y asociativa respecto al producto por escalares.

El cuadrado de un vector es el producto escalar del vector por sí mismo:

$$\mathbf{a}^2 = a^2 = \mathbf{a} \cdot \mathbf{a}$$

Producto vectorial

Dados los vectores **a** y **b**, el producto vectorial, $\mathbf{a} \times \mathbf{b}$, es el vector de módulo:

$$|\mathbf{a} \times \mathbf{b}| = a \cdot b \cdot \sin \alpha \qquad (0 \leq \alpha \leq \pi)$$

- Dirección: perpendicular al plano formado por **a** y **b**.
- Sentido: el de avance de un tornillo que, haciendo coincidir los orígenes de **a** y **b**, gira en el sentido del primero al segundo por el camino más corto.

La expresión cartesiana del producto vectorial coincide con el desarrollo del determinante:

$$\mathbf{a} \times \mathbf{b} = \begin{vmatrix} \vec{i} & \vec{j} & \vec{k} \\ a_x & a_y & a_z \\ b_x & b_y & b_z \end{vmatrix} = \mathbf{i}\,(a_y b_z - a_z b_y) - \mathbf{j}\,(a_x b_z - a_z b_x) + \mathbf{k}\,(a_x b_y - a_y b_x)$$

Aplicaciones

- **Área de un paralelogramo.** El módulo del producto vectorial de dos vectores coincide con el área del paralelogramo que forman los dos vectores:

$$|\mathbf{a} \times \mathbf{b}| = \text{área}$$

- **Momento.** El momento de un vector, **F**, respecto de un punto O, está definido por el producto vectorial del vector posición, **r**, por el vector, **F**:

$$\mathbf{M_o} = \mathbf{r} \times \mathbf{F}$$

Los **momentos de vectores** están asociados a magnitudes que describen rotaciones.

- **Sistemas de vectores.** Un conjunto finito de vectores, $\mathbf{F_1}$, $\mathbf{F_2}$, $\mathbf{F_3}$..., se puede reducir siempre a dos vectores (sistema equivalente): **R** y $\mathbf{M_o}$.
  - Resultante: $\mathbf{R} = \mathbf{F_1} + \mathbf{F_2} + \mathbf{F_3} + ...$
  - Momento resultante respecto de un punto O:

$$\mathbf{M_o} = \mathbf{M_o}(\mathbf{F_1}) + \mathbf{M_o}(\mathbf{F_2}) + \mathbf{M_o}(\mathbf{F_3}) + ...$$

Un sistema tal que $\mathbf{R} = 0$ y $\mathbf{M_o} \neq 0$ se llama **par**.

Es particularmente importante el par formado por dos fuerzas de igual módulo y dirección, pero de sentidos opuestos.

Expresión cartesiana

$$\mathbf{a} \cdot \mathbf{b} = a_x \cdot b_x + a_y \cdot b_y + a_z \cdot b_z$$

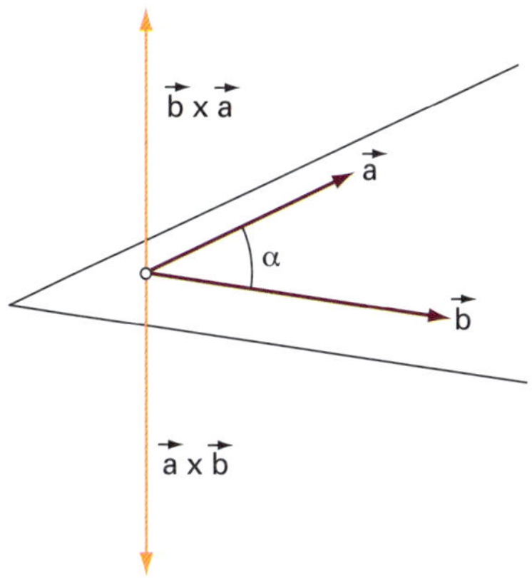

Figura 13.
El producto vectorial **a** × **b** no es conmutativo.

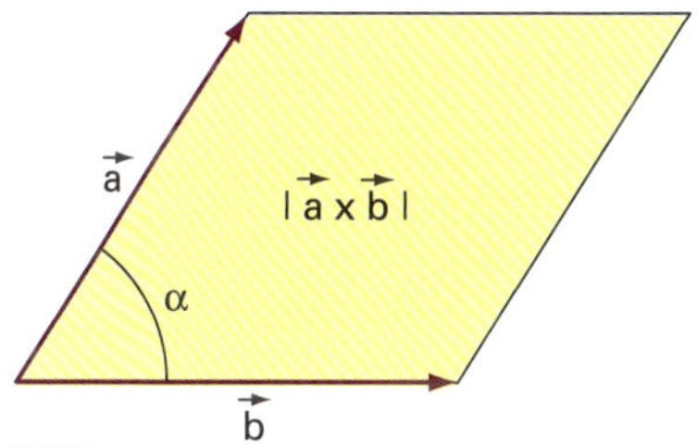

Figura 14.
Área de un paralelogramo definida como el módulo del producto vectorial de los vectores.

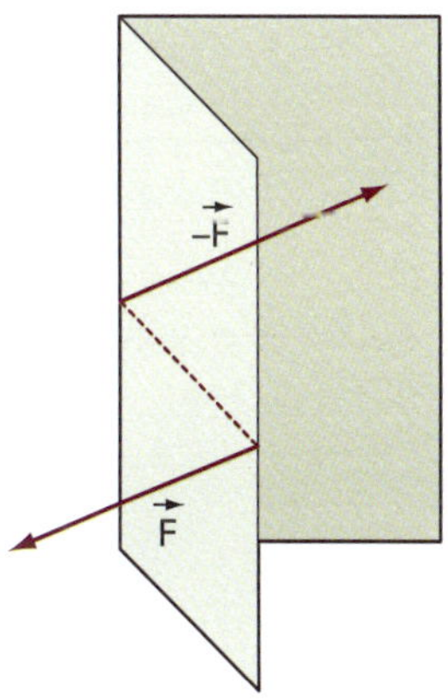

Figura 15.
Par de fuerzas que producen rotaciones sin traslaciones.

El símbolo de la derivada se puede indicar simplemente como y', entendiéndose que se deriva respecto de la variable independiente.

Si la función es una constante, su derivada es cero:

$$y = \text{Cte.} \Rightarrow y' = 0$$

La derivada de una función de variable real, $y = f(t)$, es una operación que nos permite estudiar el comportamiento de la función cuando variamos t. El símbolo que utilizamos para indicar esta operación es $\frac{\mathrm{d}}{\mathrm{d}t}$. Las derivadas de las funciones más habituales son:

Función	Derivada	Función	Derivada
$y = t^n$	$y' = n \cdot t^{n-1}$	$y = [u(t)]^n$	$y' = n \cdot [u(t)]^{n-1} \cdot u'(t)$
$y = \sin t$	$y' = \cos t$	$y = \sin u(t)$	$y' = \cos u(t) \cdot u'(t)$
$y = \cos t$	$y' = -\sin t$	$y = \cos u(t)$	$y' = -\sin u(t) \cdot u'(t)$
$y = \tan t$	$y' = \frac{1}{\cos^2 t}$	$y = \tan u(t)$	$y' = \frac{1}{\cos^2 u(t)} u'(t)$
$y = \ln t$	$y' = \frac{1}{t}$	$y = \ln u(t)$	$y' = \frac{1}{u(t)} u'(t)$

Las **propiedades de las derivadas** se indican en la tabla siguiente:

Suma	$y = f(t) \pm g(t)$	$y' = f'(t) \pm g'(t)$
Producto	$y = f(t) \cdot g(t)$	$y' = f'(t) \cdot g(t) + f(t) \cdot g'(t)$
Cociente	$y = \frac{f(t)}{g(t)}$	$y' = \frac{f'(t) \cdot g(t) - f(t) \cdot g'(t)}{g(t)^2}$

La derivada es una operación muy frecuente en Física, en particular en el estudio de las variaciones de ciertas magnitudes, como la **posición** y la **velocidad** de un móvil, respecto del tiempo.

La posición de un móvil en función del tiempo viene descrita por la ecuación:

$$y = \sin 5t$$

Esta ecuación es del tipo: $y = \sin u(t)$ donde $u(t) = 5t$.

Podríamos estudiar cómo varía esta función con el tiempo, simplemente calculando su derivada:

$$\frac{\mathrm{d}}{\mathrm{d}t} y = 5 \cdot \cos 5t$$

5.1 Derivada en un punto

La derivada de una función $y = f(x)$ en un punto (x_0, y_0) está definida como un límite cuyo resultado coincide con la pendiente, m, de la recta tangente a la curva $y = f(x)$ en el punto (x_0, y_0).

La velocidad instantánea, **v**, que está definida como la derivada de la posición, tiene, en consecuencia, la dirección de la tangente a la trayectoria en cada punto:

$$\mathbf{v} = \frac{\mathrm{d}}{\mathrm{d}t} \mathbf{r}$$

5.2 Derivada de un vector

La derivada de una función vectorial $\mathbf{r}(t) = x(t)\,\mathbf{i} + y(t)\,\mathbf{j} + z(t)\,\mathbf{k}$ se calcula como el vector cuyas componentes son las derivadas de las componentes del vector:

$$\frac{\mathrm{d}}{\mathrm{d}t} \mathbf{r}(t) = \frac{\mathrm{d}}{\mathrm{d}t} x(t)\,\mathbf{i} + \frac{\mathrm{d}}{\mathrm{d}t} y(t)\,\mathbf{j} + \frac{\mathrm{d}}{\mathrm{d}t} z(t)\,\mathbf{k}$$

Actividades

1 Expresa:

a) En radianes 36°, dejando el resultado en función de π.

b) En grados, 1,2 π radianes.

Solución: a) 0,2 π rad;
b) 216°.

2 La ecuación del movimiento vine expresada como:

$$x = t^2 - t + 6$$

donde la posición, x, se mide en metros y el tiempo, t, en segundos. ¿En qué instantes el móvil pasa por la posición x = 0?

Solución: El móvil nunca pasa por $x = 0$ m.

3 Estudiamos el movimiento de un juguete de cuerda y obtenemos los siguientes datos:

***x* (cm)**	0	2	4	6	8	10
***t* (s)**	0	1	2	3	4	5

La representación gráfica de estos datos en un diagrama *x-t* es una recta. Calcula su pendiente e indica su significado físico.

Solución: $m = 2$ cm/s;
representa la velocidad del juguete.

4 La ecuación de la trayectoria de la Tierra alrededor del Sol es:

$$x^2 + y^2 = 22\,500$$

donde las distancias están expresadas en millones de kilómetros. ¿Qué espacio recorre la Tierra al dar una vuelta completa alrededor del Sol?

Solución: 942,5 millones de kilómetros.

5 Dado el siguiente sistema de vectores:

$$\mathbf{F}_1 = 2\,\mathbf{i} - 5\,\mathbf{j}; \quad \mathbf{F}_2 = -3\,\mathbf{i} + 2\,\mathbf{j}; \quad \mathbf{F}_3 = 5\,\mathbf{i}$$

Calcula la resultante y su módulo.

Solución: $\mathbf{R} = 4\,\mathbf{i} - 3\,\mathbf{j}$;
$R = 5$ U.

6 Sabiendo que $\alpha = 30°$, calcula las componentes del vector **P**, cuyo módulo es 700,0 U, en el sistema de coordenadas de la figura 16.

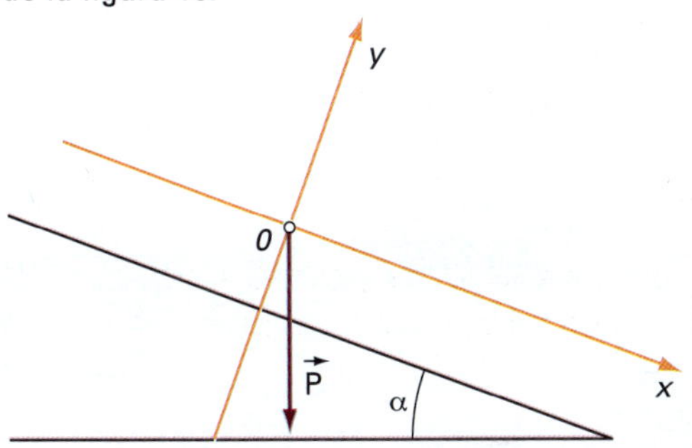

Figura 16.

Solución: (350,0, 606,2) U.

7 Dado el siguiente sistema de vectores:

$$\mathbf{F}_1 = 2\,\mathbf{i} - 5\,\mathbf{j}; \quad \mathbf{F}_2 = -3\,\mathbf{i} + 2\,\mathbf{j}; \quad \mathbf{F}_3 = 5\,\mathbf{i}$$

Aplicados en los puntos:

$$A_1(2,3);\ A_2(-1,4);\ A_3(2,-2)$$

Calcula:

a) La resultante del sistema.

b) Los momentos de los vectores respecto al origen O(0,0).

c) El momento resultante del sistema respecto de O(0,0).

Solución: a) $\mathbf{R} = 4\,\mathbf{i} + 3\,\mathbf{j}$;
b) **Mo(F1)** = –16 **k**; **Mo(F2)** = 10 **k**; **Mo(F3)** = 10 k;
c) **Mo** = 4 **k**.

8 Dados los vectores $\mathbf{a} = 2\,\mathbf{i} - 3\,\mathbf{j}$ y $\mathbf{b} = 3\,\mathbf{i} + 3\,\mathbf{j}$, calcula:

a) El producto escalar.

b) El ángulo que forman.

c) El área del paralelogramo que originan.

Solución: a) $\mathbf{a} \cdot \mathbf{b} = -3$ U^2;
b) $\alpha = 101{,}3°$;
c) $A = 15$ U^2.

9 La ecuación del movimiento de una piedra que ha sido lanzada al mar con un cierto ángulo desde un acantilado viene dada por:

$$\mathbf{r}\,(t) = 4{,}3 \cdot t\,\mathbf{i} + (15 + 2{,}5 \cdot t - 4{,}9 \cdot t^2)\,\mathbf{j}$$

donde las distancias se expresan en metros y el tiempo, en segundos.

a) Sabiendo que la velocidad es la derivada de la posición respecto del tiempo, calcula la velocidad en el instante $t = 1$ s.

b) Sabiendo que la aceleración es la derivada de la velocidad respecto del tiempo, calcula la aceleración de la piedra en cualquier instante.

Solución: a) $\mathbf{v}\,(1) = (4{,}3\,\mathbf{i} - 7{,}3\,\mathbf{j})$ m/s;
b) $\mathbf{a} = -9{,}8\,\mathbf{j}$ m/s^2.

10 Dada la función vectorial:

$$\mathbf{r}\,(t) = 9 \sin \frac{\pi}{3}\,t\,\mathbf{i} + 9 \cos \frac{\pi}{3}\,t\,\mathbf{j}$$

Calcula:

a) Su derivada respecto del tiempo.

b) El módulo de la derivada.

c) La derivada de este módulo.

d) La derivada de la derivada (segunda derivada).

e) El módulo de la segunda derivada.

Solución: a) $\mathbf{r}' = 3\pi \cos \frac{\pi}{3}\,t\,\mathbf{i} - 3\pi \sin \frac{\pi}{3}\,t\,\mathbf{j}$; **b)** $r' = 3\pi$;
c) $\frac{d}{dt}\,r = 0$; **d)** $\mathbf{r}'' = -\pi^2 \sin \frac{\pi}{3}\,t\,\mathbf{i} - \pi^2 \cos \frac{\pi}{3}\,t\,\mathbf{j}$;
e) $r'' = \pi^2$.

10 El movimiento. Movimientos simples

1 Movimiento. Los sistemas de referencia

La **cinemática** tiene como objeto de estudio el movimiento, sin ocuparse de las causas que lo producen.

Decimos que un cuerpo está en movimiento si cambia su posición respecto a un punto que tomamos como referencia. Si el punto está fijo, el movimiento se llama **absoluto;** en caso contrario, el movimiento se denomina **relativo.**

En el universo conocido no nos consta la existencia de puntos fijos, de modo que todos los movimientos son relativos.

El modelo utilizado en cinemática con el fin de simplificar el estudio de los movimientos consiste en reducir los cuerpos, que llamaremos genéricamente **móviles,** a partículas sin dimensiones.

Figura 10.1.
Determinar los sistemas de referencia. Tanto los observadores que están en el andén, como la persona situada dentro del vagón, aseguran que están en reposo y que son los otros observadores los que se mueven.

Para el estudio de un movimiento es necesario precisar respecto a qué punto se realiza el estudio; es decir, hay que definir un sistema de referencia.

1.1 Sistemas de referencia

Un **sistema de referencia** es el conjunto formado por un sistema de coordenadas, para determinar las posiciones del móvil, y un reloj, para medir tiempos.

El sistema de coordenadas utilizado será el plano cartesiano (O; **i**, **j**), donde O (0, 0) es el origen de coordenadas; **i** = (1, 0) y **j** = (0, 1) son vectores unitarios cuya dirección y sentido son los de los semiejes positivos Ox y Oy, respectivamente.

Un sistema de referencia se llama **sistema inercial** cuando, respecto de otro, está en reposo o se mueve con movimiento rectilíneo y uniforme. En caso contrario el sistema será no inercial.

La Tierra, aunque no es un sistema inercial, se utiliza en la práctica como tal, ya que las aceleraciones a las que está sometida son muy pequeñas.

1 Entre dos sistemas inerciales, ¿existe la posibilidad de realizar un experimento que determine cuál está en reposo y cuál se mueve con velocidad constante?

2 Estás sentado en un banco del parque. ¿Te encuentras en reposo o en movimiento?

3 Un punto de un vehículo en movimiento, ¿puede ser un sistema de referencia inercial en un determinado momento y, en otro momento, uno no inercial? Razona tu respuesta.

2 Variables del movimiento

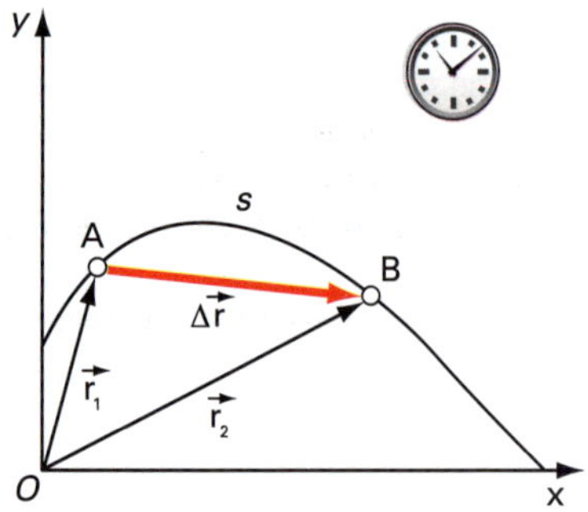

Figura 10.2.
Vectores de posición $\mathbf{r}_1$ y $\mathbf{r}_2$, trayectoria *AB*, vector desplazamiento $\Delta\mathbf{r}$, y espacio recorrido *s*.

Imaginemos el lanzamiento de peso efectuado por una atleta en el sistema de referencia de la figura 10.2. El móvil, en este caso, la bola, traza el arco $\widehat{AB}$ de longitud *s*, en un tiempo Δt.

2.1 Vector posición del móvil

El **vector posición** del móvil es el vector que une el origen del sistema de referencia *O* (0, 0) con el móvil en cada instante (fig. 10.2).

Como cualquier vector en el plano, el vector posición se puede escribir como par ordenado de números o bien en función de los vectores unitarios que definen las direcciones de los ejes cartesianos: **i** y **j**.

$$\mathbf{r} = (x, y) = x\,\mathbf{i} + y\,\mathbf{j}$$

donde *x* e *y* son las componentes del vector (fig. 10.3):

$$x = r \cdot \cos \alpha \qquad y = r \cdot \sin \alpha$$

El módulo de **r** es:

$$r = \sqrt{x^2 + y^2}$$

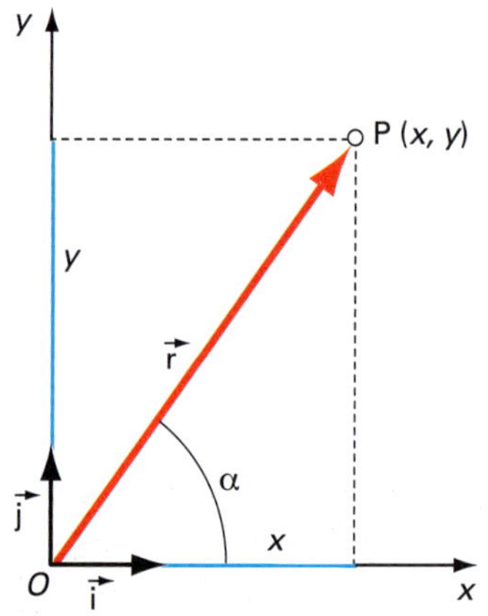

Figura 10.3.
Componentes cartesianas de un vector.

La dirección del vector se suele expresar a partir de la tangente del ángulo que forma este con el semieje positivo de las *x*:

$$\tan \alpha = \frac{y}{x} \rightarrow \alpha = \tan^{-1} \frac{y}{x}$$

> El vector posición de un móvil depende del tiempo y a esta relación se le llama **ecuación del movimiento:**
>
> $$\mathbf{r}\,(t) = x\,(t)\,\mathbf{i} + y\,(t)\,\mathbf{j}$$

En nuestro caso, el vector posición podría ser:

$$\mathbf{r}\,(t) = [(7 \cdot t)\,\mathbf{i} + (2 + 7 \cdot t - 5 \cdot t^2)\,\mathbf{j}]\ \text{m}$$

2.2 Trayectoria, y = f(x)

La **trayectoria** es la línea dibujada por el móvil. No depende del tiempo, por tanto, se obtiene eliminando el tiempo de la ecuación del movimiento.

Entre dos puntos A y B, la trayectoria no es única, se pueden trazar infinitas líneas que los unan. En nuestro ejemplo es un arco de curva (fig. 10.2).

En nuestro ejemplo eliminamos el tiempo de las ecuaciones paramétricas del movimiento:

$$x = 7 \cdot t \qquad y = 2 + 7 \cdot t - 5 \cdot t^2$$

para lo cual despejamos el tiempo en la primera ecuación y lo sustituimos en la segunda:

$$t = \frac{x}{7} \rightarrow y = 2 + 7 \cdot \frac{x}{7} - 5 \cdot \left(\frac{x}{7}\right)^2 \rightarrow y = 2 + x - \frac{5}{49}\,x^2$$

obtenemos una ecuación que corresponde a una parábola.

Recuerda

En la unidad **Herramientas de la Física** puedes recordar lo fundamental del cálculo vectorial.

2.3 Vector desplazamiento, $\Delta\mathbf{r}$

El **vector desplazamiento** es el vector que une las posiciones del móvil en dos instantes diferentes, t_1 y t_2. Se calcula así:

$$\Delta\mathbf{r} = \mathbf{r}_2 - \mathbf{r}_1$$

El desplazamiento no depende de la trayectoria ni del sistema de referencia utilizado. Entre dos puntos, A y B, el desplazamiento es único.

En nuestro caso, cuando el tiempo es $t_1 = 0{,}50$ s, la bola está en el punto A, su vector posición es:

$$\mathbf{r}_1 = x\,(t_1)\,\mathbf{i} + y\,(t_1)\,\mathbf{j} = (3{,}50\,\mathbf{i} + 4{,}25\,\mathbf{j})\ \text{m}$$

En el instante $t_2 = 1{,}00$ s, la bola pasa por B y su vector posición es:

$$\mathbf{r}_2 = x\,(t_2)\,\mathbf{i} + y\,(t_2)\,\mathbf{j} = (7{,}00\,\mathbf{i} + 4{,}00\,\mathbf{j})\ \text{m}$$

El desplazamiento es:

$$\Delta\mathbf{r} = \mathbf{r}_2 - \mathbf{r}_1 = (3{,}50\,\mathbf{i} - 0{,}25\,\mathbf{j})\ \text{m}$$

> **Recuerda**
>
> Las posiciones, desplazamientos y espacios recorridos son longitudes. Se miden en el Sistema Internacional en metros (m).

2.4 Espacio recorrido, s

El **espacio recorrido** es la longitud medida sobre la trayectoria, por tanto depende de esta trayectoria. El espacio recorrido, s, solo coincide con el módulo del vector desplazamiento, cuando el movimiento es rectilíneo y no ha habido cambios de sentido durante el movimiento.

En nuestro ejemplo, el módulo del desplazamiento de la bola es:

$$|\Delta\mathbf{r}| = \sqrt{(3{,}50)^2 + (-0{,}25)^2} = 3{,}51\ \text{m}$$

mientras que el espacio recorrido es la longitud del arco $\widehat{AB}$.

4 Sitúa los puntos A (–3, –5) y B (3, 4) expresados en el SI sobre el plano.

a) Dibuja y calcula el vector desplazamiento desde A hasta B: $\Delta\mathbf{r} = \mathbf{r}_B - \mathbf{r}_A$.

b) ¿Cuál será su módulo?

c) Dibuja dos posibles trayectorias diferentes entre ambos puntos y calcula el espacio recorrido en cada caso.

Solución: a) $\Delta\mathbf{r} = (6, 9)$ m; **b)** $\Delta r = 10{,}8$ m; **c)** $s_1 = 10{,}8$ m; $s_2 = 15$ m.

5 El jugador de la figura 10.4 bota la pelota desde 1 m de altura y, al cabo de 1 s, le vuelve a la mano en la misma posición.

a) ¿Cuál es el desplazamiento de la pelota?

b) Calcula el espacio recorrido por la pelota.

Solución: a) $\Delta\mathbf{r} = 0$; **b)** $s = 2$ m.

6 Jugando a los bolos, la ecuación del movimiento de una bola viene dada en unidades del SI por: $\mathbf{r}\,(t) = 4\,\mathbf{i} + t\mathbf{j}$.

a) Halla la ecuación de la trayectoria y represéntala.

b) Calcula y dibuja el desplazamiento para el intervalo $t = 1$ s y $t = 3$ s (en metros).

c) Determina el módulo de ese desplazamiento.

Solución: a) $x = 4$; **b)** $\Delta\mathbf{r} = 2\,\mathbf{j}$ m; **c)** $|\Delta r| = 2$ m.

Figura 10.4.
Ilustración para actividad 5.
Desplazamiento y espacio recorrido por la pelota.

3 Velocidad

> La **velocidad** es una magnitud que estudia la rapidez con la que cambia la posición de un móvil.

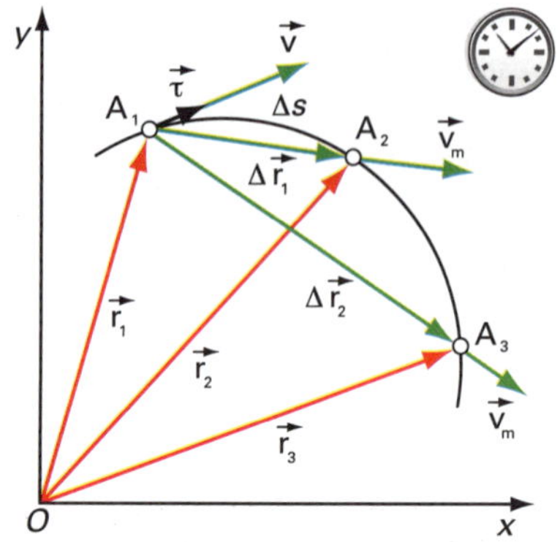

Figura 10.5.
La dirección de la velocidad media tiende a la tangente a la trayectoria, de forma que la dirección de la velocidad instantánea en un punto es tangente a la trayectoria en ese punto.

3.1 Velocidad media

Un cuerpo que se mueve por la trayectoria de la figura 10.5, en el instante t_1 tiene una posición $\mathbf{r}_1$; cuando el reloj marca t_2, el cuerpo está en el punto A_2 y su posición es $\mathbf{r}_2$. La velocidad media, $\mathbf{v}_m$, es el cociente entre el desplazamiento, $\Delta\mathbf{r}$, y el tiempo transcurrido, Δt.

$$\mathbf{v}_m = \frac{\Delta \mathbf{r}}{\Delta t} = \frac{\mathbf{r}_2 - \mathbf{r}_1}{t_2 - t_1}$$

> La velocidad es una **magnitud vectorial** cuya dirección y sentido son los del vector desplazamiento.

La velocidad en el SI se mide en **metros por segundo (m/s** o **m $\mathbf{s^{-1}}$).**

> Un metro por segundo es la velocidad de un cuerpo que recorre la longitud de un metro en un segundo.

3.2 Velocidad instantánea

La velocidad media no informa sobre cómo ha sido el movimiento entre los tiempos t_1 y t_2. Existen muchas posibilidades para ir desde A_1 hasta A_2, todas ellas con la misma velocidad media.

Si el intervalo de tiempo se va reduciendo y tiende a ser cero, pero sin alcanzar ese valor ($\Delta t \to 0$), el vector desplazamiento $\Delta\mathbf{r}$ se va haciendo más pequeño, tendiendo su dirección hacia la de la tangente a la trayectoria en el punto A_1.

La velocidad instantánea es la que posee un móvil en un punto. Se calcula como el límite al que tiende la velocidad media cuando el tiempo tiende hacia cero, es decir, la derivada del vector posición respecto al tiempo:

$$\mathbf{v} = \lim_{\Delta t \to 0} \frac{\Delta \mathbf{r}}{\Delta t} = \frac{\mathrm{d}\mathbf{r}}{\mathrm{d}t}$$

En esta situación límite, el módulo del desplazamiento $\Delta\mathbf{r}$ vale lo mismo que el arco de la trayectoria Δs. Por tanto:

$$|\mathbf{v}| = \left|\frac{\mathrm{d}\mathbf{r}}{\mathrm{d}t}\right| = \frac{\mathrm{d}s}{\mathrm{d}t}$$

El módulo de la velocidad también se denomina **rapidez** o **celeridad.**

Según hemos dicho, la dirección de la velocidad instantánea es tangente a la trayectoria en cada punto. En consecuencia, para expresar el carácter vectorial de la velocidad en un punto, se multiplica su módulo por un vector unitario $\boldsymbol{\tau}$ (tau) en la dirección de la tangente a la trayectoria en ese punto y en el sentido del movimiento:

$$\mathbf{v} = \frac{\mathrm{d}s}{\mathrm{d}t} \cdot \boldsymbol{\tau}$$

Figura 10.6.
Determinación de la velocidad instantánea. El velocímetro es un aparato que nos indica este valor.

3.3 Componentes cartesianas de la velocidad

Podemos descomponer el vector velocidad, como cualquier otro vector en el plano, en sus dos componentes sobre los ejes cartesianos:

$$\mathbf{v} = v_x\,\mathbf{i} + v_y\,\mathbf{j} \rightarrow v = \sqrt{v_x^2 + v_y^2}$$

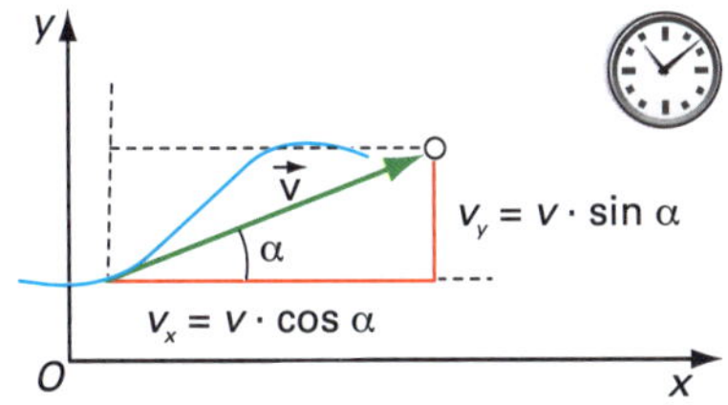

Figura 10.7.
Componentes cartesianas de la velocidad.

EJEMPLO

La ecuación vectorial del movimiento de un dardo que ha sido lanzado horizontalmente hacia una diana, expresado en el SI de unidades, es:

$$\mathbf{r}\,(t) = 10 \cdot t\ \mathbf{i} + (1{,}6 - 5 \cdot t^2)\ \mathbf{j}$$

Calcula:

a) Los vectores posición para los tiempos $t = 0$ s y $t = 0{,}2$ s.

b) La velocidad media en ese intervalo de tiempo.

c) La velocidad del dardo en función del tiempo.

a) Sustituimos los tiempos en la ecuación de la posición:

$$\mathbf{r}\,(0) = 1{,}6\ \mathbf{j}\ \text{m}$$

$$\mathbf{r}\,(0,2) = [10 \times 0{,}2\ \mathbf{i} + (1{,}6 - 5 \cdot (0{,}2)^2)\ \mathbf{j}]\ \text{m} = (2\ \mathbf{i} + 1{,}4\ \mathbf{j})\ \text{m}$$

b) Primero hay que calcular el desplazamiento en ese intervalo:

$$\Delta\mathbf{r} = \mathbf{r}\,(0,2) - \mathbf{r}\,(0) = (2\ \mathbf{i} - 0{,}2\ \mathbf{j})\ \text{m}$$

Entonces, la velocidad media es:

$$\mathbf{v}_m = \frac{\Delta\mathbf{r}}{\Delta t} = \frac{(2\ \mathbf{i} - 0{,}2\ \mathbf{j})\ \text{m}}{0{,}2\ \text{s}} = (10\ \mathbf{i} - \mathbf{j})\ \frac{\text{m}}{\text{s}}$$

c) El cálculo de la velocidad instantánea se realiza derivando el vector posición respecto al tiempo:

$$\mathbf{v} = \frac{\text{d}\mathbf{r}\,(t)}{\text{d}t} = \frac{\text{d}}{\text{d}t}(10 \cdot t\ \mathbf{i} + (1{,}6 - 5 \cdot t^2))\ \mathbf{j} = (10\ \ \mathbf{i} - 10 \cdot t\ \mathbf{j})\ \frac{\text{m}}{\text{s}}$$

La velocidad del dardo varía su módulo y dirección con el tiempo.

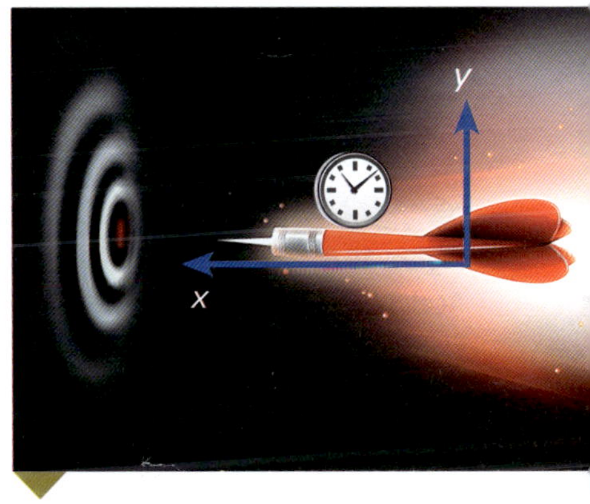

Figura 10.8.
Ilustración para ejemplo.

La velocidad instantánea se obtiene derivando el vector posición respecto del tiempo:

$$v = \frac{\text{d}}{\text{d}t}x\,(t)\ \ \mathbf{i} + \frac{\text{d}}{\text{d}t}y\,(t)\ \ \mathbf{j}$$

7 Un ciclista se desplaza en línea recta pasando, respecto a la salida, por el punto $\mathbf{r}_1 = 8\ \mathbf{i}$ a los 2 segundos, por el punto $\mathbf{r}_2 = 40\ \mathbf{i}$ a los 12 segundos y por el punto $\mathbf{r}_3 = 80\ \mathbf{i}$ a los 28 segundos. Si las posiciones están expresadas en metros, calcula las velocidades medias del ciclista en km/h para los intervalos de tiempo $(t_2 - t_1)$ y $(t_3 - t_1)$.

Solución: $\mathbf{v}_{12} = 11{,}5\ \mathbf{i}$ km/h; $\mathbf{v}_{13} = 10{,}1\ \mathbf{i}$ km/h.

8 El vector posición expresado en el SI de unidades de una lancha de juguete viene dado por: $\mathbf{r} = 0{,}2\ t\ \ \mathbf{i} + 0{,}75\ t\ \ \mathbf{j}$. Calcula:

a) Los módulos de las posiciones para $t = 1$ s y $t = 3$ s.

b) El desplazamiento en ese intervalo.

c) El vector velocidad media y su módulo.

d) El vector velocidad instantánea a los 3 s y su módulo.

e) La ecuación de la trayectoria.

Solución: a) $\mathbf{r}_1 = 0{,}78$ m; $\mathbf{r}_2 = 2{,}33$ m; **b)** $\Delta\mathbf{r} = (0,\ 4,\ 15)$ m; **c)** $\mathbf{v}_m = (0{,}2,\ 0{,}75)$ m/s; $v_m = 0{,}78$ m/s; **d)** $\mathbf{v} = (0{,}2,\ 0{,}75)$ m/s; $v = 0{,}78$ m/s; **e)** $y = 3{,}75 \cdot x$.

4 Aceleración

La **aceleración** es una magnitud que mide la rapidez con la que varía la velocidad de un móvil.

4.1 Aceleración media

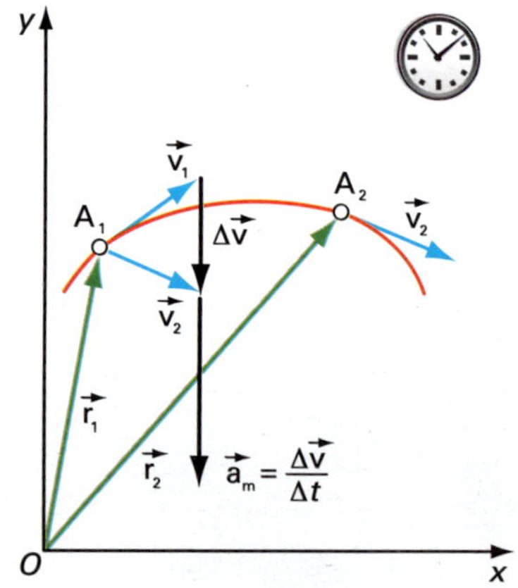

Figura 10.9.
Aceleración media. Se observa el cambio de la velocidad en el tiempo.

La aceleración media, $\mathbf{a}_m$, de un móvil se define como el cambio experimentado por la velocidad, $\Delta\mathbf{v}$, en un intervalo de tiempo, Δt:

$$\mathbf{a}_m = \frac{\Delta \mathbf{v}}{\Delta t} = \frac{\mathbf{v}_2 - \mathbf{v}_1}{t_2 - t_1}$$

Un móvil se encuentra en A_1 en el instante t_1 con una velocidad $\mathbf{v}_1$. Al cabo de un cierto tiempo, en el instante t_2, se encuentra en A_2 con una velocidad $\mathbf{v}_2$. La variación de la velocidad, en el intervalo de tiempo $\Delta t = t_2 - t_1$, se halla trasladando paralelamente $\mathbf{v}_2$ de tal forma que el punto de aplicación esté en el de $\mathbf{v}_1$. La diferencia de los vectores $\mathbf{v}_2 - \mathbf{v}_1$ es igual a $\Delta\mathbf{v}$.

La **aceleración media** es una magnitud vectorial con la misma dirección y sentido que $\Delta\mathbf{v}$.

En el SI, la aceleración se mide en **metros por segundo cuadrado (m/s^2** o **$m\ s^{-2}$).**

Un metro por segundo cuadrado es la aceleración de un cuerpo cuya velocidad varía 1 m/s cada segundo.

4.2 Aceleración instantánea

La aceleración instantánea, **a**, es el límite al que tiende la aceleración media cuando Δt tiende a cero.

Este límite es la derivada de la velocidad respecto al tiempo:

$$\mathbf{a} = \lim_{\Delta t \to 0} \frac{\Delta \mathbf{v}}{\Delta t} = \frac{d\mathbf{v}}{dt}$$

La aceleración mide las variaciones del **vector velocidad** respecto al tiempo. Por tanto, siempre que hay cambios en el módulo o en la dirección de la velocidad, hay aceleración.

4.3 Componentes cartesianas de la aceleración

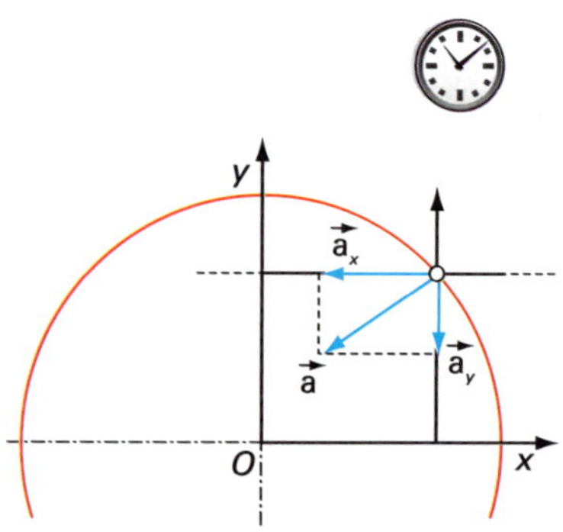

Figura 10.10.
Componentes cartesianas de la aceleración.

La aceleración, como la velocidad, se puede descomponer en el plano cartesiano en dos componentes:

$$\mathbf{a} = a_x\,\mathbf{i} + a_y\,\mathbf{j} \rightarrow a = \sqrt{a_x^2 + a_y^2}$$

Las componentes cartesianas se pueden obtener derivando el vector velocidad respecto al tiempo:

$$\mathbf{a} = \frac{d}{dt} v_x(t)\,\mathbf{i} + \frac{d}{dt} v_y(t)\,\mathbf{j}$$

EJEMPLO

Lanzamos una piedra. La ecuación vectorial de su movimiento es:

$$\mathbf{r} = 2 \cdot t\,\mathbf{i} + (t^2 + 1)\,\mathbf{j}$$

Calcula en unidades del SI:

a) La velocidad a los 2 s y su módulo.

b) La aceleración y su módulo.

a) La velocidad se obtiene derivando el vector posición respecto al tiempo:

$$\mathbf{v}(t) = \frac{d}{dt}\,\mathbf{r}(t) = 2\,\mathbf{i} + 2\,t\,\mathbf{j}$$

A los 2 s vale:

$$\mathbf{v}(2) = (2\,\mathbf{i} + 4\,\mathbf{j})\ \text{m/s} \rightarrow v(2) = \sqrt{2^2 + 4^2} = 2\sqrt{5}\ \frac{\text{m}}{\text{s}}$$

b) Para calcular la aceleración se deriva la velocidad respecto al tiempo:

$$\mathbf{a}(t) = \frac{d}{dt}\,\mathbf{v}(t) = 2\,\mathbf{j}\ \frac{\text{m}}{\text{s}^2}$$

El módulo de la aceleración es $a = 2\ \text{m/s}^2$.

La velocidad de la partícula varía con el tiempo; sin embargo, la aceleración es constante, produciendo variaciones únicamente en el valor de v_y.

El cuerpo humano puede tolerar cualquier velocidad, por grande que sea; sin embargo, difícilmente soporta aceleraciones verticales superiores a 100 m/s^2.

4.4 Componentes intrínsecas de la aceleración

Como la aceleración estudia las variaciones del vector velocidad respecto al tiempo, conviene examinar esta magnitud con relación a un sistema unido al móvil que distinga las variaciones del módulo de la velocidad de las variaciones en su dirección.

El sistema móvil está formado por un eje en la dirección de la velocidad, tangente en cada punto a la trayectoria, definido por el vector unitario $\boldsymbol{\tau}$, en el mismo sentido que la velocidad, y otro perpendicular a este, cuya dirección coincide con la del radio de la trayectoria en cada punto, definido por el vector unitario **n**, en sentido hacia el centro de curvatura de la trayectoria. En este sistema de referencia las componentes del vector aceleración se llaman **componentes intrínsecas.** La expresión del vector aceleración es:

$$\mathbf{a} = a_t\,\boldsymbol{\tau} + a_c\,\mathbf{n} \rightarrow a = \sqrt{a_t^2 + a_c^2}$$

La componente sobre el eje tangente a la trayectoria, a_t, se denomina **aceleración tangencial** y estudia exclusivamente los cambios del módulo de la velocidad respecto al tiempo:

$$a_t = \frac{d}{dt}\,|\mathbf{v}|$$

La componente sobre el eje normal, a_c, es la **aceleración centrípeta** o **normal** y solo estudia los cambios de la dirección de la velocidad respecto al tiempo. Si la trayectoria es una circunferencia de radio R, su valor es:

$$a_c = \frac{v^2}{R}$$

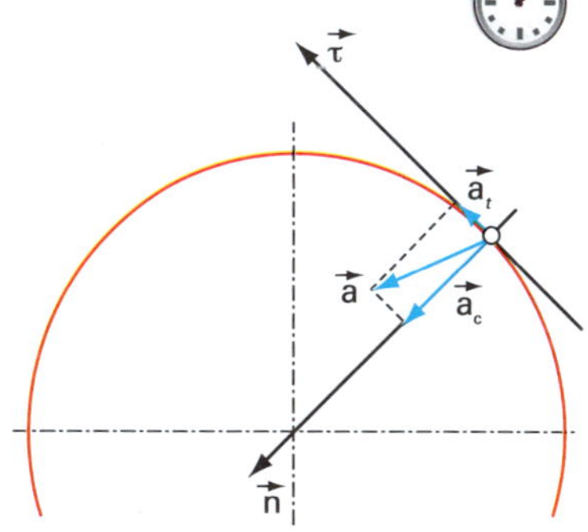

Figura 10.11. Componentes intrínsecas de la aceleración.

Figura 10.12.
Variaciones del vector velocidad respecto al tiempo. El trineo cambia el módulo y la dirección de su velocidad.

EJEMPLO

En una pista de *bobsleigh* una de sus curvas, que suponemos circular, tiene un radio de 18 m. El trineo la toma con una velocidad cuyo módulo es $v = (20 + 5\ t)$ m/s. Calcula las componentes intrínsecas de la aceleración al cabo de 1,5 s de iniciarse la curva.

La aceleración tangencial a_t es la derivada del módulo de la velocidad respecto al tiempo:

$$a_t = \frac{d}{dt}\,v = \frac{d}{dt}(20 + 5 \cdot t) = 5\ \text{m/s}^2$$

La componente tangencial no depende del tiempo.

La aceleración centrípeta es:

$$a_c = \frac{v^2}{R} = \frac{(20 + 5 \cdot t)^2\ (\text{m/s})^2}{18\ \text{m}}$$

En el instante $t = 1$ s:

$$a_c = \frac{(25)^2\ (\text{m/s})^2}{18\ \text{m}} = 34{,}7\ \text{m/s}^2$$

La aceleración centrípeta, que supone prácticamente el total de la aceleración, es muy alta, lo que indica cambios muy rápidos en la dirección de la velocidad.

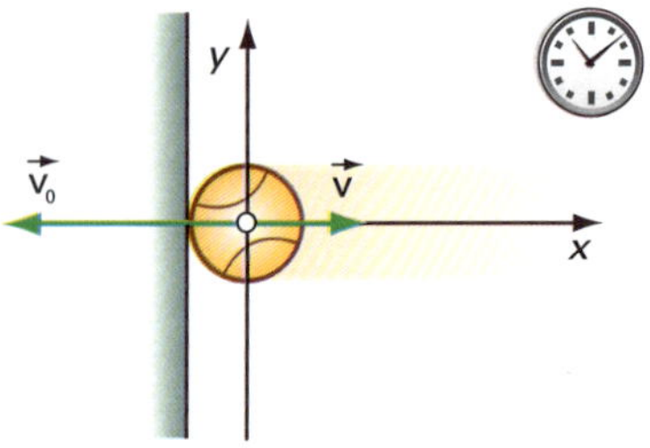

Figura 10.13.
Ilustración para la actividad 9.

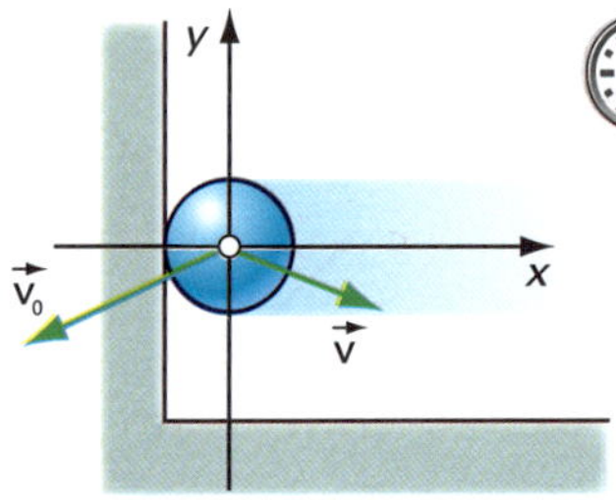

Figura 10.14.
Ilustración para la actividad 10.

9 La pelota de la figura 10.13 choca perpendicularmente contra la pared de un frontón con una velocidad $\mathbf{v}_0 = -10\ \mathbf{i}$ m/s y rebota con una velocidad $\mathbf{v} = 6\ \mathbf{i}$ m/s. Si la duración del choque ha sido de 0,4 s, calcula:

a) La variación de la velocidad en el choque.

b) La aceleración media de la pelota durante el choque.

Solución: a) $\Delta\mathbf{v} = 16\ \mathbf{i}$ m/s; **b)** $a_m = 40\ \mathbf{i}$ m/s^2.

10 La bola de billar representada en la figura 10.14 toca una banda con una velocidad $\mathbf{v}_0 = (-1{,}73\ \mathbf{i} - \mathbf{j})$ m/s y sale con una velocidad $\mathbf{v} = (1{,}39\ \mathbf{i} - 0{,}80\ \mathbf{j})$ m/s. Si la duración del choque ha sido de 0,1 s, calcula:

a) La variación de la velocidad en el choque.

b) El módulo de la aceleración de la bola durante el choque.

Solución: a) $\Delta\mathbf{v} = (3{,}12\ \mathbf{i} + 0{,}2\ \mathbf{j})$ m/s; **b)** $a_m = 31{,}26$ m/s^2.

11 Los puntos del Ecuador terrestre giran respecto al eje de la Tierra con una velocidad de 1 667,7 km/h.

a) ¿Cuál es el módulo, dirección y sentido de su aceleración centrípeta?

b) En el Polo Norte, ¿qué aceleración centrípeta, dirección y sentido tendría?

Considera la Tierra como una esfera de radio $R = 6\ 370$ km.

Solución: a) $a_c = 0{,}034$ m/s^2; **b)** $a_c = 0$ m/s^2.

12 Un coche entra en una curva circular con una velocidad constante e igual a 72 km/h. Mientras está en la curva, la aceleración sobre el coche es $a = 4$ m/s^2. ¿A qué tipo de aceleración está sometido el coche? ¿Cuánto vale el radio de la curva?

Solución: $R = 100$ m.

5 Movimientos rectilíneos

Un movimiento es rectilíneo si su trayectoria es recta. Generalmente se toma como eje x del sistema de referencia la trayectoria del móvil, y sentido positivo el del movimiento.

Entonces, se cumple que:

- Los vectores posición solo tienen una componente, $\mathbf{r}\ (t) = x\ (t)\ \mathbf{i}$.
- Los módulos de los desplazamientos, si no hay cambios de sentido durante el movimiento, coinciden con los espacios recorridos, $s = |\Delta x|$.

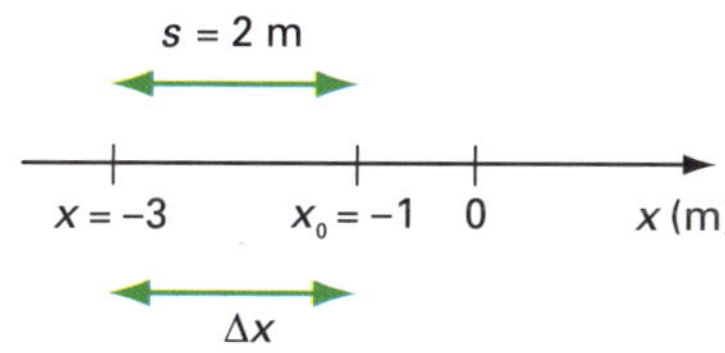

Figura 10.15.
Diferencia entre posición y espacio recorrido. Un móvil puede estar en una posición negativa en un determinado momento, $x_0 = -1$ m, pero no puede recorrer espacios negativos. Entonces, para llegar a la posición $x = -3$ m, recorre:
$s = |\Delta x| = |-3 - (-1)| = 2$ m

5.1 Movimiento rectilíneo uniforme (MRU) o reposo

El movimiento rectilíneo uniforme (MRU) tiene estas características:

- Es rectilíneo; por tanto, la trayectoria es una **recta.**
- Es uniforme; por tanto, la velocidad es **constante en módulo:**

$$v = \frac{x - x_0}{t - t_0}$$

Si, como suele ser habitual, $t_0 = 0$, la ecuación del MRU es:

$$x = x_0 + v \cdot t$$

donde x es la posición en el instante t y x_0 es la posición en el instante t_0 o posición inicial. Esta ecuación informa sobre dónde está el móvil en cada instante.

Si no hay cambios en el sentido del movimiento y el sentido positivo es el del movimiento, se tiene:

$$x - x_0 = v \cdot t \rightarrow \boxed{s = v \cdot t}$$

que permite calcular el espacio recorrido en cada instante.

Recuerda

No hay posibilidad de diferenciar el reposo y el MRU, de forma que podríamos definir reposo como un MRU con velocidad cero.

Gráficas posición-tiempo y espacio-tiempo

La representación gráfica de estas ecuaciones es una recta. La pendiente coincide, en cualquiera de los casos, con el valor de la velocidad, v. En la gráfica posición-tiempo, la posición inicial, x_0, es la ordenada en el origen. Observa las representaciones de los datos de la tabla 10.1.

t (s)	0	2	4	6	8	10
x (m)	−45	−15	15	45	75	105
s (m)	0	30	60	90	120	150

Tabla 10.1.

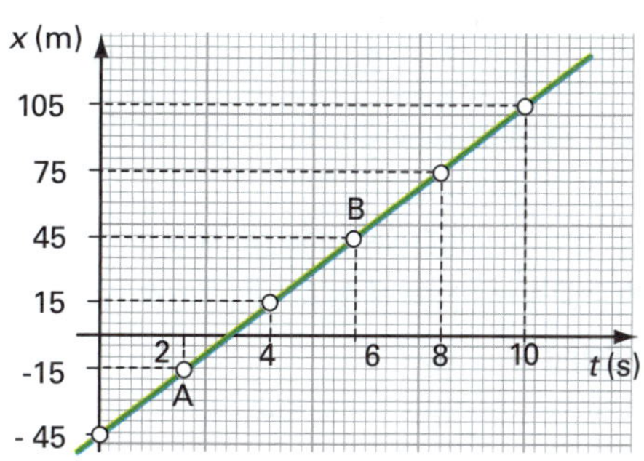

Figura 10.16.
Gráfica posición-tiempo: $x = x_0 + v \cdot t$

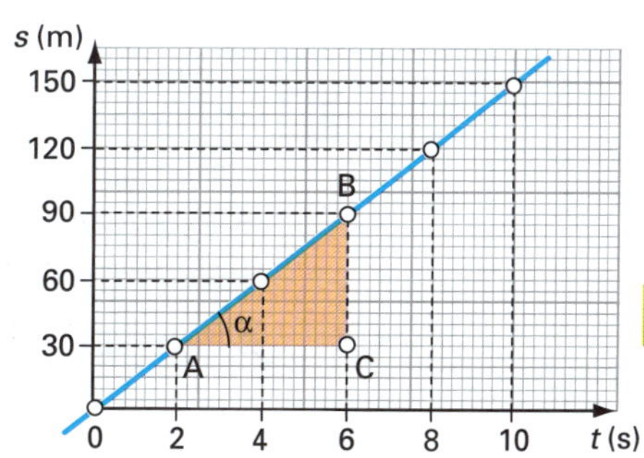

Figura 10.17.
Gráfica espacio-tiempo: $s = v \cdot t$

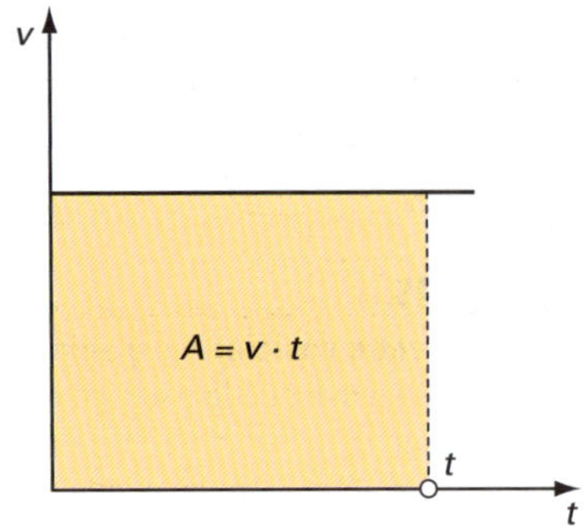

Figura 10.18.
Gráfica velocidad-tiempo.

Gráfica velocidad-tiempo

La representación gráfica de la velocidad, constante en este movimiento, es una línea recta paralela al eje del tiempo. Si calculamos el área del rectángulo formado por la gráfica y las verticales trazadas entre dos instantes, obtenemos:

$$\text{área rectángulo} = \text{base} \cdot \text{altura} = t \cdot v$$

El área coincide con el espacio recorrido por el móvil, $s = v \cdot t$. Este resultado se puede generalizar:

> El área de la figura comprendida debajo de la gráfica, *v-t,* y las verticales trazadas entre dos instantes, coincide con el espacio recorrido durante ese tiempo.

13 Observa la gráfica posición-tiempo de la figura 10.16 y realiza los ejercicios siguientes:

a) Escribe la ecuación: $x = x_0 + v \cdot t$.

b) Representa las gráficas velocidad–tiempo (v–t) y espacio–tiempo (s–t).

Solución: a) $x = -45 + 15 \cdot t$.

14 La ecuación de un movimiento en unidades internacionales es:

$$x = 28 - 6 \cdot t$$

a) ¿De qué tipo de movimiento se trata?

b) ¿Cuál es el significado de cada uno de los términos?

c) ¿En qué instante pasa el móvil por el origen del sistema de referencia?

Solución: b) $x_0 = 28$ m; $v = 6$ m/s; **c)** $t = 4{,}7$ s.

15 Un coche circula a velocidad constante de 90 km/h. Si el tiempo de reacción del conductor es de 0,75 s, ¿qué espacio recorre durante ese tiempo?

Solución: $s = 18{,}75$ m.

16 Imagina que estás situado sobre un puente de una autovía recta. En un instante dado, pasa por debajo de él un camión a 80 km/h. A los 15 s pasa un coche en el mismo sentido y a 120 km/h.

a) ¿En qué instante y en qué posición adelantará el coche al camión?

b) Representa el movimiento de ambos en una gráfica x–t.

Solución: a) $t = 45$ s; $x = 1\,000$ m.

17 En los radares de tráfico de lazo inductivo, se colocan transversalmente sobre la calzada dos espiras próximas a una distancia de 2 m, y mediante el registro de inicio de la corriente inducida en cada una de las espiras (tiempos t_1 y t_2), se calcula la velocidad del vehículo. Un vehículo que pasa por uno de estos radares marca un intervalo de tiempo, $\Delta t = 0{,}05$ s. ¿Qué velocidad lleva dicho vehículo en km/h?

Solución: $v = 144$ km/h.

18 Dos móviles se desplazan sobre la misma recta con movimiento uniforme; en el instante que comenzamos a contar tiempos el móvil A pasa por el origen de coordenadas con velocidad de 15 m/s en sentido positivo y el móvil B pasa dos minutos más tarde por el punto de la abcisa 29,10 km, con velocidad de 20 m/s en sentido contrario al de A. ¿En qué momento se encuentran? Representa gráficamente el encuentro.

Solución: $x = 13{,}5$ km/h; $t = 15$ min.

5.2 Movimiento rectilíneo uniformemente acelerado (MRUA)

El movimiento rectilíneo uniforme (MRUA) tiene estas características:

- Es rectilíneo; por tanto, la trayectoria es una recta.
- Es uniformemente acelerado; por tanto, la aceleración es constante.

En los movimientos rectilíneos la dirección de la velocidad no cambia; por tanto, la aceleración es exclusivamente tangencial, $a = a_t$.

$$a = \frac{v - v_0}{t - t_0}$$

donde v es el valor de la velocidad en el instante t y v_0 es el valor de la velocidad en el instante t_0 o velocidad inicial.

La dirección de la aceleración coincide con la de la velocidad; el sentido es el mismo si $\Delta v > 0$ (movimientos acelerados) y contrario al de la velocidad si $\Delta v < 0$ (movimientos decelerados).

Si $t_0 = 0$, $v - v_0 = a \cdot t$; por tanto, la ecuación de la velocidad es:

$$v = v_0 + a \cdot t$$

Esta ecuación permite conocer el valor de la velocidad del móvil en cualquier instante.

Debido al incremento regular de la velocidad en los movimientos uniformemente acelerados, la aceleración media coincide en cualquier momento con la instantánea.

Ecuación del movimiento. Gráfica velocidad-tiempo

La ecuación de la velocidad es una función lineal; por consiguiente, la gráfica que se obtiene es una recta, coincidiendo su pendiente con la aceleración del movimiento.

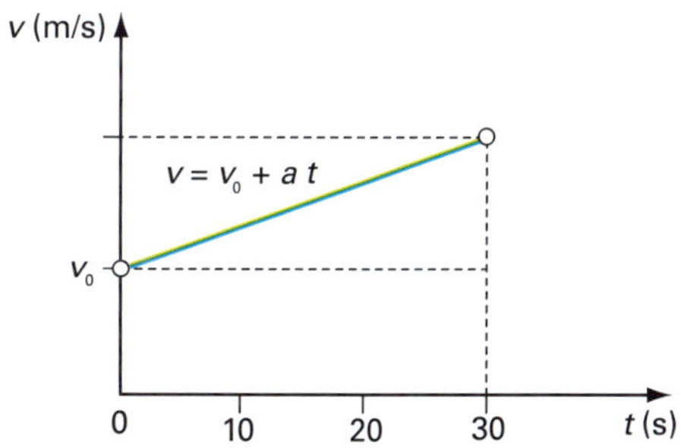

Figura 10.19.
Movimiento acelerado: $a > 0$.

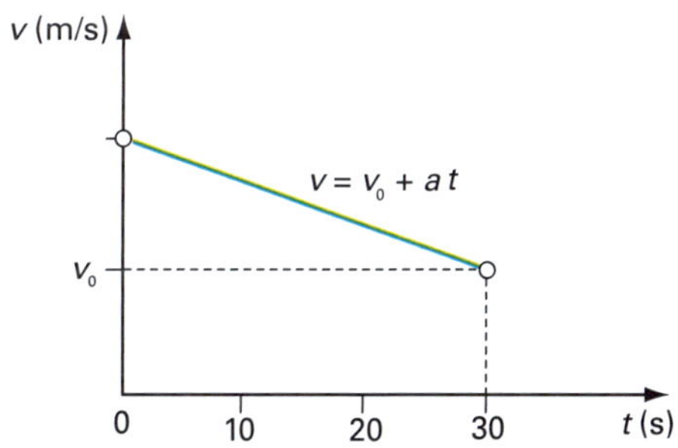

Figura 10.20.
Movimiento decelerado: $a < 0$.

Teniendo en cuenta que el área comprendida debajo de la gráfica y entre las verticales trazadas en dos instantes coincide con el espacio recorrido, s, (fig. 10.21) se puede escribir:

$$s = \text{área rectángulo} + \text{área triángulo} = v_0 \cdot t + \frac{1}{2}(v - v_0) \cdot t$$

Considerando $v - v_0 = a \cdot t$, se obtiene:

$$s = v_0 \cdot t + \frac{1}{2} a \cdot t^2$$

que es la ecuación del espacio en función del tiempo.

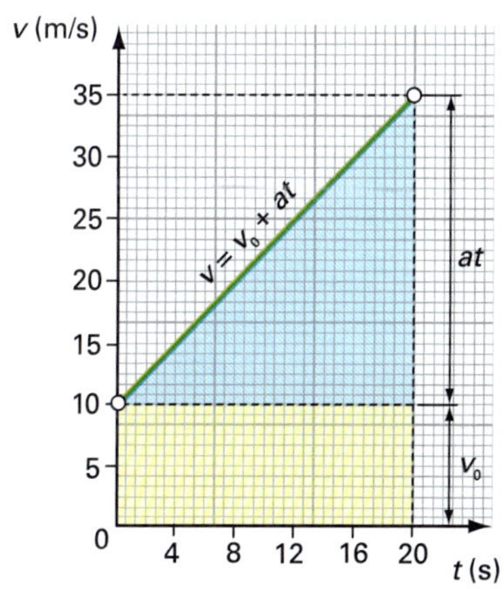

Figura 10.21.
En la gráfica v-t se puede calcular el espacio recorrido.

Si no hay cambios en el sentido del movimiento, se tiene:

$$s = v_0 \cdot t + \frac{1}{2} a \cdot t^2 \rightarrow x - x_0 = v_0 \cdot t + \frac{1}{2} a \cdot t^2$$

Por tanto, la ecuación general del MRUA es:

$$x = x_0 + v_0 \cdot t + \frac{1}{2} a \cdot t^2$$

donde x es la posición en el instante t y x_0 es la posición en el instante t_0 o posición inicial. Esta ecuación permite conocer la posición del móvil en cualquier instante. Si eliminamos el tiempo en las ecuaciones:

$$v = v_0 + a \cdot t \quad \text{y} \quad x = x_0 + v_0 \cdot t + \frac{1}{2} a \cdot t^2$$

obtenemos esta relación entre la velocidad y la posición del móvil:

$$v^2 = v_0^2 + 2\,a\,(x - x_0)$$

Tomando sentido positivo, el del movimiento, y sin cambios en el sentido de este, se tiene:

$$v^2 = v_0^2 + 2\,a\,s$$

Gráficas posición-tiempo

La representación gráfica de la ecuación de este movimiento, al ser de segundo grado, corresponde a una parábola. La parábola tiene el vértice hacia abajo si la aceleración es positiva, y hacia arriba si es negativa.

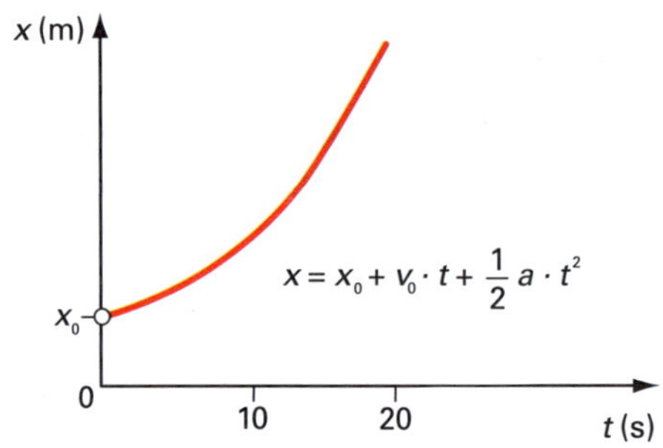

Figura 10.22.
Movimiento acelerado: $a > 0$.

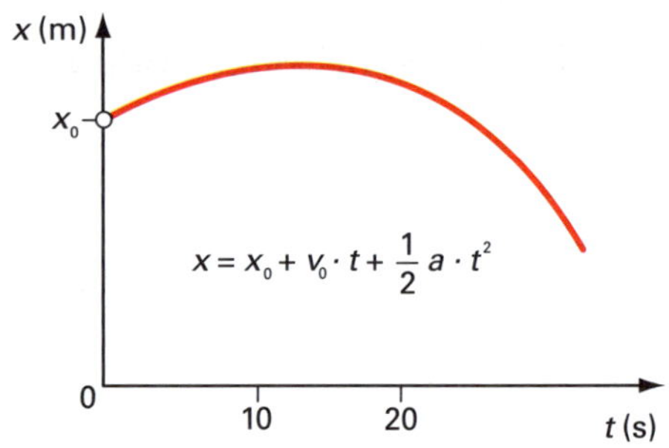

Figura 10.23.
Movimiento decelerado: $a < 0$.

Gráficas aceleración-tiempo

La representación gráfica de la aceleración, constante en este movimiento, es una línea recta paralela al eje del tiempo.

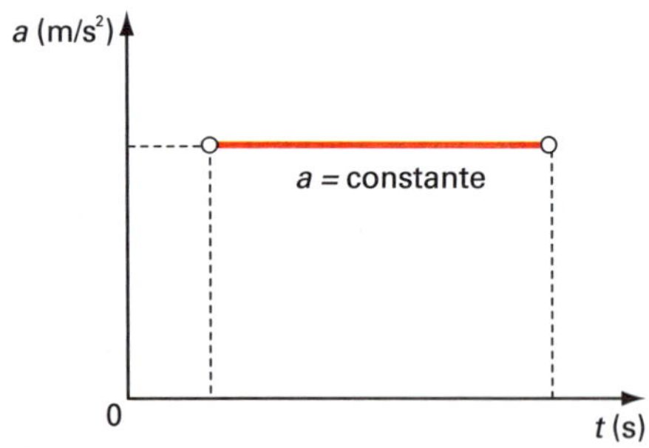

Figura 10.24.
Movimiento acelerado: $a > 0$.

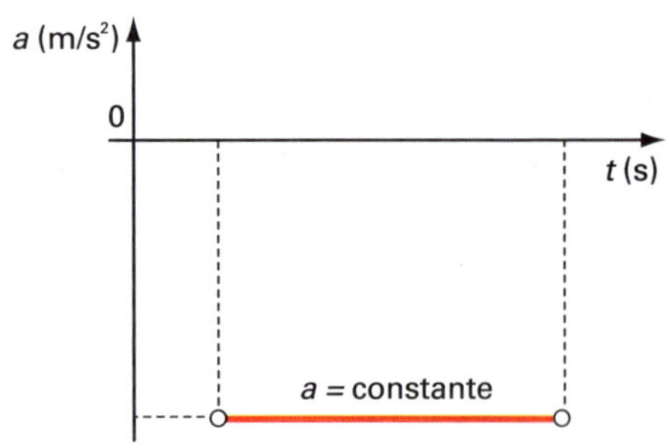

Figura 10.25.
Movimiento decelerado: $a < 0$.

19 Observa la figura 10.26 y calcula la aceleración, la velocidad inicial, la ecuación de la velocidad y el espacio recorrido a los 8 s.

Solución: $a = -3$ m/s^2; $v_0 = 30$ m/s; $v = 30 - 3 \cdot t$; $s = 144$ m.

20 Un tren que se desplaza por una vía recta, en el momento en que empezamos a contar tiempos, lleva una velocidad de 36 km/h. Un observador que va en la cabina de mandos comprueba que cada 15 s el tren aumenta su velocidad en 18 km/h.

a) Calcula su aceleración.

b) Escribe la ecuación de la velocidad y calcula su valor a los 15 s.

Solución: a) $a = 0{,}33$ m/s^2; **b)** $v = 10 + 0{,}33 \cdot t$; $v = 14{,}95$ m/s.

21 Un vehículo que circula a 50 km/h se ve obligado a frenar cuando un niño se cruza en su recorrido para coger una pelota. El conductor tarda en reaccionar 0,9 s y la aceleración de frenado es de $-7{,}35$ m/s^2. ¿Qué distancia recorre el vehículo desde que el conductor lo ve hasta que se para el automóvil?

Solución: $s = 25{,}62$ m.

22 Un móvil se desplaza en línea recta. Al empezar a contar tiempos, cuando pasa por el origen del sistema de referencia, su velocidad viene dada por la siguiente ecuación: $v = 40 - 5 \cdot t$. Determina, en unidades del SI:

a) El tiempo en que la velocidad es cero.

b) La ecuación del movimiento.

c) ¿En qué instantes el móvil pasa por el origen del sistema de referencia?

d) La velocidad, el desplazamiento y el espacio recorrido en $t = 16$ s.

Solución: a) $t = 8$ s; **b)** $x = 40 \cdot t - 2{,}5 \cdot t^2$;
c) $t = 0$ s; $t = 16$ s;
d) $v = -40$ m/s; $\Delta x = 0$ m; $s = 320$ m.

23 Un chico circula en bicicleta a 15 km/h. En el instante en el que se comienza a contar tiempos, empieza a frenar deteniéndose tras recorrer 10 m.

a) ¿Con qué aceleración de frenado ha realizado este movimiento?

b) Escribe la ecuación de la velocidad de ese movimiento.

c) ¿Qué tiempo tarda en parar?

d) Representa el movimiento gráficamente.

Solución: a) $a = -0{,}87$ m/s^2; **b)** $v = 4{,}17 - 0{,}87 \cdot t$; **c)** $t = 4{,}8$ s.

24 Una furgoneta circula a 60 km/h cuando está a 35 m de un semáforo. Al verlo cambiar a rojo, el vehículo frena. Si el conductor tarda en pisar el pedal del freno 0,6 s, ¿cuál es su aceleración de frenado?

Solución: $a = -5{,}56$ m/s^2.

25 En un cruce existe una limitación de velocidad a 40 km/h. Un automóvil pasa por él a una velocidad de 72 km/h, que mantiene constante. En ese momento arranca una motocicleta de la Policía en la misma dirección y sentido, alcanzando una velocidad de 108 km/h en 10 s y manteniendo constante esta velocidad.

a) ¿Cuánto tarda la motocicleta en alcanzar al automóvil y a qué distancia del punto de donde salió?

b) A los 100 m se detienen ambos vehículos, ¿cuál ha sido la aceleración de cada uno?

Solución: $t = 15$ s, $x = 300$ m; $a_a = -2$ m/s^2, $a_m = -4{,}5$ m/s^2.

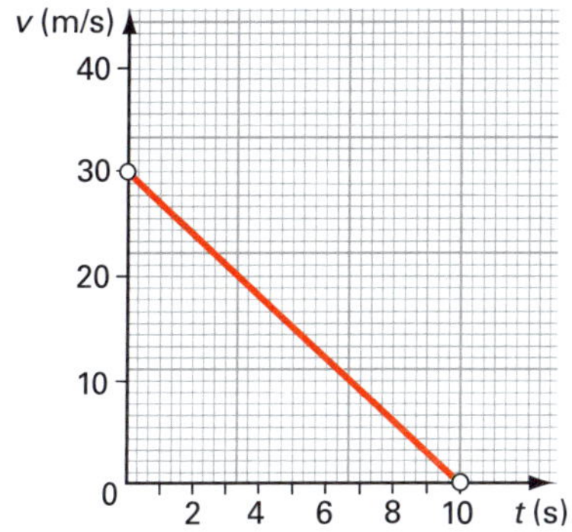

Figura 10.26.
Ilustración para actividad 18.9.

Distancia de detención

Se define como la distancia recorrida por un vehículo durante el tiempo de reacción del conductor más el tiempo de frenado.

5.3 La caída libre, un movimiento importante

Modelo aristotélico

La materia terrestre estaba constituida por cuatro elementos, cada uno de los cuales ocupaba un «lugar natural»: Tierra, Agua, Aire y Fuego.

Dependiendo del contenido en cada uno de los cuatro elementos, los cuerpos, sacados de su «lugar natural», se moverán de forma natural hacia él. Los movimientos naturales serán rectilíneos y su velocidad, constante. Cualquier otro tipo de movimiento será forzado.

El movimiento de un cuerpo que se suelta en las proximidades de la superficie terrestre ha sido estudiado desde los antiguos filósofos griegos.

Según el modelo aristotélico, una piedra (cuyo componente fundamental es Tierra), si se deja caer desde una cierta altura, sigue un movimiento rectilíneo con velocidad constante (movimiento natural) hasta alcanzar el suelo, su lugar natural.

La piedra, que parte del reposo, adquiere inmediatamente cierta velocidad que mantiene constante a lo largo de su trayectoria. Esta velocidad depende de la cantidad del elemento Tierra que contenga, de forma que los cuerpos más pesados caen a mayor velocidad que los ligeros.

El «sentido común» era la base para la explicación de los fenómenos en este marco, sin necesidad de comprobación experimental alguna. Galileo (siglo XVII) aprovechó el estudio de este movimiento para abrir camino a una nueva ciencia, basada en la constatación experimental de las hipótesis emitidas.

En efecto, como creía Galileo, el modelo aristotélico del movimiento de caída libre no resistía el menor contraste experimental. Bastaba con dejar caer dos cuerpos con la misma forma, por ejemplo, dos bolas, para observar que ambos caían más o menos a la vez, independientemente de su peso.

Ecuaciones para la caída libre

Un cuerpo situado en puntos próximos a la superficie de la Tierra y sobre el que no existen otras fuerzas fuera de su peso, cuando se deja libre sigue un **movimiento rectilíneo** en la dirección del radio terrestre y **uniforme con aceleración constante g.** El vector **g** tiene estas características:

- Módulo: $g = 9{,}81\ \text{m/s}^2$.
- Dirección: la del radio de la Tierra.
- Sentido: hacia el centro de la Tierra.

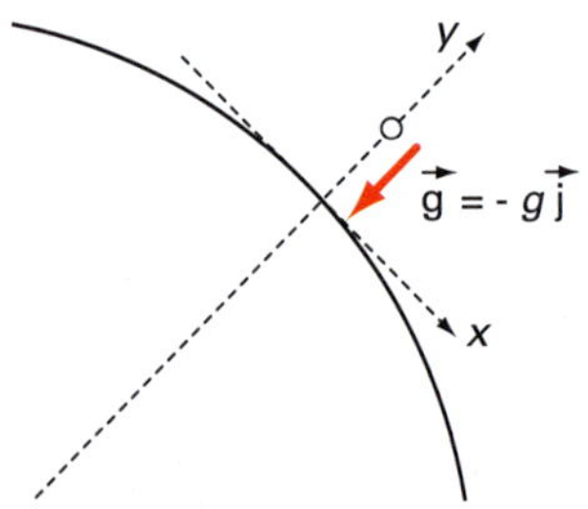

Figura 10.27.
Aceleración de la gravedad. Observa la dirección y el sentido de **g** respecto al radio y al centro de la Tierra.

En definitiva, si se toma el sistema de referencia en el suelo con el eje y positivo hacia arriba: $\mathbf{g} = -9{,}81\ \mathbf{j}\ \text{m/s}^2$, las ecuaciones para este movimiento quedan:

$$v = v_0 - g \cdot t$$

$$y = y_0 + v_0\, t - \frac{1}{2} g\, t^2$$

$$v^2 - v_0^2 = -2\, g\, (y - y_0)$$

En ellas las posiciones se designan con la letra y.

26 En el mismo lugar de la Tierra el valor de g es el mismo para todos los cuerpos. Sin embargo, no todos ellos caen con la misma rapidez, ¿cómo lo explicas?

27 Dispones de una hoja de papel y una pelota de tenis. ¿Cómo reducirías la diferencia de tiempo al llegar al suelo si se sueltan ambos desde la misma altura?

28 El ser humano soporta sin daños graves aceleraciones verticales de $4\ g \cong 39\ \text{m/s}^2$. ¿Qué efectos fisiológicos crees que conllevan estas aceleraciones?

EJEMPLO

El malabarista lanza una bola verticalmente hacia arriba con una velocidad de 4 m/s y, cuando alcanza la altura máxima, lanza la siguiente bola igual que la primera. ¿Dónde y cuándo se cruzan? Considera $g = 10$ m/s^2.

Tomaremos el sistema de referencia en la mano con la que el malabarista lanza la bola y sentido positivo del eje y hacia arriba.

La altura máxima alcanzada por la primera bola se obtiene aplicando la condición $v = 0$.

$$v^2 - v_0^2 = -2\,g\,(y - y_0) \longrightarrow -\,v_0^2 = -2\,g\,y_{máx}$$

Despejamos la altura máxima:

$$y_{máx} = \frac{-\,v_0^2}{-2\,g} = \frac{-(4\text{ m/s})^2}{-2\,(10\text{ m/s}^2)} = 0{,}8\text{ m}$$

En este momento lanza la segunda bola hacia arriba. Las ecuaciones de los movimientos de las dos bolas son:

$$y_1 = 0{,}8 - 5 \cdot t^2 \qquad y_2 = 4 \cdot t - 5 \cdot t^2$$

En el instante en que se cruzan las bolas, las posiciones son iguales, de forma que:

$$y = 0{,}8 - 5 \cdot t^2 \qquad y = 4 \cdot t - 5 \cdot t^2$$

Resolviendo el sistema de ecuaciones, obtenemos el instante y la posición donde se cruzan: $t = 0{,}2$ s; $y = 0{,}6$ m.

El resultado es coherente con las condiciones del ejercicio. La bola que sale desde arriba con velocidad 0 m/s ha recorrido 20 cm, mientras que la que sale a 4 m/s, sube 60 cm hasta llegar al lugar donde ambas se cruzan.

Figura 10.28.
Ilustración para ejemplo.

29 Se lanza verticalmente hacia arriba desde una altura de 23 m un cuerpo con una velocidad de 6 m/s. Calcula:

a) La altura máxima que alcanza.

b) El tiempo que tarda en llegar al suelo.

c) La velocidad con que toca el suelo.

Solución: a) $y_{máx} = 24{,}83$ m; **b)** $t = 2{,}86$ s; **c)** $v = -22{,}07$ m/s

30 Desde la azotea de un edificio de 120 m de altura se lanza hacia abajo una pequeña bola que lleva una velocidad inicial de 20 m/s. Calcula:

a) El tiempo que tarda en llegar al suelo.

b) La velocidad que tiene en ese momento.

Solución: a) $t = 3{,}31$ s; **b)** $v = -52{,}47$ m/s.

31 En la piscina, un chico se deja caer desde un trampolín y llega al agua con una velocidad de 7,7 m/s.

a) ¿A qué altura estaba el trampolín?

b) Al llegar al agua, tarda 1,8 s en perder toda la velocidad. Calcula la aceleración que ha soportado al entrar en ella.

Solución: a) $h = 3$ m; **b)** $a = -4{,}3$ m/s^2.

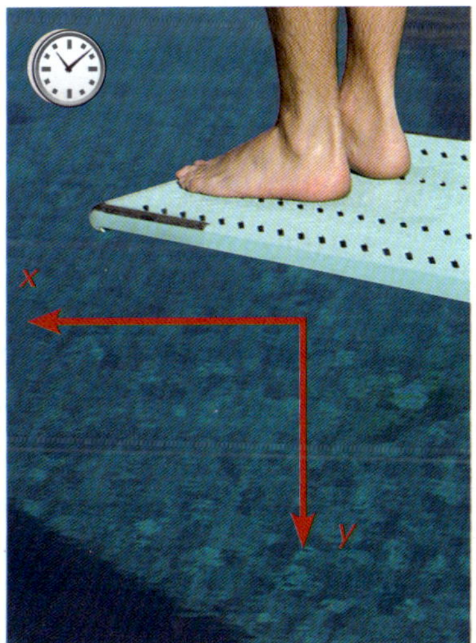

Figura 10.29.
Ilustración para actividad 31.

Trabajo de investigación

La eficiencia en tiempo de los medios de transporte urbano

Objetivo

Establecer, a partir del tiempo empleado en desplazarse de un punto a otro de tu localidad, cuál es el tipo de transporte adecuado para realizarlo en el menor tiempo posible.

Obtener información

- **Páginas web** de tu Ayuntamiento, donde encontrarás los diversos tipos de transporte público que existen, las rutas, las distancias y los tiempos de recorridos.
- **Aplicaciones para móviles** que permiten saber, entre dos puntos, el espacio recorrido sobre la trayectoria, el tiempo empleado y la velocidad media.

Desarrollo

Elige dos puntos de tu ciudad conectados por el mayor número posible de transportes públicos a los que tengas acceso caminando, en bicicleta, en moto, en coche, en metro y en autobús. Seguirás estos pasos:

1. **Fija** el día de la semana y la hora en lo que vas a realizar el desplazamiento entre los puntos escogidos y con cada uno de los tipos de transporte posibles.
2. **Repite** las medidas de tiempo a la misma hora los cinco días de la semana, de forma que recojas datos, tantas semanas como transportes utilices.
3. La medida de los tiempos se entiende que es la **total,** es decir:
   - Bicicleta y moto: desde que los coges hasta que los dejas aparcados en el sitio de destino.
   - Coche: desde que te subes hasta que lo dejas aparcado en el sitio de destino y te has bajado.
   - Autobús, metro, tren, etc. En estos casos incluye el tiempo de espera hasta que llega el transporte.
4. Los espacios recorridos pueden **depender** del transporte utilizado; anota el dato que te proporciona la aplicación.

Resultados

1. Utiliza un mapa a escala y calcula el **valor del vector desplazamiento** entre los puntos escogidos.
2. Elabora una hoja de cálculo para determinar el **valor medio del tiempo, en min,** transcurrido con cada medio de transporte utilizado y el **valor de la velocidad media,** en km/h, como el cociente entre el valor del desplazamiento y el tiempo medio obtenido en cada uno de los medios de transporte utilizados.
3. Realiza una tabla en la que recojas la siguiente información:
   - Hora de salida, punto de partida y punto de llegada.
   - El tiempo (en min) que has empleado cada día en recorrer la distancia de un punto a otro, según el medio de transporte utilizado.
   - El valor del desplazamiento, Δr, y el de la velocidad media, $v_m = \frac{\Delta r}{t}$ (km/h).
4. Obtén de la hoja de cálculo dos diagramas de barras: uno de **transporte-tiempo medio** y otro de **transporte-velocidad media.**
5. Calcula las velocidades medias de cada uno de los transportes utilizados, obtenidas como el cociente entre el espacio recorrido y el tiempo medio, y compáralas con la velocidad media anterior.

Experiencia de laboratorio

Velocidad del vaciado de un recipiente cilíndrico

Objetivo

Calcular, a partir de gráficas, la velocidad con que se vacía un recipiente cilíndrico lleno de agua.

Material

- Botella de refresco de 1,5 L.
- Llave de tres vías.
- Pie con barra vertical, dos nueces dobles y dos aros soporte.
- Vaso de precipitados de 600 mL.
- Cronómetro.
- Agua.

Procedimiento

Preparamos una botella de 1,5 L de una bebida gaseosa. Para ello, con unas tijeras, quitamos la base de la botella y, con silicona, insertamos en el tapón una llave de tres vías, de las que se usan para realizar goteos en los hospitales.

Con papel milimetrado construimos una regleta de 0 a 10 cm y la pegamos en la parte cilíndrica de la botella, con el fin de conocer en cada momento el nivel del agua.

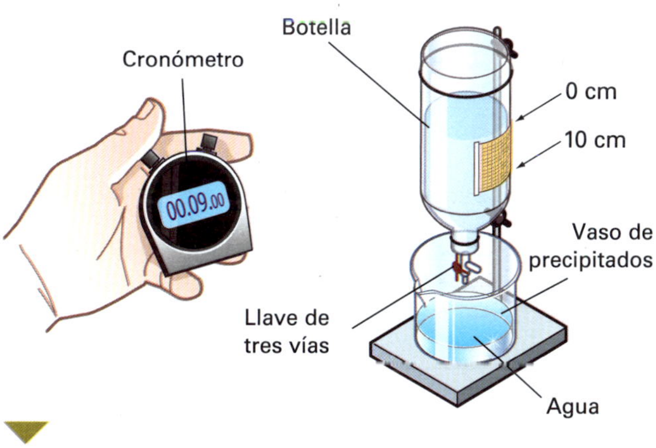

Figura 10.30.
Montaje de la experiencia.

Seguimos estos pasos:

- Con la llave cerrada, **echamos agua** en la botella de forma que el nivel quede por encima del 0 de la regleta. **Abrimos la llave** y, cuando el nivel del agua pase por el 0, ponemos en marcha el cronómetro.
- **Tomamos** medidas del tiempo cada vez que el nivel del agua descienda 2 cm.
- **Repetimos** las medidas cinco veces, tomando el valor verdadero de la medida como la media aritmética de las cinco medidas.

Anotamos los datos en una tabla que refleje los tiempos medios de medida ($\bar{t}$) frente a los cm que va descendiendo el agua (0, 2, 4, 6, 8 y 10).

Análisis de los datos y conclusiones

- Para analizar los datos conviene representarlos en una gráfica, s (cm)-$\bar{t}$ (s).
- Los puntos representados salen alineados, de forma que se podrían ajustar a una línea recta. Por tanto, la velocidad de vaciado es constante.
- Una vez ajustados los puntos a una recta, la velocidad se calcula sobre la gráfica como la pendiente de la recta.

$$v = \frac{\Delta s}{\Delta t} = \frac{s_f - s_i}{t_f - t_i}$$

- En realidad, la velocidad de vaciado no es constante, pues en una primera aproximación depende de la altura de agua que hay por encima de la llave, h, de la forma:

$$v = \sqrt{2 \cdot g \cdot h}$$

- En las condiciones en que realizamos la experiencia, con una diferencia de alturas de 10 cm, resulta muy difícil apreciar que la relación no es lineal.

Ampliación

- Realiza la experiencia con el mismo material y el mismo procedimiento, tomando medidas en 20 cm. En este caso, se empieza a hacer patente la no linealidad de la velocidad.
- Comprueba que la velocidad de vaciado no depende de la forma del recipiente. Utiliza para ello botellas de 1 L, 1,5 L y 2 L.
- Haz la experiencia utilizando distintos líquidos: agua, alcohol, cloruro de carbono (IV), etc.

Estrategias

La persecución

A un coche que está en una calle recta, cuyo conductor está distraído en un semáforo ya en verde, le pasa una motocicleta a 12 m/s. A los 1,5 s de este suceso el conductor reacciona y arranca con una aceleración de 3 m/s^2. Calcula:

a) La distancia y el momento en que alcanza el coche a la motocicleta.

b) Representa la persecución en un diagrama *x-t*.

Comentarios al enunciado

La condición de que un móvil alcance a otro es que los dos estén en la misma posición ($x_m = x_c$) en el mismo instante ($t_m = t_c$).

Se fija el sistema de referencia: tomamos en el semáforo el origen de posiciones, y el momento en el que arranca el coche será el origen de tiempos.

En ese instante, la motocicleta está en la posición inicial, $x_0 = 18$ m, que es el espacio recorrido en un tiempo de $t = 1,5$ s con una velocidad de $v_m = 12$ m/s: $x_0 = v_m \cdot t = 12 \times 1,5 = 18$ m

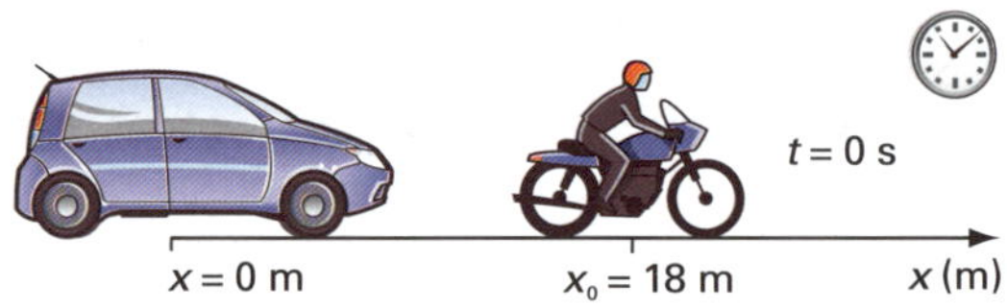

Figura 10.31.
Posición de la motocicleta.

La ecuación general de la motocicleta es la de un movimiento rectilíneo uniforme: $x_m = x_0 + v_m \cdot t_m$

El coche, partiendo del origen ($x_0 = 0$) en reposo ($v_0 = 0$), adquiere un movimiento rectilíneo uniformemente acelerado cuyas ecuaciones serían:

$$x_c = \frac{1}{2} a \cdot t_c^2 \qquad v_c = a \cdot t_c$$

Resolución y cálculos

a) Sustituyendo los datos conocidos en las ecuaciones de la posición, las ecuaciones quedan:

Motocicleta (MRU): $x_m = 18 + 12 \cdot t$

Coche (MRUA): $x_c = \frac{1}{2} 3 \cdot t^2 \rightarrow x_c = 1,5 \cdot t^2$

El alcance se produce cuando $x_m = x_c$:

$$18 + 12 \cdot t = 1,5 \cdot t^2$$

Al operar obtenemos la ecuación de segundo grado:

$$1,5\, t^2 - 12\, t - 18 = 0 \rightarrow t = 9,3 \text{ s} \;\; \text{y} \;\; t = -1,3 \text{ s}$$

La solución que tiene sentido físico es: $t = 9,3$ s, que sustituida en cualquiera de las ecuaciones del sistema planteado nos permite conocer la posición en la que se produce el alcance: $x = 1,5\,(9,3)^2 = 130$ m.

b) Las gráficas de la parábola ($x = 1,5 \cdot t^2$, que representa el movimiento del coche) y de la recta ($x = 18 + 12 \cdot t$, que representa el movimiento de la motocicleta) deben cruzarse en el punto de alcance:

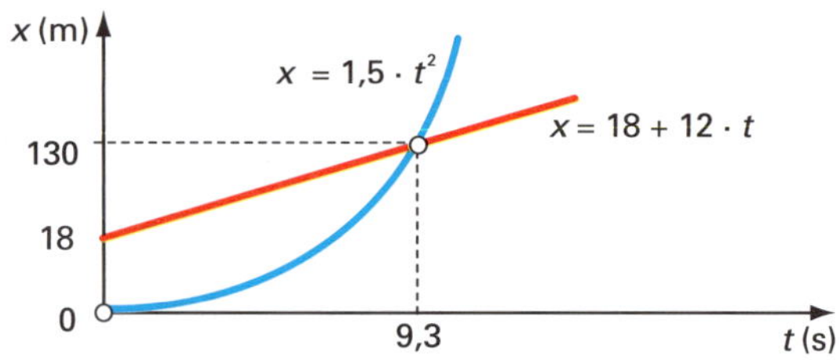

Figura 10.32.
Resolución gráfica de la persecución.

Análisis de los resultados

Al realizar los cálculos numéricos hemos redondeado los resultados a dos cifras significativas:

$$x = 1,5\,(9,3)^2 = 129,7 \text{ m} \rightarrow x = 130 \text{ m}$$

Si sustituimos $t = 9,3$ s en la ecuación de la motocicleta, obtendríamos:

$$x = 18 + (12 \times 9,3) = 129,6 \text{ m} \rightarrow x = 130 \text{ m}$$

El pozo

Desde el brocal de un pozo se deja caer una piedra. El sonido de la piedra al chocar con el agua se oye a los 1,50 s de soltarla. Determina cuál es la profundidad del pozo.

(Datos: velocidad del sonido: 340 m/s; $g = 9{,}81\ \text{m/s}^2$.)

Comentarios al enunciado

En el ejercicio hay que considerar dos partes:

Primero se deja caer ($v_0 = 0$) una piedra; por tanto, esa piedra realiza un movimiento rectilíneo uniformemente acelerado, cuya aceleración $g = 9{,}81\ \text{m/s}^2$. En esta primera parte, la piedra recorre una distancia y_0 (igual a la profundidad del pozo) en un tiempo t_1. En el sistema de referencia de la figura, con sentido positivo hacia abajo con el fin de que tanto la aceleración de la gravedad como la profundidad del pozo sean positivas, la ecuación que describe el movimiento de la piedra será:

$$y = 0 + 0 \cdot t + \frac{1}{2}\,g \cdot t^2 = \frac{1}{2}\,g \cdot t^2$$

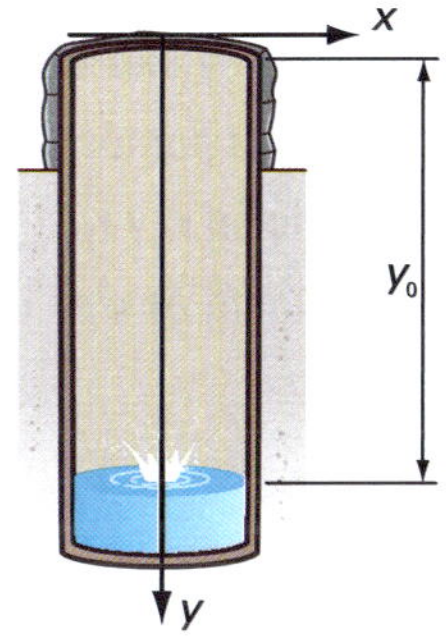

Figura 10.33.
Sistema de referencia.

Cuando la piedra choca contra el agua, se produce un sonido (segunda parte) que se propaga con movimiento uniforme. El sonido recorre la misma distancia que había recorrido la piedra, y_0, hasta llegar al oído en un tiempo t_2. La ecuación que describe la propagación del sonido será: $y = y_0 - v \cdot t$

El dato de tiempo que tenemos en el enunciado será el tiempo comprendido desde que se suelta la piedra hasta que oímos que ha chocado contra el agua, es decir: $t_1 + t_2$.

Resolución y cálculos

En el instante t_1, la posición de la piedra es y_0; por tanto:

$$y_0 = \frac{1}{2}\,g \cdot t_1^2 \rightarrow y_0 = 4{,}91 \cdot t_1^2 \quad (1)$$

El sonido recorre los y_0 metros en t_2 segundos a una velocidad constante de $v = 340$ m/s; así pues, se cumple:

$$0 = y_0 - 340 \cdot t_2 \quad (2)$$

Además, disponemos del dato siguiente:

$$t_1 + t_2 = 1{,}50 \quad (3)$$

Despejamos t_2 de la ecuación (3) y sustituimos en la ecuación del sonido (2):

$$y_0 = 340\,(1{,}50 - t_1) \quad (4)$$

Las ecuaciones (4) y (1) forman un sistema de dos ecuaciones con dos incógnitas que podemos resolver por igualación:

$$4{,}91 \cdot t_1^2 = 340\,(1{,}50 - t_1) \rightarrow$$
$$\rightarrow 4{,}91 \cdot t_1^2 + 340 \cdot t_1 - 510 = 0$$

Las soluciones son: $t_1 = 1{,}47$ y $t_1 = -70{,}8$. Como el tiempo es una magnitud positiva, la solución que tiene sentido físico es:

$$t_1 = 1{,}47\ \text{s}$$

Sustituyendo en cualquiera de las ecuaciones del sistema planteado, podemos conocer la profundidad del pozo:

$$y_0 = 4{,}91\,(1{,}47)^2 = 10{,}6\ \text{m}$$

Análisis de los resultados

En nuestro sistema de referencia la onda sonora se mueve con velocidad de 340 m/s en sentido contrario al que hemos tomado como positivo.

Observa que el tiempo, t_2, que tarda el sonido en recorrer los $y_0 = 10{,}6$ m hasta el oído es:

$$t_2 = 1{,}50\ \text{s} - 1{,}47\ \text{s} = 0{,}03\ \text{s}$$

¡Tres centésimas de segundo! Es muy pequeño, pero perfectamente explicable, debido a que la velocidad del sonido es muy grande comparada con la velocidad de caída de la piedra.

Actividades

Variables del movimiento

32 ¿En qué caso el módulo del vector desplazamiento y el espacio recorrido por un móvil coinciden?

33 Viajas en autobús por una calle recta, con una velocidad constante, y se te cae el libro que llevas. Dibuja la trayectoria que sigue el libro hasta llegar al suelo vista por:

a) Un amigo que viaja contigo en el autobús.

b) Una persona que está en la calle, en reposo, esperando para cruzar.

34 A la vista del gráfico, halla y expresa en centímetros:

a) Las coordenadas de los puntos A y B.

b) Los vectores de posición $\mathbf{r}_1$ y $\mathbf{r}_2$.

c) El vector desplazamiento $\Delta\mathbf{r}$ y su módulo.

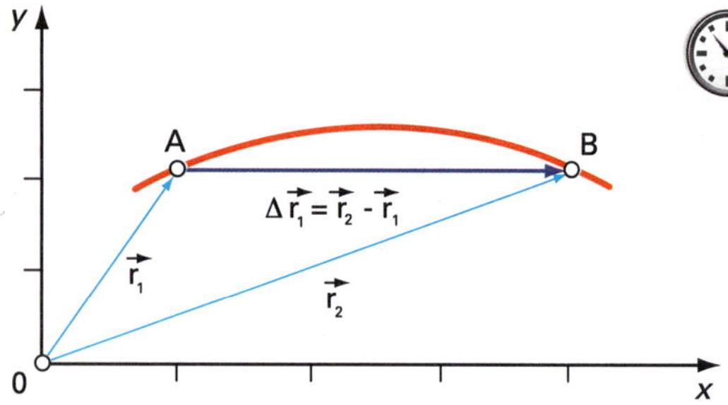

Figura 10.34.
Vectores de posición.

Solución: a) A (1, 2), B (4, 2);
b) $\mathbf{r}_1 = (\mathbf{i} + 2\,\mathbf{j})$ cm, $\mathbf{r}_2 = (4\,\mathbf{i} + 2\,\mathbf{j})$ cm;
c) $\Delta\mathbf{r} = 3\,\mathbf{i}$ cm, $\Delta r = 3$ cm.

35 Una persona recorre 30 m hacia el norte en 30 s; después, 40 m hacia el este en 35 s; por último, recorre 60 m hacia el sur en 50 s. Determina la trayectoria, la posición final y el desplazamiento en cada etapa, así como el desplazamiento total.

Solución: $\mathbf{r}_A = 30\,\mathbf{j}$; $\mathbf{r}_B = 40\,\mathbf{i} + 30\,\mathbf{j}$; $\mathbf{r}_C = 40\,\mathbf{i} - 30\,\mathbf{j}$;
$\Delta\mathbf{r}_{AB} = 40\,\mathbf{i}$; $\Delta\mathbf{r}_{BC} = -60\,\mathbf{j}$; $\Delta\mathbf{r} = 40\,\mathbf{i} - 30\,\mathbf{j}$.

36 Un móvil se mueve según la ecuación en U.I.:

$$\mathbf{r}\,(t) = (2 - 5t)\,\mathbf{i} + 3t\,\mathbf{j}$$

Calcula el desplazamiento entre 1 y 3 s.

Solución: $\Delta\mathbf{r} = (-10\,\mathbf{i} + 6\,\mathbf{j})$m

37 El vector posición de una partícula viene dado por la ecuación vectorial en función del tiempo:

$$\mathbf{r}\,(t) = 4 \cdot t\,\mathbf{i} + (2 + t)\,\mathbf{j}$$

Halla y representa la posición del móvil en los tiempos 0 s, 2 s, 4 s y 5 s (en unidades del SI). Comprueba que la ecuación de la trayectoria es la recta que une los extremos de los vectores posición.

Solución: $\mathbf{r}_0 = 2\,\mathbf{j}$ m; $\mathbf{r}_2 = (8\,\mathbf{i} + 4\,\mathbf{j})$ m;
$\mathbf{r}_4 = (16\,\mathbf{i} + 6\,\mathbf{j})$ m; $\mathbf{r}_5 = (20\,\mathbf{i} + 7\,\mathbf{j})$ m; $y = \dfrac{x}{4} + 2$.

Velocidad

38 Dos personas realizan el mismo desplazamiento en el mismo tiempo. Responde de forma razonada:

a) Han seguido la misma trayectoria.

b) La velocidad media de ambos es la misma.

c) Han recorrido el mismo espacio.

39 ¿Cuál de estas gráficas representa correctamente la velocidad del móvil?

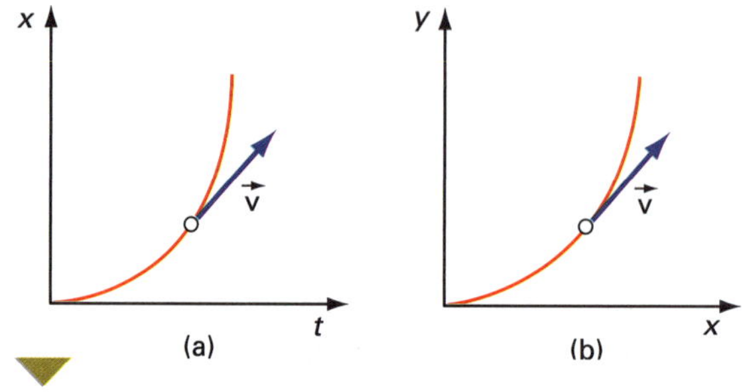

Figura 10.35.
Gráficas de velocidad.

Solución: (b).

40 Una jugadora de balonvolea golpea el balón de forma que la ecuación del movimiento de este es:

$$\mathbf{r}\,(t) = 7\,t\,\mathbf{i} + (1 + 7\,t - 5\,t^2)\,\mathbf{j}$$

Calcula, en unidades del SI:

a) Los vectores posición en los instantes $t = 0$ s y $t = 1$ s.

b) El vector desplazamiento en el primer segundo.

c) La velocidad media en ese intervalo y su módulo.

d) La velocidad en el instante $t = 1$ s y su módulo.

Solución: a) $\mathbf{r}_0 = (0, 1)$ m, $\mathbf{r}_1 = (7, 3)$ m; **b)** $\Delta\mathbf{r} = (7, 2)$ m;
c) $\mathbf{v}_m = (7, 2)$ m/s, $v_m = 7{,}3$ m/s; **d)** $\mathbf{v}_1 = (7, -3)$ m/s, $v_1 = 7{,}6$ m/s.

41 Calcula la velocidad respecto al eje terrestre de un objeto situado en reposo, en un punto de latitud 60 °. (Dato: supón que la Tierra es una esfera de radio $R = 6\,370$ km.)

Solución: $v = 833{,}83$ km/h.

42 La posición de una partícula en el plano viene dada por la ecuación vectorial:

$$\mathbf{r}\,(t) = (t^2 - 6)\,\mathbf{i} + (t + 3)\,\mathbf{j}$$

Calcula, en unidades del SI:

a) La posición de la partícula para $t = 2$ s y $t = 3$ s.

b) La velocidad media en ese intervalo.

c) La velocidad instantánea para $t = 2$ s y su módulo.

Solución: a) $\mathbf{r}\,(2) = (-2\,\mathbf{i} + 5\,\mathbf{j})$ m; $\mathbf{r}\,(3) = (3\,\mathbf{i} + 6\,\mathbf{j})$ m;
b) $\mathbf{v}_m = (5\,\mathbf{i} + \mathbf{j})$ m/s; **c)** $\mathbf{v}_2 = (4\,\mathbf{i} + \mathbf{j})$ m/s; $v_2 = 4{,}1$ m/s.

43 Un coche sube un puerto de 5 km en 0,24 h y tarda 0,08 h en bajar por el otro lado los 6 km que tiene. ¿Qué velocidad media ha llevado en el trayecto completo? ¿Coincide con la media de las velocidades?

Solución: $\bar{v} = 34{,}4$ km/h; no.

Aceleración

44 El gráfico muestra cómo varía la velocidad de un cuerpo en función del tiempo. Calcula en cada uno de los tramos la velocidad final e inicial y la aceleración.

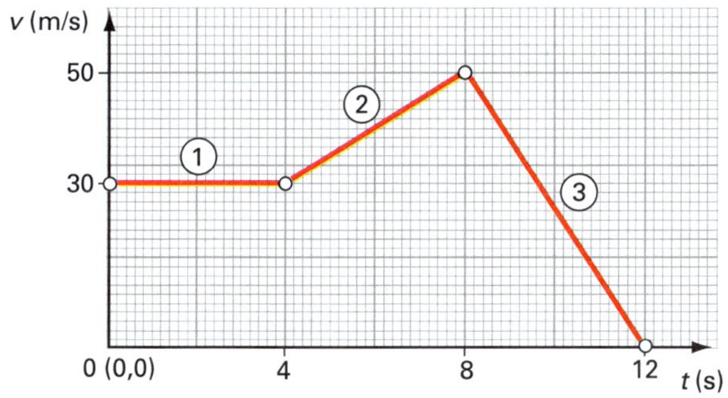

Figura 10.36.
Variación de la velocidad en función del tiempo.

Solución: $v_1 = 30$ m/s; $v_{2i} = 30$ m/s; $v_{2f} = 50$ m/s; $v_{3i} = 50$ m/s; $v_{3f} = 0$; $a_2 = 5$ m/s^2; $a_3 = -12{,}5$ m/s^2.

45 A 20 cm del centro de un disco, dejamos una chincheta. La ecuación que describe el movimiento de la chincheta es $s = 50 \cdot t$, con s medido en centímetros y t en segundos.

a) Calcula la velocidad de la chincheta.

b) Halla su aceleración centrípeta.

c) En una posición cualquiera de la chincheta, dibuja los vectores velocidad y aceleración centrípeta.

Solución: a) 50 cm/s; **b)** 125 cm/s^2.

46 Calcula la aceleración que lleva un móvil cuya ecuación de velocidad, en unidades internacionales, es:

$$\mathbf{v} = (2 \cdot t + 2)\,\mathbf{i} - 4\,\mathbf{j}$$

Solución: $\mathbf{a} = 2\,\mathbf{i}$ m/s^2.

47 La ecuación del movimiento de un móvil, expresadas las magnitudes en el Sistema Internacional, es:

$$\mathbf{r}(t) = (4 \cdot t - 7)\,\mathbf{i} + (1{,}5 \cdot t^2 + 14)\,\mathbf{j}$$

Calcula:

a) La velocidad y su módulo en cualquier instante.

b) La aceleración y su módulo.

c) Las componentes intrínsecas de la aceleración en $t = 1$ s.

Solución: a) $\mathbf{v} = (4\,\mathbf{i} + 3t\,\mathbf{j})$ m/s, $v = \sqrt{16 + 9t^2}$ m/s; **b)** $\mathbf{a} = 3\,\mathbf{j}$ m/s^2, $a = 3$ m/s^2; **c)** $a_t = 1{,}80$ m/s^2, $a_c = 2{,}40$ m/s^2.

48 Un coche de carreras traza una curva circular de 100 m de radio a 172 km/h.

a) Calcula la aceleración centrípeta.

b) Dibuja sobre la trayectoria el vector velocidad y la aceleración en un instante cualquiera.

Solución: a) $a_c = 22{,}83$ m/s^2.

Movimiento uniforme

49 La Dirección General de Tráfico recomienda mantener una distancia de seguridad entre vehículos de 3 s cuando las condiciones meteorológicas son buenas, y de 4 s cuando dichas condiciones son malas.

a) ¿Qué distancia de seguridad debe mantener un vehículo que circula a 110 km/h, si las condiciones meteorológicas son buenas?

b) ¿Y si las condiciones son adversas?

Solución: a) $s = 91{,}68$ m; **b)** $s = 122{,}24$ m.

50 Los radares de tráfico tipo láser utilizan dos haces de rayos paralelos separados 40 cm y transversales a la carretera para medir la velocidad de los vehículos. Un vehículo que pasa por uno de estos radares marca un intervalo de tiempo $\Delta t = 0{,}01$ s. ¿Qué velocidad lleva en km/h?

Solución: 144 km/h

51 Durante una tormenta se ve un relámpago y se oye un trueno:

a) Calcula la distancia a la que nos encontramos del núcleo de la tormenta si, después de ver el relámpago, oímos el trueno a los 30 s.

b) ¿Por qué podemos suponer que vemos el relámpago en el mismo instante en que se produce?

(Datos: v (sonido) = 340 m/s; v (luz) = 3×10^8 m/s).

Solución: a) $d = 10\,200$ m.

52 Una chica situada entre dos montañas grita "¡hola!" y oye ecos al cabo de 4 s y 5,5 s. (Dato: v (sonido) = 340 m/s).

a) ¿A qué distancia está de la montaña más próxima?

b) ¿Cuál es la distancia entre las dos montañas?

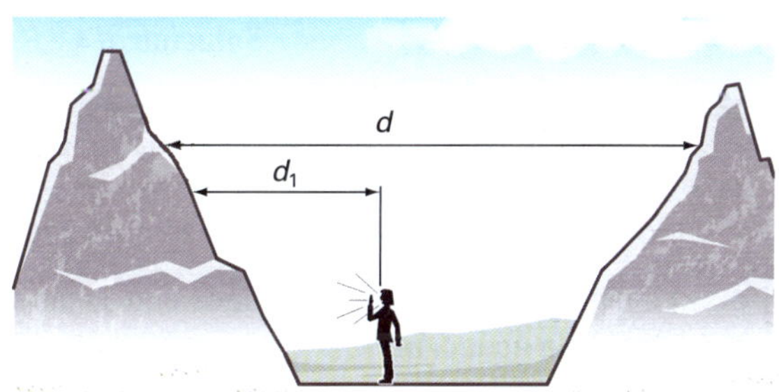

Figura 10.37.
Fenómeno del eco.

Solución: a) $d_1 = 680$ m; **b)** $d = 1\,615$ m.

53 Una persona hace habitualmente un viaje de ida y vuelta entre dos pueblos. La velocidad constante con la que realiza el desplazamiento es de 5 km/h y emplea una hora en total. Un día hizo el viaje de ida solo a 3 km/h y pensó que si realizaba el viaje de regreso a 7 km/h compensaba el retraso, para realizar finalmente el viaje completo en una hora.

a) ¿Cuánto distan los dos pueblos entre sí?

b) ¿Realizó el viaje completo en una hora?

c) Calcula la velocidad media del viaje.

Solución: a) $s = 45$ m; **b)** no, $t = 0{,}19$ h más que habitualmente; **c)** $v_m = 4{,}20$ km/h.

Actividades

54 El oído humano es capaz de distinguir dos sonidos emitidos con un intervalo de 0,1 s. ¿Cuál es la distancia mínima a la que te debes colocar frente a una pared para percibir el eco? (Dato: velocidad del sonido en el aire $v = 340$ m/s).

Solución: $d = 17$ m.

55 Dos coches salen a la vez del centro de una glorieta por calles rectas y perpendiculares entre sí, con velocidades constantes de 82 km/h y 70 km/h, respectivamente. ¿Qué marcará un cronómetro cuando la distancia entre los dos coches sea de 40 m?

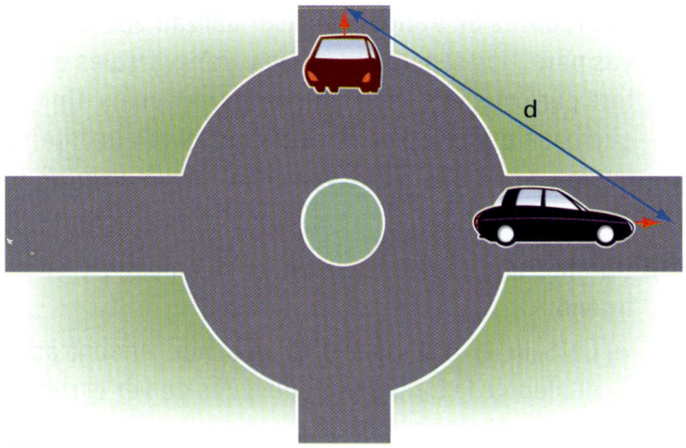

Figura 10.38.
Situación de los coches.

Solución: $t = 1,3$ s.

56 Una estrella está situada a cuatro años luz de la Tierra. Si denominamos año-luz a la distancia que recorre la luz a una $v = 3 \times 10^8$ m/s en un año, ¿a qué distancia se encuentra la estrella?

Solución: $d = 3,8 \times 10^{16}$ m.

57 La ecuación de un movimiento uniforme es:

$$x = 25 - 5 \cdot t$$

Donde x viene expresada en metros y t, en segundos.

a) Indica qué significado tiene cada uno de los coeficientes de la ecuación.

b) ¿En qué instante pasa el móvil por el origen?

c) Representa en un diagrama x-t el movimiento durante los siete primeros segundos.

Solución: a) $x_0 = 25$ m; $v = -5$ m/s; **b)** $t = 5$ s.

58 Dos vehículos salen a la misma hora de dos puntos que distan entre sí 40 km en línea recta. El vehículo 1 se mueve con $v_1 = 90$ km/h y el vehículo 2 con $v_2 = 60$ km/h. Calcula el instante y la posición en que se produce el encuentro:

a) Si los vehículos van en el mismo sentido.

b) Si los vehículos van en sentidos contrarios.

c) Representa en un mismo diagrama x-t el movimiento de ambos vehículos, en los dos casos.

Solución: a) $t = 1,33$ h, $x = 119,7$ km respecto a 1.
b) $t = 0,27$ h, $x = 24,30$ km respecto a 2.

Movimiento uniformemente acelerado

59 Indica si son verdaderas o falsas estas afirmaciones sobre el movimiento rectilíneo uniformemente acelerado (MRUA):

a) La aceleración aumenta.

b) La aceleración disminuye.

c) Es constante la aceleración.

d) La trayectoria es una parábola.

e) La gráfica v-t es una recta.

f) La aceleración puede ser $-0,4$ m/s^2.

60 En la ecuación $v = 15 - 3t$, donde v es la velocidad y t es el tiempo, indica el significado de 15 y de -3, teniendo en cuenta que todas las magnitudes se expresan en el SI.

61 Expresa en una ecuación el siguiente movimiento: un móvil que marcha a la velocidad de 7 m/s aumenta su velocidad a razón de 2 m/s por segundo.

62 Tráfico registra las huellas de un frenazo sobre el asfalto de un vehículo implicado en un accidente. El dato obtenido es de 40 m. Si la aceleración de frenado por deslizamiento sobre el asfalto es $-7,35$ m/s^2, ¿qué velocidad llevaba el coche en el momento del accidente?

Solución: $v = 87,3$ km/h.

63 ¿Conoces el significado de esta señal?

Figura 10.39.
Señal de tráfico.

Esta señal, para que tenga sentido, siempre debe ir acompañada por otra que va referida a limitación de la velocidad. ¿Por qué?

64 Calcula la velocidad inicial de una motocicleta, expresada en km/h, que frena con una aceleración constante de 8 m/s^2, sabiendo que se para a los 3 s de iniciar la frenada.

Solución: $v_0 = 86,4$ km/h.

65 El guepardo es capaz de alcanzar los 100 km en un tiempo de 3,5 s partiendo del reposo. Calcula la aceleración y el espacio que recorre en ese tiempo.

Solución: $a = 7,94$ m/s^2; $s = 48,63$ m.

66 Una chica va en bicicleta a una velocidad de 15 km/h, en un momento dado y a 10 m de ella se le cruza un niño detrás de una pelota. Calcula:

a) ¿Con qué aceleración debe frenar?

b) ¿Qué tiempo tarda en parar?

c) Escribe la ecuación del movimiento respecto de un sistema de referencia cuyo origen se encuentra en el niño.

Solución: a) $a = -0,88$ m/s^2; **b)** $t = 4,8$ s;
c) $x = -10 + 4,2\ t - 0,44\ t^2$.

67 Un chico va corriendo con velocidad constante de 6 m/s hacia la parada del autobús. Cuando se encuentra a 10 m del autobús, este arranca con una aceleración uniforme de $a = 0{,}5\ m/s^2$.

a) Calcula el tiempo que tardará en alcanzarlo.

b) Representa en un mismo diagrama *x-t* los dos movimientos.

Solución: a) $t = 1{,}80$ s.

68 Un conductor viaja en su vehículo a una velocidad de 54 km/h. El coche que circula delante se detiene de repente y el conductor tarda 2 s en reaccionar y pisar el freno. A partir de ese momento, su coche para en 3 s. Halla la aceleración del vehículo y la distancia de seguridad que debería llevar para no chocar con el de delante.

Solución: $a = -5\ m/s^2$; $d = 52{,}5$ m.

69 Un coche marcha a 70 km/h y debe parar en 60 m. Si el tiempo de reacción del conductor es de 1,5 s, ¿cuál será la aceleración de frenado?

Solución: $a = -6{,}13\ m/s^2$.

70 Un coche que va a 120 km/h recorre, antes de parar uniformemente sobre una carretera seca, un mínimo de 112 m. Suponiendo que el tiempo de respuesta del conductor es de 0,3 s, calcula:

a) La aceleración de frenado del coche.

b) El tiempo total que el coche tarda en detenerse.

Solución: a) $a = -5{,}4\ m/s^2$; **b)** $t = 6{,}5$ s.

71 Calcula las distancias de detención para un coche que circula a 90 km/h en dos situaciones:

a) El tiempo de reacción del conductor es 1,1 s y la calzada está en condiciones óptimas para la conducción. La aceleración de frenado es de $-7{,}5\ m/s^2$.

b) El tiempo de reacción del conductor es 0,6 s y está cayendo una fuerte nevada. La aceleración de frenado sobre nieve es de $-2{,}94\ m/s^2$.

Solución: a) $s = 70$ m; **b)** $s = 121{,}3$ m.

Caída libre

72 ¿Cuál de los dos diagramas *v-t* describe un lanzamiento vertical hacia arriba?

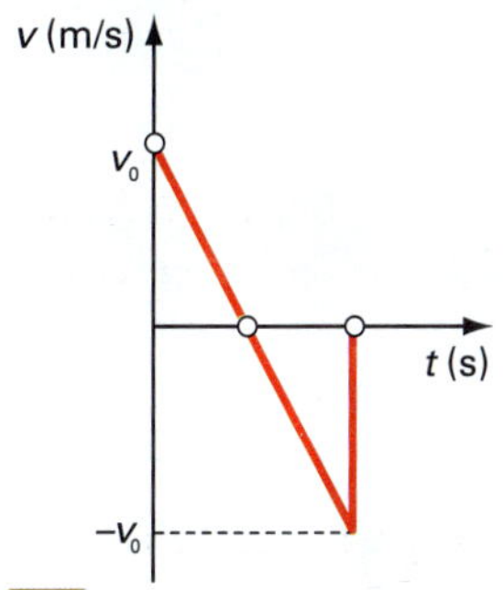

Figura 10.40.
Gráficas *v - t*.

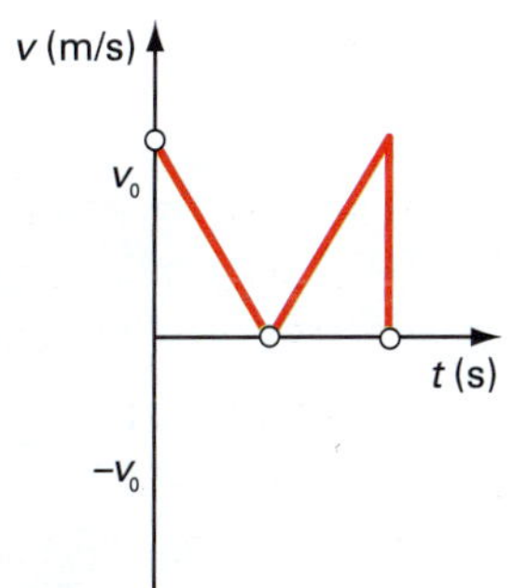

Figura 10.41.

73 Razona la siguiente afirmación: «El movimiento de un cuerpo en caída libre no es rigurosamente un movimiento uniformemente acelerado».

74 Se lanza verticalmente hacia arriba un cuerpo con velocidad inicial de 15 m/s. Calcula:

a) La altura máxima alcanzada.

b) El tiempo que tarda en alcanzar esa altura.

c) La velocidad con que llega al suelo y el tiempo que tarda en caer.

Solución: a) $y_{máx} = 11{,}47$ m; **b)** $t = 1{,}53$ s; **c)** $\mathbf{v} = -15\ \mathbf{j}$ m/s, $t = 3{,}06$ s.

75 María lanza hacia arriba una pelota, que llega hasta el balcón de su casa, situado a 7,4 m del punto de lanzamiento. ¿Con qué velocidad lanzó María la pelota y al cabo de cuánto tiempo vuelve a recuperarla?

Solución: $v_0 = 12$ m/s; $t = 2{,}44$ s.

76 Se lanza un cuerpo verticalmente hacia arriba con una velocidad inicial v_0. Indica los valores de *t* para los cuales:

a) La velocidad se anula.

b) La velocidad es positiva.

c) La velocidad es negativa.

Solución: a) $t = v_0/g$; **b)** $t < v_0/g$; **c)** $t > v_0/g$.

77 Con una velocidad de 400 m/s, se realizan dos lanzamientos consecutivos verticalmente hacia arriba y separados por un intervalo de 20 s. Calcula:

a) La altura máxima alcanzada.

b) El instante en que los dos cuerpos se cruzan.

c) La velocidad de cada cuerpo en el punto de cruce.

Solución: a) $h = 8\,155$ m; **b)** $t = 50{,}7$ s, $y = 7\,659$ m; **c)** $v_1 = -97{,}4$ m/s, $v_2 = 98{,}8$ m/s.

78 Un globo asciende verticalmente en la atmósfera a una velocidad constante de 15 m/s y se deja caer de él un saco de arena, que llega al suelo al cabo de 10 s. Prescindiendo del rozamiento del aire, determina a qué altura estaba el globo cuando se dejó caer el saco.

Solución: $y_0 = 341$ m.

79 Desde la azotea de un edificio de 30 m se deja caer un cuerpo. En el mismo instante y desde el suelo se lanza, en vertical y hacia arriba, otro cuerpo con una velocidad inicial de 20 m/s. ¿Cuándo y dónde se cruzan los dos cuerpos?

Solución: $t = 1{,}50$ s; $y = 18{,}95$ m.

80 Desde un precipicio se lanza verticalmente hacia abajo una piedra, con una velocidad de 5 m/s. El sonido de la piedra al chocar con el suelo se oye a los 6,5 s de soltarla. ¿Desde qué altura se lanzó? (Dato: velocidad del sonido: 340 m/s).

Solución: $h = 200{,}4$ m.

11 Movimientos en dos dimensiones y movimientos periódicos

1 Composición de movimientos

En el modelo aristotélico del universo, la Tierra permanecía en reposo situada en el centro, mientras que la Luna, el Sol y los planetas describían trayectorias circulares alrededor de ella.

Una de las pruebas de la inmovilidad de la Tierra era el hecho de que, al lanzar un objeto verticalmente hacia arriba, volvía al punto de partida. Según este modelo, si la Tierra se moviese, el objeto caería desplazado del punto de partida.

Galileo puso en entredicho esta prueba realizando el lanzamiento vertical en un barco en movimiento: el cuerpo lanzado regresaba al punto de partida; sin embargo, el barco se movía.

La explicación de Galileo para este hecho es que en el cuerpo se sumaban dos movimientos perpendiculares, el vertical y el del barco. La **composición** de ambos resolvía el problema.

Principio de superposición

En la composición de movimientos debe cumplirse que:

- El vector posición del móvil es la suma de los dos vectores posición sobre cada eje.
- El vector velocidad del móvil es la suma de los vectores velocidad de cada movimiento simple.
- Los movimientos simples son simultáneos con el movimiento que componen.

Nos limitaremos a estudiar movimientos compuestos, a su vez, por dos movimientos simples perpendiculares. Tomaremos como ejes del sistema de referencia las direcciones de los movimientos simples y pondremos en marcha el reloj cuando se inicie el movimiento.

Principio de independencia

Cuando un móvil sigue un movimiento compuesto por dos movimientos simples, su posición en un tiempo dado es independiente de cómo actúen los movimientos simples, simultánea o sucesivamente.

1.1 Dos movimientos rectilíneos uniformes

Situamos el origen del sistema de referencia en el punto donde está el móvil en el instante $t = 0$ s.

La **velocidad** del móvil es igual a la suma vectorial de las velocidades de los movimientos simples, $\mathbf{v}_x = v_x\,\mathbf{i}$ y $\mathbf{v}_y = v_y\,\mathbf{j}$; en este caso, ambas constantes:

$$\mathbf{v} = \mathbf{v}_x + \mathbf{v}_y = v_x\,\mathbf{i} + v_y\,\mathbf{j}$$

El módulo de la velocidad del móvil será constante:

$$v = \sqrt{v_x^2 + v_y^2}$$

La dirección, también constante, se calcula como:

$$\tan \alpha = \frac{v_y}{v_x} \rightarrow \alpha = \tan^{-1} \frac{v_y}{v_x}$$

La **posición** del móvil es la suma vectorial de los vectores posición de cada uno de los movimientos simples:

$$\mathbf{r} = x\,\mathbf{i} + y\,\mathbf{j} = v_x \cdot t\;\mathbf{i} + v_y \cdot t\;\mathbf{j}$$

Su módulo será: $r = \sqrt{x^2 + y^2}$

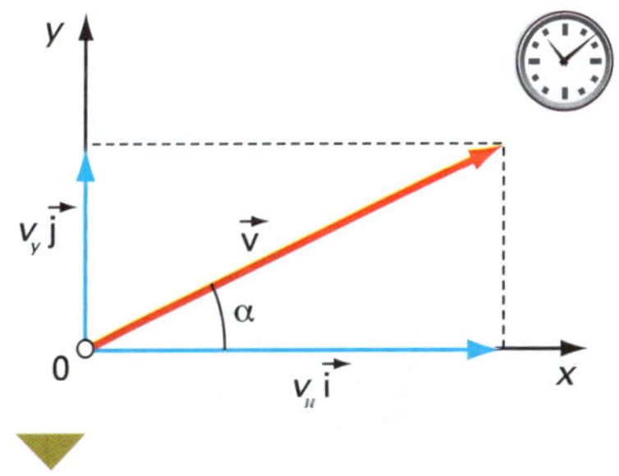

Figura 11.1.
Las velocidades de los movimientos simples se suman. Observa que las direcciones de los movimientos simples son los ejes del sistema de referencia.

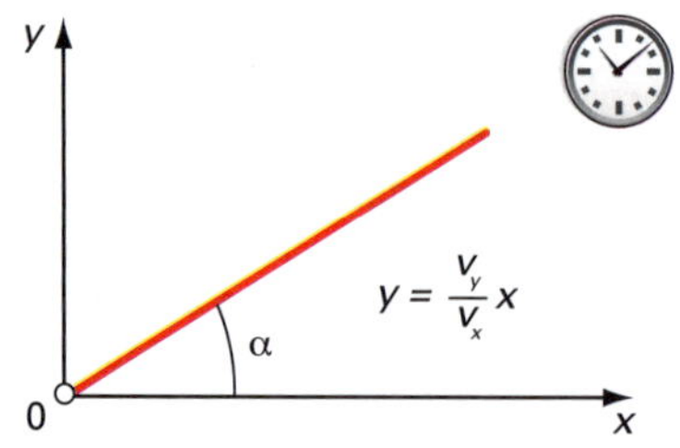

Figura 11.2.
Trayectoria de un movimiento compuesto por dos MRU perpendiculares.

Su dirección coincide con la de la velocidad:

$$\tan \alpha = \frac{v_y \cdot t}{v_x \cdot t} = \frac{v_y}{v_x} \rightarrow \alpha = \tan^{-1} \frac{v_y}{v_x}$$

La **ecuación de la trayectoria** del móvil se obtiene eliminando el tiempo entre las ecuaciones de la posición de los movimientos simples:

$$x = v_x \cdot t \rightarrow t = \frac{x}{v_x} \qquad y = v_y \cdot t \rightarrow t = \frac{y}{v_y}$$

Al igualar en ambas ecuaciones, obtenemos:

$$y = \frac{v_y}{v_x} x$$

Se trata de la ecuación de una recta que pasa por el origen.

EJEMPLO

Se quiere atravesar un río de 175 m de ancho con una barca. Remamos perpendicularmente a la orilla, con una velocidad de 2 m/s. La corriente arrastra la barca con una velocidad de 0,6 m/s.

a) Calcula el tiempo que tarda la barca en cruzar el río.

b) Halla la velocidad total de la barca.

c) Calcula el espacio recorrido por la barca.

Si denominamos v_x a la velocidad con que impulsamos la barca y v_y a la velocidad de arrastre debida a la corriente, las ecuaciones de los movimientos sobre los ejes serán:

$$x = v_x \cdot t \rightarrow x = 2 \cdot t$$
$$y = v_y \cdot t \rightarrow y = 0{,}6 \cdot t$$

a) Como conocemos la anchura del río, $x = 175$ m, el tiempo que se tarda en cruzar el río se puede calcular utilizando la ecuación del movimiento en el eje de las *x:*

$$175 = 2 \cdot t \rightarrow t = 87{,}5 \text{ s}$$

b) La velocidad resultante será la suma vectorial de las velocidades:

$$\mathbf{v} = v_x \mathbf{i} + v_y \mathbf{j} = (2\,\mathbf{i} + 0{,}6\,\mathbf{j}) \text{ m/s}$$

Esta velocidad es constante en el tiempo. Su valor es:

$$v = \sqrt{x^2 + y^2} = \sqrt{2^2 + 0{,}6^2} \rightarrow v = 2{,}1 \text{ m/s}$$

Y la dirección:

$$\tan \alpha = \frac{v_y}{v_x} = \frac{0{,}6 \text{ m/s}}{2 \text{ m/s}} = 0{,}3 \rightarrow \alpha = 16{,}7°$$

c) El espacio recorrido por la barca será:

$$s = v \cdot t \rightarrow s = (2{,}1 \text{ m/s})\,(87{,}5 \text{ s}) = 187{,}75 \text{ m}$$

Observa que, aunque el barquero rema perpendicularmente a la orilla, la corriente lo desplaza, tocando la otra orilla en el punto $x = 175$ m $y = (0{,}6 \text{ m/s})\,(87{,}5 \text{ s}) = 52{,}5$ m.

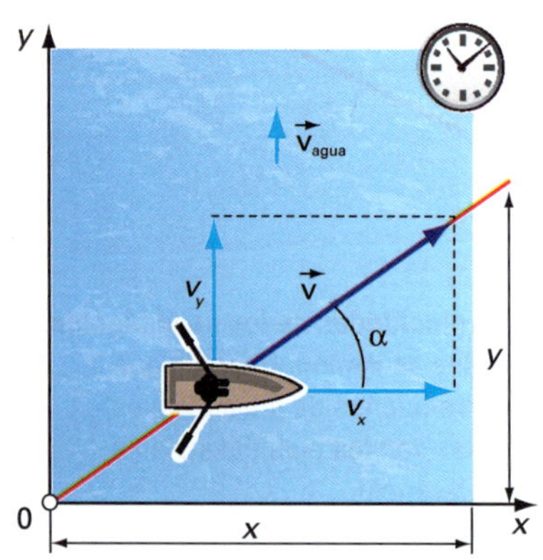

Figura 11.3.
Ilustración para ejemplo.
Composición de dos movimientos rectilíneos uniformes y perpendiculares.

11.2 Un movimiento rectilíneo uniforme con un movimiento rectilíneo uniformemente acelerado

De la composición de un movimiento rectilíneo uniforme y otro rectilíneo uniformemente acelerado, perpendiculares entre sí, resulta un movimiento cuya trayectoria es una parábola.

El **movimiento parabólico** se recoge en los libros más antiguos de balística. Esta disciplina utilizaba los procedimientos ideados por Galileo, además de una gran cantidad de datos procedentes de la experiencia cotidiana, para aumentar la precisión en el lanzamiento de proyectiles.

Lanzamiento oblicuo

Imaginemos que un arquero lanza una flecha desde el suelo ($y_0 = 0$), con cierto ángulo ($\alpha < 90°$) y con una velocidad inicial $\mathbf{v_0} = v_{0x}\,\mathbf{i} + v_{0y}\,\mathbf{j}$. Tomando como origen del sistema de referencia el lugar del lanzamiento, las componentes de la velocidad inicial se pueden escribir como:

$$v_{0x} = v_0 \cdot \cos\alpha$$
$$v_{0y} = v_0 \cdot \sin\alpha$$

Si la distancia al objetivo y la altura no son muy grandes, la aceleración de la gravedad se puede considerar con **dirección** y **módulo constantes.**

La flecha, desde el momento del lanzamiento, queda libre, sometida únicamente a la aceleración de la gravedad $\mathbf{g} = -\,g\,\mathbf{j}$, de forma que sobre el eje vertical el movimiento es rectilíneo uniformemente acelerado con velocidad inicial v_{0y}, mientras que en el eje horizontal el movimiento es uniforme con velocidad v_{0x}.

Eje 0x	Eje 0y	Movimiento compuesto
$v_x = v_{0x} = v_0 \cdot \cos\alpha = \text{constante}$ $x = v_{0x} \cdot t = (v_0 \cdot \cos\alpha)\, t$	$v_y = v_{0y} - g \cdot t = (v_0 \cdot \sin\alpha) - g \cdot t$ $y = v_{0y} \cdot t - \frac{1}{2} g \cdot t^2 = (v_0 \cdot \sin\alpha)\, t - \frac{1}{2} g\, t^2$ $v_y^2 = v_{0y}^2 - 2 \cdot g \cdot y$	$\mathbf{v}(t) = (v_0 \cdot \cos\alpha)\,\mathbf{i} + [(v_0 \cdot \sin\alpha) - g \cdot t]\,\mathbf{j}$ $\mathbf{r}(t) = (v_0 \cdot \cos\alpha)\, t\,\mathbf{i} + [(v_0 \cdot \sin\alpha)\, t - \frac{1}{2} g\, t^2]\,\mathbf{j}$

Tabla 11.1.
Ecuaciones del lanzamiento oblicuo referido al lugar del lanzamiento.

La **ecuación de la trayectoria** se obtiene eliminando el tiempo de las correspondientes ecuaciones de la posición en cada uno de los movimientos.

Despejamos el tiempo en la ecuación del eje x:

$$t = \frac{x}{v_0 \cos\alpha}$$

Sustituimos en la ecuación del eje y, con lo que obtenemos:

$$y = v_0 \frac{x}{v_0 \cos\alpha} \sin\alpha - \frac{1}{2} g \frac{x^2}{v_0^2 \cos^2\alpha}$$

Simplificamos:

$$y = x \tan\alpha - \frac{g}{2v_0^2 \cos^2\alpha} x^2$$

Es la ecuación de una parábola con el vértice hacia arriba y que pasa por el origen de coordenadas.

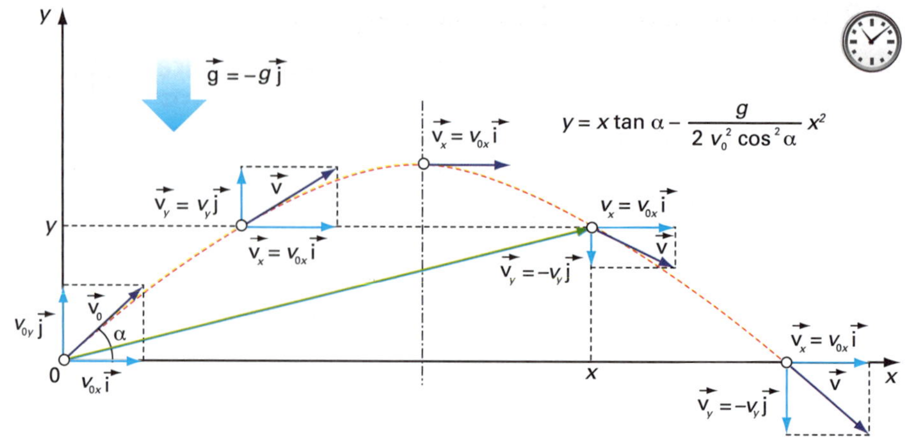

Figura 11.4.

Movimiento parabólico referido al lugar del lanzamiento. La velocidad, tangente en todo punto a la trayectoria, varía en módulo y dirección. La componente horizontal de la velocidad v_x permanece constante e igual a su valor inicial v_{0x} durante todo el movimiento. Sin embargo, la componente vertical v_y disminuye su valor durante la primera mitad del movimiento desde v_{0y} hasta anularse en el punto $y = y_{máx}$. En la segunda mitad aumenta uniformemente hasta alcanzar el valor inicial v_{0y}.

La **altura** será **máxima** cuando la componente vertical de la velocidad sea cero:

$$y = y_{máx} \rightarrow v_y = 0$$

Se presentan dos posibilidades para calcularla:

- Aplicando la condición $v_y = 0$ a la ecuación de la velocidad vertical, podemos obtener el tiempo que tarda en alcanzar la altura máxima, $t_{máx}$:

$$0 = v_{0y} - g \cdot t_{máx} \rightarrow t_{máx} = \frac{v_{0y}}{g}$$

  Al sustituirlo en la ecuación de la posición en el eje y, podemos obtener la posición de la altura máxima.

- Directamente, aplicando la condición $v_y = 0$ a la ecuación de la velocidad vertical, que no depende del tiempo:

$$0 = v_{0y}^2 - 2\,g\,y_{máx}$$

  Despejamos:

$$y_{máx} = \frac{v_{0y}^2}{2g} \rightarrow y_{máx} = \frac{v_0^2 \sin^2\alpha}{2g}$$

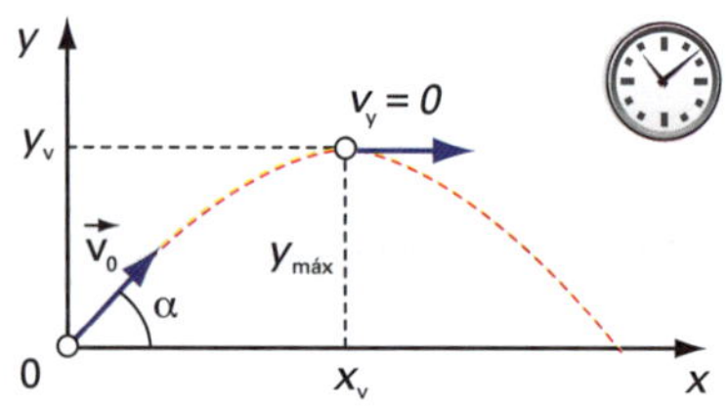

Figura 11.5.

Geométricamente, la altura máxima coincide con la coordenada y_v del vértice de la parábola.

El **alcance máximo** es la distancia sobre el suelo a la que llega el proyectil. La condición para conocer el alcance máximo es:

$$x = x_{máx} \rightarrow y = 0$$

También se presentan dos posibilidades para hallarlo:

- Aplicando la condición $y = 0$ a la ecuación de la posición en el eje vertical, podemos obtener el tiempo de caída, $t_{caída}$:

$$0 = v_{0y} \cdot t - \frac{1}{2}\,g \cdot t^2$$

  Obtenemos dos soluciones: $t_1 = 0$ y $t = t_{caída}$.

  Este último sustituido en la ecuación de la posición sobre el eje x permite conocer el alcance máximo.

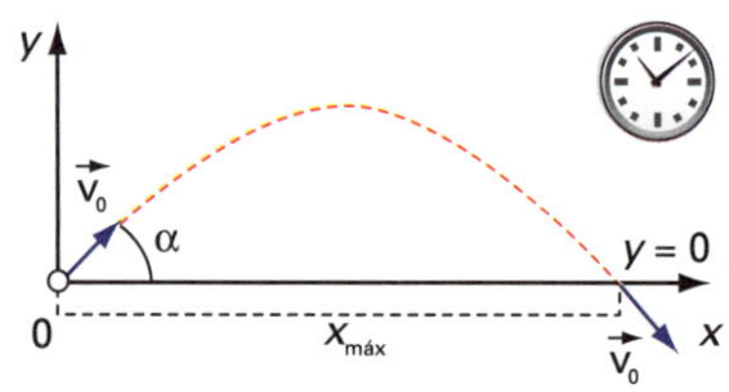

Figura 11.6.

En estos casos, el tiempo de caída coincide con el doble del tiempo que se tarda en alcanzar la altura máxima:

$$t_{caída} = 2 \cdot t_{máx}$$

■ Aplicando la condición $y = 0$ en la ecuación de la trayectoria:

$$0 = x \tan\alpha - \frac{g}{2\,v_0^2 \cos^2\alpha}\,x^2 \;\rightarrow\; 0 = x\left(\tan\alpha - \frac{g}{2\,v_0^2 \cos^2\alpha}\,x\right)$$

Obtenemos dos soluciones, $x_1 = 0$ y $x_2 = x_{\text{máx}}$:

$$x_{\text{máx}} = \frac{2\,v_0^2 \cos^2\alpha \tan\alpha}{g} \;\rightarrow\; x_{\text{máx}} = \frac{v_0^2 \sin 2\alpha}{g}$$

EJEMPLO

Desde el suelo se impulsa un cuerpo con velocidad de 60 m/s, formando un ángulo de 35° con la horizontal. Calcula:

a) El tiempo que tarda en caer.

b) La distancia donde cae el cuerpo.

c) La altura máxima alcanzada.

d) Las componentes de la velocidad al tocar al suelo.

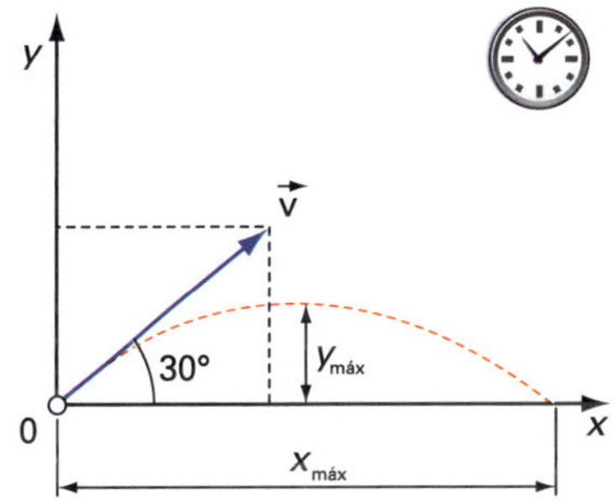

Figura 11.7.
Movimiento del cuerpo en el ejemplo. El sistema de referencia respecto del cual se plantean las ecuaciones tiene el origen en el punto de lanzamiento.

Eje 0x	Eje 0y
$v_x = v_{0x} = 60 \cdot \cos\,35°$ $x = (60 \cdot \cos 35°)\,t$	$v_y = 60 \cdot \sin 35° - g \cdot t$ $y = (60 \cdot \sin 35°)\,t - \frac{1}{2}\,g \cdot t^2$ $v_y^2 = (60 \cdot \sin 35°)^2 - 2 \cdot g \cdot y$

Tabla 11.2.
Ecuaciones del lanzamiento del cuerpo.

a) El tiempo de caída se obtiene de la condición $y = 0$:

$$0 = (60 \cdot \sin 35°)\,t - \frac{1}{2}\,g \cdot t^2 \quad \rightarrow \quad 0 = 34{,}41\,t - 4{,}91\,t^2$$

Resolviendo la ecuación se obtienen dos soluciones:

$$t_1 = 0 \text{ s} \qquad t_2 = 7 \text{ s}$$

El tiempo de caída será t_2.

b) El alcance máximo resulta al sustituir este tiempo en la ecuación de la posición sobre el eje *x:*

$$x_{\text{máx}} = (60 \cdot \cos 35°)\,t_2 \;\rightarrow\; x_{\text{máx}} = 344 \text{ m}$$

c) La altura máxima se obtiene directamente sustituyendo $v_y = 0$ en la ecuación de la velocidad vertical que no depende del tiempo:

$$0 = (60 \cdot \sin 35°)^2 - 2 \cdot g \cdot y_{\text{máx}}$$

Al despejar, tenemos:

$$y_{\text{máx}} = \frac{(60 \cdot \sin 35°)^2}{2\,g} \;\rightarrow\; y_{\text{máx}} = 60{,}4 \text{ m}$$

d) La componente v_x no varía: $v_x = v_{0x} = 60 \cdot \cos 35° = 49$ m/s

La componente v_y en el instante de llegar al suelo, $t_2 = 7$ s, vale:

$$v_y = 60 \cdot \text{sen}\ 35° - 9{,}81 \times 7 = -34{,}3 \text{ m/s}.$$

En estos casos, el tiempo que se tarda en alcanzar la altura máxima es la mitad del tiempo que se tarda en llegar al suelo, es decir, $t = 3{,}5$ s.

Lanzamiento oblicuo desde cierta altura

Si el lanzamiento oblicuo se realiza desde una posición distinta del suelo y se mantiene el origen del sistema de referencia en el suelo, hay que introducir en las ecuaciones el parámetro y_0. Las ecuaciones se resumen en la tabla 11.3.

Eje 0x	Eje 0y
$v_{0x} = v_0 \cdot \cos\alpha$ $v_x = v_{0x} = v_0 \cdot \cos\alpha = \text{constante}$ $x = v_{0x} \cdot t = (v_0 \cdot \cos\alpha)\, t$	$v_{0y} = v_0 \cdot \sin\alpha$ $v_y = v_{0y} - g \cdot t = (v_0 \cdot \sin\alpha) - g \cdot t$ $y = y_0 + v_{0y} \cdot t - \frac{1}{2} g \cdot t^2 = y_0 + (v_0 \cdot \sin\alpha)\, t - \frac{1}{2} g\, t^2$ $v_y^2 = v_{0y}^2 - 2 \cdot g\,(y - y_0)$

Tabla 11.3.
Ecuaciones para el lanzamiento oblicuo desde cierta altura.

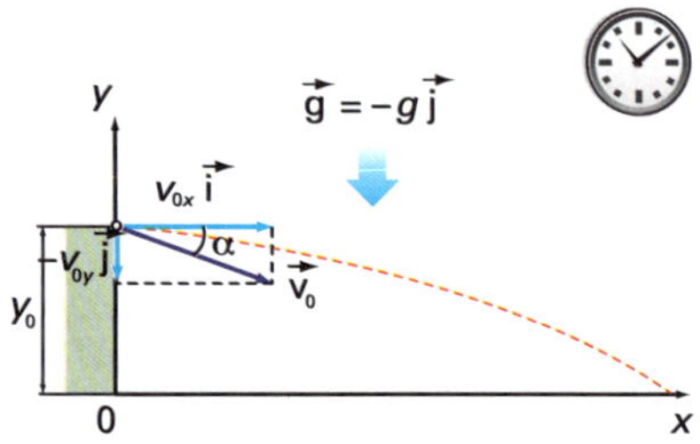

Figura 11.8.
Si el lanzamiento oblicuo es hacia abajo, es decir, $\alpha < 0$, la componente inicial de la velocidad vertical es negativa: $v_{0_y} = v_0 \sin(-\alpha) = -v_0 \sin\alpha$.

La **trayectoria** se obtiene de la misma forma, eliminando el tiempo entre las ecuaciones de las posiciones sobre los ejes. Seguirá siendo una parábola, pero en este caso pasará por el punto $(0, y_0)$.

$$y = y_0 + x \tan\alpha - \frac{g}{2v_0^2 \cos^2\alpha}\, x^2$$

En estos casos, la altura máxima coincide geométricamente con el vértice de la parábola descrita, pero la velocidad con la que el objeto llega al suelo es mayor que la velocidad inicial.

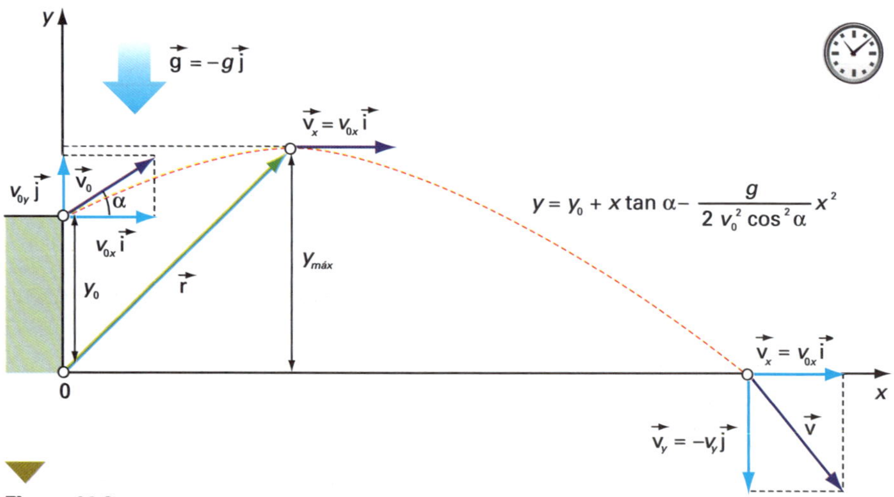

Figura 11.9.
Lanzamiento oblicuo desde una altura y_0, referido al suelo.

La condición de **altura máxima** es: $y = y_{máx} \rightarrow v_y = 0$

Se presentan dos posibilidades, las mismas que en el caso anterior:

- Aplicando la condición $v_y = 0$ a la ecuación de la velocidad vertical, obtenemos el tiempo que se tarda en alcanzar la altura máxima:

$$0 = v_{0y} - g \cdot t_{máx} \rightarrow t_{máx} = \frac{v_{0y}}{g}$$

  Al sustituir en la ecuación de la posición del eje y, se obtiene el valor de la altura máxima.

- Aplicando la condición $v_y = 0$ a la ecuación de la velocidad vertical que no depende del tiempo:

$$0 = v_{0y}^2 - 2 \cdot g\,(y_{máx} - y_0)$$

Y, al despejar, tenemos:

$$y_{máx} = \frac{v_{0y}^2}{2g} + y_0 \rightarrow y_{máx} = \frac{v_0^2 \sin^2 \alpha}{2g} + y_0$$

La condición para conocer el **alcance máximo** es: $x = x_{máx} \rightarrow y = 0$

También se presentan las mismas posibilidades para calcularlo:

- Aplicando la condición $y = 0$ a la ecuación de la posición en el eje vertical resulta el tiempo de caída, $t_{caída}$:

$$0 = y_0 + v_{0y} \cdot t_{caída} - \frac{1}{2} g \cdot t_{caída}^2$$

  Obtenemos dos soluciones, una negativa y otra positiva. Esta última será el tiempo de caída, que, sustituido en la ecuación de la posición sobre el eje x, permite conocer el alcance máximo.

- Aplicando la condición $y = 0$ en la ecuación de la trayectoria:

$$0 = y_0 + x_{máx} \tan \alpha - \frac{g}{2 v_0^2 \cos^2 \alpha} x_{máx}^2$$

  Obtenemos dos soluciones, una negativa y otra positiva. La positiva será el alcance máximo.

En estos casos, el **tiempo de caída no coincide** con el doble del tiempo que se tarda en alcanzar la altura máxima:

$$t_{caída} \neq 2 \cdot t_{máx}$$

EJEMPLO

Un alumno lanza un papel a la papelera con una velocidad de 7,00 m/s formando un ángulo de 30° con la horizontal... ¡y encesta! El papel salió de la mano a 1,20 m de altura. Determina:

a) La ecuación de la trayectoria del papel.

b) La distancia a la que se encuentra la papelera.

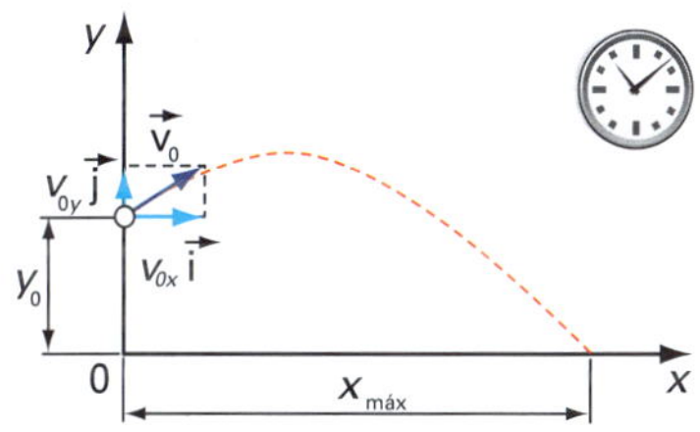

Figura 11.10.
Ilustración para ejemplo. El sistema de referencia respecto del cual se plantean las ecuaciones está referido al suelo en la vertical del punto de lanzamiento.

Las ecuaciones del movimiento sobre cada uno de los ejes serán (fig. 11.10):

Eje Ox	Eje Oy
$v_{0x} = 7{,}00 \cdot \cos 30° \rightarrow v_{0x} = 6{,}06$ m/s $x = 6{,}06 \cdot t$	$v_{0y} = 7{,}00 \cdot \sin 30° \rightarrow v_{0y} = 3{,}50$ m/s $y = 1{,}20 + 3{,}50 \cdot t - 4{,}91 \cdot t^2$

Tabla 11.4.

Estas ecuaciones nos permitirán responder a las preguntas:

a) La trayectoria se obtiene eliminando el tiempo entre las ecuaciones de la posición:

$$x = 6{,}06 \cdot t \qquad y = 1{,}20 + 3{,}50 \cdot t - 4{,}91 \cdot t^2$$

Para ello, despejando el tiempo de la primera ecuación, $t = \frac{x}{6{,}06}$, y lo sustituimos en la segunda:

$$y = 1{,}20 + 3{,}50 \frac{x}{6{,}06} - 4{,}91 \left(\frac{x}{6{,}06}\right)^2 \qquad y = 1{,}20 + 0{,}58\, x - 0{,}13\, x^2$$

b) Como tenemos la ecuación de la trayectoria, podemos aplicar la condición $y = 0$ (papel en el suelo) para calcular el alcance: $0 = 1{,}20 + 0{,}58\, x - 0{,}13\, x^2$

Resolviendo la ecuación de segundo grado obtenemos dos soluciones:

$$x_1 = 6{,}00 \text{ m} \qquad x_2 = -1{,}54 \text{ m}$$

La solución que nos interesa es la primera, x_1. Por tanto: $x_{máx} = x_1 = 6{,}00$ m

Las soluciones están redondeadas a tres cifras significativas.

Figura 11.11.
Ilustración para actividad 4. El sistema de referencia se toma con el origen en el punto de lanzamiento.

1 Comprueba que en el lanzamiento parabólico desde el suelo, la velocidad de impacto es igual, en módulo, a la del lanzamiento y forma un ángulo opuesto.

2 En un lanzamiento oblicuo desde el suelo, calcula el ángulo de lanzamiento para obtener el máximo alcance posible.

3 Comprueba de qué modo el alcance logrado con un ángulo, en el lanzamiento parabólico desde el suelo, se consigue también con el ángulo complementario, para la misma velocidad de lanzamiento.

4 Una jugadora de golf lanza la pelota con una velocidad de 30,0 m/s, formando un ángulo de 40° con la horizontal. Calcula:

a) El tiempo que tarda en llegar al suelo la pelota.

b) La altura máxima alcanzada.

c) El valor de la velocidad con la que la pelota toca el suelo.

Solución: a) $t = 3{,}93$ s; **b)** $y_{máx} = 19{,}0$ m; **c)** $v = 30{,}0$ m/s.

5 En un planeta se lanza desde el suelo una pelota con una velocidad de 30,0 m/s. Si la velocidad forma con la horizontal un ángulo de 45°, calcula:

a) El tiempo que tarda en caer.

b) La distancia al punto donde toca de nuevo el suelo.

(Dato: toma como gravedad en el planeta, $g = 22{,}9$ m/s^2.)

Solución: a) $t_{caída} = 1{,}8$ s; **b)** $x_{máx} = 38{,}2$ m.

6 Desde lo alto de un acantilado de 50 m sobre el mar se lanza una piedra con una velocidad de 15 m/s, formando un ángulo de 60° con la horizontal.

a) ¿Qué tiempo tarda la piedra en llegar al agua?

b) ¿A qué distancia llega la piedra?

Solución: a) $t_{caída} = 4{,}8$ s; **b)** $x_{máx} = 36$ m.

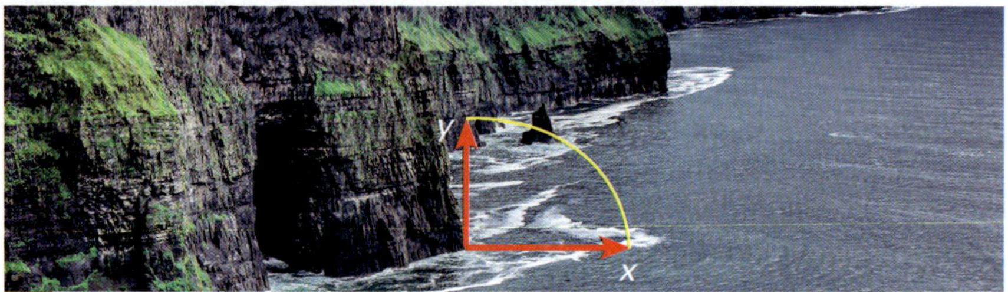

Figura 11.12.
El origen del sistema de referencia se toma en el suelo en la vertical del punto de lanzamiento.

7 Un antenista está trabajando en el tejado de un edificio que forma un ángulo de 30° con la horizontal. Se le cae un martillo, que resbala y, al llegar al extremo del tejado, queda en libertad con una velocidad de 10,0 m/s. La altura del edificio es de 60,0 m. Calcula:

a) La ecuación de la trayectoria.

b) La distancia de la fachada a la que caerá el martillo.

c) El tiempo que tarda en llegar al suelo.

d) La velocidad con que llega al suelo.

Solución: a) $y = 60{,}0 - 0{,}577 \cdot x - 6{,}55 \times 10^{-2} \cdot x^2$; **b)** $x_{máx} = 26{,}2$ m; **c)** $t_{caída} = 3{,}03$ s; **d)** $v = 35{,}8$ m/s.

Lanzamiento horizontal

En este tipo de lanzamiento, la velocidad inicial, $\mathbf{v}_0$, no tiene componente vertical por tanto:

$$v_{0x} = v_0 \quad \text{y} \quad v_{0y} = 0$$

Las ecuaciones de los movimientos sobre los ejes, situando el origen del sistema de referencia en el suelo, son las de la tabla 11.5.

Eje 0x	Eje 0y
$v_x = v_{0x} = v_0 = \text{constante}$ $x = v_{0x} \cdot t = v_0\, t$	$v_y = -g\,t$ $y = y_0 - \frac{1}{2} g\, t^2$ $v_y^2 = -2 \cdot g\,(y - y_0)$

Tabla 11.5. Ecuaciones de los movimientos sobre los ejes.

La **trayectoria** se obtiene de la misma forma, eliminando el tiempo entre las ecuaciones de las posiciones sobre los ejes. Es una parábola, pero con el vértice sobre el eje y.

$$y = y_0 - \frac{g}{2v_0^2}\, x^2$$

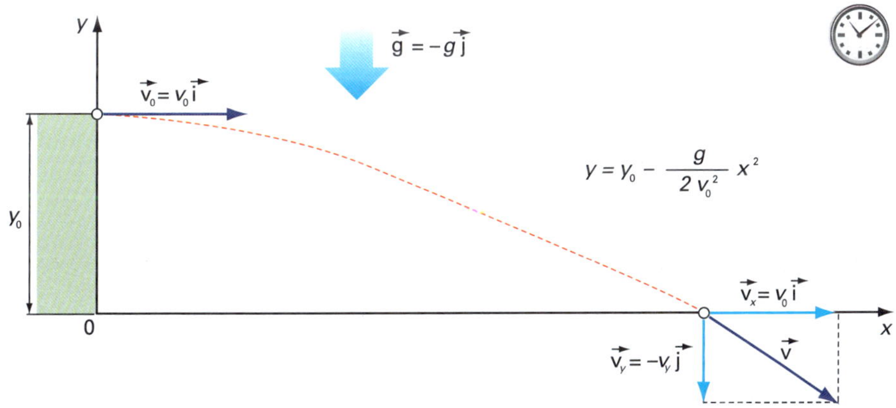

Figura 11.13.
Lanzamiento horizontal referido al suelo. El punto de lanzamiento es $(0,\, y_{máx})$.

En el lanzamiento horizontal, las coordenadas de la altura máxima coinciden con las del punto de lanzamiento.

En estos casos, la componente vertical de la velocidad es inicialmente cero.

La condición para conocer el **alcance máximo** es: $x = x_{máx} \rightarrow y = 0$.

Se presentan, como en los casos anteriores, dos posibilidades:

- Aplicando la condición $y = 0$ a la ecuación de la posición en el eje vertical; así podemos obtener el tiempo de caída, $t_{caída}$:

$$0 = y_0 - \frac{1}{2}\, g\, t_{caída}^2$$

  Sustituyendo la solución positiva en la ecuación de la posición sobre el eje x, se conoce el alcance máximo.

- Aplicando la condición $y = 0$ en la ecuación de la trayectoria:

$$0 = y_0 - \frac{g}{2v_0^2}\, x_{máx}^2$$

De este modo resultan dos soluciones, una negativa y otra positiva. Esta última, la positiva, será el alcance máximo.

EJEMPLO

Una jugadora de balonmano en el momento de realizar un lanzamiento horizontal suelta la pelota a 1,50 m del suelo con una velocidad de 30 m/s. Calcula:

a) El tiempo que tarda la pelota en tocar el suelo.

b) La velocidad de la pelota al llegar al suelo.

En este caso, $v_0 = 30{,}00$ m/s y, $y_0 = 1{,}50$ m. Por tanto:

Eje 0x	Eje 0y
$v_{0x} = v_0 \rightarrow v_{0x} = 30{,}00$ m/s $x = v_0 \cdot t \rightarrow x = 30{,}00 \cdot t$	$v_y = v_{0y} - g \cdot t \rightarrow v_y = -9{,}81 \cdot t$ $y = y_0 - \frac{1}{2} g \cdot t^2 \rightarrow y = 1{,}50 - 4{,}91\ t^2$

Tabla 11.6.
Ecuaciones del lanzamiento de la pelota.

Estas ecuaciones permiten resolver el ejercicio.

a) El tiempo que tarda en tocar el suelo se puede obtener aplicando la condición de $y = 0$ en la ecuación de la posición vertical:

$$y = 1{,}50 - 4{,}91 \cdot t^2 \rightarrow 0 = 1{,}50 - 4{,}91 \cdot t^2_{caída}$$

Despejamos el tiempo: $t_{caída} = \sqrt{\dfrac{1{,}50\ \text{m}}{4{,}91\ \text{m/s}^2}} = 0{,}553$ s

b) La velocidad al llegar al suelo será el vector $\mathbf{v} = (v_x, v_y)$.

En el eje horizontal la velocidad es constante: $v_x = v_{0x} = 30{,}00$ m/s.

En el eje vertical la velocidad varía con el tiempo. En el instante $t = t_{caída}$:

$$v_y = -9{,}81 \cdot t_{caída} \rightarrow v_y = -9{,}81 \times 0{,}553 = -5{,}42\ \text{m/s}$$

El valor de la velocidad será:

$$v = \sqrt{v_x^2 + v_y^2} = \sqrt{(30{,}00)^2 + (-5{,}42)^2} = 30{,}5\ \text{m/s}$$

La velocidad al llegar al suelo es algo mayor que la velocidad con que fue lanzada la pelota.

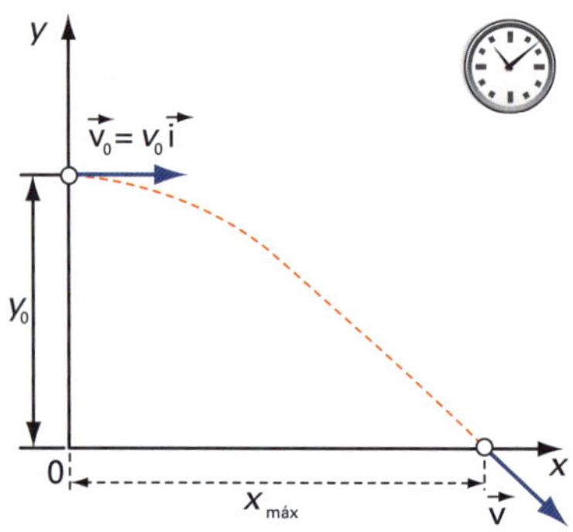

Figura 11.14.
Ilustración para ejemplo.
La trayectoria de la pelota es una parábola cuyo vértice coincide con el punto de lanzamiento $(0, y_0)$.

8 En un lanzamiento horizontal, indica la trayectoria que seguiría el objeto si:

a) No hubiese gravedad.

b) La velocidad inicial v_0 fuese nula.

Solución: a) $y = y_0$; **b)** $x = 0$.

9 Volando horizontalmente a 100 m sobre el suelo, una avioneta deja caer un paquete cuando su velocidad es de 180 km/h. Calcula, prescindiendo del rozamiento con el aire:

a) La ecuación de la trayectoria del paquete.

b) El punto donde toca con el suelo (suponiendo que este es horizontal).

c) El tiempo que tarda en caer.

d) La velocidad del paquete a los 2 s de caída.

Solución: a) $y = 100 - 1{,}96 \times 10^{-3}\ x^2$; **b)** $x_{máx} = 226$ m; **c)** $t_{caída} = 4{,}51$ s; **d)** $v = 53{,}7$ m/s.

2 Movimientos circulares

El movimiento circular es el de un móvil que describe una trayectoria circular de radio R.

Para estudiar los cambios de posición del móvil, basta utilizar los cambios del ángulo φ, descrito por el vector posición del móvil. Este ángulo, expresado en radianes **(rad),** se denomina **espacio angular.** Al ser φ un ángulo central, está relacionado con el espacio recorrido en la forma:

$$s = \varphi \cdot R$$

El módulo de la velocidad, v, del móvil será:

$$\frac{ds}{dt} = \frac{d\varphi}{dt} R \quad \rightarrow \quad v = \omega\, R$$

donde, $\omega = \dfrac{d\varphi}{dt}$, en **rad/s,** se denomina **velocidad angular** del móvil.

El valor de la aceleración tangencial, a_t, del móvil será:

$$\frac{dv}{dt} = \frac{d\omega}{dt} R \quad \rightarrow \quad a_t = \alpha\, R$$

donde, $\alpha = \dfrac{d\omega}{dt}$, en **rad/s²,** se denomina **aceleración angular** del móvil.

> En los **movimientos circulares** los valores de las magnitudes lineales son iguales a los de las magnitudes angulares por el radio de la circunferencia.

Con estos cambios en las variables, las ecuaciones de los movimientos circulares resultan formalmente iguales a las de los movimientos rectilíneos simples. En este tipo de movimiento, el vector velocidad, **v,** tangente a la trayectoria en todo momento, cambia de dirección constantemente y, en consecuencia, siempre existe aceleración centrípeta o aceleración normal:

$$a_c = \frac{v^2}{R} = \frac{(\omega\, R)^2}{R} = \omega^2\, R$$

El radián (rad)

Es el ángulo plano comprendido entre dos radios cuyo arco de circunferencia es igual al radio de esta:

$$360° = 2\pi \text{ rad}$$

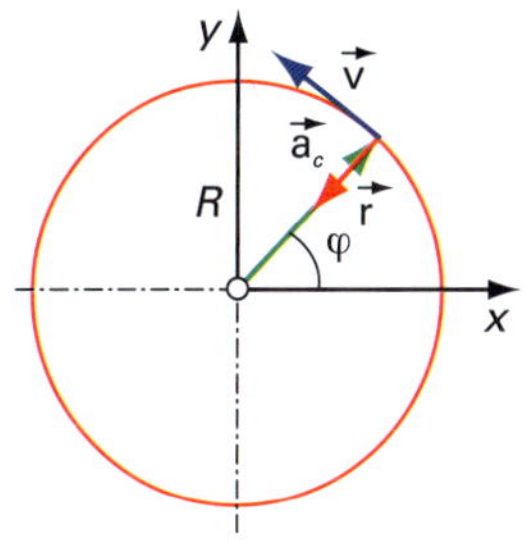

Figura 11.15.
Movimiento circular referido al centro de la trayectoria.

2.1 Movimiento circular uniforme (MCU)

El movimiento circular uniforme (MCU) tiene estas características:

- Es **circular,** por tanto, su trayectoria es una **circunferencia.** Se toma como origen del sistema de referencia el centro de la circunferencia.
- Es **uniforme,** es decir, el móvil recorre arcos iguales en tiempos iguales, lo que indica que la velocidad angular es constante.

$$\omega = \text{Cte.} \quad ; \quad \alpha = 0 \text{ rad/s}^2 \quad ; \quad a_c = \omega^2\, R$$

Si empezamos a contar tiempos, $t_0 = 0$ s, cuando el móvil se encuentra en φ_0, el valor de la velocidad angular será:

$$\omega = \frac{\Delta\varphi}{\Delta t} \quad \rightarrow \quad \omega = \frac{\omega - \omega_0}{t}$$

La ecuación del MCU es, por tanto: $\varphi = \varphi_0 + \omega\, t$.

Donde φ es el **espacio angular** en el instante t y φ_0 es el **ángulo** a partir del cual se empezaron a contar los tiempos.

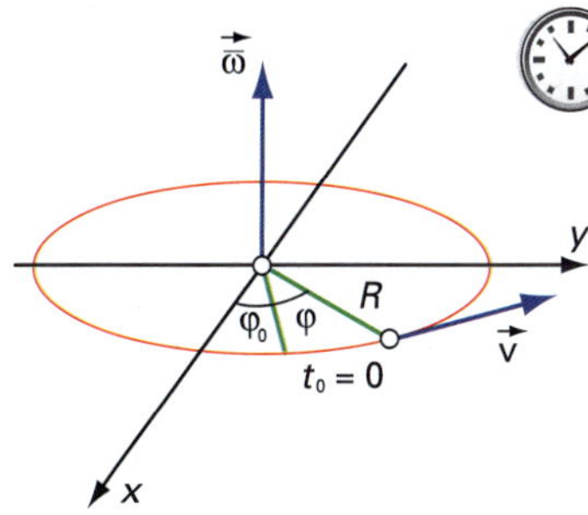

Figura 11.16.
Velocidad angular. Dirección y sentido de **ω** en un MCU.

Este **movimiento es periódico,** es decir, las variables cinemáticas (posición, velocidad y aceleración) toman los mismos valores cada cierto tiempo, ***T,*** denominado **período del movimiento.**

- El **período *T,*** será el tiempo que emplea el móvil en dar una vuelta completa. En el SI el período se expresa en **segundos** (s).
- Como el período es el tiempo que se tarda en dar una vuelta, su inversa, que llamaremos **frecuencia, *f,*** representa el número de vueltas que se dan en la unidad de tiempo.

$$f = \frac{1}{T}$$

La frecuencia se expresa en el SI en **hercios** ($Hz = s^{-1}$).

Un **móvil con MCU** da una vuelta completa (2π rad) en el **tiempo de un período:**

$$\omega = \frac{2\pi}{T} = 2\pi f$$

2.2 Movimiento circular uniformemente acelerado (MCUA)

El movimiento circular uniformemente acelerado (MCUA):

- Es **circular;** por tanto, su trayectoria es una **circunferencia.** Se toma como origen del sistema de referencia el centro de la circunferencia.
- Es **uniformemente acelerado;** en tiempos iguales las variaciones del valor de la velocidad son iguales, es decir, la aceleración angular es constante.

$$\alpha = \text{Cte} \quad ; \quad a_c = \omega^2 R$$

Si empezamos a contar tiempos, $t_0 = 0$ s, cuando el móvil lleva una velocidad angular inicial, ω_0, la aceleración angular será (fig 11.17 y 11.18):

$$\alpha = \frac{\Delta\omega}{\Delta t} \quad \rightarrow \quad \alpha = \frac{\omega - \omega_0}{t} \quad \rightarrow \quad \omega = \omega_0 + \alpha\, t$$

Esta ecuación permite conocer el valor de la velocidad angular del móvil en cualquier instante. El espacio angular recorrido por el móvil se obtiene calculando el área debajo de la gráfica de la velocidad angular, que será la suma de las áreas de un rectángulo y un triángulo.

$$\varphi = \omega_0\, t + \frac{1}{2}\alpha\, t^2$$

Esta es la **ecuación del espacio angular en función del tiempo.** Si en el momento de empezar a contar tiempos, el móvil se encuentra en φ_0,

$$\varphi = \varphi_0 + \omega_0\, t + \frac{1}{2}\alpha\, t^2$$

se obtiene la **ecuación general del MCUA.**

Al igual que en el MRUA, si eliminamos el tiempo entre las ecuaciones de la velocidad angular y del espacio angular, obtenemos una relación, independiente del tiempo, muy útil al resolver ejercicios.

$$\omega^2 = \omega^2_0 + 2\alpha(\varphi - \varphi_0)$$

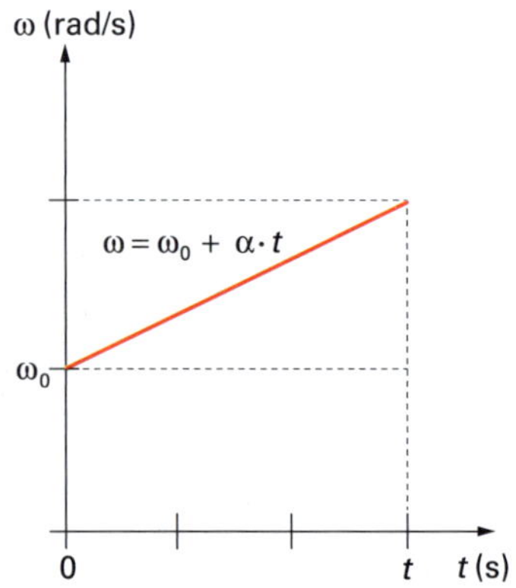

Figura 11.17.
Variación de la velocidad angular en función del tiempo en un MCUA con $\alpha > 0$.

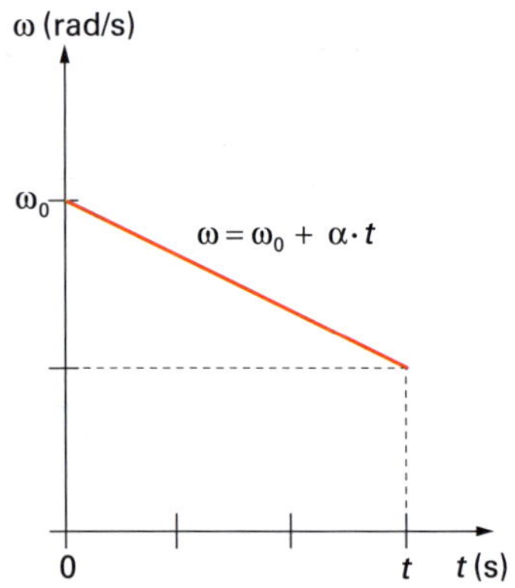

Figura 11.18.
Variación de la velocidad angular en función del tiempo en un MCUA con $\alpha < 0$.

MRU	MCU	MRUA	MCUA
$v = \text{Cte.}$ $x = x_0 + v \cdot t$ $a_t = 0$; $a_c = 0$	$\omega = \text{Cte.}$ $\varphi = \varphi_0 + \omega \cdot t$ $a_t = 0$; $a_c = \omega^2 R$	$a_t = \text{Cte.}$; $a_c = 0$ $v = v_0 + a_t t$ $x = x_0 + v_0 t + \frac{1}{2} a_t t^2$ $v^2 = v_0^2 + 2 a_t (x - x_0)$	$\alpha = \text{Cte.}$; $a_c = \omega^2 R$ $\omega = \omega_0 + \alpha t$ $\varphi = \varphi_0 + \omega_0 t + \frac{1}{2} \alpha t^2$ $\omega^2 = \omega_0^2 + 2 \alpha (\varphi - \varphi_0)$

Tabla 11.7.
Correspondencia entre las ecuaciones que definen los movimientos rectilíneos y los movimientos circulares.

Aunque no es una unidad aceptada en el SI, puedes encontrar la velocidad angular expresada en **rps (revoluciones por segundo)** o **rpm (revoluciones por minuto).**

Una revolución, vuelta o ciclo equivale a 2π radianes.

EJEMPLO

Una noria tarda 5 min en dar una vuelta completa. Si la velocidad angular es constante, calcula:

a) La velocidad angular en radianes por segundo.

b) La velocidad lineal de un viajero situado a 50 m del eje de giro.

c) La aceleración centrípeta a que está sometido el viajero.

a) Una vuelta son 2π radianes; por tanto: $\omega = \frac{1 \text{ vuelta}}{5 \times 60 \text{ s}} = \frac{2\pi \text{ rad}}{300 \text{ s}} = 0{,}021 \text{ rad/s}$

b) $v = \omega \cdot R = (0{,}021 \text{ s}^{-1})(50 \text{ m}) = 1{,}05 \text{ m/s}$

c) $a_c = \omega^2 \cdot R = (0{,}021 \text{ s}^{-1})^2 (50 \text{ m}) = 0{,}022 \text{ m/s}^2$

Observa que tanto la velocidad angular como la aceleración centrípeta son pequeñas, de modo que los viajeros no se sienten excesivamente afectados.

Figura 11.19.
Ilustración para el ejemplo. El sistema de referencia respecto del cual se plantean las ecuaciones tiene su origen en el centro de la trayectoria.

10 Una lavadora, cuyo tambor tiene un radio de 25 cm, centrifuga a 600 vueltas por minuto.

a) Calcula la velocidad angular en rad/s.

b) Halla la aceleración centrípeta de la ropa que «se queda pegada» al tambor durante el centrifugado.

Solución: a) $\omega = 62{,}83$ rad/s; **b)** $a_c = 987$ m/s^2.

11 Un coche parte del reposo. Después de 10 s las ruedas están girando con una velocidad angular de 95 rad/s. Calcula:

a) La aceleración angular.

b) El número de vueltas que han dado.

Solución: a) $\alpha = 9{,}5$ rad/s^2; **b)** $N = 75{,}6$ vueltas.

12 Un CD de 6 cm de radio gira a una velocidad angular de 261,8 rad/s. Al apagar el lector, el CD tarda en detenerse 8 s, calcula:

a) La aceleración angular y la aceleración tangencial de un punto de la periferia del CD.

b) Las vueltas que da antes de pararse.

c) La velocidad angular a los 2 s de comenzar a detenerse.

Solución: a) $\alpha = -32{,}73$ rad/s^2; $a_t = -196{,}38$ cm/s^2; **b)** $N = 166{,}6$ vueltas; **c)** $\omega = 196{,}34$ rad/s.

3 Movimiento armónico simple (MAS)

Un movimiento periódico de gran importancia es el que realiza la proyección sobre el eje x de un móvil que sigue un movimiento circular uniforme con velocidad angular, ω, en una circunferencia de radio A.

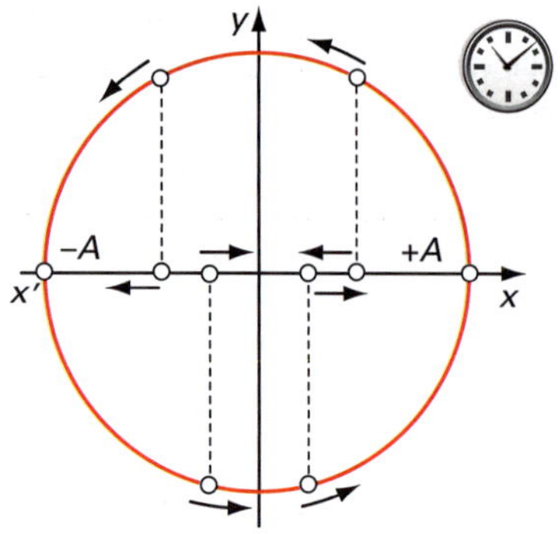

Figura 11.20.
Movimiento armónico simple.
La proyección se desplaza en el eje x entre $+A$ y $-A$.

El movimiento de la proyección sobre el eje x se denomina **movimiento armónico simple o movimiento vibratorio armónico.**

El movimiento armónico simple de la proyección tiene el mismo período, T, y la misma frecuencia, f, que la del movimiento circular uniforme del móvil.

- La **frecuencia angular,** ω, del movimiento armónico simple es igual que la velocidad angular del móvil, de forma que:

$$\omega = \frac{2\pi}{T} = 2\pi \cdot f$$

- Además, la proyección está obligada a moverse en el eje x entre las posiciones $+A$ y $-A$. Este valor, que coincide con el radio de la circunferencia, se llama **amplitud** del movimiento.

Un cuerpo unido a un resorte es un ejemplo de sistema que sigue este tipo de movimiento, pero también lo hacen los focos emisores de ondas, los átomos, iones o moléculas en el interior de la materia.

3.1 Ecuación del movimiento armónico simple

Cuando empezamos a contar tiempos ($t = 0$ s), el móvil se encuentra formando un ángulo de φ_0 radianes, moviéndose con velocidad angular, ω, en sentido contrario al de las agujas del reloj.

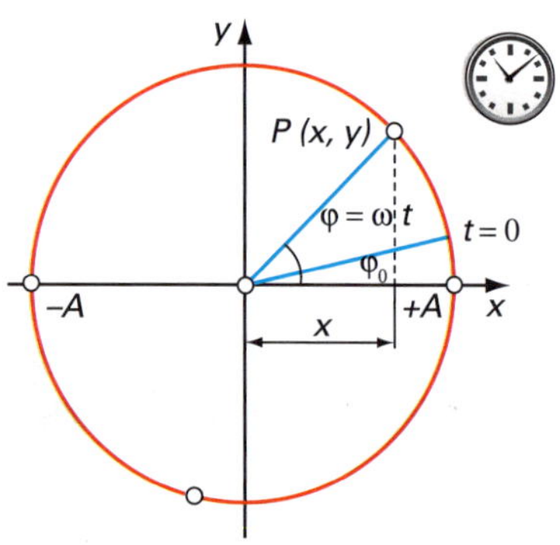

Figura 11.21.
Representación de la proyección de un punto P, que se mueve con MCU sobre el eje x.

En un tiempo t, el móvil está en el punto P (x, y) después de recorrer un ángulo, $\varphi = \omega \cdot t$. En el mismo instante, la proyección del punto P sobre el eje, x, está en la posición, $x = A \cos(\varphi + \varphi_0)$.

La ecuación del MAS es la del movimiento de la proyección sobre el eje x del punto P:

$$x = A \cos(\omega t + \varphi_0)$$

La posición se llama **elongación** del movimiento y, en consecuencia, la **amplitud será la máxima elongación.**

La velocidad de la proyección será:

$$v = \frac{d}{dt} x = -A \cdot \omega \sin(\omega t + \varphi_0)$$

Por tanto, la aceleración es:

$$a = \frac{d}{dt} v = -A \cdot \omega^2 \cos(\omega t + \varphi_0) = -\omega^2 x$$

Existe también una relación entre la velocidad de un MAS y la elongación:

$$v = \pm \omega \sqrt{A^2 - x^2}$$

Un MAS se caracteriza por el hecho de que la **aceleración** es **directamente proporcional** a la elongación cambiada de signo:

$$a = -\omega^2 \cdot x$$

Considerando el valor de la frecuencia angular, representamos en un diagrama x-t la ecuación del MAS en el caso de que $\varphi_0 = 0$ rad:

$$x = A \cos \frac{2\pi}{T} t$$

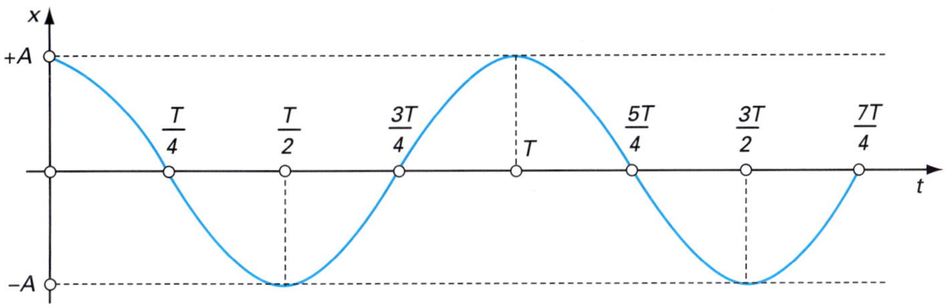

Figura 11.22.
Representación de la ecuación $x = A \cos \omega t$ del movimiento armónico simple. Los valores de la elongación x se repiten cada cierto tiempo T, período del movimiento. Asimismo, la ecuación está acotada por las rectas $x = \pm A$, que señalan las posiciones de máxima elongación para el móvil.

Si proyectamos el movimiento de un móvil que sigue un movimiento circular uniforme con velocidad angular ω, en una circunferencia de radio A, sobre el eje yy', la ecuación sería:

$$y = A \sin (\omega t + \varphi_0)$$

EJEMPLO

Un móvil tiene como ecuación de movimiento $x = 5 \cos (2t + \pi)$, con las magnitudes expresadas en el SI. Calcula en $t = \pi$ *s:*

a) La elongación.
b) La velocidad.
c) La aceleración.

a) La elongación cuando $t = \pi$ *s*, es: $x = 5 \cos (2\pi + \pi) = -5$ m.

b) La velocidad será: $v = \frac{d}{dt} x = -5 \times 2 \sin (2t + \pi) = -10 \sin (2t + \pi)$.

En $t = \pi$ *s* $\rightarrow$ $v = 0$ m/ s.

c) Conocida la posición en ese instante, la aceleración se puede calcular como:

$$a = -\omega^2 \cdot x = -(2 \text{ rad/s})^2 (-5 \text{ m}) = 20 \text{ m/s}^2$$

Observa que en $t = \pi$ *s*, el móvil está en la elongación máxima y, por tanto, con velocidad nula y máxima aceleración.

En estos ejercicios debes disponer la calculadora para trabajar en el modo radianes.

13 Demuestra que la velocidad de un MAS se puede expresar en función de la elongación como $v = \pm \omega \sqrt{A^2 - x^2}$.

14 Deduce, de la ecuación del movimiento armónico simple, los valores máximos de la velocidad y la aceleración.

Solución: $v_{máx} = A \cdot \omega$; $a_{máx} = \omega^2 \cdot A$.

15 Se estira un muelle vertical hasta alcanzar 6 cm y se suelta siguiendo un movimiento armónico simple de período 2 s.

a) Escribe la ecuación del movimiento.
b) ¿En qué posición la aceleración es máxima? ¿Cuál será su valor?

Solución: a) $y = 6 \cos (\pi t + \pi)$; **b)** $y = 6$ cm, $a_{máx} = 59{,}22$ cm/s^2.

16 La ecuación de un movimiento armónico simple es $x = 5 \cos \pi t$, en unidades del SI.

a) ¿Cuánto vale la amplitud, el período y la frecuencia?
b) Escribe la ecuación de la velocidad.

Solución: a) $A = 5$ m; $T = 2$ s, $f = 0{,}5$ Hz; **b)** $v = -5\pi \sin \pi t$.

Trabajo con textos

El movimiento parabólico

Se denomina **movimiento parabólico** al que realiza un objeto cuya trayectoria describe una parábola. Este movimiento se corresponde con la trayectoria ideal de un objeto que se mueve en un medio que no ofrece resistencia al avance y que está sujeto a un campo gravitatorio considerado uniforme, es decir, sin tener en consideración rozamientos, con alturas pequeñas respecto al radio de la Tierra y alcances pequeños, de forma que podamos considerar el suelo como una superficie plana.

Si tenemos como fundamento el **principio de superposición,** este tipo de movimiento puede ser analizado como la **composición** de dos movimientos rectilíneos perpendiculares: uno sobre el eje horizontal, donde no hay aceleración, el movimiento es rectilíneo uniforme con velocidad v_{0x}, que se mantiene constante; el otro, sobre el eje vertical, donde actúa una aceleración constante igual a la aceleración de la gravedad, el movimiento es rectilíneo uniformemente acelerado y, en consecuencia, la velocidad cambiará de valor. En este segundo tipo de movimiento, la velocidad disminuirá hasta hacerse cero en el punto más alto de la trayectoria, y después aumentará hasta alcanzar el mismo valor que el de salida sobre este eje al llegar al suelo.

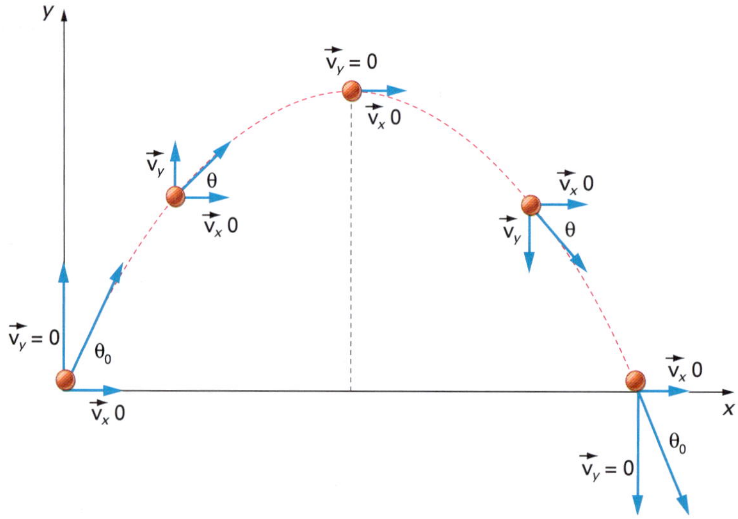

Fig. 11.23.

Composición de dos movimientos rectilíneos. Los movimientos simples, uno rectilíneo uniforme horizontal y otro rectilíneo uniformemente acelerado vertical, son simultáneos con el movimiento que componen.

Cuestiones

a) Lee la información anterior con atención y extrae las ideas más importantes.

b) Cita movimientos cotidianos de este tipo.

c) ¿Por qué se imponen las condiciones de altura pequeña respecto al radio de la Tierra y alcances pequeños, como para poder considerar el suelo una superficie plana?

d) ¿Cuál es el principio de superposición al que se refiere el texto? ¿Qué condiciones requiere su utilización?

e) Identifica los términos científicos del texto y busca su significado.

f) Elabora un esquema-resumen que recoja, ampliada, esta información.

g) Esta forma de analizar movimientos como composición de otros más simples ¿te parece útil? Explícalo.

Experiencia de laboratorio

Tiro horizontal

Objetivo

Calcular la velocidad del lanzamiento a partir del alcance.

Material

- Plano inclinado.
- Bola de acero.
- Cinta métrica.
- Hoja de papel carbón.
- Plomada.

Procedimiento

Montamos un plano inclinado con un ángulo pequeño ($\alpha < 20°$) sobre una mesa, de forma que el final del plano quede a unos 5 cm del borde de la mesa. En el suelo colocamos una hoja de papel y, sobre ella, un papel de calco con la parte tintada hacia abajo, de manera que la bola deje la señal del impacto en el papel.

Figura 11.24.
Montaje de la experiencia.

Seguimos estos pasos:

- **Soltando la bola** siempre desde la misma altura, la velocidad del lanzamiento, v_0, será la misma.
- Hay que hacer un **lanzamiento de prueba** para asegurarnos de la posición en la que se debe colocar el papel sobre el suelo.
- Una vez colocado el papel, con la plomada **señalamos en el suelo el punto O,** vertical del punto de lanzamiento.
- **Medimos** la distancia, x, desde el punto O hasta el punto de impacto.
- **Repetiremos** las medidas cinco veces, tomando el valor verdadero de la medida como la media aritmética de las cinco medidas.
- Considerando la altura de la mesa, y_0, **ordenamos los datos** obtenidos en una tabla que recoja el número de lanzamientos (1, 2, 3, 4, 5, $\bar{x}$) y la distancia x (cm) en cada lanzamiento.

Análisis de los datos y conclusiones

La ecuación de la trayectoria en un lanzamiento horizontal respecto a un sistema de referencia con el origen en la superficie del suelo, bajo la vertical del punto de lanzamiento, es:

$$y = y_0 - \frac{g}{2v_0^2}x^2$$

El alcance se obtiene imponiendo la condición $y = 0$; es decir, que la bola se encuentre en el suelo:

$$0 = y_0 - \frac{g}{2v_0^2}x^2$$

Despejamos la velocidad del lanzamiento, v_0:

$$v_0 = \sqrt{\frac{g}{2 \cdot y_0}} \cdot x$$

Ampliación

La velocidad de lanzamiento, v_0, depende de la altura, h, desde la que dejamos la bola sobre el plano inclinado.

En el caso de una bola que baja rodando sin deslizar por un plano inclinado deberíamos tener en cuenta el movimiento de rotación propio de la bola, con lo que la velocidad con la que llega a la parte baja del plano, si se tiene en cuenta este movimiento, es:

$$v_0^2 = \frac{10}{7}g \cdot h$$

En consecuencia:

$$y_0 = \frac{7}{20\,h}x^2 \rightarrow x^2 = \frac{20\,y_0}{7}h$$

- Manteniendo el procedimiento de medida, efectúa lanzamientos para distintas alturas y recoge los datos de los siguientes parámetros en una tabla: h (cm), x (cm), x^2 (cm^2).
- Analiza estos datos representándolos en una gráfica, h-x^2.

Si las medidas están bien hechas, entonces estas dos variables deberían salir proporcionales; es decir, la gráfica debe ser una recta.

El lanzamiento oblicuo hacia abajo

Una avioneta está bajando con una velocidad de 162 km/h, formando un ángulo $\alpha = -10°$ con la horizontal. Cuando se encuentra a 200 m de altura suelta un paquete. Calcula:

a) La ecuación de la trayectoria.

b) La distancia sobre el suelo, referida a la vertical en el momento del lanzamiento, donde caerá el paquete.

c) El tiempo que tarda en llegar al suelo.

Comentarios al enunciado

El sistema de referencia escogido es el que se indica en la figura 11.25, con el origen situado en el suelo, en la vertical de la avioneta en el momento del lanzamiento.

El valor de la velocidad expresada en m/s es: $v_0 = 45$ m/s.

Debemos tener en cuenta las relaciones entre las razones trigonométricas de un ángulo y su opuesto:

$$\sin(-\alpha) = -\sin\alpha \quad ; \quad \cos(-\alpha) = \cos\alpha$$

En estos casos, la componente vertical de la velocidad inicial es negativa. Las ecuaciones, en el sistema de referencia escogido, son:

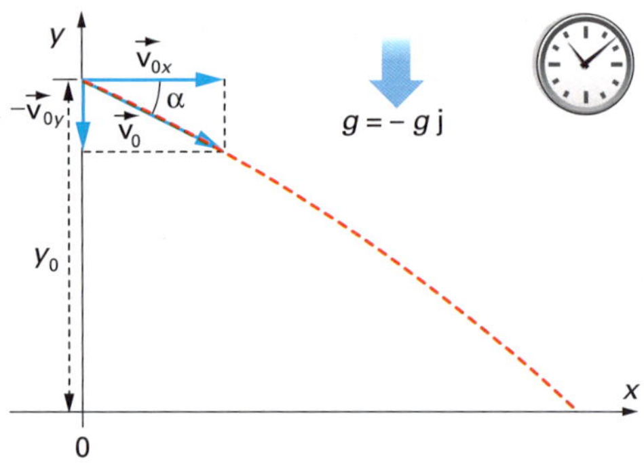

Figura 11.25.

Eje Ox	Eje Oy
$v_{0x} = 45 \cos 10° = 44{,}32$ m/s ; $x = 44{,}32\,t$	$v_{0y} = -45 \sin 10° = -7{,}81$ m/s $v_y = -7{,}81 - 9{,}81\,t$; $y = 200 - 7{,}81\,t - 4{,}91\,t^2$

Resolución y cálculos

a) La ecuación de la trayectoria se obtiene eliminando el tiempo de las ecuaciones de la posición sobre cada eje.

Despejamos el tiempo de la ecuación del eje Ox:

$$x = 44{,}32\,t$$

$$t = \frac{x}{44{,}32}$$

Sustituimos en la ecuación del eje Oy:

$$y = 200 - 7{,}81\,\frac{x}{44{,}32} - 4{,}91\left(\frac{x}{44{,}32}\right)^2$$

La trayectoria es la parábola:

$$y = 200 - 0{,}18\,x - 2{,}50 \times 10^{-3}\,x^2$$

b) La distancia pedida corresponde, en este sistema de referencia, al punto de corte de la trayectoria con el eje Ox ($y = 0$):

$$0 = 200 - 0{,}18\,x - 2{,}50 \times 10^{-3}\,x^2$$

Resolvemos la ecuación de segundo grado:

$$x_1 = -321{,}12 \text{ m} \quad ; \quad x_2 = 249{,}12 \text{ m}$$

La segunda solución es coherente con el enunciado y, por tanto, la distancia pedida es: $x_2 = 249{,}12$ m.

c) El tiempo en llegar al suelo, $y = 0$ m, será:

$$0 = 200 - 7{,}81\,t - 4{,}91\,t^2$$

cuyas soluciones son:

$$t_1 = -7{,}23 \text{ s} \quad ; \quad t_2 = 5{,}64 \text{ s}$$

La segunda solución es la que tiene sentido físico y, por tanto, el tiempo pedido es: $t_2 = 5{,}64$ s.

Análisis de los resultados

La trayectoria resulta ser una parábola, con el vértice hacia arriba situado en:

$$x_v = \frac{-b}{2a} = \frac{(-0{,}18)}{(-2{,}50 \times 10^{-3})} = -36 \text{ m} \quad ; \quad y_v = 200 - 0{,}18\,(-36) - 2{,}50 \times 10^{-3}\,(-36)^2 = 203{,}24 \text{ m}$$

El lanzamiento con una honda (MCUA)

Un hombre hace girar una honda de 70 cm de radio en un plano vertical desde el reposo durante 3 segundos con una aceleración angular constante de 4,5 π rad/s^2, momento en el cual suelta la cuerda para dejar salir el proyectil.

a) ¿Cuál es la velocidad angular del proyectil en el momento de soltarlo?

b) ¿Cuáles son las componentes intrínsecas de la aceleración en el momento del lanzamiento?

c) ¿Con qué velocidad, módulo, dirección y sentido sale lanzado el proyectil?

Comentarios al enunciado

El proyectil describe un movimiento circular uniformemente acelerado hasta el momento del lanzamiento.

Fijamos el sistema de referencia con el origen en el centro de la circunferencia que describe el proyectil, tomando el eje 0x en la dirección del radio terrestre, es decir, la dirección de la honda antes de iniciar el movimiento.

En este caso, si comenzamos a contar el tiempo en el que empieza el movimiento, las condiciones iniciales son:

$$\varphi_0 = 0 \text{ rad y } \omega_0 = 0 \text{ rad/s.}$$

Por tanto, las ecuaciones del movimiento son:

$$\omega = \alpha\, t \quad ; \quad \varphi = \frac{1}{2}\alpha\, t^2$$

Por otra parte, debes recordar las relaciones que existen entre las variables angulares y lineales en los movimientos circulares:

$$v = \omega\, R \quad ; \quad a_t = \alpha\, R \quad ; \quad a_c = \frac{v^2}{R} = \omega^2\, R$$

Resolución y cálculos

a) La velocidad angular a los 3 s de iniciarse el movimiento es:

$$\omega = \alpha\, t \rightarrow \omega_3 = 4{,}5\, \pi \times 3 = 13{,}5\, \pi \text{ rad/s}$$

b) La aceleración tangencial, expresando el radio en metros, será:

$$a_t = \alpha\, R \rightarrow a_t = 4{,}5\, \pi \times 0{,}70 = 9{,}90 \text{ m/s}^2$$

Esta aceleración es, en todo momento, tangente a la trayectoria y su sentido es el del movimiento. La aceleración centrípeta en el momento del lanzamiento será:

$$a_c = \omega^2_3\, R \rightarrow a_c = (13{,}5\, \pi)^2\, 0{,}70 = 1\,259{,}11 \text{ m/s}^2$$

c) En el momento del lanzamiento el proyectil ha recorrido φ_3 = 20,25π rad, es decir, ha dado 10 vueltas completas, 20 π rad, más 0,25 π rad, contados a partir de la posición inicial.

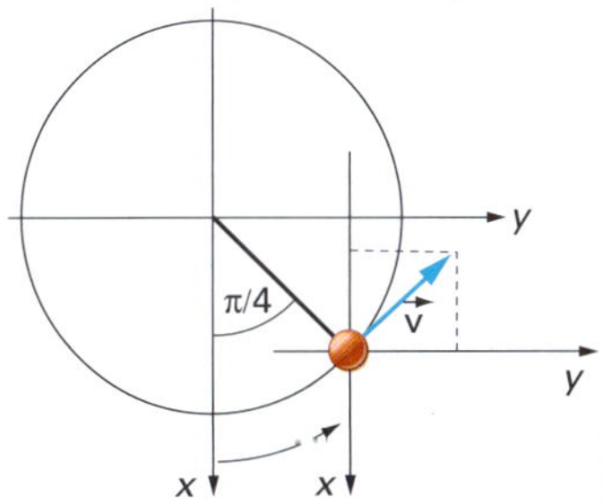

Figura 11.26.

En consecuencia, el vector velocidad en ese instante forma un ángulo 0,25 π rad con la horizontal (fig. 11.26). El valor de la velocidad lineal en ese instante es:

$$v_3 = \omega_3\, R \rightarrow v = 13{,}5\, \pi \times 0{,}70 = 29{,}69 \text{ m/s}$$

Análisis de resultados

En los **movimientos circulares siempre existe aceleración centrípeta.** En este caso aumenta rápidamente con el cuadrado de la velocidad.

La **velocidad lineal siempre se mantiene tangente a la trayectoria.** En el instante en que se suelta el proyectil, este sale en la dirección tangente a la trayectoria en ese momento.

Composición de dos MRU perpendiculares

17 La ecuación vectorial del movimiento de un yate que cruza un canal de 400 m de anchura es:

$$\mathbf{r} = (2\,t\,\mathbf{i} + 3\,t\,\mathbf{j})\text{ km}$$

El tiempo t está medido en horas, y las distancias, en km. Calcula:

a) El tiempo que tarda el yate en cruzar el canal.

b) Las coordenadas de los puntos de salida y llegada.

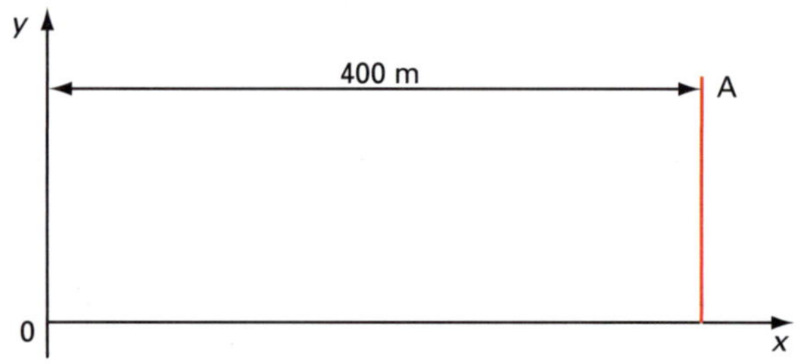

Figura 11.27.
Gráfica de la trayectoria.

Solución: a) $t = 0{,}2$ h; **b)** O (0, 0) km, A (0,4, 0,6) km.

18 Se quiere cruzar un río de 70 m de ancho en una barca. La velocidad de la corriente es de 2 m/s y la de la barca es de 5 m/s.

a) ¿Qué ángulo debe formar la dirección de la velocidad de la barca para llegar al punto de enfrente del de partida?

b) ¿Qué tiempo se tarda en llegar?

Solución: a) $\alpha = 113{,}6°$; **b)** $t = 15{,}28$ s.

19 Una barca quiere cruzar un canal de 150 m de ancho en el que existe una corriente de 1 m/s. La barca lleva una velocidad de 2,25 m/s respecto del fondo y una dirección perpendicular a la de las aguas del canal.

a) Calcula la velocidad total de la barca.

b) ¿Qué tiempo tarda en cruzar el canal?

Solución: a) $v = 2{,}46$ m/s; **b)** $t = 66{,}67$ s.

20 Un avión que vuela con rumbo SN a una velocidad constante de 400 km/h se ve sometido a un viento constante de dirección OE que sopla a 20 km/h. ¿Qué rumbo tomará el avión?

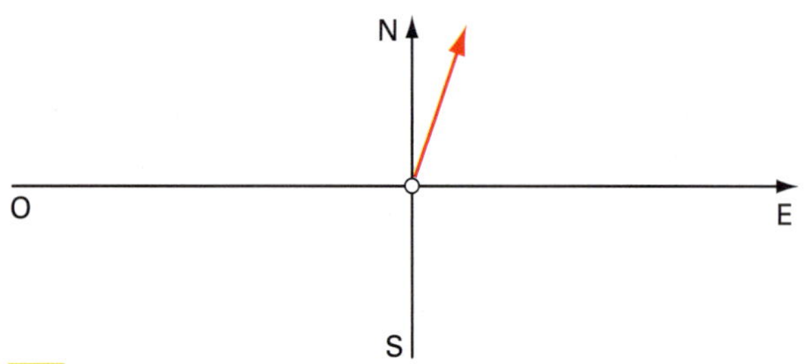

Figura 11.28.
Coordenadas.

Solución: 87,14° respecto a la dirección OE.

21 Un remero a bordo de su piragua se dispone a cruzar un río de 240 m de ancho, cuyas aguas se mueven a 6 m/s. El remero consigue que la piragua lleve una velocidad constante de 8 m/s remando en dirección perpendicular a la de la corriente. Halla:

a) El tiempo que tarda en cruzar el río.

b) La velocidad resultante con que cruza el río.

c) El punto de la otra orilla al que llega el remero, referido a la perpendicular del punto de salida.

Solución: a) $t = 30$ s; **b)** $v = 10$ m/s; **c)** A (180, 240) m.

22 Un *ferry* realiza su recorrido entre dos puntos separados 1,6 km. Su vector posición es $\mathbf{r} = 2t\,\mathbf{i} + (0{,}5t - 0{,}5)\,\mathbf{j}$, donde el tiempo está expresado en horas y las distancias en km. El viaje comienza a las 12 h 15 min y termina cuando $x = 1{,}6$ km. Calcula las coordenadas de los puntos de salida y de llegada. ¿ A qué hora llegó el barco?

Solución: A (0, –0,5) km; B (1,6, –0,1) km; a las 13 h 3 min.

23 Un chico y una chica se encuentran frente a frente en cada una de las orillas de un canal de 3 m de ancho, como se muestra en la figura 11.29. La chica pone en marcha, sobre el agua, una barca teledirigida que consigue mantener una velocidad constante de 0,5 m/s. Si la velocidad de la corriente del agua es de 0,25 m/s, calcula:

a) ¿En qué dirección, respecto a la perpendicular a las orillas del canal, debe ser colocada la barca para que llegue directamente a la mano del chico?

b) ¿Qué tiempo tarda la barca en cruzar el canal?

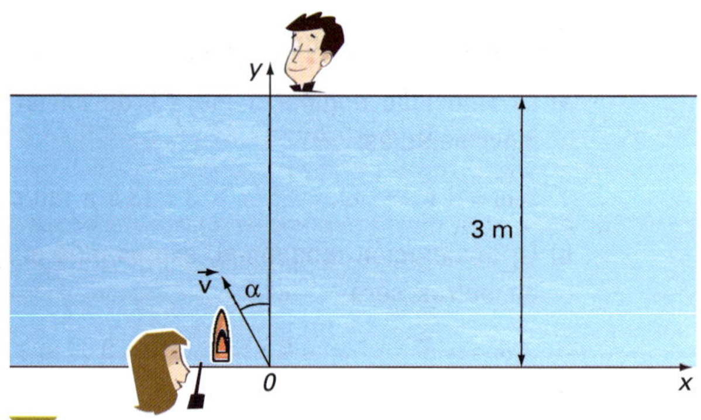

Figura 11.29.
Representación de los datos.

Solución: a) $\alpha = 30°$; b) $t = 6{,}9$ s.

Composición de un MRU y otro MRUA perpendiculares

24 Los lanzamientos oblicuos tienen trayectoria parabólica. ¿Hay aceleración centrípeta? ¿Y aceleración tangencial? ¿Cuánto vale la aceleración total del movimiento?

25 ¿Qué condición se debe dar para que la altura en el tiro parabólico oblicuo sea máxima?

26 Se realiza un lanzamiento oblicuo en la superficie de la Luna con una velocidad de 50 m/s que forma un ángulo de 20° con la horizontal. Calcula la altura máxima y la distancia alcanzada. (Dato: $g_L = 1{,}63$ m/s^2).

Solución: $y_{máx} = 89{,}1$ m; $x = 987$ m.

27 Se lanza un objeto con una velocidad inicial tal que sus componentes son: $v_{0x} = 60$ m/s y $v_{0y} = 80$ m/s. Calcula:

a) La altura máxima alcanzada.

b) El alcance máximo.

Solución: a) $y_{máx} = 325{,}9$ m; b) $x_{máx} = 984$ m.

28 Un pastor lanza una piedra con una honda y alcanza un objetivo que está a 250 m en la horizontal del lugar del lanzamiento. Si el ángulo de salida fue de 45°, calcula la velocidad de lanzamiento. Halla también la altura máxima alcanzada y el tiempo de vuelo.

Solución: $v_0 = 49{,}5$ m/s; $y_{máx} = 62{,}4$ m; $t = 7{,}2$ s.

29 Una pulga es capaz de saltar en horizontal hasta 30 cm. Suponiendo que haya efectuado el salto con una velocidad cuya dirección forma un ángulo con la horizontal de 45°, ¿con qué velocidad se impulsó en el salto?

Solución: $v_0 = 1{,}72$ m/s.

30 En una competición universitaria, un lanzador de martillo ha alcanzado la distancia de 65,10 m. Suponiendo que la bola sale con un ángulo de 45°, calcula la velocidad de lanzamiento y la aceleración centrípeta a que estaba sometida la bola en el momento de ser lanzada si el radio de la circunferencia descrita medía 1,15 m.

Solución: $v_0 = 25{,}27$ m/s; $a_c = 555$ m/s^2.

31 Una pelota rueda por un tejado inclinado 30° respecto a la horizontal y, al llegar a su extremo, a 30 m de altura, queda en libertad con una velocidad de 9 m/s.

a) Calcula la ecuación de la trayectoria.

b) Si la anchura de la calle a la que vierte el tejado es de 30 m, ¿llegará directamente al suelo o chocará antes en la pared opuesta?

c) ¿Qué tiempo tarda en llegar al suelo?

d) ¿Cuál es la velocidad en ese momento?

Solución: a) $y = 30 - 0{,}58 \cdot x - 0{,}08 \cdot x^2$; **b)** Llega al suelo; **c)** $t = 2{,}05$ s; **d)** $v = 26$ m/s.

32 Se lanzan unas llaves desde 10 m de altura con una velocidad $v_0 = 1{,}2$ m/s formando un ángulo de –20° con la horizontal. Calcula:

a) La ecuación de la trayectoria.

b) La posición de las llaves al segundo del lanzamiento.

c) El tiempo que tarda en impactar con el suelo.

d) El alcance máximo.

e) La velocidad en el momento de llegar al suelo.

Solución: a) $y = 10 - 0{,}36x - 3{,}84x^2$; **b)** $\mathbf{r}(1) = (1{,}13\ \mathbf{i} + 4{,}68\ \mathbf{j})$ m; **c)** $t = 1{,}39$ s; **d)** $x_{máx} = 0{,}61$ m; **e)** $v = 14{,}1$ m/s.

33 Una chica intenta sacar una pelota por encima de una valla impulsándola desde el suelo. La chica se encuentra a 6 m de la valla y la altura de esta es de 3 m. Si la lanza desde el suelo con un ángulo de 60°, calcula la velocidad con que debe impulsarla para que pase por encima.

Solución: $v_0 = 9{,}78$ m/s.

34 Un jardinero quiere regar la copa de un árbol situada a 5 m de altura. Para ello dirige el agua, que sale a 15 m/s de la manguera, cuya boca está situada a 1 m del suelo, con un ángulo de 60°. ¿A qué distancia de la vertical de la copa del árbol se debe situar?

Solución: $x = 17{,}14$ m.

35 Una lanzadora de jabalina realiza un lanzamiento oblicuo de 50° respecto a la horizontal, a una altura, en el momento de soltar la jabalina, de 1,85 m. Si el tiempo que tarda la jabalina en clavarse en el suelo es de 3,5 s, halla:

a) La velocidad con la que se realizó el lanzamiento.

b) El tiempo que se tarda en alcanzar la altura máxima.

c) La altura máxima que alcanza la jabalina.

Solución: a) $v_0 = 21{,}8$ m/s; **b)** $t = 1{,}7$ s; **c)** $y_{máx} = 16{,}0$ m.

36 En las fiestas de tu pueblo, desde una carroza que se mueve con una velocidad constante de 1,5 m/s, lanzas caramelos en la dirección y el sentido del movimiento, con una velocidad de 10 m/s y un ángulo de 40° desde una altura de 3 m. Calcula, respecto a un observador situado en el suelo de la calle:

a) La ecuación de la trayectoria de los caramelos.

b) El tiempo que tardan en llegar al suelo.

Solución: a) $y = 3 + 0{,}696 \cdot x - 0{,}058 \cdot x^2$; **b)** $t - 1{,}7$ s.

37 En un partido de baloncesto una jugadora se levanta a 8 m de la canasta y lanza el balón desde una altura de 2,25 m con un ángulo de 45° sobre la horizontal.

a) Si el aro está situado en el punto (8, 3) m, ¿con qué velocidad debe realizar el lanzamiento para encestar?

b) ¿Qué tiempo tarda el balón en llegar a la canasta?

Solución: a) $v_0 = 9{,}4$ m/s; **b)** $t = 1{,}2$ s.

38 Desde un avión, en vuelo horizontal a 150 m de altura, se suelta un paquete cuando lleva una velocidad de 125 m/s.

a) ¿Qué tiempo tarda el paquete en llegar al suelo?

b) ¿Dónde cae, visto desde un observador en tierra?

c) ¿Dónde cae respecto al piloto del avión?

d) Calcula el vector velocidad del paquete a los 3 s de soltarlo.

Solución: a) $t = 5{,}53$ s; **b)** $x = 691$ m; **c)** $x = 0$ m; **d)** $\mathbf{v} = (125\ ,\ -29{,}43)$ m/s.

39 Se lanza horizontalmente una flecha desde 1,60 m sobre el suelo. La flecha toca el suelo a 10 m. ¿Con qué velocidad ha salido, si se supone nulo el rozamiento del aire?

Solución: $v_0 = 17{,}5$ m/s.

Actividades

40 A un chico que va en bicicleta a 22 km/h, se le cae el móvil desde 1,30 m de altura. ¿Con qué velocidad llega al suelo?

Solución: $v = 7{,}96$ m/s.

41 El alcance máximo en el lanzamiento horizontal con velocidad v_0 y altura y_0 es:

$$x_{máx} = \sqrt{\frac{2y_0}{g}}\ v_0$$

Indica a qué altura debe volar un avión con velocidad $v_0 = 130$ km/h para dejar un paquete a $x_{máx} = 150$ m.

Solución: $y_0 = 84{,}64$ m.

42 Desde una ventana situada a 9 m de altura sobre el suelo se lanza una pelota con una velocidad de 10 m/s, de cinco formas distintas: 1) Verticalmente hacia arriba. 2) Verticalmente hacia abajo. 3) Con una inclinación hacia arriba respecto a la horizontal de 30°. 4) Con una inclinación hacia abajo respecto a la horizontal de 30°. 5) Horizontalmente.

a) Ordena las velocidades (en módulo) de llegada al suelo de mayor a menor.

b) Indica el orden de llegada al suelo ($g = 10$ m/s^2).

Solución: a) Iguales, $v = 16{,}73$ m/s; **b)** $t_1 = 2{,}67$ s $t_2 = 0{,}67$ s, $t_3 = 1{,}93$ s, $t_4 = 0{,}93$ s, $t_5 = 1{,}34$ s.

43 En una garrafa de plástico llena de agua hasta una altura h, se hacen tres agujeros con un punzón. La velocidad de salida del agua es $v = \sqrt{2\,g\,p}$, donde p es la profundidad del agujero. Calcula en el caso indicado en la figura 11.31:

a) Las velocidades de salida del agua por cada uno de los agujeros.

b) El alcance de cada uno de los chorros.

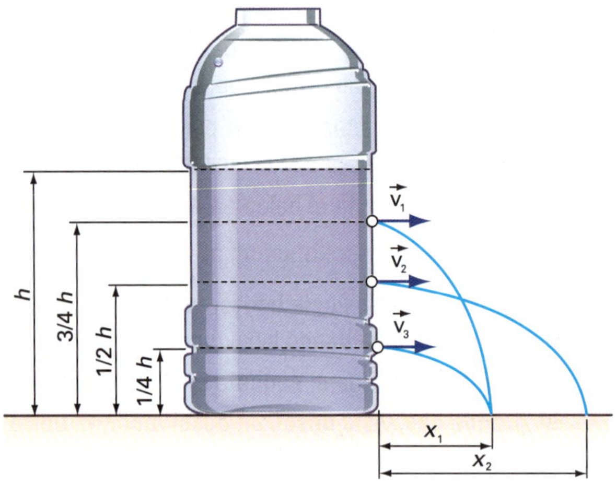

Figura 11.31.
El agua sale a distinta velocidad según la altura.

Solución: a) $v_1 = \sqrt{\frac{g \cdot h}{2}}$, $v_2 = \sqrt{gh}$, $v_3 = \sqrt{\frac{3gh}{2}}$;
b) $x_1 = x_3 = 0{,}87 \cdot h$; $x_2 = h$.

Movimiento circular uniforme (MCU)

44 Un satélite de comunicaciones gira en torno a la Tierra a 40 000 km de su centro. Si tiene la misma velocidad angular de rotación que nuestro planeta, determina su velocidad lineal de rotación referida al centro de la Tierra en m/s y km/h. ¿Cuál es su aceleración centrípeta?

Solución: $v = 2\,908{,}84$ m/s = 10 472 km/h; $a_c = 0{,}21$ m/s^2.

45 Si el radio terrestre correspondiente al Ecuador es de 6 400 km, determina la velocidad angular de rotación de la Tierra y la velocidad lineal de un punto del Ecuador.

Solución: $\omega = 7{,}27 \times 10^{-5}$ rad/s; $v = 465{,}28$ m/s.

46 Un automóvil toma una curva de 60 m de radio a una velocidad de 144 km/h. Expresa, en función de g, la aceleración centrípeta a que está sometido un ocupante del automóvil.

Solución: $a_c = 2{,}72 \cdot g$.

47 Entrenan a los astronautas sometiéndolos a aceleraciones de varias g. Si un astronauta va dentro de una cabina que describe una circunferencia de 6 m de radio y la aceleración centrípeta es $a_c = 10\ g$, calcula la velocidad angular, la velocidad lineal, el período y la frecuencia de rotación del mismo.

Solución: $\omega = 4{,}04$ rad/s; $v = 24{,}24$ m/s; $T = 1{,}56$ s; $f = 0{,}64$ Hz.

48 Una máquina radial gira a 2 400 vueltas por minuto. Si se desprende una partícula del borde del disco que tiene un diámetro de 10 cm, ¿con qué velocidad tangencial sale despedida?

Solución: $v = 12{,}6$ m/s.

49 Cada 40 s, un ciclista completa una vuelta en un velódromo circular de 70 m de radio. Si el diámetro de las ruedas de su bicicleta es de 90 cm, calcula:

a) La velocidad lineal del ciclista.

b) La velocidad angular en rad/s.

c) Las vueltas que da cada rueda para completar el circuito.

d) La velocidad angular de las ruedas.

e) ¿Cuáles son el período y la frecuencia de rotación de las ruedas?

Solución: a) $v = 11$ m/s ; **b)** $\omega = 0{,}16$ rad/s; **c)** $N = 156$ vueltas; **d)** $\omega = 7{,}8\ \pi$ rad/s; **e)** $T = 0{,}26$ s, $f = 3{,}8$ Hz.

50 Suponiendo la órbita de la Luna circular, de radio 380 000 km y cuyo período es de 27,32 días, ¿cuál es la aceleración centrípeta a que está sometida la Luna?

Solución: $a_c = 2{,}69 \times 10^{-3}$ m/s^2.

51 El radio de las ruedas de un vehículo que marcha a 108 km/h mide 0,32 m. Calcula:

a) La velocidad angular de las ruedas.

b) La frecuencia de rotación de estas.

c) Las vueltas que da cada una en 5 minutos.

Solución: a) $\omega = 93{,}75$ rad/s; **b)** $f = 14{,}92$ Hz; **c)** $N = 4\,476$ vueltas.

Movimiento circular uniformemente acelerado (MCUA)

52 Una rueda que gira a razón de 15 vueltas/s adquiere una velocidad angular de 40 vueltas/s en 8 s. Calcula:

a) La aceleración angular supuesta constante.

b) El número de vueltas dadas en ese tiempo.

Solución: a) $\alpha = 6{,}25\pi$ rad/s^2;
b) $N = 220$ vueltas.

53 Un volante de 10 cm de radio gira en torno a su eje a razón de 5 vueltas/s. Si en 5 s se le frena y se para, calcula:

a) El número de vueltas que da el volante hasta pararse.

b) Las componentes intrínsecas de la aceleración en un punto de su periferia en el instante en que la rueda acaba de dar 2 vueltas.

Solución: a) $\alpha = -2\pi$ rad/s^2;
$N = 12{,}5$ vueltas;
b) $a_t = -0{,}63$ m/s^2;
$a_c = 82{,}90$ m/s^2.

54 Un móvil describe una circunferencia de 60 cm de radio. Partiendo del reposo se mueve con una aceleración angular constante de 0,5 rad/s^2 durante 6 s. Calcula:

a) La aceleración centrípeta en ese tiempo y la aceleración tangencial.

b) El valor de la aceleración total en ese instante.

Solución: a) $a_c = 5{,}40$ m/s^2; $a_t = 0{,}3$ m/s^2;
b) $a = 5{,}41$ m/s^2.

55 Una centrifugadora desde el reposo alcanza, en 6 s, el régimen estable con velocidad de 45 000 vueltas/min. Calcula la relación entre la aceleración centrípeta y la aceleración tangencial una vez que la centrifugadora ha alcanzado el régimen estable.

Solución: $a_c/a_t = 28\,274{,}33$.

56 El tren de un parque de atracciones circula por una vía circular de 24 m de radio. Partiendo del reposo, alcanza los 20 km/h al acabar la segunda vuelta. A partir de este momento mantiene la velocidad constante durante siete vueltas. El tren acaba el viaje parando en la última vuelta. Calcula:

a) Aceleración angular en la primera fase del movimiento.

b) Aceleración angular de frenado en la última vuelta.

c) Aceleración centrípeta en el tramo que realiza con velocidad constante.

d) Tiempo que dura el viaje.

e) Haz una gráfica ω (rad/s) – t (min) del viaje.

Solución: a) $\alpha_1 = 2{,}10 \times 10^{-3}$ rad/s^2;
b) $\alpha_3 = -4{,}21 \times 10^{-3}$ rad/s^2;
c) $a_c = 1{,}27$ m/s^2;
d) $t = 5{,}93$ min.

Movimiento armónico simple (MAS)

57 Deduce la ecuación del movimiento de la proyección sobre el eje x de un móvil que sigue un movimiento circular uniforme con velocidad angular ω, en el supuesto de que se empezase a contar tiempo (t = 0 s) cuando el móvil lleve recorrido un ángulo φ_0.

58 La ecuación de un movimiento armónico simple es:

$$x(t) = A \cos \omega t$$

¿Cuál será la ecuación de la velocidad y la aceleración de este movimiento?

59 Un caballito de un tiovivo sube y baja con un movimiento armónico simple, de amplitud 0,5 m y período 6 s. Calcula:

a) La frecuencia del movimiento.

b) La frecuencia angular del movimiento.

c) La aceleración máxima del movimiento.

Solución: a) $f = 0{,}17$ Hz;
b) $\omega = 0{,}34\ \pi$ rad/s;
c) $a_{máx} = 0{,}059\ \pi^2$ m/s^2.

60 Un movimiento armónico simple tiene una amplitud de $\sqrt{3}$ m y su aceleración es $a = -100 \cdot x$ m/s^2. Escribe la ecuación del movimiento, si cuando $t = 0$, $x = +\sqrt{3}$ m.

Solución: $x = \sqrt{3}\ \cos (10\ t)$.

61 La ecuación de un movimiento armónico simple es la siguiente: $x = 0{,}04 \cos (5\ t + \pi/2)$ en unidades del SI.

a) ¿Cuánto vale la velocidad máxima?

b) ¿En qué posición la velocidad es cero?

Solución: a) $v_{máx} = 0{,}2$ m/s; **b)** $x = \pm 0{,}04$ m.

62 La ecuación de un movimiento armónico es, en unidades del SI:

$$x = 0{,}5 \cos (8\pi\ t)$$

¿Cuánto valen la velocidad y la aceleración máximas?

Solución: $v_{máx} = 4\pi$ m/s; $a_{máx} = 32\ \pi^2$ m/s^2.

63 La corriente alterna que llega a los hogares, cuyo valor máximo es de 311 V, cambia el voltaje armónicamente con una frecuencia de 50 Hz. Escribe la ecuación del movimiento armónico simple que representa estos cambios de sentido y represéntala en una gráfica V-t.

Solución: $V = 311 \cos (100\ \pi\ t)$.

64 Calcula la amplitud, la frecuencia angular, el período y la frecuencia de un movimiento armónico simple de ecuación (en unidades SI):

$$x = 2\pi \cos \pi\ t$$

Representa esta ecuación en una gráfica x-t.

Solución: $A = 2\pi$ m; $\omega = \pi$ rad/s;
$T = 2$ s; $f = 0{,}5$ Hz

12 Los principios de la dinámica

1 Las fuerzas y sus efectos

Cuando cogemos la mochila o estiramos la goma para sujetarnos el pelo, estamos ejerciendo fuerzas. La fuerza no es una propiedad de la materia como pueden ser la masa o la energía.

Los cuerpos no tienen fuerza; la ejercen sobre otros cuerpos y se la ejercen otros.

Las fuerzas tienen dos efectos característicos:

- Cambian el estado de movimiento de los cuerpos.
- Deforman los cuerpos.

Recuerda

Una **par de fuerzas** es el conjunto formado por dos fuerzas de igual módulo y dirección pero de sentidos opuestos que aplicamos al girar un volante o al abrir una puerta. Este sistema produce rotaciones sin traslaciones.

1.1 Carácter vectorial de la fuerza

La fuerza es una magnitud vectorial; por tanto, se puede escribir como:

$$\mathbf{F} = (F_x, F_y) = F_x\,\mathbf{i} + F_y\,\mathbf{j} = F\cos\alpha\,\mathbf{i} + F\sin\alpha\,\mathbf{j}$$

En consecuencia, los efectos de las fuerzas dependen de las siguientes características:

- **Módulo** o **intensidad,** representado por la longitud del vector:

$$F = \sqrt{F_x^2 + F_y^2}$$

- **Dirección.** Recta que contiene al vector o cualquier paralela. Se determina a partir del ángulo que la recta forma con el semieje positivo de las x:

$$\tan\alpha = \frac{F_y}{F_x}$$

- **Sentido** u **orientación del vector,** indicada por la punta de la flecha.
- **Punto de aplicación.** Punto donde se aplica la fuerza.

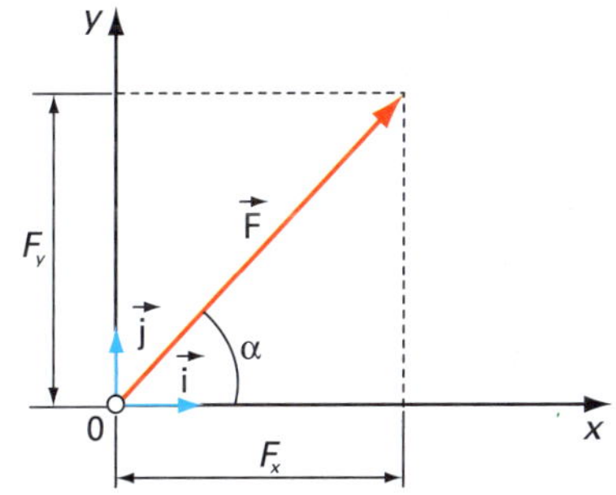

Figura 12.1.
Representación en los ejes cartesianos del vector fuerza, **F**.

1.2 Momento de una fuerza

El momento de una fuerza, **F**, respecto a un punto O, está definido por el producto vectorial del vector posición del punto de aplicación de la fuerza, **r,** por el vector **F:**

$$\mathbf{M}_o = \mathbf{r} \times \mathbf{F}$$

En consecuencia, es un vector de módulo: $M_o = r \cdot F \cdot \sin\alpha \qquad (0 \leq \alpha \leq \pi)$

- **Dirección.** Es perpendicular al plano que forman los dos vectores **r** y **F.**
- **Sentido.** Es el de avance de un tornillo que gira del primer al segundo vector por el camino más corto.

Los momentos de fuerzas están asociados a giros o rotaciones.

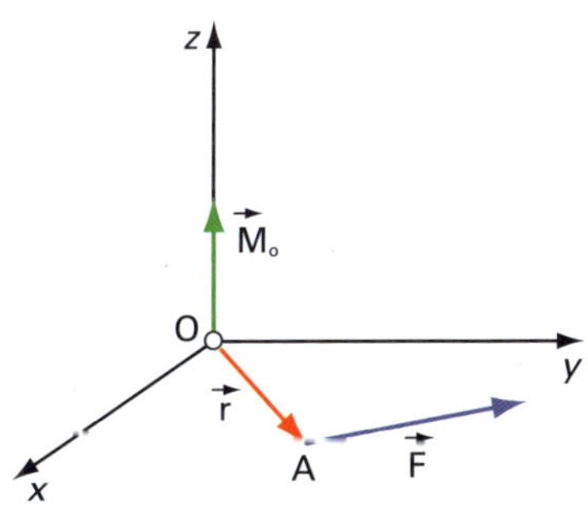

Figura 12.2.
Vector momento de una fuerza, $\mathbf{M}_o$ respecto del origen.

1.3 Sistemas de fuerzas

Cuando sobre un cuerpo actúan varias fuerzas ($\mathbf{F}_1$, $\mathbf{F}_2$, $\mathbf{F}_3$...), el efecto es el mismo que el que producirían al aplicarse sobre el cuerpo:

- Resultante: $\mathbf{R} = \mathbf{F}_1 + \mathbf{F}_2 + \mathbf{F}_3 + ...$
- Momento resultante respecto al punto O:

$$\mathbf{M}_o = \mathbf{M}_o(\mathbf{F}_1) + \mathbf{M}_o(\mathbf{F}_2) + \mathbf{M}_o(\mathbf{F}_3) + \cdots$$

2 Fuerza: causa de deformaciones

La constante elástica, k, de un muelle depende exclusivamente de las características del muelle, de su forma y del material con el que se ha construido.

Las unidades en el SI son: **N/m.**

Cuando sobre un cuerpo elástico, por ejemplo, un muelle de constante elástica k, se ejerce una fuerza F deformando su longitud Δl, el sistema se recupera debido a que el propio muelle ejerce una fuerza recuperadora:

$$F = -k \cdot \Delta l$$

Esta expresión se conoce como **ley de Hooke** y tiene validez para deformaciones lo suficientemente pequeñas como para no sobrepasar el límite de elasticidad del sistema.

Esta relación de proporcionalidad directa permite medir fuerzas de manera sencilla; basta con comparar el alargamiento de un muelle producido por una fuerza cualquiera con el alargamiento debido a otra fuerza elegida como unidad. Los instrumentos que miden fuerzas se denominan **dinamómetros.**

La unidad de **fuerza** en el SI es el **newton (N).**

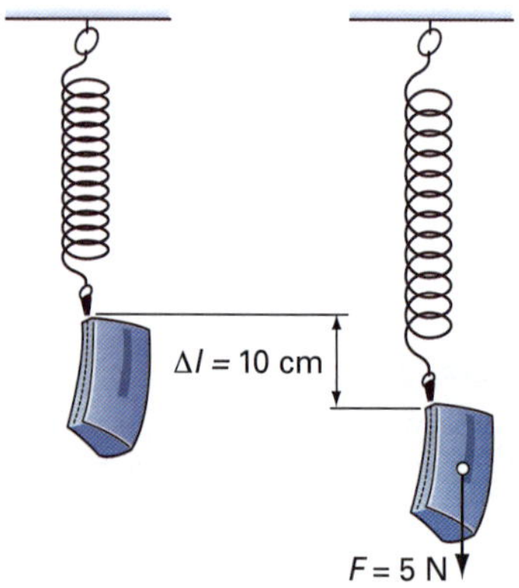

Figura 12.3.
Ilustración para ejemplo. Para sacar el estuche de su posición de equilibrio hay que ejercer una fuerza directamente proporcional al desplazamiento.

EJEMPLO

Un resorte vertical tiene colgado un estuche en el extremo libre (fig. 12.3). Si tiramos del estuche con una fuerza de 5 N, se estira 10 cm. ¿Cuánto vale la constante elástica del muelle?

Si, al aplicar una fuerza, $F = 5$ N, se alarga, $\Delta l = 10$ cm $= 0{,}10$ m, la constante será:

$$F = k \cdot \Delta l \rightarrow k = \frac{F}{\Delta l} = \frac{5\ \text{N}}{0{,}10\ \text{m}} = 50\ \text{N/m}$$

Observa que nosotros ejercemos una fuerza de 5 N sobre el estuche y, al soltar, el muelle ejerce una fuerza recuperadora igual, pero de sentido contrario.

1 Calcula las componentes cartesianas de una fuerza que tiene de módulo 4 N y forma un ángulo con el eje positivo de la x de 30°.

Solución: $F_x = 3{,}5$ N; $F_y = 2$ N.

2 Dadas las fuerzas $\mathbf{F}_1 = (3\,\mathbf{i} - 8\,\mathbf{j})$ N y $\mathbf{F}_2 = (-4\,\mathbf{i} + 5\,\mathbf{j})$ N:

a) Represéntalas gráficamente.

b) Calcula su suma y represéntala.

c) Halla el módulo de la suma.

Solución: b) $\mathbf{F}_1 + \mathbf{F}_2 = (-\mathbf{i} - 3\,\mathbf{j})$ N; **c)** $|\mathbf{F}_1 + \mathbf{F}_2| = 3{,}2$ N.

3 Un muelle de longitud 20 cm tiene una constante elástica de 6 N/m.

a) ¿Qué intensidad tiene una fuerza que produce un alargamiento igual a su longitud inicial?

b) ¿A qué alargamiento da lugar una fuerza de 0,28 N?

c) ¿Qué longitud tiene el muelle del apartado anterior?

Solución: a) $F = 1{,}2$ N; **b)** $\Delta l = 4{,}7$ cm; **c)** $l = 24{,}7$ cm.

3 Interacción gravitatoria

En 1687, Newton dio a conocer conjuntamente los tres principios de la dinámica y la ley de gravitación universal.

Ley de gravitación universal. Dos masas puntuales, m_1 y m_2, separadas una distancia r, se ejercen fuerzas mutuamente, cuyo valor es directamente proporcional al producto de sus masas e inversamente proporcional al cuadrado de la distancia entre ellas:

$$F = G\,\frac{m_1 \cdot m_2}{r^2}$$

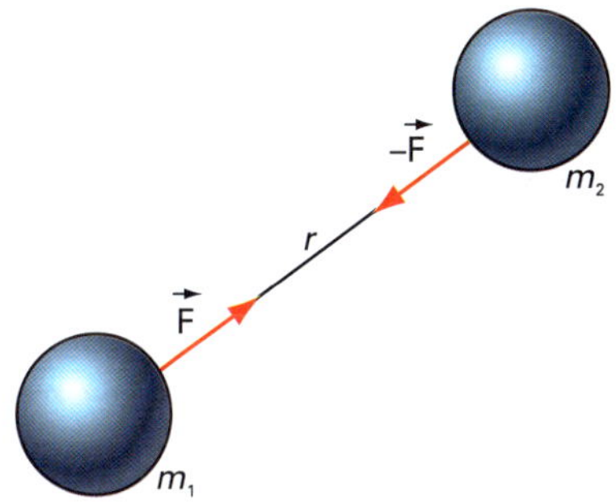

Figura 12.4.
Representación de las fuerzas que actúan en la interacción gravitatoria. La interacción gravitatoria entre dos masas puntuales tiene la dirección de la recta que une las masas y el sentido de atracción.

La dirección de la interacción es la de la línea que une ambas masas y el sentido es siempre de **atracción.**

La constante de proporcionalidad G se llama **constante de gravitación universal** y su valor en el SI es $G = 6{,}67 \times 10^{-11}$ N m²/kg².

El hecho de que el valor de G sea tan pequeño conlleva que la interacción gravitatoria sea la más débil de las interacciones conocidas.

3.1 El peso de los cuerpos en la Tierra

El peso, P, de un cuerpo de masa m en la superficie terrestre es la fuerza de atracción gravitatoria ejercida sobre el cuerpo por la masa de la Tierra:

$$P = G\,\frac{m \cdot M_T}{R_T^2}$$

donde M_T y R_T son la masa y el radio de la Tierra, respectivamente. La dirección de esta fuerza es la del radio terrestre, y el sentido, hacia el centro de la Tierra.

La constante $G \cdot \dfrac{M_T}{R_T^2} = g_0$ es la gravedad en la superficie terrestre. Su valor medio en el SI es 9,81 N/kg.

$$P = m \cdot g_0$$

3.2 Variación del valor de la gravedad con la altura

Si calculamos la relación entre el valor de la gravedad, g, a una determinada altura, h, respecto de la superficie terrestre, y el valor de la gravedad en la superficie de la Tierra, g_0, obtenemos:

$$\frac{g}{g_0} = \frac{G\,\dfrac{M_T}{(R_T + h)^2}}{G\,\dfrac{M_T}{R_T^2}} = \frac{R_T^2}{(R_T + h)^2} \quad \Rightarrow \quad g = g_0\,\frac{R_T^2}{(h + R_T)^2}$$

En conclusión, el valor de la gravedad **disminuye** con la altura.

El kilopondio

El kilogramo fuerza o kilopondio (kp) es una unidad de medida de fuerza que proviene del sistema técnico. Se define como la fuerza ejercida por la Tierra sobre 1 kg situado en un punto donde $g = 9{,}81$ m/s²:

$$1 \text{ kp} = (1 \text{ kg})\,(9{,}81 \text{ m/s}^2) = 9{,}81 \text{ N}$$

4 ¿Cuánto pesa un satélite de 230 kg de masa sobre la superficie terrestre?, ¿y situado a una altura $h = 5\,R_T$?

Solución: $P_0 = 2\,256{,}3$ N; $P = 62{,}1$ N.

4 Dinámica. Fuerza como causa de cambios en el movimiento

En **dinámica,** el modelo utilizado será:

- Considerar los cuerpos, aunque se dibujen tal y como son, como partículas materiales sin dimensiones.
- Analizar siempre las situaciones desde sistemas inerciales.

La **dinámica** es la rama de la Física que se encarga de estudiar las causas de los cambios de movimiento. Sus principios fueron publicados por Isaac Newton en su libro *Mathematica Principia* (1686).

En él analiza el concepto de fuerza en profundidad y sintetiza sus conclusiones en tres principios en los que aclara dos aspectos que no son intuitivos:

- Las fuerzas son **causas** de los **cambios del movimiento** y no lo son del movimiento; es decir, las fuerzas tienen que ver con las aceleraciones y no con las velocidades.
- Para que se manifiesten fuerzas se requieren, al menos, dos cuerpos; es decir, el concepto de fuerza está íntimamente unido al de **interacción** entre dos cuerpos.

4.1 Principio de inercia. Primer principio de Newton

Desde Aristóteles (siglo IV a. C.) se mantiene un concepto de fuerza muy intuitivo. Todo indica que, para mantener el movimiento de un cuerpo es necesaria una fuerza aplicada sobre él. La experiencia cotidiana permite saber que, cuando se dejan de ejercer fuerzas, los cuerpos vuelven a su estado natural, el reposo.

Galileo, al profundizar en el estudio de los movimientos, llegó a la conclusión de que la idea aristotélica de fuerza era errónea. Es cierto que, para iniciar el movimiento de un cuerpo, se precisa aplicar una fuerza pero, una vez en movimiento, no es necesario mantenerla.

En la superficie terrestre resulta difícil comprobar esta afirmación debido a los rozamientos existentes con el suelo y el aire; de hecho, Galileo propuso la hipótesis como extrapolación teórica a experiencias realizadas con planos inclinados.

Newton recogió las experiencias de Galileo y enunció el primero de sus principios en este campo de estudio:

Principio de inercia. Un cuerpo libre, es decir, un cuerpo sobre el que no actúa ninguna fuerza o la suma de las fuerzas que actúan sobre él es cero, se encuentra en reposo o se mueve con movimiento rectilíneo uniforme.

Figura 12.5.
Primer principio de Newton.
En el espacio es fácil verificar el principio de inercia, a diferencia de lo que sucede sobre la superficie terrestre.

En este principio, Newton introduce dos conceptos:

- **Fuerza:** causa de los cambios de movimiento.
- **Masa inerte** o **inercial:** propiedad de la materia que mide la resistencia que opone esta a que se modifique su estado de movimiento.

Por ejemplo, es mucho más difícil parar un autobús que una pelota, porque tiene mucha más masa inercial. Cuando frena el autobús, todos los pasajeros tienden a irse hacia delante porque también tienen inercia, es decir, mantienen su estado de movimiento desplazándose hacia delante.

El primer principio clarifica el concepto del equilibrio para una partícula. Este concepto interviene en muchas situaciones de las ciencias de la naturaleza y en la vida cotidiana.

Una partícula material está en equilibrio cuando la suma de todas las fuerzas que actúan sobre ella es cero.

Según el primer principio, si sobre un cuerpo no se ejercen fuerzas o si la suma de las fuerzas ejercidas sobre él es cero, el cuerpo mantiene su estado de movimiento; en consecuencia, existen dos situaciones equivalentes:

- Si está en reposo, permanece en reposo: $\rightarrow$ $\mathbf{v} = 0$.
- Si está en movimiento y se dejan de ejercer fuerzas, o la suma de las que actúan es cero, el cuerpo queda con MRU: $\rightarrow$ $\mathbf{v}$ = constante.

Así, una partícula se encuentra en equilibrio si está en reposo o se mueve con movimiento rectilíneo uniforme.

EJEMPLO

Un coche de 1 035 kg circula por una carretera recta y horizontal con velocidad constante. La fuerza de tracción que aporta el motor con el fin de mantener la velocidad constante es de 5 000 N en la dirección y sentido del movimiento. Dibuja y calcula todas las fuerzas que actúan sobre el coche (fig. 12.6).

Como el coche se mueve con movimiento rectilíneo uniforme, está en equilibrio, de forma que la suma de fuerzas que actúan sobre él debe ser cero.

Las fuerzas aplicadas sobre el coche son:

- Peso: $P = m \cdot g = (1\,035 \text{ kg})\,(9{,}81 \text{ m/s}^2) = 10\,153$ N; la dirección es la del radio terrestre y el sentido, hacia el centro de la Tierra. Esta fuerza la ejerce la Tierra.
- Esa fuerza, el peso, se anula con una fuerza, N, de igual valor y dirección, pero de sentido contrario: $N = 10\,153$ N. La ejerce la superficie sobre la que se apoya el coche.
- Fuerza de tracción: $F_T = 5\,000$ N, la dirección y el sentido son los del movimiento. El motor transmite esta fuerza a las ruedas.
- La fuerza de tracción se anula con una fuerza, F_R, de igual valor y dirección, pero de sentido contrario: $F_R = 5\,000$ N. Resulta de los rozamientos del coche con la carretera y el aire.

Un coche, avión, tren, etc., moviéndose en línea recta con velocidad constante, es una situación típica de equilibrio.

Figura 12.6.
Ilustración para ejemplo. Para que el coche se mueva con movimiento rectilíneo uniforme, la suma de las fuerzas que actúan sobre él debe ser cero.

4.2 Principio fundamental. Segundo principio de Newton

En el segundo principio, Newton define las fuerzas cuantitativamente.

Principio fundamental. La fuerza total o resultante que actúa sobre un cuerpo es igual al producto de su masa inerte por la aceleración que le comunica:

$$\mathbf{F}_{total} = m \cdot \mathbf{a}$$

Según este principio:

- Las fuerzas son proporcionales a las aceleraciones.
- La fuerza total que actúa sobre un cuerpo tiene la misma dirección y sentido de la aceleración que produce, no de la velocidad que lleva.

El segundo principio, suponiendo la masa constante, es válido para todo tipo de fuerzas. Ha resultado ser la herramienta más potente de la Física hasta principios del siglo xx.

En la atmósfera terrestre, el aire produce una fuerza de rozamiento en la dirección del movimiento y en sentido contrario a este que, si consideramos la densidad del aire constante, es **directamente proporcional** al cuadrado de la velocidad del cuerpo que se mueve en ella:

$$F_R = K \cdot v^2$$

La dina

La dina es una unidad de medida de fuerza que proviene del sistema cegesimal. Se define como la fuerza que, aplicada a un cuerpo de 1 g de masa, le comunica la aceleración de 1 cm/s^2:

$$1 \text{ N} = 10^5 \text{ dinas}$$

El principio de inercia está incluido en el principio fundamental. En efecto, si sobre un cuerpo no se ejercen fuerzas o si las fuerzas que se ejercen suman cero, se cumple que:

$$\mathbf{F}_{\text{total}} = 0 \rightarrow m \cdot \mathbf{a} = 0 \rightarrow \mathbf{a} = 0 \rightarrow \mathbf{v} = \text{constante}$$

El cuerpo se mueve con movimiento rectilíneo uniforme o está en reposo.

A partir del principio fundamental se definen las unidades de masa y fuerza. En efecto, si aplicamos fuerzas diferentes (F_1, F_2, F_3) a un mismo cuerpo, adquiere aceleraciones distintas (a_1, a_2, a_3), de modo que la relación entre las fuerzas aplicadas y las aceleraciones adquiridas permanece constante e igual a la masa inerte del cuerpo:

$$\frac{F_1}{a_1} = \frac{F_2}{a_2} = \frac{F_3}{a_3} = m$$

La masa inerte coincide con la cantidad de materia del cuerpo y, en consecuencia, se mide en **kilogramos (kg)** en el SI.

De igual manera, el segundo principio permite definir el newton.

> Un **newton** es la fuerza que, aplicada a un cuerpo de 1 kg de masa, le comunica una aceleración de 1 m/s^2.

EJEMPLO

Se ejercen simultáneamente dos fuerzas, $\mathbf{F}_1 = (50\ \mathbf{i} - 75\ \mathbf{j})$ N y $\mathbf{F}_2$, de módulo 150 N y cuya dirección forma un ángulo de 30° con el eje *x* (fig. 12.7), sobre un cuerpo de 10 kg inicialmente en reposo.

a) ¿Cuál es la fuerza resultante sobre el cuerpo?

b) ¿Qué aceleración adquiere el cuerpo?

a) La fuerza total sobre el cuerpo será: $\mathbf{F}_T = \mathbf{F}_1 + \mathbf{F}_2$.

Las componentes de la fuerza F_2 serán:

$$F_{2x} = F_2 \cdot \cos 30° = 130 \text{ N}$$

$$F_{2y} = F_2 \cdot \sin 30° = 75 \text{ N}$$

Por tanto, como $\mathbf{F}_2 = (130\ \mathbf{i} + 75\ \mathbf{j})$ N, la fuerza total será:

$$\mathbf{F}_T = (50\ \mathbf{i} - 75\ \mathbf{j}) \text{ N} + (130\ \mathbf{i} + 75\ \mathbf{j}) \text{ N} = 180\ \mathbf{i} \text{ N}$$

b) Esta fuerza produce una aceleración sobre el cuerpo:

$$\mathbf{F}_T = m \cdot \mathbf{a} \rightarrow \mathbf{a} = \frac{\mathbf{F}}{m} = \frac{180\ \mathbf{i} \text{ N}}{10 \text{ kg}} = 18\ \mathbf{i} \text{ m/s}^2$$

La fuerza y la aceleración son vectores de la misma dirección y sentido, en el sistema de referencia indicado la dirección es la del eje *x* y el sentido positivo. En este caso, al estar el cuerpo inicialmente en reposo, la dirección y el sentido de la fuerza coinciden con la dirección y el sentido del movimiento.

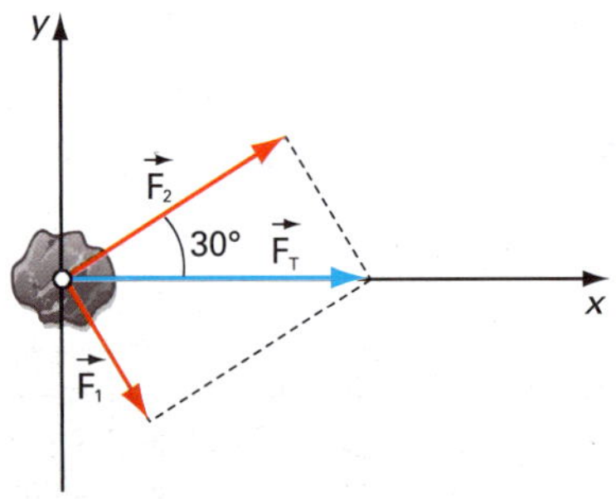

Figura 12.7.
Ilustración para el ejemplo. Si la suma de fuerzas no es cero, un cuerpo inicialmente en reposo, adquiere aceleración en la misma dirección y sentido.

4.3 Principio de acción y reacción. Tercer principio de Newton

En este principio Newton introduce el concepto de interacción; es decir, se necesitan, al menos, dos cuerpos para que las fuerzas hagan acto de presencia.

> **Principio de acción y reacción.** A toda acción ejercida por un cuerpo sobre otro, $\mathbf{F}_{12}$, se opone una reacción ejercida por este último sobre el primero, $\mathbf{F}_{21}$, de la misma intensidad y dirección, pero de sentido contrario:
>
> $$\mathbf{F}_{12} = -\mathbf{F}_{21}$$

- Las fuerzas se ejercen como **interacciones entre dos cuerpos.** Las acciones y las reacciones se ejercen simultánea e instantáneamente sobre cada uno de los cuerpos.
- Las **acciones** y las **reacciones** están aplicadas en cuerpos distintos, de forma que sobre un cuerpo **no se anulan.**
- Aunque las acciones y las reacciones son idénticas en intensidad, las aceleraciones que producen dependerán de las **masas** de los cuerpos.

La Tierra atrae a una manzana con una fuerza, aplicada en la manzana, que llamamos peso de la manzana; en consecuencia, simultáneamente la manzana atrae a la Tierra con una fuerza, aplicada en el centro del planeta, igual y de sentido contrario. La misma fuerza tiene efectos diferentes, lo que depende de la masa de los cuerpos: sobre la manzana la mueve, llevándola a la superficie terrestre, mientras que es incapaz de mover la Tierra, debido a su gran inercia.

EJEMPLO

Estudia el equilibrio de fuerzas aplicadas sobre un chico de 687 N de peso que, en reposo, sujeta una mochila de 196 N de peso con la mano. Indica por separado las fuerzas aplicadas sobre la mochila y sobre el chico, qué o quién ejerce cada fuerza y sobre qué o quién se aplica (fig. 12.8).

Mochila			Chico		
Fuerza	**La ejerce**	**Se aplica**	**Fuerza**	**La ejerce**	**Se aplica**
$F_{TM} = 196$ N	Tierra	Mochila	$F_{TC} = 687$ N	Tierra	Chico
F_{CM}	Chico	Mochila	F_{MC}	Mochila	Chico
			F_{SC}	Suelo	Chico

Tabla 12.1.

Si la mochila está en equilibrio, $F_{CM} = 196$ N, igual que F_{TM}.

La fuerza $F_{MC} = 196$ N, por ser la reacción de F_{CM}.

Si el chico está en equilibrio, el suelo debe sujetarlo a él y a la mochila, de modo que $F_{SC} = 687 \text{ N} + 196 \text{ N} = 883$ N.

Fíjate en que, fuera del sistema mochila-chico, están: las reacciones $F_{MT} = 196$ N y $F_{CT} = 687$ N, ejercidas por la mochila y el chico, aplicadas en el centro de la Tierra y la reacción, $F_{SC} = 883$ N, ejercida por el chico, aplicada sobre el suelo.

Todas ellas tienen la misma dirección y sentido contrario que las respectivas acciones.

Figura 12.8.
Ilustración para el ejemplo. Fuerzas sobre el chico y sobre la mochila. Las acciones y reacciones están actuando sobre cuerpos diferentes.

Importante

- La **teoría de la relatividad,** enunciada por Albert Einstein, tiene su rango de aplicación en cuerpos cuyas velocidades son próximas a la de la luz en el vacío.
- La **teoría cuántica,** formulada por un conjunto de científicos durante la primera mitad del siglo XX, tiene su rango de aplicación en sistemas microscópicos, moléculas, átomos y partículas.

Estos principios se cumplen en cualquier sistema inercial, no solo para los cuerpos que se mueven en la Tierra, sino también para los que están en cualquier parte del universo: planetas, satélites, galaxias, etc.

A finales del siglo XIX la comunidad científica concluyó que este campo de la Física estaba cerrado. A partir de los principios de Newton y del conocimiento de las fuerzas, se podía conocer el pasado y el futuro de los procesos en los que intervenían estas.

En la actualidad, los **principios de Newton** siguen siendo válidos para **velocidades pequeñas** frente a la velocidad de la luz en el vacío. Cuando se diseñan edificios, puentes, coches, aviones, electrodomésticos, etc., se sigue utilizando la mecánica newtoniana.

Pero cuando se trabaja con partículas que se mueven con velocidades comparables a la de la luz en el vacío, $c = 3 \times 10^8$ m/s, o cuando se intenta explicar el origen, la evolución y estructura del universo, se utilizan marcos teóricos diferentes como la **teoría de la relatividad** y la **teoría cuántica,** formuladas en la primera mitad del siglo XX.

a (m/s^2)	F (N)
2,1	4,20
0,8	0,64
0,4	0,80
1,4	1,12
2,0	4,00
1,5	3,00
1,5	1,20
2,0	1,60

Tabla 12.2.
Valores de aceleración y de fuerza.

5 Utilizando los datos de la tabla 12.2, justifica el número de cuerpos de diferentes masas que puede haber y calcúlalas.

Solución: m_1 = 2 kg; m_2 = 0,8 kg.

6 Un vehículo de 800 kg es capaz de acelerar de 0 km/h a 100 km/h en 8 s, desde el reposo. Calcula cuál será la fuerza total que actúa sobre él en la dirección y sentido del movimiento para conseguir este resultado.

Solución: F = 2 776 N.

7 Dejamos caer una bola de 2 kg de masa y la Tierra la atrae con una fuerza de 19,62 N (peso de la bola).

a) ¿Cuáles serán el módulo, la dirección, el sentido y el punto de aplicación de la fuerza que la bola ejerce sobre la Tierra?

b) ¿Por qué se mueve la bola y no la Tierra?

c) ¿Con qué aceleración cae la bola?

d) Si la masa de la Tierra es de $5{,}97 \times 10^{24}$ kg, ¿qué aceleración adquiere la Tierra?

Solución: a) F_{BT} = 19,62 N, la dirección es la del radio terrestre aplicada en el centro de la Tierra y hacia la bola; **c)** g_0 = 9,81 m/s^2; **d)** $a = 3{,}29 \times 10^{-24}$ m/s^2.

8 Los dos motores laterales del cohete europeo Ariane proporcionan una fuerza impulsora en el despegue de 6 713 kN cada uno. Si la masa es de 725 t y se considera constante durante los cinco primeros segundos, calcula:

a) La aceleración en el despegue.

b) La velocidad que adquiere el cohete en ese tiempo, expresada en km/h.

Solución: a) a = 8,71 m/s^2; **b)** v = 156,8 km/h.

9 Un ciclista marcha a 15 km/h (fig. 12.9) y choca de frente contra un vehículo aparcado. La duración del choque es de 0,3 s. Si el ciclista más la bicicleta tienen una masa de 92 kg, ¿qué fuerza se ejerce durante el choque?

Solución: F = 1 288 N.

Figura 12.9.
Ilustración para actividad 9.

5 Momento lineal o cantidad de movimiento

El movimiento de un cuerpo está caracterizado por dos magnitudes: la masa inerte y la velocidad. Newton introduce una nueva magnitud que representa adecuadamente el movimiento de un cuerpo.

El **momento lineal** o **cantidad de movimiento, p,** de un cuerpo es la medida conjunta de su masa, *m*, y su velocidad, **v**:

$$\mathbf{p} = m \cdot \mathbf{v}$$

El momento lineal es una magnitud vectorial; tiene la misma dirección y sentido que el vector velocidad. En el SI se mide en **kg m/s.**

Como las fuerzas son las causas de los cambios en la velocidad, también lo serán las de los cambios del momento lineal.

La fuerza total o resultante, aplicada durante un tiempo sobre un cuerpo, determina la **variación de su momento lineal:**

$$\mathbf{F}_T = \frac{d\mathbf{p}}{dt}$$

Si la variación del momento lineal no es continua, es decir, si al aplicar sobre un cuerpo una fuerza $\mathbf{F}_T$ constante, conocemos que su momento lineal cambia de $\mathbf{p}_i$, a $\mathbf{p}_f$, en el intervalo de tiempo, $\Delta t = t_f - t_i$, se puede decir que:

$$\mathbf{F}_T = \frac{\Delta \mathbf{p}}{\Delta t} = \frac{\mathbf{p}_f - \mathbf{p}_i}{t_f - t_i}$$

Esta expresión, igual que la expresión del segundo principio, permite poder cuantificar las fuerzas.

Conservación del momento lineal

Cuando se trabaja con sistemas de partículas, el momento lineal total del sistema es la suma de los momentos lineales de cada una de las partículas.

$$\mathbf{p}_{total} = \mathbf{p}_1 + \mathbf{p}_2 + \mathbf{p}_3 \ldots$$

En los sistemas de partículas, las fuerzas que actúan sobre ellas pueden ser de dos tipos:

- **Fuerzas exteriores.** Estas fuerzas se ejercen sobre las partículas desde fuera del sistema.
- **Fuerzas interiores.** Son fuerzas que se ejercen entre las propias partículas que forman el sistema. Son de acción y reacción, de modo que su suma resulta siempre cero.

Un **sistema** se considera **aislado** si no se ejercen sobre sus partículas fuerzas exteriores o, si se ejercen, la resultante es nula.

En un sistema aislado, el momento lineal o cantidad de movimiento del sistema permanece **constante:**

$$\text{Si } \mathbf{F}_{total} = 0 \rightarrow 0 = \frac{d\mathbf{p}_{total}}{dt} \rightarrow \mathbf{p}_{total} = \text{Cte.} \rightarrow \Delta \mathbf{p}_{total} = 0$$

Este teorema de conservación del momento lineal es un principio en la naturaleza que se cumple sin ninguna excepción.

Se utiliza el término **sistema** para hacer referencia a un conjunto de cuerpos situados en el interior de una superficie cerrada, real o ficticia, que los separa del exterior.

Los teoremas de conservación son una herramienta poderosa a la hora de enfrentarse a determinados procesos: explosiones, choques, etc. Ofrecen la ventaja de que, conociendo las situaciones inicial y final de un sistema, lo podemos analizar independientemente de cómo haya evolucionado entre ambas.

Figura 12.10.
Conservación del momento lineal.
El juego de la petanca es un ejemplo de sistema de partículas donde el momento lineal o cantidad de movimiento permanece constante.

EJEMPLO

En el juego de la petanca se lanza, sobre una de la bolas en reposo, otra bola idéntica con una velocidad de 2,50 m/s con el fin de desplazarla (fig. 12.10). Después del choque, las bolas salen formando ángulos de 30° y –60°, respectivamente, respecto a la dirección del movimiento de la primera. ¿Cuáles son las velocidades después del choque?

El momento lineal del sistema se conserva, es decir, el momento lineal antes del choque es igual al momento lineal después del choque:

$$\Delta \mathbf{p}_{total} = 0 \rightarrow \mathbf{p}\ (\text{antes}) = \mathbf{p}\ (\text{después})$$

Analizamos las situaciones que se presentan antes y después del choque (fig. 12.11):

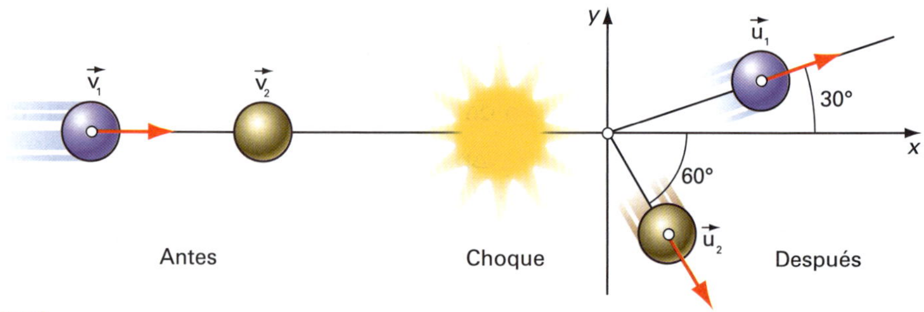

Figura 12.11.
Esquema de las fuerzas que intervienen en el sistema.

Antes del choque, el momento lineal del sistema será:

$$\mathbf{p}\ (\text{antes}) = \mathbf{p}_1 + \mathbf{p}_2 = m \cdot \mathbf{v}_1 + m \cdot \mathbf{v}_2 = m \cdot \mathbf{v}_1 = (m \cdot v_1, 0)$$

Después del choque, el momento lineal será: $\mathbf{p}\ (\text{después}) = \mathbf{p'}_1 + \mathbf{p'}_2$

$$\mathbf{p'}_1 = m \cdot \mathbf{u}_1 = (m \cdot u_1 \cdot \cos 30°,\ \text{m} \cdot u_1 \cdot \sin 30°)$$

$$\mathbf{p'}_2 = m \cdot \mathbf{u}_2 = (m \cdot u_2 \cdot \cos 60°,\ -\text{m} \cdot u_2 \cdot \sin 60°)$$

Sumamos los vectores:

$$\mathbf{p}\ (\text{después}) = (m \cdot u_1 \cdot \cos 30° + m \cdot u_2 \cdot \cos 60°,\ m \cdot u_1 \cdot \sin 30° - m \cdot u_2 \cdot \sin 60°)$$

Aplicamos el teorema de conservación y obtenemos un sistema de ecuaciones:

$$m \cdot v_1 = m \cdot u_1 \cdot \cos 30° + m \cdot u_2 \cdot \cos 60° \longrightarrow 2{,}50 = u_1 \cdot \cos 30° + u_2 \cdot \cos 60°$$

$$0 = m \cdot u_1 \cdot \sin 30° - m \cdot u_2 \cdot \sin 60° \longrightarrow 0 = u_1 \cdot \sin 30° - u_2 \cdot \sin 60°$$

Al resolver el sistema, obtenemos las velocidades después del choque:

$$u_1 = 2{,}17 \text{ m/s} \qquad u_2 = 1{,}25 \text{ m/s}$$

Observa que el proceso del choque puede ser muy complejo: se producen interacciones entre las bolas, deformaciones, transformaciones de energía, etc.; sin embargo, el teorema de conservación permite resolver la situación sin necesidad de tener un conocimiento exacto de lo que ocurre durante el choque.

6 Nuevo enfoque de los principios de la dinámica

El momento lineal permite formalizar los principios de la dinámica de otra manera.

Primer principio

Si sobre un cuerpo no actúan fuerzas, o la suma de las fuerzas que actúan es cero, el momento lineal permanece constante:

$$\text{Si } \mathbf{F}_{\text{total}} = 0 \rightarrow 0 = \frac{d\mathbf{p}}{dt} \rightarrow \mathbf{p} = \text{Cte.} \rightarrow \Delta\mathbf{p} = 0$$

Si consideramos la masa constante, también podemos escribir:

$$\Delta\mathbf{p} = 0 \rightarrow \Delta(m \cdot \mathbf{v}) = 0 \rightarrow m \cdot \Delta\mathbf{v} = 0 \rightarrow \Delta\mathbf{v} = 0$$

La velocidad no varía; por tanto, el movimiento es rectilíneo uniforme.

Segundo principio

Si las fuerzas se definen como la variación del momento lineal respecto al tiempo, se obtiene directamente la formulación del segundo principio que vimos anteriormente:

$$\mathbf{F}_{\text{total}} = \frac{d\mathbf{p}}{dt} \rightarrow \mathbf{F}_{\text{total}} = \frac{d}{dt}(m \cdot \mathbf{v}) = \frac{dm}{dt}\mathbf{v} + m \cdot \frac{d\mathbf{v}}{dt} = m \cdot \mathbf{a}$$

Si se considera la masa constante:

$$m = \text{Cte.} \rightarrow \frac{dm}{dt} = 0$$

Tercer principio

Supongamos dos cuerpos de masas m_1 y m_2 que se mueven con velocidades $\mathbf{v}_1$ y $\mathbf{v}_2$. Durante cierto tiempo, Δt, interaccionan, ejerciéndose fuerzas, $\mathbf{F}_1$ y $\mathbf{F}_2$, mutuamente. Después de la interacción, los cuerpos tienen velocidades $\mathbf{u}_1$ y $\mathbf{u}_2$.

Las fuerzas desde el exterior son 0; por tanto, el momento lineal del sistema se conserva:

$$\mathbf{p}_{\text{antes}} = \mathbf{p}_{\text{después}}$$

Antes y después de la interacción, el momento lineal del sistema será:

$$\mathbf{p}_{\text{antes}} = \mathbf{p}_1 + \mathbf{p}_2 = m_1 \cdot \mathbf{v}_1 + m_2 \cdot \mathbf{v}_2$$

$$\mathbf{p}_{\text{después}} = \mathbf{p}'_1 + \mathbf{p}'_2 = m_1 \cdot \mathbf{u}_1 + m_2 \cdot \mathbf{u}_2$$

Igualamos las ecuaciones:

$$\mathbf{p}_1 + \mathbf{p}_2 = \mathbf{p}'_1 + \mathbf{p}'_2$$

Ordenamos los momentos lineales de las partículas:

$$\mathbf{p}_1 - \mathbf{p}'_1 = \mathbf{p}'_2 - \mathbf{p}_2 \rightarrow -\Delta\mathbf{p}_1 = \Delta\mathbf{p}_2$$

Dividimos entre el tiempo que duró el choque; es decir, entre Δt:

$$-\frac{\Delta\mathbf{p}_1}{\Delta t} = \frac{\Delta\mathbf{p}_2}{\Delta t} \rightarrow -\mathbf{F}_1 = \mathbf{F}_2$$

Las fuerzas que se ejercen son iguales y opuestas.

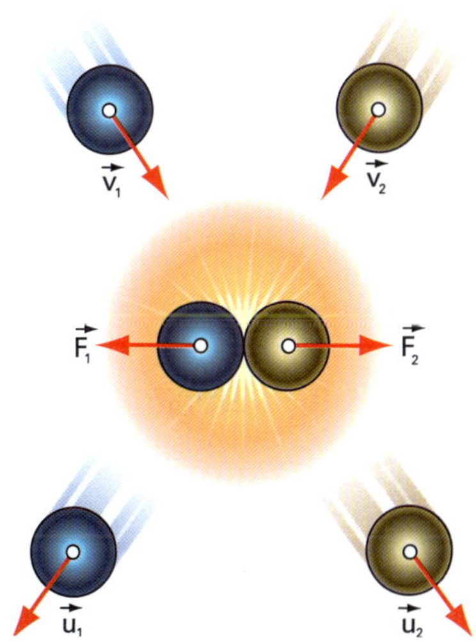

Figura 12.12.
Representación de las fuerzas que actúan en la interacción. El tercer principio indica que las acciones y reacciones se ejercen a la vez sin que exista retraso alguno entre ellas.

Figura 12.13.
Ilustración para actividad 12.

En los choques se conserva el momento lineal, lo que permite estudiar la colisión si se conocen las condiciones antes de producirse.

10 Cuando una bola de 200 g se mueve con una velocidad de 1 m/s, se le aplica una fuerza de 0,8 N durante 0,5 s en el mismo sentido que el desplazamiento. Calcula la aceleración y la variación del momento lineal.

Solución: $a = 4$ m/s^2; $\Delta p = 0{,}4$ N s.

11 Un balón de baloncesto de 0,6 kg llega al suelo con una velocidad vertical de 4,5 m/s y comienza a subir con una velocidad, también vertical, de 4 m/s. Calcula:

a) El momento lineal antes del bote.

b) El momento lineal después del bote.

c) La variación del momento lineal de la pelota al botar en el suelo.

Solución: a) $\mathbf{p}_a = -2{,}7\,\mathbf{j}$ kg m/s; **b)** $\mathbf{p}_d = 2{,}4\,\mathbf{j}$ kg m/s;
c) $\Delta\mathbf{p} = 5{,}1\,\mathbf{j}$ kg m/s.

12 Un camión de 15 t circula a 70 km/h y choca contra una furgoneta de 5 t que está en reposo. Después del choque, el camión arrastra a la furgoneta en la misma dirección de su movimiento. ¿Con qué velocidad se mueven tras el choque?

Solución: $u = 14{,}55$ m/s.

13 Envisat es uno de los satélites lanzados por la Agencia Espacial Europea para estudiar el medio ambiente a escala global. Para cambiar o modificar su órbita utiliza como combustible hidracina (N_2H_4). El módulo de propulsión proporciona una velocidad de salida de gases de unos 3 km/s. Si queremos incrementar la velocidad del Envisat ($M = 8$ t) en 0,35 m/s, ¿cuánta masa de hidracina se necesitará?

Solución: $m = 0{,}93$ kg.

14 Dos coches de masas 0,70 t y 0,85 t circulan por calles perpendiculares a 60 km/h y 50 km/h, respectivamente. Ambos chocan en la intersección y se quedan empotrados. ¿Cuál será la velocidad del conjunto después del choque? ¿En qué dirección se moverán después de que se haya producido la colisión?

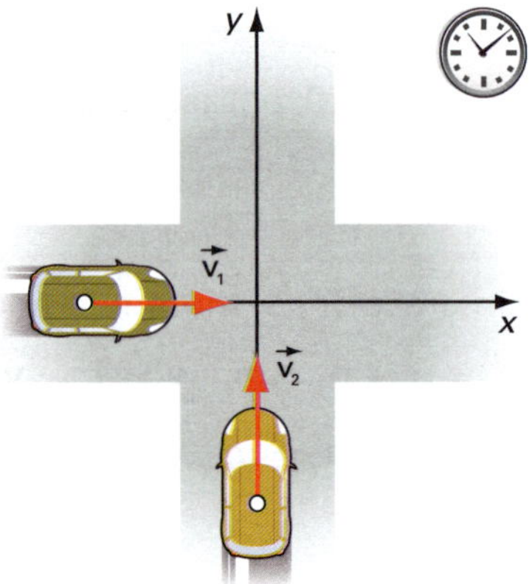

Figura 12.14.
Situación previa de los coches.

Solución: $v = 38{,}54$ km/h; $\alpha = 45{,}34°$.

15 Un cañón de 2 t dispara horizontalmente un proyectil de 12 kg con una velocidad de 225 m/s. Calcula la velocidad de retroceso del cañón y la variación de su momento lineal.

Solución: $v_c = 1{,}35$ m/s; $\Delta p_c = -2\,700$ kg m/s.

7 Impulso mecánico

Una fuerza produce efectos diferentes sobre un mismo cuerpo en función del tiempo que actúe. Este hecho se estudia mediante una magnitud denominada impulso mecánico.

Si la fuerza es constante, el **impulso mecánico, I,** es el producto de la fuerza **F** por el tiempo Δt que esta fuerza permanece actuando sobre un cuerpo:

$$\mathbf{I} = \mathbf{F}\,\Delta t$$

El impulso mecánico es, por tanto, una magnitud vectorial cuya dirección y sentido son los mismos que los del vector fuerza. En el SI se mide en **newton por segundo (N s).**

Teorema del impulso mecánico. El impulso mecánico sobre un cuerpo se invierte en variar su cantidad de movimiento o momento lineal:

$$\mathbf{I} = \Delta\mathbf{p}$$

En efecto, de la expresión $\mathbf{F} = \dfrac{\Delta\mathbf{p}}{\Delta t}$:

$$\mathbf{F} \cdot \Delta t = \Delta\mathbf{p} \longrightarrow \mathbf{I} = \Delta\mathbf{p} = m \cdot \Delta\mathbf{v}$$

EJEMPLO

Para desplegarse en el espacio, los astronautas utilizan un propulsor que lanza 50 g de gas cada segundo a 250 m/s. Calcula el impulso que el astronauta recibirá cada segundo si su masa (con el equipo incluido) es de 190 kg.

El impulso sobre el astronauta será igual a la variación de su momento lineal:

$$\mathbf{I}_{\text{astronauta}} = \Delta\mathbf{p}_{\text{astronauta}}$$

Como no existen fuerzas externas sobre el sistema formado por el astronauta y los gases del propulsor, la variación del momento lineal de ambos será igual en módulo y dirección, pero de sentido contrario:

$$\mathbf{I}_{\text{astronauta}} = \Delta\mathbf{p}_{\text{astronauta}} = -\Delta\mathbf{p}_{\text{gas}}$$

$$\mathbf{I}_{\text{astronauta}} = -(m_{\text{gas}} \cdot v_{\text{gas}}, 0) = -((50 \times 10^{-3}\ \text{kg})\ (250\ \text{m/s}, 0) = -(12{,}5, 0)\ \text{kg m/s}$$

El impulso sobre el astronauta vale 12,5 N s, tiene la dirección de salida de los gases y sentido contrario.

Figura 12.15.
Ilustración para el ejemplo. En ausencia de rozamientos, pequeños impulsos permiten al astronauta adquirir movimientos rectilíneos uniformes para poder desplazarse.

16 Un satélite de $M = 10$ t, en reposo respecto a la Tierra, debe modificar su órbita. Para eso, dispone de propulsores que emiten 1 kg de gas cada segundo a 3,5 km/s. Halla:

a) El impulso del satélite en una ignición de 3 s.

b) La velocidad con que se moverá el satélite respecto a la Tierra al finalizar la ignición.

Solución: a) $I = 10\,500$ N s; **b)** $v = 1{,}05$ m/s.

Trabajo con textos

Los principios de Newton

Estos principios fueron formulados por Isaac Newton en su obra *Principia* y constituyen el primer intento de enunciar una base axiomática para explicar una teoría científica de la mecánica.

La publicación de los *Principia* supuso un hito de enorme valor, sobre el que se cimentó la mecánica clásica. Estos principios revolucionaron los conceptos básicos de la física y el movimiento de los cuerpos en el universo.

Vamos a citar textualmente las cuatro definiciones previas y el enunciado de los tres principios de la dinámica:

- **Definición I**: «La cantidad de materia es la medida de la misma originada de su densidad y volumen conjuntamente».
- **Definición II**: «La cantidad de movimiento es la medida del mismo obtenida de la velocidad y de la cantidad de materia conjuntamente».
- **Definición III**: «La fuerza *insita* de la materia es una capacidad de resistir por la que cualquier cuerpo, por cuanto de él depende, persevera en su estado de reposo o movimiento uniforme y rectilíneo».
- **Definición IV**: «La fuerza impresa es la acción ejercida sobre un cuerpo para cambiar su estado de reposo o movimiento uniforme y rectilíneo».

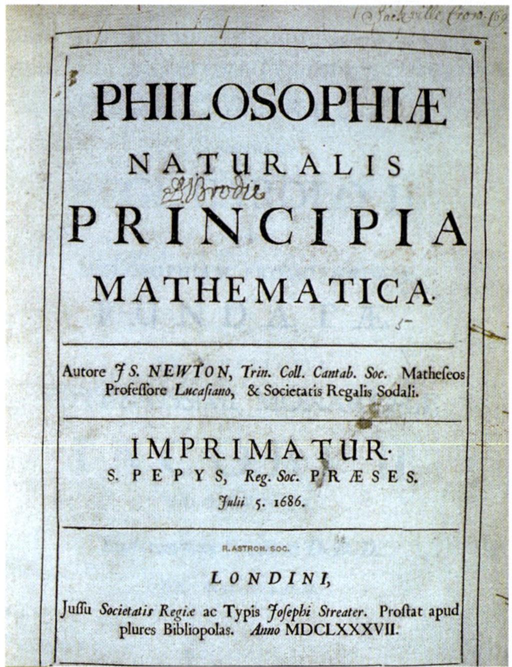
PHILOSOPHIÆ
NATURALIS
PRINCIPIA
MATHEMATICA.

Autore J S. NEWTON, Trin. Coll. Cantab. Soc. Matheseos Professore Lucasiano, & Societatis Regalis Sodali.

IMPRIMATUR.
S. PEPYS, Reg. Soc. PRÆSES.
Julii 5. 1686.

LONDINI,
Jussu Societatis Regiæ ac Typis Josephi Streater. Prostat apud plures Bibliopolas. Anno MDCLXXXVII.

Figura 12.16.
En el libro *Principia*, Newton recoge la ley de gravitación universal y los principios de la dinámica.

La primera definición (cantidad de materia de un cuerpo) equivale a lo que conocemos por *masa.* La segunda es la de *momento lineal* o *cantidad de movimiento.* La tercera caracteriza la *masa inercial,* que más tarde se demostraría ser igual a la cantidad de materia, mientras que la cuarta se refiere a las *fuerzas* propiamente dichas.

Después de deducir estas definiciones, Newton enunció sus conocidos tres principios fundamentales:

- **Primer principio**: «Todo cuerpo persevera en su estado de reposo o movimiento rectilíneo y uniforme, a no ser, que sea obligado por fuerzas impresas a cambiar su estado».
- **Segundo principio**: «El cambio de movimiento es proporcional a la fuerza motriz impresa, y ocurre según la línea recta, a lo largo de la cual, aquella fuerza se imprime».
- **Tercer principio**: «Con toda acción, ocurre siempre una reacción igual y contraria. Es decir, las acciones mutuas de los cuerpos siempre son iguales y dirigidas en direcciones opuestas».

Cuestiones

a) Lee la información anterior con atención y extrae las ideas más importantes.

b) Define lo que es un axioma.

c) Identifica los términos científicos del texto y busca su significado.

d) Enuncia y comenta los principios de Newton utilizando un lenguaje actual.

e) ¿Qué diferencia existe entre el concepto de cantidad de materia y masa inercial?

f) ¿Qué magnitudes físicas se definen como axiomas previos al enunciado de los Principios?

Experiencia de laboratorio

Aceleración de la gravedad

Objetivo

Determinar la aceleración de la gravedad en la superficie de la Tierra, a partir de la medida del período de oscilación de un péndulo simple.

Material

- Bola de acero de 1,25 cm de radio.
- Hilo.
- Barra con mordaza.
- Nuez doble.
- Soporte para mesa con barra.
- Cronómetro.
- Metro.

Procedimiento

El período de oscilación de un péndulo simple es:

$$T = 2\pi\sqrt{\frac{\ell}{g}}$$

Donde:

- T: es el **período de oscilación del péndulo,** es decir, el tiempo que tarda en dar una oscilación completa.
- ℓ: es la **longitud del péndulo,** es decir, la distancia desde el centro de oscilación hasta el centro de la bola.
- g: es la **aceleración de la gravedad** en el lugar en el que se está haciendo oscilar el péndulo.

Despejamos el valor de g de la fórmula anterior:

$$g = \frac{4\pi^2\ell}{T^2}$$

La longitud, ℓ, del péndulo es la distancia desde el centro de la bola hasta el centro de oscilación. Para medirla con exactitud, debes dejar primero el péndulo sobre el suelo y medir la longitud, L, desde el suelo hasta la mordaza y, finalmente, restar el valor del radio de la bola.

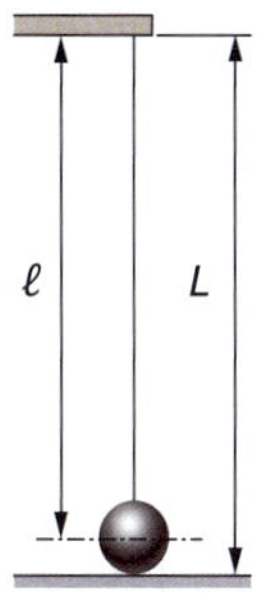

$$\ell = L - R$$

Figura 12.17. Posición del péndulo para medir su longitud.

Seguimos estos pasos:

- Para **medir el período de oscilación,** medimos el tiempo, t, que tardan en producirse diez oscilaciones para cinco longitudes diferentes, procurando que se distingan en unos 10 cm, aproximadamente. El período será, por tanto:

$$T = \frac{t}{10}$$

- **Repite las medidas cinco veces,** tomando el valor medio de los períodos como valor verdadero. Es importante tener en cuenta las siguientes indicaciones:
  1. Las oscilaciones deben tener una amplitud pequeña.
  2. El hilo debe estar firmemente sujeto a la mordaza, con el fin de evitar los rozamientos.
  3. Las oscilaciones deben producirse en un plano.
  4. Debes empezar a contar tiempos cuando el péndulo haya dado unas cuantas oscilaciones.
- **Recoge los datos** de longitud, ℓ (cm), respecto al tiempo, t (s), y al período de oscilación, T (s) en una tabla. Calcula para cada longitud el valor de la gravedad.

Análisis de los datos y conclusiones

- Calcula el valor medio de los resultados para el valor de la gravedad. Exprésalo en cm/s^2 y en m/s^2.
- Representa en papel milimetrado las longitudes en función de los cuadrados del período:

$$\ell = \frac{g}{4\pi^2}T^2 \quad \rightarrow \quad y = m\,x$$

- Calcula la pendiente, m, de la recta y deduce el valor de g.

$$\frac{g}{4\pi^2} = m \quad \rightarrow \quad g = 4\,\pi^2\,m$$

- Compara resultados.

Ampliación

¿Qué le sucedería al período, si realizases el experimento con bolas de diferentes tamaños o de diferentes masas?

El choque inelástico

Dos bloques de masas $m_1 = 0{,}8$ kg y $m_2 = 0{,}5$ kg se mueven en la misma dirección y sentidos contrarios con velocidades de $v_1 = 7$ m/s y $v_2 = 10$ m/s. Calcula, suponiendo el choque inelástico:

a) La velocidad después del choque, en el caso de que sus movimientos sean en sentidos opuestos.

b) Lo mismo en el supuesto de que lleven el mismo sentido y el más rápido alcance al más lento.

Comentarios al enunciado

En los choques inelásticos solo se conserva el momento lineal del sistema: $\mathbf{p}_{\text{sistema}} = \mathbf{p}_1 + \mathbf{p}_2$.

La resolución mediante teoremas de conservación requiere únicamente interesarse por los estados inicial y final del proceso.

En este ejercicio, la solución se obtiene igualando el valor de la magnitud que se conserva —momento lineal del sistema— en los estados que escojamos como inicial y final: $\mathbf{p}_{\text{inicial}} = \mathbf{p}_{\text{final}}$

Resolución y cálculos

a) La situación inicial es la siguiente: dos bloques se mueven en la misma dirección y sentidos contrarios.

Figura 12.18.

Consideramos la dirección del movimiento como eje de abscisas, el momento inicial del sistema será:

$$\mathbf{p}_i = \mathbf{p}_1 + \mathbf{p}_2 = m_1 \cdot v_1\, \mathbf{i} + (-m_2 \cdot v_2)\, \mathbf{i}$$

Por tanto: $\mathbf{p}_i = (m_1 \cdot v_1 - m_2 \cdot v_2)\, \mathbf{i}$

Después del choque (estado final), los dos cuerpos quedan empotrados y viajan como un solo cuerpo cuya masa es la suma de las masas, en la misma dirección.

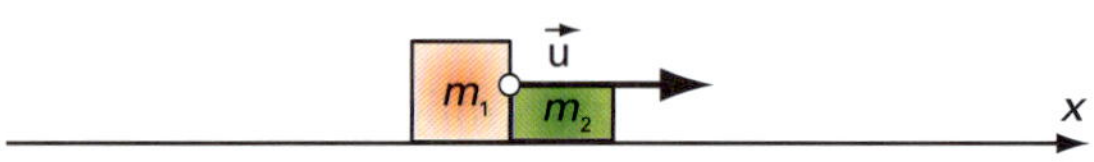

Figura 12.19.

El momento lineal del sistema ahora será:

$$\mathbf{p}_f = (m_1 + m_2) \cdot u\, \mathbf{i}$$

Como el momento lineal se conserva:

$$\mathbf{p}_i = \mathbf{p}_f \longrightarrow m_1 \cdot v_1 - m_2 \cdot v_2 = (m_1 + m_2) \cdot u$$

Despejando la velocidad, u, después del choque:

$$u = \frac{m_1 \cdot v_1 - m_2 \cdot v_2}{m_1 + m_2} = 0{,}5 \text{ m/s}$$

b) La situación inicial, en este caso, es la de dos bloques que se mueven en la misma dirección y sentido.

Figura 12.20.

El momento inicial del sistema será:

$$\mathbf{p}_i = m_1 \cdot v_1\, \mathbf{i} + m_2 \cdot v_2\, \mathbf{i} = (m_1 \cdot v_1 + m_2 \cdot v_2)\, \mathbf{i}$$

Después del choque la situación es la misma que en el apartado anterior.

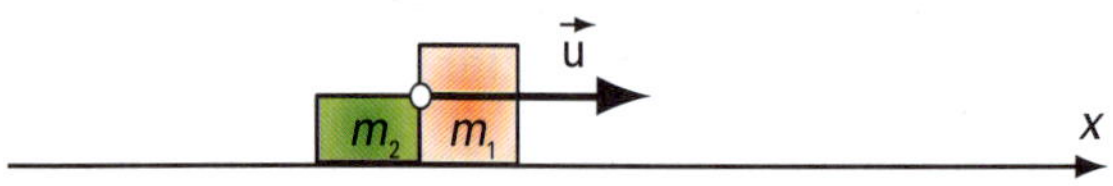

Figura 12.21.

El momento lineal del sistema ahora será:

$$\mathbf{p}_f = (m_1 + m_2) \cdot u\, \mathbf{i}$$

Aplicando la conservación del momento lineal:

$$\mathbf{p}_i = \mathbf{p}_f \longrightarrow m_1 \cdot v_1 + m_2 \cdot v_2 = (m_1 + m_2) \cdot u$$

Despejando la velocidad, u, después del choque:

$$u = \frac{m_1 \cdot v_1 + m_2 \cdot v_2}{m_1 + m_2} = 8{,}2 \text{ m/s}$$

Análisis de los resultados

En el apartado **a)**, el conjunto de los dos cuerpos se mueve hacia la derecha con velocidad de 0,5 m/s.

$$\mathbf{u} = 0{,}5\, \mathbf{i} \text{ m/s}$$

En el apartado **b)**, el conjunto también se mueve hacia la derecha, con una velocidad de 8,2 m/s.

$$\mathbf{u} = 8{,}2\, \mathbf{i} \text{ m/s}$$

El impulso mecánico

Una bola de béisbol, cuya masa es de 0,145 kg, llega al bate con una velocidad de 12 m/s. Es golpeada por el bateador y la bola abandona el bate en la misma dirección y sentido contrario con una velocidad de 42 m/s. Si la bola permanece en contacto con el bate durante 0,005 s, determina la fuerza promedio ejercida por el bate sobre la bola.

Comentarios al enunciado

Uno de los efectos de las fuerzas es que varían el momento lineal, **p**, de los cuerpos. Este efecto depende del tiempo durante el cual se aplica la fuerza y se estudia mediante el impulso mecánico: $\mathbf{I} = \mathbf{F} \cdot \Delta t$.

El teorema del impulso mecánico establece que: $\mathbf{I} = \Delta \mathbf{p} \rightarrow \mathbf{F} \cdot \Delta t = \mathbf{p}_f - \mathbf{p}_i$

La variación del momento lineal de la bola es igual al impulso que le cede el bate; por tanto, hay que calcular esta variación y aplicar el teorema del impulso mecánico.

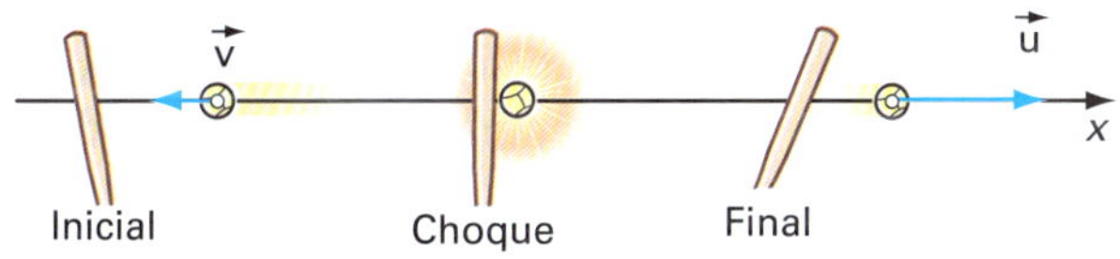

Figura 12.22.
Secuencia de los movimientos.

Es importante considerar que en el planteamiento del ejercicio nos olvidamos de lo que sucede durante el choque; solo atendemos a los momentos antes y después del choque. Esto simplifica significativamente la resolución del ejercicio, si bien solo obtenemos una solución aproximada de lo que acontece.

Resolución y cálculos

Tomando el eje del movimiento como eje de abscisas, la variación del momento lineal de la pelota —teniendo en cuenta los sentidos de las velocidades inicial y final respecto al sistema de referencia utilizado— será:

$$\Delta \mathbf{p} = \mathbf{p}_f - \mathbf{p}_i = m \cdot u \ \mathbf{i} - (-m \cdot v \ \mathbf{i}) = m \ (u + v) \ \mathbf{i}$$

Sustituyendo los datos, obtenemos una variación del momento lineal de la pelota de:

$$\Delta \mathbf{p} = 0{,}145 \ (42 \ \mathbf{i} + 12 \ \mathbf{i}) = 7{,}8 \ \mathbf{i} \text{ kg m/s}$$

Esta variación del momento lineal es debida al impulso que proporciona el bate.

El teorema del impulso mecánico permite escribir:

$$\Delta \mathbf{p} = \mathbf{F} \cdot \Delta t$$

Despejando la fuerza:

$$\mathbf{F} = \frac{7{,}8 \ \mathbf{i} \text{ kg m/s}}{0{,}005 \text{ s}} = 1\,560 \ \mathbf{i} \text{ N}$$

Análisis de los resultados

La notación vectorial no es indispensable, ya que todo transcurre en una misma dirección; sin embargo, si encontramos dificultades en asignar signo al sentido de las velocidades, es preferible utilizarla.

Recuerda que el tercer principio afirma que la pelota ejerce la misma fuerza —en la misma dirección y sentido contrario— sobre el bate, de forma que:

$$\Delta \mathbf{p}_{\text{bate}} = -\mathbf{F} \cdot \Delta t \rightarrow \Delta \mathbf{p}_{\text{bola}} + \Delta \mathbf{p}_{\text{bate}} = 0 \rightarrow \Delta \mathbf{p} = 0$$

El momento lineal del sistema bate-bola se conserva.

El resultado obtenido para la fuerza hay que entenderlo como un valor medio de la fuerza ejercida durante el tiempo que dura el golpe, ya que en el choque la fuerza no es constante, sino que varía con el tiempo como muestra la figura 12.23.

El teorema del impulso nos ha permitido encontrar una solución válida, pero aproximada, de lo que realmente está sucediendo mientras choca el bate con la pelota. Obtener la solución exacta no es de este curso y requiere hallar la relación matemática entre la fuerza y el tiempo durante el choque, $F = F(t)$, cuya gráfica está representada en la figura.

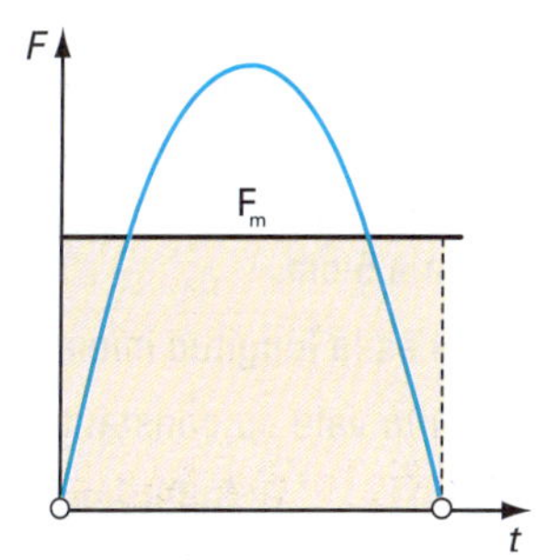

Figura 12.23.
Variación de la fuerza con el tiempo.

Actividades

Momento de una fuerza

17 ¿Qué es un par de fuerzas? ¿Cuánto vale la resultante de las fuerzas? ¿Cuál es su efecto? ¿A quién es igual el módulo de un par de fuerzas? Nombra algún ejemplo.

18 Una puerta de 80 cm de ancho se quiere abrir empujando desde el borde con una fuerza, **F**, de 20 N, perpendicular a la puerta.

a) ¿Qué momento de giro es el que le hace girar?

b) ¿Qué fuerza habría que aplicar en el centro de la puerta para conseguir el mismo momento de giro?

Solución: a) $M = 16$ N m; **b)** $F = 40$ N.

19 Un volante de radio 15 cm requiere un momento de giro mínimo de 30 N m para abrir una puerta. Utilizando una sola mano, calcula la fuerza que habría que ejercer para abrirla. ¿Y si utilizas las dos manos?

Solución: $F = 200$ N; $F = 100$ N.

Fuerza: causa de las deformaciones

20 Explica qué es un dinamómetro y cómo se calibra.

21 El resorte de un dinamómetro de laboratorio se ha alargado 11,7 cm a tope de escala, que es 2 N. ¿Cuál es la constante del resorte con el que ha sido fabricado ese dinamómetro? ¿Cuánto se alargará al aplicarle la fuerza de 0,4 N?

Solución: $k = 17,1$ N/m; $\Delta l = 2,3$ cm.

22 Se tienen dos muelles de igual longitud, pero de constantes $k_1 = 20$ N/m y $k_2 = 100$ N/m, respectivamente.

a) ¿Que fuerza hay que realizar para alargar cada uno 10 cm?

b) Representa en la misma gráfica las intensidades de las fuerzas en función de los alargamientos producidos por ambos muelles.

c) ¿Cuál escogerías para construir un dinamómetro que sirva para medir fuerzas más bien pequeñas?

Solución: a) $F_1 = 2$ N, $F_2 = 10$ N; **c)** el de $k_1 = 20$ N/m.

23 Un muelle horizontal de longitud l_0 se comprime aplicando una fuerza de 50 N, hasta que su longitud es de 15 cm. Si le aplicamos una fuerza de 100 N, su longitud queda reducida a 5 cm.

a) ¿Cuál es la longitud inicial del muelle?

b) ¿Cuánto vale su constante?

Solución: a) $l_0 = 0,25$ m; **b)** $k = 500$ N/m.

24 Un dinamómetro se alarga 4 cm a tope de escala, que es 1 N. ¿Cuál es su constante de recuperación y cuánto marca si se alarga 2,5 cm?

Solución: $k = 25$ N/m; $F = 0,63$ N.

25 Un resorte de 30 cm se alarga 5 cm al aplicarle una fuerza de 2,5 N. Calcula la constante en el SI y la longitud del resorte cuando se le aplica otra fuerza de 4 N.

Solución: $k = 50$ N/m; $l = 38$ cm.

Interacción gravitatoria: peso de un cuerpo

26 ¿Qué factores influyen en el valor de la gravedad sobre la superficie de la Tierra? ¿En qué unidad se mide la gravedad?

27 En realidad, la superficie terrestre no es una esfera perfecta: hay montañas y simas; además, está algo achatada en los polos. ¿Dónde pesa más un cuerpo?

a) En la cima de una montaña o a nivel del mar.

b) En el Ecuador o en los polos.

28 ¿Dónde produciría más impacto un objeto, cayendo desde la misma altura, en la Luna o en la Tierra? Supón constantes las aceleraciones de la gravedad (Datos: $g_T = 9,81$ m/s^2; $g_L = 1,63$ m/s^2.)

29 ¿Cuál es el valor de la gravedad sobre un avión comercial que vuela a 12 000 m de altura? (Datos: $R_T = 6\,370$ km; $g_0 = 9,81$ m/s^2.)

Solución: $g = 9,77$ m/s^2.

30 ¿Cuánto vale la gravedad en una estación espacial situada a una altura igual al radio terrestre? (Dato: $g_0 = 9,81$ m/s^2.)

Solución: $g = 2,45$ m/s^2.

31 El peso de un cuerpo en la Luna es de 400 N. ¿Cuánto pesará ese cuerpo en la Tierra? (Dato: gravedad en la Luna $g_L = 1,63$ m/s^2.)

Solución: $P_T = 2\,408$ N.

32 Dos cuerpos de igual masa caen desde 1 000 m del suelo lunar y terrestre, respectivamente. Si suponemos constantes las aceleraciones de la gravedad, ¿en qué relación se encuentran las velocidades al llegar al suelo? ¿Influye la masa? (Datos: $g_T = 9,81$ m/s^2; $g_L = 1,63$ m/s^2).

Solución: $v_T = 2,45\ v_L$; no influye.

33 ¿A qué distancia estarán situadas dos grandes esferas suspendidas del techo si cada una de ellas posee una masa de 1 t para que se atraigan con una fuerza de 1 μN?

Solución: $r = 8,17$ m.

34 El peso de un cuerpo en la Tierra, donde $g = 9,81$ m/s^2, es 800 N. ¿Cuál es su masa y el peso en la superficie de Júpiter? (Dato: $g_J = 25,10$ m/s^2.)

Solución: $m = 81,55$ kg; $P_J = 2\,047$ N.

Primer principio de la dinámica

35 Explica si son verdaderas o falsas las afirmaciones siguientes:

a) Si un cuerpo se mueve, está sometido a una fuerza.

b) Para que un cuerpo en reposo adquiera movimiento es necesario aplicar una fuerza.

c) Si un cuerpo se mueve con velocidad constante en una trayectoria curva, la suma de fuerzas sobre él es cero.

36 Viajas en el asiento posterior de un automóvil. De pronto, el conductor toma una curva a la izquierda a gran velocidad. ¿Por qué eres desplazado? ¿Hacia dónde?

37 Un pequeño péndulo va suspendido en el techo de un automóvil. Indica qué dirección tiene el hilo:

a) Cuando arranca el automóvil.

b) Cuando se mueve con velocidad constante.

c) Al frenar y disminuir su velocidad.

38 La dirección de la fuerza aplicada sobre un cuerpo ¿es la misma que la del movimiento?

39 Cuando arranca el autobús, ¿hacia dónde te vas tú? ¿Y cuándo para?

Segundo principio de la dinámica

40 La relación entre las masas de dos cuerpos diferentes es $m_1 = 2m_2$. Si aplicamos la misma fuerza a ambos ¿cuál será la relación entre sus aceleraciones?

Solución: $a_1 = a_2/2$.

41 Halla la fuerza necesaria para detener en 8 s con aceleración constante:

a) Un camión de 3 t que marcha a velocidad de 80 km/h por una carretera recta y horizontal.

b) Una pelota de 500 g que va con una velocidad de las mismas características que el camión del apartado anterior.

Solución: a) $F = -8\,400$ N; b) $F = -1{,}4$ N.

42 Un coche de 500 kg, que se mueve con velocidad constante de 120 km/h, entra en una curva circular de 80 m de radio.

a) ¿Qué tipo de aceleración lleva? Indica su dirección y sentido.

b) ¿Qué fuerza habrá que ejercer sobre el coche para que no se salga de la curva?

c) ¿Quién ejerce esta fuerza sobre el coche?

Solución: b) $F = 6\,930{,}6$ N.

43 Dentro de la atmósfera terrestre el rozamiento del aire no es despreciable. Calcula la aceleración de caída de un cuerpo de masa m sometido a su peso y la fuerza de rozamiento del aire.

Solución: $a = g - F_R/m$.

44 En caída libre dentro de la atmósfera, al aumentar la velocidad, la fuerza de rozamiento con el aire aumenta ($F_R = k \cdot v^2$), llegando un momento en que la aceleración de caída se anula y el cuerpo cae con velocidad constante denominada velocidad límite. Calcula la velocidad límite de un cuerpo de masa m.

Solución: $v_L = \sqrt{mg/k}$.

45 ¿Durante cuánto tiempo ha actuado una fuerza de 60 N inclinada 60° respecto a la horizontal, sobre una masa de 40 kg inicialmente en reposo sobre un plano horizontal, para que alcance una velocidad de 10 m/s?

Solución: $t = 13{,}3$ s.

46 El cuerpo de la figura tiene una masa de 10 kg. Calcula la aceleración sabiendo que:

$F_1 = 50$ N; $F_2 = 75$ N; $F_3 = 20$ N; $F_4 = 100$ N

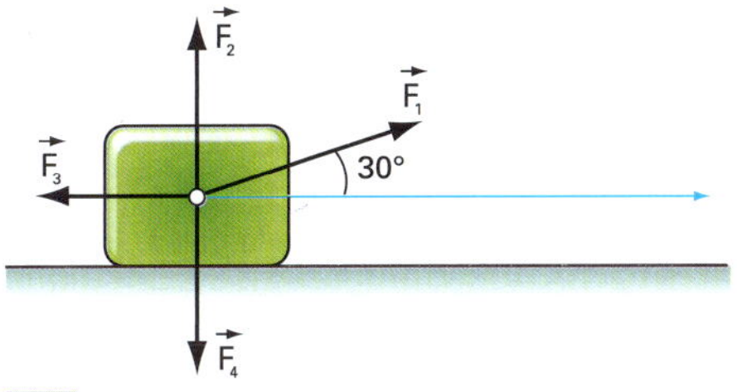

Figura 12.24.

Solución: $a = 2{,}33$ m/s^2.

47 El bloque de la figura tiene una masa de 10 kg. Calcula su aceleración de bajada por la rampa sabiendo que:

$F_1 = 100$ N; $F_2 = 86{,}6$ N y $F_3 = 30$ N

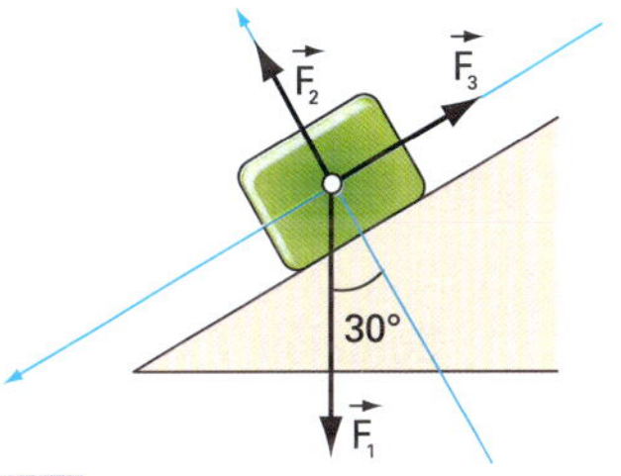

Figura 12.24.

Solución: $a = 2$ m/s^2.

Tercer principio de la dinámica

48 Estudia el equilibrio de fuerzas aplicadas sobre un libro de 15 N de peso que está encima de una mesa de 150 N. Indica por separado las fuerzas aplicadas sobre el libro y sobre la mesa. ¿Qué fuerza ejerce cada elemento? ¿Sobre cuál se aplica?

49 Si a toda acción se opone otra de sentido contrario y de igual intensidad, ¿cómo se produce el movimiento?

50 Estudia las fuerzas aplicadas sobre una chincheta cuando la clavas con el dedo en una pared. Indica por separado las fuerzas aplicadas sobre la pared, la chincheta y el dedo. ¿Por qué penetra la chincheta en la pared?

51 Tenemos dos libros colocados uno encima del otro, de masas $m_1 = 0{,}5$ kg y $m_2 = 1{,}5$ kg, ambos sobre una mesa de masa $M = 20$ kg. (Dato: $g = 10$ m/s^2.)

a) Dibuja cada una de las fuerzas que actúan sobre la mesa y los libros indicando qué elemento ejerce cada fuerza.

b) Calcula cada una de las fuerzas y comprueba que el sistema se encuentra en equilibrio.

52 Con una plancha de corcho, una hoja de papel, dos palos y un ventilador construyes una balsa como la de la figura. ¿Hacia dónde se moverá la balsa en cada uno de los casos que se presentan? ¿Por qué?

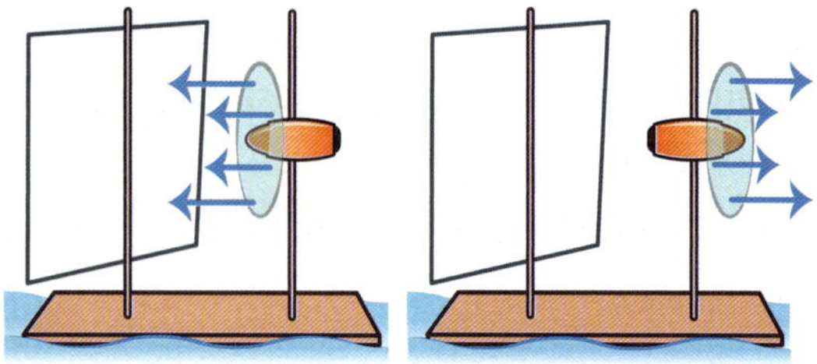

Figura 12.26.
Dos opciones para poner en movimiento la balsa.

Momento lineal e impulso mecánico

53 Demuestra que el impulso mecánico posee la misma ecuación de dimensiones que el momento lineal.

54 Un coche que se mueve con velocidad constante choca contra un árbol. Durante el tiempo que dura el choque, su momento lineal varía con el tiempo según la ecuación:

$$\boldsymbol{p} = (7{,}5 \times 10^3 - 2 \times 10^4\ t)\ \boldsymbol{i}\ \text{kg m/s}$$

¿Cuál es la fuerza ejercida sobre el coche durante el choque?

Solución: $\boldsymbol{F} = -2 \times 10^4\ \boldsymbol{i}$ N.

55 La ecuación del movimiento de un cuerpo de 2 kg, expresada en unidades internacionales, es: $x = 3 \cdot t + 2 \cdot t^2$. Calcula:

a) El momento lineal en los instantes $t_1 = 3$ s y $t_2 = 5$ s.

b) La fuerza neta que actúa sobre él en ese intervalo de tiempo.

Solución: a) $p_1 = 30$ kg m/s, $p_2 = 46$ kg m/s; b) $F = 8$ N.

56 Miguel se encuentra en un lago helado y realiza 20 disparos en 4 s con un fusil de fogueo. Si Miguel con su equipo tiene una masa de 80 kg y cada proyectil tiene una masa de 40 g, calcula, sabiendo que la velocidad de los proyectiles es de 400 m/s:

a) El impulso experimentado por Miguel.

b) La velocidad con que es impulsado.

c) La fuerza media.

Solución: a) $I = -320$ N s; **b)** $v = 4{,}04$ m/s; **c)** $F_m = -80$ N.

57 Un avión de aeromodelismo de 10 kg sigue un movimiento circular uniforme con una velocidad lineal constante de 5 m/s.

a) Calcula el vector momento lineal **p** del cuerpo cuando se encuentra en las posiciones de la figura 12.27.

b) Halla y dibuja las variaciones del momento lineal $\Delta\mathbf{p}$ entre la posición inicial y las otras tres posiciones.

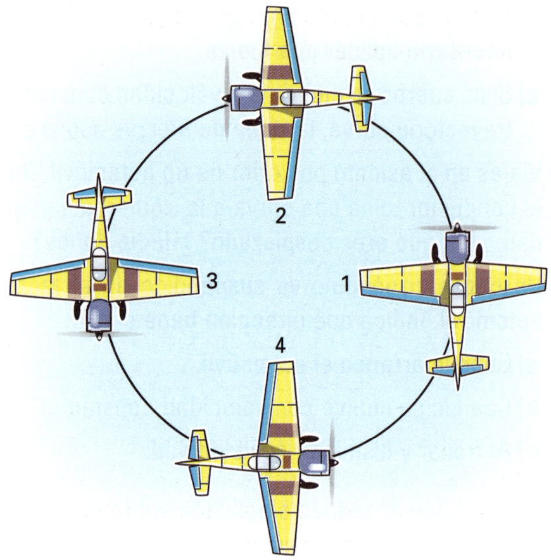

Figura 12.27.
Movimiento del avión.

Solución: a) $\mathbf{p}_1 = 50\ \mathbf{j}$ kg m/s; $\mathbf{p}_2 = -50\ \mathbf{i}$ kg m/s; $\mathbf{p}_3 = -50\ \mathbf{j}$ kg m/s; $\mathbf{p}_4 = 50\ \mathbf{i}$ kg m/s; **b)** $\Delta\mathbf{p}_{12} = (-50\ \mathbf{i} - 50\ \mathbf{j})$ kg m/s; $\Delta\mathbf{p}_{13} = -100\ \mathbf{j}$ kg m/s; $\Delta\mathbf{p}_{14} = (50\ \mathbf{i} - 50\ \mathbf{j})$ kg m/s.

58 Vas remando en una barca de masa m_0 con velocidad de 2 m/s que mantienes constante durante todo el tiempo.

a) ¿Cuál es la fuerza resultante sobre la barca?

b) Comienza a llover y la masa de la barca va aumentando con el tiempo según la ecuación:

$$m = m_0 + 8 \times 10^{-3}\ t$$

¿Cuál es la fuerza resultante sobre la barca?

Solución: a) $F_T = 0$ N; **b)** $F_T = 1{,}6 \times 10^{-2}$ N.

59 Un cuerpo de 2 kg cae desde 10 m de altura sin velocidad inicial. ¿Ha variado su momento lineal en el momento que toca en el suelo? ¿En cuánto?

Solución: $\Delta p = 28$ kg m/s.

60 Se dejan caer desde 20 m de altura un bloque de piedra de 5 kg y una pelota de 60 g.

a) ¿Con qué velocidad llegan al suelo?

b) ¿Qué impulso transmiten al llegar al suelo? (Dato: $g_0 = 9{,}81$ m/s².)

Solución: a) $v_b = v_p = 19{,}81$ m/s; **b)** I_b 99,05 N s; $I_p = 1{,}19$ N s.

61 En una mesa de billar, una de las bolas, de 0,2 kg, se impulsa hacia la banda con una velocidad de 0,70 m/s, formando un ángulo de 30° con la banda. Rebota, saliendo con un ángulo de 15° y con una velocidad de 0,20 m/s. Halla:

a) Los momentos lineales de la bola antes y después del choque.

b) La variación del momento lineal de la bola.

c) La fuerza media durante el choque con la banda si la interacción duró 0,13 s.

Solución: a) $p_1 = 0{,}14$ kg m/s; $p_f = 0{,}04$ kg m/s; **b)** $\Delta p = 0{,}11$ kg m/s; **c)** $F = 0{,}88$ N.

62 Una pelota de 360 g bota perpendicularmente contra el suelo cuando su velocidad es de 4,5 m/s, rebotando con la misma velocidad en un tiempo de 0,2 s. Calcula:

a) La variación del momento lineal.

b) La fuerza media de la pelota contra el suelo.

Solución: a) $\Delta p = 3{,}24$ kg m/s; **b)** $F_m = 16{,}2$ N.

63 Hay futbolistas que son capaces de impulsar el balón parado hasta alcanzar la velocidad de 120 km/h. Si el balón de fútbol tiene una masa de 360 g y la patada tiene una duración de 6×10^{-3} s, calcula la variación del momento lineal del balón y la fuerza media durante la patada.

Solución: $\Delta p = 12$ kg m/s; $F_m = 2\,000$ N.

Figura 12.28.

64 Un cohete que se desplaza en línea recta y con una velocidad uniforme de 2 000 km/h sufre una explosión, dividiéndose en dos partes. Una de ellas, de 2/5 de la masa total, se mueve formando un ángulo de 30° por encima de la horizontal y con una velocidad de 1 000 km/h. Calcula la velocidad y la dirección del segundo fragmento.

Solución: $\alpha = -6{,}9°$; $u_2 = 2\,775$ km/h.

65 Una persona lanza un coche de juguete de 150 g que se encuentra inicialmente en reposo sobre una mesa. Para el impulso, ejerce una fuerza constante de 0,3 N durante un segundo. Calcula:

a) El impulso comunicado.

b) La variación de su momento lineal.

c) La nueva velocidad del coche.

Solución: a) $I = 0{,}3$ N s; b) $\Delta p = 0{,}3$ kg m/s; c) $v = 2$ m/s.

Figura 12.29.

66 Al despejar una pelota de 300 g de masa, describe un movimiento parabólico cuya ecuación, expresada en unidades internacionales, es:

$$\mathbf{r} = 17{,}32\, t\, \mathbf{i} + (0{,}5 + 10\, t - 4{,}905\, t^2)\, \mathbf{j}$$

Calcula:

a) El momento lineal de la pelota en los instantes siguientes: $t_1 = 0{,}5$ s y $t_2 = 1{,}5$ s.

b) La fuerza neta que actúa sobre él en ese intervalo de tiempo.

Solución: a) $\mathbf{p}_1 = (5{,}20\, \mathbf{i} + 1{,}53\, \mathbf{j})$ kg m/s; $\mathbf{p}_2 = (5{,}20\, \mathbf{i} - 1{,}42\, \mathbf{j})$ kg m/s; **b)** $\mathbf{F} = -2{,}95\, \mathbf{j}$ N.

67 Una patinadora de 60 kg se desliza en una pista de hielo a 5 m/s y coge en brazos por detrás a su hijo de 20 kg, que se desliza en la misma dirección y sentido que ella a 3 m/s. ¿Con qué velocidad se mueven los patinadores mientras deslizan juntos y en qué sentido?

Solución: $u = 4{,}5$ m/s.

68 En una explosión una roca sale despedida en tres fragmentos distintos, dos de los cuales, de masas $m_1 = 15$ kg y $m_2 = 10$ kg, salen en ángulo recto con velocidades de $v_1 = 10$ m/s y $v_2 = 20$ m/s, respectivamente. El resto sale despedido con una velocidad de $v_3 = 50$ m/s. Calcula la dirección y la masa del tercer fragmento.

Solución: $m_3 = 5$ kg; $\alpha = 53{,}1°$.

69 Damos una patada a un balón parado con una fuerza media de 500 N. El balón, después de recibir el golpe, sale lanzado con un ángulo de 45° con la horizontal y vuelve a tocar tierra a la distancia de 40 m. Calcula el tiempo que dura el golpe dado al balón, cuya masa es de 0,42 kg. Desprecia el rozamiento del aire.

Solución: $\Delta t = 0{,}017$ s.

70 Durante 0,5 s se golpea horizontalmente un balón de 350 g de masa, que se encuentra en reposo, comunicándole una velocidad horizontal de 6 m/s.

a) ¿Cuál es el momento lineal de la pelota antes y después de la patada?

b) ¿Cuál es el impulso sobre la pelota?

Solución: a) $p_i = 0$; $p_f = 2{,}10$ kg m/s; **b)** $I = 2{,}10$ N s.

71 Un patinador de 70 kg y un niño de 40 kg se desplazan sobre una pista de hielo en la misma dirección y sentido contrario a 4 m/s y 3 m/s, respectivamente. Chocan y el niño se agarra al patinador para no caerse. ¿Con qué velocidad se mueven mientras se deslizan juntos y en qué sentido lo hacen?

Solución: $u = 1{,}45$ m/s.

72 Un automóvil de 1 200 kg arranca y en 30 s alcanza la velocidad de 108 km/h. ¿Cuál es la fuerza media que ha impulsado al vehículo? ¿Cuál es el momento lineal final?

Solución: $F_m = 1\,200$ N; $p_f = 36\,000$ kg m/s.

13 Aplicaciones de los principios de la dinámica

1 Fuerzas de rozamiento por deslizamiento

Las fuerzas de rozamiento se oponen al deslizamiento de un cuerpo sobre otro. Están localizadas en las superficies de contacto entre los cuerpos. Las causas de estas fuerzas son:

- Las **rugosidades de las superficies** (fig. 13.1).
- Las **fuerzas de cohesión** y **adhesión** entre átomos y moléculas de los cuerpos en contacto.

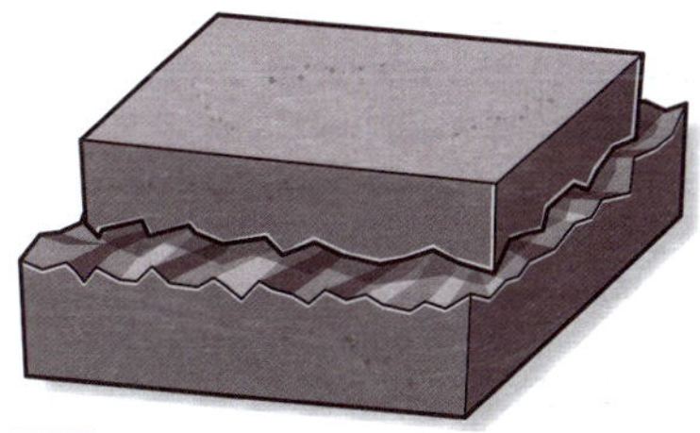

Figura 13.1.
Las rugosidades de las superficies causan fricción entre ellas.

Del estudio experimental de estas fuerzas sabemos que:

- Son **paralelas** a la superficie de deslizamiento.
- Sobre el cuerpo, se **oponen** al sentido de su movimiento.
- Son directamente proporcionales a las fuerzas normales, **N,** que son fuerzas de dirección perpendicular a la superficie de contacto y cuyo valor y sentido son tales que mantienen el cuerpo sobre la superficie.

Imaginemos un cuerpo en reposo sobre un plano horizontal. Si aplicamos sucesivamente fuerzas horizontales, **F,** con el fin de ponerlo en movimiento, el cuerpo no empieza a moverse hasta que la fuerza aplicada no adquiere un valor $\mathbf{F}_e$. Esto se debe a la existencia de una fuerza de rozamiento, $\mathbf{f}_r$, que se opone al deslizamiento y cuyo valor va aumentando, dependiendo de la fuerza que ejerzamos, hasta alcanzar un valor máximo, $\mathbf{F}_r$, igual al de $\mathbf{F}_e$. Aplicando fuerzas mayores que esta, el cuerpo se desliza sobre la superficie.

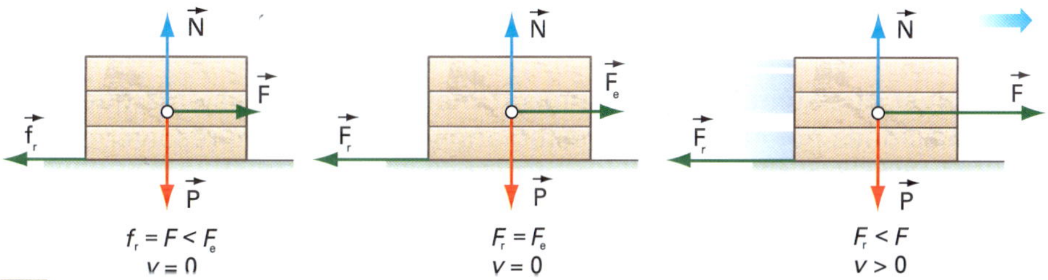

Figura 13.2.
Al intentar mover un cuerpo, la fuerza de rozamiento aumenta hasta un valor máximo.

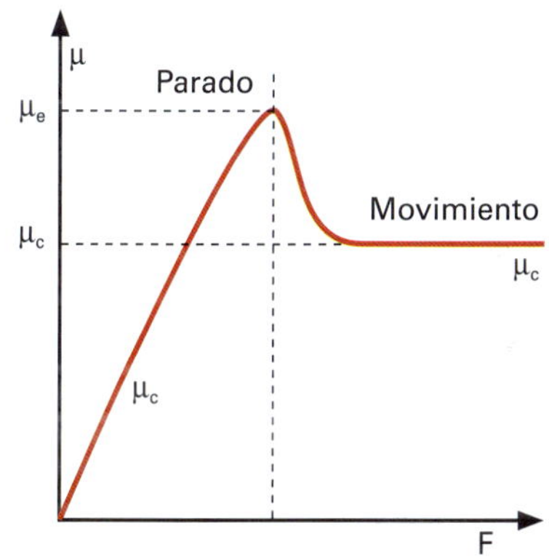

Figura 13.3.
Coeficientes de rozamiento. No se inicia el movimiento hasta que la fuerza aplicada es algo mayor que el valor máximo de la fuerza de rozamiento. Inmediatamente después la fuerza de rozamiento disminuye al hacerlo el coeficiente de rozamiento.

El valor máximo de la fuerza de rozamiento, F_r, será:

$$F_r = \mu_e \cdot N$$

La **constante de proporcionalidad, μ_e,** sin dimensiones, se llama **coeficiente de rozamiento estático,** y $\mathbf{F}_r$ es la fuerza máxima de rozamiento estático.

Una vez que el cuerpo se pone en movimiento, manteniendo su velocidad constante, la fuerza de rozamiento, $\mathbf{F}'_r$, con un valor también proporcional a la normal, $F'_r = \mu_c \cdot N$, sigue oponiéndose al deslizamiento. A μ_c se le denomina **coeficiente de rozamiento cinético;** en general, $\mu_c < \mu_e$ (fig. 13.3).

Los **coeficientes de rozamiento** son prácticamente independientes del área de las superficies en contacto.

Dependen, sobre todo, de la **naturaleza** de los cuerpos y del **estado de las superficies en contacto.**

1 Se recomienda aumentar las precauciones al conducir, como la distancia de seguridad sobre superficies donde existe agua o hielo. ¿Por qué?

2 El coeficiente de rozamiento de una carretera horizontal y de otra inclinada es el mismo, sin embargo, el rozamiento no. ¿Por qué?

3 La fuerza de rozamiento se opone al movimiento. ¿Sería posible el movimiento de una persona o un coche si no hubiera rozamiento?

2 ¿Cómo resolver ejercicios en dinámica?

Tomando el eje x en la dirección del movimiento, aseguramos —en los movimientos de traslación— que en el eje y no hay movimiento ($a_y = 0$). Además, en las **ecuaciones,** las **fuerzas de rozamiento** siempre son **negativas.**

Para resolver ejercicios de dinámica es conveniente seguir los pasos según este procedimiento:

1. Dibujar la situación. Este paso es muy importante, pues requiere hacer una lectura detenida del enunciado, identificar el cuerpo sobre el que se va a trabajar, aislarlo si existen otros cuerpos, y visualizar si hay interacciones entre ellos.

Si existen varios cuerpos, el procedimiento se aplica a cada uno de ellos.

2. Fijar el sistema de referencia. Se elige, de forma coherente, el sentido del movimiento del cuerpo. Se toma como eje de las x la dirección del movimiento, y como sentido positivo, el del movimiento. El eje de las y será perpendicular al de las x.

3. Dibujar las fuerzas. Hay que dibujar todas las fuerzas que se ejercen sobre cada uno de los cuerpos que se van a estudiar, aplicadas más o menos en el centro geométrico del cuerpo, salvo la fuerza de rozamiento, que se dibuja entre las superficies puestas en contacto y en sentido contrario al del movimiento del cuerpo que se analiza.

4. Calcular las componentes de las fuerzas. Si las fuerzas tienen direcciones distintas a los ejes, hay que proyectarlas sobre estos y calcular entonces las componentes.

5. Aplicar el segundo principio a cada uno de los ejes.

$$\sum F_x = m \cdot a_x \quad \text{y} \quad \sum F_y = m \cdot a_y$$

6. Resolver el sistema de ecuaciones. Obtendremos un sistema que tiene dos ecuaciones por cada cuerpo estudiado y que se puede resolver por los métodos clásicos de sustitución, reducción o igualación.

7. Analizar los resultados. Los valores obtenidos como soluciones de las ecuaciones deben ser coherentes con los datos suministrados y con el planteamiento del ejercicio.

EJEMPLO

Dibujar las fuerzas que actúan sobre un cuerpo es un paso fundamental del procedimiento. Dibuja el peso, la normal y la fuerza de rozamiento en cada uno de los casos siguientes.

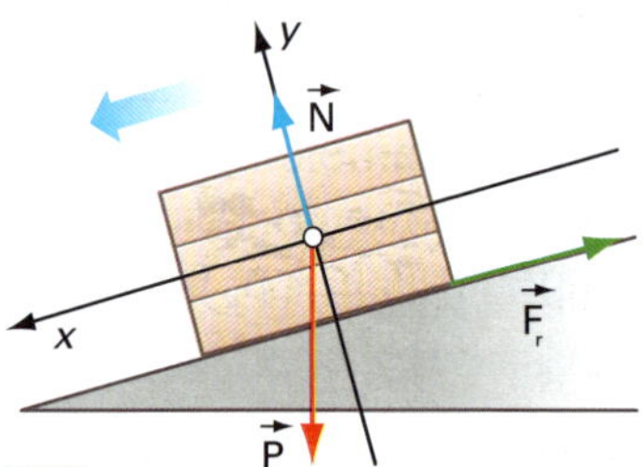

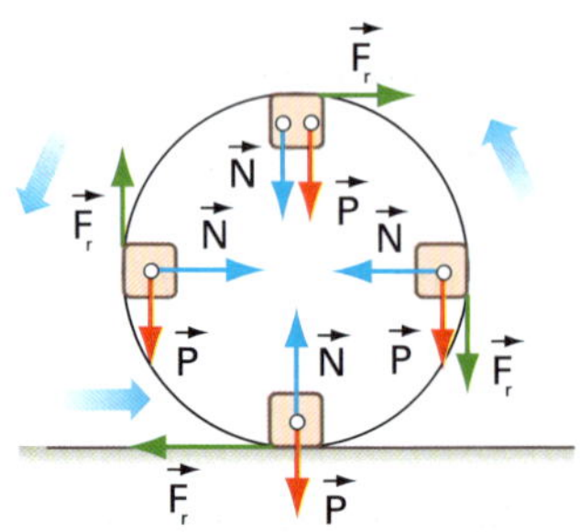

Figura 13.4.
Solución del ejemplo. La normal siempre tiene el valor, la dirección y el sentido precisos para evitar que el cuerpo se hunda en la superficie de apoyo.

La fuerza de rozamiento se dibuja siempre entre las superficies que están en contacto, en la dirección del movimiento y en sentido contrario a este.

3 Deslizamiento sobre planos

En este apartado aprenderemos, practicando mediante ejemplos, los procedimientos de resolución de deslizamientos sobre planos, tanto horizontales como inclinados.

3.1 Planos horizontales

Para que un cuerpo comience a moverse por un plano horizontal, es necesario ejercer una fuerza sobre él cuya componente horizontal sea mayor que el valor máximo de la fuerza de rozamiento.

EJEMPLO

Por una superficie horizontal empujamos un bloque de masa $m = 45$ kg con una fuerza que forma –20° con la dirección del movimiento. En el desplazamiento, el coeficiente de rozamiento entre el bloque y el suelo es $\mu_c = 0{,}60$. Calcula el valor de la fuerza que se necesita para mantener el bloque con velocidad constante.

- Hacemos un dibujo simplificado de la situación.
- Escogemos el eje del movimiento como eje x, y sentido positivo el del movimiento. En consecuencia, el eje y será perpendicular al suelo con sentido positivo hacia arriba.
- Dibujamos las fuerzas que actúan sobre el bloque (fig. 13.5):

  El peso, **P**. Esta fuerza la ejerce la Tierra y su valor es $P = m \cdot g$. La dirección es la del radio terrestre en ese punto. El sentido es hacia el centro de la Tierra.

  La normal, **N**, la ejerce el suelo. La dirección es perpendicular al plano, y el sentido, hacia arriba.

  La fuerza del rozamiento cinético, $\mathbf{F}_r$, la ejerce el suelo. El valor es $F_r = \mu_c \cdot N$. La dirección es la del movimiento y el sentido es contrario a este.

  La fuerza aplicada por nosotros, **F**. La dirección forma un ángulo de –20° con la dirección y el sentido del movimiento.
- La dirección de la fuerza que aplicamos no está sobre los ejes, de forma que habrá que calcular sus componentes:

$$\mathbf{F} = (F_x, F_y) = (F \cdot \cos 20°, -F \cdot \sin 20°)$$

- Aplicamos el segundo principio, $\mathbf{F}_T = m \cdot \mathbf{a}$, a cada uno de los ejes (fig. 13.6):

  Sobre el eje x no hay aceleración, ya que el bloque se mueve con una velocidad constante:

$$F \cdot \cos 20° - \mu_c \cdot N = 0 \qquad \textbf{(1)}$$

  Sobre el eje y no hay movimiento; por tanto, tampoco hay aceleración:

$$N - m \cdot g - F \cdot \sin 20° = 0 \qquad \textbf{(2)}$$

  Resolvemos el sistema. Despejando la normal de la segunda ecuación y sustituyendo en la primera, obtenemos:

$$F \cdot \cos 20° - \mu\ (m \cdot g + F \cdot \sin 20°) = 0 \longrightarrow F = \frac{\mu_c \cdot m \cdot g}{\cos 20° - \mu_c \cdot \sin 20°}$$

$$F = 360 \text{ N}$$

Observa que, en este caso, la normal no es igual al peso, sino mayor, y la fuerza aplicada es la misma que si estuviéramos sujetando un cuerpo de unos 36 kg de masa.

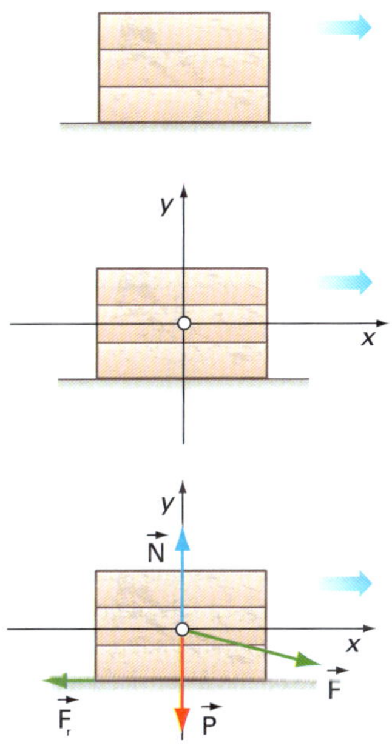

Figura 13.5.
Aplicación del procedimiento paso a paso al ejemplo. Realizar un esquema simplificado de la situación que se estudia es imprescindible para resolver el ejercicio.

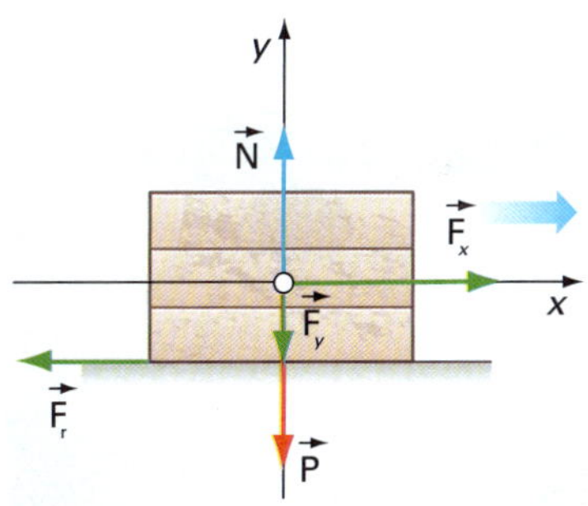

Figura 13.6.
Resultado final de la aplicación del procedimiento al ejemplo.

3.2 Plano inclinado

Para que un cuerpo, desde el reposo, ascienda deslizando por un plano inclinado, hay que ejercer sobre él una fuerza mayor que la suma de la fuerza de rozamiento y la componente paralela al plano del peso.

EJEMPLO

Queremos subir una piedra de 600 kg por una rampa inclinada 6° respecto a la horizontal. ¿Qué fuerza paralela al plano se deberá aplicar para subirla con velocidad constante? El coeficiente de rozamiento $\mu_c = 0{,}5$.

- Realizamos un dibujo simplificado de la situación y escogemos el sistema de referencia, como en el ejemplo anterior.
- Dibujamos las fuerzas que actúan sobre la piedra (fig. 13.7):

  El peso, **P**. Esta fuerza la ejerce la Tierra y su valor es $P = m \cdot g$. La dirección es la del radio terrestre en ese punto, y el sentido, hacia el centro de la Tierra.

  La normal, **N**. La ejerce el suelo. La dirección es perpendicular al plano, y el sentido, hacia arriba.

  La fuerza de rozamiento, $\mathbf{F_r}$. La ejerce el suelo y su valor es $F_r = \mu_c \cdot N$. La dirección es la del movimiento, y el sentido, contrario a este.

  La fuerza de tracción aplicada, **F**, en la dirección y el sentido del movimiento.
- Las componentes del peso son: $\mathbf{P} = (P_x, P_y) = (-m \cdot g \cdot \sin 6°, -m \cdot g \cdot \cos 6°)$.
- Aplicamos el segundo principio a cada uno de los ejes:

  Sobre el eje x están F_r y P_x con sentido contrario al movimiento, y F en el mismo sentido: $F_T(x) = F - m \cdot g \cdot \sin 6° - \mu_c \cdot N$. Como la velocidad con la que sube la piedra es constante, la aceleración será cero:

  $$F - m \cdot g \cdot \sin 6° - \mu_c \cdot N = 0 \qquad \textbf{(1)}$$

  Sobre el eje y no hay movimiento; por tanto, la aceleración también es cero. La fuerza total será: $F_T(y) = N - m \cdot g \cdot \cos 6°$.

  $$N - m \cdot g \cdot \cos 6° = 0 \qquad \textbf{(2)}$$
- Resolvemos el sistema: $F - m \cdot g \cdot \sin 6° - \mu_c \cdot m \cdot g \cdot \cos 6° = 0$

  $$F = m \cdot g\,(\sin 6° + \mu_c \cdot \cos 6°) \longrightarrow F = 3\,542\ \text{N}$$

Observa que la fuerza aplicada es mucho menor que el peso de la piedra.

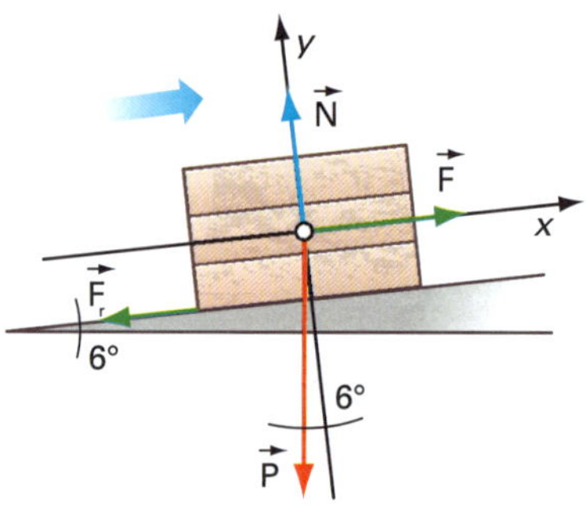

Figura 13.7.
Representación esquemática de todas las fuerzas que actúan sobre la piedra. La fuerza de rozamiento que actúa sobre la piedra siempre se opone al movimiento de esta.

4 Sobre la superficie de un lago helado se lanza un disco de caucho (fig. 13.8) a la velocidad de 15 m/s. Si la fuerza de rozamiento dinámico es el 3 % de su peso, ¿con qué aceleración se mueve el taco? ¿Qué espacio puede recorrer hasta pararse?

Solución: $a = -0{,}29\ \text{m/s}^2$; $s = 388$ m.

5 Se deja un cuerpo sobre un plano inclinado 50° con la horizontal. Si entre el cuerpo y el plano existe un coeficiente de rozamiento dinámico de 0,25, ¿cuál es la aceleración y cuál la velocidad a los 5 s?

Solución: $a = 5{,}9\ \text{m/s}^2$; $v = 29{,}5$ m/s.

Figura 13.8.
Lanzamiento de un disco de caucho sobre un lago helado.

4 Cuerpos enlazados

Las fuerzas que mantienen unidos los cuerpos enlazados, mediante cuerdas o cables, se denominan **tensiones** y llevan la dirección del cable o de la cuerda que une los cuerpos.

En este curso supondremos siempre que los elementos utilizados para enlazar los cuerpos, las cuerdas o los cables, y los empleados para cambiar la dirección de estos, cumplen las siguientes características:

- Las cuerdas o cables se consideran sin masa e inextensibles, de forma que transmiten íntegramente la tensión de un cuerpo a otro.
- Las poleas se suponen sin masa ni rozamientos; en consecuencia, solo cambian la dirección de las tensiones, pero no su módulo.

Con estas simplificaciones, si tomamos el sistema formado por los cuerpos y el cable conjuntamente, las tensiones son fuerzas interiores que se **anulan**.

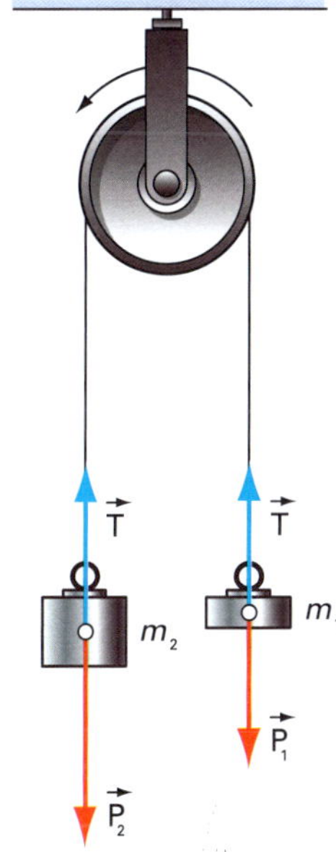

Figura 13.9.

Máquina de Atwood. Creada por George Atwood a finales del siglo XVIII con el fin de calcular el valor de la gravedad. Consta de dos masas unidas mediante un hilo inelástico y de masa despreciable que pasa por una polea ideal, también de masa despreciable y sin rozamiento.

EJEMPLO

En una máquina de Atwood las masas suspendidas de los extremos del hilo que pasa por la polea, de masa despreciable, y que gira sin rozamiento son $m_1 = 45$ g y $m_2 = 225$ g (fig. 13.9). Calcula la aceleración de las masas y la tensión del hilo.

- En este caso existen dos cuerpos; por tanto, habrá que aplicar el procedimiento a los dos (fig. 13.10).
- Para el cuerpo de masa m_1, la dirección del movimiento es la vertical y el sentido es positivo hacia arriba. Todas las fuerzas aplicadas están sobre este eje y el segundo principio permite asegurar que:

$$T - m_1 \cdot g = m_1 \cdot a \qquad (1)$$

- Para el cuerpo de masa m_2, la dirección del movimiento es la vertical y el sentido es positivo hacia abajo. Todas las fuerzas aplicadas están sobre este eje y el segundo principio permite asegurar que:

$$m_2 \cdot g - T = m_2 \cdot a \qquad (2)$$

- Resolviendo este sistema de ecuaciones, obtenemos:

$$(m_2 - m_1)\, g = (m_2 + m_1)\, a \qquad (3)$$

- Despejamos la aceleración y sustituimos los datos:

$$a = \frac{m_2 - m_1}{m_2 + m_1}\, g \quad \rightarrow \quad a = \frac{225 - 45}{225 + 45}\, 9{,}81$$

$$a = 6{,}54 \text{ m/s}^2$$

- La tensión se calcula sustituyendo en cualquiera de las ecuaciones el valor de la aceleración:

$$T = m_1\,(g + a) \longrightarrow T = 0{,}045\,(9{,}81 + 6{,}54) \text{ N}$$

$$T = 0{,}74 \text{ N}$$

Observa que la ecuación (3) será la ecuación correspondiente al sistema completo dentro del cual las tensiones se anulan.

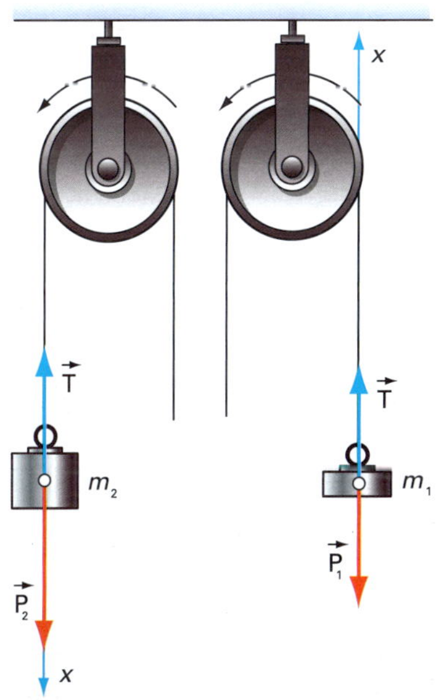

Figura 13.10.

El procedimiento se aplica a cada uno de los cuerpos por separado. Si la polea no tiene masa, el hilo trasmite el valor de la tensión íntegramente a ambos lados de esta.

EJEMPLO

Un cuerpo de masa m_1 = 620 g se encuentra sobre una mesa unido, mediante un hilo que pasa por una polea sin masa y sin rozamiento colocada en el borde de la mesa, a otro cuerpo suspendido de masa m_2 = 300 g. Calcula el coeficiente de rozamiento estático para que el sistema quede en reposo.

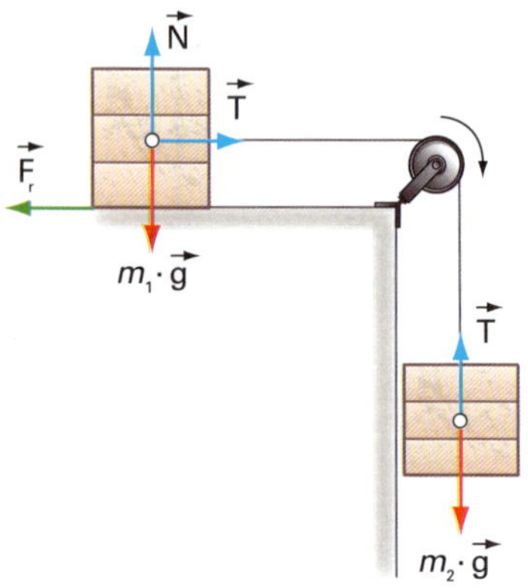

Figura 13.11.
Fuerzas aplicadas sobre los dos cuerpos que forman el sistema del ejemplo. Sobre el cuerpo que cuelga no hay normal ni rozamiento ya que no se apoya sobre superficie alguna.

Existen dos cuerpos y sobre cada uno se debe aplicar el procedimiento (fig. 13.11).

- Sobre el cuerpo situado en la mesa actúan el peso, $\mathbf{P}_1$, la normal, **N**, la tensión del hilo, **T**, y la fuerza de rozamiento, $\mathbf{F}_r$.

  Sobre el eje x: $T - F_r = 0 \longrightarrow T - \mu_e \cdot N = 0$

  Sobre el eje y: $N - m_1 \cdot g = 0$

  En definitiva, para este cuerpo tenemos:

  $$T - \mu_e \cdot m_1 \cdot g = 0 \qquad \textbf{(1)}$$

- Sobre el cuerpo que permanece suspendido actúan su peso, $\mathbf{P}_2$, y la tensión del hilo, **T**.

  Sobre el eje vertical: $m_2 \cdot g - T = 0$ **(2)**

Obtenemos un sistema de ecuaciones que hay que resolver:

$$T - \mu_e \cdot m_1 \cdot g = 0$$
$$m_2 \cdot g - T = 0$$

Al sumar las dos ecuaciones obtenemos: $m_2 \cdot g - \mu_e \cdot m_1 \cdot g = 0$

$$\mu_e = \frac{m_2}{m_1} = \frac{300 \text{ g}}{620 \text{ g}} = 0{,}48$$

Recuerda que el coeficiente de rozamiento es un número sin dimensiones.

6 Sobre una mesa sin rozamiento hay un carrito de masa M = 150 g unido a la masa m = 20 g que cuelga mediante un hilo que pasa por una polea de masa despreciable. Calcula su aceleración y la tensión del hilo.

Solución: a = 1,15 m/s^2; T = 0,17 N.

7 En una mesa hay un taco de madera de 500 g unido, mediante un hilo que pasa por una polea de masa despreciable, a otro de 250 g que cuelga. Si los coeficientes de rozamiento estático y cinético son μ_e = 0,30 y μ_c = 0,25, respectivamente:

a) ¿Deslizará el taco de madera sobre la mesa?

b) En caso afirmativo, halla la aceleración y la tensión del hilo.

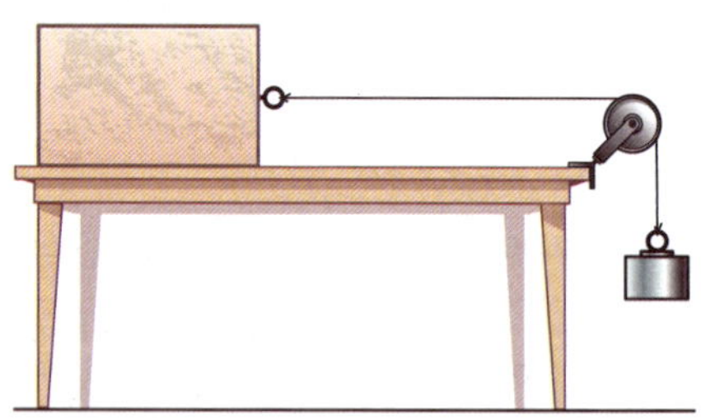

Figura 13.12.
Esquema de la situación descrita en las actividades 6 y 7.

Solución: a = 1,64 m/s^2; T = 2,04 N.

5 Sistemas no inerciales

Cuando las situaciones que estudiamos suceden en sistemas no inerciales (es decir, sistemas que tienen aceleración), la aplicación del segundo principio dentro del sistema no inercial sobre los cuerpos que viajen en él requiere la introducción de unas fuerzas denominadas fuerzas de inercia.

Las **fuerzas de inercia,** aplicadas a un cuerpo que viaja en un sistema no inercial, tienen la dirección de la aceleración del sistema, el sentido contrario a ella y, como módulo, el producto de la masa del cuerpo por la aceleración del sistema:

$$\mathbf{f}_i = -m \cdot \mathbf{a}$$

5.1 Movimientos rectilíneos

Los movimientos rectilíneos los podemos analizar considerando un sistema inercial y un sistema no inercial.

Sistema inercial	Sistema no inercial
Se observa el sistema acelerado con aceleración **a**; por tanto, al plantear el segundo principio para un cuerpo de masa m, que se encuentra en reposo dentro del sistema, se escribe: $F_T = m \cdot \mathbf{a}$	El cuerpo está en reposo dentro del sistema; por tanto, la suma de fuerzas debe ser cero. Al plantear la ecuación del segundo principio se debe introducir una fuerza de inercia $\mathbf{f}_i$, de forma que: $F_T - m \cdot \mathbf{a} = 0 \longrightarrow F_T + \mathbf{f}_i = 0$

EJEMPLO

Dentro de un ascensor que sube con aceleración constante de 0,5 m/s^2, se encuentra un chico de m = 70,0 kg. ¿Qué fuerza ejerce el suelo del ascensor sobre él durante la subida?

La dirección del movimiento es la vertical, y el sentido, hacia arriba. Las fuerzas que actúan sobre el chico son su peso, **P**, y la normal, **N,** que están sobre este eje y en sentidos contrarios.

Sistema inercial	Sistema no inercial
Visto desde fuera del ascensor, el chico sube con una aceleración a = 0,5 m/s^2; por tanto, escribimos: $N - P = m \cdot a \longrightarrow N - m \cdot g = m \cdot a$	El chico que está dentro del ascensor se ve en reposo; así, plantea que la suma de fuerzas sobre él es cero, añadiendo la fuerza de inercia: $N - P - m \cdot a = 0 \longrightarrow N - m \cdot g - m \cdot a = 0$

Aunque la interpretación es diferente en los dos sistemas, desde el punto de vista matemático las ecuaciones son idénticas:

$$N = m \cdot g + m \cdot a \longrightarrow N = m\,(g + a)$$

El chico que va dentro del ascensor interpreta que el suelo lo atrae con una aceleración $g + a$; es decir, tiene la impresión de pesar más de lo que realmente pesa:

$$N = 70\ (9{,}81 + 0{,}5) \longrightarrow N = 722\ \text{N}$$

Si el chico estuviera sobre una báscula de baño, leería un peso de 73,6 kg en lugar de 70,0 kg.

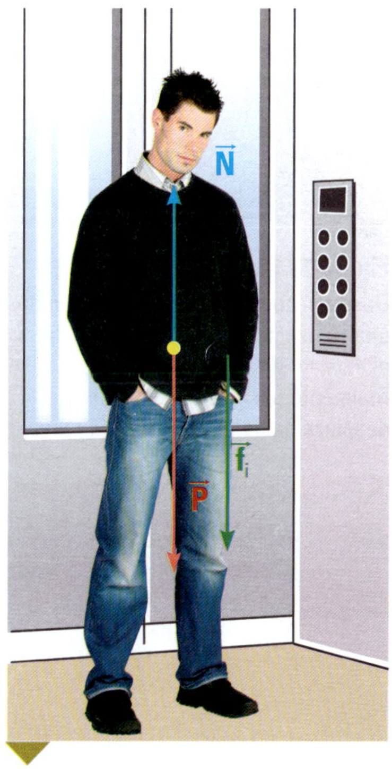

Figura 13.13.
Dentro del ascensor, el chico siente una fuerza, $\mathbf{f}_i$, que le empuja hacia el suelo.

5.2 Movimientos circulares uniformes

Todos los movimientos circulares uniformes —aunque el valor de la velocidad lineal, v, sea constante— son acelerados con una aceleración que llamamos centrípeta, $\mathbf{a}_c$, por estar dirigida hacia el centro de la circunferencia de radio R que describen:

$$a_c = \frac{v^2}{R}$$

Las fuerzas de inercia en estos sistemas serán: $\mathbf{f}_i = -m \cdot \mathbf{a}_c$; en consecuencia, tendrán:

- **Módulo:** $f_i = m \cdot \dfrac{v^2}{R}$.
- **Dirección:** la del radio de la circunferencia.
- **Sentido:** hacia afuera.

De ahí la denominación de **fuerzas centrífugas.**

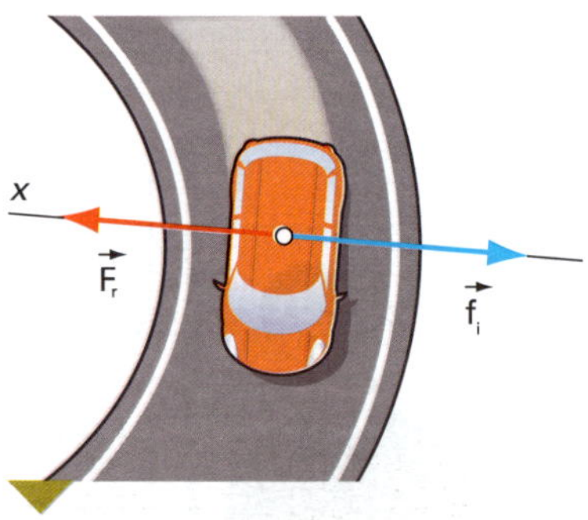

Figura 13.14.
Desde el coche, los pasajeros sienten una fuerza, $\mathbf{f}_i$, que los empuja hacia el exterior de la curva. Lo que realmente pasa es que el coche se desplaza hacia el interior de la curva.

EJEMPLO

Un coche junto con sus ocupantes pesa 1 380 kg. El vehículo toma una curva de $R = 75$ m a la velocidad de 72 km/h (fig. 13.14). ¿Qué coeficiente de rozamiento estático ha de existir para que el vehículo no derrape?

Como el movimiento que nos interesa es el de derrape, tomaremos como eje x la dirección del radio y el sentido positivo hacia el centro de la circunferencia que describe.

Las fuerzas que actúan sobre el coche son el peso **P**, la normal **N**, ambas de sentidos contrarios, y la fuerza de rozamiento, que se opondrá al movimiento de derrape; por tanto, irá dirigida hacia el centro. Todas las fuerzas están sobre los ejes escogidos.

- Sobre el eje y no hay movimiento, por tanto: $N - P = 0 \longrightarrow N - m \cdot g = 0$
- Sobre el eje x solo está la fuerza de rozamiento, pero existen dos interpretaciones diferentes. Veámoslas.

Sistema inercial	Sistema no inercial
Al ver tomar la curva al coche, sabemos que sobre él actúa una aceleración a_c. Así, planteamos: $F_r = m \cdot a_c \longrightarrow F_r = m \cdot \dfrac{v^2}{R}$	Dentro del coche las personas están en reposo; por tanto, han de plantear que la suma de fuerzas es cero, añadiendo la fuerza de inercia, $\mathbf{f}_i$: $F_r = m \cdot a_c \longrightarrow F_r - m \cdot \dfrac{v^2}{R} = 0$

En cualquiera de las interpretaciones:

$$\mu \cdot N = m \cdot \frac{v^2}{R} \longrightarrow \mu \cdot m \cdot g = m \cdot \frac{v^2}{R}$$

Se despeja el coeficiente de rozamiento:

$$\mu = \frac{v^2}{g\,R} \longrightarrow \mu = \frac{20^2}{9{,}81 \times 75} \longrightarrow \mu = 0{,}54$$

En las carreteras, las curvas se peraltan (se levanta la parte exterior) con el fin de retener mejor a los vehículos que entran en ellas, ya que parte del peso del vehículo ayuda, junto al rozamiento, a circular con más seguridad.

EJEMPLO

La Tierra gira alrededor de su eje, por tanto, cualquier objeto sobre la superficie terrestre está sometido a una aceleración centrípeta, que en el Ecuador vale $a_c = 0,034$ m/s^2. ¿Cuál es el valor de la normal sobre una persona de 70 kg situada en esta zona de nuestro planeta?

Las fuerzas que actúan sobre esa persona son el peso, **P**, y la normal, **N**.

Aplicamos el segundo principio:

$$m \cdot g - N = m \cdot a_c \longrightarrow N = m(g - a_c)$$

$$N = 70\,(9,81 - 0,034) \longrightarrow N = 684,3 \text{ N}$$

Observa que, al resolver ejercicios, nunca tenemos en cuenta esta aceleración centrípeta que existe sobre todos los cuerpos situados en la superficie terrestre, salvo los que se encuentran en los Polos.

Si no tenemos en cuenta la rotación de la Tierra:

$$m \cdot g - N = 0 \longrightarrow N = m \cdot g$$

$$N = 70 \times 9,81 \longrightarrow N = 686,7 \text{ N}$$

El error cometido es muy pequeño, no llega a los tres newtons.

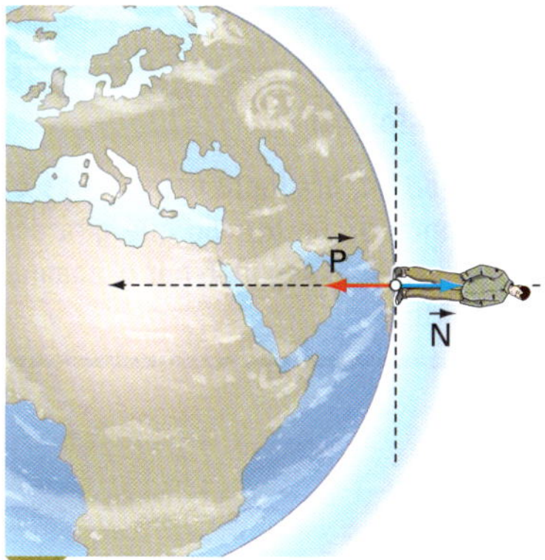

Figura 13.15.
Representación de las fuerzas aplicadas sobre una persona en reposo sobre la superficie terrestre en el Ecuador. Si se observa la imagen desde fuera se ve a la persona que gira junto con la Tierra.

8 Dentro de un ascensor que desciende con aceleración constante de 0,5 m/s^2, se encuentra una joven de $m = 45$ kg. ¿Qué fuerza ejerce el suelo del ascensor sobre ella?

Solución: $N = 419$ N.

9 Del techo de un vagón de tren se engancha un péndulo constituido por un hilo del que pende una esfera de 300 g de masa. Al arrancar el tren acelera con una aceleración constante de 3 m/s^2, el péndulo se desplaza un cierto ángulo de su posición de equilibrio.

a) ¿En qué dirección y sentido se desplaza la masa del péndulo?

b) ¿Qué ángulo forma el péndulo con la vertical mientras dura la aceleración?

c) ¿Cuál es la tensión del hilo?

Solución: b) $\alpha = 17°$; **c)** $T = 3,1$ N.

10 En las sillas voladoras (fig. 13.16), la plataforma superior tiene un radio $r_p = 11$ m, y la longitud de las cadenas de las que cuelgan las sillas es $l = 5$ m.

a) ¿Con qué velocidad angular, ω, se debe hacer girar la plataforma para que las sillas se separen de la vertical un ángulo de 30°?

b) ¿Qué tiempo se tardaría en dar una vuelta?

Solución: a) $\omega = 0,65$ rad/s; **b)** $T = 9,7$ s.

11 Con una honda de 50 cm de cuerda se lanza una piedra de 100 g con una velocidad de 25 m/s. Suponiendo que la honda gira en un plano vertical, determina en el instante anterior al lanzamiento:

a) La velocidad angular de la piedra en rad/s y en vueltas por minuto.

b) La tensión de la cuerda.

c) La relación en la que se encuentra la tensión de la cuerda con el peso de la piedra.

Solución: a) $\omega = 50$ rad/s = 477 vueltas/min; **b)** $T = 126$ N; **c)** $T = 128 \cdot P$.

Figura 13.16.
Ilustración para actividad 10.
Realmente solo existen dos fuerzas: el peso y las tensiones de las cadenas.

6 La dinámica de rotación

El estudio del movimiento de un cuerpo que gira alrededor de un punto o de un eje requiere un tratamiento diferente al que se le da en la traslación.

6.1 Momento de una fuerza

Regla del tornillo

El sentido del producto vectorial es el del avance de un tornillo que gira del primer vector al segundo por el camino más corto.

Definimos **momento de una fuerza, F,** respecto de un punto O, $\mathbf{M}_o$, al producto vectorial del vector posición de la fuerza respecto del punto O, **r**, por la fuerza:

$$\mathbf{M}_o = \mathbf{r} \times \mathbf{F}$$

El momento de una fuerza es, por tanto, un vector de dirección perpendicular al plano formado por los vectores **r** y **F**; el sentido viene indicado por la *regla del tornillo*, y el módulo es:

$$M_o = r \cdot F \cdot \sin \alpha$$

donde α es el menor de los ángulos que forman las direcciones de los vectores **r** y **F**. En el SI se mide en **newton por metro (N m)**. Si los vectores **r** y **F** tienen la misma dirección, $\alpha = 0°$, el momento de la fuerza es cero:

$$\text{Si } \alpha = 0° \Rightarrow \sin 0° = 0 \Rightarrow M_o = 0$$

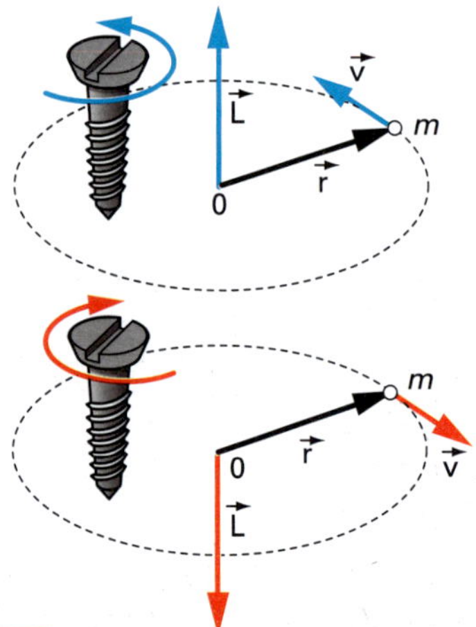

Figura 13.17.
Sentido del momento angular. El sentido es el del avance de un tornillo que gira en el sentido del movimiento de la partícula.

6.2 Momento angular

Definimos **momento angular** o **momento cinético, L**, de una partícula de masa *m*, respecto de un punto O, al momento respecto de dicho punto, de la cantidad de movimiento o momento lineal de la partícula.

$$\mathbf{L} = \mathbf{r} \times \mathbf{p} = \mathbf{r} \times m \cdot \mathbf{v}$$

El momento angular es, por tanto, un vector de dirección perpendicular al plano formado por los vectores **r** y **v**; el sentido viene indicado por la regla del tornillo, y el módulo es:

$$L = r \cdot m \cdot v \cdot \sin \alpha$$

donde α es el menor de los ángulos que forman las direcciones de los vectores, **r** y **v**. En el SI se mide en **kilogramos por metro cuadrado partido por segundo (kg m^2 s^{-1})**. El momento angular de una partícula respecto de un punto está asociado al giro de la partícula respecto de dicho punto.

6.3 Ecuación fundamental de la rotación

De la misma manera que el segundo principio describe la dinámica de traslación de una partícula, la dinámica de rotación queda descrita a partir de la ecuación fundamental de la rotación:

El momento de las fuerzas ejercidas sobre una partícula respecto de un punto O, $\mathbf{M}_o$, determina la *variación del momento angular*, **L**, de la partícula respecto de dicho punto.

$$\mathbf{M}_o = \frac{d}{dt}\mathbf{L}$$

Esta ecuación equivale al segundo principio para la rotación de una partícula respecto de un punto.

Observa

Existe un claro paralelismo formal entre esta ecuación y la ecuación fundamental de la dinámica de traslación.

$$\mathbf{F} = \frac{d}{dt}\mathbf{p}$$

7 Movimiento de satélites y planetas. Leyes de Kepler

De la ecuación fundamental de la rotación, se obtiene de forma inmediata un teorema de conservación para el momento angular.

Si no se ejercen momentos respecto de un punto O sobre una partícula, o bien los que se ejercen suman cero, el momento angular de la partícula, **L**, se mantiene constante.

$$\text{Si } \mathbf{M}_o = 0 \Rightarrow \frac{d}{dt}\mathbf{L} = 0 \Rightarrow \mathbf{L} = \text{Cte.} \Rightarrow \Delta\mathbf{L} = 0$$

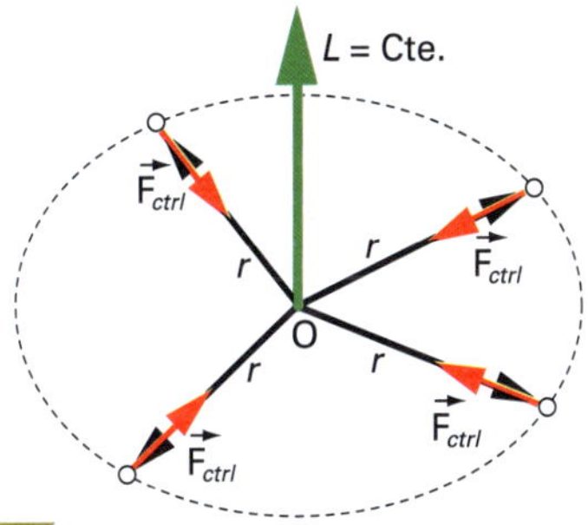

Figura 13.18.
Sistemas de fuerzas centrales. El momento angular se mantiene constante en módulo, dirección y sentido.

7.1 Fuerzas centrales

Un caso particular en el que se cumple este principio de conservación es el de los sistemas de **fuerzas centrales.** En estos sistemas la dirección de la fuerza siempre pasa por un mismo punto O, llamado **centro de fuerzas.**

Las fuerzas centrales no ejercen momentos respecto del centro de fuerzas, ya que los vectores **r** y **F** tienen la misma dirección, $\alpha = 0°$, por tanto, el momento angular del sistema se mantiene constante.

El sistema planetario es un caso particular de sistema regido por fuerzas centrales, cuyo centro está situado en el centro del Sol.

7.2 Leyes de Kepler

El movimiento de los planetas fue explicado por **Johannes Kepler** (1571-1630) a principios del siglo XVII, a partir de los datos astronómicos obtenidos por Tycho Brahe.

Kepler describió este movimiento mediante tres leyes:

- **Primera: ley de las órbitas.** Todos los planetas se mueven en órbitas elípticas que tienen al Sol en uno de sus focos.
- **Segunda: ley de las áreas.** En su movimiento, el radio-vector, que une el Sol con cualquiera de los planetas, barre áreas iguales en tiempos iguales. En consecuencia, la velocidad de los planetas no es constante, sino que es mayor cuando están cerca del Sol (perihelio) y menor cuando están más alejados (afelio).

  Si definimos **velocidad areolar** como el área barrida por el radio-vector de un planeta en la unidad de tiempo, podemos enunciar la ley de las áreas como: «los planetas se mueven con velocidad areolar constante».
- **Tercera: ley de los períodos.** El cuadrado de los períodos de revolución de los planetas alrededor del Sol, *T*, es proporcional a los cubos del semieje mayor, *a*, de la elipse.

  $$\frac{T^2}{a^3} = \text{Cte.}$$

  Las órbitas de los planetas, salvo el caso de Mercurio y Plutón, se pueden considerar circulares de radio *r*, por lo que resulta aceptable, en general, expresar la tercera ley en la forma:

  $$\frac{T^2}{r^3} = \text{Cte.}$$

Figura 13.19.
Johannes Kepler. En 1609, publicó la obra titulada *Astronomía nova* («Nueva astronomía»), que contenía sus dos primeras leyes. Diez años más tarde, enunció la tercera ley en el libro *Harmonices mundi* («Sobre la armonía del mundo»).

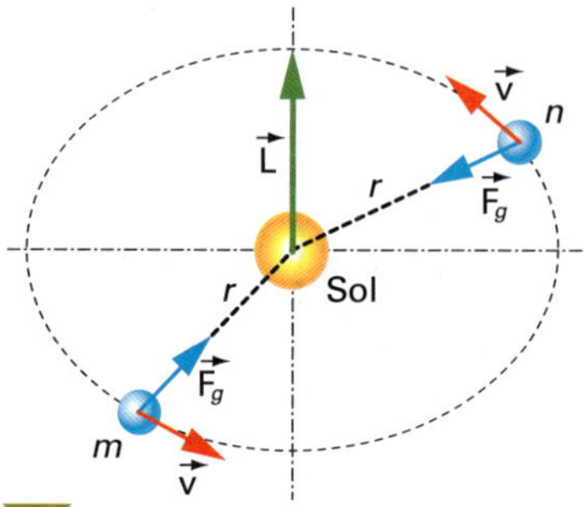

Figura 13.20.
Direcciones de las fuerzas gravitatorias sobre los planetas. Estas direcciones se cortan en el centro del Sol.

Posteriormente, una vez que Newton estableció las leyes de la dinámica y la ley de gravitación universal, se formalizaron estas tres leyes.

El sistema planetario conserva el momento angular para cada uno de los planetas. De la conservación del momento angular, **L**, del planeta se puede concluir que:

- Las órbitas son planas, cerradas y estables.
- Se recorren siempre en el mismo sentido.
- Los planetas se mueven con velocidad areolar constante.

Explicación de Newton a la tercera ley de Kepler para órbitas circulares

El valor de la velocidad, *v*, con que debe moverse un planeta, de masa *m*, alrededor del Sol para mantener una órbita circular de radio *r* estable, se obtiene directamente del segundo principio de la dinámica:

$$F_g = m\frac{v^2}{r} \Rightarrow G\frac{M_S \cdot m}{r^2} = m\frac{v^2}{r} \Rightarrow v = \sqrt{\frac{G \cdot M_S}{r}}$$

Esta velocidad se puede expresar también en función del período de revolución, *T*, del planeta alrededor del Sol:

$$v = \frac{2\pi \cdot r}{T}$$

Igualando las dos expresiones:

$$\sqrt{\frac{G \cdot M_S}{r}} = \frac{2\pi \cdot r}{T}$$

Elevando al cuadrado para eliminar la raíz cuadrada, obtenemos:

$$\frac{T^2}{r^3} = \frac{4\pi^2}{G \cdot M_S} \Rightarrow \frac{T^2}{r^3} = \text{Cte.}$$

De forma que el cuadrado del período de revolución es proporcional al cubo del radio.

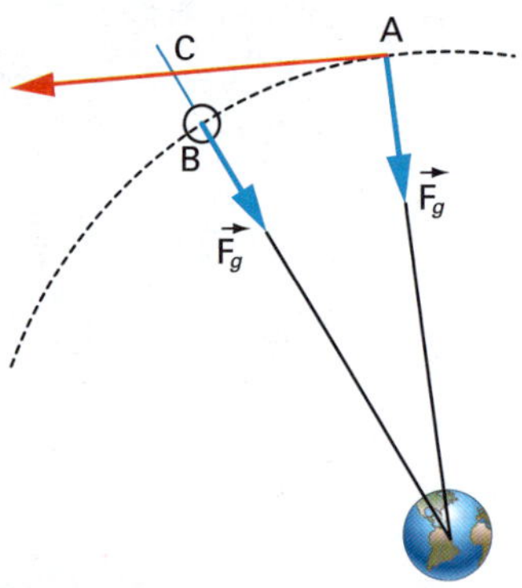

Figura 13.21.
La Luna cae sobre la Tierra de igual forma que lo hace una manzana. Newton comprobó que si no actuara la fuerza gravitatoria sobre la Luna, esta seguiría un movimiento rectilíneo uniforme. Realizó los cálculos y obtuvo que cada segundo, la Luna cae sobre la Tierra exactamente el segmento CB.

12 Calcula el valor de la velocidad que hay que comunicar a un cuerpo en la superficie terrestre, en dirección horizontal, para que se mueva en torno a la Tierra describiendo una trayectoria circular de radio igual al radio terrestre. (Datos: $G = 6{,}67 \times 10^{-11}$ N · m^2 · kg^{-2}; $M_T = 5{,}98 \times 10^{24}$ kg; $R_T = 6{,}38 \times 10^6$ m.)

Solución: $v = 7\,906{,}84$ m/s.

13 Calcula la masa del Sol, suponiendo que la órbita de la Tierra en torno a él es una circunferencia de radio $r = 1{,}5 \times 10^{11}$ m. (Datos: $G = 6{,}67 \times 10^{-11}$ N m^2/kg^2.)

Solución: $M_{Sol} = 2{,}01 \times 10^{30}$ kg.

14 Un satélite de 800 kg de masa, describe una órbita circular de radio $r = 1{,}2 \times 10^4$ km alrededor de la Tierra. Calcula el módulo de su momento angular respecto al centro de la órbita. (Datos: $G = 6{,}67 \times 10^{-11}$ N · m^2 · kg^{-2}; $M_T = 5{,}98 \times 10^{24}$ kg.)

Solución: $L = 5{,}53 \times 10^{13}$ kg m^2/s.

15 Europa, uno de los satélites de Júpiter, tarda 3,55 días terrestres en recorrer su órbita, de $6{,}71 \times 10^8$ m de radio medio. Ganímedes, otro de los satélites de Júpiter, tiene un período orbital de 7,15 días terrestres. Calcula el radio medio de la órbita de Ganímedes.

Solución: $r_G = 1{,}07 \times 10^9$ m.

8 Fuerzas elásticas. El oscilador armónico

Los sistemas elásticos se caracterizan por el hecho de que vuelven a su posición inicial cuando cesa la fuerza deformadora.

El modelo más simple y, a la vez, más importante de sistema elástico es el **oscilador armónico lineal.** Este sistema consiste en:

- Una **partícula** de masa *m*, limitada a moverse en una sola dimensión (eje *x*).
- Existe una **posición de equilibrio** estable que tomaremos como origen.
- Cuando la partícula se separa de su posición de equilibrio, existen fuerzas que tienden a llevarla nuevamente al origen. Si nos limitamos a desplazamientos pequeños, donde se cumple la ley de Hooke, las fuerzas son:

$$F(x) = -k\,x$$

Donde k es la **constante elástica** del sistema, que depende de sus características, y x es la deformación producida. El signo negativo indica que la fuerza tiene sentido contrario a la deformación (fig. 13.22).

La ley que rige el comportamiento dinámico de la partícula es:

$$F(x) = m\,a \longrightarrow -k\,x = m\,a \longrightarrow a = -\frac{k}{m}\,x$$

La aceleración de la partícula es proporcional al desplazamiento, x, con signo contrario. Este tipo de aceleraciones, $a = -\omega^2 x$, caracterizan al movimiento armónico simple.

En consecuencia, **el oscilador armónico sigue un MAS** con pulsación o frecuencia angular, ω, expresada como:

$$\omega^2 = \frac{k}{m} \longrightarrow \omega = \sqrt{\frac{k}{m}}$$

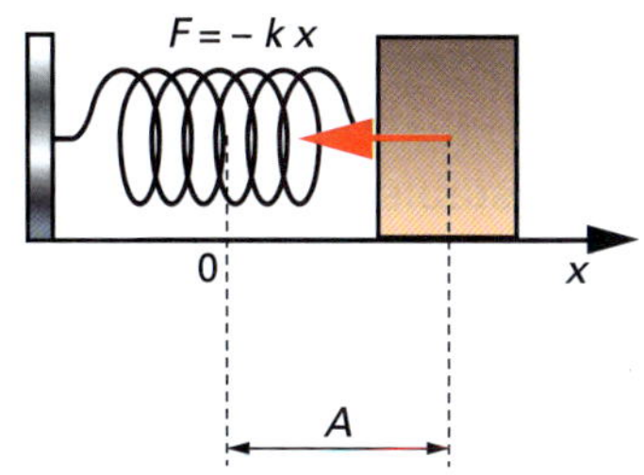

Figura 13.22.

Un muelle es un ejemplo de oscilador armónico lineal. Una vez que se ha separado el muelle de su posición de equilibrio, 0, hasta la amplitud, *A*, lo soltamos. El movimiento del cuerpo cumple la ecuación:

$$x = A\cos(\omega\,t + \varphi_0)$$

Que también se puede expresar:

$$x = A\cos\left(\sqrt{\frac{k}{m}}\,t + \varphi_0\right)$$

EJEMPLO

Una pelota de 350 g de masa cuelga de un muelle sujeto al techo, de constante elástica $k = 20$ N/m. Se estira 20 cm hacia abajo y se suelta. Calcula la frecuencia angular, ω, el período, T, y la frecuencia, f, del movimiento de la pelota.

La pelota sigue un movimiento armónico simple de frecuencia angular:

$$\omega = \sqrt{\frac{k}{m}} = \sqrt{\frac{20}{0{,}35}} = 7{,}56\ \frac{\text{rad}}{\text{s}}$$

El período:

$$T = 2\pi\sqrt{\frac{m}{k}} = 2\pi\sqrt{\frac{0{,}35}{20}} = 0{,}83\ \text{s}$$

La frecuencia:

$$f = \frac{1}{T} = \frac{1}{0{,}83} = 1{,}20\ \text{Hz}$$

La ecuación del movimiento de la pelota será la de un movimiento armónico simple de amplitud $A = 20$ cm:

$$y = A\cos\omega t \longrightarrow y = 20\cos(7{,}56 \cdot t)$$

Observa que cuando $t = 0$ s, el balón se encuentra en la posición $y = 20$ cm.

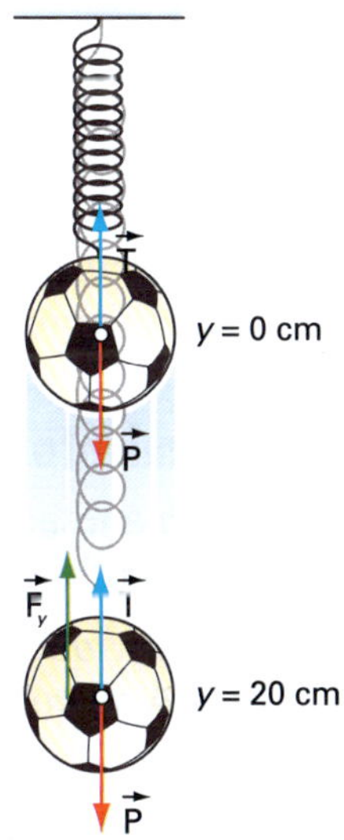

Figura 13.23.

Ilustración para ejemplo. En el muelle vertical, una vez separado el muelle de la posición de equilibrio, $y = 0$, lo soltamos y el sistema se encarga de que regrese de nuevo a dicha posición, en este caso mediante la fuerza $\mathbf{F}_y$. Observa que las fuerzas **P** y **T** no influyen en la dinámica del sistema, al anularse entre sí.

Trabajo de investigación

Las fases de la Luna

Objetivo

Establecer si existe algún tipo de relación entre las fases de la Luna, el orto (salida por el horizonte) el ocaso del satélite, y el Sol.

Información

La Luna, en su giro alrededor de la Tierra, presenta diferentes aspectos según sea su posición con respecto al Sol. Las diferentes formas en las que se presenta la Luna se denominan **fases.**

Figura 13.24.
Fases de la lunación.

La **lunación,** es el período que transcurre entre dos fases de la Luna idénticas; por ejemplo, entre dos fases de luna nueva. Una lunación dura algo más de 28 días.

Si comienzas la observación en la fase de **luna nueva,** cuando el Sol está colocado detrás de la Luna, a los siete días verás la mitad derecha de la Luna iluminada, es el **cuarto creciente.** Siete días después, verás la luna llena; en la siguiente fase solo se ve iluminada la mitad izquierda de la Luna, es el **cuarto menguante;** y al cabo de otros siete días, el Sol vuelve a estar detrás de la Luna y observamos otra vez la luna nueva.

Deberás consultar en la web cualquier anuario astronómico que te indique las horas del orto y el ocaso de la Luna y el Sol, referidas a tu localización.

Procedimiento

- Realiza anotaciones diarias durante una lunación completa; puedes comenzar en la luna nueva y acabar en la siguiente.
- Cada día, durante 28 días, debes anotar los datos de la hora de salida y del ocaso del Sol y la Luna. A su vez, debes observar la fase en que se encuentra nuestro satélite y hacer un dibujo.
- Recoge los datos anteriores en dos tablas diferentes: una para el Sol y otra para la Luna, donde se reflejen tanto las horas de la salida y el ocaso de los astros, como el dibujo de la fase lunar.

Resultados

- Representa sobre papel milimetrado los datos obtenidos en una gráfica día/hora.
- Diferencia los datos del Sol y de la Luna mediante símbolos distintos; por ejemplo, aspas para uno y puntos para el otro.
- Sobre la representación del orto y del ocaso de la Luna, indica en qué fase realizas la observación.

Repite el procedimiento al menos en tres lunaciones diferentes.

Experiencia de laboratorio

Sistemas elásticos: el muelle

Objetivo

Determinar la constante elástica de un muelle a partir de la medida de su período.

Material

- Soporte y barra con mordaza.
- Nuez doble y muelle largo.
- Portapesas y cinco pesas de 50 g.
- Cronómetro.

Procedimiento

Si a un muelle del que se cuelga una masa, *m*, se le saca de su posición de equilibrio y se suelta, ejecuta un movimiento armónico simple (fig. 13.24), cuyo período, *T*, se puede escribir como:

$$T = 2\pi \sqrt{\frac{k}{m}}$$

Donde:

- *T* es el período de oscilación que medimos en segundos.
- *m* es la masa que se cuelga del muelle.
- *k* es la constante elástica del muelle.

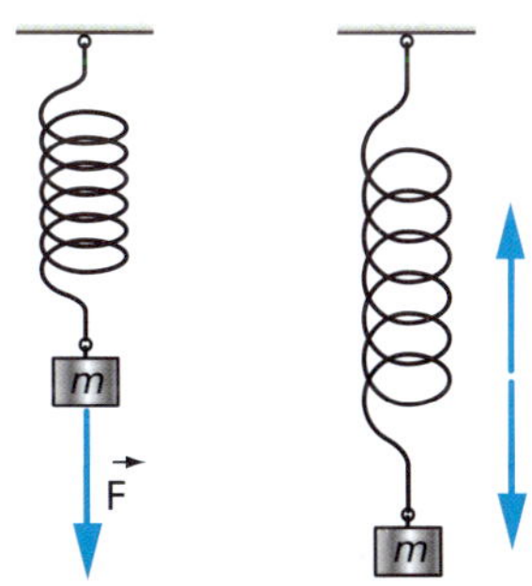

Figura 13.25.
Montaje de la experiencia con los distintos elementos.

Despejamos la constante elástica, que es característica del muelle.

$$k = 4\pi^2 \frac{m}{T^2}$$

Para **determinar el período de oscilación,** medimos el tiempo, *t*, que tardan en producirse diez oscilaciones para cinco masas que variaremos colocando hasta cinco pesas de 50 g en el portapesas.

El período será, por tanto:

$$T = \frac{t}{10}$$

Realizaremos los siguientes pasos:

- **Repite las medidas** cinco veces, tomando el valor medio de los períodos como valor verdadero.
- **Recoge los datos** obtenidos en una tabla donde se reflejen los valores de *t* (s) y de *T* (s), para las distintas masas utilizadas.

Es importante tener en cuenta estas indicaciones:

- Comprobar que el muelle utilizado es el adecuado. Ten en cuenta que vas a colgar pesas de entre 50 g y 250 g.
- Las oscilaciones deben tener una amplitud pequeña y se deben producir en vertical.
- El muelle tiene que estar **firmemente sujeto a la mordaza,** con el fin de que no se mueva el extremo al oscilar.
- Empezaremos a **contar tiempos** cuando el muelle haya realizado varias oscilaciones.
- También debemos **calcular los valores de *k*** para cada una de las masas colocadas en el portapesas y elaborar una tabla similar a la anterior con estos nuevos datos.

Análisis de datos y conclusiones

- Calcula el valor medio de los resultados para el valor de la constante. Exprésalo en g/s^2 y en kg/s^2.
- Representa en papel milimetrado las masas en función de los cuadrados del período, según la fórmula:

$$m = \frac{k}{4\pi^2} T^2 \longrightarrow y = a\,x$$

- Calcula la pendiente, *a*, que se obtiene y deduce el valor de *k*.

$$\frac{k}{4\pi^2} = a \longrightarrow k = 4\pi^2 a$$

- Compara los resultados que obtengas.

Ampliación

Una vez que has obtenido los valores anteriores, contesta las siguientes cuestiones:

- ¿Varía el valor de la constante elástica cuando cambias las masas?
- ¿Cambia el valor de la constante si modificas la amplitud de las oscilaciones?

Realiza la experiencia con otro resorte.

Tren con varios vagones

Un tren consta de una máquina de masa $M = 30$ t y dos vagones de masas $m = 20$ t cada uno. La máquina proporciona una fuerza de tracción $F = 300\,000$ N, y el coeficiente de rozamiento es $\mu_c = 0{,}30$. Calcular la aceleración del tren y las tensiones en las uniones de los vagones entre sí y de los vagones con la máquina.

Comentarios al enunciado

En este caso, la tensión, T, entre la máquina y el primero de los vagones debe ser distinta que la tensión T', entre los dos vagones (fig. 13.26).

Resolución y cálculos

Existen tres cuerpos y sobre cada uno de ellos se debe aplicar el procedimiento.

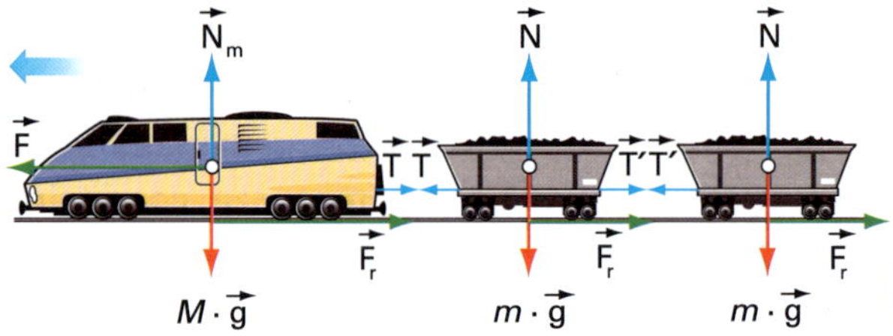

Figura 13.26. Esquema de las fuerzas que intervienen. Tres cuerpos, tres ecuacionesy tres incógnitas, T, T' y a.

- Para la máquina.

  Sobre el eje x, que es el del movimiento:

  $$F - F_r - T = M \cdot a \longrightarrow F - \mu_c \cdot N_m - T = M \cdot a$$

  Sobre el eje y no hay movimiento: $N_m - M \cdot g = 0$.

  Despejamos la normal N_m de esta última ecuación y la sustituimos en la ecuación del eje x:

  $$F - \mu_c \cdot M g - T = M \cdot a \qquad (1)$$

- Para el primero de los vagones.

  Sobre el eje x:

  $$T - F_r - T' = m \cdot a \longrightarrow T - \mu_c \cdot N - T' = m \cdot a$$

  Sobre el eje y no hay movimiento: $N - m \cdot g = 0$.

  Análogamente obtenemos:

  $$T - \mu_c \cdot m g - T' = m \cdot a \qquad (2)$$

- Para el último vagón.

  Sobre el eje x:

  $$T' - F_r = m \cdot a \longrightarrow T' - \mu_c \cdot N = m \cdot a$$

  Sobre el eje y no hay movimiento: $N - m \cdot g = 0$.

  Obtenemos: $T' - \mu_c \cdot m g = m \cdot a \qquad (3)$

Obtenemos así un sistema de tres ecuaciones:

$$F - \mu_c \cdot M \cdot g - T = M \cdot a$$
$$T - \mu_c \cdot m \cdot g - T' = m \cdot a$$
$$T' - \mu_c \cdot m \cdot g = m \cdot a$$

Si sumamos las tres ecuaciones, las tensiones, T y T', se anulan. Podemos sacar factor común a $\mu_c\, g$, por un lado, y a la aceleración del sistema, a, por otro:

$$F - \mu_c\, g\,(M + 2m) = (M + 2m)\, a \qquad (4)$$

Despejamos la aceleración de la ecuación:

$$a = \frac{F - \mu_c\, g\,(M + 2m)}{M + 2m}$$

Y sustituimos los datos: $a = 1{,}3$ m/s^2.

Las tensiones se calculan sustituyendo el valor de la aceleración en una de las ecuaciones anteriores:

$$T' - \mu_c \cdot m \cdot g = m \cdot a \longrightarrow T' = m\,(\mu_c \cdot g + a)$$

$$T' = 84\,800 \text{ N}$$

$$F - \mu_c \cdot M \cdot g - T = M \cdot a \longrightarrow T = F - \mu_c \cdot M \cdot g - M \cdot a$$

$$T = 172\,800 \text{ N}$$

Análisis de los resultados

Fíjate en la ecuación (4), es la correspondiente al sistema completo, dentro del cual, las tensiones son fuerzas internas y se anulan.

Como es lógico, la tensión T, que tira de los dos vagones, es mucho mayor que T'.

Las fuerzas de inercia

En un parque de atracciones, un vagón con sus ocupantes tiene una masa de 500 kg y realiza un rizo vertical de 7 m de radio, sin rozamiento, con una velocidad constante de 10 m/s. Calcula:

a) La reacción de la vía en el punto más alto de la trayectoria.

b) La velocidad mínima que puede llevar el vagón para que no se caiga en ese punto.

Comentarios al enunciado

Si observamos el vagón desde fuera, vemos que hace un movimiento circular uniforme. En consecuencia, la aceleración del movimiento es centrípeta; su dirección es la del radio de la circunferencia, y su sentido, hacia el centro. Su valor es:

$$a_c = \frac{v^2}{R}$$

La aceleración centrípeta depende de la velocidad al cuadrado, de forma que, cuanto mayor sea el valor de la velocidad, mayor será la aceleración centrípeta y, en consecuencia, más «se apretará» el vagón y sus ocupantes contra la vía.

Resolución y cálculos

El eje del movimiento es tangente en cada punto a la circunferencia. Así pues, en el punto más alto, la tangente, eje x, es horizontal. El eje y será vertical en la dirección del radio, tomando sentido positivo hacia el centro, de modo que coincida con la dirección y el sentido de la aceleración.

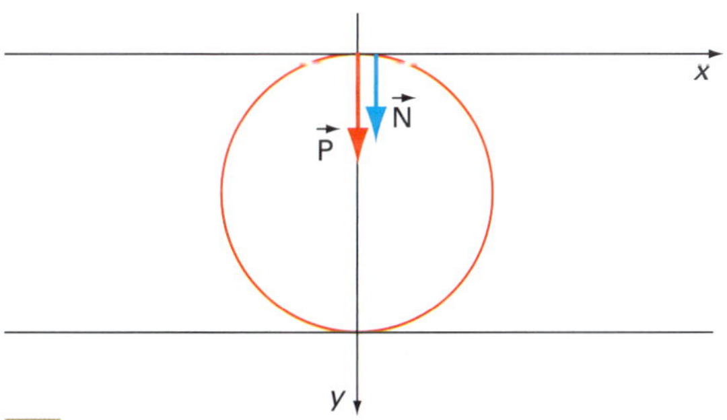

Figura 13.27.
Resolución del problema desde fuera del vagón.

a) Las fuerzas que actúan sobre el vagón y sus ocupantes en ese punto son:

El peso: $\mathbf{P} = (0, m \cdot g)$ y la normal: $\mathbf{N} = (0, N)$.

Aplicando $\mathbf{F} = m \cdot \mathbf{a}_c$, en el eje y obtenemos:

$$m \cdot g + N = m \cdot \frac{v^2}{R}$$

Por tanto, la normal será:

$$N = m \cdot \frac{v^2}{R} - m \cdot g \longrightarrow N = 2\,237{,}86 \text{ N}$$

b) El valor mínimo de la velocidad para que el vagón y sus ocupantes no caigan será aquel para el cual el valor de la normal sea cero. La velocidad que cumple esta condición será:

$$m \cdot g = m \cdot \frac{v_{\text{mín}}^2}{R} \longrightarrow v_{\text{mín}} = \sqrt{g \cdot R}$$

Sustituimos los datos: $v_{\text{mín}} = 8{,}3$ m/s.

Análisis de los resultados

Si nos situamos dentro del vagón, nos vemos en reposo; por tanto, la suma de fuerzas es cero. Pero debemos admitir que sobre nosotros y el vagón existe una fuerza de inercia en la dirección del radio, en sentido contrario al centro y de valor:

$$f_i = m \cdot \frac{v^2}{R}$$

De este modo, plantearíamos $\mathbf{F} = 0$:

$$N - m \cdot \frac{v^2}{R} + m \cdot g = 0$$

La ecuación, que proviene de un razonamiento diferente, resulta formalmente idéntica a la planteada en la resolución del ejercicio.

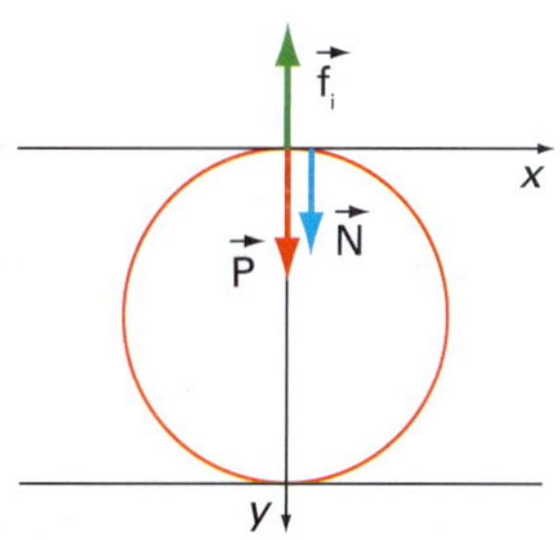

Figura 13.28.
Resolución desde dentro del vagón.

Actividades

Deslizamiento sobre planos horizontales

16 Un cuerpo está en reposo sobre un plano horizontal cuyo coeficiente de rozamiento estático vale μ, sin que se ejerzan fuerzas sobre él en la dirección horizontal.

a) ¿Existe fuerza de rozamiento?

b) ¿Qué significado tiene la expresión $F_r = \mu \cdot N$, para la fuerza de rozamiento?

17 Define coeficiente de rozamiento estático y cinemático. Explica sus diferencias. ¿Cuál es mayor?

18 Bajo la acción de una fuerza de 8 N, un taco de madera cuya masa es de 1,4 kg se mueve en un plano horizontal con una aceleración de 4 m/s^2. Demuestra si hay rozamiento y, si lo hay, halla el coeficiente.

Solución: μ = 0,17.

19 Un patinador se desliza sobre una pista de hielo horizontal, manteniendo una velocidad de 3,5 m/s. Si el coeficiente de rozamiento entre los patines y el hielo es 0,03 y el patinador deja de impulsarse, ¿qué distancia recorrerá hasta pararse?

Solución: s = 21 m.

20 Un cuerpo de 5 kg de masa se desliza por un plano horizontal. Al pasar por un punto, su velocidad es de 7 m/s y se para 8 m más allá, por efecto del rozamiento. Calcula:

a) La aceleración del movimiento.

b) La fuerza de rozamiento.

c) El coeficiente de rozamiento.

Solución: a) a = –3,1 m/s^2; **b)** F_r = 15,5 N; **c)** μ = 0,32.

21 Un cuerpo de 10 kg inicialmente en reposo se pone en movimiento en un plano horizontal por la acción de una fuerza paralela al plano de 75 N. Si el coeficiente de rozamiento es μ = 0,3, calcula:

a) La aceleración del movimiento, si parte del reposo.

b) La velocidad a los 5 m de recorrido, si parte del reposo.

c) El tiempo que transcurre en esos 5 m.

Solución: a) a = 4,6 m/s^2; **b)** v = 6,8 m/s; **c)** t = 1,5 s.

Deslizamiento sobre planos inclinados

22 Calcula la aceleración de un cuerpo que se lanza con una velocidad de 6,50 m/s hacia arriba por una rampa inclinada 4°. El coeficiente de rozamiento, μ = 0,25.

Solución: a = –3,1 m/s^2.

23 Un cuerpo de 5 kg es lanzado a una velocidad de 11 m/s por un plano inclinado 30° con la horizontal. Si el coeficiente de rozamiento es μ = 0,25, calcula la aceleración y el espacio que recorre hasta detenerse. Indica si las soluciones son las mismas con otra masa.

Solución: a = –7 m/s^2; s = 8,6 m.

24 Un cuerpo de 25 kg sube por un plano inclinado 25°, cuyo coeficiente de rozamiento es μ = 0,25, debido a que sobre él se aplica una fuerza de 300 N en la dirección del desplazamiento.

a) ¿Con qué aceleración asciende el cuerpo?

b) ¿Qué fuerza habría que aplicar en la dirección del desplazamiento para que el cuerpo suba con una velocidad constante?

Solución: a) a = 5,6 m/s^2; **b)** F = 159 N.

25 Tenemos un plano inclinado de 10 m de longitud y 30° de ángulo.

a) ¿Qué velocidad paralela al plano debe comunicarse a un cuerpo de masa 1 kg para que, al llegar al final del plano, la velocidad sea 0? Suponemos que no hay rozamiento.

b) Si existe un rozamiento de coeficiente μ = 0,1, ¿cuánto tiempo tardaría en recorrer el plano?

c) La masa, una vez arriba, inicia el descenso. ¿Cuánto tiempo tardará en llegar otra vez al suelo? ¿Con qué velocidad llegará? Resuelve este apartado con y sin rozamiento.

Solución: a) v = 9,9 m/s; **b)** t = 1,9 s;
c) t = 2,2 s; v = 9,1 m/s; t = 2,0 s; v = 9,9 m/s.

26 Un cuerpo de masa 1,5 kg baja 10 m sobre un plano inclinado 45°. Si parte del reposo y tarda en recorrer esta distancia 1,75 s, calcula:

a) La aceleración media.

b) La fuerza neta.

c) La fuerza que se opone al deslizamiento.

Solución: a) a = 6,5 m/s^2; **b)** F = 9,75 N; **c)** F_r = 0,66 N.

27 Si solo dispones de un plano de inclinación variable, ¿cómo determinarías el coeficiente estático entre un cuerpo y el material sobre el que se desliza?

Solución: μ = tan α.

28 En la parte superior de un plano inclinado se deja un cuerpo. Si el coeficiente de rozamiento estático vale 0,2, ¿cuál es el ángulo de inclinación del plano en el momento en el que el cuerpo comienza a moverse?

Solución: α = 11,3°.

Cuerpos enlazados

29 De los extremos de una cuerda que pasa por una polea fija de eje horizontal cuelgan pesos de 200 g y 150 g, respectivamente. Calcula:

a) La aceleración con la que se mueven los pesos.

b) La distancia que los separa en 1 s, suponiendo que inicialmente estaban a la misma altura.

Solución: a) a = 1,4 m/s^2; **b)** d = 1,4 m.

30 Sobre una mesa, un cuerpo de 500 g va unido mediante un hilo, que pasa por una polea, a otro de 175 g, que cuelga. Suponiendo que no hay rozamiento y que la masa de la polea es despreciable, calcula la aceleración y la tensión del hilo. Realiza los mismos cálculos considerando un rozamiento de coeficiente $\mu = 0{,}15$.

Solución: $a = 2{,}54$ m/s^2; $T = 1{,}27$ N.
$a = 1{,}45$ m/s^2; $T = 1{,}46$ N.

31 Utiliza los datos de la figura 13.29 para calcular la aceleración del sistema y la tensión de la cuerda, sabiendo que el coeficiente de rozamiento es 0,4. ¿Cuánto tendrá que valer m_2 para que se mueva con velocidad constante?

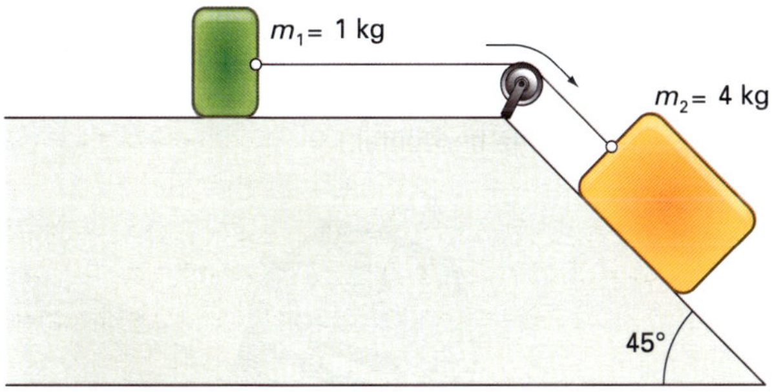

Figura 13.29.

Solución: $a = 2{,}54$ m/s^2;
$T = 6{,}46$ N; $m_2 = 0{,}943$ kg.

32 De los extremos de una cuerda que pasa por la garganta de una polea fija de eje horizontal penden dos masas de 500 g cada una. ¿Qué masa habrá que añadir a una de las dos para que la otra suba 2 m en 2 s?

Solución: $m' = 114$ g.

33 Mediante una grúa se levanta un contenedor de 2 500 kg con una aceleración de 0,2 m/s^2. Calcula:

a) La tensión del cable.

b) La altura a los 10 s.

c) La tensión del cable si el contenedor sube a una velocidad constante.

Solución: a) $T = 25\,025$ N;
b) $h = 10$ m;
c) $T' = 24\,525$ N.

34 La tensión máxima que soporta el cable de un ascensor es de 7 680 N. ¿Cuál es la aceleración máxima con que debe subir un peso total de 600 kg?

Solución: $a = 2{,}99$ m/s^2.

35 En el sistema de la figura, el plano tiene un coeficiente de rozamiento $\mu = 0{,}35$; la polea no tiene masa ni rozamiento y los dos cuerpos tienen masas $m_1 = 750$ g y $m_2 = 1$ kg. Calcula:

a) La aceleración del sistema.

b) La tensión de la cuerda.

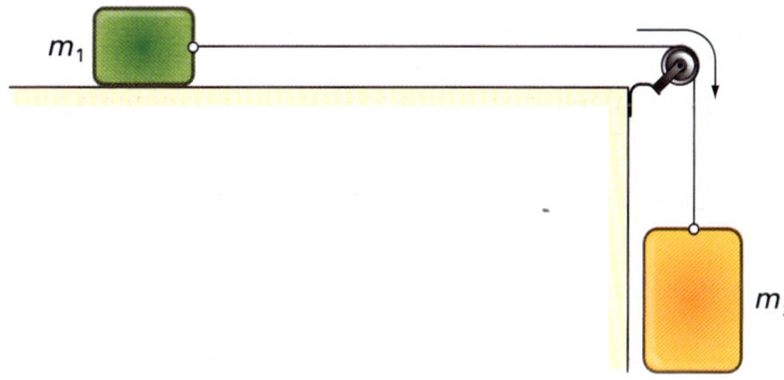

Figura 13.30.

Solución: a) $a = 4{,}13$ m/s^2;
b) $T = 5{,}68$ N.

36 Dos masas iguales de 10 kg están atadas a los extremos de una cuerda y descansan sobre sendos planos inclinados, cuyas inclinaciones son $\alpha = 30°$ y $\beta = 60°$, como se indica en la figura. Si los coeficientes de rozamiento de cada masa con sus respectivos planos valen $\mu = 0{,}1$, calcula:

a) La aceleración del conjunto.

b) La tensión de la cuerda.

Figura 13.31.

Solución: a) $a = 1{,}13$ m/s^2;
b) $T = 68{,}8$ N.

37 En el sistema representado en la figura, las masas de los cuerpos son $m_1 = 50$ kg, $m_2 = 75$ kg y $m_3 = 100$ kg, y el coeficiente de rozamiento entre el plano y el cuerpo es $\mu = 0{,}25$. Calcula:

a) La aceleración del sistema.

b) Las tensiones de las cuerdas.

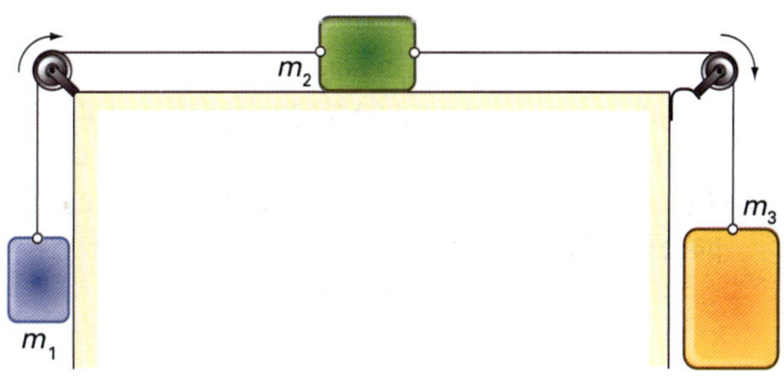

Figura 13.32.

Solución: a) $a = 1{,}36$ m/s^2;
b) $T_1 = 559$ N; $T_2 = 845$ N.

Actividades

Sistemas no inerciales

38 Si un vehículo toma una curva a una velocidad excesiva, ¿por qué no puede completarla? Explica por qué las carreteras con peralte retienen mejor a los vehículos en las curvas. (Dato: el peralte es el ángulo de inclinación respecto a la horizontal.)

39 Una máquina radial, empleada para lijar, desprende una partícula de 5 g cuando gira, a razón de 10 000 vueltas por minuto. Si la partícula pertenece al borde del disco, que tiene 8 cm de radio, calcula la fuerza centrípeta a que estaba sometida y la velocidad con la que salió desprendida. ¿Puede producir una lesión grave si alcanza a una persona?

Solución: $F_c = 438{,}5$ N; $v = 83{,}8$ m/s; sí.

40 ¿Con qué velocidad angular mínima hay que hacer girar un cubo en el plano vertical según un círculo de radio 80 cm para que el agua que contiene no se derrame? ¿Cuál será la velocidad tangencial del cubo en esas condiciones?

Solución: $\omega = 3{,}5$ rad/s; $v = 2{,}8$ m/s.

41 En una revista leemos que el tambor de una lavadora industrial es un cilindro de 40 cm de diámetro, y que la velocidad máxima de centrifugado es de 1 200 vueltas por minuto. Calcula la fuerza a la que está sometida una carga de 15 kg de ropa, distribuidos en la periferia. ¿Cuántas veces es mayor que su peso?

Solución: $F_c = 47\,628$ N; $F_c = 324 \cdot P$.

42 Un ascensor de 120 kg transporta a tres personas cuya masa, entre las tres, es de 210 kg. Halla:

a) La fuerza que ejercen las personas sobre el ascensor cuando sube con una aceleración de 0,5 m/s^2.

b) La tensión del cable del ascensor durante la subida.

c) Las mismas fuerzas que en los apartados anteriores, pero cuando frena al llegar al piso con una aceleración de –1,5 m/s^2.

Solución: a) $N = 2\,165$ N; **b)** $T = 3\,402$ N; **c)** $N_1 = 1\,745$ N; $T_1 = 2\,742$ N.

43 Una mesa horizontal que tiene rozamiento de coeficiente $\mu = 0{,}25$ presenta un agujero. Sobre la mesa hay un cuerpo de masa $m = 500$ g unido, mediante una cuerda que pasa por el agujero, a otro cuerpo de masa $M = 750$ g. Este segundo cuerpo está suspendido. Calcula la velocidad con la que debe dar vueltas m en una circunferencia de 25 cm de radio para que M esté en reposo.

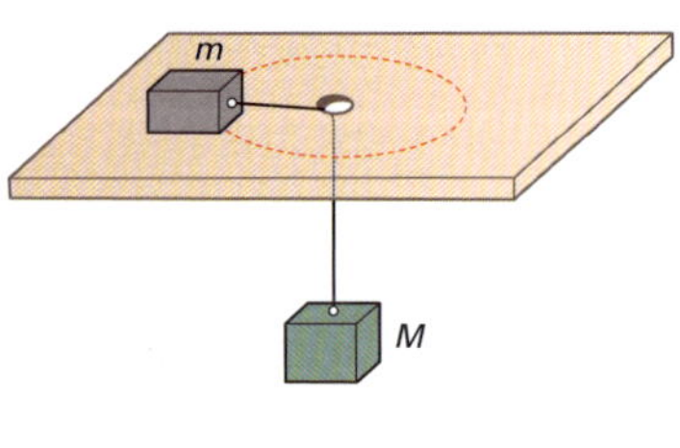

Figura 13.33.

Solución: $v = 1{,}75$ m/s.

44 Te has olvidado la mochila sobre la parte delantera del techo de un coche de 1,5 m de largo. El coeficiente estático de rozamiento entre el techo del coche y la mochila es de 0,25 y el dinámico de 0,20. Si el coche arranca en línea recta con una aceleración de 2,7 m/s^2, averigua si deslizará la mochila y, en caso afirmativo, calcula cuánto tiempo tardará en caer por el otro extremo del techo del coche.

Solución: $t = 2$ s.

45 Un vehículo de masa 1 300 kg toma una curva sin peralte de 200 m de radio a una velocidad de 90 km/h. Calcula:

a) La fuerza de rozamiento necesaria para que el coche no se salga de la curva.

b) La velocidad que podría tomar en la curva si tuviera un peralte de 10° y sobre el coche actuara la misma fuerza de rozamiento que en el apartado anterior. (Dato: recuerda que el peralte es el ángulo de inclinación sobre la horizontal.)

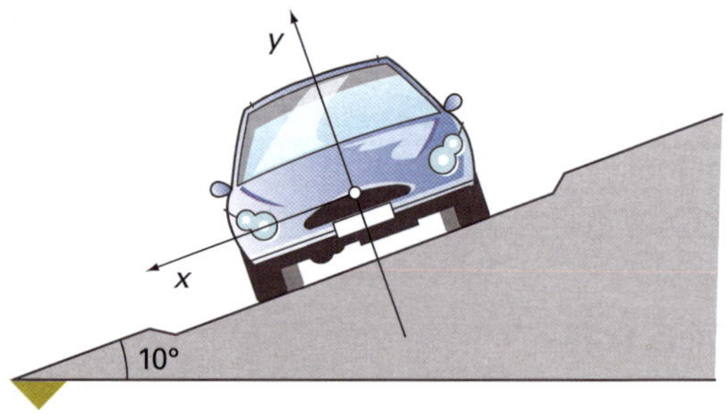

Figura 13.34.

Solución: a) $F_r = 4\,062{,}5$ N; **b)** $v = 31{,}3$ m/s.

46 Una pieza metálica de 100 g va atada a un hilo de 80 cm que se rompe si la tensión a que está sometido sobrepasa los 20 N. Si ponemos a girar esa pieza como si fuese una honda, ¿qué velocidad tendrá cuando se rompa el hilo? ¿Qué dirección tendrá la velocidad de la pieza metálica en el momento de romperse el hilo?

Solución: $v = 12{,}3$ m/s; tangente a la trayectoria.

47 Un vagón se mueve sobre una vía horizontal con una aceleración constante de 2,5 m/s^2. En el interior, colgado del techo, se coloca un péndulo de longitud $L = 1$ m y masa $m = 300$ g.

a) Dibuja el diagrama de fuerzas ejercidas sobre la masa del péndulo para un observador inercial y para otro que está dentro del vagón.

b) Calcula el ángulo que se desvía el péndulo respecto a la vertical.

Solución: b) $\alpha = 14{,}3°$.

48 Una caja de $m = 2$ kg está colocada sobre otra de masa $M = 5$ kg. Sabiendo que el coeficiente de rozamiento entre las dos cajas es de $\mu = 0{,}2$, calcula el valor máximo de la aceleración del conjunto, de manera que la caja de arriba no se deslice sobre la de abajo.

Solución: $a = 1{,}96$ m/s^2.

49 Un ciclista marcha a 15 km/h y choca de frente contra un vehículo aparcado. La duración del choque es de 0,3 s. Si las masas del ciclista y la bici son, respectivamente, 77 kg y 15 kg, ¿qué fuerza se ejerce durante el choque?

Suponiendo que el ciclista opone una fuerza de resistencia durante el choque en la dirección del movimiento de $R = 800$ N, ¿hacia dónde y con qué velocidad será lanzado?

Solución: $F = 1\,288$ N; $v = 3{,}9$ km/h.

Planetas y satélites

50 Razona por qué las órbitas de los planetas alrededor del Sol son planas.

51 Un planeta de masa m está describiendo una trayectoria circular de radio r alrededor del Sol, con velocidad constante, v:

a) ¿Cuál es la expresión del valor de la fuerza que actúa sobre el planeta?

b) ¿Cuál es la expresión del valor del momento angular del planeta respecto al centro del Sol?

52 Un satélite geoestacionario es aquel que gira a la misma velocidad angular de rotación que la Tierra, por tanto, parece estar fijo respecto de la Tierra. ¿Cuánto vale el radio de la órbita de un satélite geoestacionario? (Datos: $G = 6{,}67 \times 10^{-11}$ Nm^2/kg^2; $M_T = 5{,}98 \times 10^{24}$ kg.)

Solución: $r = 42{,}23 \times 10^6$ m.

53 Un satélite de 520 kg de masa está en órbita circular en torno a la Tierra, a una altura sobre su superficie de $h = 600$ km. Calcula la velocidad y el periodo de revolución. (Datos: $G = 6{,}67 \times 10^{-11}$ Nm^{2}kg^{-2}; $R_T = 6\,370$ km ; $M_T = 5{,}98 \times 10^{24}$ kg).

Solución: $v = 7\,564{,}79$ m/s; $T = 1{,}61$ h.

54 En el afelio (posición de la Tierra más alejada del Sol), la distancia entre nuestro planeta y la estrella es de $r_a = 1{,}52 \times 10^{11}$ m y su velocidad orbital $v_a = 2{,}92 \times 10^4$ m/s. Calcula:

a) El momento angular de la Tierra respecto al Sol.

b) La velocidad orbital en el perihelio (posición más cercana al Sol), si la distancia entre ambos en ese punto $r_p = 1{,}47 \times 10^{11}$ m. (Datos: $M_T = 5{,}98 \times 10^{24}$ kg.)

Solución: $L = 2{,}65 \times 10^{40}$ m^2 kg/s; $v_p = 3{,}02 \times 10^4$ m/s.

55 Una sonda de exploración, de masa $m = 450$ kg, describe una órbita circular de radio $6{,}80 \times 10^6$ m en torno a Marte. Calcula la velocidad orbital de la sonda y su momento angular respecto al centro de Marte. ($G = 6{,}67 \times 10^{-11}$ N m^2/kg^2, $M_M = 6{,}42 \times 10^{23}$ kg)

Solución: $v = 2\,509{,}44$ m/s; $L = 7{,}68 \times 10^{12}$ kg m^2/s.

56 Io y Calisto son dos satélites de Júpiter. Io, describe una trayectoria de radio medio $R_I = 4{,}22 \times 10^5$ km y su período es $T_I = 1{,}77$ días terrestres. Calcula el radio medio de la órbita de Calisto si su período es $T_C = 1{,}44 \times 10^6$ s.

Solución: $R_C = 1{,}88 \times 10^6$ km.

57 La velocidad con la que una sonda describe una órbita circular en torno a Venus es $v = 3{,}6$ km/s; y su momento angular respecto al centro de la órbita es $L = 8{,}2 \times 10^{13}$ kgm^{2}s^{-1}. Calcula el radio de la órbita de la sonda y su masa. (Datos: $M_V = 4{,}87 \times 10^{24}$ kg; $G = 6{,}67 \times 10^{-11}$ N m^2 kg^{-2}.)

Solución: $r = 2{,}51 \times 10^7$ m; $m = 907{,}48$ kg.

Fuerzas elásticas

58 ¿Qué expresa y significa la constante elástica de un resorte? ¿En qué unidad se mide?

59 Una caja de 1,5 kg descansa sobre un plano inclinado 30° respecto a la horizontal y está unida a un punto fijo mediante un muelle. En la posición de equilibrio el muelle está alargado 5 cm. Despreciando el rozamiento, halla:

a) La constante elástica del muelle.

b) La aceleración inicial si se tira de la caja haciéndola deslizar a lo largo del plano hacia abajo 10 cm respecto a la posición de equilibrio y luego se suelta.

Solución: a) $k = 147{,}2$ N/m; **b)** $a = 9{,}81$ m/s^2.

60 Un muelle de constante $k = 150$ N/m está suspendido del techo de un ascensor. Del otro extremo pende un cuerpo de 2 kg. Calcula la deformación producida cuando el ascensor:

a) Sube con velocidad constante.

b) Arranca con una aceleración de 1 m/s^2.

Solución: $x = 0{,}131$ m; $x = 0{,}144$ m.

61 Una cualquiera de las masas en una máquina de Atwood está unida a una cuerda mediante un muelle, de constante elástica 35 N/m, que supondremos sin masa. Si las masas de la máquina son $m_1 = 175$ g y $m_2 = 250$ g, ¿cuál es el alargamiento del muelle?

Solución: $x = 0{,}058$ m.

62 Una partícula realiza un movimiento armónico simple con una amplitud de 10 cm y un período de 2 s. Sabiendo que en el instante inicial la partícula se encuentra en la posición de elongación máxima:

a) Calcula la posición de la partícula en función del tiempo.

b) ¿Cuáles son los valores de la velocidad y de la aceleración 4 s después de que la partícula pase por un extremo de la trayectoria?

Solución: a) $x(t) = 10 \cos (\pi t)$;
b) $v(4) = 0$ cm/s; $a(4) = -10\pi^2$ cm/s^2.

63 La ecuación del movimiento de un oscilador lineal es:

$$x = A \cos (\omega t + \varphi_0)$$

a) ¿De qué magnitudes dependen los valores máximos de la velocidad y la aceleración?

b) ¿En qué posiciones de la trayectoria se consiguen estos valores?

Solución: $v = v_{máx}$ en $x = 0$; $a = a_{máx}$ en $x = \pm A$.

14 La energía. Transferencia de energía: trabajo y calor

1 Aproximación cualitativa al concepto de energía

La energía es una **propiedad intrínseca de los sistemas** que les permite producir cambios tanto en ellos mismos como en otros, quedando de manifiesto en toda transformación.

El hecho de que la energía sea una propiedad de los sistemas es lo que la diferencia de la fuerza.

Llamamos **sistema** a una porción de materia limitada por una superficie cerrada real o imaginaria.

1.1 Características de la energía

- La energía puede transferirse de un sistema a otro. Es posible también almacenarla y transportarla. En particular la energía química, como la contenida en pilas y baterías, es muy fácil de acumular y transportar.
- La energía está presente en toda transformación. Cuando dos sistemas interaccionan, se transfieren o intercambian energía, provocando cambios en ambos sistemas y también en la propia energía.
- La energía puede manifestarse de dos maneras:
  - **Energía cinética.** Es la que posee un cuerpo por el hecho de estar en movimiento. La energía cinética de una partícula de masa *m*, que se mueve con velocidad *v*, se expresa como:

$$E_c = \frac{1}{2} m v^2$$

  - **Energía potencial.** Es debida a las posiciones relativas que tienen los cuerpos dentro de los sistemas. Recibe diferentes nombres (gravitatoria, elástica, eléctrica, etc.) y tiene distintas expresiones en función de la interacción a la que esté sometida la partícula.

$$E_p = E_p(x, y, z)$$

  La suma de las energías cinéticas y todas las energías potenciales de un sistema se llama **energía interna, *U*.** Esta energía es, desde el punto de vista macroscópico, función de la temperatura.

¡Atención!

Ten en cuenta que la **energía cinética** siempre es **positiva.**

- La cantidad total de energía en una transformación **se conserva.**
- La energía **ni se crea ni se destruye:** hay la misma cantidad de energía al principio de la transformación que al final, aunque la distribución de las diferentes formas de energía sea distinta.
- La energía **se degrada** en los procesos de transformación, de manera que existen unas formas de energía que permiten un número mayor de transformaciones que otras.

Para medir las transferencias de energía entre los sistemas, utilizamos:

- **Trabajo:** cuando intervienen fuerzas que producen desplazamientos.
- **Calor:** si existe diferencia de temperaturas entre los sistemas.
- **Radiación:** cuando se transfiere, sin que exista contacto ni transporte de materia entre los sistemas.

En este curso nos limitaremos a las dos primeras formas de transferencia.

La unidad de energía en el SI es el **julio (J).**

Figura 14.1.
Transformación de la energía. La energía del viento se transforma en energía de rotación de las aspas de los molinos. Esta energía de rotación se transforma, a su vez, en energía eléctrica que sufrirá un gran número de transformaciones dentro de la casa.

2 Trabajo

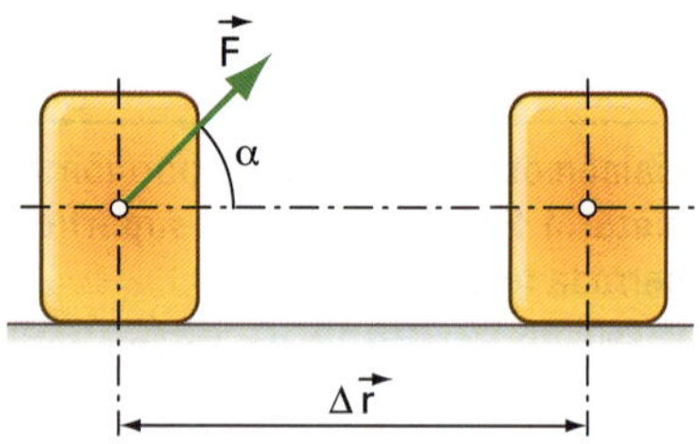

Figura 14.2.
Trabajo realizado por una fuerza constante, **F**, que produce un desplazamiento $\Delta\mathbf{r}$ sobre el cuerpo.

Cuando intervienen fuerzas en los intercambios de energía entre dos sistemas y estas producen desplazamientos, se dice que las fuerzas realizan un trabajo, siendo esta magnitud la medida del intercambio de energía entre los sistemas que interaccionan.

Se define **trabajo** *(W)*, realizado por una fuerza constante **F** que produce un desplazamiento $\Delta\mathbf{r}$ sobre un cuerpo, como el producto de la componente de la fuerza sobre la dirección del desplazamiento por el módulo del desplazamiento, es decir, el producto del módulo de la fuerza, por el módulo del desplazamiento producido y por el coseno del ángulo que forman los vectores fuerza y desplazamiento:

$$W = F_t \cdot \Delta r = F \cdot \Delta r \cdot \cos \alpha$$

Observa que el trabajo se puede expresar como el producto escalar de los vectores fuerza y desplazamiento:

$$W = \mathbf{F} \cdot \Delta\mathbf{r}$$

El trabajo es una magnitud escalar cuya unidad coincide con la de la energía.

La unidad de trabajo en el SI es el **julio (J).**

Un julio (J) es el trabajo realizado por la **fuerza de un newton (N)** cuando produce un desplazamiento, en la dirección de la fuerza, de **un metro (m).**

El trabajo no se debe asociar al esfuerzo físico. No hay trabajo cuando:

- La **fuerza ejercida es cero.** Un cuerpo libre no realiza trabajo.
- El **desplazamiento producido es cero.** Por más que se empuje un muro, no se realiza trabajo.
- La **fuerza es perpendicular al desplazamiento,** es decir, $\alpha = 90°$. La fuerza con la que se sujeta una maleta que es trasladada por un camino horizontal no realiza trabajo.

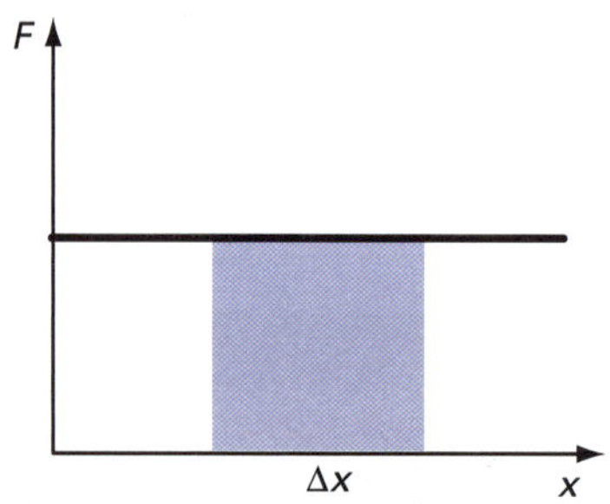

Figura 14.3.
Representación gráfica del trabajo realizado por una fuerza constante que actúa sobre un cuerpo en la dirección del eje *x*.

Una fuerza constante **F,** que actúa sobre un cuerpo en la dirección del eje x y que produce en él un desplazamiento Δx, realiza un trabajo que coincide con el área comprendida debajo de la gráfica resultante de representar la fuerza en función del desplazamiento:

$$W = \text{área} = F \cdot \Delta x$$

Este resultado se puede generalizar a fuerzas variables y permite calcular gráficamente el trabajo realizado.

1 Utiliza la definición de trabajo para calcular el que realiza la fuerza de atracción gravitatoria que ejerce la Tierra sobre la Luna.

2 Calcula el trabajo realizado en los siguientes casos:

a) La fuerza necesaria para sostener un saco de yeso de 50 kg en reposo.

b) La fuerza gravitatoria que ejerce el Sol sobre la Tierra.

c) La fuerza total sobre un patinador que, sosteniendo a su pareja de 60 kg, se desliza, junto con ella, 2 m a velocidad constante.

3 Energía y trabajo

Como el trabajo es una medida de las transferencias de energía cuando intervienen fuerzas que producen desplazamientos, vamos a estudiar algunas de las relaciones cuantitativas que existen entre estas dos magnitudes.

3.1 Energía cinética y trabajo

Todo cuerpo de masa m, por moverse con una cierta velocidad v, tiene energía cinética:

$$E_c = \frac{1}{2} m v^2$$

Para que la energía cinética de un cuerpo cambie, es necesario que actúe sobre él una fuerza, siendo el trabajo realizado por esa fuerza la medida del cambio de la energía cinética.

Supongamos que la fuerza aplicada F, sobre un cuerpo de masa m, que se mueve una con velocidad v_0, es constante. Esta fuerza produce sobre el cuerpo una aceleración $a = \frac{F}{m}$, también constante, variando su velocidad:

$$v^2 = v_0^2 + 2a\,s = v_0^2 + 2\frac{F}{m} s$$

Al multiplicar los miembros de esta ecuación por $\frac{1}{2} m$, obtenemos:

$$\frac{1}{2} m v^2 = \frac{1}{2} m v_0^2 + F s$$

Es decir:

$$E_{cf} - E_{ci} = \Delta E_c = W$$

El trabajo realizado por la fuerza aplicada mide la variación de su energía cinética.

Este resultado se generaliza a todo tipo de fuerzas con el nombre de **teorema de las fuerzas vivas:** el trabajo realizado por la **fuerza resultante** que actúa sobre un cuerpo se emplea en variar su energía cinética.

Este teorema no precisa ningún requisito especial para su aplicación.

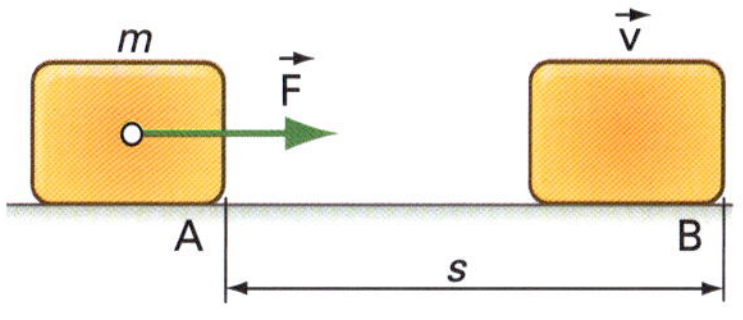

Figura 14.4.
Una fuerza resultante, F, con componente no nula sobre la dirección del movimiento, que actúa sobre un bloque de masa m, varía el valor de su velocidad y, por tanto, su energía cinética.

EJEMPLO

Sobre una pista helada se impulsa una piedra de *curling* de 20 kg a una velocidad de 2 m/s (fig. 14.5).

a) La variación de la energía cinética hasta que se detiene.

b) El trabajo de rozamiento.

a) $\Delta E_c = E_{cf} - E_{ci} = 0 - \frac{1}{2} m v_0^2 = -\frac{1}{2}$ (20 kg) (4 m²/s²) $= -40$ J.

b) Del teorema de las fuerzas vivas resulta: $W = \Delta E_c = -40$ J.

El teorema de las fuerzas vivas se puede aplicar, incluso, cuando existen rozamientos.

Figura 14.5.
El jugador impulsa la piedra de granito sobre la superficie.

3.2 Energía potencial gravitatoria y trabajo

Los cuerpos, por el hecho de estar situados dentro del campo gravitatorio terrestre, tienen cierta cantidad de energía que denominamos energía potencial gravitatoria o, simplemente, energía potencial.

Las fuerzas gravitatorias sobre un cuerpo de masa m, para distancias próximas al suelo, se pueden considerar constantes:

$$\mathbf{P} = -m \cdot g\,\mathbf{j}$$

Estas fuerzas realizan un trabajo cuando desplazan al cuerpo desde una posición y_1 hasta otra y_2, que será igual al área que está debajo de la gráfica de la figura 14.6:

$$W = -m \cdot g\,(y_2 - y_1) = m \cdot g \cdot y_1 - m \cdot g \cdot y_2$$

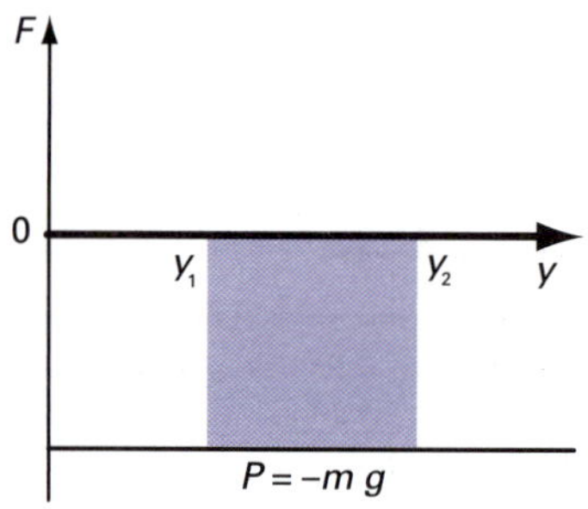

Figura 14.6.
Representación gráfica del trabajo realizado por la fuerza gravitatoria cuando un cuerpo se desplaza desde una posición y_1 hasta otra, y_2. El trabajo coincide con el área del rectángulo.

La **energía potencial gravitatoria** se define con la expresión:

$$E_p = m \cdot g \cdot y$$

De forma que:

$$E_p\,(1) - E_p\,(2) = -\Delta E_p = W$$

Observa que se calculan diferencias de energías potenciales. Cuando se habla de la energía potencial en un punto determinado, hay que referirlo a otro punto en el que se convenga que la energía potencial vale cero.

EJEMPLO

Sobre una mesa situada en una habitación a 4 m de altura respecto al suelo de la calle se encuentra una caja de 5 kg. La mesa tiene 0,75 m de altura. Calcula la energía potencial gravitatoria de la caja en los siguientes casos:

a) Respecto al suelo de la habitación.

b) Referido al suelo de la calle.

c) Si la caja cae al suelo, ¿qué trabajo realizan las fuerzas del campo gravitatorio?

---

a) Si situamos el sistema de referencia sobre el suelo de la habitación, $y_{suelo} = 0$, la caja está en la posición $y = 0{,}75$ m.

$$E_p = m \cdot g \cdot y = 5 \times 9{,}81 \times 0{,}75 = 36{,}79 \text{ J}$$

b) Respecto al suelo de la calle, $y_{calle} = 0$, la caja se encuentra en la posición $y' = 4{,}75$ m.

$$E_p = m \cdot g \cdot y' = 5 \times 9{,}81 \times 4{,}75 = 232{,}99 \text{ J}$$

c) El trabajo que realizan las fuerzas del campo gravitatorio para llevar la caja desde la mesa al suelo es independiente del sistema de referencia utilizado.

Respecto al suelo de la habitación:

$$W = m \cdot g \cdot y - m \cdot g \cdot y_{suelo} = m \cdot g\,(0{,}75 - 0) = 36{,}79 \text{ J}$$

Respecto a la calle:

$$W = m \cdot g \cdot y' - m \cdot g \cdot y_{suelo} = m \cdot g\,(4{,}75 - 4) = 36{,}79 \text{ J}$$

La energía potencial es diferente en cada caso, pero su variación es siempre la misma.

3.3 Energía potencial elástica y trabajo

Consideremos un cuerpo sujeto a un muelle horizontal de constante elástica *k,* sobre una superficie sin rozamiento. Si deformamos el muelle, Δx, y soltamos, sobre el cuerpo solo actúa la fuerza recuperadora ejercida por el muelle:

$$F = -k \cdot \Delta x$$

Estas fuerzas realizan un trabajo cuando desplazan el cuerpo desde una posición x_1 hasta otra x_2, que será igual al área comprendida debajo de la gráfica, y que se puede calcular como la diferencia de las áreas de los triángulos de la figura 14.7:

$$W = -\frac{1}{2}\,kx_2^2 - \left(-\frac{1}{2}\,kx_1^2\right) = \frac{1}{2}\,kx_1^2 - \frac{1}{2}\,kx_2^2$$

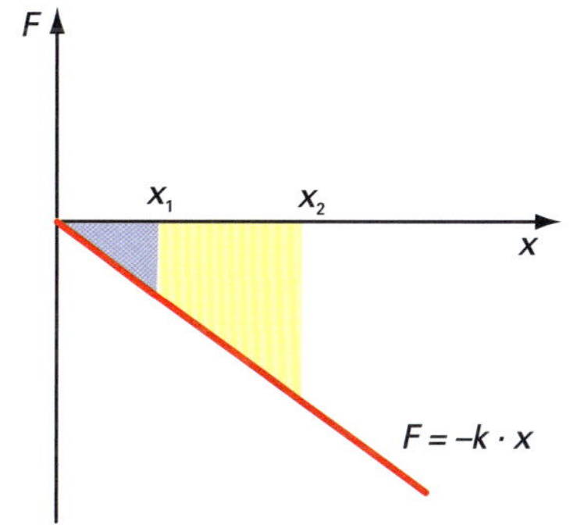

Figura 14.7.
Representación gráfica del trabajo realizado por la fuerza recuperadora del muelle. El trabajo coincide con el área del trapecio.

La **energía potencial elástica** se define con la expresión:

$$E_p = \frac{1}{2}\,k \cdot x^2$$

De forma que:

$$E_p(1) - E_p(2) = -\Delta E_p = W$$

Igual que sucede con la energía potencial gravitatoria, en este caso también se calculan diferencias de energías potenciales elásticas, de tal modo que, cuando se habla de la energía potencial en un punto determinado, ese valor se refiere a otro punto en el que la energía potencial vale cero.

Si las fuerzas que actúan sobre el muelle las ejercemos nosotros desde el exterior, el trabajo que realizan será igual y de signo contrario: $W = \Delta E_p$.

EJEMPLO

Calcula el trabajo que realizamos al comprimir un muelle de constante elástica $k = 125$ N/m, desde $x_1 = 0$ hasta $x_2 = 20$ cm. ¿Cuál sería la energía potencial que adquiere el muelle?

$$W = \Delta E_p = \frac{1}{2}\,kx_2^2 - \frac{1}{2}\,kx_1^2 = \frac{1}{2}\,kx_2^2 - 0 = 2{,}5\ \text{J}$$

Hemos transferido parte de nuestra energía al muelle, de modo que ahora el muelle ha adquirido 2,5 J de energía, que se puede emplear, por ejemplo, en impulsar una masa *m* con una cierta velocidad, transformándose la energía potencial elástica del muelle en energía cinética de la masa *m*.

Se llaman **fuerzas conservativas** a aquellas, como la gravitatoria y la elástica, cuyos trabajos se pueden expresar como la diferencia de una función que solo depende de la posición (energías potenciales).

El trabajo que realizan estas fuerzas cuando desplazan entre dos puntos un cuerpo solo depende de esos puntos y no del camino seguido al desplazar el cuerpo desde un punto a otro (fig. 14.8).

Además de las fuerzas gravitatorias y elásticas, las fuerzas eléctricas son también conservativas. En todos los casos existen funciones «energía potencial» con las cuales se pueden calcular los trabajos que realizan.

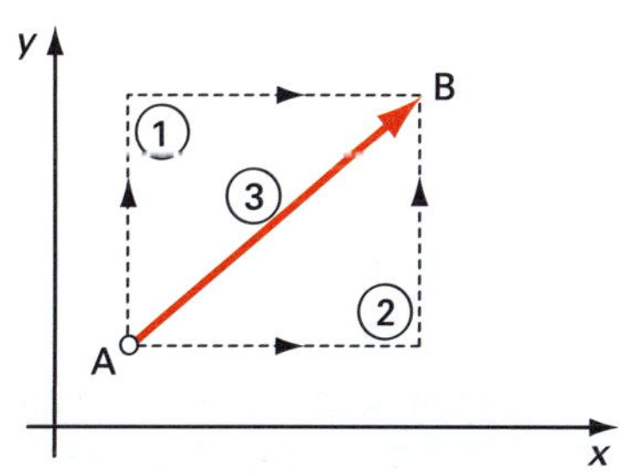

Figura 14.8.
$W_{AB}(1) = W_{AB}(2) = W_{AB}(3)$. El trabajo no depende del camino recorrido para ir de A a B. Si las fuerzas son conservativas, para calcular el trabajo cualquier trayectoria que tomemos que una A con B tiene el mismo valor.

3 Una flecha de masa *m* alcanza el tronco de un árbol con velocidad *v* y penetra en él una distancia *d* hasta quedar clavada. Indica las transformaciones de energía que tienen lugar. Deduce, a partir del teorema de las fuerza vivas, la fuerza de resistencia que ofrece el árbol a la penetración de la flecha.

Solución: $R = \frac{m v^2}{2 d}$

4 Una corredora, con una masa de 55 kg, consigue en una carrera la velocidad de 30 km/h, ¿cuál es su energía cinética?, ¿de dónde la obtiene?

Solución: E_c = 1 894,5 J; de los alimentos.

5 Un caballo de 580 kg alcanza la velocidad de 54 km/h en 200 m. Calcula, en julios, el aumento de energía cinética y la fuerza total que actúa sobre el caballo.

Solución: ΔE_c = 62 250 J; F = 326 N.

Figura 14.9.
Ilustración para actividad 6.
Paracaidista en caída libre.

6 Una paracaidista se lanza en caída libre desde 4 000 m de altura. Si la masa, con su equipo, es de 75 kg, ¿cuánto ha disminuido su energía potencial en el momento de abrir el paracaídas, cuando está a 1 500 m del suelo?

Solución: ΔE_p = –1 839 375 J.

7 Una bomba hidráulica ha llenado un depósito de 500 L situado a 6 m de altura. ¿Qué trabajo ha realizado?

Solución: W = 29 430 J.

8 Sobre una superficie horizontal con un coeficiente de rozamiento μ = 0,20, empujamos, aplicando una fuerza paralela al suelo, una caja de 25 kg con velocidad constante recorriendo 6 m. Calcula:

a) El trabajo realizado por la fuerza aplicada sobre la caja.

b) El trabajo total sobre la caja.

Solución: W_F = 294,3 J; W_T = 0 J.

Figura 14.10.
Ilustración para actividad 9.
Distintas trayectorias posibles para llegar al mismo punto.

9 Si caminas hacia el árbol de la figura 14.10, te cansas más si sigues la senda (1) que si realizas el camino (2), pero en este caso tardas más. Si solamente tenemos en cuenta la fuerza gravitatoria, ¿cuándo realizas más trabajo?

Solución: El trabajo es el mismo en los dos casos.

10 El mecanismo de lanzamiento de una lanzadera espacial de juguete consta de un resorte de constante k = 80 N/m. Su longitud se reduce en 10 cm al montarla para el lanzamiento. ¿Qué energía potencial tiene el resorte en esa situación? Si toda la energía potencial elástica se transforma en cinética, ¿con qué velocidad saldrá el cohete, cuya masa es de 5 g?

Solución: E_p = 0,4 J; v = 12,6 m/s.

11 Utilizamos la lanzadera del ejercicio anterior para lanzar verticalmente una bola de acero que tiene una masa de 20 g. Si, al alcanzar la altura máxima, toda la energía potencial elástica se transforma en potencial gravitatoria, ¿qué altura alcanzará la bola al lanzarla?

Solución: h = 2 m.

4 Principio de conservación de la energía mecánica

La suma de la energía cinética y las energías potenciales de un cuerpo se denomina **energía mecánica:**

$$E_m = E_c + E_p$$

La energía se conserva siempre en cantidad; sin embargo, la cantidad de energía mecánica solo se conserva en sistemas de fuerzas conservativas.

Si las únicas fuerzas que actúan sobre un cuerpo son conservativas, el trabajo se puede escribir como: $W = -\Delta E_p$. Por otra parte, el teorema de las fuerzas vivas afirma que: $W = \Delta E_c$. Si igualamos estas expresiones del trabajo se obtiene:

$$\Delta E_c = -\Delta E_p \longrightarrow \Delta E_c + \Delta E_p = 0.$$

Es decir, **la energía mecánica no varía: $\Delta E_m = 0$.**

Principio de conservación de la energía mecánica. Si las únicas fuerzas que actúan sobre un cuerpo son conservativas, la energía mecánica del cuerpo se mantiene constante, $\Delta E_m = 0$.

En el caso del oscilador armónico, $k = m\,\omega^2$, que sigue un MAS de ecuación $x = A\cos(\omega\, t + \varphi_0)$:

$$E_c = \frac{1}{2} mv^2 = \frac{1}{2} mA^2\omega^2 \sin^2(\omega t + \varphi_0) = \frac{1}{2} kA^2 \sin^2(\omega t + \varphi_0)$$

$$E_p = \frac{1}{2} kx^2 = \frac{1}{2} kA^2 \cos^2(\omega t + \varphi_0)$$

La energía mecánica es:

$$E_m = E_c + E_p = \frac{1}{2} kA^2 (\sin^2(\omega t + \varphi_0) + \cos^2(\omega t + \varphi_0)) = \frac{1}{2} kA^2$$

La energía mecánica del oscilador armónico es **constante:**

$$E_m = \frac{1}{2} kA^2 \longrightarrow \Delta E_m = 0$$

Los rozamientos, entre otras razones, son los causantes de estas degradaciones de la energía. Las **fuerzas de rozamiento no son conservativas.** Los trabajos que se realizan no se pueden expresar como diferencia de energía potencial. En consecuencia, si sobre un cuerpo actúan fuerzas conservativas y fuerzas no conservativas, el trabajo realizado se tiene que escribir como:

$$W = -\Delta E_p + W_r$$

Como el teorema de las fuerzas vivas es independientemente del tipo de fuerzas que actúen sobre el cuerpo, $W = \Delta E_c$, podemos igualar ambas espresiones:

$$-\Delta E_p + W_r = \Delta E_c \longrightarrow W_r = \Delta E_c + \Delta E_p \longrightarrow W_r = \Delta E_m$$

El trabajo realizado por las **fuerzas no conservativas** es igual a la **variación de la energía mecánica.**

$$W_r = \Delta E_m$$

Figura 14.11.
Bicicleta en movimiento. Los rozamientos entre las piezas de la maquinaria, de las ruedas con el suelo y del conjunto con el aire son causas de la degradación de la energía.

Figura 14.12.
No toda la energía acumulada en la gasolina se transforma en el movimiento del camión. Una parte de ella sirve para aumentar la temperatura del motor, de los neumáticos al rozar con el suelo y del aire que rodea al camión.

EJEMPLO

Un camión de 20 t arranca en una carretera horizontal seca y en 15 s alcanza la velocidad de 20 m/s. Calcula:

a) El trabajo de las fuerzas de rozamiento.

b) El trabajo realizado por el motor del camión, sin tener en cuenta las pérdidas en el mecanismo del vehículo.

a) En primer lugar calculamos la aceleración y el espacio recorrido:

$$a = \frac{v}{t} = \frac{20\ \text{m/s}}{15\ \text{s}} = 1{,}33\ \text{m/s}^2 \quad \text{y} \quad s = \frac{v^2}{2a} = \frac{400\ \text{m}^2/\text{s}^2}{2 \times 1{,}33\ \text{m/s}^2} = 150{,}4\ \text{m}$$

$$W_{Fr} = -\mu \cdot N \cdot s = -0{,}8\ (20\,000\ \text{kg})\ (9{,}81\ \text{m/s}^2)\ (150{,}4\ \text{m}) = -23\,606\,784\ \text{J}$$

b) El trabajo de la fuerza del motor (W_{motor}) más el trabajo de la fuerza de rozamiento (W_{Fr}) tiene que ser igual a la variación de la energía mecánica, que en este caso solo es cinética:

$$W_{Fr} + W_{motor} = \Delta E_c \longrightarrow W_{motor} = \Delta E_c - W_{Fr} = \frac{1}{2}\, m\, v^2 - W_{Fr}$$

$$W_{motor} = \frac{1}{2}\ (20\,000\ \text{kg})\ (20\ \text{m/s})^2 - (-\,23\,606\,784\ \text{J}) = 27\,606\,784\ \text{J}$$

El motor debe transformar una cantidad de energía suficiente como para aumentar la velocidad del camión y vencer los rozamientos.

12 Una masa de 250 g unida a un muelle, realiza un MAS con un período de 0,25 s. Si la energía total es 8 J:

a) ¿Cuál es la constante elástica del muelle?

b) ¿Cuál es la amplitud del movimiento?

Solución: a) $k = 157{,}91$ N/m; **b)** $A = 31{,}8$ cm.

13 Se lanza un bloque de 1 kg de hielo a una velocidad de 10 m/s por una rampa helada, hacia arriba. Si la pendiente de la rampa es de 30° y no hay rozamiento, determina:

a) La energía mecánica y su valor en las partes más alta y más baja de la rampa.

b) El espacio recorrido por el bloque antes de detenerse.

c) Las energías potencial y cinética cuando ha recorrido 8 m.

Solución: a) $E_m = 50$ J; **b)** $s = 10{,}2$ m; **c)** $E_p = 39{,}2$ J; $E_c = 10{,}8$ J.

14 Un chico de 60 kg subido a un monopatín de 3 kg se lanza hacia una rampa inclinada 40°, con una velocidad de 4 m/s. Si por rozamientos pierde el 15 % de la energía, ¿qué espacio recorrerá sobre la rampa?

Solución: $s = 1{,}08$ m.

15 Situado sobre una mesa se encuentra un objeto de 2,5 kg sujeto a un muelle de constante $k = 300$ N/m. El muelle se estira 15 cm y se suelta. Si entre el objeto y la mesa existe un rozamiento de coeficiente $\mu = 0{,}35$, ¿qué velocidad lleva el objeto cuando pasa por la posición $x = 0$ cm?

Solución: $v = 1{,}3$ m/s.

Figura 14.13.
Ilustración para actividad 14.

5 Potencia

Para subir 400 kg de ladrillos a una altura de 10 m, un obrero realiza el mismo trabajo en 60 minutos que una grúa en 30 segundos.

Las máquinas no nos ahorran trabajo, pero evitan el esfuerzo y hacen que la tarea sea más rápida. Conviene definir una nueva magnitud que relacione la cantidad de energía transformada con el tiempo en que se realiza la transformación.

La **potencia media** es la energía transformada en la unidad de tiempo:

$$P = \frac{\Delta E}{\Delta t} = \frac{W}{t}$$

En el SI la unidad de potencia es el **vatio (W)** o potencia necesaria para transformar 1 julio de energía cada segundo.

En las máquinas, la potencia indica la eficacia con la que realizan las transformaciones de energía. En cualquier caso, como la energía se degrada, en toda transformación una parte de la energía transformada por una máquina cualquiera no puede aprovecharse como energía útil.

Se llama **rendimiento de una máquina** al tanto por ciento de la energía transformada que se aprovecha:

$$\eta = \frac{\text{Energía útil}}{\text{Energía transformada}} \cdot 100$$

Otras unidades de potencia

Múltiplos del vatio son el **kilovatio (kW)** y el **megavatio (MW)**:

$$1\ \text{kW} = 10^3\ \text{W}$$

$$1\ \text{MW} = 10^6\ \text{W}$$

Aunque no es una unidad del SI, todavía se emplea, en algunos sectores, el **caballo de vapor (CV)**:

$$1\ \text{CV} = 735\ \text{W}$$

Unidades usuales de trabajo y energía

Teniendo presente la siguiente relación: $\Delta E = P \cdot \Delta t$, se emplean como unidades de energía el **vatio- hora (Wh)** y el **kilovatio-hora (kWh)**:

$$1\ \text{Wh} = (1\ \text{J/s})\ (3\,600\ \text{s}) = 3\,600\ \text{J}$$

$$1\ \text{kWh} = 3\,600\,000\ \text{J}$$

EJEMPLO

Calcula el trabajo realizado y la potencia desarrollada por una grúa que eleva hasta 12 m una carga de 3 200 kg en 45 s.

En este caso, el trabajo realizado por la grúa es la variación de la energía potencial de la carga: $W = \Delta E_p = m \cdot g \cdot h - 0 = 376\,704$ J.

$$P = \frac{W}{t} = \frac{\Delta E_p}{t} = \frac{m \cdot g \cdot h - 0}{t} = \frac{376\,704\ \text{J}}{45\ \text{s}} = 8\,371\ \text{W} = 8{,}4\ \text{kW}$$

El trabajo necesario para elevar los 3 200 kg a 12 m de altura es siempre el mismo, pero la grúa lo realiza en menos tiempo.

16 Comprueba que la potencia desarrollada por el motor de un coche que se mueve con una velocidad constante se puede escribir como: $P = F \cdot v$.

17 Un perro de 60 kg empieza a correr detrás de un gato y en 8 s alcanza una velocidad de 36 km/h. Calcula, en julios, el aumento de energía cinética. Si, debido al rozamiento, se ha perdido el equivalente al 10 % de la E_c, calcula la potencia media desarrollada.

Solución: $\Delta E_c = 3\,000$ J; $P = 412{,}5$ W.

18 Una bomba hidráulica para incendios de 10 kW de potencia es capaz de expulsar 60 m³/h. ¿Hasta qué altura puede mandar el agua?

Solución: $h = 61$ m.

Figura 14.14.
Ilustración para actividad 18.

6 Energía y calor

Entre dos sistemas que se encuentran a diferente temperatura, se transfiere energía desde el sistema que está a mayor temperatura al de menor temperatura. La medida de esta transferencia de energía se denomina **calor**.

Los sistemas materiales no contienen calor, lo que tienen es temperatura.

6.1 Temperatura

Los sistemas materiales están formados por partículas (átomos, iones o moléculas) en constante movimiento. La teoría cinética de la materia define la temperatura de la siguiente manera:

> La **temperatura** de un sistema material es directamente proporcional a la energía cinética media de las partículas que forman el sistema.

La temperatura se mide con los termómetros. La medida de la temperatura está basada en el hecho de que dos cuerpos puestos en contacto, al cabo de un cierto tiempo, adquieren la misma temperatura; se dice que el cuerpo y el termómetro alcanzan el **equilibrio térmico.**

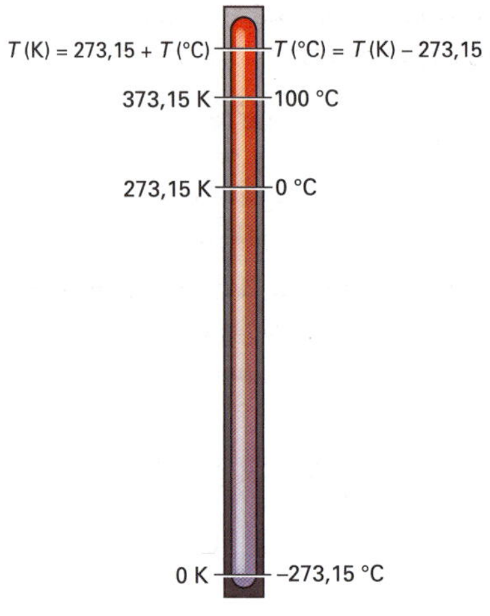

Figura 14.15.
Relación entre las temperaturas termodinámicas kelvin y Celsius.
En los termómetros kelvin simplemente se cambia el 0 °C por 273,15 K.

Escala Internacional de Temperatura

Los termómetros se han calibrado históricamente de distintas maneras. La más conocida es la realizada por Celsius y la unidad de dicha escala se denomina **grado Celsius (°C).**

Si disminuye la temperatura de un cuerpo, también disminuye la energía cinética de sus partículas, y con ella, sus velocidades. Es lógico pensar que, cuando los átomos (no sus electrones) llegan al reposo, su temperatura no podrá seguir bajando. Existe, en consecuencia, un límite inferior para la temperatura situado en – 273,15 °C.

Este hecho permite definir la temperatura termodinámica o kelvin, igual que la Celsius, pero en la que no se obtengan temperaturas negativas. La temperatura termodinámica tiene su 0 K en los -273,15 °C. Una diferencia de 1 K equivale a una diferencia de 1 °C de forma que:

$$T\,(\text{K}) = T\,(°\text{C}) + 273{,}15$$

La Escala Internacional de Temperatura admite el uso tanto del grado Celsius como del kelvin (K), considerado este como unidad básica de temperatura en el SI.

Temperatura Fahrenheit (°F)

Se emplea principalmente en Estados Unidos. Los puntos fijos de la escala Celsius corresponden a 32 °F = 0 °C y 212 °F = 100 °C. El intervalo es, por tanto:

$$(212 - 32)\ °\text{F} = 180\ °\text{F}$$

Entre ambas temperaturas existe la relación:

$$\frac{T_C}{100} = \frac{T_F - 32}{180}$$

Donde:

$T_C \rightarrow$ temperatura en °C.

$T_F \rightarrow$ temperatura en °F.

19 Calcula en kelvin la temperatura del cuerpo humano (37 °C).

Solución: $T = 310{,}15$ K.

20 En EE. UU. la temperatura se mide en grados fahrenheit. Se alerta de una bajada de temperatura hasta 20 °F. ¿A qué temperatura Celsius corresponde?

Solución: $T = -6{,}7$ °C.

21 ¿A qué temperatura marcan el mismo valor numérico el termómetro Celsius y el fahrenheit?

Solución: $T = -40°$.

6.2 Calor y trabajo

El calor y el trabajo son medidas de transferencias de energía en procesos asociados a diferencia de temperaturas o a desplazamientos producidos por fuerzas. En este sentido son equivalentes.

No siempre se ha entendido el calor y el trabajo de esta forma. Hasta el siglo XVIII se consideraba que el calor era un fluido material (calórico) que contenían los cuerpos y que se traspasaba de uno a otro. Incluso se definió una unidad propia para medir el calor que contenía un cuerpo, la **caloría (cal),** que es la cantidad de energía necesaria para elevar 1 °C la temperatura de un gramo de agua.

Rumford, Davy y otros defendieron las ideas actuales sobre el calor, pero fue **J. P. Joule** quien demostró definitivamente la equivalencia entre estas dos magnitudes ya en el siglo XIX. En el experimento que veras en la figura 14.16, el movimiento de las paletas produce un aumento de la temperatura del agua encerrada en un recinto rígido y aislado térmicamente del exterior; el resultado es que la relación entre el trabajo y el calor es constante.

$$1 \text{ cal} = 4{,}18 \text{ J}$$

Esta relación se denomina **equivalente mecánico del calor** y evidencia que el calor y el trabajo se miden en la misma unidad de medida en el SI, el julio (J).

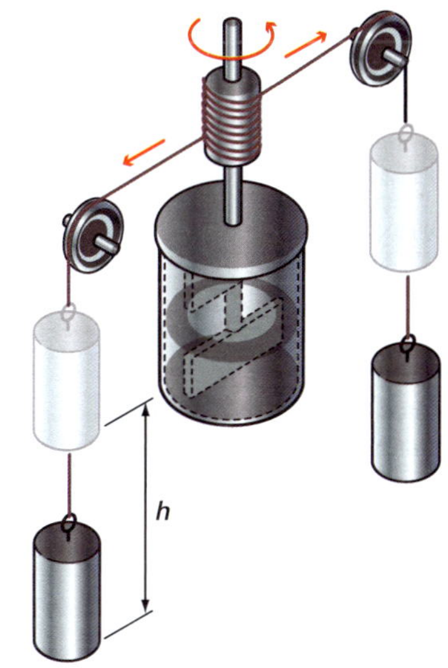

Figura 14.16.
Calor y trabajo. El agua aumenta la temperatura debido a la fricción de las paletas que giran cuando se sueltan las pesas. La variación de energía potencial de las pesas es directamente proporcional a la energía que adquiere la masa de agua para aumentar su temperatura.

EJEMPLO

Lanzamos una bola de plomo de 15 g de masa a una velocidad de 300 m/s contra una plancha de hormigón. El 70 % de la energía de la bola se emplea en elevar la temperatura del plomo. ¿Qué cantidad de energía se utiliza para elevar su temperatura?

La energía que tiene la bola en el momento de llegar a la pared es:

$$E_C = \frac{1}{2} mv^2 = \frac{1}{2} (0{,}015 \text{ kg}) \left(300 \frac{\text{m}}{\text{s}}\right)^2 = 675 \text{ J}$$

La energía empleada en aumentar la temperatura del plomo será:

$$Q = \frac{70}{100} (675 \text{ J}) = 472{,}5 \text{ J}$$

El 30 % restante se habrá usado para producir sonido, para aumentar la temperatura de la pared y para deformar la pared y la bola. En cualquier caso, la cantidad total de energía se conserva.

Si ahora consideramos un gas ideal encerrado en un cilindro con tapa móvil (émbolo), encontramos que, al incrementarse la temperatura del sistema, este se expansiona contra la presión constante de la atmósfera, desplazando el émbolo una distancia Δh e incrementando el volumen que ocupa el gas ΔV.

$$W = F \cdot \Delta h = p \cdot S \cdot \Delta h = p \cdot \Delta V$$

Observa que la energía que hemos comunicado al sistema ha contribuido a que este realice un trabajo contra el medio exterior.

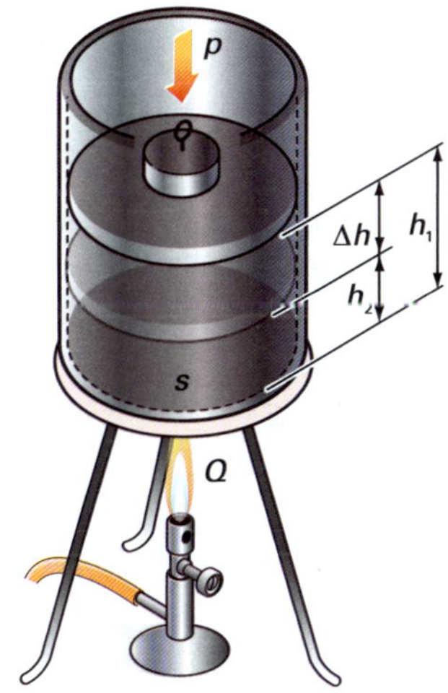

Figura 14.17.
La expansión de un gas contra las presiones exteriores conlleva la realización de un trabajo.

7 Cambios y equilibrio

Cuando un sistema intercambia energía con el entorno sin realizar trabajo, se pueden observar dos efectos: variación de la temperatura del sistema o cambio de su estado de agregación.

Sustancia	J/(kg K)
Agua	4 180
Hielo	2 132
Hierro	460
Aluminio	920
Cobre	397
Oro	125

Tabla 14.1.
Calores específicos de algunas sustancias. El calor específico es propiedad característica de las sustancias puras.

7.1 Cambios de temperatura

Cuando un sistema material intercambia energía con el entorno sin variar la presión, varía su temperatura. La cantidad de energía transferida es proporcional a la masa y a la variación de temperatura:

$$\Delta E = Q = m \cdot c_e \cdot \Delta T = m \cdot c_e\,(T_f - T_i)$$

La constante de proporcionalidad (c_e) depende de cada sustancia. Es una propiedad característica de las sustancias puras y se llama calor específico.

El **calor específico**, c_e, es la cantidad de energía transferida a la unidad de masa (1 kg) de una sustancia para que aumente su temperatura 1 K. La unidad en el SI es el **J/(kg K).**

Cuando la temperatura del sistema aumenta, $T_f > T_i$, el calor es positivo. Cuando la temperatura disminuye, $T_f < T_i$, el calor es negativo.

EJEMPLO

Calcula la cantidad de energía necesaria para aumentar la temperatura de 2 kg de aluminio desde 20 °C hasta 190 °C. ¿ Y si fuese cobre?

Los grados Celsius son iguales que los kelvin; las variaciones de temperatura tienen el mismo valor:

Para el aluminio: $Q_{Al} = m_{Al} \cdot c_e \cdot (T_f - T_i) = (2\ \text{kg}) \left(920\ \dfrac{\text{J}}{\text{kg K}}\right) (170\ \text{K}) = 312\,800\ \text{J}$

Para el cobre: $Q_{Cu} = m_{Cu} \cdot c_e\,(T_f - T_i) = (2\ \text{kg}) \left(397\ \dfrac{\text{J}}{\text{kg K}}\right) (170\ \text{k}) = 134\,980\ \text{J}$

Observa que la misma cantidad de cobre, con menor calor específico, necesita menor cantidad de energía que el aluminio para un mismo aumento de su temperatura. La energía transferida desde el exterior al sistema causa un aumento de temperatura y, en consecuencia, es positiva.

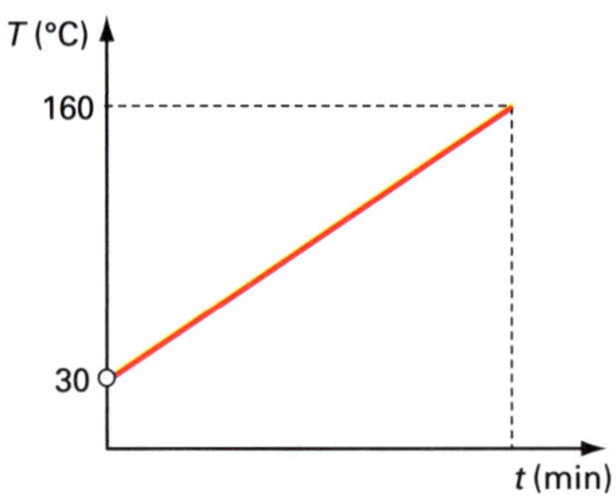

Figura 14.18.
Ilustración para ejemplo. Relación entre tiempo y temperatura.

22 Un termo eléctrico calienta 50 L de agua de 15 °C hasta 60 °C. ¿Qué cantidad de energía, expresada en julios y en kWh, es necesaria? Si suponemos que 1 kWh cuesta 0,12 euros, calcula el importe de energía eléctrica transformada en calor. (Dato: densidad del agua, $d = 1\,000\ \text{kg m}^{-3}$.)

Solución: $Q = 9\,405\,000$ J = 2,613 kWh; $C = 0{,}31$ €.

23 ¿Qué tiempo necesita un calentador eléctrico de 2,5 kW para calentar el agua de un depósito de 80 L desde la temperatura inicial de 18 °C hasta la final de 60 °C?

Solución: $t = 1{,}56$ h.

7.2 Cambios de estado

Los cambios de estado de los sistemas materiales transcurren a temperatura constante (temperatura del cambio de estado). Cuando se transfiere energía a un sistema material, a presión constante y cambia su estado, la energía transferida es proporcional a la masa del sistema:

$$\Delta E = Q = m \cdot L$$

La constante de proporcionalidad (L) depende de cada sustancia. Es una propiedad característica de las sustancias puras y se llama calor latente.

El **calor latente** de un cambio de estado, L, es la energía transferida a la unidad de masa de una sustancia para que pase de un estado a otro a la temperatura del cambio de estado y a una presión constante. En el SI el calor latente se mide en **J/kg**.

Cuando el sistema absorbe energía, los cambios de estado se llaman **progresivos.** La energía absorbida se emplea en romper enlaces en los sólidos o en vencer las fuerzas de cohesión en los líquidos.

Cuando el sistema cede energía, los cambios se llaman **regresivos.** La energía cedida es la misma que la absorbida, formándose entonces redes cristalinas o condensándose moléculas gaseosas para formar líquidos.

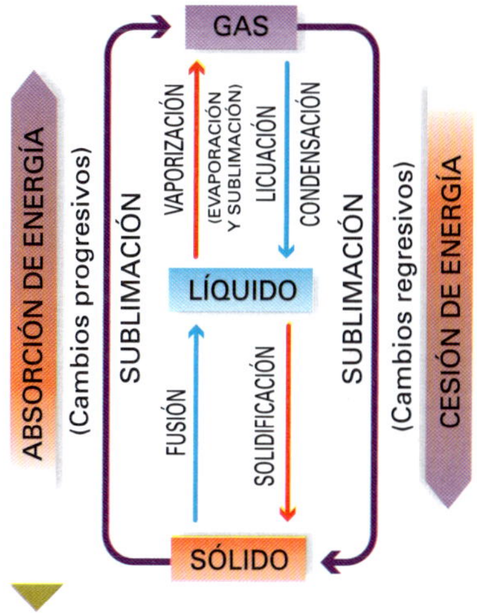

Figura 14.19.
Cambios de estado físico. En los cambios de estado la temperatura se mantiene constante durante todo el proceso.

EJEMPLO

¿Qué cantidad de energía es necesaria para que se transformen 1,2 kg de hielo a 0 °C en agua a 22 °C? (Datos: calor de fusión del hielo, $L_f =$ $= 334\,400$ J kg^{-1}; calor específico del agua, $c_e = 4\,180$ J kg^{-1} °C^{-1}.)

En primer lugar, el hielo se funde al absorber una cantidad de energía Q_1:

$$Q_1 = m \cdot L_f = (1{,}2 \text{ kg})\,(334\,400 \text{ J kg}^{-1}) = 401\,280 \text{ J}$$

Seguidamente, el agua pasa de 0 °C a 22 °C:

$$Q_2 = m \cdot c_e \cdot (T_f - T_i) = (1{,}2 \text{ kg})\,(4\,180 \text{ J kg}^{-1}\,°\text{C}^{-1})\,(22 - 0)\,°\text{C} = 110\,352 \text{ J}$$

$$Q = Q_1 + Q_2 = 511\,632 \text{ J}$$

Observa que la cantidad de energía necesaria para fundir el hielo es mucho mayor que la que se precisa para elevar la temperatura del agua.

Figura 14.20.
Ilustración para ejemplo.

24 Calcula la cantidad de energía necesaria para transformar 900 g de alcohol a 25 °C en vapor a 78 °C. (Datos: $L_v = 840\,000$ J kg^{-1}; $T_e = +78$ °C; $c_e = 2{,}45$ J/(g K))

Solución: $Q = 872\,865$ J.

25 Una bola de plomo de 45 g (que inicialmente está a 50 °C) impacta a 350 m/s contra una placa de acero, quedando incrustada. ¿Se fundirá el plomo como consecuencia del choque? Ten en cuenta que la placa de acero no varía su temperatura. (Datos: T_f (Pb) = 330 °C; c_e(Pb) = 0,122 J/(g K); L_f (Pb) = 24,7 J/g.)

7.3 Equilibrio térmico

Cuando dos cuerpos a distinta temperatura se ponen en contacto, al cabo de un cierto tiempo las temperaturas se igualan, finalizando el intercambio energético que se produce entre ambos. En ese momento los cuerpos alcanzan el **equilibrio térmico.**

Si el sistema está aislado, la cantidad de energía que pierde el cuerpo que está a mayor temperatura, Q_c, es igual a la cantidad de energía que gana el que está a menor temperatura, Q_a, de modo que en el equilibrio se cumple:

$$Q_c + Q_a = 0$$

EJEMPLO

En un termo de paredes perfectamente aislantes, se introducen $M = 450$ g de agua a 50 °C y $m = 50$ g de hielo a 0 °C. Calcula la temperatura, T_{eq}, a la que se queda la mezcla al cabo de un cierto tiempo. (Datos: $c_e = 4\,180$ J/(kg °C); $L_f = 334\,400$ J/kg.)

El cuerpo que cede energía es el agua, a 50 °C:

$$Q_c = M \cdot c_e \cdot \Delta T = (0{,}45 \text{ kg}) \left(4\,180 \frac{\text{J}}{\text{kg °C}}\right)(T_{eq} - 50) \text{ °C} = 1\,881\,(T_{eq} - 50) \text{ J}$$

El hielo absorbe esta energía, empleándola en:

- Fundirse completamente:

$$Q_1 = m \cdot L_f = (0{,}05 \text{ kg}) \left(334\,400 \frac{\text{J}}{\text{kg}}\right) = 16\,720 \text{ J}$$

- Incrementar su temperatura desde 0 °C hasta la temperatura T_{eq}:

$$Q_2 = m \cdot c_e \cdot \Delta T = (0{,}05 \text{ kg}) \left(4\,180 \frac{\text{J}}{\text{kg °C}}\right)(T_{eq} - 0) \text{ °C} = 209\, T_{eq} \text{ J}$$

La energía absorbida por el hielo será: $Q_a = Q_1 + Q_2 = 16\,720 + 209\, T_{eq}$.

En el equilibrio, $Q_c + Q_a = 0$: $1\,881\,(T_{eq} - 50) + 16\,720 + 209\, T_{eq} = 0$.

Despejando T_{eq} se obtiene: $T_{eq} = 37$ °C.

La temperatura del equilibrio debe estar entre las temperaturas iniciales de los cuerpos que se ponen en contacto.

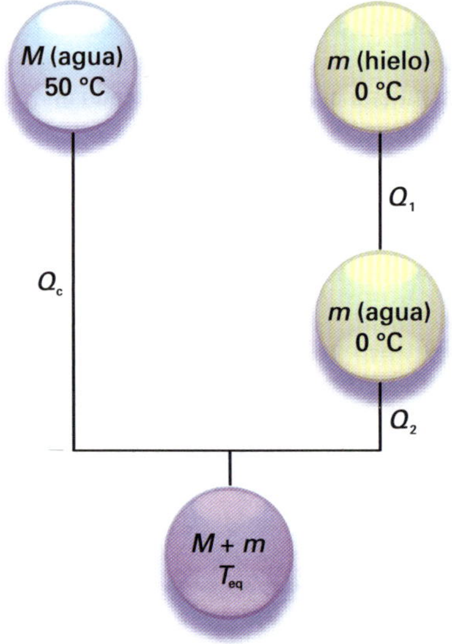

Figura 14.21.
Ilustración para ejemplo. En un sistema aislado, la energía cedida por el cuerpo a mayor temperatura Q_c, debe ser igual en valor absoluto a la energía adquirida por el cuerpo a menor temperatura, $Q_1 + Q_2$.

26 Se sumergen 50 g de hierro a 25 °C dentro de 250 g de agua a 80 °C. Después de cierto tiempo, la temperatura de la mezcla es de 78,9 °C. Si no hay intercambios de energía con el exterior, ¿cuál será el calor específico del hierro?

Solución: $c_e = 426$ J/(kg °C).

27 En un vaso con 250 g de agua a 25 °C echamos hielo para que la temperatura del equilibrio sea 3 °C. ¿Cuántos gramos de hielo a 0 °C hay que añadir al vaso? (Datos: ver ejemplo).

Solución: $m = 0{,}066$ kg de hielo.

8 Primer principio de la termodinámica

El primer principio de la termodinámica estudia las reacciones entre trabajo, calor y energía interna durante las transformaciones de energía que se dan en los sistemas materiales.

8.1 Energía interna

Aunque un cuerpo esté en reposo ($E_c = 0$) y no tenga energía potencial ($E_p = 0$), siempre tiene energía, ya que las partículas que lo forman sí que tienen ambos tipos de energía.

Esta energía, que llamaremos **energía interna (U),** y que es suma de las energías cinéticas y todas las potenciales de las partículas, en los gases ideales depende solo de la temperatura, de la masa y de la naturaleza del gas.

La energía interna es una **función de estado,** es decir, sus variaciones, ΔU, dependen exclusivamente de los estados inicial y final del sistema, sin importar el proceso que lleve de uno a otro.

El estado de un sistema termodinámico está definido por un conjunto de variables como la presión, el volumen y la temperatura, que se llaman **variables de estado.** Mientras estas variables no cambien en el sistema, este está en equilibrio. Cuando se pasa de un estado de equilibrio a otro, el sistema ha realizado un proceso termodinámico.

Como en todo proceso de la naturaleza, en los procesos termodinámicos se debe cumplir el principio de conservación de la energía.

Primer principio de la termodinámica. En todo proceso, los cambios de energía interna de un sistema termodinámico se deben a las transferencias de energía con el exterior en forma de calor y trabajo:

$$\Delta U = Q + W$$

Un **sistema termodinámico** es aquella porción del universo objeto de nuestro estudio.
Un sistema puede interaccionar o no con el exterior, dependiendo de si es abierto (intercambia materia y energía), cerrado (intercambia energía) o aislado (no intercambia nada).

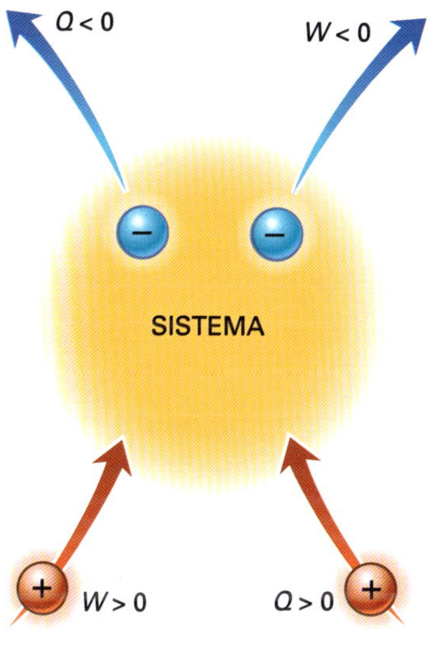

Figura 14.22.
Convenio de signos en un sistema termodinámico.

- Es positivo todo lo que se realice sobre el sistema desde el exterior porque se aumenta la energía interna de este.
- Es negativo todo lo que el sistema realice sobre el exterior porque disminuye la energía interna de este.

EJEMPLO

Dentro de un cilindro con tapa móvil (émbolo) hay una masa de gas ideal a cierta temperatura. Comprimimos el gas realizando un trabajo sobre él de 1 400 J. En el proceso el gas transfiere al exterior 250,8 J en forma de calor. Calcula la variación de energía interna del gas.

El trabajo se realiza desde el exterior, por tanto, es positivo $W = 1\,400$ J, mientras que el calor lo cede al exterior del sistema y, en consecuencia, es negativo:

$$Q = -250{,}8 \text{ J}$$

La variación de energía interna será:

$$\Delta U = Q + W$$
$$\Delta U = -250{,}8 \text{ J} + 1\,400 \text{ J} = 1\,149{,}2 \text{ J}$$

La energía interna aumenta, $\Delta U > 0$, por consiguiente, la temperatura de la masa de gas ideal también habrá aumentado.

En el caso de los **gases ideales,** la energía interna depende exclusivamente de la temperatura, en consecuencia, si mantenemos la temperatura constante, $\Delta U = 0$.

Recuerda

La unidad de presión en el SI es el **pascal (Pa).**

Otras unidades que no pertenecen al SI, pero que también se utilizan son el bar, la atmósfera (atm) y el torr (Torr) o milímetro de mercurio (mmHg). Estas son sus equivalencias:

- 1 bar = 100 000 Pa.
- 1 atm = 101 325 Pa.
- 1 atm = 760 Torr = 760 mmHg.

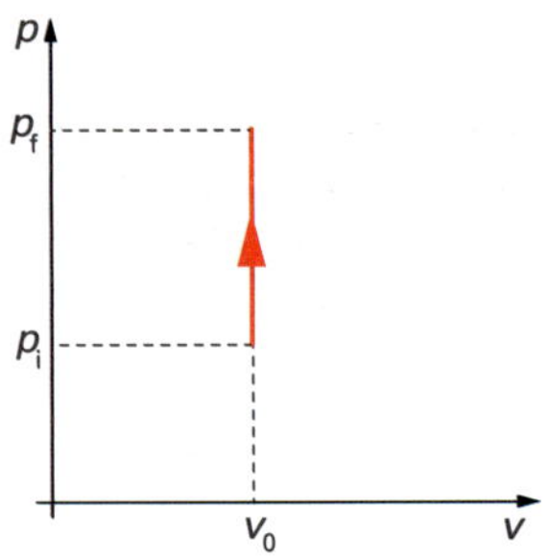

Figura 14.24.
Compresión isócora. El volumen permanece constante.

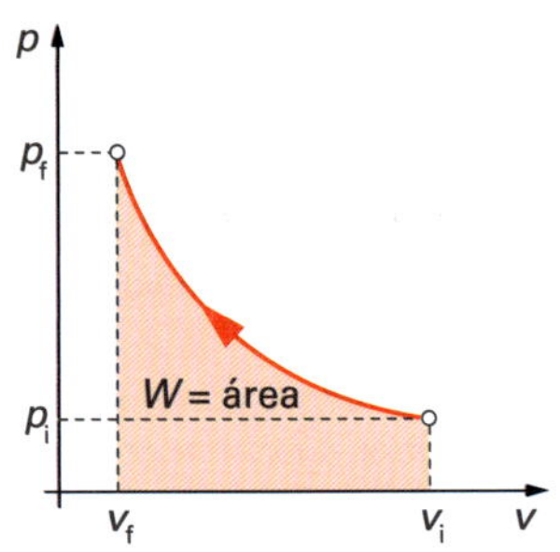

Figura 14.25.
Compresión isotérmica. La temperatura permanece constante.

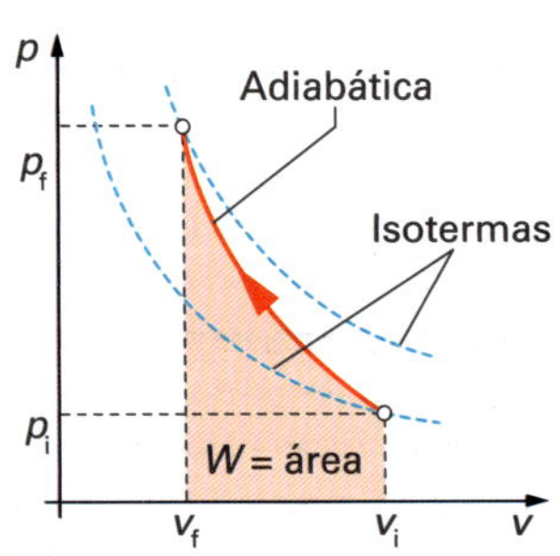

Figura 14.26.
Compresión adiabática. No hay intercambio de calor con el sistema.

8.2 El trabajo mecánico. Diagramas *p*-*V*

El trabajo mecánico, *W*, y el calor, *Q*, no son funciones de estado, en consecuencia su cálculo depende del tipo de proceso seguido para ir del estado inicial al final.

Los estados por los que pasa un gas ideal en un proceso termodinámico se pueden representar como puntos dentro de diagramas en los que intervengan las variables *p*, *V* y *T*. Resulta particularmente útil la representación de los procesos que sigue un gas ideal en diagramas *p*-*V*.

> En los diagramas *p*-*V*, el **área debajo de la curva** que describe el proceso de un gas ideal, **coincide** con el **trabajo mecánico** realizado.

Según cuál sea la variable que se mantiene constante, existen:

- **Procesos isobáricos:** la presión, p_0, permanece constante. En estos casos, el trabajo se puede calcular como el área del rectángulo, base por altura:

$$W = p_0\,(V_f - V_i) = p_0\,\Delta V$$

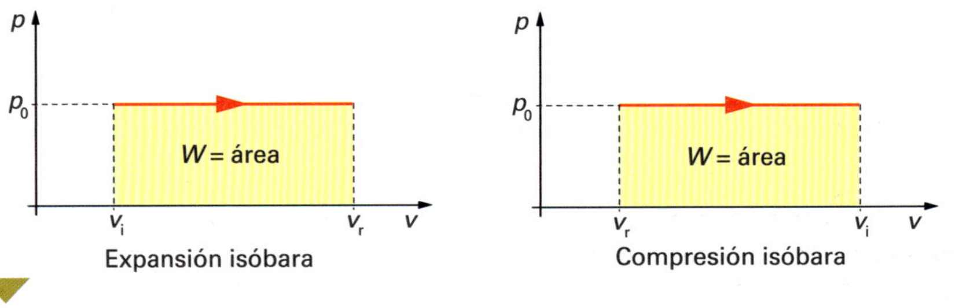

Figura 14.23.
Proceso isobárico. El trabajo que se desarrolla (compresión o expansión) se corresponde con el área del rectángulo.

Para que exista coherencia con el convenio de signos utilizado, debemos tener en cuenta que **el trabajo de expansión** que realiza el sistema debe ser **negativo**, como $V_f > V_i \rightarrow \Delta V > 0$, el trabajo mecánico será:

$$W = -p_0 \cdot \Delta V$$

- **Procesos isócoros:** el volumen, V_0, permanece constante. En estos casos, $\Delta V = 0$, por tanto, el trabajo será cero, $W = 0$.

- **Procesos isotérmicos:** la temperatura, T_0, permanece constante. En estos casos, al realizar el cálculo del área debajo de la gráfica que describe el proceso se obtiene:

$$W = -\,n\,R\,T \ln \frac{V_f}{V_i}$$

- **Procesos adiabáticos:** no se produce intercambio de calor desde el sistema al exterior, $Q = 0$. Al realizar el cálculo del área debajo de la gráfica que describe el proceso se obtiene:

$$W = \frac{p_i\,V_i}{\gamma - 1}\left[1 - \left(\frac{V_f}{V_i}\right)^{\gamma - 1}\right]$$

Donde γ es el coeficiente adiabático del gas.

En estos casos, como no hay intercambio de calor con el exterior, resulta más sencillo aplicar el primer principio y calcular el trabajo a partir de la variación de la energía interna del gas, $W = \Delta U$.

9 Segundo principio de la termodinámica. Máquinas térmicas

Los **fenómenos naturales** evolucionan de forma espontánea en un sentido y no en el contrario, es decir, son **irreversibles.** Si un vaso cae al suelo, se rompe en pedazos; sin embargo, no ocurre nunca de forma espontánea que los pedazos absorban energía y se unan hasta formar el vaso.

El principio de conservación de la energía, y con él el primer principio de la termodinámica, son compatibles con procesos que no se producen de forma espontánea en la naturaleza.

El segundo principio de la termodinámica complementa al primero. Este principio indica el sentido en el que transcurre el tiempo que, como los procesos naturales, es irreversible.

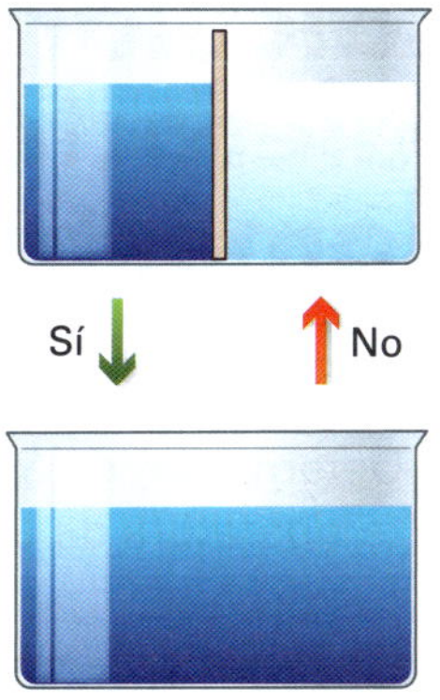

Figura 14.27.
La naturaleza evoluciona de forma espontánea en un solo sentido.
Una mezcla de tinta con agua nunca evoluciona a separarse en las dos sustancias.

> Los **procesos naturales espontáneos** evolucionan hacia los estados más probables, es decir, los estados de **mayor desorden.**

El grado de desorden de un sistema tiene carácter estadístico y se asocia a una **función de estado**, denominada **entropía (*S*)**:

$$\Delta S = \frac{Q}{T}$$

Esta función marca el sentido de la evolución de los procesos naturales.

> El **segundo principio de la termodinámica** establece que los procesos naturales espontáneos evolucionan en el sentido en que aumente la entropía.

Por tanto, según este principio:

$$(\Delta S)_{universo} = (\Delta S)_{sistema} + (\Delta S)_{entorno} \geq 0$$

La entropía del sistema propiamente dicho puede aumentar o disminuir, siempre y cuando la variación de la entropía del entorno sea tal, que dé lugar a un aumento de entropía del universo.

Un sistema aislado no interacciona con su entorno:

$$(\Delta S)_{entorno} = 0 \qquad (\Delta S)_{sistema} = (\Delta S)_{universo} \geq 0$$

Cuando en un sistema aislado ocurre un proceso, el aumento de entropía del mismo es igual al aumento de entropía del universo.

Las **máquinas térmicas** son unos dispositivos capaces de producir continuamente trabajo mecánico por intercambio de calor entre dos focos a distinta temperatura. Los motores de explosión, el motor diésel y la máquina de vapor son ejemplos de máquinas térmicas. Estos dispositivos tienen bajos rendimientos.

$$\eta = \frac{W}{Q_1} = \frac{Q_1 - |Q_2|}{Q_1} = \frac{T_1 - T_2}{T_1}$$

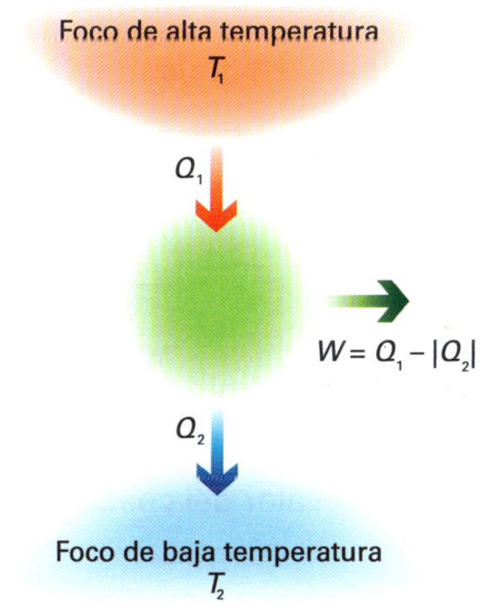

Figura 14.28.
Una máquina térmica es un dispositivo para convertir repetidamente calor en trabajo.
Estas máquinas requieren dos focos a distinta temperatura, T_1 y T_2, y el segundo principio de la termodinámica indica la imposibilidad de convertir todo el calor absorbido, Q_1, en trabajo mecánico, W.

La mejora de la eficacia de este tipo de máquinas tiene un límite impuesto por el segundo principio de la termodinámica, que también se puede enunciar:

> No es posible ninguna transformación **cíclica** que cambie íntegramente el calor absorbido en trabajo.

Trabajo de investigación

Calcular el número de aparatos calefactores en un sistema de calefacción doméstica individual

Objetivo

Determinar, de forma aproximada, el número de elementos de calefacción necesarios para que la temperatura de una vivienda oscile entre los 18 °C y los 22 °C.

Obtener información

- Mide en metros las **dimensiones** de las habitaciones de tu vivienda (ancho × largo × alto) para obtener el volumen *(V)* en m^3.
- Averigua la **potencia térmica, P_e,** de los elementos del modelo de radiador de tu vivienda; este dato lo encontrarás en la página web del fabricante, donde suele darse en kcal/h, por lo que deberás expresarlo en unidades del Sistema Internacional.
- Busca en un mapa la **zona climática** de la región en la que vives y averigua la **orientación** que tiene tu vivienda.

Desarrollo

- Obtén el valor de la **necesidad térmica** de tu vivienda como el producto del volumen, *V*, de la habitación, en m^3, por un coeficiente *K*, cuyo valor se calcula a partir de los siguientes factores: la orientación, factor O; la zona climática, factor C; y la demanda de calor de la habitación, factor D (kJ/h m^3), según la temperatura deseada. En la siguiente tabla tienes datos de referencia.

Factor O		Factor C		Factor D		
Norte	1,2	Subtropical	0,7	**Habitación**	**T(°C)**	**(kJ/h m^3)**
Este	1,1	Mediterráneo	0,8	Salón	22	211,5
Oeste	1,1	Mediterráneo-continental	1	Dormitorio	21	192,3
Sur	1	Oceánico	1,15	Cocina	20	173,1
		Montaña	1,2	Baño	21	192,3
				Pasillo	18	144,2

Tabla 14.2. Valores de referencia de los factores que determinan el coeficiente *K*.

El valor del coeficiente, *K*, será igual al producto de los factores anteriores:

$$K = C \cdot O \cdot D$$

Una vez calculado este coeficiente, para determinar el número de elementos de calefacción necesarios, se divide por la potencia de emisor térmico del elemento calefactor que tengas:

$$\text{N.° elementos} = \frac{V \cdot K}{P_e}$$

Resultados

El resultado del cálculo se debe aproximar, en todo caso, por exceso. Los aparatos de calefacción se distribuyen en radiadores con el número de elementos calculados. Comprueba el resultado del cálculo con la instalación que tienes en tu vivienda.

Experiencia de laboratorio

Equilibrio térmico: medida del calor específico de un sólido

Objetivo

Medir el calor específico del aluminio mediante el equilibrio térmico con una cierta cantidad de agua.

Material

- Calorímetro con agitador y termómetro.
- Termómetro y agitador de vidrio.
- Fuente de calor y trípode con rejilla.
- Probeta 250 mL, agua y balanza.
- Cilindro de aluminio.

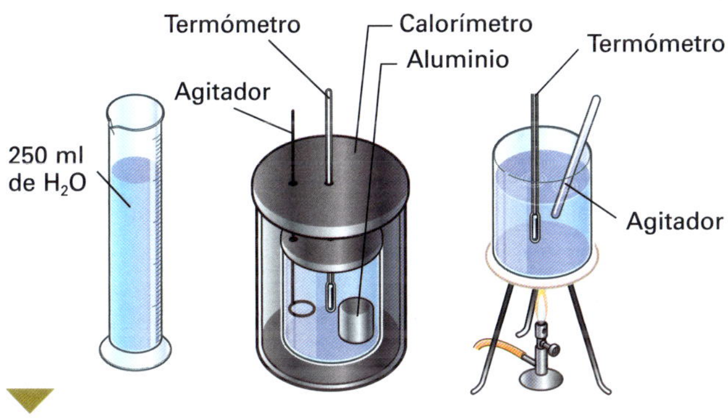

Figura 14.29.
Montaje de la experiencia con sus distintos elementos.

Procedimiento

Al poner en contacto una cantidad de agua (m_1) de calor específico 4 180 $\frac{\text{J}}{\text{kg K}}$, a una temperatura T_1, con otra cantidad (m_2) de aluminio de calor específico desconocido, c_e (Al), a una temperatura T_2, menor que T_1, al cabo de cierto tiempo el sistema alcanza el equilibrio, de tal modo que ambos tienen la misma temperatura, T_e.

En el equilibrio, suponiendo que no existen pérdidas, se cumple que el calor cedido por el agua será igual al absorbido por el aluminio, de forma que:

$$Q_c + Q_a = 0$$

$$(m_1 + k)\,(T_e - T_1) + m_2 \cdot c_e(\text{Al})\,(T_e - T_2) = 0$$

La constante, *k*, es el equivalente en agua del calorímetro, definido como la cantidad de agua que absorbería la misma cantidad de calor que el calorímetro por cada grado de variación de temperatura que experimente. El C_e (Al) será:

$$c_e(\text{Al}) = \frac{(m_1 + k)\ (T_1 - T_e)}{m_2\ (T_e - T_2)}$$

Seguimos estos procesos:

- Con la **probeta** medimos 250 mL de agua. Este volumen coincide con la masa en gramos, m_1.
- Con la **balanza** medimos la masa, m_2, del aluminio. Su temperatura, T_2, es la del ambiente que indica el termómetro del laboratorio.
- Calentamos el agua, **agitando** de vez en cuando hasta una temperatura de unos 60 °C.
- Echamos el agua caliente en el calorímetro, removemos y tomamos su temperatura, T_1. Introducimos el aluminio y cerramos el calorímetro.
- Es importante **agitar suavemente el agua** de vez en cuando, con objeto de conseguir una temperatura uniforme entre el agua y el aluminio. Una vez estabilizada la temperatura, se toma la medida y se calcula el calor específico del aluminio.
- Repetimos el procedimiento con distintas masas de agua.

Elabora una tabla en la que aparezcan ordenados los datos obtenidos donde se detalle:

- Masa del aluminio, m_2, y su temperatura, T_2.
- El equivalente del calorímetro, *k*.
- Los valores de la masa de agua, m_1 (kg) en las distintas experiencias.
- Los valores de las temperaturas T_1 (°C), T_e (°C), y el calor específico c_e (J/(kgK)), según los datos de m_1.

Masa de agua m_1 (kg)	T_1 (°C)	T_e (°C)	$C_e\left(\frac{\text{J}}{\text{kg K}}\right)$

Análisis de los datos y conclusiones

Toma como resultado del calor específico la media aritmética de los valores obtenidos. En esta experiencia, las pérdidas o ganancias de energía son inevitables; es muy importante minimizarlas al máximo. Contrasta el resultado con el calor específico real del aluminio e interpreta las diferencias.

Ampliación

Una vez conocido el calor específico del aluminio, se puede usar este mismo procedimiento para medir el equivalente en agua del calorímetro, *k*, y contrastarlo con el indicado por el fabricante.

El carrito lanza-bolas

Un carrito lleva un embudo vertical con la boca hacia arriba. En la parte estrecha hay un resorte de constante $k = 30$ N/m, comprimido una longitud de 0,05 m, sujeto mediante un enganche. Encima del resorte se encuentra una bola de 0,04 kg de masa. El carrito se mueve con velocidad constante de 0,35 m/s a lo largo de una pista recta y horizontal. Cuando pasa por un resalte de la pista, se libera el resorte y la bola sale lanzada verticalmente hacia arriba.

a) ¿Cuál es la ecuación de la trayectoria de la bola?

b) ¿Qué tiempo tarda en caer?

c) ¿Qué altura máxima alcanzará la bola?

d) ¿Dónde caerá?

Resuelve el ejercicio respecto a un observador situado en el carrito y respecto de otro situado fuera de él.

Comentarios al enunciado

En el lanzamiento se conserva la energía mecánica. Si llamamos (i) al instante en que la bola se encuentra sobre el resorte comprimido y (f) al instante en que sale del resorte, podemos escribir:

$$E_m(\text{i}) = E_m(\text{f}) \quad \rightarrow \quad E_c(\text{i}) + E_p(\text{i}) = E_c(\text{f}) + E_p(\text{f})$$

En el instante inicial la bola se encuentra en reposo respecto al resorte, por tanto, su energía cinética es cero, solo existe energía potencial elástica del resorte. En el instante final toda la energía potencial elástica se ha transformado en energía cinética de la bola.

$$\frac{1}{2}\,k\,x^2 = \frac{1}{2}\,m\,v_{0y}^2 \quad \rightarrow \quad k\,x^2 = m\,v_{0y}^2 \quad \rightarrow \quad v_{0y} = \sqrt{\frac{k}{m}}\,x \quad \rightarrow \quad v_{0y} = \sqrt{\frac{30}{0{,}04}}\,0{,}05 = 1{,}37 \text{ m/s}$$

Una vez lanzada, la bola se ve sometida exclusivamente a la aceleración de la gravedad.

Resolución y cálculos

- Un observador situado en el carrito se considera en reposo, $v_x = 0$ m/s, y observa un lanzamiento vertical hacia arriba con velocidad inicial $v_{0y} =$ 1,37 m/s. La bola vuelve al embudo con esta misma velocidad en sentido contrario.

a) La ecuación de la trayectoria es, por tanto, la ecuación del eje vertical, $x = 0$.

b) El tiempo que tarda en volver a $y = 0$ será:

$$y = v_{0y}\,t - \frac{1}{2}\,g\,t^2 \longrightarrow 0 = 1{,}37\,t - 4{,}91\,t^2$$

Resolvemos la ecuación y obtenemos:

$$t_1 = 0 \text{ s} \quad \text{y} \quad t_2 = 0{,}28 \text{ s}$$

El tiempo que nos piden será la segunda solución.

c) Se alcanza la altura máxima cuando $v_y = 0$ m/s,

$$v_y^2 - v_{0y}^2 = -2\,g\,y \longrightarrow -v_{0y}^2 = -2\,g\,y_{\text{máx}}$$

Despejamos y sustituimos:

$$y_{\text{máx}} = \frac{v_{0y}^2}{2\,g} \longrightarrow y_{\text{máx}} = \frac{1{,}37^2}{2 \times 9{,}81} = 0{,}10 \text{ m}$$

d) La bola cae sobre el embudo en $y = 0$.

Un observador fuera del carrito interpreta que la bola sale con una velocidad cuya componente horizontal es la del carrito, $v_x = 0{,}35$ m/s y la vertical, $v_{0y} = 1{,}37$ m/s.

- Supongamos ahora el caso del observador situado fuera del carrito.

a) Las ecuaciones, sobre cada eje, del movimiento de la bola serán ahora: $x = v_x\,t \quad ; \quad y = v_{0y}\,t - \frac{1}{2}\,g\,t^2$

Sustituimos: $x = 0{,}35\,t \quad ; \quad y = 1{,}37\,t - 4{,}91\,t^2$

Para obtener la trayectoria eliminamos el tiempo:

$$t = \frac{x}{0{,}35} \rightarrow y = 1{,}37\,\frac{x}{0{,}35} - 4{,}91\left[\frac{x}{0{,}35}\right]^2 = 3{,}91\,x - 40{,}08\,x^2$$

Se obtiene la ecuación de una parábola.

b) y **c)** La resolución de estos apartados es la misma que en el caso anterior, $t = 0{,}28$ s, $y_{\text{máx}} = 0{,}10$ m.

d) El observador ve caer la bola sobre el embudo, $y = 0$, que junto al carrito ha recorrido un espacio:

$$0 = 3{,}91\,x - 40{,}08\,x^2 \longrightarrow x_1 = 0 \text{ m} \quad \text{y} \quad x_2 = 0{,}10 \text{ m}$$

Análisis de los resultados

El carrito es un sistema inercial, en consecuencia, aunque los dos observadores ven cosas diferentes, ambos pueden explicarlas utilizando las mismas leyes de la cinemática.

Los cambios de estado

Una bola de plomo de 20 g se dispara con una velocidad de 300 m/s contra una placa de acero. Llega a la placa con una temperatura de 90 °C y queda incrustada en ella. Si la bola absorbe un 80 % de la energía transformada en el choque, ¿se fundirá el plomo a consecuencia del choque?

(Datos: $T_f = 330$ °C; $c_{ePb} = 0{,}122$ J/g K; $L_f = 24{,}7$ J/g.)

Comentarios al enunciado

Toda la energía cinética de la bola se transforma al chocar contra la placa de acero. Una parte de ella, el 80 %, se transforma en energía interna de la bola, que produce un aumento de su temperatura y un posible cambio de estado del plomo.

Habrá que calcular, por un lado, la cantidad de energía cinética, Q, que se transforma en energía interna de la bola, es decir, el 80 % de la energía cinética.

Por otro lado, hallamos la cantidad de energía, Q', que se requiere para fundir los 20 g de plomo. En este caso, en primer lugar hay que elevar la temperatura de la bola hasta la temperatura de fusión del plomo, lo que requiere una energía Q'_1. A continuación hay que sumar la energía necesaria para fundirlo, Q'_2.

Comparando Q con Q' podemos ver si es o no posible la fusión completa.

Tenemos que prestar mucha atención a las unidades: el calor específico (c_{ePb}) y el calor latente de fusión (L_f) del plomo tienen la masa expresada en gramos. En consecuencia, al sustituir el dato de la masa en las relaciones en las que aparezca, habrá que hacerlo en gramos. Sin embargo, para que la energía cinética se exprese en julios, habrá que sustituir la masa por $m = 0{,}02$ kg.

Resolución y cálculos

La energía que se transfiere a la placa de acero y al plomo de la bola será:

$$\Delta E_c = E_c\,(\text{f}) - E_c\,(\text{i}) = 0 - \frac{1}{2} m \cdot v^2$$

$$\Delta E_c = -900 \text{ J}$$

El 80 % de esta energía se transforma en energía interna de la bola de plomo:

$$Q = 0{,}80\ (900 \text{ J}) = 720 \text{ J}$$

Esta es la energía de la que se dispone para el posible proceso de fusión.

Para fundir 20 g de plomo que inicialmente están a 90 °C, en primer lugar se requiere una determinada cantidad de energía Q'_1, con el fin de elevar la temperatura hasta la temperatura de fusión del plomo, 330 °C:

$$Q'_1 = m \cdot c_{ePb}\ (330 - 90)$$

$$Q'_1 = (20 \text{ g}) \left(0{,}122 \frac{\text{J}}{\text{g K}}\right) (240 \text{ K}) - 585{,}6 \text{ J}$$

Después se precisa una cantidad de energía Q'_2 para cambiar el estado de sólido a líquido:

$$Q'_1 = m \cdot L_f \longrightarrow Q'_2 = (20 \text{ g}) \left(24{,}7 \frac{\text{J}}{\text{g}}\right) = 494 \text{ J}$$

En total: $Q' = Q'_1 + Q'_2 = 1\,079{,}6$ J:

$$Q' > Q$$

Para fundir todo el plomo se requiere más de la energía correspondiente transformada en el choque; en consecuencia, no llega a fundirse la totalidad del plomo.

Análisis de los resultados

Podemos averiguar la cantidad (m') de plomo que se llega a fundir sin más que plantear la conservación de la energía transformada.

Con $Q = 720$ J, todo el plomo aumenta su temperatura hasta la temperatura de fusión, pero solo m' gramos se funden:

$$Q = Q'_1 + m' \cdot L_f$$

Al despejar la masa m', obtenemos:

$$m' = \frac{Q - Q'_1}{L_1} = \frac{(720 - 585{,}6) \text{ J}}{24{,}7 \text{ J/g}} = 5{,}44 \text{ g}$$

Por tanto, de los 20 g de la bola solo se funden 5,44 g; el resto se encuentra a 330 °C en estado sólido.

Actividades

Energía y trabajo

28 ¿Qué expresión es la correcta? Indica por qué:

a) Se ha perdido energía mecánica.

b) Se ha transformado la energía mecánica.

c) Ha desaparecido la energía mecánica.

29 Los egipcios subían las piedras utilizadas para construir las pirámides mediante planos inclinados, en vez de elevarlas directamente mediante una polea. ¿Es distinto el trabajo realizado sobre la piedra por las fuerzas gravitatorias según el camino elegido?

30 Razona a partir de la definición de fuerza conservativa el trabajo realizado por la fuerza de atracción gravitatoria que ejerce el Sol sobre la Tierra cuando esta describe una órbita elíptica completa alrededor del astro.

Solución: $W = 0$ J.

31 Una caja de 5 kg se deja en un plano de 60°. Determina a los 2 m de su recorrido:

a) El trabajo realizado por el peso y la fuerza de rozamiento.

b) La energía cinética.

(Dato: coeficiente de rozamiento, $\mu = 0{,}35$.)

Solución: $W_1 = 85$ J; $W_2 = -17{,}2$ J; $E_c = 67{,}8$ J.

32 Un cuerpo que se desliza por una superficie horizontal tiene en un momento dado una velocidad de 10 m/s. Si la masa del cuerpo es de 2 kg y el coeficiente de rozamiento es $\mu = 0{,}2$, calcula:

a) La fuerza de rozamiento.

b) El trabajo de esa fuerza.

c) El espacio recorrido por el cuerpo hasta detenerse desde el momento indicado.

Solución: **a)** $F_r = 3{,}9$ N; **b)** $W = -100$ J; **c)** $s = 25{,}6$ m.

33 Se estira un muelle una cierta longitud y a continuación se le comprime el doble de dicha longitud. ¿En qué relación se encuentran las energías potenciales del muelle?

Solución: $E_p(2x) = 4 \cdot E_p(x)$.

34 La fuerza recuperadora de un resorte viene dada por $F = -5 \cdot x$, siendo x la elongación y F la fuerza, en unidades del SI.

a) Representa gráficamente F en función de x.

b) Como el trabajo viene dado por el área entre la fuerza F, el eje de abscisas y las ordenadas que pasan por los extremos de la elongación, halla el trabajo de la fuerza que alargue 30 cm ese resorte.

c) ¿Qué energía potencial tiene el resorte en la situación descrita?

Analiza las respuestas obtenidas en los apartados indicados anteriormente.

Solución: **b)** $W = 0{,}23$ J; **c)** $E_p = 0{,}23$ J.

Principio de conservación de la energía

35 Se lanza verticalmente hacia arriba un objeto de 0,5 kg con una energía cinética de 25 J. Calcula:

a) La altura alcanzada si no hay rozamiento del aire.

b) La energía potencial máxima.

c) La energía potencial cuando la velocidad es 1/5 de la velocidad inicial.

Solución: **a)** $h = 5{,}1$ m; **b)** $E_p = 25$ J; **c)** $E_p = 24$ J.

36 Una caja de 10 kg de masa se desliza por un plano inclinado 45° con la horizontal sin rozamiento. Halla la energía cinética cuando ha recorrido 4 m, si la velocidad inicial es $v_0 = 5$ m/s, y el trabajo realizado en el descenso.

Solución: $E_{cf} = 402{,}5$ J; $W = 277{,}5$ J.

37 En una montaña rusa, la altura de uno de los picos es $h_A = 15$ m y la del siguiente es $h_B = 10$ m. Cuando un vagón pasa por el primero, la velocidad que lleva es $v_A = 5$ m/s. Si la masa del vagón más la de los pasajeros es de 500 kg, calcula:

a) La velocidad del vagón al pasar por el segundo pico en el caso de que no haya rozamientos.

b) Si la velocidad real con la que pasa por el segundo pico es $v_B = 8$ m/s, ¿cuánto vale el trabajo realizado por las fuerzas de rozamiento?

Solución: **a)** $v_B = 11{,}1$ m/s; **b)** $W_r = -14\,775$ J.

38 Cuando un proyectil, una bola, de 25 g de masa, choca contra un péndulo balístico de 2 kg, se observa que el centro de gravedad del péndulo se eleva una altura de 10 cm. La bola queda incrustada en el péndulo, tras penetrar 30 cm en él. Calcula la velocidad del proyectil.

Solución: $v = 113{,}5$ m/s.

39 Durante un terremoto, se desprende una roca de 1 200 kg en lo alto de un desfiladero. La roca en caída libre desde 36 m de altura alcanza el suelo, penetrando 0,6 m en él. Calcula la resistencia media del terreno.

Solución: $R = 760\,320$ N.

40 Un objeto de 15 kg de masa se desplaza 4 m en una superficie horizontal bajo la acción de una fuerza de 50 N que forma un ángulo de 30° con el desplazamiento. La fuerza de rozamiento entre el cuerpo y el suelo se opone al avance. Calcula el trabajo de cada fuerza y el trabajo total considerando un coeficiente de rozamiento de valor $\mu = 0{,}25$.

Solución: $W_{Fx} = 173{,}2$ J; $W_{Fr} = -122{,}2$ J; $W = 51$ J.

41 Un péndulo de longitud $l = 1{,}6$ m se deja oscilar desde la posición (1). Considerando que no hay rozamiento, calcula la velocidad del péndulo en las posiciones (2), (3) y (4). ¿Cuál es la energía cinética y cuál la energía potencial en (2) y (3) si $m = 100$ g?

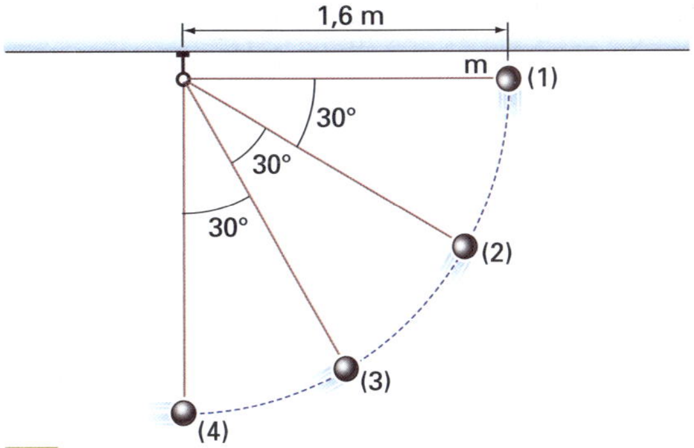

Figura 14.30.
Posiciones del péndulo.

Solución: $v_2 = 4$ m/s; $v_3 = 5{,}2$ m/s; $v_4 = 5{,}6$ m/s; $E_c(2) = -E_p(2) = 0{,}8$ J; $E_c(3) = -E_p(3) = 1{,}35$ J.

42 Cuando una bola de 150 g de masa choca contra un péndulo balístico de 10 kg de masa, se observa que el centro de gravedad del péndulo se eleva una altura de 15 cm y la bola queda incrustada en el péndulo. Calcula la velocidad de la bola.

Solución: $v = 116$ m/s.

43 El tren de esta atracción, de 10 t, «riza el rizo» cuyo radio mide 10 m. Calcula en ausencia de razonamiento:

a) La energía cinética mínima que debe tener el tren en el punto más alto del trayecto circular.

b) La altura mínima, referida a la base del rizo, desde la que al dejar caer el tren se describa el rizo.

Figura 14.31.
Punto de mayor altura de la atracción.

Solución: $E_C = 490\,500$ J; $h = 2{,}5$ m.

44 Desde 1 m de altura dejas caer una bola de acero que pesa 200 g sobre un piso firme y pulido y la bola rebota hasta 30 cm. ¿Hay conservación de la energía mecánica? Si se ha perdido energía mecánica, calcula cuánta y dónde se ha ido esa energía.

Solución: $E = -1{,}37$ J; en el choque con el suelo.

45 La energía total de un oscilador armónico de masa 150 g y de período $T = 2$ s es igual a 3×10^{-2} J. Escribe la ecuación del movimiento si en $t = 0$ s, $x = A$.

Solución: $x = 0{,}20 \cos \pi t$

46 Un resorte de constante 500 N/m está unido a un punto fijo por uno de sus extremos, y por el otro, a un carrito de 250 g que rueda por un carril sin rozamiento apreciable en un plano horizontal. Se tira del carrito, desplazándolo 20 cm de su posición de equilibrio, y después se suelta:

a) Al volver a la posición inicial, ¿qué velocidad tendrá?

b) Calcula su energía cinética y su energía potencial al pasar por un punto situado a 6 cm antes de llegar a la posición de equilibrio.

Solución: a) $v = 8{,}9$ m/s; **b)** $E_p = 0{,}9$ J; $E_c = 9{,}1$ J.

47 Un cuerpo de 375 g está en contacto con un muelle de constante 400 N/m comprimido una longitud de 5 cm y sujeto mediante un seguro.

a) Si el muelle se coloca en posición vertical, el cuerpo queda inicialmente a 10 cm de altura. En caso de soltar el seguro, ¿qué altura máxima alcanza el cuerpo?

b) Si se coloca horizontalmente sobre una mesa que presenta un rozamiento de coeficiente $\mu = 0{,}20$, ¿qué distancia recorre el cuerpo sobre la mesa una vez dejado en libertad?

Solución: a) $h = 23{,}6$ cm; **b)** $d = 0{,}68$ m.

48 Un oscilador armónico de constante $k = 0{,}25$ N/m, tiene una ecuación de movimiento en unidades internacionales del tipo $x(t) = 0{,}4 \cos (5\pi\, t)$. Calcula la energía mecánica, la potencial y la cinética en $t = 1{,}25$ s.

Solución: $E_m = 0{,}02$ J; $E_p = 9{,}8 \times 10^{-3}$ J; $E_c = 1{,}02 \times 10^{-2}$ J.

49 Bajo la acción de fuerzas elásticas, un cuerpo de 1,5 kg de masa se mueve en el eje x de acuerdo con la ecuación expresada en el SI $x(t) = 2 \cos (100\,\pi\, t)$. Calcula:

a) La aceleración del cuerpo en función del tiempo.

b) La constante elástica del sistema.

c) La energía total del cuerpo.

Solución: a) $a(t) = -1{,}97 \times 10^5 \cos (100\,\pi\, t)$; **b)** $k = 1{,}48 \times 10^5$ N/m; **c)** $E_m = 2{,}96 \times 10^5$ J.

50 En la figura se muestra la representación gráfica de la energía potencial, E_p, de un oscilador armónico constituido por una masa puntual de valor 300 g unida a un muelle horizontal. Calcula:

a) La constante elástica del muelle.

a) La aceleración máxima del oscilador.

c) La energía cinética cuando la masa está en la posición $x = +5{,}3$ cm.

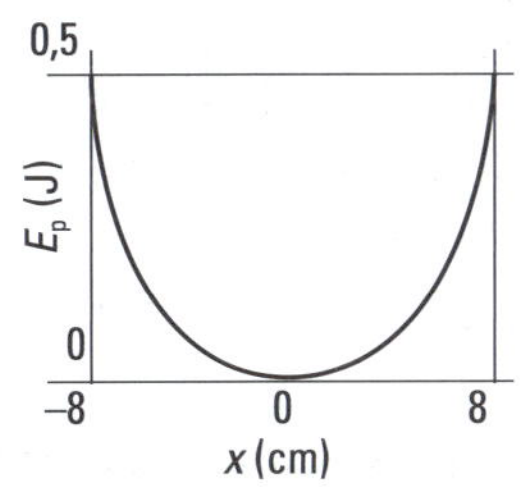

Figura 14.32.

Solución: a) $k = 156{,}25$ N/m; **b)** $a = -41{,}67$ m/s^2; **c)** $E_c = 0{,}28$ J.

Potencia

51 Define el kWh y explica por qué esta unidad es tan práctica en nuestra vida diaria.

52 Define el concepto de potencia e indica uno o varios ejemplos ilustradores. Cita las unidades más frecuentes de potencia.

53 Por una cascada de 60 m de altura caen 50 m^3 de agua por segundo. ¿Cuántas bombillas de 100 W se podrían encender si se pudiese aprovechar el 75% de la energía producida por la caída del agua?

Solución: 221 000 bombillas.

54 ¿Qué potencia desarrolla una grúa portuaria que levanta un contenedor de 12 800 kg a 9 m de altura en 60 s?

Solución: P = 18,8 kW.

55 En un pozo de sondeo con agua a 70 m, calcula:

a) La potencia de un motor que extraiga 6 000 litros de agua cada hora.

b) Si el rendimiento del motor es η = 54 %, ¿qué cantidad de energía hay que suministrarle para que realice este trabajo?

Solución: a) P = 1 144,5 W; **b)** ΔE_t = 7 630 000 J.

Energía y calor

56 Define la unidad en que se mide el trabajo, el calor y la energía.

57 Razona la siguiente frase: «Los cuerpos tienen calor o tienen temperatura».

58 Si tocas la pata metálica de tu mesa y después tocas la madera del tablero, las sensaciones térmicas serán diferentes. ¿Están a la misma temperatura la pata y el tablero? ¿Por qué la sensación térmica es distinta?

59 Realiza las siguientes conversiones:

a) –20 °C. Exprésalo en °F y en K.

b) 52 °F. Exprésalo en °C y en K.

c) 400 K. Exprésalo en °C y en °F.

Solución: a) T_F = –4 °F; T_K = 253,15 K; **b)** T_C = 11,11 °C; T_K = 284,26 K; **c)** T_C = 126,85 °C; T_F = 260,33 °F.

60 Se deja caer una piedra de 750 g desde una altura de 1 200 m en un recipiente que contiene 10 kg de agua.

a) ¿Con qué velocidad llega la piedra al recipiente?

b) Si toda la E_c se emplea en calentar el agua, ¿cuánto se eleva la temperatura del agua?

(Dato: a 10^5 Pa, c_e = 4 180 J/(kg°C))

Solución: a) v = 153,4 m/s; **b)** ΔT = 0,21 °C.

61 Una resistencia de 1 500 W de potencia se introduce en un recipiente que contiene 15 L de agua. Suponiendo que un 80 % de la energía eléctrica desarrollada por la resistencia se invierta en calentar el agua, ¿qué temperatura tendrá el agua al cabo de 15 minutos, si inicialmente estaba a 20 °C? (Dato: calor específico del agua: 4 180 J/(kg°C))

Solución: T = 37,2 °C.

62 Un calentador eléctrico de 2,5 kW calienta el agua de un depósito de 70 L desde la temperatura inicial de 18 °C hasta 50 °C. ¿Qué tiempo necesita si el rendimiento de la transformación de energía eléctrica en energía térmica es del 80 %?

Solución: t = 1,3 h.

63 En una bolsa de frutos secos se indica que su valor energético es de 2 655 kJ/100 g. Calcula este valor en kJ/kg y en J/kg.

Solución: 26 550 kJ/kg; $26{,}55 \times 10^6 \frac{\text{J}}{\text{Kg}}$.

64 Un chip de un circuito, fabricado con 1,05 g de silicio, absorbe energía, produciendo un aumento de su temperatura. El funcionamiento correcto requiere una temperatura constante de 45 °C, la cual se consigue mediante un ventilador, ya que si la temperatura alcanza los 90 °C, el chip deja de funcionar. En un determinado momento, el ventilador se detiene. ¿Cuánto tiempo estará funcionando el circuito? (Datos: consumo del chip, 15 mW; calor específico del silicio, 700 J/(kg K))

Solución: t = 36,8 min.

Cambios y equilibrios

65 ¿Qué es el calor de cambio de estado? Indica las unidades en las que se mide en el SI.

66 En el aula hay un termómetro que marca una temperatura de 23 °C. ¿Qué temperatura tienen las mesas y las sillas del aula?

67 Se condensa 1 kg de vapor de alcohol a 78,3 °C y supongamos que la energía absorbida por el alcohol la pudiéramos transformar íntegramente para lanzar en vertical hacia arriba un objeto de 25 kg. ¿A qué velocidad será propulsado el objeto y qué altura alcanzará en este movimiento? (Dato: $L_v = 8{,}46 \times 10^5$ J/kg; T_v = 78,3 °C)

Solución: v = 260 m/s; h = 3,45 km.

68 En una vasija de paredes aislantes se introducen cantidades iguales de agua, a 50 °C, y de hielo, a –40 °C.

a) ¿Se fundirá todo el hielo?

b) ¿Cuál será la temperatura final de la mezcla?

Solución: a) No; **b)** T = 0 °C.

69 Realizando un diagrama de pasos, calcula la energía absorbida por 1,5 kg de hielo a –5 °C al transformarse en vapor de agua a 100 °C. (Datos: L_f = 334,4 kJ kg^{-1}; L_v = 2 257,2 kJ kg^{-1}; $c_{e(hielo)}$ = 2,09 kJ/(kg °C))

Solución: Q = 4 530,1 kJ.

70 Teniendo en cuenta que la sustancia es el agua, halla la energía transformada a presión constante en los siguientes casos de calentamiento: (Datos: L_f = 334,4 kJ kg^{-1}; L_v = 2 257,2 kJ kg^{-1}; $c_{e(hielo)}$ = 2,09 kJ/(kg °C); $c_{e(agua)}$ = 4 180 J/ /(kg °C)).

a) M = 100 g, T_1 = –10 °C, T_2 = 60 °C.

b) M = 5 g, T_1 = 50 °C, T_2 = 100 °C (v).

c) M = 40 g, T_1 = 0 °C (s), T_2 = 80 °C.

d) M = 400 g, T_1 = –40 °C, T_2 = 0 °C (s).

Solución: a) Q = 60 610 J; **b)** Q = 12 331 J; **c)** Q = 26 752 J; **d)** Q = 33 440 J.

71 Preparamos el baño de un bebé con 8 L de agua a 50 °C. ¿Qué cantidad de agua a 20 °C hay que añadir para que su temperatura sea de 35 °C? (Datos: calor específico del agua, 4 180 J/(kg °C); densidad del agua, 1 kg/L.)

Solución: m = 2,7 kg.

Termodinámica

72 Resuelve las siguientes cuestiones:

a) ¿Puede un sistema absorber energía sin que varíe su energía interna?

b) Cuando un sistema pasa de un estado (1) a un estado (2), ¿el calor es el mismo en todos los procesos que unen esos estados?

73 Un cilindro cerrado por un pistón móvil contiene 4,42 L de un gas ideal a presión de 140 kPa. Se tira muy lentamente del pistón hasta duplicar su volumen, manteniendo la temperatura constante, proceso durante el cual se realiza un trabajo de 428,9 J. Calcula el calor en el proceso.

Figura 14.33.

Solución: Q = –428,9 J.

74 Un bloque de hielo de 1 kg, inicialmente a 0 °C, se calienta y se funde, convirtiéndose en agua a 4 °C. El proceso tiene lugar a una presión de 1,01 × 10^5 Pa. Calcula el trabajo realizado en el proceso. (Datos: d_{hielo} = 0,917 g/cm^3; d_{agua} = 1 g/cm^3.)

Solución: W = –9,14 J.

75 Al calentar medio litro de agua, la energía interna aumenta en 85 000 J. Si suponemos que no se ha incrementado el volumen: (Dato: c_e = 4 180 J/kg °C.)

a) ¿Qué trabajo realiza el sistema?

b) ¿Cuál será la variación de temperatura que experimenta el agua?

Solución: a) W = 0 J; ΔT = 40,7 °C.

76 Un volumen de 250 cm^3 (masa 250 g) de agua líquida a 100 °C se transforma en 8 350 cm^3 de vapor a 100 °C cuando se hierve a una presión constante de 10^5 Pa. Calcula en este proceso:

a) El calor.

b) El trabajo.

c) La variación de energía interna que tiene lugar en la vaporación.

(Datos: a 10^5 Pa: L_v = 2,26 × 10^6 J/kg.)

Solución: a) Q = 565 000 J; **b)** W = –810 J; **c)** ΔU = 564 190 J.

77 Un bloque de hielo de 150 g, inicialmente a 0 °C, se calienta y se funde, pasando a agua a 0 °C. El proceso tiene lugar a una presión de 10^5 Pa. Calcula:

a) El calor.

b) El trabajo.

c) El cambio de energía interna.

(Datos: densidad del hielo a 0 °C = 917 kg/m^3; calor de fusión del hielo = 334 400 J/kg.)

Solución: a) Q = 50 160 J; **b)** W = 1,4 J; **c)** ΔU = 50 161,4 J.

78 Un gas ideal absorbe 100 320 J, manteniendo su temperatura constante.

a) ¿Cuánto se ha incrementado su energía interna?

b) ¿Qué trabajo realiza el sistema?

Solución: a) ΔU = 0; **b)** W = 100 320 J.

79 El segundo principio de la termodinámica permite transformar íntegramente el trabajo en calor. Pon un ejemplo.

80 En una expansión isotérmica de un gas ideal, ΔU = 0J, por tanto, todo el calor que proporcionamos al sistema se transforma íntegramente en trabajo:

$$0 = Q + W \longrightarrow Q = -W$$

¿Está esta situación en contra del segundo principio de la termodinámica?

81 Cuando metemos agua en el congelador de la nevera, al cabo de un cierto tiempo obtenemos cubitos de hielo. En este proceso aumenta el orden en el agua, por tanto, la entropía disminuye. ¿Está la formación de cubitos de hielo en contra del segundo principio de la termodinámica?

82 Calcula la variación de entropía que se produce al fundir 500 g de hielo a 0 °C. Este proceso ¿es espontáneo? (Dato: L_f = 334,4 kJ kg^{-1}.)

Solución: ΔS = 612,45 J/K.

83 La gasolina tiene un poder calorífico de 5 × 10^7 J/L. Calcula el rendimiento del motor de un automóvil que realiza un trabajo de 2,8 × 10^7 J por cada litro de gasolina quemado.

Solución: η = 56 %.

15 Electrostática

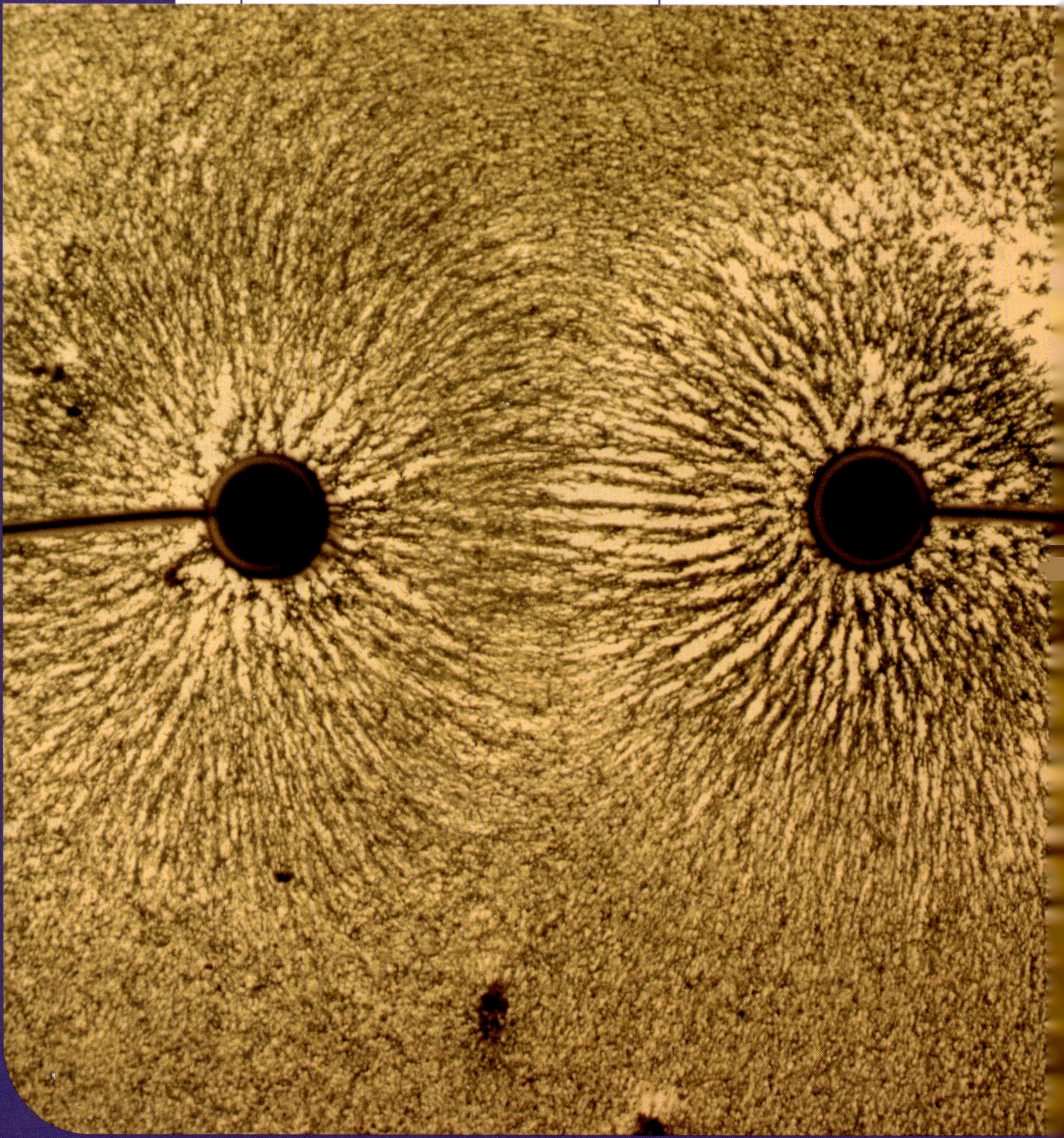

1 Naturaleza eléctrica de la materia

Es un hecho experimental que, al frotar sobre un paño de lana un bolígrafo de plástico o una varilla de vidrio, el plástico y el vidrio adquieren una nueva propiedad que se manifiesta por el hecho de que son capaces de atraer pequeños trozos de papel. Esta propiedad se denomina **carga eléctrica** y de ella sabemos que:

- Existen dos tipos de carga eléctrica diferentes, que convencionalmente se denominan positiva y negativa:
  - **Carga negativa** es la adquirida por cuerpos que se comportan como el plástico al ser frotado sobre un paño.
  - **Carga positiva** es la que adquieren cuerpos que se comportan como el vidrio al ser frotado sobre un paño.
- Dos cuerpos con carga eléctrica del mismo signo se repelen; si la carga es de signo contrario, se atraen.

Sabemos que la materia esta constituida por átomos. Estos componentes básicos constan de un **núcleo,** donde se encuentran los **protones,** con carga positiva, y los **neutrones,** sin carga eléctrica. Alrededor del núcleo están los **electrones,** con carga negativa. Las cargas eléctricas del protón y del electrón son iguales en cantidad, pero de distinto signo.

Normalmente, en los átomos que forman la materia, la cantidad de carga positiva del núcleo (número de protones) coincide con la cantidad de carga negativa alrededor del núcleo (número de electrones). En consecuencia, la materia no se muestra cargada eléctricamente.

Las transferencias de carga se realizan mediante los **electrones.** La materia se electriza cuando sus átomos ceden o toman electrones. Si el átomo cede electrones, entonces se muestra cargado positivamente, al tener más protones que electrones. Si acepta electrones, el átomo se muestra cargado negativamente, al poseer mayor número de electrones que de protones.

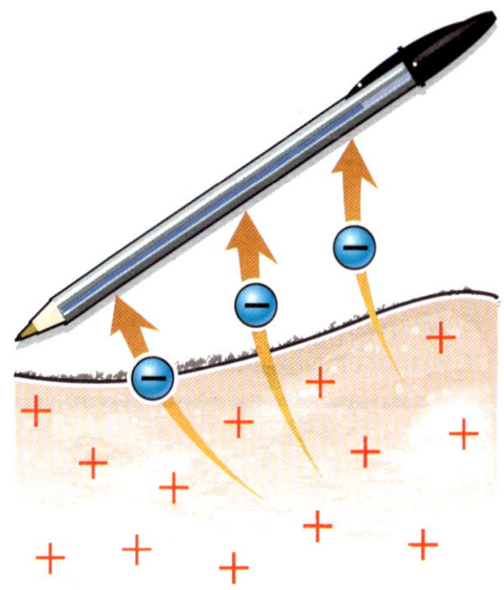

Figura 15.1.
Naturaleza eléctrica de la materia. Si sobre una piel de gato se frota un bolígrafo de plástico, este queda cargado negativamente debido al paso de electrones desde la piel al bolígrafo. En consecuencia, la piel queda cargada positivamente.

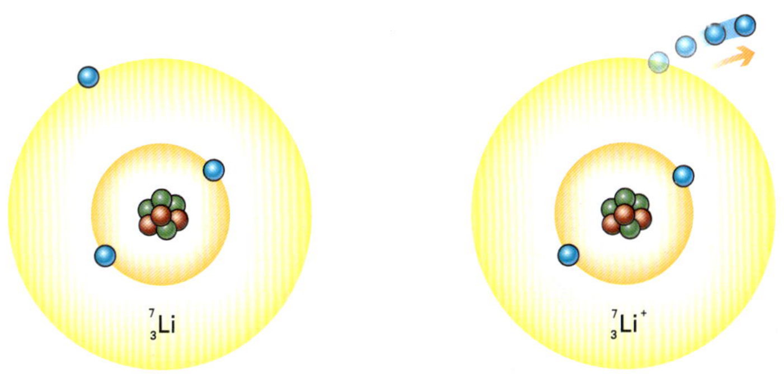

Figura 15.2.
Estructura atómica del Li. El átomo de litio, con tres protones y tres electrones, queda cargado con carga positiva si cede un electrón. Los electrones se encuentran alrededor del núcleo.

1 Si frotas un globo con un trapo de lana y lo acercas a una pared, se queda pegado. Explica este fenómeno.

2 A veces, cuando te pones una prenda de nailon, se oye algo parecido a un chisporroteo. ¿Por qué crees que sucede esto?

3 Si estás dentro de un coche, se aconseja no salir de su interior durante una tormenta eléctrica como medida de seguridad. ¿Por qué?

1.1 Unidad de carga eléctrica

El culombio (C) es una unidad derivada del SI. Es frecuente utilizar submúltiplos de esta unidad como:

- Miliculombios (mC) = 10^{-3} C.
- Microculombios (μC) = 10^{-6} C.
- Nanoculombios (nC) = 10^{-9} C.

La carga de un cuerpo depende del número de electrones perdidos o ganados. Como la carga del electrón es la más pequeña que se encuentra en la naturaleza en estado libre, se toma su valor como **unidad atómica de carga.**

Al ser la carga del electrón muy pequeña, se utilizan múltiplos de ella como unidades de carga eléctrica. En el Sistema Internacional se usa el **culombio (C).** Un cuerpo tiene la carga eléctrica de 1 C si posee un defecto o un exceso de 6,24 trillones de electrones.

$$1\ \text{C} = \text{valor de la carga de } 6{,}24 \times 10^{18} \text{ electrones}$$

En consecuencia, el valor de la carga del electrón (e), expresada en culombios, será:

$$1\ \text{e} = \frac{1}{6{,}24 \times 10^{18}}\ \text{C} = 1{,}602 \times 10^{-19}\ \text{C}$$

La carga del protón es la misma en cantidad que la del electrón, pero de tipo positivo. El culombio es una unidad muy grande; por eso, frecuentemente se utilizan los submúltiplos del SI.

1.2 Conservación de la cantidad de carga eléctrica

Todos los fenómenos de electrización de la materia se deben al traspaso o movimiento de carga eléctrica, generalmente, de electrones. Sin embargo, globalmente el número de protones y electrones de los cuerpos sigue siendo el mismo que antes de la transferencia o el movimiento de carga. **La carga eléctrica no desaparece;** simplemente, **se distribuye de otra manera.** Por tanto, la cantidad total de carga eléctrica se mantiene constante.

La carga eléctrica se conserva en un sistema cerrado.

Esta ley de conservación es una de las leyes básicas de la naturaleza. Se cumple en todos los procesos naturales.

1.3 Cuantización de la cantidad de carga eléctrica

¿Cargas menores que la del electrón?

Los *quarks* son partículas elementales (como el electrón) que, combinadas, forman el resto de las partículas.

Los *quarks* tienen carga eléctrica menor que la del electrón, $\frac{1}{3}$e y $\frac{2}{3}$e. Sin embargo, estas partículas no se encuentran libres en la naturaleza.

Como la materia está formada por átomos y estos tienen un número entero de electrones, se puede afirmar que cualquier carga eléctrica, Q, en valor absoluto, se puede escribir como un número entero de veces el valor de la carga del electrón:

$$Q = n \cdot \text{e}$$

La carga eléctrica está cuantizada en el sentido de que cualquier carga eléctrica debe ser un múltiplo entero de la unidad atómica de carga.

4 La carga de una esfera metálica de 20 cm de radio es de –5 μC. ¿Cuántos electrones en exceso tiene ese metal?

Solución: $n = 3{,}121 \times 10^{13}$ electrones.

5 Calcula la carga de 1 g del ion S^{2-}. (Dato: M (S) = 32,065; $N_A = 6{,}022 \times 10^{23}$ iones/mol.)

Solución: q = 6 020 C.

2 Interacción electrostática

Las fuerzas de atracción o repulsión eléctricas son fuerzas ejercidas a distancia, al igual que las gravitatorias. No obstante, las fuerzas eléctricas son mucho más intensas que las gravitatorias.

2.1 Ley de Coulomb

Charles A. Coulomb (siglo XVIII) inventó la balanza de torsión, con la que pudo comprobar que las atracciones y repulsiones entre cargas dependían del valor de estas y de la distancia que las separaba. Coulomb enunció:

Ley de Coulomb. La fuerza de atracción o de repulsión entre dos cargas puntuales es directamente proporcional al producto de las cargas e inversamente proporcional al cuadrado de la distancia entre ellas.

En consecuencia, las características de la interacción eléctrica son:

- La intensidad de la fuerza eléctrica es:

$$F = K\frac{|q \cdot q'|}{r^2}$$

La constante de proporcionalidad, K, constante de Coulomb, depende del medio en que se encuentren las cargas y del sistema de unidades.

- La dirección de esta fuerza es la de la línea que une las dos cargas y el sentido es de atracción, si las cargas son de signos contrarios, y de repulsión, si son del mismo signo.

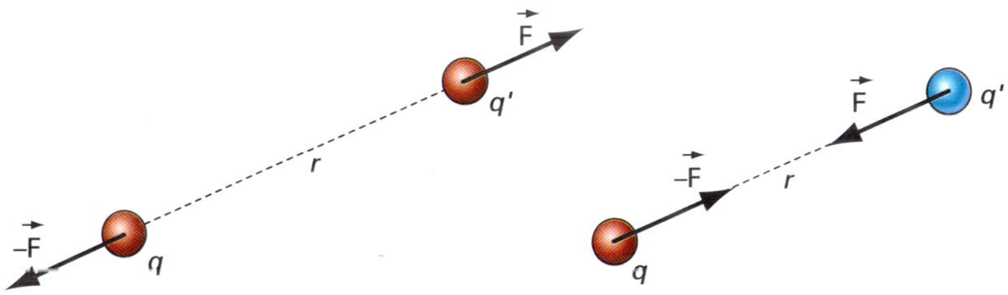

Figura 15.4.
Las cargas del mismo tipo se repelen y las de distinto tipo se atraen.

Si se toma el origen del sistema de referencia en una de las cargas, la ley de Coulomb se expresa como:

$$\mathbf{F} = K\frac{q \cdot q'}{r^2}\,\mathbf{u}_r$$

Donde $\mathbf{u}_r$ es un vector unitario en la dirección que une ambas cargas y el sentido es el indicado en la figura 15.5.

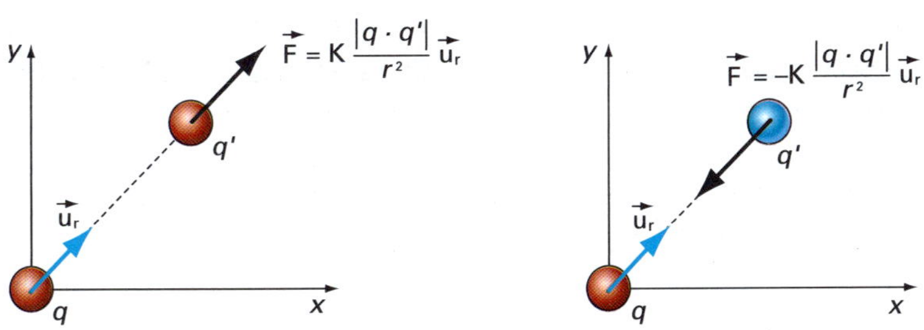

Figura 15.5.
Expresión vectorial de la interacción eléctrica.

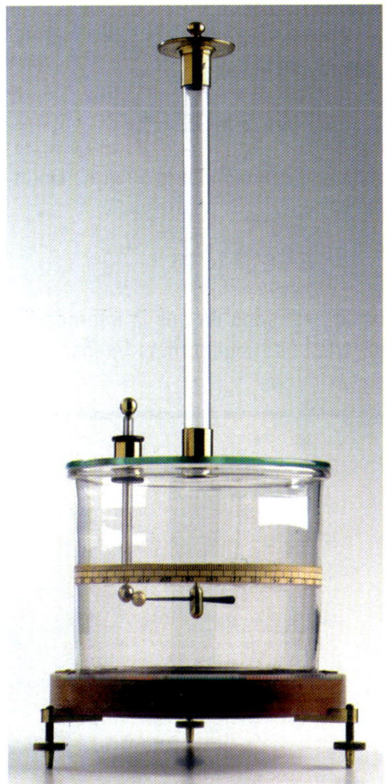

Figura 15.3.
Balanza de torsión. Creada por Coulomb y utilizada más tarde por Cavendish, su funcionamiento está basado en el péndulo de torsión. Al repelerse dos cargas del mismo tipo, las bolitas se separan marcando la balanza un cierto ángulo a partir del cual se pueden calcular las fuerzas de repulsión.

Un valor tan grande de la constante de Coulomb en el vacío:

$$K = 9 \times 10^9 \, \frac{\text{N m}^2}{\text{C}^2}$$

frente al de la constante de gravitación universal:

$$G = 6{,}67 \times 10^{-11} \, \frac{\text{N m}^2}{\text{C}^2}$$

explica el hecho de que la interacción eléctrica sea mucho más intensa que la gravitatoria.

La constante de Coulomb, *K*, depende de las características del medio en que se encuentren las cargas; es decir, el valor de la fuerza que se ejercen dos cargas no es el mismo si están en el vacío que si están, por ejemplo, en el agua. Para el vacío, y en unidades del SI:

$$K = 9 \times 10^9 \, \frac{\text{N m}^2}{\text{C}^2}$$

En cualquier otro medio, su valor es menor, de forma que el medio material disminuye el valor de la interacción eléctrica.

Maxwell (1831-1879) cambió la expresión de la constante de Coulomb de la forma:

$$K = \frac{1}{4\pi\varepsilon_0} = 9 \times 10^9 \, \frac{\text{N m}^2}{\text{C}^2}$$

Donde ε_0 es la **constante dieléctrica** o **permitividad** del vacío. Cualquier otro medio material tiene una constante dieléctrica mayor que la del vacío.

La ley de Coulomb permite definir el **culombio** como la carga que repele a otra igual, en el vacío, situada a la distancia de un metro, con una fuerza de 9×10^9 N.

Figura 15.6.
James Clerk Maxwell. Físico inglés que sintetizó en un conjunto de ecuaciones que llevan su nombre los conocimientos que se tenían de electricidad, magnetismo y óptica a finales del siglo XIX.

EJEMPLO

Calcula la relación entre los valores de las interacciones eléctrica y gravitatoria que se ejercen dos cuerpos separados 1 m en el vacío, de masa y carga la unidad en el SI.

$$\frac{F_e}{F_g} = \frac{K\dfrac{q \cdot q'}{r^2}}{G\dfrac{m \cdot m'}{r^2}} = \frac{K}{G} = \frac{9 \times 10^9 \text{ N}}{6{,}67 \times 10^{-11} \text{ N}} = 1{,}3 \times 10^{20} \longrightarrow F_e = 1{,}3 \times 10^{20} \cdot F_g$$

La fuerza eléctrica es del orden de 10^{20} veces mayor que la gravitatoria.

6 Imagina que en cada mano tienes una carga eléctrica de 1 C. Con los brazos en cruz, las cargas están separadas 1,20 m.

a) ¿Con qué fuerza se repelen?, ¿podrías sujetarlas?

b) Si la fuerza de repulsión fuese el peso de un objeto sobre la superficie terrestre, ¿qué masa debería tener?

Solución: a) $F = 6{,}25 \times 10^9$ N; **b)** $m = 6{,}37 \times 10^8$ kg.

7 Una esfera metálica de 1 cm de radio se carga mediante una máquina electrostática con 8 μC. Después, toca a otra esfera igual, pero descargada. Si se las separa 1 cm (distancia entre sus superficies), ¿con qué fuerza se repelen?

Solución: $F = 160$ N.

8 Dos masas esféricas de 100 kg se abandonan en el espacio separadas una distancia, *r*. Calcula la cantidad de carga eléctrica, del mismo tipo, con que habría que cargarlas con el fin de compensar la fuerza de atracción gravitatoria.

Solución: $q = 8{,}61$ nC.

3 Campo eléctrico

Una carga puntual, q, perturba el espacio que hay a su alrededor, de forma que, si colocamos otra carga, q', a una distancia, r, de ella, se ve atraída o repelida, dependiendo del signo de las cargas, con una fuerza, **F**, igual a la de Coulomb.

> Esta perturbación del espacio que se define en cada uno de sus puntos mediante un vector **E,** igual a la fuerza sobre la unidad positiva de carga (+1 C), se denomina **intensidad de campo eléctrico** o, simplemente, campo eléctrico creado por la carga, q, en un punto a la distancia, r, de ella:
>
> $$\mathbf{E} = \frac{\mathbf{F}}{q'}$$

La dirección y el sentido del campo eléctrico coinciden con los de la fuerza con la que interactúan la carga, q, que crea el campo y la unidad positiva de carga.

Su valor será: $E = K \dfrac{K\dfrac{|q \cdot q'|}{r^2}}{|q'|} \longrightarrow \boxed{E = K\dfrac{|q|}{r^2}}$

El campo eléctrico se mide en **newton por culombio (N/C)** en el SI.

Observa que una carga eléctrica crea un campo eléctrico, pero se necesitan, al menos, dos cargas, para que se dé la interacción.

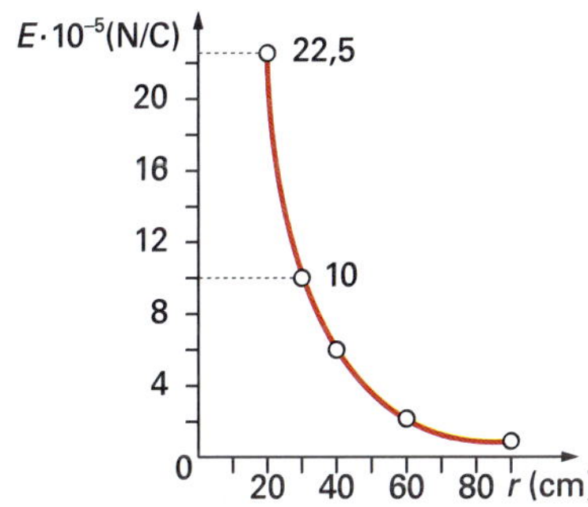

Figura 15.7.
Ilustración para ejemplo.
Variación de E en función de r.
El campo decrece rápidamente con el cuadrado de la distancia.

EJEMPLO

Representa gráficamente la variación de la intensidad del campo eléctrico creado por una carga puntual de 10 μC a las distancias de 20 cm, 30 cm, 40 cm, 60 cm y 90 cm.

Módulo de E en r = 20 cm = 0,2 m:

$$E = K\frac{q}{r^2} = \left(9 \times 10^9 \,\frac{\text{Nm}^2}{\text{C}^2}\right)\left(\frac{10 \times 10^{-6}}{4 \times 10^{-2}}\,\text{C/m}^2\right) = 22{,}5 \times 10^5 \text{ N/C}$$

Para las otras distancias obtenemos estos datos del módulo de la intensidad del campo eléctrico (fig. 15.6):

r = 30 cm $\longrightarrow$ $E = 10 \times 10^5$ N/C r = 40 cm $\longrightarrow$ $E = 5{,}6 \times 10^5$ N/C

r = 60 cm $\longrightarrow$ $E = 2{,}5 \times 10^5$ N/C r = 90 cm $\longrightarrow$ $E = 1{,}1 \times 10^5$ N/C

Observa cómo el valor del campo eléctrico decrece rápidamente con la distancia.

Líneas de fuerza

> Las **líneas de fuerza** de un campo son líneas imaginarias, tangentes en cada punto al vector campo eléctrico en ese punto.

Las líneas de fuerza de un campo creado por una carga puntual aislada son radiales. Las líneas salen de la carga si es de signo positivo (fig. 15.7) y entran en la carga si esta es de signo negativo. Las líneas de fuerza no se cortan, pues si lo hiciesen, el campo eléctrico en el punto de corte tendría dos direcciones diferentes.

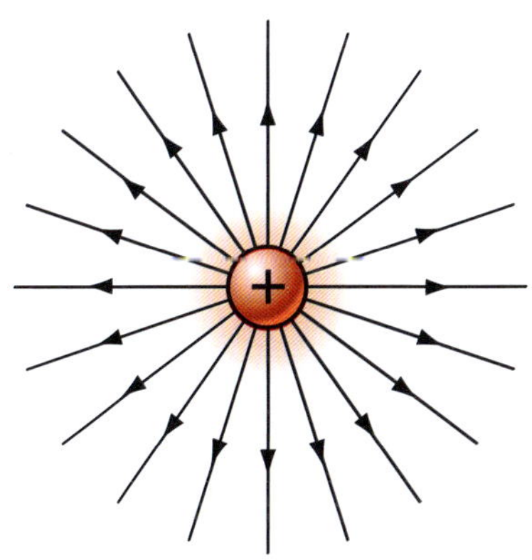

Figura 15.8.
Campo creado por una carga puntual positiva. Estas líneas imaginarias indican la dirección y el sentido del vector campo eléctrico creado por una carga puntual positiva.

3.1 Campo eléctrico creado por varias cargas

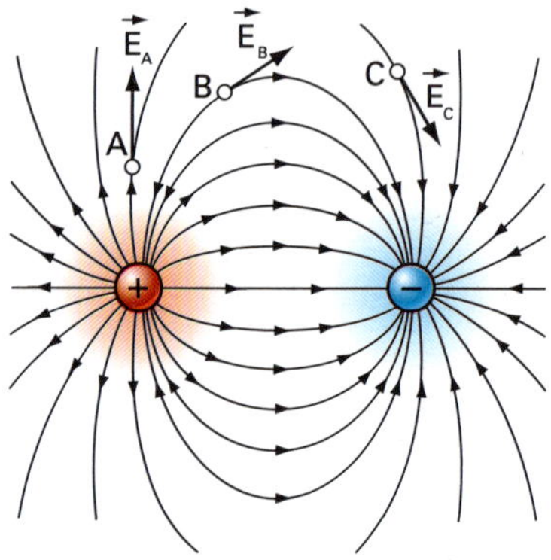

Figura 15.9.
Campo creado por un par de cargas puntuales iguales, una positiva y otra negativa. En cualquier punto el campo eléctrico total es tangente a la línea de fuerza.

Cada carga eléctrica crea un campo eléctrico en un punto. Supongamos varias cargas puntuales (q_1, q_2, q_3...), cada una de las cuales crea un campo eléctrico en ese punto, independientemente de la presencia de las otras, de forma que el campo eléctrico total se calcula como la suma de los campos eléctricos creados por cada una de las cargas puntuales:

$$\mathbf{E}_T = \mathbf{E}_1 + \mathbf{E}_2 + \mathbf{E}_3 + \cdots$$

EJEMPLO

En la figura 15.10 las cargas tienen valores $q_1 = q_2 = 4$ μC y $q_3 = -2$ μC, y las coordenadas se representan en metros. Calcula la intensidad del campo eléctrico resultante en el origen de coordenadas.

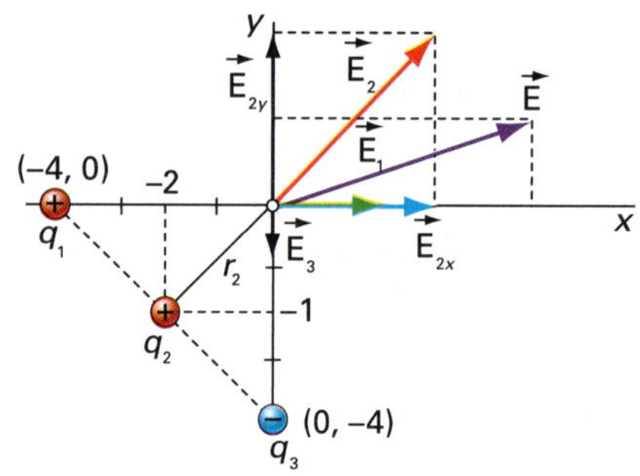

Figura 15.10.
Esquema de los campos creados en el origen por las tres cargas.

Los módulos de los vectores intensidad de campo se calculan aplicando la expresión:

$$E = K\frac{|q|}{r^2}$$

En la figura 15.10 están representados los tres vectores.

$$E_1 = 9 \times 10^9 \frac{4 \times 10^{-6}}{16} \text{ N/C} = 2\,250 \text{ N/C}$$

- El vector $\mathbf{E}_1$ está sobre el eje x en sentido positivo ⟶ $\mathbf{E}_1 = 2\,250\,\mathbf{i}$ N/C

$$E_3 = 9 \times 10^9 \frac{2 \times 10^{-6}}{16} \text{ N/C} = 1\,125 \text{ N/C}$$

- El vector $\mathbf{E}_3$ está sobre el eje y en sentido negativo ⟶ $\mathbf{E}_3 = -1\,125\,\mathbf{j}$ N/C

$$E_2 = 9 \times 10^9 \frac{4 \times 10^{-6}}{(2{,}83)^2} \text{ N/C} = 4\,495 \text{ N/C}$$

- El vector $\mathbf{E}_2$ se descompone en sus componentes cartesianas:

$$E_{2x} = E_2 \cos 45° = 4\,495 \times \cos 45° \text{ y } E_{2y} = E_2 \sin 45° = 4\,495 \times \sin 45°$$

$$\mathbf{E}_2 = 3\,178\,\mathbf{i} + 3\,178\,\mathbf{j} \text{ N/C}$$

El campo eléctrico resultante, **E**, será la suma vectorial de los tres vectores:

$$\mathbf{E} = \mathbf{E}_1 + \mathbf{E}_2 + \mathbf{E}_3 = [(2\,250 + 3\,178)\,\mathbf{i} + (3\,178 - 1\,125)\,\mathbf{j}] \text{ N/C}$$

$$\mathbf{E} = (5\,428\,\mathbf{i} + 2\,053\,\mathbf{j}) \text{ N/C}$$

Recuerda que la suma de vectores no coincide con la suma de números. El módulo de este vector es: $E = \sqrt{(5\,428)^2 + (2\,053)^2} = 5\,803$ N/C, diferente a la suma de los módulos.

3.2 Campo creado por una esfera conductora cargada

Un conductor está en **equilibrio electrostático** cuando sus cargas, en promedio, están quietas.

En los conductores, las cargas se pueden mover libremente; por tanto, cuando cargamos un material conductor, las cargas introducidas se desplazan, separándose lo máximo posible. Al final, cuando el conductor alcanza el equilibrio, estas se distribuyen uniformemente sobre la superficie del conductor, de tal modo que:

- El campo eléctrico en el interior de un conductor en equilibrio es **nulo**.
- En la superficie, la dirección del campo eléctrico de un conductor en equilibrio cargado es **perpendicular** a este.

En caso contrario, las cargas se verían sometidas a fuerzas que producirían cambios en su estado de movimiento y, en consecuencia, no habría equilibrio (fig. 15.11).

Gauss (1777-1855) demostró que las esferas cargadas equivalen a cargas puntuales colocadas en el centro de la esfera. Los conductores esféricos de radio *R*, cargados con una cierta cantidad de carga, *Q*, distribuida uniformemente en la superficie, se comportan como una carga puntual (de *Q* culombios) situada en el centro de la esfera, a la hora de calcular valores de magnitudes eléctricas en puntos situados a distancias *r*, mayores que el radio de la esfera.

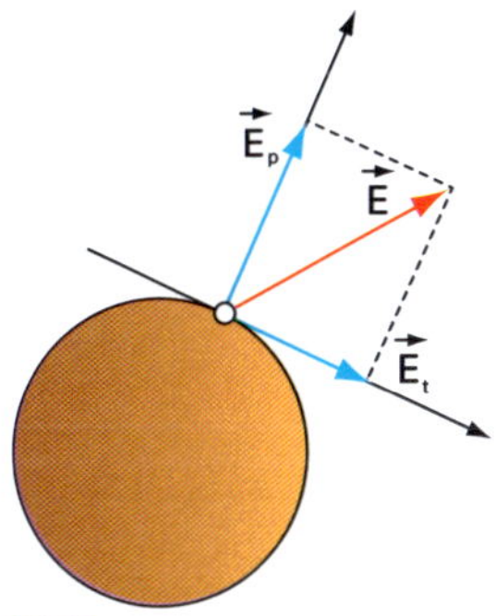

Figura 15.11.
Campo creado por un esfera conductora. Si el campo no fuera perpendicular a la superficie del conductor, tendría una componente tangente a la superficie, E_t, que haría que las cargas que existen sobre ella se movieran, rompiendo el equilibrio.

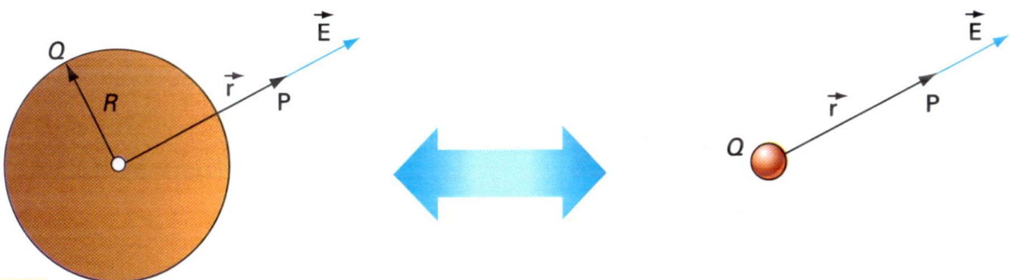

Figura 15.12.
Las esferas cargadas se pueden sustituir por cargas puntuales colocadas en el centro de la esfera de radio *R*.

Figura 15.13.
Carl Friedrich Gauss. Físico alemán que destacó en muchos campos del conocimiento científico.

En consecuencia, el campo creado por una esfera de radio *R*, cargada con *Q* culombios en un punto P, situado sobre la superficie o en el exterior de ella, será:

$$E = \frac{1}{4\pi\varepsilon_0}\frac{|Q|}{r^2} \qquad r \geq R$$

La dirección es radial, perpendicular a la superficie de la esfera. El sentido depende del tipo de carga: si es positiva, hacia fuera, y si es negativa, hacia el centro de la esfera.

Campo creado en puntos próximos a la superficie de un conductor plano cargado

Se llama **densidad superficial de carga,** σ, a la cantidad de carga que contiene la unidad de superficie.

La densidad superficial de carga de la esfera de la figura 15.12 será:

$$\sigma = \frac{|Q|}{4\pi R^2} \longrightarrow |Q| = \sigma \cdot 4\,\pi\,R^2$$

Para calcular el campo en un punto P de la superficie de la esfera, tendremos que considerar $r = R$. Sustituimos los valores de r y de Q:

$$E = \frac{1}{4\pi\varepsilon_0}\frac{|Q|}{R^2} \longrightarrow E = \frac{1}{4\pi\varepsilon_0}\frac{\sigma \cdot 4\,\pi\,R^2}{R^2} = \frac{\sigma}{\varepsilon_0}$$

El valor del campo en la superficie de la esfera o en puntos próximos a ella y, en general, en la de cualquier conductor con densidad de carga constante, se puede escribir como:

$$E = \frac{\sigma}{\varepsilon_0}$$

Si aumentamos el radio de una esfera tanto como queramos, su superficie se irá pareciendo cada vez más a un plano; en el límite, la esfera se transforma en un plano. En este caso, podemos suponer que todos los puntos se pueden considerar cercanos a la superficie en relación con el tamaño del radio, que es infinito. En consecuencia, el campo, **E**, es uniforme, es decir:

- La **dirección es constante.** Las líneas de fuerza son paralelas y perpendiculares a la superficie del conductor.
- El **módulo es también constante,** $E = \frac{\sigma}{\varepsilon_0}$.

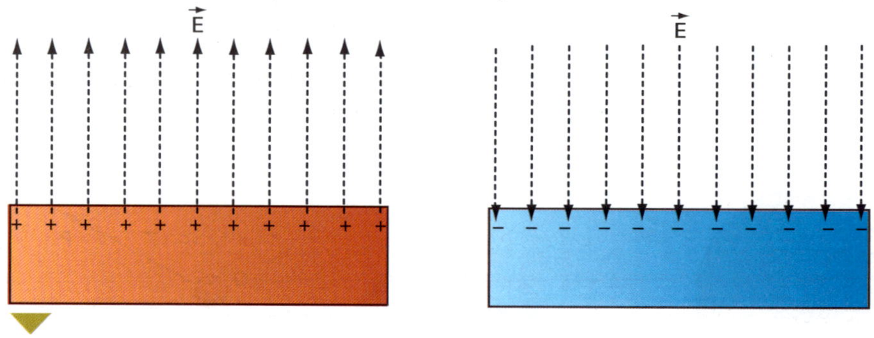

Figura 15.14.

Campo creado por un conductor plano en equilibrio. Las líneas de fuerza son paralelas y perpendiculares a la superficie del conductor.

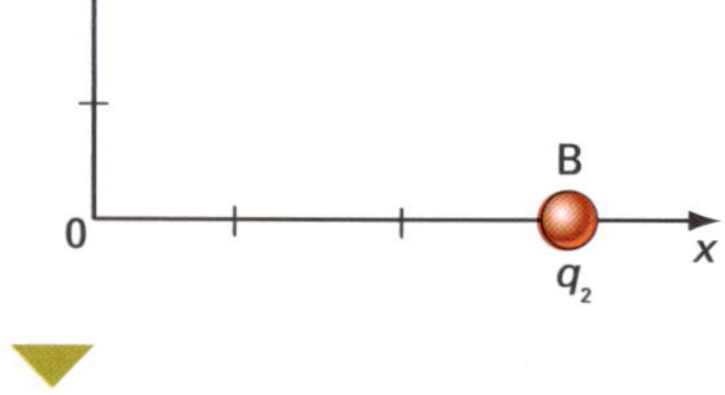

Figura 15.15.

Ilustración para calcular el campo en un punto. Basta imaginarse la unidad positiva de carga colocada en el punto y calcular sobre ella la fuerza.

9 Sobre una carga puntual de 60 μC concurren los campos de direcciones perpendiculares y módulos $E_1 = 200$ N/C y $E_2 = 500$ N/C. ¿Cuál es el módulo de la intensidad del campo en ese punto y la fuerza total ejercida sobre la carga puntual?

Solución: $E = 538{,}5$ N/C; $F = 0{,}032$ N.

10 Dibuja los vectores intensidad del campo creado en el origen de coordenadas por las cargas $q_1 = -2$ C y $q_2 = 2$ C situadas, respectivamente, en los puntos A (0, 4) m y B (3, 0) m (figura 15.15).

11 Halla el módulo de la intensidad del campo eléctrico resultante en el origen de coordenadas para la actividad anterior.

Solución: $E = 2{,}3 \times 10^9$ N/C.

12 Un plano conductor está cargado con una densidad de carga $\sigma = 6{,}26 \times 10^{-8}$ C/m^2. Calcula el campo creado y la fuerza ejercida sobre una carga de 25 μC.

Solución: $E = 7\,079{,}89$ N/C; $F = 0{,}18$ N.

13 El campo eléctrico en las proximidades de un conductor plano es de 1 000 N/C cuando el medio es el vacío. ¿Cuál es la densidad superficial de carga del conductor?

Solución: $\sigma = 8{,}84 \times 10^{-9}$ C/m^2.

4 Energía potencial eléctrica

Supongamos que dentro del campo eléctrico creado por una carga puntual positiva q situamos otra carga positiva q' en el punto A. La carga q' experimentará una fuerza de repulsión que la desplazará en el sentido del campo, aumentando su energía cinética. Si queremos desplazar la carga q', por ejemplo, desde B hasta A, tendremos que realizar un trabajo en contra de las fuerzas del campo.

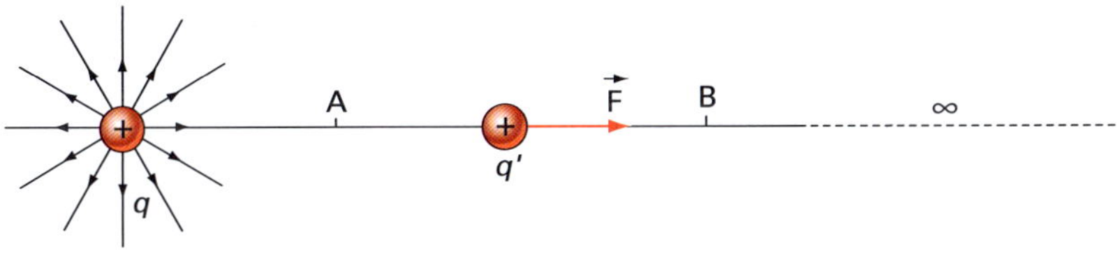

Figura 15.16.
Para mover la carga q' desde B hasta A tendremos que vencer las fuerzas del campo eléctrico.

Las fuerzas eléctricas son conservativas, es decir, el trabajo realizado entre dos puntos A y B se puede expresar como la diferencia del valor de una función E_p, que depende exclusivamente de la posición de la carga q', dentro del campo creado por la carga q, y que denominamos **energía potencial eléctrica**.

$$W_{AB} = E_p(A) - E_p(B)$$

Se demuestra que el trabajo realizado por las fuerzas del campo creado por q, al trasladar q' desde A hasta B se puede expresar como:

$$W_{AB} = K\frac{q \cdot q'}{r_A} - K\frac{q \cdot q'}{r_B} = E_p(A) - E_p(B)$$

Lo que se define es la diferencia entre energías potenciales. Cuando se habla de energía potencial en un punto, entendemos que se trata de la diferencia de las energías potenciales entre ese punto y otro en el que se toma como valor de energía potencial 0. Convencionalmente, se toma como origen de energías potenciales el infinito, $E_p(\infty) = 0$ J.

Las cargas eléctricas positivas se mueven espontáneamente de energías potenciales mayores a menores.

Las cargas negativas lo hacen al revés: de menores a mayores energías potenciales.

La **energía potencial** en un punto es el trabajo que realizan las fuerzas del campo eléctrico creado por la carga puntual q, para llevar una carga puntual de q' culombios positivos desde ese punto hasta el infinito:

$$E_p(r) = W_{r\infty} = E_p(r) - E_p(\infty) \longrightarrow E_p(r) = K\frac{q \cdot q'}{r}$$

El valor de la energía potencial depende del signo de las cargas q y q'. Si son del mismo signo, la energía potencial es positiva y aumenta al disminuir la distancia entre ambas cargas. En caso de que q y q' tengan signos distintos, la energía potencial es negativa y crece al aumentar la distancia.

EJEMPLO

El radio de Bohr para el hidrógeno es $r = 5{,}29 \times 10^{-11}$ m. Calcula el trabajo necesario para ionizar el átomo de hidrógeno.

$$W_{r^\circ} = K\frac{q_p \cdot q_e}{r} - \left(9 \times 10^9 \frac{\text{Nm}^2}{\text{C}^2}\right)\left(\frac{-(1{,}6 \times 10^{-19})^2}{5{,}29 \times 10^{-11}}\ \frac{\text{C}^2}{\text{m}}\right) = -4{,}36 \times 10^{-18}\ \text{J}$$

El trabajo para llevar el electrón al infinito es negativo, lo que indica que se realiza en contra de las fuerzas del campo eléctrico.

4.1 Potencial eléctrico

Si, en el caso anterior, en vez de trasladar q' culombios positivos desde A hasta B, lo que trasladamos es la unidad positiva de carga, el trabajo que realizan las fuerzas del campo sería:

$$\frac{W_{AB}}{q'} = \frac{E_p\,(A) - E_p\,(B)}{q'} = K\frac{q}{r_A} - K\frac{q}{r_B}$$

Definimos **potencial** creado por una carga puntual q, a distancia r, a la función:

$$V = \frac{K\dfrac{q \cdot q'}{r}}{q'} \longrightarrow \boxed{V = K\frac{q}{r}}$$

En consecuencia, la **diferencia de potencial, tensión** o **voltaje** entre dos puntos A y B, $V_A - V_B$, es el trabajo que realizan las fuerzas del campo para llevar la unidad positiva de carga desde A hasta B:

$$V_A - V_B = \frac{W_{AB}}{q'}$$

El trabajo realizado para desplazar cualquier carga q' entre dos puntos es:

$$\boxed{W_{AB} = q'\,(V_A - V_B)}$$

La unidad de potencial eléctrico en el SI es el **voltio (V)**: $1 \text{ voltio} = \dfrac{1 \text{ julio}}{1 \text{ culombio}}$

La diferencia de potencial entre dos puntos es de 1 voltio si, para trasladar la unidad positiva de carga del primero al segundo hay que realizar el trabajo de 1 julio.

Como sucede con la energía potencial, solo podemos calcular diferencias de potenciales. Cuando hablamos de potencial en un punto, entendemos que se trata de la diferencia de potencial entre ese punto y otro en el que se toma 0 el valor de potencial. Como ocurre con la energía potencial, convenimos tomar como origen de potenciales el infinito, $V(\infty) = 0$ V.

Electronvoltio (eV)

El electronvoltio es la energía que posee un electrón si está sometido a la diferencia de potencial de un voltio:

$$1 \text{ eV} = 1{,}602 \times 10^{-19} \text{ J}$$

Por ser una unidad tan pequeña, se emplean:

- El megaelectronvoltio (MeV):

$$1 \text{ MeV} = 10^6 \text{ eV}$$

- El gigaelectronvoltio (GeV):

$$1 \text{ GeV} = 10^9 \text{ eV}$$

EJEMPLO

Calcula el potencial en los puntos A y B creado por las cargas q_1, q_2 y q_3. ¿Cuánto valdría la diferencia de potencial $V_A - V_B$ (fig. 15.17)?

El potencial se define como la suma de los potenciales eléctricos creados por cada carga en el punto correspondiente:

$$V_A = V_{1A} + V_{2A} + V_{3A} \quad \text{y} \quad V_B = V_{1B} + V_{2B} + V_{3B}$$

Se puede sacar factor común al valor de K:

$$V_A = 9 \times 10^9 \left(\frac{-2 \times 10^{-6}}{8} + \frac{4 \times 10^{-6}}{5} + \frac{1 \times 10^{-6}}{4}\right) \quad V = 7\,200 \text{ V}$$

$$V_B = 9 \times 10^9 \left(\frac{-2 \times 10^{-6}}{5} + \frac{4 \times 10^{-6}}{6} + \frac{1 \times 10^{-6}}{3}\right) \quad V = 5\,400 \text{ V}$$

$$V_A - V_B = 7\,200 \text{ V} - 5\,400 \text{ V} = 1\,800 \text{ V}$$

La diferencia de potencial es positiva, lo que indica que el trabajo que realizan las fuerzas del campo para mover la unidad positiva de carga desde A hasta B es de 1 800 J.

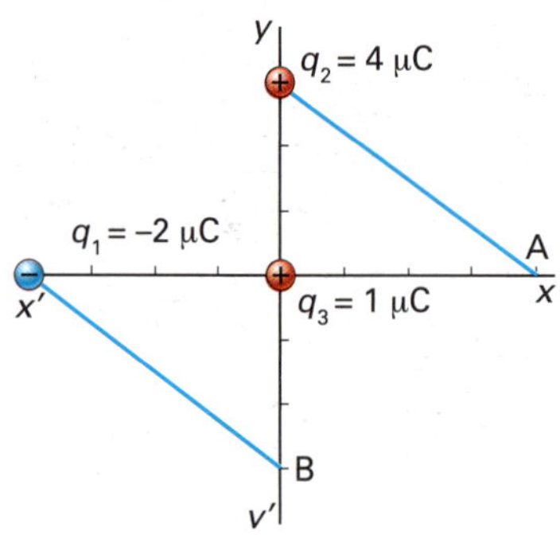

Figura 15.17.

Ilustración para ejemplo. El potencial en un punto es la suma de los potenciales creados por cada carga en ese punto.

4.2 Superficies equipotenciales

Las **superficies equipotenciales** son el lugar geométrico de los puntos que tienen el mismo potencial:

$$V(r) = \text{constante}$$

Las superficies equipotenciales presentan las siguientes propiedades:

- No se cortan, es decir, un punto del campo no puede pertenecer nada más que a una superficie equipotencial.
- El trabajo para trasladar una carga entre dos puntos de una superficie equipotencial es **nulo**.

  En efecto, como: $W_{AB} = q'(V_A - V_B)$. Si A y B están sobre la misma superficie equipotencial $V_A = V_B$; por tanto: $W_{AB} = 0$.
- Las superficies equipotenciales son perpendiculares al campo eléctrico en cada punto.

Si desplazamos una carga q' en una superficie equipotencial:

$$W = F \cdot \Delta r \cdot \cos \alpha = q' \cdot E \cdot \Delta r \cdot \cos \alpha = 0$$

Como Δr, E y q' no son 0, tiene que ser $\cos \alpha = 0$; por tanto, $\alpha = 90°$.

Recuerda que el campo eléctrico creado por un conductor cargado en equilibrio es cero en el interior, y sobre la superficie es siempre perpendicular a esta. En consecuencia, la superficie de un conductor cargado en equilibrio es una superficie equipotencial.

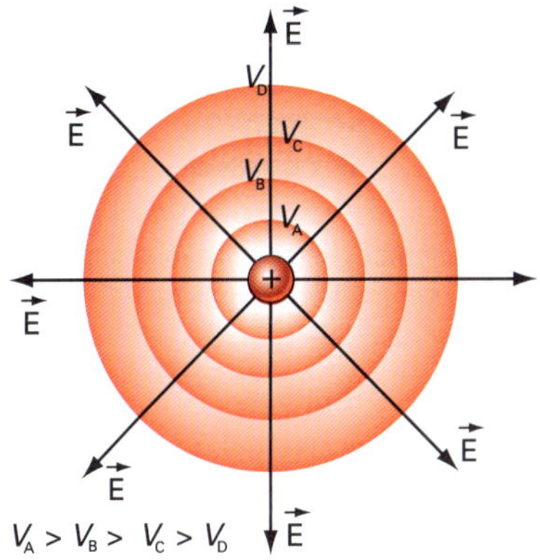

Figura 15.18.

Superficies equipotenciales. En el caso de una carga puntual positiva, las superficies equipotenciales son esferas concéntricas con la carga. El campo siempre es perpendicular a estas superficies.

14 Las superficies equipotenciales de una carga puntual Q, son $V_A = 225$ V, $V_B = 200$ V, $V_C = 175$ V y $V_D = 150$ V. Calcula:

a) La energía potencial de una carga de 20 μC en B.

b) El trabajo para llevar la carga de A a D.

c) La diferencia de potencial $V_C - V_D$.

d) La energía ganada por esa carga en eV al pasar de C a A.

Solución: a) $E_p = 4 \times 10^{-3}$ J; **b)** $W_{AD} = 1,5 \times 10^{-3}$ J; **c)** $V_C - V_D = 25$ V; **d)** $E = 6,24 \times 10^{15}$ eV.

15 Calcula la energía potencial de un electrón situado sobre la superficie de la cúpula esférica de un generador de Van der Graaf cargada al potencial de -8×10^4 V. Expresa la solución en julios (J) y en megaelectronvoltios (MeV).

Solución: $E_p = 1,28 \times 10^{-14}$ J; $E_p = 0,08$ MeV.

16 Para mover un electrón desde un punto A a otro B se debe realizar un trabajo igual a 8×10^{-15} J. (Dato: $e = -1,6 \times 10^{-19}$ C.)

a) Calcula la diferencia de potencial entre esos dos puntos.

b) ¿Cuál de ellos está a un potencial más alto?

Solución: a) $V_{AB} = -50\,000$ V; **b)** $V_A < V_B$.

Figura 15.19.

Generador de Van der Graaf. Es un aparato usado para crear grandes voltajes. Se basa en electrización por contacto y en inducción de carga.

5 Capacidad de un conductor. Condensadores

El proceso de carga de un conductor tiene un límite. Al cargar un conductor, este alcanza el equilibrio al cabo de unos instantes. Entonces, el campo en el interior es nulo y el potencial, V, es constante en todos sus puntos. Si queremos introducir más carga, necesitamos realizar más trabajo ($q \cdot V$). Pero llega un momento en que el potencial es tan grande que el conductor rechaza la carga al medio aislante que lo rodea, restableciendo el equilibrio.

La relación entre la carga, Q, almacenada por un conductor y el potencial, V, a que se encuentra se denomina **capacidad,** C:

$$C = \frac{Q}{V}$$

La capacidad es una constante para cada conductor que depende de su geometría. Cuanto mayor sea la capacidad de un conductor, mayor será la cantidad de carga que puede almacenar a un determinado potencial.

La unidad de capacidad en el SI es el **faradio (F):** $1\ \text{F} = \frac{1\ \text{C}}{1\ \text{V}}$

Recuerda

El faradio es una unidad muy grande, por eso se utilizan submúltiplos, como el microfaradio (μF) y el picofaradio (pF):

$$1\ \mu\text{F} = 10^{-6}\ \text{F}$$

$$1\ \text{pF} = 10^{-12}\ \text{F}$$

5.1 Condensadores

Un **condensador** es un sistema constituido básicamente por dos conductores separados por un material no conductor o dieléctrico. Estos sistemas aumentan la capacidad que poseen los conductores de almacenar carga.

La capacidad de un condensador es el cociente entre la carga de uno de los conductores y la diferencia de potencial, en valor absoluto, que existe entre ambos:

$$C = \frac{Q}{V_+ - V_-}$$

Figura 15.20.
Tipos de condensadores. En la actualidad hay una gran variedad de condensadores que coexisten en los circuitos impresos de cualquier aparato.

La carga que es capaz de almacenar un condensador también tiene un límite. En este caso, si la diferencia de potencial es muy grande, el dieléctrico se transforma en conductor y se produce la descarga violenta del condensador.

Un **condensador plano** (fig. 15.21) consiste en dos láminas metálicas paralelas separadas una distancia, d, que, conectadas a una batería, establecen entre ellas una diferencia de potencial $V_+ - V_-$.

La capacidad del condensador depende, además, de la constante dieléctrica del medio entre las láminas y de su geometría; es decir, en este último caso del tamaño de las láminas y de la distancia que las separa.

El **campo eléctrico** en el interior del condensador plano, salvo en los bordes de las láminas, es **uniforme,** es decir, constante en módulo, dirección y sentido, de tal forma que las líneas de fuerza que salen de la placa positiva y entran en la negativa son paralelas.

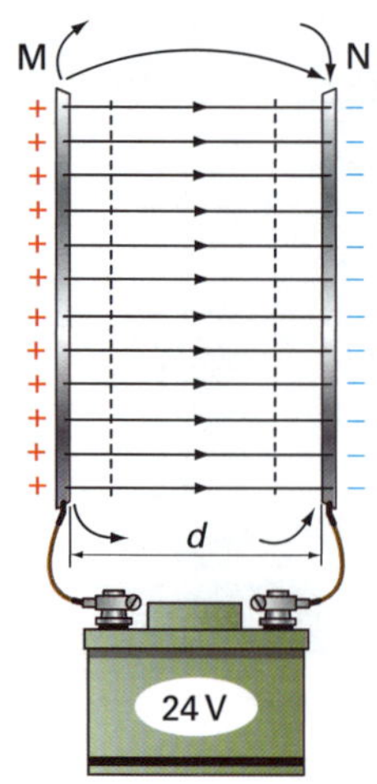

Figura 15.21.
Condensador plano. Las líneas del campo uniforme creado salen de la placa positiva y entran en la negativa.

Las superficies equipotenciales son, en consecuencia, planos paralelos a las placas, de manera que el trabajo realizado para trasladar la unidad positiva de carga de una placa M a otra N será:

$$W_{MN} = E \cdot d = V_M - V_N \longrightarrow E = \frac{V_M - V_N}{d}$$

6 Movimiento de cargas en campos uniformes

Cuando una carga eléctrica puntual se introduce en un campo eléctrico uniforme, sobre la carga se ejerce una fuerza constante en módulo, dirección y sentido:

$$\mathbf{F} = q \cdot \mathbf{E}$$

La dirección de la fuerza es la misma que la del campo y el sentido es igual que el del campo si la carga es positiva y contrario si es negativa (fig. 15.22).

Esta fuerza produce una aceleración constante en la carga, de forma que esta sigue un movimiento rectilíneo uniformemente acelerado:

$$\mathbf{a} = \frac{\mathbf{F}}{m} = \frac{q \cdot \mathbf{E}}{m} \longrightarrow \text{MRUA}$$

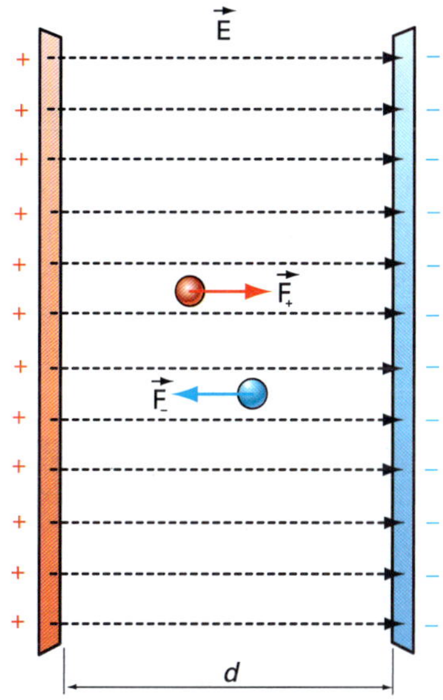

Figura 15.22.
Partículas cargadas dentro de un campo uniforme. Las líneas de fuerza salen de la placa positiva y entran en la negativa.

EJEMPLO

Entre las placas de un condensador plano separadas 2,5 cm existe un campo eléctrico uniforme de 10^6 N/C. Si colocamos un protón en reposo sobre la placa positiva, ¿cuánto tiempo tardará en llegar a la placa negativa?, ¿con qué energía cinética llegará?

La aceleración del protón será:

$$a = \frac{q \cdot E}{m} = \frac{(1{,}6 \times 10^{-19}\ \text{C})\ (10^6\ \text{N/C})}{1{,}67 \times 10^{-27}\ (\text{kg})} = 9{,}58 \times 10^{13}\ \text{m/s}^2$$

El tiempo que tarda en recorrer los 2,5 cm que separan las placas será:

$$s = \frac{1}{2}\, a \cdot t^2 \longrightarrow t = \sqrt{\frac{2 \cdot s}{a}} = \sqrt{\frac{2\ (2{,}5 \times 10^{-2})\ \text{m}}{9{,}58 \times 10^{13}\ \text{m/s}^2}} = 2{,}28 \times 10^{-8}\ \text{s}$$

Aplicando el teorema de las fuerzas vivas, tenemos:

$$W = \Delta E_c \longrightarrow q_p\,(V_M - V_N) = E_c \longrightarrow q_p \cdot E \cdot d = E_c$$

$$E_c = (1{,}6 \times 10^{-19}\ \text{C})\ (10^6\ \text{N/C})\ (2{,}5 \times 10^{-2}\ \text{m}) = 4 \times 10^{-15}\ \text{J}$$

Aunque la energía parezca pequeña, a escala atómica, está muy por encima de las energías de ionización de cualquiera de los elementos químicos conocidos.

17 Una partícula alfa, inicialmente en reposo, se libera de la placa positiva de un condensador plano conectado a un voltaje de 200 V. ¿Con qué velocidad llegará a la placa negativa? (Datos: $q_\alpha = 3{,}2 \times 10^{-19}$ C; $m_\alpha = 6{,}68 \times 10^{-27}$ kg.)

Solución: v = 138 426 m/s.

18 Un protón ($m_p = 1{,}67 \times 10^{-27}$ kg, $q_p = 1{,}602 \times 10^{-19}$ C) y una partícula alfa ($m_\alpha = 4m_p$; $q_\alpha = 2q_p$) parten del reposo de la placa positiva de un condensador en cuyo interior existe un campo de $E = 200$ V/m. Si la distancia entre placas es de 4 cm, al llegar a la otra placa:

a) ¿Qué energía cinética tiene cada partícula?

b) ¿En qué relación están las velocidades respectivas?

Solución: a) $E_c\ (\text{p}) = 1{,}3 \times 10^{-18}$ J, $E_c\ (\alpha) = 2{,}6 \times 10^{-18}$ J; **b)** $v_p = \sqrt{2}\ v_\alpha$.

Trabajo con textos

Relámpagos, rayos y truenos

Un rayo es una descarga eléctrica que se produce entre nubes de lluvia o entre una de estas nubes y la tierra. El fenómeno visible se conoce con el nombre de **relámpago,** mientras que la descarga eléctrica que se produce es el **rayo,** acompañado de una onda sonora, el **trueno.** No todos los rayos originan truenos. Se calcula que aproximadamente solo sucede en el 60 % de los casos. Este fenómeno se debe a que, a menudo, las ondas de varios rayos consecutivos se mezclan para formar una sola onda o se anulan mutuamente.

Figura 15.23.
Tormenta eléctrica. Los rayos descargan millones de voltios de electricidad.

En primer lugar, hay que tener en cuenta que no todas las nubes son capaces de generar rayos. Este fenómeno meteorológico solo tiene lugar en los **cumulonimbos,** que son unas enormes nubes de gran desarrollo vertical cuya forma es parecida a la de un yunque.

En el interior de los cumulonimbos se generan unas corrientes de aire muy potentes. Es algo similar a una nube que estuviera constantemente «centrifugando» aire, como si fuese una gran lavadora. Son precisamente esas corrientes verticales de aire las que, de forma efectiva, van separando las cargas positivas y las cargas negativas de la nube. Ese proceso origina una gran diferencia de potencial (de millones de voltios), tanto dentro de la nube como entre la nube y el suelo. Cuando el potencial eléctrico es de millones de voltios, como el aire es un buen conductor de la electricidad se produce la descarga eléctrica y es lo que vemos, el rayo.

El relámpago es el fenómeno producido por la emisión de luz que tiene lugar cuando se ionizan las moléculas del aire por el paso de la corriente eléctrica del rayo. Finalmente, el trueno es el sonido, el estruendo provocado por la expansión del aire debido al aumento de temperatura que produce el rayo, entre 8 000 °C y 30 000 °C.

Rayo, relámpago y trueno se producen de forma consecutiva y prácticamente a la vez, aunque nosotros percibimos la luz antes que el sonido ya que la luz viaja a mucha mayor velocidad. Por esta razón, primero vemos el relámpago, y después escuchamos el trueno.

Se sabe que hay unas 2 000 tormentas que descargan rayos sobre el planeta casi de forma continua. Como promedio, se calcula que caen unos 100 rayos cada segundo.

Cuestiones

a) Explica la diferencia entre el relámpago, el rayo y el trueno.

b) ¿Qué es un cumulonimbo? Explica el proceso por el que se genera la gran diferencia de potencial eléctrico en su interior.

c) ¿Por qué vemos el relámpago casi de forma simultánea al ruido del trueno?

d) Describe la formación de una tormenta eléctrica teniendo en cuenta la información del texto.

Experiencia de laboratorio

Líneas equipotenciales de un campo eléctrico uniforme

Objetivo

Dibujar las líneas equipotenciales de un campo eléctrico creado por dos placas planas y paralelas.

Material

- Cubeta plana transparente.
- Dos electrodos de cinc y voltímetro.
- Fuente de alimentación de corriente continua.
- Cables y pinzas de cocodrilo.
- Papel milimetrado.

Procedimiento

Buscaremos puntos del agua al mismo potencial y los uniremos con una línea equipotencial.

Depositamos en la cubeta unos 5 mm de agua e introducimos los electrodos de cinc conectados a la salida de corriente continua de la fuente de alimentación (>10 V). Si los electrodos se sitúan paralelos se creará un campo eléctrico uniforme, siempre que no nos aproximemos mucho a los bordes.

El voltímetro debe tener polo común con el polo negativo de la fuente, P_-, de forma que los potenciales estén referidos al punto de menor potencial.

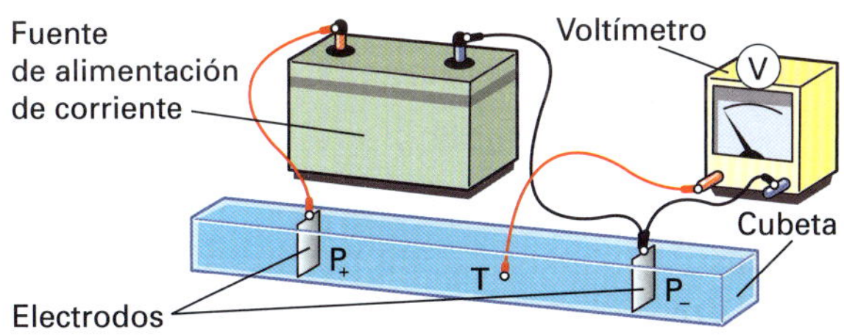

Figura 15.24.
Primera parte de la experiencia.

Seguimos estos pasos:

- Sobre dos hojas de papel milimetrado **trazamos** unos ejes. Colocamos la cubeta encima de uno de los ejes, alineando los electrodos sobre dos líneas verticales del papel milimetrado.
- Sobre el otro papel **elegimos un punto** cualquiera (A_1). Colocamos el testigo, T, sobre el agua en el mismo punto elegido y tomamos la lectura que indica el voltímetro. Anotamos esta medida en el papel, junto al punto.
- Como el campo es uniforme, **tanteamos con el testigo** en puntos que estén más o menos en la misma vertical, hasta encontrar otro punto con el mismo potencial. Repetimos la operación varias veces y dibujamos la correspondiente línea equipotencial.
- Elegimos otro punto cualquiera, **anotamos** el nuevo potencial, tanteamos otros puntos con ese mismo potencial y dibujamos la línea correspondiente.
- Repetimos hasta dibujar seis líneas.

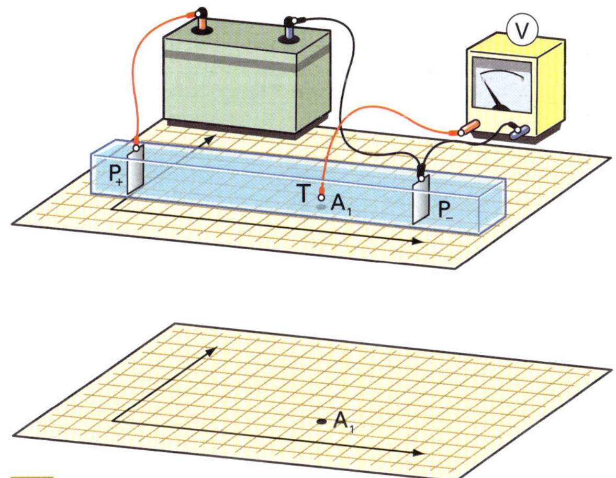

Figura 15.25.
Segunda parte de la experiencia.

Análisis de los datos y conclusiones

El dibujo de las líneas es solo aproximado. Deberán salir rectas paralelas a los electrodos. Las líneas de campo eléctrico deben trazarse perpendiculares a las líneas equipotenciales.

El valor aproximado del campo eléctrico, que deberá ser el mismo en todos los puntos, se calcula a partir de la expresión:

$$E = \frac{-\Delta V}{d}$$

Ampliación

- Sustituye los electrodos de cinc por dos clavos de hierro. Introduce las puntas en el agua y realiza de nuevo la experiencia.
- Dibuja la distribución de potencial asociada a esta situación y el campo eléctrico creado.

Interacción eléctrica

En cada uno de los vértices de un triángulo equilátero de 10 cm de lado se coloca una carga de 2×10^{-7} C. Calcula la fuerza ejercida sobre cada carga debida a la presencia de las otras dos.

Comentarios al enunciado

La fuerza que se ejercen dos cargas eléctricas puntuales, q y q', separadas una distancia r, viene expresada como:

$$\mathbf{F} = K\frac{q \cdot q'}{r^2}\mathbf{u}_r$$

Donde K es la constante de Coulomb y u_r es un vector unitario en la dirección que une ambas cargas. En este caso, como trabajamos con magnitudes vectoriales es imprescindible realizar un dibujo en el que aparezcan todos los vectores que intervienen en el ejercicio.

Resolución y cálculos

- La fuerza total sobre la carga 3, que ejercen las cargas 1 y 2, será la suma vectorial de las fuerzas:

$$\mathbf{F}_{T3} = \mathbf{F}_{13} + \mathbf{F}_{23}$$

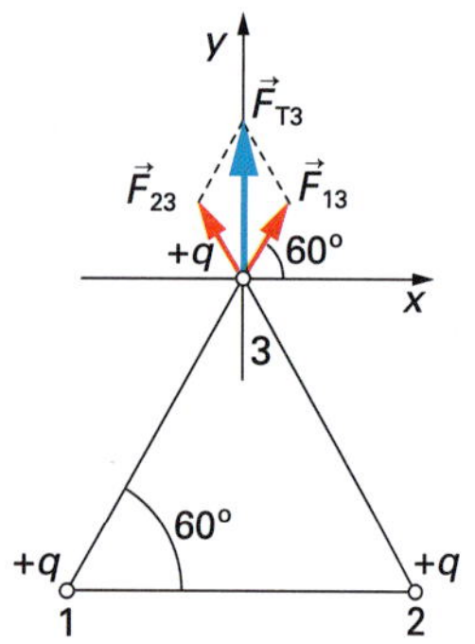

Figura 15.26.

Fuerza ejercida sobre la carga 3.

Las componentes de estos vectores son:

$$\mathbf{F}_{13} = (F_{13} \cdot \cos 60°; F_{13} \cdot \sin 60°)$$
$$\mathbf{F}_{23} = (-F_{23} \cdot \cos 60°; F_{23} \cdot \sin 60°)$$

Los módulos de ambas fuerzas son iguales al serlo las cargas y la distancia, por tanto al sumar las componentes sobre el eje x, se anulan:

$$\mathbf{F}_{T3} = (0 ; 2 \cdot F_{13} \times \sin 60°)$$

$$F_{13} = K\frac{q \cdot q'}{d^2} = 9 \times 10^9 \frac{(2 \times 10^{-7})^2}{0{,}1^2} = 0{,}036 \text{ N}$$

Por tanto:

$$\mathbf{F}_{T3} = (0 ; 2 \times 0{,}036 \cdot \sin 60°)$$
$$\mathbf{F}_{13} = (0 ; 0{,}062) \text{ N} = 6{,}2 \times 10^{-2}\,\mathbf{j} \text{ N}$$

- La fuerza total sobre la carga 2, que ejercen las cargas 1 y 3, será la suma vectorial de las fuerzas:

$$\mathbf{F}_{T2} = \mathbf{F}_{12} + \mathbf{F}_{32}$$

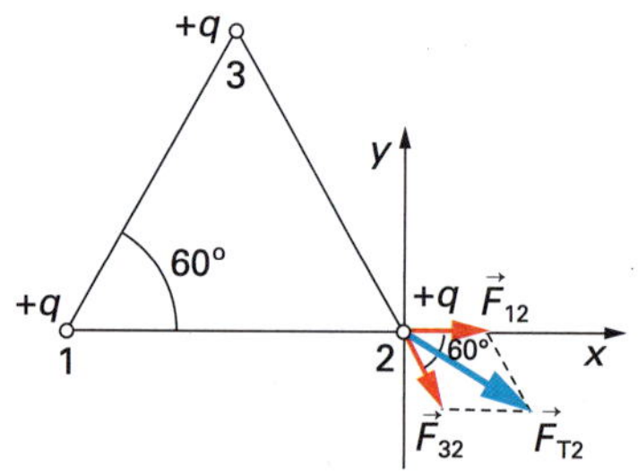

Figura 15.27.

Fuerza ejercida sobre la carga 2.

Las componentes de estos vectores son:

$$\mathbf{F}_{12} = (F_{12} ; 0) \quad ;$$
$$\mathbf{F}_{32} = (F_{32} \cdot \cos 60°; -F_{32} \cdot \sin 60°)$$

Si sumamos:

$$\mathbf{F}_{T2} = (F_{12} + F_{32} \cdot \cos 60°; -F_{32} \cdot \sin 60°)$$

Los módulos de las fuerzas, al igual que antes, son iguales:

$$F_{12} = F_{32} = 0{,}036 \text{ N.}$$
$$\mathbf{F}_{T2} = (0{,}036 + 0{,}036 \cos 60°; -0{,}036 \sin 60°)$$
$$\mathbf{F}_{T2} = (0{,}054; -0{,}031) \text{ N}$$

- La fuerza que es ejercida sobre la carga 1, si vemos la geometría del ejercicio, podemos afirmar que es:

$$\mathbf{F}_{T1} = (-0{,}054; -0{,}031) \text{ N}$$

Análisis de los resultados

Observa que los módulos de estas tres fuerzas son iguales, dada la geometría del ejercicio.

$$F_{T1} = F_{T2} = F_{T3} = 0{,}062 \text{ N}$$

El condensador plano

Entre las placas de un condensador plano, separadas 1 cm, existe un campo eléctrico uniforme $\mathbf{E} = 7 \times 10^4\ \mathbf{i}$ N/C:

a) ¿Cuál es la diferencia de potencial entre las placas?

Si se libera un electrón situado, en reposo, sobre la placa negativa, responde a los apartados b) y c).

b) ¿Qué energía cinética tiene el electrón al llegar a la placa positiva?

c) ¿Con qué velocidad llegará el electrón a la placa positiva?

(Datos: $m_e = 9{,}109 \times 10^{-31}$ kg; e = $1{,}6 \times 10^{-19}$ C.)

Comentarios al enunciado

a) La diferencia de potencial entre placas representa el trabajo que hay que realizar para desplazar la unidad positiva de carga desde una placa a otra:

$$V_+ - V_- = E \cdot d$$

De este trabajo se encargan las fuerzas del campo y, en consecuencia, debe resultar positivo.

b) El trabajo que realizan las fuerzas del campo sobre el electrón siempre se puede escribir como la variación de su energía cinética, tal y como establece el teorema de las fuerzas vivas:

$$W = \Delta E_c = E_c(\text{f}) - E_c(\text{i})$$

Como el electrón se dejó en reposo en la placa negativa, $E_c(\text{i}) = 0$; en consecuencia: $E_c(\text{f}) = W$.

c) Una vez conocida la energía cinética, la velocidad se puede calcular inmediatamente a partir de la propia expresión de esta magnitud.

Resolución y cálculos

a) La diferencia de potencial entre placas es:

$$V_+ - V_- = E \cdot d$$

La distancia entre las placas, *d*, expresada en el SI será, $d = 10^{-2}$ m; por tanto, sustituyendo los datos, obtenemos:

$$V_+ - V_- = 7 \times 10^4 \times 10^{-2} = 700 \text{ V}$$

b) El trabajo que realizan las fuerzas del campo para llevar el electrón desde la placa negativa a la positiva es el producto de la carga por la diferencia de potencial entre la placa negativa y la positiva:

$$V_- - V_+ = -(V_+ - V_-) = -700 \text{ V}$$

Por tanto: $E_0(\text{f}) = W = q\,(V - V_i)$

$$E_c(\text{f}) = (-1{,}6 \times 10^{-19}\text{ C})\,(-700\text{ V}) = 1{,}12 \times 10^{-16}\text{ J}$$

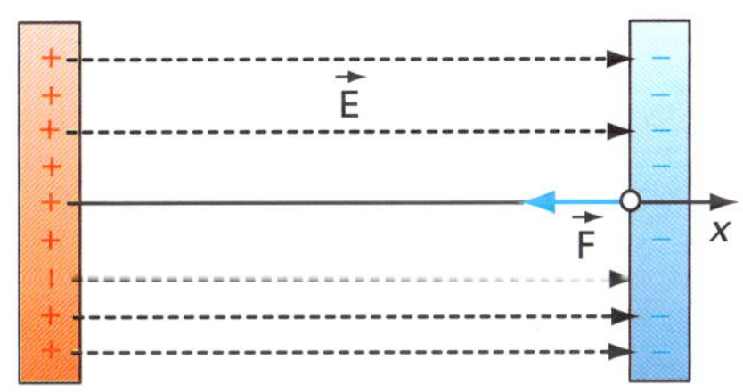

Figura 15.28.

c) La velocidad del electrón se calcula despejándola de la expresión de la energía cinética:

$$E_c = \frac{1}{2}\, m \cdot v^2 \longrightarrow v = \sqrt{\frac{2 \cdot E_c}{m}}$$

Al sustituir los datos, obtenemos:

$$v = 15\,682 \text{ m/s}$$

Análisis de los resultados

a) El resultado de la diferencia de potencial indica que las fuerzas del campo realizan un trabajo de 700 J por cada culombio positivo que desplazan desde la placa positiva a la negativa.

b) Conviene hacer hincapié en que el trabajo eléctrico, el que realizan las fuerzas del campo, es la carga por la diferencia de potencial; es decir, la carga por la diferencia de potenciales desde el punto inicial al final:

$$W = q \cdot (V_i - V_f)$$

El trabajo que realizamos nosotros al mover cargas dentro del campo sería opuesto.

c) No es extraño obtener velocidades muy altas cuando se trabaja con partículas. La razón de los valores bajos de la energía está en que las masas de las partículas son muy pequeñas.

Actividades

Naturaleza eléctrica de la materia

19 Contesta brevemente a estas cuestiones:

a) ¿Por qué la materia se muestra sin carga?

b) ¿Cómo queda cargado un átomo que pierde electrones?

c) Cuando un cuerpo se electriza, ¿puede perder o ganar protones? ¿Por qué?

d) ¿Cuál es la unidad de carga en el SI?

e) ¿Por qué la carga eléctrica está cuantizada?

20 ¿Cómo puede adquirir carga eléctrica la carrocería de un coche durante su marcha? ¿Por qué se produce una descarga cuando una persona la toca?

21 Cargamos una esfera con una carga de $+8 \times 10^{-4}$ μC. Halla el número de electrones extraídos de la esfera. (Dato: $e = 1{,}602 \times 10^{-19}$ C.)

Solución: $n = 4{,}994 \times 10^{9}$ electrones.

Interacción electrostática

22 ¿Qué diferencias existen entre la interacción eléctrica y la interacción gravitatoria?

23 Las cargas puntuales de la figura, cuyas masas son m_1 = 1 kg y m_2 = 0,5 kg, se encuentran inicialmente en reposo. Responde las siguientes cuestiones:

a) Se atraen o se repelen.

b) Cual es el valor de la fuerza que se ejercen.

c) Cual es el valor de las aceleraciones con que comienzan a moverse.

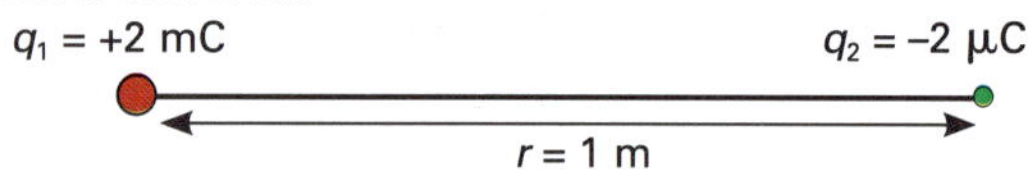

Solución: b) F = 36 N; **c)** a_1 = 36 m/s^2; a_2 = 72 m/s^2.

24 Determina la relación entre la fuerza eléctrica y la fuerza gravitatoria que un protón ejerce sobre un electrón. (Datos: $K = 9 \times 10^{9}$ N · m^2/C^2; $e = 1{,}60 \times 10^{-19}$ C; $G = 6{,}67 \times 10^{-11}$ Nm^2/kg^2; $m_p = 1{,}67 \times 10^{-27}$ kg; $m_e = 9{,}1 \times 10^{-31}$ kg.)

Solución: $F_e = 2{,}27 \times 10^{39} \cdot F_g$.

25 Dos cargas del mismo tipo de 75 μC se encuentran en los puntos A (-4 , 0) m y B (0 , -4) m. Calcula el valor de la fuerza resultante sobre otra carga de 30 μC situada en el origen de coordenadas.

Solución: F = 1,8 N.

26 Dos cargas de 4 μC y 10 μC se sitúan a 1 m de distancia. ¿En qué punto entre ellas habrá que situar otra carga de 1 μC para que no sea desplazada?

Solución: d = 0,39 m de 4 μC.

27 Imagina dos cargas, una positiva y otra negativa, de distintos valores, $+q_1$ y $-q_2$, y separadas una distancia r. ¿Dónde situarías otra carga positiva, q', para que no experimentara desplazamiento? Explica si existen varias soluciones.

Solución: Si $q_1 > q_2$, a la derecha de q_2.
Si $q_1 < q_2$, a la izquierda de q_1.

28 Tres cargas positivas de 100 μC cada una están colocadas en los puntos: A (0, 0), B (0, 1) y C (0, 2), medidas en metros.

a) ¿Qué fuerza ejercen las cargas A y B sobre C?

b) ¿Qué fuerza ejercen las cargas A y C sobre B?

c) ¿Y las cargas B y C sobre A?

Solución: a) $\mathbf{F}_C = 112{,}5\ \mathbf{j}$ N; **b)** $\mathbf{F}_B = 0$ N; **c)** $\mathbf{F}_A = -112{,}5\ \mathbf{j}$ N.

29 Desde un mismo punto y mediante dos hilos de longitud 50 cm cuelgan dos esferas metálicas iguales de 50 μg de masa. Una vez cargadas, las esferas se repelen hasta una distancia de 5 cm. Halla la carga de cada esfera.

Solución: $q = 8{,}25 \times 10^{-11}$ C.

30 Compara el valor de la fuerza de atracción gravitatoria con el valor de la fuerza electrostática de la esfera de la actividad anterior. (Dato: $G = 6{,}67 \times 10^{-11}$ Nm^2/kg^2.)

Solución: $F_e = 3{,}67 \times 10^{14} \cdot F_g$.

31 Dos bolas de saúco de 10 g de masa y con una carga Q cada una, se suspenden de un punto común mediante dos hilos iguales de 50 cm de longitud. Se alcanza el equilibrio para un ángulo de 10° de cada hilo con la vertical. Calcula el valor de Q y la tensión de la cuerda.

Solución: $Q = 2{,}4 \times 10^{-7}$ C; T = 0,1 N.

Campo eléctrico

32 Responde brevemente a estas cuestiones:

a) ¿Qué son líneas de fuerza de un campo eléctrico?

b) ¿Cómo se suman los campos y los potenciales eléctricos?

c) ¿En qué unidades se miden el campo y el potencial eléctricos?

33 Dibuja las líneas de fuerza creadas por un plano cargado positivamente (dirección y sentido), ¿cómo indicarías el movimiento de un electrón y un protón?

34 Explica esta afirmación: el campo eléctrico tiene el sentido de los potenciales decrecientes.

35 ¿Cómo sería el campo en las proximidades de una lámina metálica de gran superficie cargada eléctricamente? ¿Y las superficies equipotenciales?

36 En un espacio donde el campo es uniforme explica cómo son las líneas de fuerza y las superficies equipotenciales. ¿Cómo puede crearse ese campo?

37 El módulo del campo eléctrico creado por una carga puntual en un punto situado a 1 m de ella es de 100 N/C. ¿Cuánto valdrá a 50 cm de distancia?

Solución: E = 400 N/C.

38 Considera un cuadrado de lado 30 cm. En dos vértices consecutivos de este cuadrado se sitúan dos cargas de valores 4 μC y −4 μC. Halla el valor del campo en la mitad del lado que une las cargas (A) y en el punto donde se cortan las diagonales (B). Realiza un dibujo de la situación.

Solución: $E_A = 3{,}2 \times 10^{6}$ N/C; $E_B = 1{,}13 \times 10^{6}$ N/C.

39 Una esfera de masa 0,5 g cargada con 1 μC está sujeta al extremo de un hilo de 25 cm de longitud. El otro extremo del hilo está sujeto a un punto de una placa metálica, colocada verticalmente y cargada de forma que genera un campo eléctrico de 10^3 N/C. Calcula el ángulo que forma el hilo con la vertical.

Solución: $\alpha = 11{,}5°$

Diferencia de potencial eléctrico

40 ¿Por qué no se pueden cortar dos superficies equipotenciales de un campo eléctrico? Razónalo.

41 ¿Cómo variará la energía potencial de una partícula, con carga positiva, que se mueve en la dirección y sentido de un campo eléctrico? ¿Qué ocurre si la partícula es de carga negativa?

42 ¿Qué trabajo se realiza cuando una carga se desplaza de un punto a otro en una superficie equipotencial?

43 Dibuja las líneas de campo eléctrico y las superficies equipotenciales que crea una carga puntual $q = -5$ μC. ¿Qué distancia existe entre la superficie equipotencial de −4 500 V y la de −9 000 V?

Solución: $d = 5$ m.

44 Considera ocho gotas de 1 mm de radio y cargadas al potencial de 900 V cada una de ellas. Imagina que las juntamos en una sola gota, supuesta esférica, ¿cuál será la carga de cada gota antes de juntarse y el potencial de la gota grande?

Solución: $q = 10^{-10}$ C; $V = 3\,600$ V.

45 Dos cargas eléctricas fijas, $q_1 = 2$ μC y $q_2 = -2$ μC, están situadas en el vacío en los puntos de coordenadas (0, 3) m y (0, −3) m.

a) Halla el vector campo eléctrico creado por esta distribución en el punto A de coordenadas (4, 0).

b) Calcula el trabajo necesario para llevar una carga de 15 μC desde el punto A hasta el punto B, de coordenadas (0, 4). (Dato: $K = 9 \times 10^9$ N m²/C².)

Solución: a) $E_A = (0, -864)$ N/C; **b)** $W_{AB} = -0{,}23$ J.

46 En dos vértices consecutivos de un cuadrado cuyo lado mide 30 cm hay dos cargas de 3 μC y −3 μC.

a) ¿Cuál es el potencial en los puntos A, B, C y D de la figura 15.25?

b) ¿Qué trabajo hay que realizar para desplazar una carga de 2 μC desde el vértice D hasta el C?

c) ¿Existe algún plano equipotencial respecto a las cargas 3 μC y −3 μC?

Solución: a) $V_A = V_B = 0$, $V_C = 26\,320{,}8$ V, $V_D = -26\,320{,}8$ V; **b)** $W_{DC} = 0{,}11$ J; **c)** Sí, el plano equidistante a las cargas 3 μC y −3 μC pasa por A y B.

47 Observa la figura 15.29, y considerando que los potenciales de las superficies equipotenciales son $V_A = 16$ V, $V_B = 8$ V, $V_C = 0$ V y $V_D = -8$ V, halla:

a) El trabajo necesario para trasladar la carga de 4 μC desde A a C.

b) El trabajo necesario para trasladar la carga de −4 μC desde D hasta A.

c) La energía potencial de la carga $q = 4$ μC en A.

d) La variación de energía potencial de la carga −4 μC al pasar de D a B.

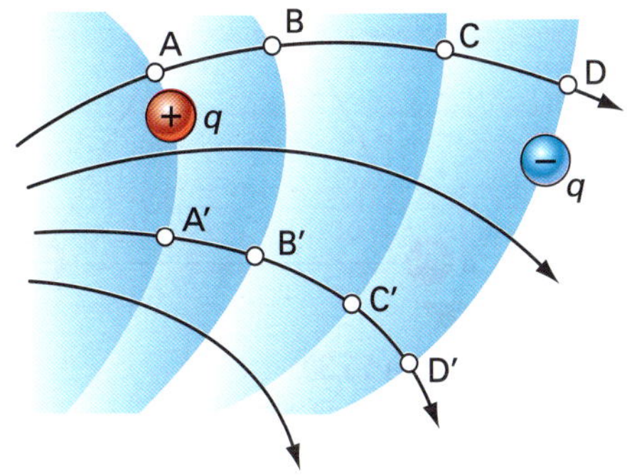

Figura 15.29.
Superficies equipotenciales.

Solución: a) $W_{AC} = 6{,}4 \times 10^{-5}$ J; **b)** $W_{DA} = 9{,}6 \times 10^{-5}$ J; **c)** $E_p(A) = 6{,}4 \times 10^{-5}$ J; **d)** $\Delta E_p = -6{,}4 \times 10^{-5}$ J.

48 Un electrón pasa de un punto cuyo potencial es −80 V a otro cuyo potencial es 132 V, ¿qué energía gana en eV?

Solución: $\Delta E_c = 212$ eV.

49 Si tratamos de acercar una carga q a otra fija, $Q = 5$ μC, desde 2 m hasta 1 m. Determina:

a) Si $q = 3$ μC, ¿qué carga debe realizar el trabajo y cuál será el trabajo total?

b) Si $q = -3$ μC, ¿qué carga realiza el trabajo y cuál será el trabajo total?

Solución: a) $W_{21} = -0{,}068$ J; **b)** $W_{21} = 0{,}068$ J.

50 En los puntos O (0, 0), A (2, 0) y B (0, 2), distancias medidas en metros, están situadas las cargas $q_0 = -4$ μC y $q_A = q_B = 4$ μC. Determina y realiza un dibujo:

a) El campo eléctrico en el punto C (2, 2).

b) El potencial en ese punto.

Solución: a) $E_C = 8\,227{,}9$ N/C; **b)** $V_C = 23\,272{,}1$ V.

51 El núcleo del átomo de oro tiene 79 protones. Calcula el potencial que crea en un punto situado a 10^{-12} m de dicho núcleo y la energía potencial de una partícula alfa, He^{2+}, situada en dicho punto. Si se dejase en libertad la partícula alfa, ¿qué sucedería?

Solución: $V = 113\,940{,}94$ V; $E_p = 3{,}65 \times 10^{-14}$ J.

52 Observa el triángulo equilátero de lado 2 m de la figura 15.30. Situamos dos cargas iguales y positivas de 2 μC en A y B:

a) Calcula el campo eléctrico en el punto C.

b) Halla el potencial de dicho punto.

c) ¿Cuánto trabajo se necesita para llevar una carga positiva de 5 μC desde el infinito hasta el punto C si mantenemos fijas las otras cargas?

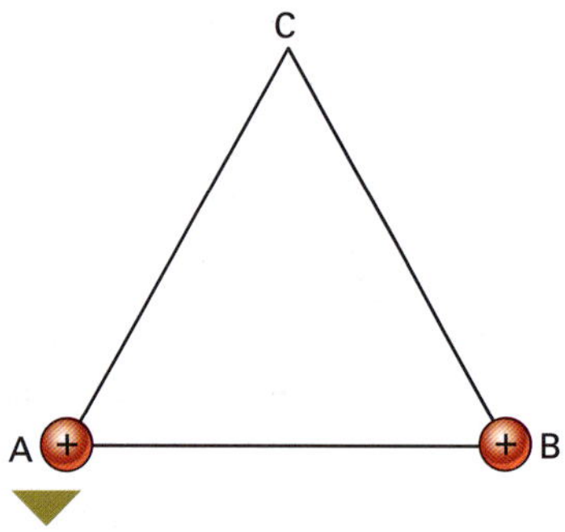

Figura 15.30.
A y B son cargas iguales.

Solución: a) $\mathbf{E} = 7\,794{,}2\ \mathbf{j}$ N/C; **b)** $V_C = 18\,000$ V; **c)** $W_C = -0{,}09$ J.

53 Una carga eléctrica $q_A = 10^{-6}$ C está situada a 0,2 m de otra carga $q_B = -5 \times 10^{-6}$ C. Halla:

a) El potencial del campo creado por la carga A en el lugar donde está la carga B.

b) El trabajo para trasladar la carga B a 0,6 m de la carga A y en la misma dirección.

Solución: $V_1 = 45\,000$ V; $W = -0{,}15$ J.

54 Para mover el ion Ca^{2+} desde un punto A a otro B, tenemos que hacer un trabajo de –2,7 ev.

a) Calcula la diferencia de potencial entre A y B.

b) ¿Qué punto está a un potencial más alto?

Solución: a) $(V_A - V_B) = -1{,}34$ V; **b)** $V_B > V_A$.

55 Una esfera de aluminio de 0,1 m de radio tiene una carga de valor –6 μC. ¿Cuál es su campo y su potencial en la superficie, a los 0,3 m y a los 0,6 m del centro?

Solución: $\mathbf{E}_s = -5{,}4 \times 10^6\ \mathbf{u}_r$ N/C; $\mathbf{E}_1 = -6 \times 10^5\ \mathbf{u}_r$ N/C; $\mathbf{E}_2 = -1{,}5 \times 10^5\ \mathbf{u}_r$ N/C; $V_s = -5{,}4 \times 10^5$ V; $V_1 = -1{,}8 \times 10^5$ V; $V_2 = -9 \times 10^4$ V.

56 Una esfera metálica hueca de radio 25 cm se carga al potencial de 300 000 V. Calcula:

a) ¿Cuál es su carga eléctrica? Exprésalo en μC.

b) Calcula el campo eléctrico en su superficie.

c) ¿Cuál es el valor del campo eléctrico a 30 m del centro de la esfera?

Solución: a) $q = 8{,}3$ μC; **b)** $E = 1195\,200$ N/C; **c)** $E' = 83$ N/C.

57 Situamos dos cargas iguales y positivas de valor 6 μC en dos puntos de coordenadas (–3, 0) y (0, –3), medidas dadas en metros. Determina:

a) El valor del campo eléctrico en el origen de coordenadas.

b) El potencial creado en los puntos A (0, 0) y B (3, 0).

c) El trabajo necesario para desplazar una carga de 10 μC desde el punto B (3, 0) hasta el origen de coordenadas.

Solución: a) $E = 8\,485$ N/C; **b)** $V_A = 36\,000$ V; $V_B = 21\,736$ V; **c)** $W_{BA} = -0{,}14$ J.

58 En dos vértices opuestos de un cuadrado de 3 m de lado, situamos cargas iguales y positivas de valor 10 μC. ¿Cuáles son los valores del campo eléctrico y del potencial eléctrico creado por esas cargas en el centro del cuadrado y en los otros vértices?

Solución: $E = 0$; $V = 84\,906$ V; $E_v = 14\,142$ N/C; $V_0 = 60\,000$ V.

59 Dos esferas metálicas de radios $R_1 = 5$ cm y $R_2 = 50$ cm, respectivamente, se encuentran muy alejadas y poseen una carga de 3 μC cada una. Si se unen ambas esferas mediante un hilo conductor ideal se produce un trasvase de carga desde la esfera a mayor potencial a la de potencial menor hasta que los potenciales de ambas se igualan. Calcula:

a) La diferencia de potencial entre ambas esferas antes de unirlas mediante el hilo conductor.

b) Después de unirlas, la carga final en cada una de ellas.

c) El potencial de las esferas al finalizar el trasvase.

Solución: a) $V_1 = 540\,000$ V; $V_2 = 54\,000$ V; **b)** $q_1 = 5{,}45 \times 10^{-7}$ C; $q_2 = 5{,}45 \times 10^{-6}$ C; **c)** $V = 98\,100$ V.

60 Una esfera metálica de 6 cm de radio aislada se carga a un potencial de 270 V. A continuación, se une por medio de un hilo conductor a otra esfera metálica, de 4 cm de radio, descargada y aislada, quedando ambas muy separadas.

a) Calcula la carga eléctrica de la primera esfera.

b) ¿Cuáles son la carga y el potencial de cada esfera al final de esa experiencia?

Solución: a) $q = 1{,}8 \times 10^{-9}$ C; **b)** $q_1 = 1{,}08 \times 10^{-9}$ C; $q_2 = 7{,}2 \times 10^{-10}$ C; $V = 162$ V.

Movimiento de cargas

61 Se abandona un electrón, sin velocidad inicial, en el punto medio entre las láminas de un condensador plano conectado a 9 V:

a) ¿Cuál es el valor del campo eléctrico en el punto medio?

b) ¿Hacia dónde se mueve el electrón y con qué aceleración lo hace?

c) ¿Cuál es su velocidad al llegar a su destino?

(Datos: $e = 1{,}6 \times 10^{-19}$ C; $m_e = 9{,}1 \times 10^{-31}$ kg; distancia entre láminas: $d = 2$ cm.)

Solución: a) $E = 450$ V/m; **b)** $a = 7{,}9 \times 10^{13}$ m/s^2; **c)** $v = 1{,}26 \times 10^6$ m/s.

62 Entre dos láminas conductoras que distan 2,5 mm se crea un campo eléctrico uniforme de $E = 600$ N/C:

a) ¿Cuál es la aceleración que adquiere un electrón situado entre las láminas?

b) La velocidad del electrón al llegar a la otra placa, si parte del reposo en la placa positiva.

c) ¿Qué energía posee en ese momento?

d) ¿Qué tiempo tarda en recorrer los 2,5 mm que separan las dos láminas?

Solución: a) $a = 1{,}05 \times 10^{14}$ m/s^2;
b) $v = 7{,}25 \times 10^5$ m/s;
c) $E_c = 2{,}39 \times 10^{-19}$ J;
d) $t = 6{,}90 \times 10^{-9}$ s.

63 Un campo eléctrico uniforme de intensidad $E = 10^5$ N/C, acelera una partícula alfa (núcleo de helio) inicialmente en reposo, hasta que adquiere la velocidad $v = 10^7$ m/s. Calcula la diferencia de potencial entre los puntos inicial y final, y el espacio recorrido. (Datos: e = $1{,}6 \times 10^{-19}$ C; $m_p = m_n = 1{,}67 \times 10^{-27}$ kg.)

Solución: $V_1 - V_2 = 1{,}04 \times 10^6$ V; $s = 10{,}4$ m.

64 Un protón, con velocidad inicial $1{,}5 \times 10^6$ m/s dirigida en el sentido positivo del eje x, penetra en una región donde existe un campo eléctrico uniforme de valor 9×10^{-3} N/C dirigido en el sentido positivo del eje y. Calcula:

a) Las componentes cartesianas de la fuerza experimentada por el protón.

b) La expresión de la velocidad del protón en función del tiempo.

c) La energía cinética del protón 1 segundo después de penetrar en el campo.

Solución: a) $\mathbf{F}_p = (0,\ 1{,}44 \times 10^{-21})$ N;
b) $v(t) = (1{,}5 \times 10^6,\ 8{,}62 \times 10^5 \cdot t)$;
c) $E_c = 2{,}5 \times 10^{-15}$ J.

65 Una partícula alfa se introduce entre dos placas metálicas cargadas que están separadas una distancia $d = 10$ cm y colocadas paralelas al suelo. Calcula:

a) El campo eléctrico entre placas si la partícula α se mantiene en equilibrio.

b) La diferencia de potencial entre placas.

(Datos: e = $1{,}6 \times 10^{-19}$ C; $m_p = m_n = 1{,}67 \times 10^{-27}$ kg.)

Solución: a) $E = 2 \times 10^{-7}$ N/C; **b)** $V_+ - V_- = 2 \times 10^{-8}$ V.

66 Dentro de un condensador plano entre cuyas placas existe una separación de 25 mm, existe un campo eléctrico uniforme de módulo $E = 2\,500$ N/C. Sobre la placa positiva se deposita, con velocidad inicial cero, el catión monovalente Na^+, cuya masa es $m = 3{,}82 \times 10^{-27}$ kg y la carga $q = 1{,}60 \times 10^{-19}$ C. Calcula:

a) La aceleración que experimenta el catión.

b) La diferencia de potencial eléctrico entre las placas.

c) La energía cinética del catión cuando llega a la placa negativa.

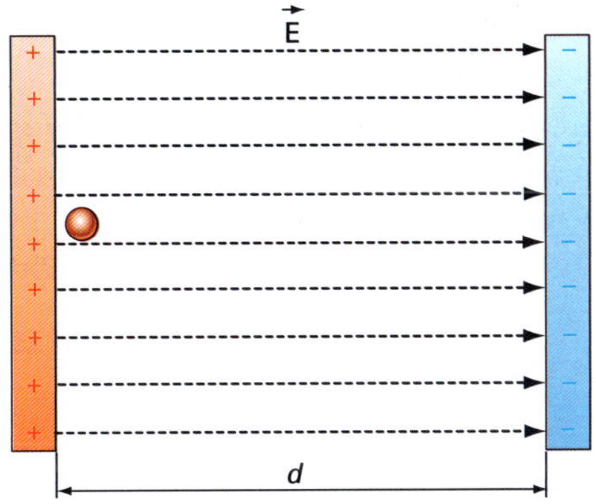

Figura 15.31.
En el condensador se establece una diferencia de potencial entre las placas.

Solución: a) $a = 1{,}05 \times 10^{11}$ m/s^2;
b) $V_+ - V_- = 62{,}5$ V;
c) $E_c = 10^{-17}$ J.

67 Cada electrón de un haz tiene una energía cinética de $1{,}6 \times 10^{-19}$ J.

a) Calcula su velocidad.

b) ¿Cuál será la dirección, el sentido y el módulo de un campo eléctrico que haga que los electrones se detengan a una distancia de 10 cm, desde su entrada en la región ocupada por el campo?

(Datos: e = $-1{,}6 \times 10^{-19}$ C; $m_e = 9{,}1 \times 10^{-31}$ kg.)

Solución: a) $v = 5{,}9 \times 10^5$ m/s; **b)** $E = 10$ N/C.

68 Se lanza un electrón con velocidad, $\mathbf{v} = 2{,}3 \times 10^6\ \mathbf{i}$ m/s, entre las placas horizontales de un condensador plano, en cuyo interior existe un campo eléctrico uniforme de $\mathbf{E} = 10^3\ \mathbf{j}$ N/C. El electrón penetra en el campo por el punto P (0, 1) cm y recorre toda la longitud de las placas, que es de 2 cm:

a) ¿Qué aceleración adquiere el electrón?

b) ¿Cuál es la ecuación de la trayectoria que sigue el electrón dentro del campo?

c) ¿En qué punto sale del condensador?

(Datos: $m_e = 9{,}1 \times 10^{-31}$ kg; $e = 1{,}6 \times 10^{-19}$ C.)

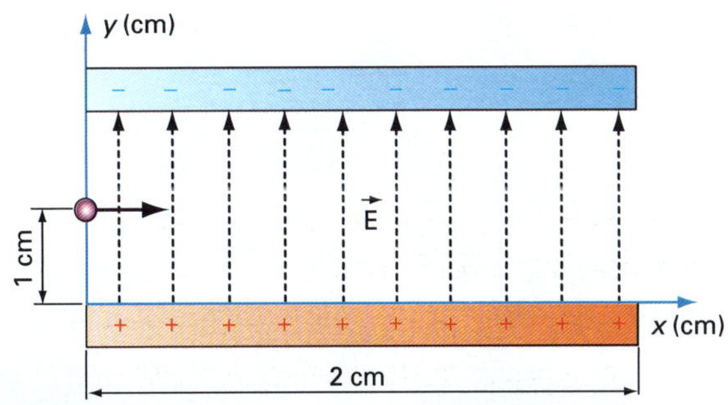

Figura 15.32.
En el condensador se establece una diferencia de potencial entre las placas.

Solución: a) $\mathbf{a} = -1{,}76 \times 10^{14}\ \mathbf{j}$ m/s^2;
b) $y = 10^{-2} - 16{,}64 \cdot x^2$;
c) (2, 0,33) cm.

16 Corriente eléctrica

1 Corriente eléctrica continua

Sabemos que las cargas eléctricas se mueven dentro de un campo eléctrico de la siguiente manera: las negativas, en el sentido de potenciales menores a mayores; las positivas, en sentido contrario.

La **corriente eléctrica** es el movimiento ordenado y continuo de carga eléctrica.

Cuando el movimiento de la carga se da siempre en el mismo sentido, la corriente se llama **continua.**

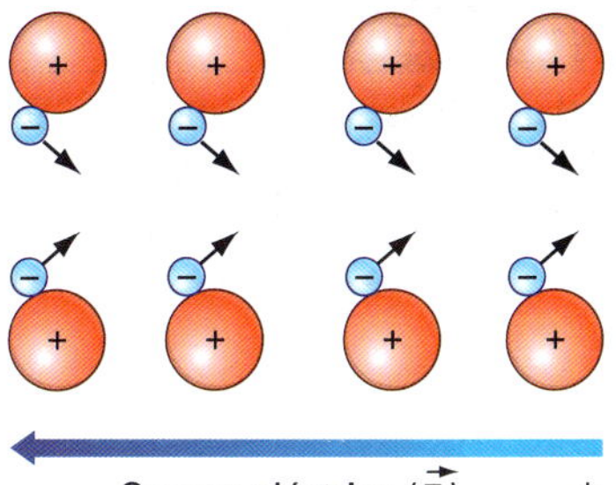

Figura 16.1.
Cuando se aplica una diferencia de potencial a los extremos de un conductor metálico, los electrones libres son forzados a moverse.

1.1 Conductores y aislantes

Se denominan **aislantes o dieléctricos** a los materiales que no permiten el movimiento de carga. Se llaman **conductores** a aquellos materiales en los que sí se puede desplazar la carga. En realidad, no existen materiales perfectamente aislantes ni completamente conductores.

Conductores metálicos

Los **conductores de primera especie** son los **conductores metálicos.** En estos, las cargas que se ponen en movimiento son electrones, de forma que se mueven de potenciales menores a mayores. En los metales, los electrones se pueden mover con facilidad; basta con aplicar al metal diferencias de potencial de pocos milivoltios para conseguir desplazarlos.

La velocidad de los electrones dentro del metal es del orden de unos pocos mm/s y no tiene nada que ver con la velocidad de la luz.

Conductores electrolíticos

Los **conductores de segunda especie** son los **conductores electrolíticos.** Están formados por sales fundidas y disoluciones acuosas de ácidos, bases y sales (electrolitos). Estas sustancias están disociadas en iones positivos y negativos, que se desplazan en el medio líquido en sentidos contrarios. Al llegar a los electrodos, entre los que se establece una diferencia de potencial, los iones pierden su carga y experimentan una transformación química (fig. 16.2).

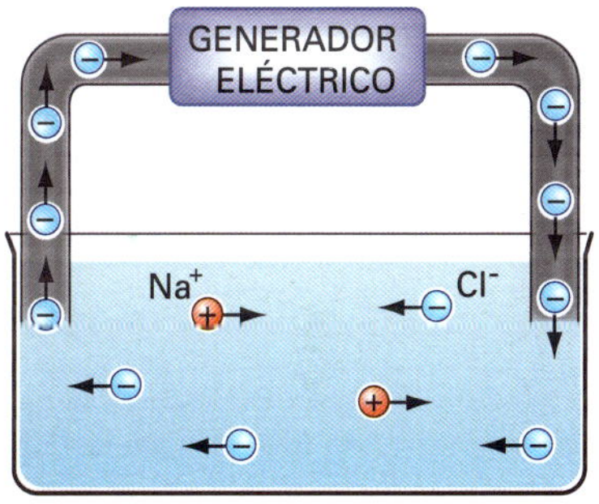

Figura 16.2.
En la electrólisis de una sal, como el cloruro de sodio, los iones se mueven en sentidos contrarios dentro de la disolución.

Tubos de vacío

Los **tubos de vacío** son tubos cerrados, como los fluorescentes, en los que se ha practicado el vacío. La presión en el interior es del orden de 10^{-3} Pa. Al establecer una diferencia de potencial en su interior, se produce un desplazamiento de iones y de electrones.

1 Recuerda el nombre que reciben los iones positivos y los iones negativos. ¿Por qué no se desplazan los iones metálicos al pasar la corriente eléctrica si están sometidos a un campo eléctrico?

2 Indica por qué no existen electrones libres en las disoluciones electrolíticas. Propón un modelo que explique la conducción eléctrica en una disolución de cloruro de sodio.

3 Inventa un modelo que explique la conducción eléctrica en un tubo que contiene hidrógeno a muy baja presión cuando se establecen entre dos electrodos diferencias de potencial de varios miles de voltios. ¿Qué partículas eléctricas se formarán en el interior del tubo?

2 La energía en la corriente eléctrica

¡Atención!

Nos limitaremos al estudio de circuitos de corriente continua realizados con conductores metálicos.

Un circuito eléctrico consta de un generador de corriente y de un conductor cuyos extremos deben estar unidos a los terminales del generador. Al margen de estos dos dispositivos esenciales se pueden conectar otros dispositivos denominados **receptores,** en los que se producen diferentes transformaciones de energía eléctrica en otros tipos de energía.

En los circuitos de corriente realizados con conductores metálicos, las cargas que circulan son electrones. Los electrones adquieren energía en el generador. Durante el recorrido se producen múltiples transformaciones energéticas (luz, calor, movimiento...), pero la cantidad de energía total del circuito no se modifica.

La cantidad de energía en un circuito se conserva.

Siempre que el circuito esté cerrado y el generador sea capaz de restablecer la energía a los electrones, el circuito permanecerá funcionando.

2.1 Generador de corriente

Para que exista movimiento permanente de carga eléctrica en un circuito, además de materiales conductores que lo cierren, es necesario establecer una diferencia de potencial entre los extremos del conductor. Los dispositivos que son capaces de establecer esta diferencia de potencial permanente se llaman **generadores de corriente.**

Se llama **fuerza electromotriz (fem)**, ε, de un generador a la cantidad de energía que el generador es capaz de suministrar a la unidad de carga transportada en el circuito.

$$\varepsilon = \frac{E}{q}$$

La unidad de fuerza electromotriz en el SI es el **voltio (V).**

La fuerza electromotriz de un generador de corriente es una propiedad del generador, no del circuito ni de las cargas. Es la causa de la creación de una diferencia de potencial entre dos puntos de un circuito y, en consecuencia, si el circuito está cerrado, es causante de que circule la corriente eléctrica por su interior.

Un generador es de 1 voltio de fem si es capaz de suministrar la energía de 1 julio a la unidad de carga:

$$1 \text{ voltio} = \frac{1 \text{ julio}}{1 \text{ culombio}} \longrightarrow 1\text{V} = \frac{1\text{J}}{1\text{C}}$$

Los generadores transforman cualquier tipo de energía en energía eléctrica.

Los **alternadores** son generadores que transforman energía mecánica en eléctrica. Son los dispositivos que habitualmente se instalan en las centrales eléctricas para producir corriente a gran escala.

Las **pilas voltaicas** son generadores de corriente continua que transforman energía química en eléctrica. Estas pilas poseen dos terminales, bornes o polos indicados por el fabricante, uno positivo y otro negativo (fig. 16.3).

Evidentemente, cuando una pila se conecta a un circuito, la energía que suministra a la unidad de carga que circula por él será algo menor que ε, ya que parte de esta energía se transforma en calor dentro de la propia pila.

Figura 16.3.
Pilas químicas y símbolo de la pila. El segmento largo indica el polo positivo, y el corto, el negativo.

2.2 Motores

Los **motores** transforman energía eléctrica en energía mecánica. Este tipo de receptores se caracterizan por su fuerza contraelectromotriz.

Se llama **fuerza contraelectromotriz (fcem)**, ε', de un motor a la cantidad de energía que la unidad de carga cede al motor cuando circula por él.

$$\varepsilon' = \frac{E_m}{q}$$

La unidad de fuerza contraelectromotriz en el SI es el **voltio (V)**.

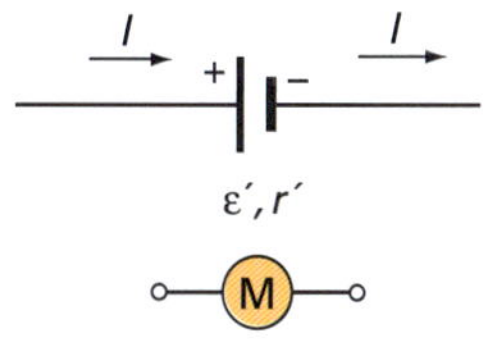

Figura 16.4.
Símbolo del motor. El símbolo de una pila en la que entra la corriente por el polo positivo indica un comportamiento análogo al de un motor en el circuito.

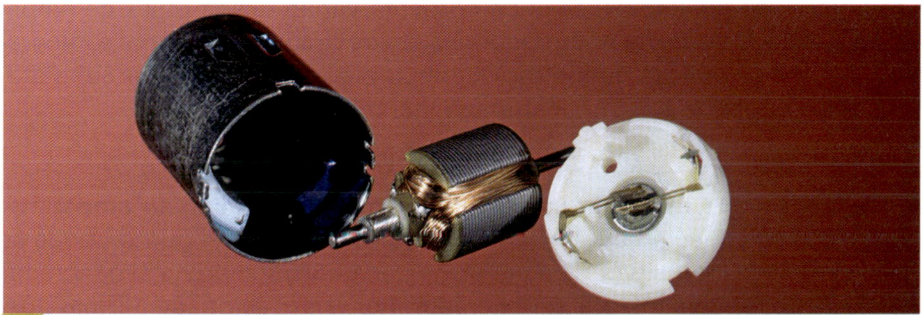

Figura 16.5.
Piezas de un motor eléctrico.
Se muestra el eje con el rotor, los electroimanes y el colector. La pieza blanca es el estator con las escobillas.

En los motores no toda la energía eléctrica se transforma en energía mecánica, parte de ella se transforma en calor.

El rendimiento de un motor, expresado en tanto por ciento, es el cociente entre la energía transformada en energía mecánica (o energía útil) y la energía necesaria para su obtención, multiplicado por cien:

$$\eta = \frac{E_{\text{útil}}}{E_{\text{total}}} \cdot 100$$

2.3 Diferencia de potencial entre dos puntos

La diferencia de potencial describe los balances de energía que tienen lugar en los distintos elementos del circuito.

La **diferencia de potencial (ddp)** entre dos puntos, A y B, de un circuito, V_{AB} (también se llama voltaje o tensión), es la diferencia de energías, $E_A - E_B$, que tiene la unidad de carga entre el punto A y el punto B:

$$V_{AB} = \frac{E_{AB}}{q}$$

La unidad de diferencia de potencial entre dos puntos de un circuito (V_{AB}) en el SI es el **voltio (V)**. Entre dos puntos de un circuito hay 1 voltio si la diferencia de energía que tiene la unidad de carga entre ellos es de 1 julio.

Los aparatos que miden la diferencia de potencial se llaman **voltímetros.** Los voltímetros se conectan uniendo sus terminales a los puntos del circuito entre los que se desea medir la diferencia de potencial (fig. 16.6).

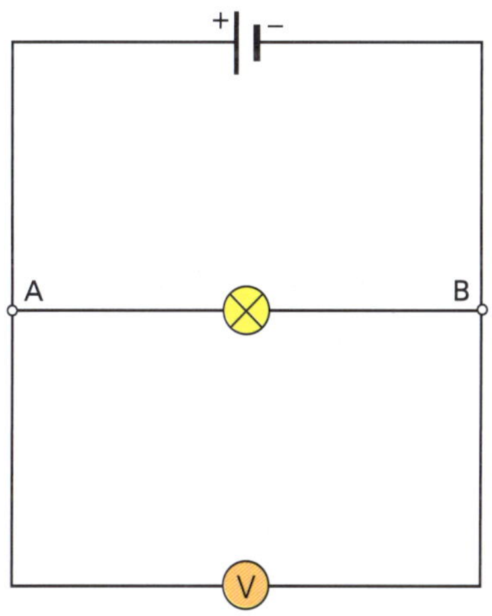

Figura 16.6.
Símbolo del voltímetro y conexión siempre en paralelo al dispositivo del que se quiere medir su ddp.

3 Intensidad de corriente

La **intensidad de corriente eléctrica** es la cantidad de carga eléctrica que atraviesa la sección de un conductor en la unidad de tiempo:

$$I = \frac{q}{t}$$

La unidad de intensidad en el SI es el **amperio (A).**

Por tanto, 1 amperio es la intensidad que permite el paso por una sección de un conductor de 1 culombio en 1 segundo:

$$1 \text{ amperio} = \frac{1 \text{ culombio}}{1 \text{ segundo}} \longrightarrow 1\text{A} = \frac{1\text{C}}{1\text{s}}$$

Los valores de las intensidades de corriente varían desde miles de amperios en la industria hasta microamperios en los circuitos impresos e integrados. Por ello se utilizan múltiplos y submúltiplos del amperio; los submúltiplos más utilizados son el miliamperio y el microamperio:

$$1 \text{ mA} = 10^{-3} \text{ A} \longrightarrow 1 \text{ μA} = 10^{-6} \text{ A}$$

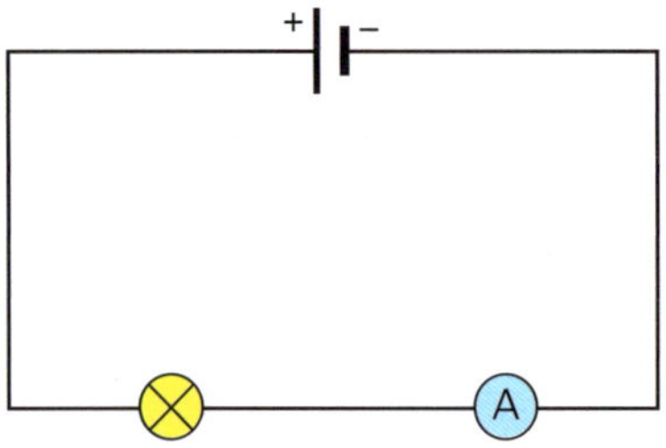

Figura 16.7.
Símbolo del amperímetro y conexión, siempre en serie con el dispositivo del que requiere medir la intensidad que lo atraviesa.

Los aparatos que miden la intensidad de corriente se llaman **amperímetros,** estos se conectan en el circuito intercalándolos en el punto donde se quiera medir la intensidad. Toda la carga que pone en marcha el generador de corriente regresa íntegra al generador. Por tanto, se puede afirmar que:

La cantidad de carga eléctrica en un circuito se conserva.

En los circuitos con conductores metálicos, los electrones se mueven desde el polo negativo al positivo; por tanto, este es el sentido real de la intensidad de corriente. Sin embargo, por convención internacional, el sentido de la corriente eléctrica en el circuito es el contrario al real, del polo positivo al negativo.

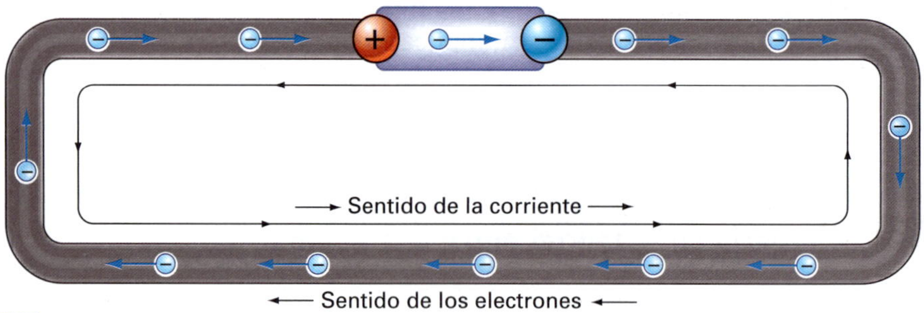

Figura 16.8.
Sentido de la corriente eléctrica y de los electrones. Este convenio tradicional se mantiene porque no afecta a los resultados obtenidos en los circuitos.

4 Calcula la carga que atraviesa en dos horas la sección de un conductor metálico por el que circula una intensidad de corriente de 4 mA.

Solución: $Q = 28{,}8$ C.

5 Si la intensidad de corriente que pasa por una calculadora es de 12 μA, calcula el tiempo necesario para que pase por ella la carga de 1 C. ¿Cuántos electrones pasan en una décima de segundo?

Solución: $t = 23{,}1$ h; $n = 7{,}5 \times 10^{12}$ electrones.

4 Resistencia de un conductor metálico

Los conductores metálicos presentan oposición al paso de la corriente eléctrica a través de ellos, debido a que los electrones chocan violentamente con los iones de la red metálica transfiriendo energía al conductor, y aumentando así su temperatura.

Se define **resistencia eléctrica** (R) como la medida de la oposición que ofrece un conductor al flujo de electrones que pasa por él.

$$R = \rho \frac{l}{S}$$

Los factores de los que depende la resistencia eléctrica son:

- **Longitud.** La resistencia aumenta proporcionalmente a la longitud del conductor, ya que los electrones encontrarán más oposición a su paso cuanto más largo sea el trayecto que tienen que realizar a través de la red metálica.
- **Sección.** La resistencia es inversamente proporcional a la sección del conductor, pues cuanto mayor sea el grosor del conductor, mayor cantidad de carga atravesará su sección.
- **Tipo de material.** Cada material se comporta de diferente manera frente al paso de la corriente. Existen materiales, como la plata y el oro, que oponen poca resistencia al paso de la corriente, mientras que hay aleaciones metálicas, como el nicrom y el constantán, que presentan gran resistencia al paso de la corriente (tabla 16.1).
- **Temperatura.** La resistencia aumenta con la temperatura, ya que, al aumentar esta, el movimiento de vibración de los iones de la red se hace más intenso, ofreciendo más superficie de choque al paso de los electrones. Por el contrario, al bajar la temperatura la resistencia disminuye. Cerca del cero kelvin se alcanza un estado de gran interés teórico y práctico denominado **superconductividad.**

La constante de proporcionalidad, ρ, se denomina **coeficiente de resistividad** y es característica de cada material a una temperatura dada.

La **resistividad** es la resistencia eléctrica que ofrece un material de 1 m de longitud y 1 m^2 de sección.

En el SI la unidad de resistencia es el **ohmio (Ω)** y, por tanto, el coeficiente de resistividad se mide en **ohmio por metro (Ω m).**

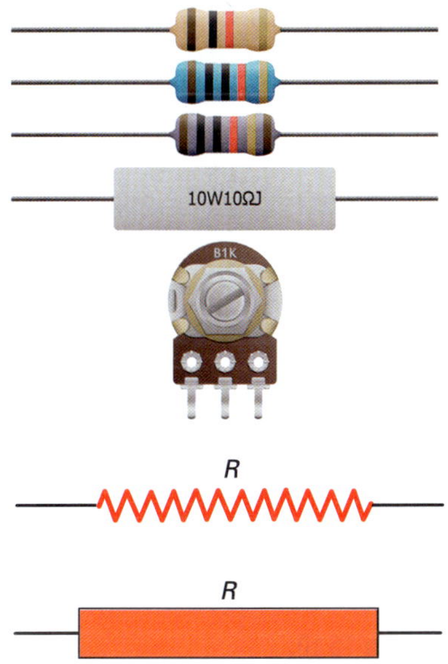

Figura 16.9.
Resistencias eléctricas. Distintos tipos de resistencias óhmicas que se pueden encontrar en un circuito impreso (arriba). Símbolos de la resistencia eléctrica (abajo).

Sustancias	Resistividad (Ω m)
Plata	$1{,}4 \times 10^{-8}$
Cobre	$1{,}7 \times 10^{-8}$
Aluminio	$3{,}1 \times 10^{-8}$
Cinc	$5{,}5 \times 10^{-8}$
Hierro	10×10^{-8}
Plomo	20×10^{-8}
Constantán	50×10^{-8}
Nicrom	100×10^{-8}

Tabla 16.1.
Coeficientes de resistividad de algunos metales y aleaciones.

6 Calcula la resistencia que tiene un hilo de cobre de 2 m de longitud y 1 mm de diámetro de sección. ¿Qué resistencia tendrá otro hilo de cobre de doble longitud y doble diámetro?

Solución: R = 0,043 Ω; R' = 0,022 Ω.

7 Si el hilo es de nicrom, calcula las resistencias en los dos casos de la actividad 6.

Solución: R = 2,55 Ω; R' = 1,27 Ω.

8 La resistividad de una madera es σ = 50 TΩ cm. Expresa la resistividad en Ω m y calcula la resistencia de un listón de 2,5 m de largo y 4 cm^2 de sección.

Solución: $\rho = 5 \times 10^{11}$ Ω m; $R' = 3{,}13 \times 10^{15}$ Ω = 3 130 TΩ.

5 Ley de Ohm

Medida	V_{AB} (V)	I (mA)
1	5,2	66
2	5,8	78
3	6,8	86
4	8,0	101
5	9,2	116

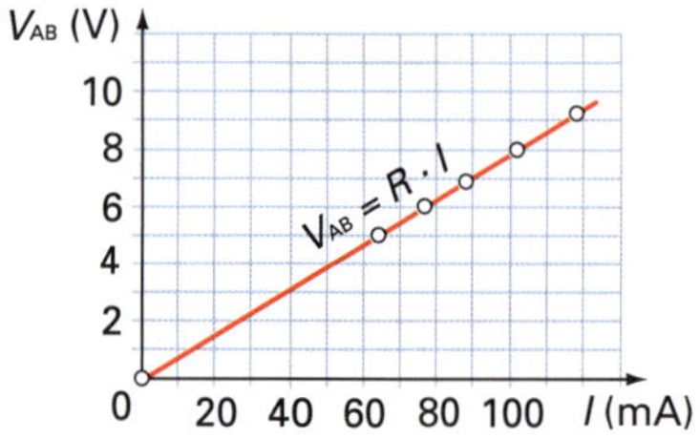

Figura 16.10.
Al representar la diferencia de potencial en función de la intensidad, se obtiene una recta cuya pendiente es la resistencia.

La ley de Ohm establece una relación entre la diferencia de potencial aplicada a los extremos de un conductor y la intensidad de corriente que lo atraviesa, de la siguiente manera:

> **Ley de Ohm.** La intensidad de corriente que atraviesa un conductor es directamente proporcional a la diferencia de potencial a la que está conectado:
>
> $$I = \frac{V_{AB}}{R}$$

En el montaje de la figura 16.11 se miden las intensidades que pasan por una resistencia R cuando varía la diferencia de potencial a la que se conecta.

Figura 16.11.
El amperímetro se conecta en serie y el voltímetro en paralelo.

9 La resistencia de un objeto está fabricada con un hilo de manganina ($\rho = 45 \times 10^{-8}\ \Omega$ m). Elabora una tabla en tu cuaderno con los siguientes datos y calcula los que falten:
L (m), S (mm^2), R (Ω), I (mA), V (V).

1.ª fila: $L = 18$; $I = 180$; $V = 9$.
2.ª fila: $S = 0{,}10$; $R = 40$; $I = 80$.
3.ª fila: $L = 12$; $S = 0{,}05$; $I = 36$.
4.ª fila: $S = 0{,}04$; $R = 20$; $V = 1{,}5$.

Solución: 1.ª fila: $S = 0{,}16$ mm^2, $R = 50\ \Omega$; 2.ª fila: $L = 8{,}89$ m, $V = 3{,}2$ V; 3.ª fila: $R = 108\ \Omega$, V = 3,89 V; 4.ª fila: $L = 1{,}78$ m, $I = 75$ mA.

10 ¿Qué significan estos conceptos? ¿A qué magnitud se refieren? ¿En qué unidades se miden?:

a) Caída de potencial o de voltaje a lo largo del cable de una instalación.

b) Tensión eléctrica y caída óhmica.

11 La intensidad que pasa por un aparato eléctrico conectado a 220 V es de 0,27 A. Calcula la resistencia óhmica del aparato.

Solución: $R = 815\ \Omega$.

12 Conectamos a 1,5 V una regleta de plomo de 50 cm de longitud, 2 cm de ancho y 2,5 mm de grosor. Calcula la intensidad de corriente que pasa por ella.

Solución: $I = 750$ A.

6 Asociación de resistencias

En un circuito las resistencias se pueden conectar de dos maneras diferentes: en serie y en paralelo.

6.1 Asociación en serie

La asociación de resistencias en serie (fig.16.12) se caracteriza porque:

- La intensidad de corriente I, que circula por cada una de las resistencias R_1, R_2 y R_3, es la misma.
- La diferencia de potencial de la asociación V_{AD} es igual a la suma de las diferencias de potencial para cada resistencia, V_{AB}, V_{BC} y V_{CD}:

$$V_{AD} = V_{AB} + V_{BC} + V_{CD}$$

Aplicando la ley de Ohm a cada una de las resistencias, se obtiene:

$$V_{AD} = I \cdot R_1 + I \cdot R_2 + I \cdot R_3 = I \cdot (R_1 + R_2 + R_3) = I \cdot R$$

Si sustituimos la asociación por una sola resistencia R, la diferencia de potencial se podría escribir como $V_{AD} = I \cdot R$.

La **resistencia equivalente** a la asociación de resistencias en serie es otra resistencia, situada entre los mismos puntos del circuito, cuyo valor es igual a la suma de las resistencias que forman la asociación:

$$R = R_1 + R_2 + R_3$$

En consecuencia, la resistencia equivalente a una asociación en serie siempre es mayor que cualquiera de las resistencias de la asociación.

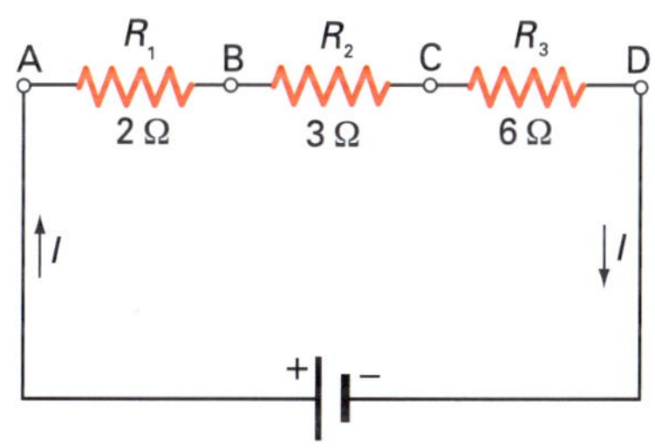

Figura 16.12.
Ilustración para ejemplo. Asociación de resistencias en serie. La misma intensidad I pasa por las tres resistencias.

EJEMPLO

En el circuito de la figura 16.12 se observan tres resistencias conectadas en serie: $R_1 = 2\ \Omega$, $R_2 = 3\ \Omega$ y $R_3 = 6\ \Omega$. Si se aplica una diferencia de potencial (ddp) de 22 V, calcula:

a) La resistencia equivalente.

b) La intensidad.

c) La ddp entre los extremos de cada resistencia.

a) La resistencia equivalente es la suma de las resistencias del circuito:

$$R = R_1 + R_2 + R_3 = (2 + 3 + 6)\ \Omega = 11\ \Omega$$

b) Aplicando la ley de Ohm a la resistencia R, se obtiene el valor de la intensidad:

$$I = \frac{V_{AD}}{R} = \frac{22\ V}{11\ \Omega} = 2\ A$$

c) Aplicando la ley de Ohm en cada resistencia, se calcula la diferencia de potencial entre los extremos de cada resistencia:

$$V_{AB} = I \cdot R_1 = (2\ A)\ (2\ \Omega) = 4\ V$$

$$V_{BC} = I \cdot R_2 = (2\ A)\ (3\ \Omega) = 6\ V$$

$$V_{CD} = I \cdot R_3 = (2\ A)\ (6\ \Omega) = 12\ V$$

Recuerda que la energía se conserva en el circuito, de forma que se puede comprobar si los cálculos están bien realizados:

$$V_{AD} = V_{AB} + V_{BC} + V_{CD} = (4 + 6 + 12)\ V = 22\ V$$

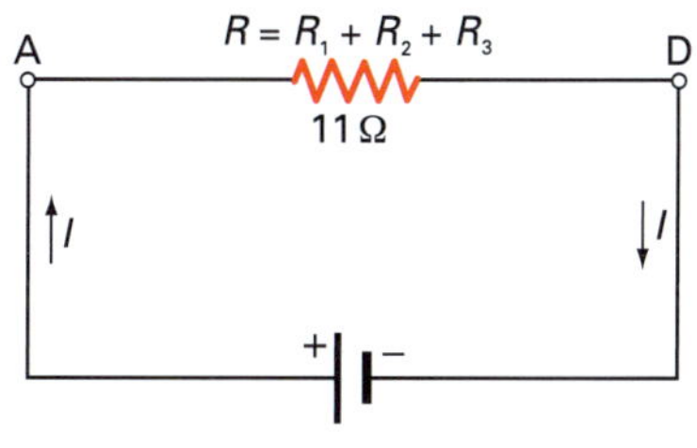

Figura 16.13.
Ilustración para ejemplo. Resistencia equivalente a la asociación. La intensidad I pasa por la resistencia equivalente.

6.2 Asociación en paralelo o derivación

La asociación de resistencias en paralelo (fig. 16.14) se caracteriza porque:

- La intensidad de corriente que entra en la asociación, I, es igual a la suma de las intensidades I_1, I_2 e I_3, que circulan por cada una de las resistencias R_1, R_2 y R_3:

$$I = I_1 + I_2 + I_3$$

- La diferencia de potencial de la asociación, V_{AB}, es igual a la de cada una de las resistencias, ya que todas están entre los mismos puntos del circuito.

Aplicando la ley de Ohm a cada elemento se obtiene esta expresión:

$$I = \frac{V_{AB}}{R_1} + \frac{V_{AB}}{R_2} + \frac{V_{AB}}{R_3} = \left(\frac{1}{R_1} + \frac{1}{R_2} + \frac{1}{R_3}\right) = V_{AB}\,\frac{1}{R}$$

La **resistencia equivalente** a la asociación de resistencias en paralelo es otra resistencia, situada entre los mismos puntos del circuito, cuyo valor es tal que su inversa es igual a la suma de las inversas de las resistencias que forman la asociación:

$$\frac{1}{R} = \frac{1}{R_1} + \frac{1}{R_2} + \frac{1}{R_3}$$

En consecuencia, la resistencia equivalente a una asociación en paralelo siempre es menor que cualquiera de las resistencias de la asociación.

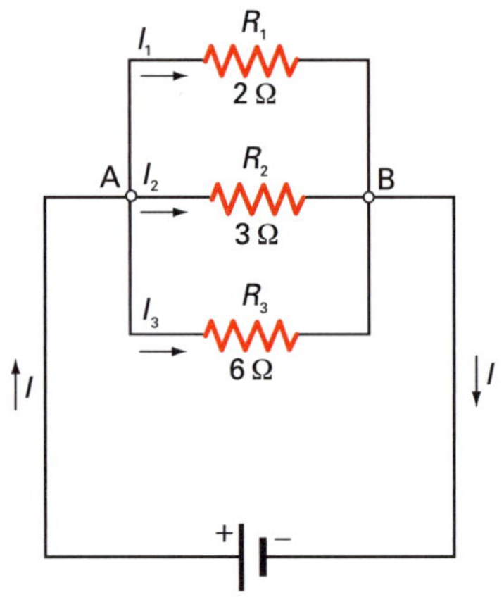

Figura 16.14.
Ilustración para ejemplo. Asociación de resistencias en paralelo. Las tres resistencias están entre los mismos puntos del circuito A y B.

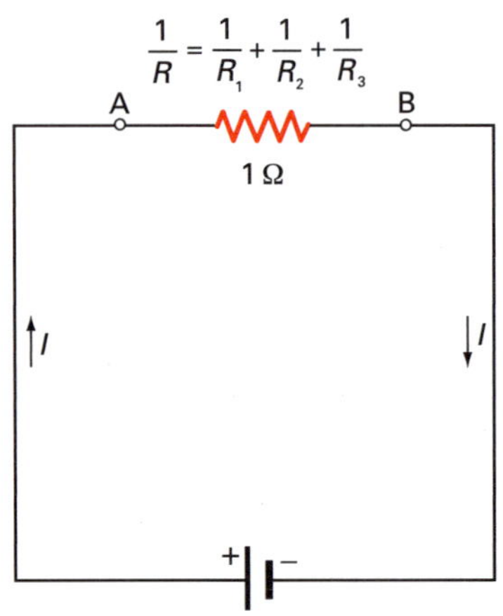

Figura 16.15.
Ilustración para ejemplo. Resistencia equivalente a la asociación en paralelo. La resistencia equivalente está entre los mismos puntos A y B del circuito.

EJEMPLO

En el circuito de la figura 16.14 hay tres resistencias conectadas en paralelo: $R_1 = 2\ \Omega$, $R_2 = 3\ \Omega$ y $R_3 = 6\ \Omega$. Si se aplica una ddp de 3 V, calcula:

a) La resistencia equivalente.

b) La intensidad total.

c) La intensidad en cada rama.

a) La inversa de la resistencia equivalente es igual a la suma de las inversas de las resistencias de la asociación:

$$\frac{1}{R} = \frac{1}{R_1} + \frac{1}{R_2} + \frac{1}{R_3} \longrightarrow \frac{1}{R} = \frac{1}{2\ \Omega} + \frac{1}{3\ \Omega} + \frac{1}{6\ \Omega} \longrightarrow$$

$$\frac{1}{R} = \frac{3+2+1}{6\ \Omega} = 1\ \Omega^{-1} \longrightarrow R = 1\ \Omega$$

b) Aplicando la ley de Ohm a la resistencia R, se obtiene la intensidad:

$$I = \frac{V_{AB}}{R} = \frac{3\ \text{V}}{1\ \Omega} = 3\ \text{A}$$

c) Aplicamos la ley de Ohm a cada rama, se obtiene la intensidad que circula por cada resistencia:

$$I_1 = \frac{3\ \text{V}}{2\ \Omega} = 1{,}5\ \text{A} \qquad I_2 = \frac{3\ \text{V}}{3\ \Omega} = 1\ \text{A} \qquad I_3 = \frac{3\ \text{V}}{6\ \Omega} = 0{,}5\ \text{A}$$

Observa que: $I = I_1 + I_2 + I_3 = (1{,}5 + 1 + 0{,}5) = 3\ \text{A}$

13 Calcula en cada apartado el dato que falta: potencial, intensidad o resistencia:

a) 4,5 V; 12 mA.

b) 18 mA, 1,2 kΩ.

c) 12 V, 30 Ω.

d) 100 mV, 0,2 A.

Solución: a) $R = 375\ \Omega$; **b)** $V = 21{,}6$ V; **c)** $I = 0{,}4$ A; **d)** $R = 0{,}5\ \Omega$.

14 Observa la figura 16.16, en la que $V_{AB} = 9{,}0$ V, y calcula:

a) La resistencia equivalente.

b) La ddp entre los extremos de las resistencias de 60 Ω y de 30 Ω.

c) La intensidad total y las intensidades que circulan por cada resistencia.

Solución: a) $R = 15\ \Omega$; **b)** $V_{AB} = 9$ V; **c)** $I = 0{,}6$ A; $I_1 = I_2 = 0{,}15$ A; $I_3 = 0{,}3$ A.

15 Observa la figura 16.17, en la que $V_{AB} = 60$ V, y calcula:

a) La resistencia equivalente.

b) La intensidad total y las intensidades que circulan por cada resistencia.

c) La ddp entre los extremos de las resistencias de 10 Ω y 20 Ω.

Solución: a) $R = 40\ \Omega$; **b)** $I = I_1 = I_2 = I_3 = 1{,}5$ A; **c)** $V_1 = 30$ V; $V_2 = 15$ V.

16 En la figura 16.18 la ddp a la salida de una fuente de alimentación es $V_{AB} = 6{,}2$ V, calcula:

a) La resistencia equivalente.

b) La intensidad total y las intensidades que circulan por las resistencias de 20 Ω.

c) Las diferencias de potencial V_{CB}, V_{DC}, V_{AC}, V_{GD} y V_{FE}.

Solución: a) $R = 20\ \Omega$; **b)** $I = 0{,}31$ A, $I_1 = I_2 = 0{,}155$ A; **c)** $V_{CB} = 3{,}1$ V, $V_{DC} = 0$ V, $V_{AC} = 3{,}1$ V, $V_{GD} = V_{FE} = 3{,}1$ V.

17 En el circuito de la figura 16.19, la ddp entre los puntos A y D es $V_{AD} = 27$ V. Calcula:

a) La intensidad total y las intensidades que circulan por las resistencias R_2 y R_3.

b) Las ddp entre los extremos de cada resistencia.

(Datos: $R_1 = 68\ \Omega$; $R_2 = 80\ \Omega$; $R_3 = 120\ \Omega$; $R_4 = 100\ \Omega$.)

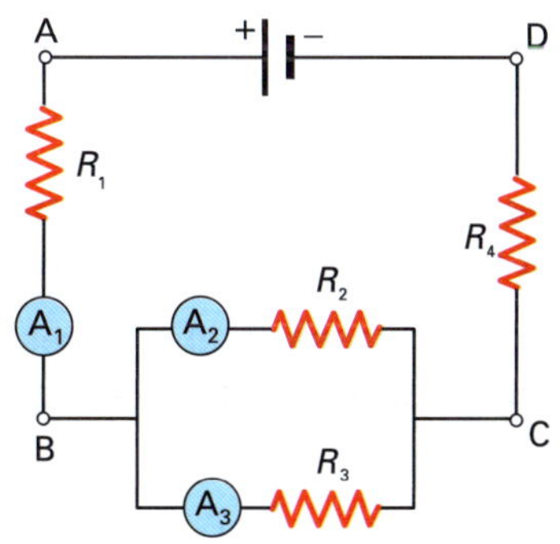

Figura 16.19. Acoplamiento mixto de resistencias.

Solución: a) $I = 0{,}125$ mA, $I_2 = 0{,}075$ mA, $I_3 = 0{,}05$ mA; **b)** $V_{AB} = 8{,}5$ V; $V_{BC} = 6$ V; $V_{CD} = 12{,}5$ V.

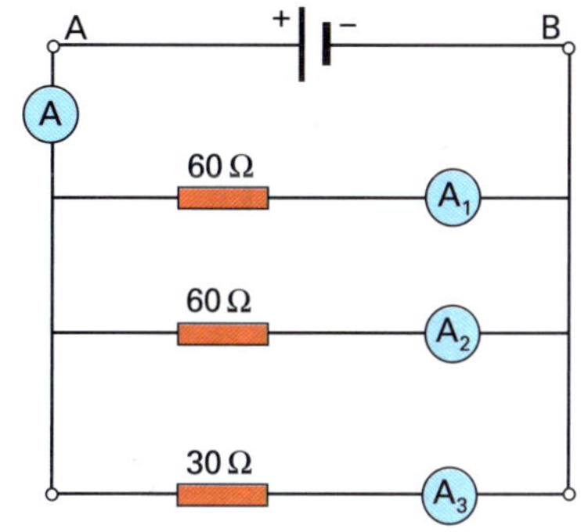

Figura 16.16.
Ilustración para actividad 14.
Resistencia en paralelo.

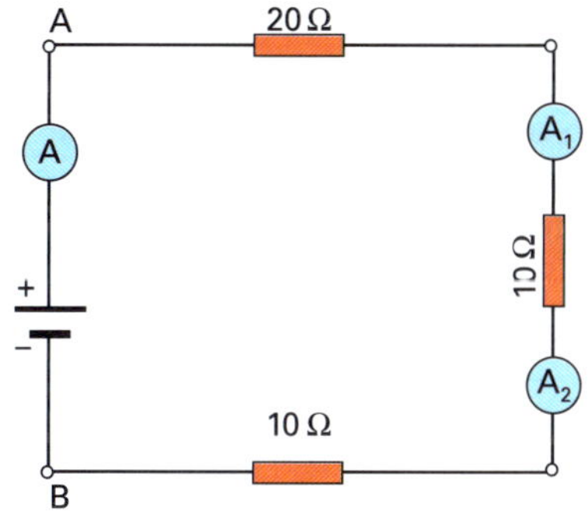

Figura 16.17.
Ilustración para actividad 15.
Resistencia en serie.

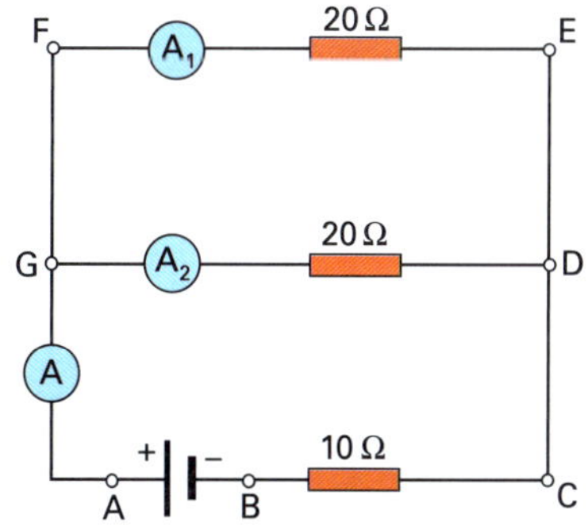

Figura 16.18.
Ilustración para actividad 16.
Acoplamiento mixto de resistencias.

7 Instrumentos de medida

Figura 16.20.
Polímetro. Este instrumento permite medir valores de diferentes magnitudes eléctricas: intensidad, diferencia de potencial, etc.

Para medir los valores de las magnitudes eléctricas en un circuito se utilizan **polímetros** (fig. 16.20) o **multímetros,** que, dependiendo de las conexiones internas, se diseñan para que actúen como amperímetros, voltímetros u otros tipos de instrumentos de medida.

7.1 Amperímetro

El **amperímetro** tiene las características siguientes:

- Mide **valores de intensidad de corriente.**
- **Se conecta en serie,** intercalándolo en el punto del circuito donde se quiere medir el valor de la intensidad. De esta forma, toda la intensidad cuyo valor se desea conocer pasa por el amperímetro.

Como cualquier otro dispositivo de un circuito, el amperímetro posee resistencia interna, r_A; en consecuencia, al conectarlo modificará algo el valor de la resistencia equivalente del circuito y, por tanto, el valor de la intensidad que se pretende medir.

Para que un amperímetro sea preciso, es necesario que su resistencia interna, r_A, sea mucho más pequeña que la resistencia equivalente del circuito:

$$r_A \ll R \longrightarrow R + r_A \cong R$$

Figura 16.21.

De esta forma la intensidad que mide el amperímetro al conectarlo en el punto A es prácticamente la misma que la que pasaba por él cuando el aparato no estaba conectado:

$$I = \frac{V}{R + r_A} \cong \frac{V}{R}$$

7.2 Voltímetro

El **voltímetro** presenta estas características:

- Mide **diferencia de potencial** entre dos puntos de un circuito.
- **Se conecta en paralelo** al dispositivo cuyo valor de la diferencia de potencial se desea conocer.

El voltímetro, al igual que el amperímetro, tiene una resistencia interna, r_V, que modificará algo el valor de la medida que se quiere realizar.

Para que un voltímetro sea preciso, es necesario que su resistencia interna, r_V, sea mucho mayor que la resistencia, R, del dispositivo sobre el que se vaya a realizar la medida:

$$r_V \gg R \longrightarrow r_V + R \cong r_V \longrightarrow R_{eq} = \frac{R \cdot r_V}{r_V + R} \cong \frac{R \cdot r_V}{r_V} = R$$

De esta forma, al conectar el voltímetro, prácticamente la totalidad de la intensidad pasa por el dispositivo cuya diferencia de potencial se quiere conocer.

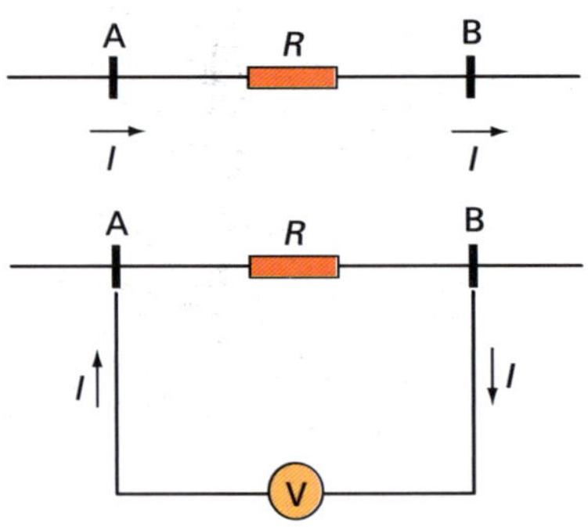

Figura 16.22.
El voltímetro se conecta siempre en paralelo con el dispositivo del que se quiere conocer su ddp.

8 Estudio energético de la corriente eléctrica

Cuando las cargas se mueven entre dos puntos (A y B) de un circuito en el que existe una diferencia de potencial $V_A - V_B$, el trabajo realizado por las fuerzas del campo eléctrico viene dado por esta expresión:

$$W_{AB} = q\,(V_A - V_B) = q \cdot V_{AB}$$

Como la cantidad de carga es $q = I \cdot t$, la energía transformada será:

$$E = I \cdot V_{AB} \cdot t$$

Utilizando la ley de Ohm, se puede expresar la energía de diferentes formas:

$$E = \frac{V_{AB}^2}{R} \cdot t = I^2 \cdot R \cdot t$$

Esta última expresión se conoce como la ley de Joule.

Ley de Joule. El calor disipado por una corriente eléctrica al atravesar un conductor es directamente proporcional al cuadrado de la intensidad de la corriente, a la resistencia del conductor y al tiempo.

En las resistencias, la energía se transforma en energía interna, lo que implica un **aumento de su temperatura,** de forma que se **transfiere calor al exterior.**

8.1 Potencia de la corriente eléctrica

La **potencia** mide la rapidez con se transforma la energía:

$$P = \frac{E}{t}$$

Sustituyendo el valor de la diferencia de energía, se obtiene:

$$P = \frac{E}{t} = \frac{I \cdot V_{AB} \cdot t}{t} \longrightarrow P = I \cdot V_{AB}$$

Utilizando la ley de Ohm, la potencia se puede expresar con estas fórmulas:

$$P = I^2 \cdot R \qquad P = \frac{V_{AB}^2}{R}$$

La unidad de potencia en el SI es el **vatio (W).**

EJEMPLO

Calcula la energía transformada por una cafetera eléctrica conectada a 220 V al calentar medio litro de agua de 20 °C a 80 °C en tres minutos y la intensidad media que circula por ella.

La energía necesaria para que la temperatura del agua ascienda de 15 °C a 80 °C es:

$$Q = m \cdot c_e\,(T_f - T_i) = (0{,}5\ \text{kg})\left(4\,180\ \frac{\text{J}}{\text{kg K}}\right)(80 - 20)\ (°\text{C}) = 125\,400\ \text{J}$$

Utilizando la expresión: $E = I \cdot V_{AB} \cdot t$, calculamos la intensidad:

$$I = \frac{E}{V_{AB} \cdot t} = \frac{125\,400\ \text{J}}{(220\ \text{V})\,(3\ \text{min})\,(60\ \text{s/min})}\ \text{A} = 3{,}2\ \text{A}$$

En este caso, hemos supuesto que toda la energía que necesita el agua la aporta la corriente eléctrica, sin considerar que siempre existen transformaciones no útiles para el proceso.

Figura 16.23.
Los aparatos cuya función es calentar agua tienen una potencia eléctrica elevada y, en consecuencia, tienen un mayor consumo.

8.2 Potencia de un generador

Recuerda

El kWh es una unidad de energía, no de potencia:

1 kWh = 3 600 000 J

Considerando la definición de fuerza electromotriz, la energía que suministra el generador se puede escribir: $E = q \cdot \varepsilon$

Sustituyendo el valor de la carga $q = I \cdot t$, la potencia del generador es:

$$P = \frac{E}{t} = \frac{I \cdot t \cdot \varepsilon}{t} \longrightarrow \boxed{P = I \cdot \varepsilon}$$

En un circuito las cargas también han de pasar por dentro del generador; este trabajo también se realiza a partir de la energía del propio generador.

Si suponemos que el generador tiene una cierta resistencia interna r, no toda la energía que es capaz de suministrar será útil para el circuito, pues una parte se cederá en la resistencia interna:

$$\varepsilon \cdot I \cdot t = V_{AB} \cdot I \cdot t + I^2 \cdot r \cdot t \longrightarrow \varepsilon = V_{AB} + I \cdot r$$

La diferencia de potencial en los bornes del generador será la fuerza electromotriz menos la energía cedida por el paso de la unidad de carga en el interior del generador:

$$\boxed{V_{AB} = \varepsilon - I \cdot r}$$

Por tanto, la diferencia de potencial en los bornes de una pila siempre es menor que su fuerza electromotriz.

8.3 Energía absorbida por los motores eléctricos

Los motores emplean la energía del generador para transformarla en energía mecánica. La energía que transforman por unidad de carga es la fuerza contraelectromotriz (ε').

Como cualquier otro dispositivo, los motores tienen resistencia eléctrica interna, r'; por tanto, la energía suministrada por la corriente eléctrica no se transforma completamente en energía mecánica, pues una parte de ella se disipa transfiriendo calor al exterior:

$$V_{AB} \cdot I \cdot t = \varepsilon' \cdot I \cdot t + I^2 \cdot r' \cdot t$$

La diferencia de potencial entre sus bornes será:

$$\boxed{V_{AB} = \varepsilon' + I \cdot r'}$$

18 En la figura 16.24 se representa un mismo circuito con el interruptor abierto (a) y con el interruptor cerrado (b). ¿Qué mide el voltímetro en cada caso?

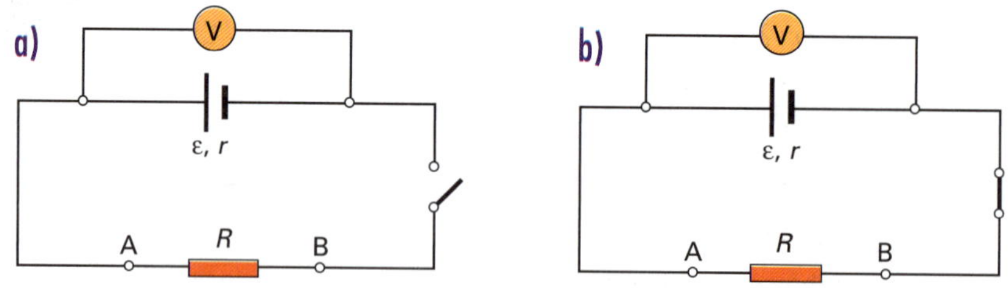

Figura 16.24.

19 La potencia de una lámpara de automóvil es de 15 W. Si la ddp que se aplica es de 12 V, calcula:

a) La intensidad que circula por ella.

b) Su resistencia eléctrica (fig. 16.25).

c) La energía transformada por la batería del vehículo en 10 min.

Solución: a) $I = 1{,}25$ A; **b)** $R = 9{,}6\ \Omega$; **c)** $E = 9\,000$ J.

20 Explica el significado de esta inscripción en una bombilla: «60 W, 220 V». Calcula la energía que consumirá de la red en 2 h. Exprésala en J y en kWh.

Solución: $E = 432\,000$ J $= 0{,}12$ kWh.

21 Si tienes cuatro bombillas de 60 W para 110 V y la tensión doméstica es de 220 V, ¿cómo las montarías para que luzcan sin riesgo de que se fundan? Determina la potencia de esta instalación y la energía tomada de la red en 3 h.

Solución: $P = 240$ W; $E = 0{,}72$ kWh.

22 Las potencias de dos estufas eléctricas son $P_1 = 800$ W y $P_2 = 1\,600$ W. ¿Qué estufa posee mayor resistencia? Justifica tu respuesta y expresa la relación en que se encuentran.

Solución: $R_1 = 2 \cdot R_2$.

23 El volumen de un aula de bachillerato es 90 m^3. Cada m^3 de aire absorbe 1 316,7 J para que su temperatura aumente 1 °C. Para que tu clase pase de 10 °C a 20 °C, ¿cuánto tiempo tendrá que estar enchufada una estufa eléctrica de 1 200 W de potencia? Considera que las paredes y los muebles absorben el 120 % del calor absorbido por el aire.

Solución: $t = 36{,}21$ min.

24 Una pila de 9 V tiene una resistencia interna de 1 Ω y ha sido conectada a una resistencia de 70 Ω. ¿Cuál es la ddp entre los terminales de esta resistencia?

Solución: $V = 8{,}89$ V.

25 Si por el circuito de la actividad 24 está pasando corriente durante 2 min, ¿qué energía se disipa en el interior de la pila? Calcula el calor desprendido en ese tiempo por la resistencia de 70 Ω.

Solución: $E = 1{,}944$ J; $Q = 135{,}5$ J.

26 Por un motor conectado a una tensión de 1,5 V circulan 0,2 A al girar sin rozamiento, pero cuando se sujeta para que no gire, la intensidad es 5 A. ¿Cuánto vale la resistencia interna del motor y su fuerza contraelectromotriz?

Solución: $r' = 0{,}3\ \Omega$; $\varepsilon' = 1{,}44$ V.

27 Calcula el calor disipado en 30 segundos por el motor de la actividad 26, al girar y al sujetarlo.

Solución: $Q = 0{,}36$ J; $Q' = 225$ J.

28 Por un motor de fcem, $\varepsilon' = 25$ V, y de resistencia interna, $r' = 4\ \Omega$, circulan 5 A de intensidad de corriente. Calcula:

a) La potencia útil del motor.

b) La potencia disipada en la resistencia.

c) La potencia total que consume.

d) El rendimiento del motor.

e) La ddp en los bornes del motor.

Solución: a) $P_m = 125$ W; **b)** $P_{r'} = 100$ W; **c)** $P = 225$ W; **d)** $\eta = 55{,}6$ %; **e)** $V = 45$ V.

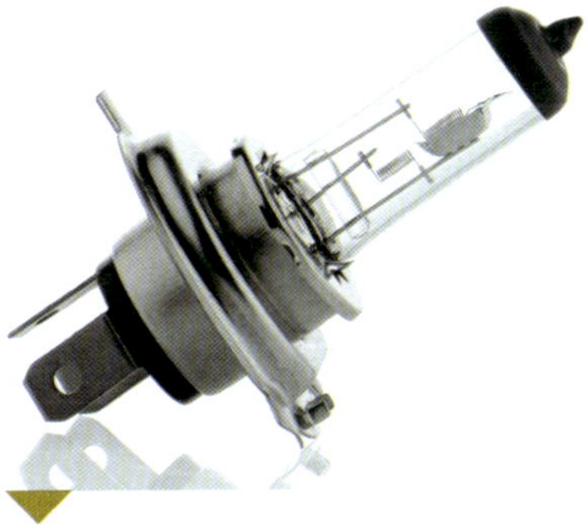

Figura 16.25.
Filamento del interior de la lámpara.

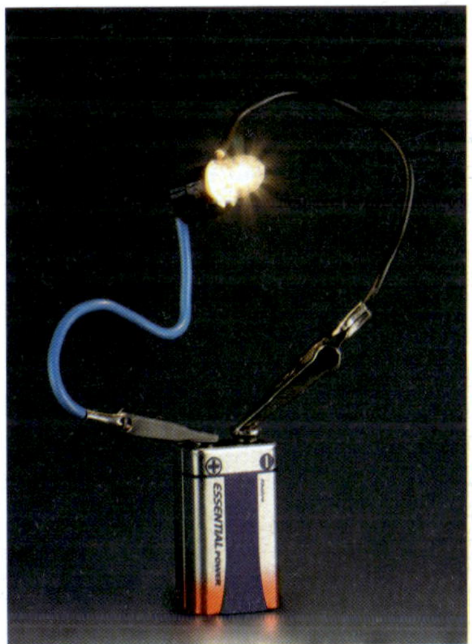

Figura 16.26.
Ilustración para actividad 24.
Las pilas químicas proporcionan una corriente estable aunque son la fuente de energía más cara del mercado.

9 Resolución de circuitos

Resolver un circuito implica calcular el valor de la intensidad que circula por él.

La ley de Ohm para una resistencia se puede generalizar para cualquier circuito donde haya pilas, motores y asociaciones mixtas de resistencias.

Ley de Ohm generalizada. La intensidad de corriente total que circula por un circuito es la suma de todas las fuerzas electromotrices presentes en el circuito, menos la suma de las fuerzas contraelectromotrices, y dividido por la resistencia equivalente de este:

$$I = \frac{\sum \varepsilon - \sum \varepsilon'}{R_{eq}}$$

Donde $R_{eq} = R + r$ (resistencias externas e internas).

El procedimiento de resolución requiere, por tanto, calcular previamente la resistencia equivalente a partir de las equivalencias a una sola resistencia de las distintas asociaciones que existan, incluyendo en estas las resistencias internas de las pilas y los motores.

Si conocemos la intensidad podemos calcular cualquier cuestión relacionada con los elementos del circuito (voltaje, intensidad, potencia, etc.).

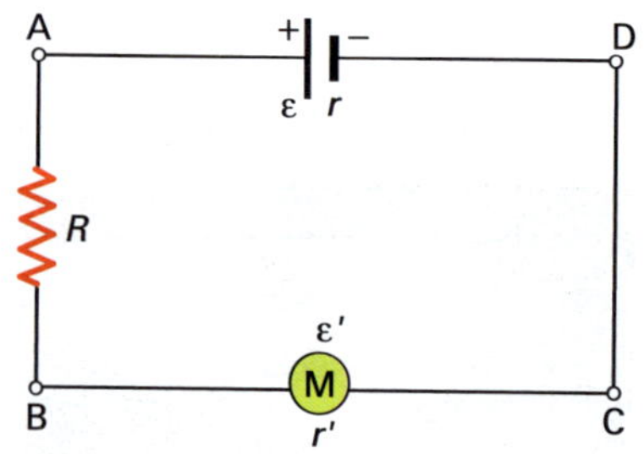

Figura 16.27.
Ilustración para ejemplo. El motor está conectado en serie con una resistencia óhmica.

EJEMPLO

En el circuito de la figura 16.27: $\varepsilon = 24$ V, $\varepsilon' = 6$ V, $R = 8\ \Omega$ y $r = r' = 2\ \Omega$. Calcula:

a) La intensidad de corriente.

b) La potencia del generador y la energía transformada en 4 min.

c) El calor en julios producido en la resistencia R durante 4 min.

d) Las diferencias de potencial en bornes del generador y en el motor.

e) ¿Qué intensidad pasa por el circuito si, ¡solo un momento!, se sujeta el motor para que no gire?

a) La intensidad total del circuito se calcula aplicando la ley de Ohm:

$$I = \frac{\varepsilon - \varepsilon'}{R + r + r'} = \frac{(24 - 6)\ \text{V}}{(8 + 2 + 2)\ \Omega} = 1{,}5\ \text{A}$$

b) La potencia del generador y la energía transformada en 4 min serán:

$$P = I \cdot \varepsilon = (1{,}5\ \text{A})\ (24\ \text{V}) = 36\ \text{W} \quad \text{y} \quad E = P \cdot t = (36\ \text{W})\ (4\ \text{min})\ (60\ \text{s/min}) = 8\,640\ \text{J}$$

c) La energía disipada en la resistencia R, se calcula así:

$$Q_R = I^2 \cdot R \cdot t = (1{,}5\ \text{A})^2\ (8\ \Omega)\ (240\ \text{s}) = 4\,320\ \text{J}$$

d) Las diferencias de potencial entre los puntos indicados serán:

$$V_{AD} = \varepsilon - I \cdot r = 24\ \text{V} - (1{,}5\ \text{A})\ (2\ \Omega) = 21\ \text{V} \quad \text{y} \quad V_{BC} = \varepsilon' + I \cdot r' = 6\ \text{V} + (1{,}5\ \text{A})\ (2\ \Omega) = 9\ \text{V}$$

e) Si se sujeta el motor para que no gire, $\varepsilon' = 0$; por tanto:

$$I = \frac{\varepsilon}{R + r + r'} = \frac{24\ \text{V}}{(8 + 2 + 2)\ \Omega} = 2\ \text{A}$$

Observa que si el motor deja de girar ($\varepsilon' = 0$), toda la diferencia de potencial se aplica a la resistencia que ofrece el bobinado y, al pasar por él una intensidad mayor, se recalienta y puede fundir el barniz que aísla el hilo conductor.

10 Recursos energéticos. Las energías alternativas

La energía eléctrica es especialmente importante por la gran cantidad de transformaciones que permite con un buen rendimiento.

En las centrales eléctricas se realizan los procesos de transformación necesarios para que, a partir de diversas fuentes de energía, se produzca energía eléctrica (figura 16.28).

Desde el punto de vista de la Física, generar electricidad es sencillo: basta con hacer girar un bobinado de espiras dentro de un campo magnético.

En las centrales eléctricas se utiliza una fuente de energía primaria, que da nombre al tipo de central. Si es el carbón u otro tipo de combustible fósil, se llaman **centrales térmicas;** si es un salto de agua, son **hidroeléctricas;** si es el viento, son **centrales eólicas,** etc. Esta energía se transforma en energía de rotación de unos aparatos llamados turbinas que, a su vez, mueven las espiras de los generadores para producir energía eléctrica.

No obstante, existe un problema: muchas de las fuentes de energía utilizadas para la producción de electricidad a gran escala son **no renovables.** Los recursos disminuyen según los vamos utilizando: el carbón, el gas natural, el petróleo, el uranio, etc.

Existen otras fuentes de energía, **renovables,** prácticamente inagotables, ya que, o se recuperan, o llegan al planeta de forma continua, como la energía solar en sus distintas versiones (a media-alta temperatura), la fotovoltaica, la energía eólica, la energía hidráulica, la energía geotérmica, la energía maremotriz, etc., que resultan alternativas a pequeña y media escala de producción.

Cualquier proceso de producción de energía a gran escala disminuye los recursos no renovables. Esto ocurrió con la madera antes de la Revolución Industrial, con el carbón después y ahora está pasando con el petróleo.

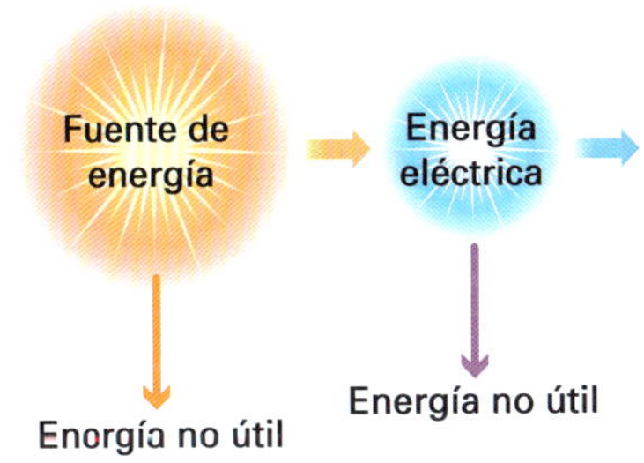

Figura 16.28.
Esquema de producción de energía eléctrica. En cualquier proceso de producción, una parte de la energía es inutilizable en el sentido de no poder recuperarla para realizar nuevas transformaciones.

Figura 16.29.
Los paneles de células fotovoltaicas transforman directamente la luz en electricidad.

Si pretendemos continuar con el desarrollo y no disminuir la calidad de vida, el **ahorro en el consumo energético** es muy importante. Además, reduciendo el consumo disminuiremos el impacto que se genera sobre el ambiente, el ruido, la contaminación del aire y de las aguas, y la acumulación de desechos que se crean.

Existen muchas posibilidades de ahorro, tanto individuales como colectivas, en el uso del agua, de la calefacción, del aire acondicionado y de la iluminación que supondría un mejor aprovechamiento de la energía consumida para estos fines.

Cada persona ha de ser responsable en el uso de la energía. El consumo doméstico, social y productivo tienen que optimizarse empleando, por ejemplo, bombillas de bajo consumo, transporte público, paneles solares para calentar el agua, controlando la temperatura del aire acondicionado de los recintos, etc.

Cualquier proceso de producción de energía a gran escala afecta al medio ambiente, independientemente de la fuente de energía empleada.

Trabajo de investigación

Estudio del consumo energético en viviendas

Objetivos

- **Determinar** numéricamente el **consumo energético de una comunidad.**
- **Valorar** qué usos contribuyen a **incrementarlo** y **comprobar las medidas de ahorro energético** aconsejables, según el tiempo de uso de los distintos sistemas y aparatos eléctricos.

Obtener información

Páginas web de la Administración local, compañías de distribución eléctrica y empresas fabricantes y distribuidoras de electrodomésticos.

Desarrollo

- Considera una **muestra** que puede variar entre 50 y 100 habitantes. Este número te permitirá conocer de manera aproximada el tipo y la cantidad de electrodomésticos de las viviendas.
- **Descarta** el consumo debido a la **calefacción-climatización de las viviendas,** debido a la gran dispersión que existe entre las distintas fuentes energéticas que se utilizan: electricidad, gas natural, butano, gasoil, carbón, etc. Este consumo depende en gran medida de la época del año, de las características de las viviendas y del clima de la población.
- Haz una relación del **número de electrodomésticos** que existen en una vivienda, por ejemplo:
  - **Cocina:** frigorífico, placa vitrocerámica, horno eléctrico, microondas, batidora, etc.
  - **Limpieza:** lavadora, secadora, aspiradora, plancha, etc.
  - **Higiene:** calentador eléctrico, afeitadora, secadores de cabello, etc.
  - **Iluminación:** tipos de bombillas, fluorescentes, etc.
  - **Aparatos electrónicos:** televisión, radio, ordenadores, etc.
- Averigua la **potencia** de cada electrodoméstico y calcula los **valores promedio** de las marcas y los modelos más conocidos.
- Ten en cuenta unos **tiempos de uso** para cada aparato. En los electrodomésticos que no se utilizan habitualmente (una lavadora, una secadora), calcula **la parte proporcional** que diariamente le corresponde.
- Haz una hoja de cálculo para averiguar el **consumo energético** en la que aparezca reflejada la siguiente información:
  - Tiempo de funcionamiento de cada electrodoméstico.
  - La potencia que tiene.
  - El producto de los parámetros anteriores; este valor te indicará la **energía consumida.**
- Elabora la hoja de cálculo de manera que puedas determinar fácilmente el consumo previsto diario de energía, sumando los valores de la última columna y determina el número de viviendas que se pueden corresponder con la muestra estudiada.

Resultados

a) Calcula y presenta los **valores totales de consumo energético** por vivienda, y según el número de habitantes de cada hogar.

b) Determina el **consumo energético total** de las viviendas de tu comunidad, barrio o población.

c) Calcula e indica el **ahorro energético** que se produciría, si en todas las viviendas: se apagase el sistema de iluminación durante 10 minutos y cada persona utilizase el agua caliente de la ducha un minuto menos.

Experiencia de laboratorio

Coeficiente de resistividad

Objetivo

Conocer el funcionamiento del potenciómetro y calcular la resistividad de un conductor metálico, así como el valor de una resistencia.

Material

- Fuente de alimentación de c.c.
- Potenciómetro y dos polímetros.
- Soportes con aisladores.
- Regla de madera de 1 m y pinza de cocodrilo.
- Hilo de nicrom de 0,2 mm de diámetro.
- Cables de conexión e interruptor.

Procedimiento

El potenciómetro es una resistencia variable que permite obtener tensiones variables.

Utilizaremos un circuito con el potenciómetro para comprobar la resistividad de un hilo de nicrom de sección y longitud conocidas.

- Preparamos los **soportes aisladores** sobre la mesa a 1 m de distancia y sujetamos en ellos el hilo de nicrom de 0,2 mm de diámetro.
- Uno de los polímetros lo utilizaremos como miliamperímetro, con escala de 300 mA, y el otro como voltímetro, de escala 6 V, **conectando** una de las salidas del amperímetro a un cable con la pinza de cocodrilo que hará las veces de cursor.

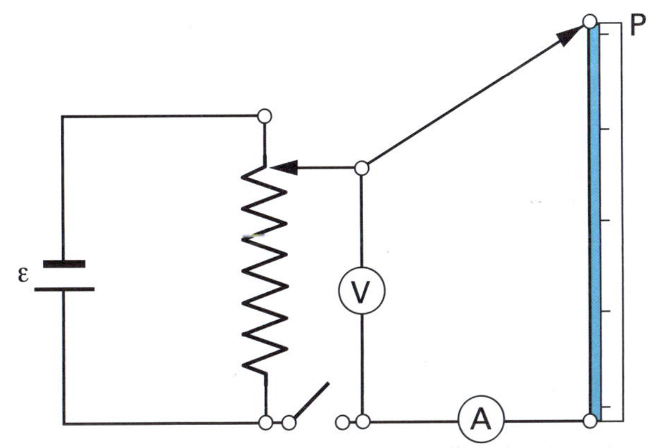

Figura 16.30.
Montaje del circuito.

Por **seguridad, no cierres el interruptor** hasta que el profesor haya revisado el montaje.

- Colocaremos el **potenciómetro a cero** y **cerraremos el interruptor.** Iremos aumentando la tensión de salida hasta que el amperímetro se coloque en el centro de su escala, tomaremos las medidas de voltaje e intensidad y calcularemos la resistencia aplicando la ley de Ohm:

$$R = \frac{V}{I}$$

- Desplazaremos la **pinza de cocodrilo** sobre el hilo de nicrom para que la longitud del hilo disminuya 20 cm cada vez.

Análisis de los datos y conclusiones

- Realiza una tabla donde recogerás los datos de voltaje *(V)*, intensidad *(I)* y resistencia (Ω) para cada una de las longitudes del hilo.
- Representa los datos en una gráfica Ω/cm. Podrás observar que la resistencia es directamente proporcional a la longitud del hilo de nicrom.

$$R = m\,\ell$$

Donde *m*, es la pendiente de la recta.

Como $R = \rho\,\frac{\ell}{S}$, *S* es la sección del hilo en cm^2.

- Calcula el coeficiente de resistividad del nicrom, a partir de la pendiente de la recta:

$$m = \frac{\rho}{S} \quad \rightarrow \quad \rho = m\,S$$

- Calcula ahora el coeficiente de resistividad del nicrom (en Ω cm) para cada una de las longitudes medidas:

$$R = \rho\,\frac{\ell}{S} \quad \rightarrow \quad \rho = \frac{S}{\ell}\,R$$

- Realiza de nuevo una tabla para recoger los datos que obtengas de resistencia (Ω) y resistividad (Ω cm) para las distintas longitudes del hilo.
- Calcula el valor medio del coeficiente de resistividad y compáralo con el obtenido a partir de la gráfica.

Ampliación

Repite la experiencia con hilo de nicrom de diferentes secciones, 0,3 mm y 0,4 mm de diámetro, y comprueba que el coeficiente de resistividad es independiente de la sección y la longitud del hilo.

Los circuitos simples

En el circuito de la figura 16.31, calcula:

a) La resistencia equivalente.

b) La intensidad que circula por el circuito.

c) La diferencia de potencial entre los puntos B y C.

d) La intensidad que pasa por R_3.

e) La potencia en cada una de las resistencias R_1.

f) La diferencia de potencial en los extremos de R_4.

g) La energía transformada en R_4 en 60 horas, expresada en kWh.

(Datos: $\varepsilon = 36$ V; $r = 2\ \Omega$; $R_1 = 50\ \Omega$; $R_2 = 200\ \Omega$; $R_3 = 300\ \Omega$; $R_4 = 100\ \Omega$.)

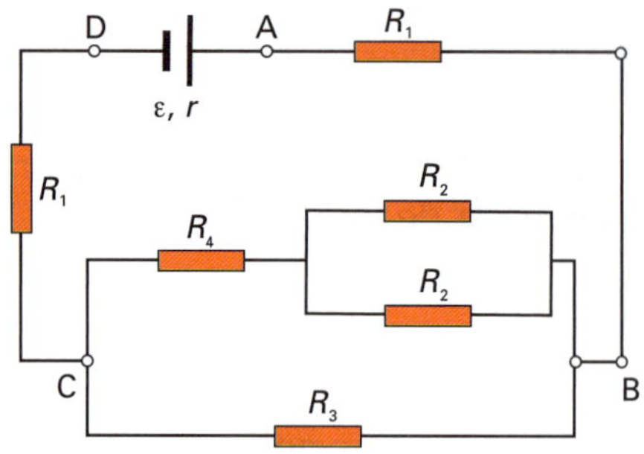

Figura 16.31.

Comentarios al enunciado

Los ejercicios de circuitos se reducen a conseguir un circuito con una sola resistencia equivalente en el que se aplica la ley de Ohm para determinar la intensidad que pone a circular la pila.

Este paso se conoce como «resolver el circuito», ya que, una vez conocida la intensidad, el resto de las preguntas se contestan aplicando la ley de Ohm en los tramos de circuito que interesen.

Resolución y cálculos

a) Las resistencias R_2 están en paralelo porque están entre los mismos puntos del circuito, de modo que equivalen a una R'_2, tal que:

$$\frac{1}{R'_2} = \frac{1}{R_2} + \frac{1}{R_2} = \frac{2}{R_2} \longrightarrow R'_2 = 100\ \Omega$$

El circuito equivalente sería:

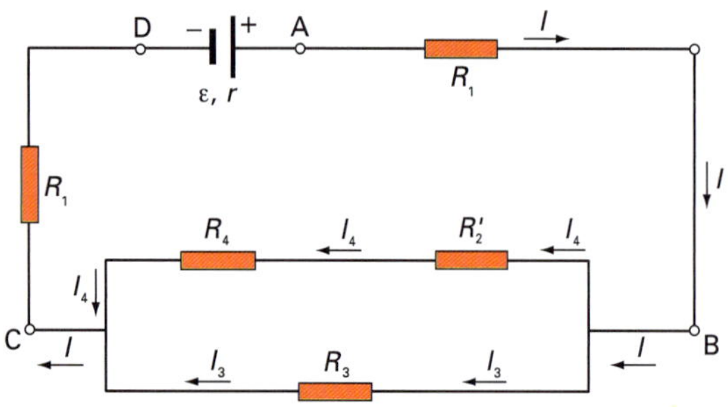

Figura 16.32.

Paso 1.

R'_2 y R_4 están en serie porque pasa por ellas la misma intensidad de corriente; por tanto, son equivalentes a una resistencia, R'_4, tal que:

$$R'_4 = R'_2 + R_4 \longrightarrow R'_4 = 200\ \Omega$$

El circuito equivalente es ahora este:

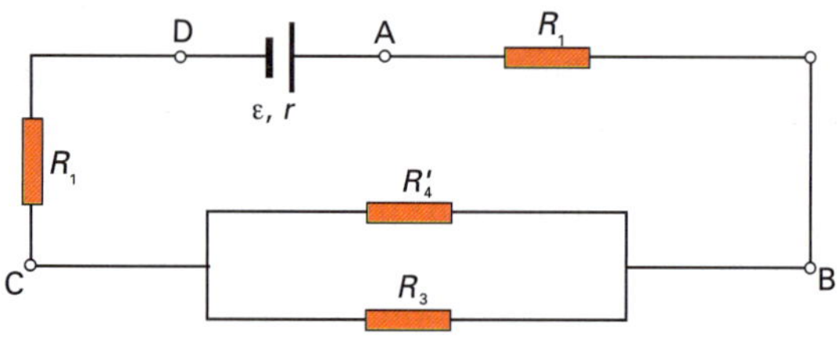

Figura 16.33.

Paso 2.

R'_4 está en paralelo con R_3. Su acoplamiento da lugar a una resistencia, R'_3, colocada entre los mismos puntos del circuito:

$$\frac{1}{R'_3} = \frac{1}{R'_4} + \frac{1}{R_3} = \frac{1}{200\ \Omega} + \frac{1}{300\ \Omega} = \frac{5}{600\ \Omega}$$

Por tanto:

$$R'_3 = \frac{600\ \Omega}{5} = 120\ \Omega$$

El circuito equivalente sería:

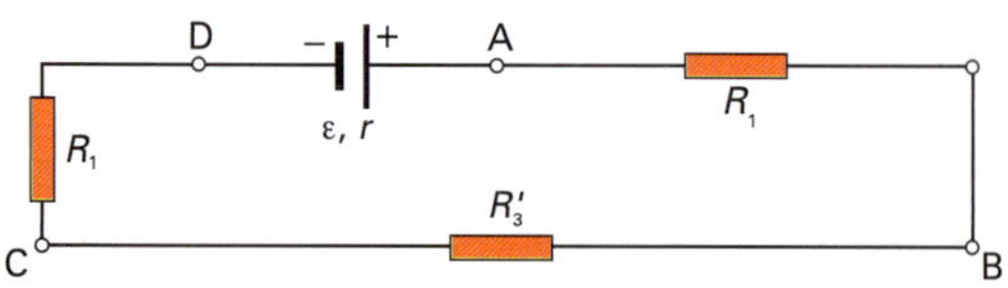

Figura 16.34.

Paso 3.

Queda finalmente el acoplamiento en serie de las dos resistencias R_1 y R'_3, obteniéndose una resistencia equivalente R tal que:

$$R = R_1 + R_1 + R'_3 = 220\ \Omega$$

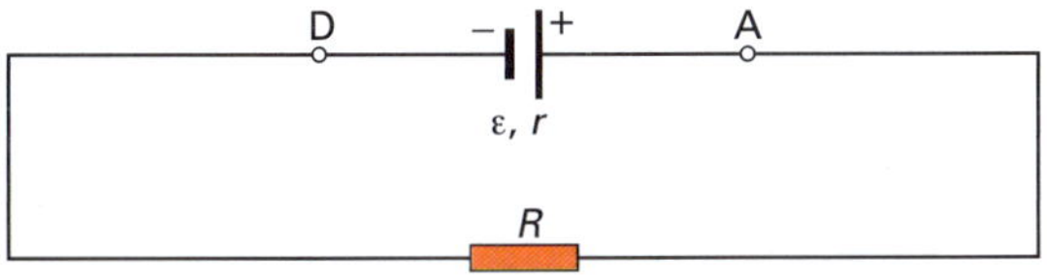

Figura 16.35.
Paso 4.

Solo falta realizar el acoplamiento de esta resistencia con la resistencia interna de la pila:

$$R_{eq} = R + r = 222\ \Omega$$

b) La intensidad que circula por el circuito se calcula aplicando la ley de Ohm al circuito equivalente:

$$I = \frac{\varepsilon}{R_{eq}} = \frac{36\ V}{222\ \Omega} = 0{,}16\ A$$

Esta intensidad circula, según el convenio tradicional, en el sentido de las agujas del reloj, saliendo del polo positivo de la pila y entrando por el polo negativo.

c) Entre los puntos B y C, según se indica en el paso 3, hay una resistencia equivalente a $R'_3 = 120\ \Omega$ y por ella circula la intensidad total del circuito. Por tanto:

$$V_{BC} = I \cdot R'_3 = (0{,}16\ A)\ (120\ \Omega) = 19{,}2\ V$$

d) La resistencia R_3 se encuentra entre los puntos B y C; en consecuencia, está a una diferencia de potencial V_{BC}. Aplicando la ley de Ohm a esta resistencia podemos calcular la intensidad que circula por ella:

$$I_3 = \frac{V_{BC}}{R_3} = \frac{19{,}2\ V}{300\ \Omega} = 0{,}064\ A$$

e) La intensidad que pasa por R_1 es la total del circuito, por tanto, la potencia disipada en R_1 será:

$$P = I^2 \cdot R_1 = (0{,}16A)^2 (50\ \Omega) = 1{,}28\ W$$

f) La carga se conserva en el circuito; así, en los puntos B y C se debe cumplir: $I = I_3 + I_4$

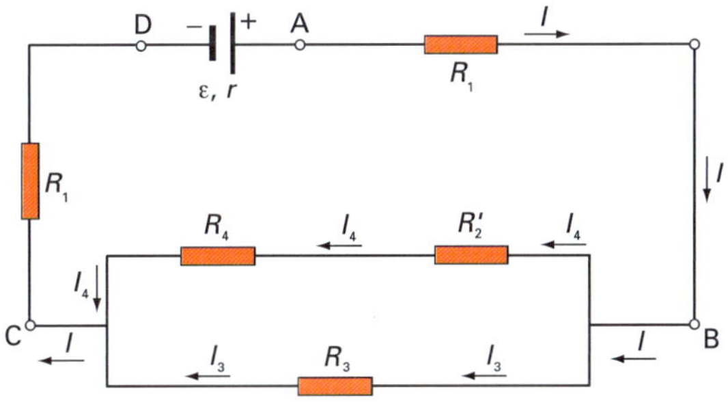

Figura 16.36.

Como conocemos los valores de I e I_3, los I_4 amperios que circulan por la resistencia R_4 serán:

$$I_4 = I - I_3 \longrightarrow I_4 = 0{,}096\ A$$

La diferencia de potencial en los extremos de la resistencia R_4, $V_{B'C}$, se calcula aplicando la ley de Ohm a esta resistencia:

$$I_4 = \frac{V_{B'C}}{R_4} \longrightarrow V_{B'C} = I_4 \cdot R_4 = (0{,}096\ A)\ (100\ \Omega) = 9{,}6\ V$$

g) La energía transformada en R_4 será:

$$E = P \cdot t = I_4^2 \cdot R_4 \cdot t$$

En el tiempo que nos dicen (60 h = 216 000 s):

$$E = 199\ 065{,}6\ J$$

La energía expresada en kWh sería:

$$E = \frac{199\,065{,}6\ J}{3\,600\,000\ J/kWh} = 0{,}055\ kWh$$

Análisis de los resultados

a) Observa que en los acoplamientos de resistencias en paralelo, la resistencia equivalente debe ser menor que cualquiera de las resistencias que forman el acoplamiento, mientras que en serie debe ser mayor que cualquiera de las que forman el acoplamiento.

f) En el circuito se conserva la carga y también la energía, de forma que siempre puedes comprobar si vas resolviendo bien el ejercicio.
En este caso, si calculas $V_{BB'}$ y lo sumas con $V_{B'C}$, debes obtener el valor de V_{BC}:

$$V_{BB'} = I_4 \cdot R'_2 = (0{,}096\ A)\ (100\ \Omega) = 9{,}6\ V$$
$$V_{BC} = V_{BB'} + V_{B'C} = 9{,}6\ V + 9{,}6\ V = 19{,}2\ V$$

Es el mismo resultado que en el apartado **c)**.

g) La potencia tiene varias expresiones, que se pueden utilizar dependiendo de los datos: $P = I^2 \cdot R = \frac{V^2}{R} = I \cdot V$

En este caso disponíamos de la intensidad, la resistencia y la tensión; así pues, podríamos utilizar cualquiera de ellas:

$$P = I_4^2 \cdot R_4 = \frac{V_{B'C}^2}{R_4} = I_4 \cdot V_{B'C}$$

Actividades

Corriente eléctrica, potencial e intensidad

29 ¿Qué partículas son portadoras de carga en los metales?

30 Indica en cuál de los siguientes esquemas de la figura 16.37 se enciende la bombilla.

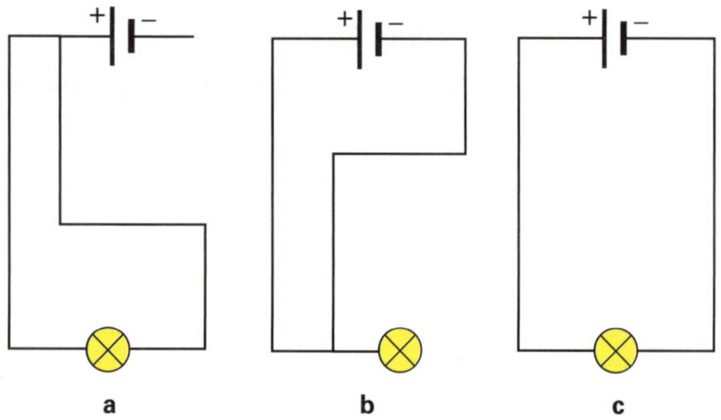

Figura 16.37.

31 ¿Por qué las cargas eléctricas se mueven por un conductor metálico originando corriente eléctrica?

32 Explica por qué los voltímetros han de tener una resistencia interna grande y, sin embargo, los amperímetros la han de tener pequeña.

33 Redacta un párrafo, que no sobrepase las diez líneas, sobre lo que te pasaría si un día te levantaras y no existiera energía eléctrica.

34 Calcula el número de electrones que pasan en 15 s por un conductor por el que circulan 0,5 A. (Dato: $e = 1,6 \times 10^{-19}$ C.)

Solución: $N = 4,7 \times 10^{19}$ electrones.

35 Define la fuerza electromotriz e indica en qué unidades se mide en el SI. ¿Qué energía es capaz de suministrar un generador de 1,5 V de fem al paso de 15 μC de carga?

Solución: $E = 2,25 \times 10^{-5}$ J.

36 Indica qué señalarán el voltímetro y el amperímetro en las dos situaciones que se presentan.

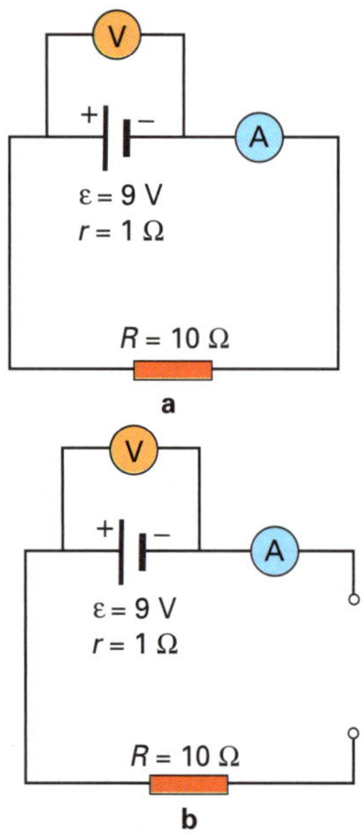

Figura 16.38.

Solución: a) $I = 0,8$ A; $V = 8,2$ V; **b)** $I = 0$ A; V = 9 V.

37 La pila de una calculadora lleva una carga de 3 A h. Si funciona durante 1 año a razón de 1 h al día, ¿qué intensidad media habrá circulado por la calculadora?

Solución: $I = 8,22$ mA.

38 La batería de cierto automóvil posee una carga de 48 A h. Suponiendo que se han quedado sus luces encendidas y que consumen una intensidad de 8 A, ¿cuánto tiempo tardará la batería en agotarse?

Figura 16.39.

Solución: $t = 6$ h.

Resistencias. Ley de Ohm

39 Indica y explica los factores de los que depende la resistencia de un conductor metálico.

40 Define resistividad e indica sus unidades en el SI.

41 Con 1,4 m de hilo de nicrom se ha fabricado una resistencia de 80 Ω. ¿Qué diámetro tiene la sección de ese hilo? ¿Cuánto valdrá la resistencia de un hilo de la misma longitud y doble diámetro? (Dato: $\rho_{nicrom} = 10^{-6}$ Ωm.)

Solución: $d = 0,15$ mm; $R = 20$ Ω.

42 ¿Cuántas vueltas de hilo de cobre de 0,7 mm² de sección hay que arrollar sobre un cilindro de cartón de radio $r = 2,5$ cm para obtener una resistencia de 2 Ω? (Dato: $\rho_{Cu} = 1,7 \times 10^{-8}$ Ω m.)

Solución: $N = 525$ vueltas.

43 Elabora una tabla en tu cuaderno donde completes el dato que falta, según la información de cada caso:

a) $\rho = 1,7 \times 10^{-8}$ Ω m, $l = 70,6$ (m), $S = 0,1$ mm²; calcula R (Ω).

b) $R = 4$ Ω, $\rho = 5,5 \times 10^{-8}$ Ω m, $S = 0,69$ mm², calcula l (m).

c) $R = 3,1$ Ω; $\rho = 3,1 \times 10^{-8}$ Ω m, $l = 20$ m; calcula S (mm²).

Solución: $R = 12$ Ω; $l = 50$ m; $S = 0,2$ mm².

44 Un electroimán de laboratorio constituido por 500 espiras lleva anotada la limitación de intensidad: 1,5 A. El electroimán está fabricado con hilo esmaltado de cobre cuya sección es de 0,1 mm² y su longitud, de 90 m. Calcula la resistencia y la ddp máxima que debe aplicarse al electroimán.

Solución: $R = 15,3$ Ω; $V = 23$ V.

45 Elabora una tabla en tu cuaderno donde completes el dato que falta, según la información de cada caso:

a) $V = 12$ V, $R = 4$ Ω, calcula I (A).

b) $I = 2$ A, $R = 8$ Ω, calcula V (V).

c) $V = 30$ V, $I = 2$ A, calcula R (Ω).

Solución: $I = 3$ A; $V = 16$ V; $R = 15$ Ω.

46 En una vivienda se cambia la tensión a 220 V, por lo que se han retirado bombillas de 60 W, 110 V. ¿Cómo se podrán instalar ahora las bombillas sin que se fundan?

Solución: Dos en serie.

47 En el acoplamiento de la figura 16.40, calcula la resistencia equivalente sabiendo que: $R_1 = 200\ \Omega$, $R_2 = 100\ \Omega$ y $R_3 = 300\ \Omega$.

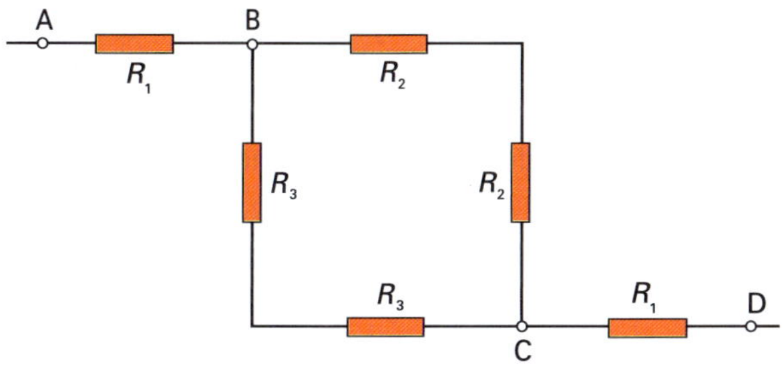

Figura 16.40.

Solución: $R = 550\ \Omega$.

48 Si se aplica a un pequeño motor la ddp de 12 V, pasa por él 1 A y, si se impide que gire, pasan 3 A. Halla la fuerza contraelectromotriz del motor y la resistencia que ofrece su bobinado.

Solución: $\varepsilon' = 8$ V; $r' = 4\ \Omega$.

49 En el circuito de la figura 16.41, calcula lo que marcan el voltímetro y los amperímetros si por la resistencia de 80 Ω pasan 0,4 A.

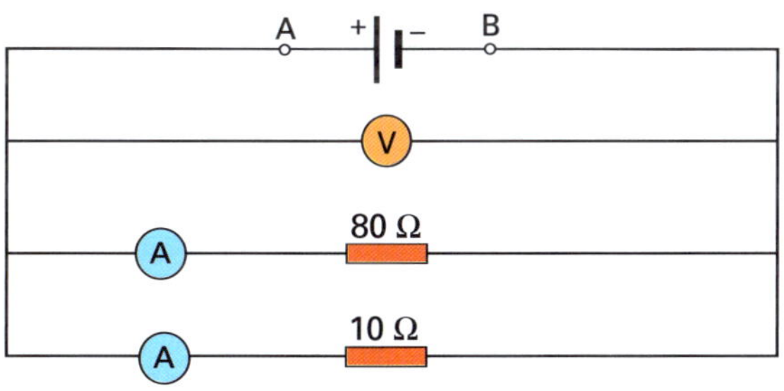

Figura 16.41.

Solución: $V = 32$ V; $I_2 = 3{,}2$ A; $I = 3{,}6$ A.

50 Calcula la resistencia equivalente y la intensidad que circula por cada rama en el acoplamiento de la figura 16.42. (Datos: $V_{AB} = 200$ V; $R_1 = 150\ \Omega$; $R_2 = 100\ \Omega$.)

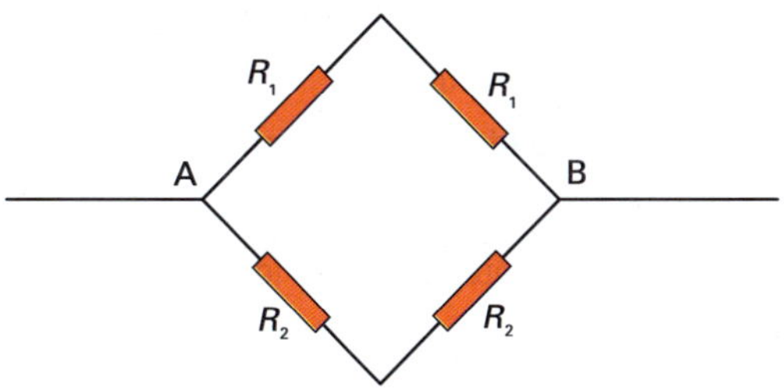

Figura 16.42.

Solución: $R = 120\ \Omega$; $I_1 = 0{,}67$ A; $I_2 = 1$ A.

51 En el circuito de la figura 16.43 se propone el siguiente acoplamiento:

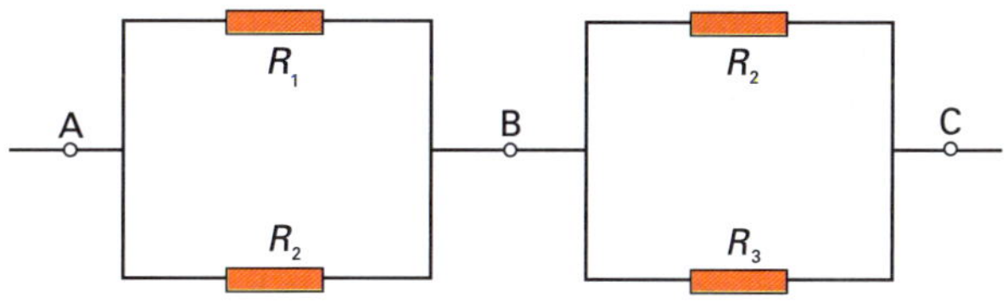

Figura 16.43.

Donde $V_{AC} = 540$ V; $R_1 = 600\ \Omega$; $R_2 = 200\ \Omega$ y $R_3 = 300\ \Omega$. Calcula:

a) La resistencia equivalente.

b) La intensidad que pasa por ella.

c) V_{AB} y V_{BC}.

Solución: a) $R = 270\ \Omega$; **b)** $I = 2$ A; **c)** $V_{AB} = 300$ V, $V_{BC} = 240$ V.

Energía y potencia

52 El fusible que protege un aparato eléctrico lleva la inscripción: «20 A, 220 V». ¿Cuál es la potencia máxima de uso del aparato?

Solución: $P = 4\ 400$ W.

53 Una lámpara de resistencia 200 Ω disipa una potencia de 40 W.

a) Calcula la máxima intensidad que circula por ella.

b) Esta lámpara se conecta a 220 V de tensión. ¿Qué le sucederá?

Solución: a) $I = 0{,}45$ A; **b)** se fundirá.

54 Un radiador eléctrico lleva en su chapa técnica la inscripción: «2 400 W, 220 V». Si ha estado funcionando durante 1 h, calcula:

a) La resistencia del radiador.

b) La intensidad.

c) La energía consumida, en J y en kWh.

Solución: a) $R = 20{,}17\ \Omega$; **b)** $I = 10{,}91$ A; **c)** $E = 8{,}6 \times 10^6$ J = 2,4 kWh

55 Dispones de resistencias de 15 Ω. Resuelve las siguientes cuestiones:

a) ¿Cómo y cuántas resistencias debes asociar para que pasen 0,5 A al aplicar a la asociación la ddp de 60 V?

b) ¿Cómo y cuántas resistencias hay que asociar para que pase la intensidad de 2 A al aplicar la ddp de 6 V?

Solución: a) 8 en serie; **b)** 5 en paralelo.

Actividades

56 Una batería tiene una fem $\varepsilon = 6$ V y su resistencia interna es de 2 Ω. Si se le conecta una resistencia de 22 Ω durante 4 min, calcula:

a) La intensidad.

b) La ddp entre los extremos de la resistencia.

c) La caída óhmica en el interior de la pila.

d) La energía que ha suministrado la batería.

e) Realiza una valoración de esa energía y cómo se distribuye en el circuito.

Solución: a) $I = 0{,}25$ A; **b)** $V = 5{,}5$ V; **c)** $V_i = 0{,}5$ V; **d)** $E_g = 360$ J; **e)** $E_r = 30$ J, $E_R = 330$ J, $E_g = 360$ J.

57 Una lámpara de 80 W, para ser utilizada a 220 V, se ha enchufado por error a 110 V. ¿Corre riesgo de fundirse? ¿Cuál será su potencia en este caso?

Solución: $P = 20$ W.

58 Con 2 m de hilo de nicrom cuya sección es 0,1 mm^2 se ha fabricado una resistencia. Si por ella pasa una intensidad de 200 mA durante 4 min, calcula la tensión (ddp) a la que está sometida y el calor disipado. (Dato: $\rho_{nicrom} = 10^{-6}$ Ωm.)

Solución: $V = 4$ V, $E = 192$ J.

59 Una lámpara de 100 W se conecta a la red de 220 V durante un tiempo de 72 h. Calcula:

a) La intensidad media que pasa por la lámpara.

b) La resistencia del filamento.

c) La energía en julios y en kWh.

d) Si el kWh cuesta 0,1 €, ¿qué gasto ha ocasionado la lámpara encendida durante ese tiempo?

Solución: a) $I = 0{,}45$ A; **b)** $R = 484$ Ω; **c)** $E = 2{,}592 \times 10^7$ J, $E = 7{,}2$ kWh; **d)** gasto: 0,72 €.

60 ¿Cuánto tiempo será necesario para calentar 0,25 kg de agua con un calentador de inmersión de 60 W desde 10 °C hasta 30 °C? (Dato: calor específico $c_e = 4\,180$ J/(kg °C).)

Solución: $t = 5$ min 48 s.

61 En la habitación de Ana hay tres bombillas instaladas: una de 100 W, otra de 60 W y otra de 40 W. Además, hay una cadena de música de 80 W.

a) Calcula la potencia instalada.

b) ¿Qué cantidad de energía, expresada en kWh, se transforma en dos meses si la cadena de música funciona un promedio de 4 horas al día?

c) Calcula el gasto que supone en esos dos meses si el precio del kWh es de 0,1 €.

(Dato: 1 kWh = 3 600 000 J.)

Solución: a) $P = 280$ W; **b)** $E = 19{,}2$ kWh; **c)** G = 1,92 €.

62 El motor de un coche de Scalextric tiene una resistencia interna $r' = 1{,}5$ Ω. El circuito, desde el punto de vista eléctrico, consiste en una pila variable, el motor del coche y, en serie con él, la resistencia eléctrica del circuito. En un momento determinado, la resistencia eléctrica es $R = 16$ Ω, la pila está trabajando con $\varepsilon = 9$ V y $r = 0{,}5$ Ω, y la intensidad que circula es de 250 mA. Calcula:

a) La fuerza contraelectromotriz del motor.

b) La ddp en la resistencia R.

c) La ddp en el motor.

d) La pérdida de potencial en el motor, debido a la resistencia interna r'.

e) La caída óhmica en el generador, a causa de la resistencia interna de este.

f) El balance de energía si el circuito ha estado cerrado durante 2 minutos.

Figura 16.44.

La pérdida de potencia del motor se debe a la resistencia interna.

Solución: a) $\varepsilon' = 4{,}50$ V; **b)** $V_{AB} = 4{,}00$ V; **c)** $V_{BC} = 4{,}875$ V; **d)** $V_{r'} = 0{,}375$ V; **e)** $V_r = 0{,}125$ V; **f)** $E_m = 135$ J, $E_R = 120$ J, $E_r = 3{,}75$ J, $E_{r'} = 11{,}25$ J, $E_c = E_s = 270$ J.

63 Una pila tiene una fuerza electromotriz de 40 V y una resistencia interna de 1,5 Ω. Se conecta mediante dos conductores cuya resistencia total es de 2 Ω a un motor de fuerza contraelectromotriz 20 V y resistencia interna 1,5 Ω. Calcula:

a) La intensidad de la corriente que circula.

b) La potencia útil del motor.

c) La potencia disipada en la resistencia del motor.

d) La potencia total que consume el motor.

e) La diferencia de potencial entre los bornes del motor y de la pila.

f) El rendimiento del motor.

Solución: a) $I = 4$ A; **b)** $P_m = 80$ W; **c)** $P_r = 24$ W; **d)** $P = 104$ W; **e)** $V_m = 26$ V; $V_p = 34$ V; **f)** $\eta = 77$ %.

Circuitos

64 En el circuito de la figura 16.45, las resistencias valen: $R_1 = 3\ \Omega$, $R_2 = 6\ \Omega$, $R_3 = 4\ \Omega$ y $R_4 = 9\ \Omega$. Calcula:

a) La resistencia equivalente.

b) La intensidad, I, que circula por el circuito.

c) La diferencia de potencial entre B y C.

d) Las intensidades, I_1 e I_2, que circulan por las resistencias R_1 y R_2.

e) La energía que se transforma en calor en la resistencia R_1 en 30 minutos.

f) La potencia disipada en la resistencia R_4.

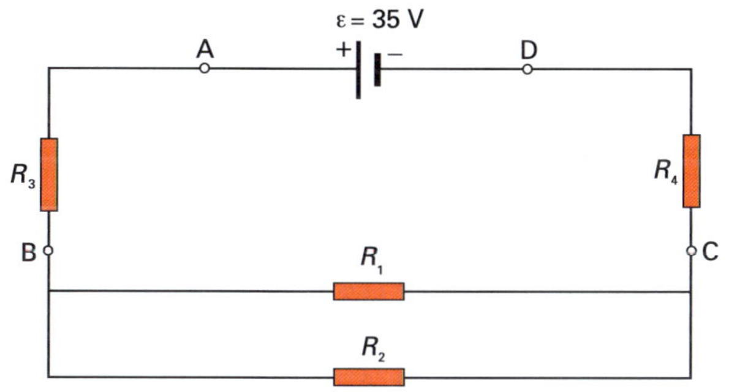

Figura 16.45.

Solución: a) $R = 15\ \Omega$; **b)** $I = 2{,}33$ A; **c)** $V_{BC} = 4{,}66$ V; **d)** $I_1 = 1{,}55$ A, $I_2 = 0{,}78$ A; **e)** $E = 13\,001{,}4$ J; **f)** $P = 48{,}86$ W.

65 En el circuito de la figura 16.46: $R_1 = 60\ \Omega$, $R_2 = 25\ \Omega$ y $R_3 = 10\ \Omega$. Calcula:

a) La intensidad total que circula por el circuito.

b) La diferencia de potencial, V_{AB}.

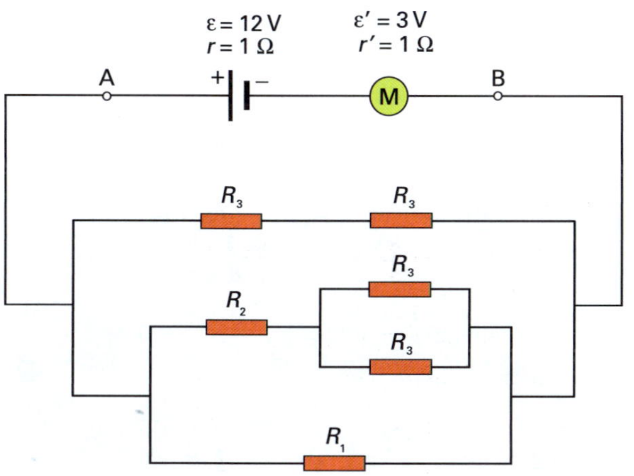

Figura 16.46.

Solución: a) $I = 0{,}75$ A; **b)** $V_{AB} = 7{,}5$ V.

66 En el circuito de la figura 16.47: $R_1 = 20\ \Omega$, $R_2 = 25\ \Omega$ y $R_3 = 10\ \Omega$ y $R_4 = 60\ \Omega$. Calcula:

a) La resistencia equivalente.

b) La intensidad total de la corriente.

c) La diferencia de potencial entre V_{AB}.

d) La intensidad que pasa por R_2.

e) La potencia disipada en R_4.

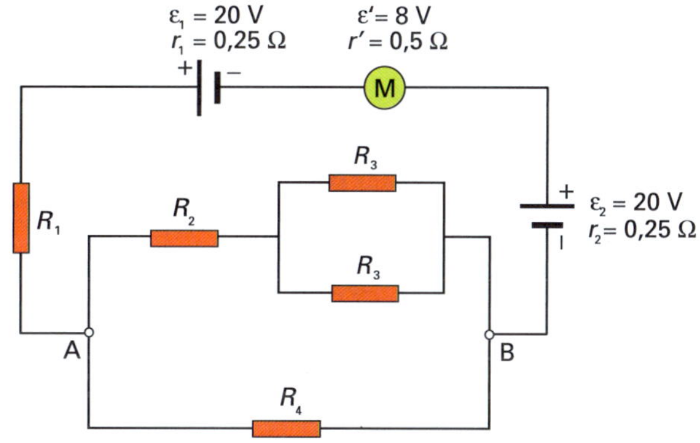

Figura 16.47.

Solución: a) $R = 41\ \Omega$; **b)** $I = 0{,}78$ A; **c)** $V_{AB} = 15{,}6$ V; **d)** $I_1 = 0{,}52$ A; **e)** $P = 4{,}06$ W.

67 En el circuito de la figura 16.48: $\varepsilon = 36$ V, $r = 2\ \Omega$, $R_1 = 50\ \Omega$, $R_2 = 200\ \Omega$, $R_3 = 300\ \Omega$ y $R_4 = 100\ \Omega$. Calcula:

a) La resistencia equivalente.

b) La intensidad que circula por el circuito.

c) La diferencia de potencial entre los puntos B y C.

d) La intensidad que pasa por R_3.

e) La potencia en cada una de las resistencias R_1.

f) La energía transformada en R_4 en 40 horas, expresada en kWh.

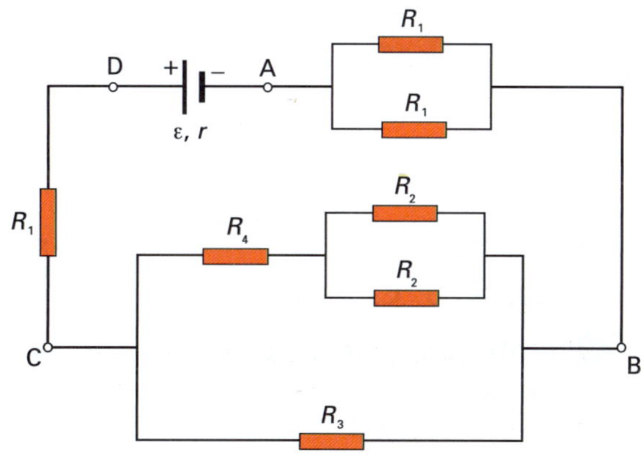

Figura 16.48.

Solución: a) $R = 197\ \Omega$; **b)** $I = 0{,}18$ A; **c)** $V_{BC} = 21{,}6$ V; **d)** $I_3 = 0{,}072$ A; **e)** $P = 1{,}62$ W, $P' = 0{,}41$ W; **f)** $E = 0{,}0467$ kWh.

TABLA PERIÓDICA DE LOS ELEMENTOS

Período	Capa exterior	1	2	3	4	5	6	7	8	9
1	(K)	1 · 71 ±1 **H** 1,0 Hidrógeno								
2	(L)	3 · 530 1 **Li** 6,9 Litio	4 · 1850 2 **Be** 9,0 Berilio							
3	(M)	11 · 970 1 **Na** 23,0 Sodio	12 · 1740 2 **Mg** 24,3 Magnesio							
4	(N)	19 · 860 1 **K** 39,1 Potasio	20 · 1550 2 **Ca** 40,1 Calcio	21 · 2992 3 **Sc** 45,0 Escandio	22 · 4510 3 4 **Ti** 47,9 Titanio	23 · 6110 2,3 4,5 **V** 50,9 Vanadio	24 · 7190 2,3 6 **Cr** 52,0 Cromo	25 · 7430 2,3 4,6 7 **Mn** 54,9 Manganeso	26 · 7860 2 3 **Fe** 55,8 Hierro	27 · 89 2 3 **C** 58 Cobalto
5	(O)	37 · 1530 1 **Rb** 85,5 Rubidio	38 · 2600 2 **Sr** 87,6 Estroncio	39 · 4470 3 **Y** 88,9 Itrio	40 · 6490 4 **Zr** 91,2 Circonio	41 · 8580 3 5 **Nb** 92,9 Niobio	42 · 10200 2,3 4,5 6 **Mo** 95,9 Molibdeno	43 · 11500 7 **Tc** (98) Tecnecio	44 · 12200 2,3 4,6 8 **Ru** 101,1 Rutenio	45 · 12 2,3 4 **R** 102 Rodio
6	(P)	55 · 1870 1 **Cs** 132,9 Cesio	56 · 3500 2 **Ba** 137,3 Bario	57 · 6174 3 **La*** 138,9 Lantano	72 · 13290 4 **Hf** 178,5 Hafnio	73 · 16600 5 **Ta** 180,9 Tántalo	74 · 19300 2,3 4,5 6 **W** 183,9 Wolframio	75 · 21000 2,4 6,7 **Re** 186,2 Renio	76 · 22600 2,3 4,6 8 **Os** 190,2 Osmio	77 · 22 2,3 4,6 192 Iridio
7	(Q)	87 · – 1 **Fr** (223) Francio	88 · 5000 2 **Ra** (226) Radio	89 · – 3 **Ac**** (227) Actinio	104 · – 4 **Rf** (261) Rutherfordio	105 · – **Db** (262) Dubnio	106 · – **Sg** (266) Seaborgio	107 · – **Bh** (264) Bohrio	108 · – **Hs** (277) Hassio	109 **M** (26 Meitnerio

NÚMERO ATÓMICO (*Z*)	16
DENSIDAD (kg/m³) (1)	2070
NÚMEROS DE OXIDACIÓN	−2 4,6
SÍMBOLO DEL ELEMENTO	**S**
MASA ATÓMICA (2)	32,1
NOMBRE DEL ELEMENTO	Azufre

(1) En los gases, corresponde a la densidad del líquido en el punto de ebullición.
(2) Son los valores aproximados. Los paréntesis indican el isótopo más abundante o más conocido.

- Líquido a 25 °C
- Gas a 25 °C, 1 atm
- Obtenido por síntesis
- Sólidos

Lantánidos	6 *	58 · 6660 3 4 **Ce** 140,1 Cerio	59 · 6770 3 4 **Pr** 140,9 Praseodimio	60 · 7000 3 **Nd** 144,3 Neodimio	61 · – 3 **Pm** (145) Prometio	62 · 7 2 3 **Sr** 15 Samario
Actínidos	7 **	90 · 11660 4 **Th** 232,0 Torio	91 · 15370 4 5 **Pa** 231,0 Protactinio	92 · 19040 3,4 5,6 **U** 238,0 Uranio	93 · 20450 3,4 5,6 **Np** (237) Neptunio	94 · 1 3,4 5,6 **P** (2 Plutonio

- Metal
- Semimetal
- No metal

10	11	12	13	14	15	16	17	18
								2 126 **He** 4,0 Helio
			5 2340 ±3 **B** 10,8 Boro	6 2260 ±4 2 **C** 12,0 Carbono	7 810 1,2 ±3 4,5 **N** 14,0 Nitrógeno	8 1140 −2 **O** 16,0 Oxígeno	9 1505 −1 **F** 19,0 Flúor	10 1200 **Ne** 20,1 Neón
			13 2700 3 **Al** 27,0 Aluminio	14 2320 4 **Si** 28,1 Silicio	15 1820 ±3 5 **P** 31,0 Fósforo	16 2070 −2 4,6 **S** 32,1 Azufre	17 1560 ±1 3, 5,7 **Cl** 35,5 Cloro	18 1400 **Ar** 39,9 Argón
28 8900 2 3 **Ni** 58,7 Níquel	29 8960 1,2 **Cu** 63,5 Cobre	30 7140 2 **Zn** 65,4 Cinc	31 5910 3 **Ga** 69,7 Galio	32 5320 2 4 **Ge** 72,6 Germanio	33 5730 ±3 5 **As** 74,9 Arsénico	34 4790 −2 4,6 **Se** 79,0 Selenio	35 3120 ±1 5 **Br** 79,9 Bromo	36 2600 **Kr** 83,8 Kriptón
46 12030 2 4 **Pd** 106,4 Paladio	47 10500 1 **Ag** 107,9 Plata	48 8640 2 **Cd** 112,4 Cadmio	49 7310 3 **In** 114,8 Indio	50 7300 2 4 **Sn** 118,7 Estaño	51 6700 ±3 5 **Sb** 121,8 Antimonio	52 6250 −2 4,6 **Te** 127,6 Teluro	53 4940 ±1 5 7 **I** 126,9 Yodo	54 3060 **Xe** 131,3 Xenón
78 21450 2 4 **Pt** 195,1 Platino	79 19300 1 3 **Au** 197,0 Oro	80 13590 1 2 **Hg** 200,6 Mercurio	81 11850 1 3 **Tl** 204,4 Talio	82 11400 2 4 **Pb** 207,2 Plomo	83 9800 3 5 **Bi** 209,0 Bismuto	84 (9200) 2 4 **Po** (209) Polonio	85 – ±1 3,5 7 **At** (210) Astato	86 – **Rn** (222) Radón
110 **Ds** (271) Darmstadtio	111 **Rg** (272) Roentgenio	112 **Cn** (285) Copernicio		114 **Fl** Flevorio		116 **Lv** Livermorio		

63 5260 2 3 **Eu** 152,0 Europio	64 7895 3 **Gd** 157,3 Gadolinio	65 8272 3 4 **Tb** 158,9 Terbio	66 8536 3 **Dy** 162,5 Disprosio	67 8803 3 **Ho** 164,9 Holmio	68 9050 3 **Er** 167,3 Erbio	69 9332 2 3 **Tm** 168,9 Tulio	70 6977 2 3 **Yb** 173,0 Iterbio	71 9842 3 **Lu** 175,0 Lutecio
95 11870 3,4 5,6 **Am** (243) Americio	96 – 3 **Cm** (247) Curio	97 – 3 4 **Bk** (247) Berkelio	98 – 3 **Cf** (251) Californio	99 – 3 **Es** (252) Einstenio	100 – 3 **Fm** (257) Fermio	101 – 2 3 **Md** (258) Mendelevio	102 – 2 3 **No** (259) Nobelio	103 – 3 **Lr** (262) Laurencio

Dirección del proyecto editorial
Jesús Hinojal

Autores
Miquel Sauret Hernández y **Jacinto Soriano Minnocci**

Coordinación del proyecto editorial
Estrella Marinas

Coordinación de edición
Pilar Esteban

Coordinación de preimpresión
Alberto García

Coordinación de diseño
Cristóbal Gutiérrez

Ilustración
Ángel Ovejero

Fotografía
Miquel Sauret y **Jacinto Soriano**
Age Fotostock, Aisa, Archivo Bruño, Matton Images, Prisma y **Shutterstock**

Reportaje fotográfico
E & S Fotografía

Este libro corresponde al primer curso de Bachillerato, asignatura de Física y Química, y forma parte de los materiales curriculares del proyecto del Grupo Editorial Bruño, S. L.

Juan Ignacio Luca de Tena, 15
28027 Madrid

ISBN: 978-84-696-0935-4
Depósito legal: M-5902-2015
Printed in Spain

BS006328/1E-5I – 7100910